CONTACTS

Third Edition

Langue et culture françaises

Jean-Paul Valette

Rebecca M. Valette
BOSTON COLLEGE

Houghton Mifflin Company
BOSTON   GENEVA, IL   HOPEWELL, NJ   PALO ALTO

Acknowledgments

The authors and publisher would like to thank the many users of *Contacts* who responded to our questionnaire on the second edition. Their comments and suggestions were invaluable in preparing *Contacts, Third Edition.* In addition, special thanks are due to the following people for their in-depth reviews of portions of the manuscript:

Marva A. Barnett, *University of Virginia*

Nicole Fouletier-Smith, *University of Nebraska, Lincoln*

Frank Friedman, *Charles Stewart Mott Community College*

Carmen Grace, *University of Colorado, Boulder*

M. Clare Mather, *College of William and Mary*

Laurey K. Martin, *University of Wisconsin— Madison*

Helene Neu, *University of Michigan*

Susan Schunk, *University of Akron*

Marie D. Smith, *Florida Junior College at Jacksonville*

Robert H. Welch, *College of William and Mary*

Cover and unit opener art by Eddie Lee.
Illustrations by Devera Ehrenberg on pages 2, 8, 9, 16, 28, 38, 61, 109, 131, 142, 172, 173, 334, 396.
Illustrations by Beverly Pardee/Publishers' Graphics on pages 18 and 30.

Contents

Maps

Unité Préliminaire: Rencontres

1. Qui parle français?

2. Images de la vie

6. À l'université

7. Hier et aujourd'hui

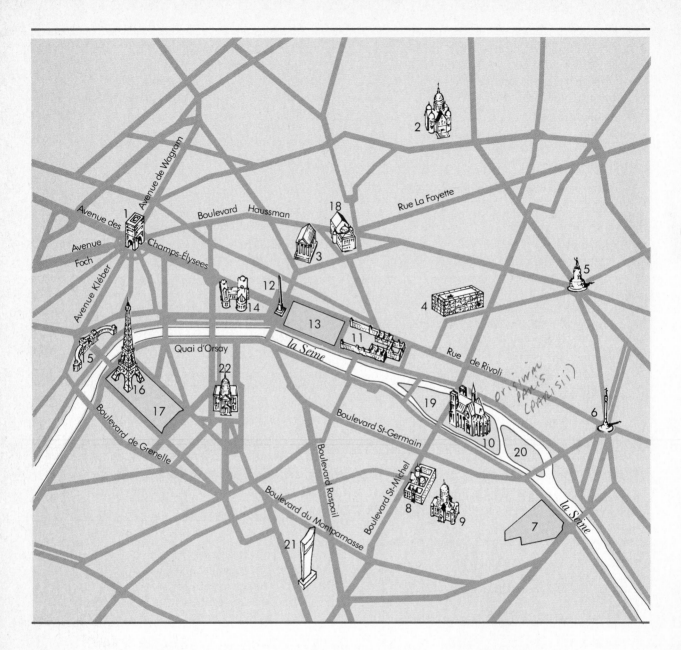

1	l'Arc de Triomphe	8	la Sorbonne	15	le Palais de Chaillot
2	le Sacré-Coeur	9	le Panthéon	16	la Tour Eiffel
3	la Madeleine	10	Notre-Dame	17	le Champ de Mars
4	le Centre Pompidou (Beaubourg)	11	le Louvre	18	l'Opéra
5	la Place de la République	12	la Place de la Concorde	19	Île de la Cité
6	la Place de la Bastille	13	le Jardin des Tuileries	20	Île St-Louis
7	le Jardin des Plantes	14	le Grand Palais	21	la Tour Montparnasse
				22	les Invalides

PARIS MONUMENTAL

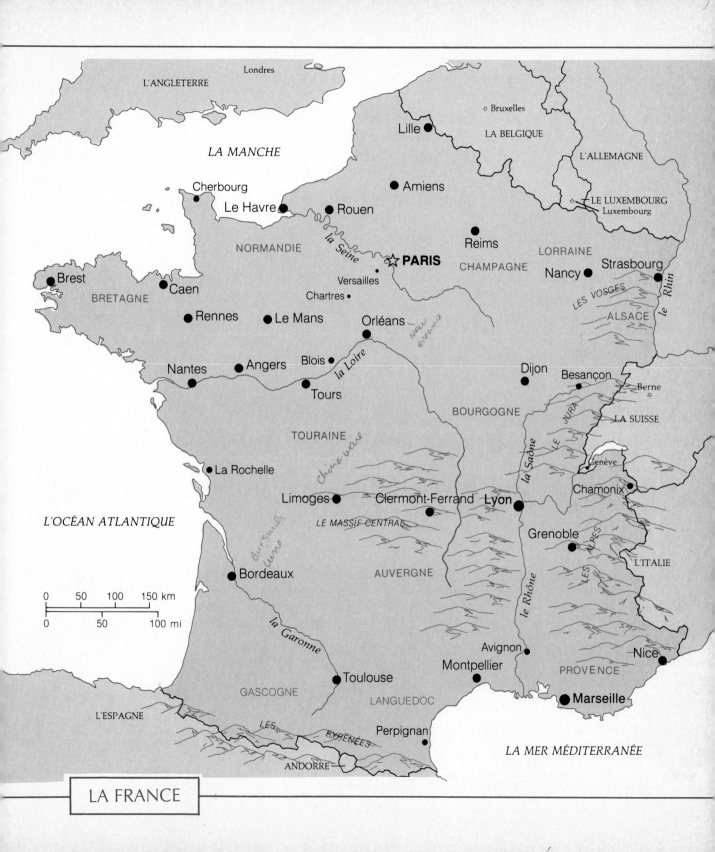

LA MANCHE

Londres

L'ANGLETERRE

Bruxelles

LA BELGIQUE

L'ALLEMAGNE

Lille

Amiens

LE LUXEMBOURG

Cherbourg

Luxembourg

Le Havre

Rouen

la Seine

NORMANDIE

Reims

★ PARIS

Versailles

LORRAINE

CHAMPAGNE

Nancy

Strasbourg

Chartres

le Rhin

LES VOSGES

Brest

Caen

ALSACE

BRETAGNE

Rennes

Le Mans

Orléans

New Orleans

Nantes

Angers

Blois

la Loire

Dijon

Besançon

Tours

Berne

TOURAINE

BOURGOGNE

JURA

LA SUISSE

China ware

Genève

La Rochelle

Chamonix

L'OCÉAN ATLANTIQUE

Limoges

Clermont-Ferrand

Lyon

Burgundy wine

LE MASSIF CENTRAL

Grenoble

L'ITALIE

LES ALPES

AUVERGNE

le Rhône

0   50   100   150 km

Bordeaux

0   50   100 mi

la Garonne

Avignon

Nice

Montpellier

PROVENCE

L'ESPAGNE

Toulouse

GASCOGNE

Marseille

LANGUEDOC

LES

PYRÉNÉES

Perpignan

LA MER MÉDITERRANÉE

ANDORRE

LA FRANCE

1 l'Algérie
2 la Belgique
3 le Bénin
4 Bourkina Fasso (la Haute-Volta)
5 le Burundi
6 le Cameroun
7 le Congo
8 la Corse
9 la Côte d'Ivoire
10 Djibouti
11 la France
12 le Kampuchéa (le Cambodge)
13 le Gabon
14 la Guadeloupe
15 la Guinée
16 la Guyane française
17 Haïti
18 le Laos
19 la Louisiane
20 le Luxembourg
21 Madagascar
22 le Mali
23 le Maroc
24 la Martinique

25 la Mauritanie
26 le Niger
27 la Nouvelle-Angleterre
28 la Nouvelle-Calédonie
29 la Polynésie française
30 le Québec
31 la République Centrafricaine
32 la Réunion

33 le Rwanda
34 le Sénégal
35 la Suisse
36 le Tchad
37 le Togo
38 la Tunisie
39 le Viêt-nam
40 le Zaïre

LE FRANÇAIS DANS LE MONDE

UNITÉ PRÉLIMINAIRE
RENCONTRES

À l'Institut de Touraine

The **Institut de Touraine** is well known to thousands of American students and teachers who have studied French there. It is one of the many schools in France that offer language and civilization courses for foreign students. The **Institut** is located in Tours, the main city of Touraine, a region in central France known for its beautiful landscape and its picturesque **châteaux.** People say that the purest French is spoken in Touraine.

Today is the first day of class.

Voici Marc.

Voici Anne et voilà Monique.

Voilà Madame Lacoste.

—Qui est-ce?
—C'est Philippe.

—Bonjour Anne.
—Bonjour Philippe.

—Comment vous appelez-vous?
—Je m'appelle Anne Bissette.
—Bonjour, Anne.
—Bonjour, Madame.

—Au revoir, Monique.
—Au revoir, Philippe.

—Au revoir, Anne.
—Au revoir, Monique. À bientôt.

—Au revoir, Anne.
—Au revoir, Madame.

Vocabulaire: *Bonjour!*

Voici ...	Here is ..., here comes ... Here are ..., here come ... This is ..., these are ...	**Voici** Philippe. **Voici** le taxi. **Voici** Marc et Michèle. **Voici** le cinéma.
Voilà ...	There is ..., there comes ... There are ..., there come ... That is ..., those are ...	**Voilà** Anne. **Voilà** l'autobus. **Voilà** Monique et Denise. **Voilà** l'hôtel Novotel.
Bonjour! **Au revoir!** **À bientôt!**	Hello! Good-by! See you soon!	**Bonjour,** Jacqueline! **Au revoir,** Sylvie! **À bientôt,** Thomas!
Comment vous appelez-vous?	What's your name?	**Comment vous appelez-vous,** Mademoiselle?
Je m'appelle ...	My name is ...	**Je m'appelle** Alice.
Qui est-ce? **C'est ...**	Who is that? Who is it? That's ..., it's ...	**Qui est-ce?** **C'est** Madame Dumas.

note de vocabulaire

Voici and **voilà** may be used interchangeably to introduce or point out people
or things.

A. Comment comprendre une langue
(How to understand a language)

The languages of French and English are not parallel "codes" in which words are interchangeable at will. For example, to introduce themselves, the French say **Je m'appelle ...** which corresponds to the English phrase *My name is ...*, but which literally means *I call myself ...*

To take another example, the closest equivalent to the English word *university* is **université.** Although these two words are roughly equivalent, the linguistic fit between them is not absolutely perfect. When French students talk about their **université,** they have essentially the academic buildings in mind. To American students, the word *university* also encompasses bookstores, sports facilities, dormitories, dining halls, and student activity centers.

Languages reflect the ways in which different people express the "reality" they perceive. Thus, when reading and listening to French, you should try to understand the idea that is expressed and avoid making word-for-word correspondences that are often awkward and sometimes meaningless.

B. Introduction à la phonétique française

While French and English show many similarities in their written forms, they are very different in their spoken forms. If you have ever heard French spoken, you will have noticed that not only are the words pronounced differently, but the overall impression of the language is not the same.

Spoken French differs from English in several ways:

tenseness

English is a very *relaxed* language. Vowels are often glided. Some consonants may also be prolonged.

Madam. Michele. café.

French is a very *tense* language. Vowels are short and clipped: they do *not* glide. Consonants are short and distinctly pronounced.

Madame. Michèle. café.

rhythm

English rhythm is *sing-songy*. Some syllables are short and others are long.

Good *mor*ning.
Good *mor*ning, Emily.
My *name* is *Paul*.

French rhythm is *very even*. Only the *last* syllable of a group of words is longer than the others.

Bon**jour**.
Bonjour, **Émilie**.
Je m'appelle **Paul**.

linking

In spoken English, words are usually *separated*. Your vocal cords may even stop vibrating an instant between words.

Good-by / Éric.
Paul / arrives / at the / hotel.

In spoken French, words are *not separated*. In fact, within a group of words, all syllables are linked together.

Au‿revoir Éric.
Paul‿arrive à l'hôtel.

syllables

In spoken English, many words and syllables end on a *consonant sound*.

This is Paris.

In spoken French, syllables end on a *vowel sound* wherever possible.

Voi-ci Pa-ris.

1. Présentations *(Introductions)*   Introduce yourself to the students next to you.

▶ *Je m'appelle Catherine.*

▶ *Je m'appelle Daniel.*

2. Bonjour!   Imagine that you are studying at the *Institut de Touraine*. Say hello to the following people.

▶ Anne   *Bonjour, Anne!*

1. Paul	4. Annie	7. Michel	10. Isabelle
2. Sylvie	5. Patrick	8. Monique	11. Émilie
3. Philippe	6. Pascal	9. Nicole	12. Anne-Marie

C. Les mots apparentés (Cognates)

Can you understand the following sentences?

> Le train arrive à Paris à 3 heures.
> Jacqueline dîne au restaurant.
> Philippe visite le Musée d'Art moderne.
> Madame Masson est professeur à l'Université de Grenoble.
> Le professeur est intelligent et dynamique.

Even if you have not had any French before, it is quite likely that you were able to guess the meanings of the above sentences because they contain many words that look alike in French and English and have similar meanings. These words are called **mots apparentés** or *cognates*.

Although the existence of many thousands of cognates makes understanding written French easier for speakers of English, these cognates present certain problems.

☐ Often they are spelled differently in the two languages.

l'université	university
le musée	museum
le professeur	professor

☐ Their meanings are often somewhat different. We have already seen that a French **université** is not quite like an American *university*. Note also these words:

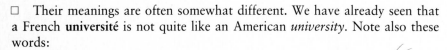

le cinéma	movie theater
le collège	high school (*not* college)

☐ They are never pronounced the same way in French and English. Chances are that if you had never heard French before, you might not have been able to understand the meanings of the preceding examples when spoken by a French person.

3. **En ville** *(In town)* You are showing your city to a group of French exchange students.

► l'hôtel   *Voici l'hôtel.*

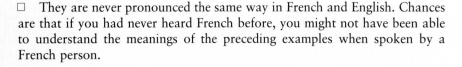

1. le café
2. la poste *(post office)*
3. la pharmacie
4. le garage
5. le cinéma
6. le musée
7. l'hôpital
8. l'université
9. la discothèque

4. Ici *(Here)*   Your instructor is looking for the following things. Point them out. Be sure to pronounce each syllable very distinctly. Note: *où est* = where.

▶ la photo   INSTRUCTOR: *Où est la photo?*
                   STUDENT: *Voici la photo!*

1. la radio   3. la cassette   5. le téléphone
2. le disque *(record)*   4. le taxi   6. l'autobus

D. Intonation

As you speak, your voice rises and falls; this is called intonation. In French, as in English, your voice falls at the end of a declarative sentence. However, in French the voice rises after each group of words within a longer sentence, whereas in English it either falls or stays on the same pitch.

Voilà.

Voilà l'auto.

Voilà l'automobile.

Voilà l'automobile de Paul.

Voilà l'automobile de Pauline.

Voilà l'automobile de Pauline Duval.

5. À Paris   You are working as a tour guide in Paris. Point out the following places to the tourists in your group. ➔ *where is — There are*

▶ l'hôtel Napoléon   *Voilà l'hôtel Napoléon.*

1. l'Opéra   5. l'hôtel Majestic   9. le café du Lido
2. la Madeleine   6. l'hôtel Sofitel   10. l'avenue Victor Hugo
3. le musée de Cluny   7. l'hôtel Novotel   11. l'avenue du Maine
4. le musée de la Marine 8. le café Bonaparte   12. le boulevard Saint Michel

Au Café de l'Univers

The **Café de l'Univers** is a popular meeting place in the center of Tours. Students, tourists, shoppers, doctors, and business people stop by with friends and associates to talk and have something to drink.

—Bonjour, Monsieur.
—Bonjour, Madame. Comment allez-vous?
—Très bien, merci. Et vous?
—Pas mal, merci.

—Salut, Marc!
—Salut, Nathalie! Ça va?
—Ça va bien. Et toi?
—Ça va!

—Un chocolat, s'il vous plaît.
—Oui, Mademoiselle.
  Et pour *(for)* Monsieur?
—Un café.

—Voici un chocolat pour Mademoiselle.
—Merci.
—Et un café pour Monsieur.
—Merci bien!
—À votre service!

—Oh, pardon! Excusez-moi!
—Il n'y a pas de mal, Mademoiselle.

Vocabulaire: *Salutations (Greetings)*

formal

		informal	
Bonjour, Monsieur!	Good day, Sir!		
Bonjour, Madame!	Good day, Ma'am!	**Salut!**	Hi!
Bonjour, Mademoiselle!	Good day, Miss!		
Comment allez-vous?	How are you?	**Ça va?**	How are you?
Et vous?	And you?	**Et toi?**	And you?
Je vais ...	I am ...	**Ça va ...**	Things are going ...

très bien	**bien**	**pas mal**	**comme ci, comme ça**	**mal**
very well	fine	not bad	not too bad	not great, badly

expressions de politesse

S'il vous plaît!	Please.	**Pardon.**	Sorry.
Merci!	Thanks.	**Excusez-moi!**	Excuse me.
Merci bien! *(FORMAL)*	Thank you.	**Il n'y a pas de mal.**	There's no harm done.
De rien.	You're welcome. (It's nothing.)		
Il n'y a pas de quoi!	You're welcome. (It's nothing.)		
À votre service!	At your service.		

note de vocabulaire

The following abbreviations are often used in writing:

    M. for **Monsieur**   **Mlle** for **Mademoiselle**   **Mme** for **Madame**

E. Formalisme et niveaux de langue
(Formality and levels of language)

Different societies have different patterns of social exchanges. On the whole, the French tend to be more formal than the Americans. Levels of formality are reflected in levels of language. Among adults, acquaintances are simply addressed as **Monsieur, Madame,** or **Mademoiselle.** Greetings are almost always followed by a form of address (**Bonjour, Monsieur!**) or a title (**Au revoir, Docteur!**). Last names are normally not used.

Students tend toward more informality; they address each other with first names and use expressions such as **Salut!** and **Ça va?,** which are characteristic of casual speech. When addressing their professors, however, they use more formal expressions such as **Bonjour!** and **Comment allez-vous?**

As you will learn in Lesson 1, the French use two different forms of address, depending on the degree of formality or informality existing between them and the persons to whom they are talking. Given the French tendency toward formality, it is a good idea for American students abroad to adopt a formal level of language with all acquaintances except classmates, close friends, and young children.

6. **Dans la rue**   As Hélène walks down the street, she meets the following people. Play the role of Hélène, greeting them formally or informally as appropriate.

▶ (Jacques, a classmate)   *Salut, Jacques! Ça va?*
▶ (Monsieur Dupont, a professor)   *Bonjour, Monsieur! Comment allez-vous?*

1. (Sylvie, her cousin)
2. (Madame Bouvier, the pharmacist)
3. (Paul, another classmate)
4. (Josette, a neighbor's daughter)

5. (Monsieur Bellamy, a neighbor)
6. (Mademoiselle Lucas, a neighbor)
7. (Monsieur Dumas, the mailman)
8. (Philippe, the son of the grocer)

7. **Que dire** *(What to say?)*   You are spending the summer at the *Institut de Touraine.* Imagine you find yourself in the following situations. What would you say?

▶ You are walking down the street and you meet one of your teachers, Madame Baron. How do you greet her?
Bonjour, Madame.

1. At the swimming pool you meet Ingrid, a Danish classmate. How do you greet her?
2. You are at the café **Le Grand Turc.** You are ordering a cup of coffee. What do you say to the waiter?
3. You accidentally step on someone's toes while getting on the bus. What do you say?
4. Once on the bus you give up your seat to an elderly passenger. He thanks you. How do you respond?
5. As you are getting off the bus you inadvertently leave your French notebook on the next seat. Someone sees it and gives it to you. How do you thank her/him?
6. You return to your room with a bad headache. Your roommate asks you how you feel. How do you answer?

8. Dialogues The following people meet each other in the street and stop to talk. Compose short opening dialogues for each encounter.

▶ Éric (16 years old / has just found a summer job)
—*Salut, Mélanie!*
—*Salut, Éric! Ça va?*
—*Ça va très bien. Et toi?*
—*Ça va mal!*

Mélanie (17 years old / is on her way to the dentist with a bad toothache.

first person

1. Jean-Pierre (17 years old / just got a "C" on his English exam)
2. Pauline (18 years old / has just won 1000 francs in a photo contest)
3. Mlle Durand (salesperson / has just gotten a raise)
4. M. Moreau (bank teller / returning from a week's vacation in Greece)
5. Alice Dulac (28 years old / journalist / has just gotten engaged)

second person

Caroline (a classmate / 16 years old / got an "A")
Robert (her cousin / 19 years old / has just broken up with his girlfriend)
Mme Dupont (a neighbor / is recovering from the flu)
Mme Dumoulin (M. Moreau's boss / is leaving on vacation)
Marc Dulac (18 years old / her nephew / has flunked his driver's test)

Young people usually greet one another with a kiss on both cheeks (une bise)

F. Les lettres muettes *(Silent letters)*

Some letters in French are not pronounced, especially when they come at the end of a word. The following letters are usually silent:

—final -e

　　Philippe　　Sylvie　　Annie

—final -s

　　Louis　　Denis　　Charles

—other final consonants, except -c, -f, -l, -k and usually -r

　　Richard　　Robert　　Roger
　　but Marc　　chef　　Paul　　Patrick　　bonjour

—h in all positions

　　Henri　　Thomas　　Nathalie

9. Photos　　You're showing a friend pictures of the French students you met last summer. Tell your friend who they are.

▶ Thomas　　*C'est Thomas.*

1. Éric
2. Yves
3. Nathalie
4. Nicolas
5. Louis
6. Louise
7. Hélène Dumas
8. Mathilde Dulac
9. Edith Hamel
10. Anne-Marie Ledoux
11. Marthe Thibaud
12. Albert Lucas

G. Les marques orthographiques *(Spelling marks)*

In French, accents and spelling marks are part of the spelling of a word and cannot be left out. Four accent marks occur with vowels and one spelling mark occurs with a consonant.

spelling marks	with the letters	examples
´ l'accent aigu *(acute accent)*	é	Léon, café
` l'accent grave *(grave accent)*	è, à, où	voilà, Michèle, où
^ l'accent circonflexe *(circumflex)*	â, ê, î, ô, û	mâle, forêt, dîner, hôtel, sûr
¨ le tréma *(dieresis)*	ë, ï	Noël, naïf
¸ la cédille *(cedilla)*	ç	français, garçon

1. **é** is pronounced /e/[1]
   è and **ê** are pronounced /ɛ/
   ô is pronounced /o/
   ç is pronounced /s/
2. The circumflex accent usually does not indicate a change in pronunciation of **a**, **i**, or **u**.
3. The **tréma** is used on the second of two consecutive vowels to indicate that the vowels are pronounced separately.

10. Salut!   Greet the following students according to the model.

▶ François   *Salut, François! Ça va?*

1. Mélanie	4. Léon	7. Hélène
2. Michèle	5. Noëlle	8. Thérèse
3. Cécile	6. Joël	9. Jérôme

H. L'alphabet français

A	/a/	**H**	/aʃ/	**O**	/o/	**V**	/ve/
B	/be/	**I**	/i/	**P**	/pe/	**W**	/dublə ve/
C	/se/	**J**	/ʒi/	**Q**	/ky/	**X**	/iks/
D	/de/	**K**	/ka/	**R**	/ɛr/	**Y**	/i grɛk/
E	/ə/	**L**	/ɛl/	**S**	/ɛs/	**Z**	/zɛd/
F	/ɛf/	**M**	/ɛm/	**T**	/te/		
G	/ʒe/	**N**	/ɛn/	**U**	/y/		

Note how the following letters are spelled aloud:

A	A majuscule	**è**	E accent grave
a	A minuscule	**ê**	E accent circonflexe
ss	deux S	**ç**	C cédille
é	E accent aigu		

11. À l'auberge de la jeunesse *(At the youth hostel)*   The following students are registering at the youth hostel. Each one spells his or her last name.

▶ Philippe Vallée   *Je m'appelle Philippe Vallée: V · A · deux L · E accent aigu · E*

1. Jacques Dubost	3. Sylvie Camus	5. Thomas Smith	7. André Lefêvre
2. Henri Maréchal	4. Anne Azziza	6. Jennifer Kelley	8. Ahmed Khalès

---

1. A letter between slash lines, such as /e/, /ɛ/, is a symbol of the International Phonetic Alphabet (IPA). These IPA symbols are used to identify the specific sounds of the French language. They are listed, together with the French system of sound-symbol correspondence, in Appendix I.

Le Français pratique

Point de départ

Vocabulaire utile: *Expressions pour la classe*

Le professeur:

Écoutez!	*Listen.*
Regardez!	*Look.*
Répétez!	*Repeat.*
Répondez!	*Answer.*
Lisez! *ez=A*	*Read.*
Écrivez!	*Write.*
Faites l'exercice!	*Do the exercise.*
Faites attention!	*Pay attention.*
Ouvrez vos livres!	*Open your books.*
Fermez vos livres!	*Close your books.*
Prenez une feuille de papier!	*Take a sheet of paper.*
Très bien.	*Very good.*
Bien.	*Good.*
Oui, c'est ça.	*Yes, that's it.*
Non, ce n'est pas ça.	*No, that's not it.*
Encore une fois.	*Once more. Again.*
Attention!	*Careful!*
Savez-vous ... ?	*Do you know ... ?* — NOT Aperson
Comprenez-vous ... ?	*Do you understand ... ?*

Les étudiants:

Je sais.	*I know.*
Je ne sais pas.	*I don't know.*
Oui, je comprends.	*Yes, I understand.*
Non, je ne comprends pas.	*No, I don't understand.*
Comment dit-on ... ?	*How do you say ... ?*
Que signifie ... ?	*What is the meaning of ... ?*
	What does ... mean?
S'il vous plaît.	*Please (to the teacher).*
S'il te plaît.	*Please (to a classmate).*

Situations

Although you have just begun learning French, you already know several expressions that will allow you to express yourself in many different situations. Imagine that you are in Paris. How would you respond in the following circumstances?

1. A child is about to cross the street. You notice a car approaching quickly. What would you tell the child?
   A. Lisez!   B. Attention!   C. C'est ça!
2. You are in a fast-food restaurant with a French friend. You want to order French fries but don't know the French expression. What would you say to your friend?
   A. Que signifie «French fries»?
   B. Comment dit-on «French fries»?
   C. «French fries», s'il vous plaît!
3. As you are walking down the street, a Canadian tourist mistakes you for a Parisian and asks you where the nearest post office is. You understand the question but have no idea where the post office is located. What would you say?
   A. Je ne sais pas.
   B. Répétez, s'il vous plaît!
   C. Comprenez-vous?
4. As you are walking through the Tuileries Gardens, you notice a huge advertising balloon floating over the Louvre museum. What would you say to the French friends who are with you?
   A. Écoutez!   B. Regardez!   C. Répétez!
5. You come back to your hotel and find the main entrance locked. You knock on the door and say:
   A. Ouvrez, s'il vous plaît!
   B. Fermez la porte (door)!
   C. Faites attention!

Vocabulaire utile: *Les Présentations (Introductions)*

informal	**Je te présente ...**	
formal	**Je vous présente ...**	*I would like you to meet ...*
	Je voudrais vous présenter ...	*(lit: I introduce ... to you)*
	Enchanté(e).	*Pleased (to meet you).*

(handwritten: I would Like) *(handwritten: VOODRAY)*

Conversations

A. Michel présente Georges à Marie.

MICHEL: Marie, je te présente Georges.
MARIE: Enchantée. *(shaking hands with Georges)*
GEORGES: Enchanté.

B. Michel présente Marie à Monsieur Dumas, le professeur de français.

MICHEL: Je vous présente Marie.
M. DUMAS: Enchanté, Mademoiselle.
MARIE: Enchantée, Monsieur.

Dialogue

1. Introduce the student on your left to the student on your right.
2. Introduce the student in front of you to your teacher.

1

QUI PARLE FRANÇAIS?

1. *Au Canada*

Paul Lavoie, A French-Canadian student, talks about himself and two of his friends.

Bonjour!
Je m'appelle Paul Lavoie.
J'habite° à Montréal.

I live

Voici Monique.
Elle habite à Montréal aussi°.
Elle parle° français.
Elle parle anglais aussi.
Elle est bilingue°!

also

speaks

bilingual

Voici Philippe.
Il n'habite pas à Montréal.
Il habite à Québec.
Philippe n'est pas bilingue.
Il ne parle pas anglais.
Il parle uniquement° français.

Et vous? Parlez-vous° français?

only

do you speak

18

Four students on a Saturday afternoon in Montreal

Note culturelle:
Le français en Amérique

In today's world, French is the native language of about 100 million people. These French speakers are located on every continent. In the Americas, French is spoken principally in Canada, Haïti, and, to a much lesser extent, in the United States.

In Canada, French is spoken by the descendants of the French settlers who came to the New World in the seventeenth and eighteenth centuries. Today the French Canadians number seven million. In fact, Montreal is the second largest French-speaking city in the world, after Paris.

French-Canadians have immigrated in large numbers to the United States. In the eighteenth century,

many of them moved south to Louisiana. In the nineteenth and twentieth centuries they settled mainly in New England. There are now about two million Franco-Americans in the United States. In the past fifteen years, there has been a noticeable revival of French in certain Franco-American communities, especially in southern Louisiana, where this movement is sponsored at the state level by CODOFIL (Council for the Development of French in Louisiana). A similar group, CODOFINE, has grown up in New England.

Structure et Vocabulaire

A. Le présent des verbes en -er et les pronoms-sujets

Note the forms of the verbs **visiter** *(to visit)* and **parler** *(to speak)* in the chart below. Each verb form consists of two parts:

—the stem (**visit-, parl-**), which remains the same;
—the ending, which changes with the subject.

infinitive		visiter	parler
singular	first person	Je **visite** Paris.	Je **parle** français.
	second person	Tu **visites** Montréal.	Tu **parles** français.
	third person	Marc **visite** New York. Hélène **visite** Boston.	Il **parle** anglais. Elle **parle** anglais.
plural	first person	Nous **visitons** Mexico.	Nous **parlons** espagnol.
	second person	Vous **visitez** Moscou.	Vous **parlez** russe.
	third person	Paul et Jacques **visitent** Québec. Anne et Sylvie **visitent** Toronto.	Ils **parlent** français. Elles **parlent** anglais.

Note linguistique: Verbes réguliers

The basic form of the verb is the *infinitive*. In French, verbs are classified by their infinitive endings. Many French verbs end in -er in the infinitive.

A set of verb forms, like the forms of **visiter** in the chart above, is called a *conjugation*. Most -er verbs are conjugated like **visiter** and **parler**. They are called *regular verbs* because their forms are predictable.

■ In the present tense, each regular -er verb has one stem (the infinitive minus -er) and one set of written endings:

je	-e	nous	-ons
tu	-es	vous	-ez
il/elle	-e	ils/elles	-ent

☐ The endings -e, -es, and -ent are silent.

■ The French present tense corresponds to three English forms:

Paul **parle** français.   { Paul *speaks* French.
Paul *is speaking* French.
Paul *does speak* French.

■ In French, there are eight personal subject pronouns:

je *(I)*	**tu** *(you)*	**il** *(he)*	**elle** *(she)*
nous *(we)*	**vous** *(you)*	**ils** *(they)*	**elles** *(they)*

☐ **Tu** vs. **vous**
—When talking to *one person*, speakers of French use:

tu (the familiar form)   to address a close friend, a child, or member of the family;

vous (the formal form)   to address someone older or a person who is not a close friend.

Tu parles anglais, Paul?   **Vous** parlez anglais, Madame?

—When talking to *two or more people*, speakers of French use:
vous (both the familiar and the formal form).

Vous parlez anglais, Anne et Philippe?

Note: **Vous** is always used with a plural verb, even when it refers to one person.

Ils vs. **elles**
When talking about two or more people, speakers of French use:
ils   when *at least one member* of the group is male;
elles   when the *entire* group is female.

Voici Paul et Philippe.   **Ils** parlent français.
Et Monique et Suzanne?   **Elles** parlent français.
Et Marc et Christine?   **Ils** parlent français et anglais.

1. Français ou anglais? The following people are traveling. Say which cities they are visiting and whether they are speaking French *(français)* or English *(anglais)*. Use subject pronouns and the appropriate forms of the verbs *visiter* and *parler*.

▶ Paul (Paris)   *Il visite Paris. Il parle français.*

1. Louis (San Francisco)
2. Hélène et Sylvie (Québec)
3. Jacqueline (Chicago)
4. Jacques et Albert (Genève)
5. Louis et Thomas (Dallas)
6. M. et Mme Dupont (Los Angeles)
7. Charles et Louise (Bordeaux)
8. Nathalie (Paris)

2. Qui parle français? Ask the following people whether they speak French.

▶ Annette Tremblay (a student from Montreal)   *Tu parles français?*
▶ Monsieur Tremblay (Annette's father)   *Vous parlez français?*

1. Hélène Duval (a student from Paris)
2. Alain Duval (Hélène's younger brother)
3. Madame Duval (Hélène's mother)
4. Monsieur Lacroix (your English teacher)
5. Pierre et André (M. Lacroix's young children)
6. Sylvie Leblanc (an employee at the reservation desk of Air Canada)
7. Paul Bouchard (a student on the hockey team)
8. Albert Lafleur and Jacques Boudreau (Paul's roommates)
9. Lucien Lambert (the coach of the hockey team)

Vocabulaire: *Quelques activités (Some activities)*

verbes en -er

détester	to dislike, to hate	Paul **déteste** Paris.
dîner	to have dinner	Roger **dîne** avec Nicole.
jouer (au tennis)	to play (tennis)	Nous **jouons** au tennis.
parler	to speak, to talk	Jacques **parle** français.
regarder	to look at	Nous **regardons** Suzanne.
	to watch	Tu **regardes** la télévision.
rentrer	to return, to go back	Je **rentre** à Montréal.
téléphoner (à)	to phone, to call	Vous **téléphonez** à Sylvie.
travailler	to work	Pierre **travaille.**
visiter	to visit (a place)	Nous **visitons** Québec.

expressions

à	to	Jacques parle **à** Henri.
	at	Tu travailles **à** l'hôtel Méridien.
	in (+ city)	Ils travaillent **à** Montréal.
de	from	Vous téléphonez **de** New York.
	of, about	Nous parlons **de** Michèle.
avec	with	Tu joues **avec** Monique.
pour	for	Elle travaille **pour** Air Canada.
et	and	Voici Guy **et** Hélène.
ou	or	Jean parle français **ou** anglais.
mais	but	Je joue au tennis **mais** vous jouez au golf.

note de vocabulaire

In English, certain verbs are followed by prepositions *(to look at)*. This is also the case in French (**téléphoner à**). However, French and English do not always follow the same patterns. Contrast:

Je	**regarde**	Monique.	Tu	**téléphones à**	Paul.
I	*am looking at*	Monique.	You	*are phoning*	Paul.

---

3. Au téléphone   The participants at an international convention are calling home. Tell which city they call and which language they are speaking. Use the verbs *téléphoner à* and *parler*.

▶ Henri (Paris / français)   *Henri téléphone à Paris. Il parle français.*

1. nous (New York / anglais)
2. vous (Mexico / espagnol)
3. Marc (Québec / français)
4. Christine (Montréal / anglais)
5. je (San Francisco / anglais)
6. tu (Moscou / russe)

4. **Activités** Describe what the following people are doing.

▶ Cécile / jouer au tennis   *Cécile joue au tennis.*

1. nous / jouer au volleyball
2. vous / travailler
3. Philippe / téléphoner à Sylvie
4. Pierre et Paul / dîner
5. tu / regarder la télévision
6. Louise et Jacqueline / rentrer à l'hôtel
7. Anne / dîner avec Éric
8. je / téléphoner à Monique

B. Élision et Liaison

Élision   The final -**e** of a few short words, like **je** and **de,** is dropped when the next word begins with a vowel sound, that is, with a mute **h** or a vowel. This is called *elision.* In written French, elision is marked by an apostrophe.

Je travaille à Paris.   **J'**habite à Paris.
Nous parlons **de** Jacques.   Nous parlons **d'**Albert.

Liaison   When a French word ends in a consonant, this consonant is almost always silent. In certain words, however, the final consonant is pronounced when the next word begins with a vowel sound. This is called *liaison* and occurs between words that are closely linked in meaning, such as a subject pronoun and its verb. Note the liaison after **nous, vous, ils,** and **elles.**

Ils invitent Philippe.   Nous invitons Marie.
Vous habitez à New York.   Elles habitent à Montréal.

☐   The liaison consonant (in the above examples, the final -**s,** which represents the sound /z/) is always pronounced as if it were the first sound of the following word.

☐   The sign ‿ will be used in the STRUCTURE ET VOCABULAIRE sections to indicate when liaison is required with a new word or expression.

Vocabulaire: *Quelques verbes en -er*

aimer	to like, to love	Paul **aime** Paris.
arriver	to arrive	Nous **arrivons** à Bordeaux.
écouter	to listen to	Vous **écoutez** la radio.
étudier	to study	Ils **étudient** avec Sophie.
habiter	to live	Barbara **habite** à Boston.
inviter	to invite	Elle **invite** Robert.

5. Au Canada The following people are Canadians. Say where they live and that they like their hometowns. Use subject pronouns and the appropriate forms of *habiter à* and *aimer*.

► Jacqueline (Québec)   *Elle habite à Québec. Elle aime Québec.*

1. nous (Montréal)
2. je (Toronto)
3. vous (Ottawa)
4. tu (Moncton)
5. M. et Mme Lafleur (Halifax)
6. Monique et Nicole (Québec)
7. Paul et Robert (Gaspé)
8. Roger (Montréal)

6. Week-end Say what the people of column A are doing this weekend by using the elements of columns B and C. Be logical.

A	B	C
nous	jouer	Caroline
vous	dîner	Jean-Pierre
Marc	écouter	au tennis
Hélène	regarder	la télévision
M. et Mme Simon	téléphoner à	un concert
je	inviter	au restaurant
tu		

► *Nous regardons la télévision. (Nous invitons Caroline ...)*

C. La négation

Compare the affirmative and negative sentences below.

Je parle français.	Je **ne** parle **pas** anglais.	I *don't* speak English.
Nous jouons au volleyball.	Nous **ne** jouons **pas** au tennis.	We are *not* playing tennis.
Paul habite à Montréal.	Il **n'**habite **pas** à Québec.	He *doesn't* live in Québec.

■ In French, negative sentences follow the pattern:

> subject + **ne** + verb + **pas** + rest of sentence

☐ Note the elision: **ne** → **n'** before a vowel sound.

7. Vive la différence! Jacques does not do what Pierre does. Play the two roles according to the model.

► jouer au tennis   PIERRE: *Je joue au tennis.*
                     JACQUES: *Je ne joue pas au tennis.*

1. parler italien
2. habiter à Bordeaux
3. étudier la médecine
4. regarder la télévision
5. aimer les westerns
6. travailler pour un hôpital

8. **Oui et non** Read what the following people are doing, then say what they are not doing. Use the expression in parentheses in the negative sentence.

▶ Je parle français. (italien) *Je ne parle pas italien.*

1. Nous parlons français. (espagnol)
2. Vous habitez à Paris. (à Montréal)
3. Je joue au tennis. (au football)
4. Éric téléphone à Jacqueline. (à Nicole)
5. Tu invites Monique. (Albert)
6. Vous travaillez pour Air Canada. (pour Air France)
7. Thomas étudie la physique. (la biologie)
8. J'écoute Sylvie. (Christine)

9. **Oui ou non?** Read what the following people do and say whether or not they do the things in parentheses.

▶ Paul étudie. (jouer au tennis? travailler?) *Il ne joue pas au tennis. Il travaille.*

1. Nous habitons à Québec. (habiter en France? parler italien?)
2. Vous regardez la télé. (étudier? travailler?)
3. M. Dumas téléphone à un client. (travailler? écouter la radio?)
4. Les touristes visitent Québec. (aimer Québec? habiter à Québec?)

D. Les nombres de *0 à 12*

Numbers may be used alone, as in counting. They may also be used with nouns. Note the pronunciation of the numbers from 0 to 12 in the chart below.

alone		before a consonant sound	before a vowel sound
		Le train arrive ...	Je rentre ...
0	zéro		
1	un	dans un moment *(in a moment)* dans une minute	dans un instant dans une heure *(hour)*
2	deux	dans deux minutes	dans deux heures
3	trois	dans trois minutes	dans trois heures
4	quatre	dans quatre minutes	dans quatre heures
5	cinq	dans cinq minutes	dans cinq heures
6	six	dans six minutes	dans six heures
7	sept	dans sept minutes	dans sept heures
8	huit	dans huit minutes	dans huit heures
9	neuf	dans neuf minutes	dans neuf heures
10	dix	dans dix minutes	dans dix heures
11	onze	dans onze minutes	dans onze heures
12	douze	dans douze minutes	dans douze heures

☐ Alone, **six** and **dix** are pronounced /sis/ and /dis/.

☐ When a number occurs before a word beginning with a consonant sound, the final consonant of that number is usually not pronounced.

hui̸t   huit minutes

☐ There is liaison when a number occurs before a word beginning with a vowel sound (that is, with a mute **h** or a vowel). Note that in liaison, a final **-s** or **-x** is pronounced /z/: trois͜ /z/ heures, dix͜ /z/ heures. Note also: cinq͜ /k/ heures, neuf͜ /v/ heures.

10. L'ordinateur *(The computer)*   The following numbers are listed on a computer print-out. Read each series aloud.

1.   1,3,5,7,9,11,

2.   0,2,4,6,8,10,12,

3.   1,5,2,7,9,11,12,

4.   3,2,0,4,6,2,5,

5.   0,12,4,11,6,5,7,

11. Au café *(At the café)*   You are working as a waiter or a waitress in a French café. Relay the following orders to the bar.

▶ 6 cafés *(coffees)*   *six cafés ... six!*

1. 3 cafés
2. 6 thés *(teas)*
3. 8 coca-colas
4. 9 cafés
5. 10 thés
6. 2 sandwiches
7. 12 sandwiches
8. 2 orangeades
9. 6 orangeades
10. 10 orangeades
11. 2 express *(espressos)*
12. 7 express

RESTAURANT
CAFÉ DE PARIS

Vocabulaire: *L'heure (Time)*

Quelle heure est-il?   *What time is it?*

Il est ...   une heure   dix heures   midi   minuit

À quelle heure?	At what time?	**À quelle heure** est le concert?
À ...	At ...	**À** huit heures.
Dans ...	In ...	**Dans** dix minutes.
J'ai rendez-vous.	I have a date (an appointment).	**J'ai rendez-vous** avec Janine à deux heures.

note de vocabulaire

In English, the expression *o'clock* may be left out when giving the time.
In French, the word **heure** or **heures** (abbreviated as **h**) may never be omitted.

---

12. Quand il est midi à Paris ... *(When it is noon in Paris ...)* Give the time in other cities when it is noon in Paris.

▶ New York: 6 h   *À New York, il est six heures.*

1. Boston: 6 h
2. Chicago: 5 h
3. Denver: 4 h
4. Los Angeles: 3 h
5. Québec: 6 h
6. Madrid: 12 h
7. Moscou: 2 h
8. Tel Aviv: 1 h
9. Mexico: 5 h
10. Pékin: 7 h
11. Tokio: 8 h
12. Honolulu: 1 h

13. À quelle heure? Say at what time you do the following things.

▶ arriver à l'université   *J'arrive à l'université à huit heures (à neuf heures ...).*

1. écouter la radio
2. étudier
3. dîner
4. regarder la télévision
5. travailler

Récapitulation

Substitution

Replace the underlined words with the words in parentheses, making all necessary changes.

▶ Tu parles à Philippe.   (inviter)   *Tu invites Philippe.*
▶ J'écoute la radio.   (vous)   *Vous écoutez la radio.*

1. Nous regardons la télévision.   (tu, Marie, Sophie et Roger, je, vous)
2. Philippe étudie à Québec.   (Monique, nous, tu, vous, je, ils, elle)
3. Nous habitons à New York.   (détester, visiter, travailler à, étudier à)
4. Je téléphone à Sophie.   (inviter, parler à, aimer, parler de, écouter)
5. Claire ne visite pas Paris.   (aimer, habiter à, travailler à, détester)
6. Vous ne jouez pas au tennis.   (Julien, je, Marc et Sylvie, tu, nous)
7. J'ai rendez-vous avec Pierre à midi.   (2 h, 5 h, 1 h, 6 h, 10 h)

Activités

Say what the following people might be doing by completing the sentences below with a verb which fits logically.

1. Françoise ___ italien avec Mario.
2. Monsieur Joly ___ pour Air Canada.
3. À sept heures, nous ___ au restaurant.
4. Henri et Gabrielle ___ la biologie.
5. Vous ___ la radio.
6. Tu ___ au tennis.
7. Nous ___ de l'université à midi.

Vous avez la parole: Dialogue

Ask your classmates if they do the following things. They will answer affirmatively or negatively.

▶ parler (français?)   —*Tu parles français?*
                          —*Oui, je parle français.*
                      ou: *Non, je ne parle pas français.*

1. parler (italien? espagnol?)
2. étudier (la biologie? les maths? l'histoire?)
3. jouer (au tennis? au volleyball? au basketball?)
4. aimer (la musique? le jazz? les sports?)

2. À Dakar

Lamine, a student from Senegal, introduces herself and her friend Hamadi.

Bonjour!
Je m'appelle Lamine.
Je ne suis pas française.
Je suis sénégalaise°.
Je suis étudiante° en médecine
   à l'université de Dakar.
J'aime étudier, mais je n'étudie pas
   tout le temps°.
J'aime la musique et j'aime danser.
J'aime aussi° les sports.
Je nage° et je joue au tennis.

from Senegal
a student

all the time

also
swim

Et vous, est-ce que vous aimez les sports?
Est-ce que vous aimez jouer au tennis?

Voici Hamadi.
Il est étudiant aussi, mais il n'est pas
   très sportif°.
Est-ce qu'il nage bien?
Non, il n'aime pas nager.
Est-ce qu'il joue au tennis?
Non, il déteste jouer au tennis!

athletic

Hamadi et moi, nous sommes différents,
   mais nous sommes amis°.
C'est l'essentiel°, n'est-ce pas?

friends
what counts

Note culturelle: *Le français en Afrique*

Today, French is widely spoken in Western and Central Africa. The use of French as a common language is a factor of national integration and cohesion in countries where different tribes have traditionally spoken different languages. Eighteen countries of black Africa have adopted French as their official language. Among the most important French-speaking countries in Africa are the Malagasy Republic (Madagascar), Zaire, Senegal (whose capital, Dakar, is one of the most modern cities in Africa), Mali, and the Ivory Coast. Formerly French or Belgian colonies, these countries became independent nations in the early 1960's. French is also spoken by large segments of the population in the northern African countries of Morocco, Algeria, and Tunisia.

Structure et Vocabulaire

Vocabulaire: *Activités*

verbes en -er

chanter	to sing	Jean et Claire **chantent.**
danser	to dance	Jeanne et Richard **dansent.**
nager	to swim	Vous ne **nagez** pas.
voyager	to travel	Paul ne **voyage** pas.

adverbes

assez	enough	Tu ne travailles pas **assez.**
aussi	also, too	J'invite Paul. J'invite Sylvie **aussi.**
beaucoup	a lot, (very) much	Nous aimons **beaucoup** Dakar.
maintenant	now	Il travaille pour Air Afrique **maintenant.**
toujours	always	Ils parlent **toujours** français en classe.
souvent	often	Michèle ne voyage pas **souvent.**
bien	well	Tu chantes **bien.**
mal	badly, poorly	Je chante **mal.**
assez	rather	Vous dansez **assez** bien!
très	very	Anne ne nage pas **très** souvent.

notes de vocabulaire

1. The **nous**-form of verbs in **-ger,** like **nager** and **voyager,** ends in **-geons.**

   Nous **nageons** bien.   Nous ne **voyageons** pas très souvent.

2. In French, adverbs usually come immediately *after* the verb, or after **pas** if the verb is in the negative. Adverbs *never* come between the subject and the verb.

   Je joue **souvent** au tennis.   I *often* play tennis.
   Vous ne voyagez pas **beaucoup.**   You don't travel *very much.*

---

1. Expression personnelle   Say how well or how frequently you do the following things. Use one or two of the following adverbs in affirmative or negative sentences: *bien, mal, beaucoup, souvent, toujours, assez, très.*

▶ jouer au tennis   *Je joue très bien au tennis.*   ou: *Je joue assez mal au tennis.*
       ou: *Je ne joue pas souvent au tennis.*

1. parler français	4. voyager	7. jouer au ping-pong
2. travailler	5. danser	8. jouer au Frisbee
3. étudier	6. chanter	9. nager

A. Le verbe *être*

Note the forms of the present tense of the irregular verb **être** *(to be)* in the chart below.

être	to be	
je **suis**	I am	Je **suis** à Québec.
tu **es**	you are	Tu **es** à l'université.
il/elle **est**	he/she is	Il n'**est** pas avec Nathalie.
nous **sommes**	we are	Nous ne **sommes** pas en classe.
vous **êtes**	you are	Vous **êtes** de New York.
ils/elles **sont**	they are	Elles ne **sont** pas à Paris.

☐ Liaison is required in **vous‿êtes.**

☐ There is often liaison after **est** and **sont: Il est‿à Dakar.**

2. **En voyage** *(On a trip)* The following people are travelling. Say that they are not from the cities they are visiting. Follow the model.

▶ Philippe (Québec)   *Philippe visite Québec mais il n'est pas de Québec.*

1. nous (Paris)
2. je (Montréal)
3. Nathalie (New York)
4. Louis et Paul (Miami)
5. tu (Bordeaux)
6. vous (Marseille)
7. Jacques et Denise (Dakar)
8. M. et Mme Denis (Strasbourg)

3. **Où sont-ils?** *(Where are they?)* What we are doing usually gives a good indication of where we are. For each person in column A, select an activity from column B. Then say where that person is, using a location from column C. Be logical.

A	B	C
Jacques	dîner	à Paris
Nicole	danser	à New York
Henri et Hélène	étudier	en Égypte
M. et Mme Duval	écouter «Carmen»	à l'opéra
nous	regarder un film	au restaurant
vous	visiter le Louvre	au cinéma
je	admirer les Pyramides	à la discothèque
tu	travailler pour les Nations-Unies	à l'université

▶ *Nicole travaille pour les Nations-Unies. Elle est à New York.*

B. La construction infinitive

Note the use of the infinitives in the following sentences.

Lamine aime **voyager.**	Lamine likes *to travel.*	(Lamine likes *travelling.*)
Je déteste **étudier.**	I hate *to study.*	(I hate *studying.*)
Tu n'aimes pas **travailler.**	You do not like *to work.*	(You do not like *working.*)

■ The infinitive construction is formed according to the pattern:

subject + (**ne**) + main verb + (**pas**) + infinitive + rest of sentence

☐ The infinitive is frequently used after verbs like **aimer** *(to like)* and **détester** *(to hate).*

☐ In French, the infinitive consists of one word, whereas in English the verb is preceded by the word *to.*

☐ French often uses an infinitive where the equivalent English sentence contains a verb in *-ing.*

4. Expression personnelle Say whether or not you like the following activities.

▶ parler français   *J'aime parler français.*
                           ou: Je n'aime pas parler français.
                           ou: Je déteste parler français.

1. parler en public
2. étudier le week-end
3. voyager en autobus
4. jouer au baseball
5. nager dans l'océan

6. chanter
7. regarder la télévision après *(after)* minuit
8. organiser des surprise-parties *(parties)*
9. dîner à la cafétéria

5. Une bonne raison *(A good reason)* Read what the following people are doing or not doing and explain why. Use the construction *aimer* + infinitive in affirmative or negative sentences.

▶ Philippe téléphone à Michèle.   *Philippe aime téléphoner à Michèle.*
▶ Marc n'étudie pas.   *Marc n'aime pas étudier.*

1. Nous travaillons.
2. Vous étudiez.
3. Tu nages.
4. Pierre et Annie dansent.
5. Linda joue au volleybail.
6. Nous voyageons.

7. Je ne travaille pas le week-end.
8. Je ne regarde pas la télévision.
9. Paul et Marc n'écoutent pas la radio.
10. Tu ne chantes pas.
11. M. Moreau ne voyage pas en bus.
12. Vous ne dînez pas à la cafétéria.

C. Questions à réponse affirmative ou négative

Questions that can be answered affirmatively or negatively are called *yes/no
questions*. Compare the statements and the questions below.

Marc joue au tennis.	**Est-ce que** Marc joue au tennis? ᴇᴅᴋᴀ	*Does* Marc play tennis?
Vous voyagez souvent.	**Est-ce que** vous voyagez souvent?	*Do* you travel often?
Elle aime chanter.	**Est-ce qu'**elle aime chanter?	*Does* she like to sing?

■ A statement can be transformed into a yes/no question as follows:

> **est-ce que** + subject + verb + rest of sentence

☐ Note the elision: **est-ce que** → **est-ce qu'** before a vowel sound.

☐ Your voice rises at the end of a yes/no question.

■ In conversational French, yes/no questions may also be formed:
—by simply letting your voice rise at the end of the sentence;

Marc habite à Paris.　　Marc habite à Paris?

—by adding the tag expression **n'est-ce pas** at the end of the sentence.

Tu habites à Dakar.	Tu habites à Dakar, **n'est-ce pas?**	You live in Dakar, *don't you?*
Vous êtes français.	Vous êtes français, **n'est-ce pas?**	You're French, *aren't you?*

Note: In tag questions, the speaker expects a yes answer. *Respak*

6. **Tennis?**　You are looking for a tennis partner. Ask if the following people play tennis.
Begin your questions with *est-ce que (est-ce qu').*

▶ Anne　　*Est-ce qu'Anne joue au tennis?*　*you — plural you)*

1. vous	3. Alain et Roger *(Formal you)*	5. Isabelle
2. Philippe	4. Michèle et Marc	6. tu

7. **Dialogue**　Why not get better acquainted with your classmates? Ask them questions
based on the following cues.

▶ jouer au volleyball?　　—*Est-ce que tu joues au volleyball?*
　　　　　　　　　　　　—*Oui. Je joue au volleyball!*
　　　　　　　　　　ou: *Non. Je ne joue pas au volleyball!*

1. habiter à New York?	7. danser bien?
2. parler espagnol?	8. nager souvent?
3. être optimiste?	9. regarder souvent la télévision?
4. être de San Francisco?	10. aimer voyager?
5. voyager beaucoup?	11. aimer étudier le week-end?
6. chanter dans une chorale?	12. aimer nager?

8. **Une interview** Imagine that a journalist has just interviewed a French actress who is visiting the United States. Here are her answers. What were the journalist's questions?

▶ Non, je n'habite pas à Paris!   *Est-ce que vous habitez à Paris?*

1. Oui, je parle anglais.
2. Non, je ne chante pas.
3. Oui, je travaille beaucoup.

4. Oui, je voyage souvent.
5. Oui, j'aime voyager.
6. Non, je ne suis pas en vacances *(on vacation)*.

9. **À la Maison des Jeunes** *(At the Youth Center)* Imagine that you are the director of a French youth center. Ask if the following people do the activities mentioned. Use subject pronouns.

▶ Michèle: danser bien?   *Est-ce qu'elle danse bien?*

1. Pierre: jouer au tennis?
2. Sylvie: nager?
3. Hélène: chanter avec la chorale?
4. Marc: parler anglais?

5. Jacques et Antoine: jouer au basketball?
6. Paul et Philippe: nager bien?
7. Claire et Suzanne: jouer au volleyball?
8. Henri et Annie: danser le rock?

Two young women in Dakar

Vocabulaire: *Expressions pour la conversation*

to answer a yes/no question

Oui!	Yes!	**Non!**	No!
Mais oui!	Why yes! Yes of course!	**Mais non!**	Why no! Of course not!
Bien sûr!	Of course!	**Pas du tout!**	Not at all!
D'accord!	OK! All right! Agreed!	**Bien sûr que non!**	Of course not!
Peut-être ...	Maybe ..., Perhaps ...		

to introduce questions

Est-ce que tu veux ...
Est-ce que vous voulez ... } Do you want ...   **Est-ce que tu veux** jouer au tennis?

Est-ce que tu peux ...
Est-ce que vous pouvez ... } Can you ...   **Est-ce que tu peux** téléphoner à Paul?

to answer these questions

Je veux ...	I want ...	**Je veux** voyager.
Je voudrais ...	I would like ...	**Je voudrais** visiter Paris.
Je peux ...	I can ...	**Je ne peux** pas dîner avec vous.
Je dois ...	I must, have to ...	**Je dois** étudier.

notes de vocabulaire

1. The verbs in the preceding constructions are followed directly by an infinitive.
2. The expression **être d'accord** means *to agree.*

Est-ce que **vous êtes d'accord**   *Do you agree* with Anne-Marie?
   avec Anne-Marie?
Non, **je ne suis pas d'accord.**   No, *I don't agree.* (I disagree.)

---

10. Interviews   A French international company is recruiting a sales representative in Europe. Play the roles of the head of personnel and the candidates. The candidates may answer in the affirmative or negative, as appropriate.

▶ être dynamique   LE DIRECTEUR: *Est-ce que vous êtes dynamique?*
                          LE CANDIDAT: *Bien sûr, je suis dynamique.*

1. être optimiste   5. aimer voyager
2. être timide   6. aimer travailler en groupe
3. parler anglais   7. détester parler en public
4. parler espagnol   8. détester travailler le week-end

11. Excuses! Roger asks Alice if she wants to do certain things. Alice says that she cannot because she has other things to do. Play the two roles according to the model.

Roger:	Alice:
jouer au tennis	étudier
nager	travailler
regarder la télévision	préparer l'examen
jouer au bridge	dîner
visiter le musée	rentrer à la maison *(home)*

▶ ROGER: *Est-ce que tu veux jouer au tennis?*
ALICE: *Je ne peux pas. Je dois rentrer à la maison.*

D. Les nombres de *13* à *60*

Note the numbers from 13 to 60.

13	treize	21	vingt et un	40	quarante
14	quatorze	22	vingt-deux	50	cinquante
15	quinze	23	vingt-trois	60	soixante
16	seize	24	vingt-quatre		
17	dix-sept	...			
18	dix-huit	30	trente		
19	dix-neuf	31	trente et un		
20	vingt	32	trente-deux		
		...			

■ The rules of pronunciation and liaison which apply to single-digit numbers also apply to multi-digit numbers.

vingt-six /vẽtsis/   **vingt-six** /vẽtsiz/ **heures**   **vingt-six** /vẽtsi/ **minutes**

■ Note that **et** is used with the numbers 21, 31, 41, 51, etc., but not with 22, 23, etc. There is no hyphen when **et** is used.

□ There is never liaison after **et**.

12. Numéros de téléphone You would like to phone the following people. Ask the operator to connect you with the numbers below. Note: In French, phone numbers are given in groups of two digits.

▶ Durand 23.41.16   *Je voudrais le vingt-trois, quarante et un, seize, s'il vous plaît.*

1. Laroche 18.22.35
2. Vallée 11.60.54
3. Denis 24.45.12
4. Moreau 38.21.46
5. Lagarde 17.42.39
6. Masson 16.56.47
7. Pascal 47.15.53
8. Lacoste 19.35.24

Vocabulaire: *Les divisions de l'heure*

Il est ...   **huit heures et quart**   **neuf heures et demie**   **midi moins le quart**

Il est ...   **une heure cinq**   **deux heures vingt**

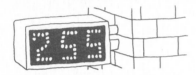 

Il est ...   **trois heures moins cinq**   **quatre heures moins vingt**
      (deux heures cinquante-cinq)   (trois heures quarante)

notes de vocabulaire

1. When there is a need to differentiate between A.M. and P.M., the French use the following expressions:

du matin	A.M. *(in the morning)*	Il est dix heures et demie **du matin.**
de l'après-midi	P.M. *(in the afternoon)*	Il est deux heures **de l'après-midi.**
du soir	P.M. *(in the evening)*	Il est neuf heures **du soir.**

2. Official time, which uses a 24-hour clock, is used to give arrival and departure times of planes, buses, and trains; to show times of plays and films; and to make public announcements. On the official clock, the hours from 12 to 24 correspond to P.M. Any fraction of the hour is recorded in terms of minutes past the hour.

official time		*conversational French*
11 h 00	onze heures	onze heures (du matin)
11 h 50	onze heures cinquante	midi moins dix
20 h 15	vingt heures quinze	huit heures et quart (du soir)
23 h 45	vingt-trois heures quarante-cinq	minuit moins le quart

13. La journée de Françoise   Describe Françoise's day, saying at which time she does certain things.

▶ arriver à l'université   `8:45`   *Elle arrive à l'université à neuf heures moins le quart.*

1. arriver à la cafétéria   `12:30`

2. arriver en classe   `1:45`

3. dîner   `6:30`

4. arriver au cinéma   `8:15`

5. rentrer   `11:45`

14. À la gare *(At the station)*   People are waiting for their friends at the Gare d'Austerlitz in Paris. They are at the information desk asking when certain trains are arriving. Play both roles according to the model.

▶ Toulouse?   —*S'il vous plaît, à quelle heure arrive le train de Toulouse?*
                —*À huit heures quarante, Monsieur (Mademoiselle).*

1. Tours?   3. Bordeaux?   5. Limoges?
2. Orléans?   4. Nantes?   6. La Rochelle?

ARRIVÉES

TOULOUSE	8:40
TOURS	9:23
ORLÉANS	10:14
BORDEAUX	11:35
NANTES	11:50
LIMOGES	13:25
LA ROCHELLE	14:38

15. Et vous?   Say at what times you do the following things.

1. En général, j'arrive à l'université à ...
2. Le professeur arrive à ...
3. La classe de français commence à ...
4. Je quitte *(leave)* l'université à ...
5. Je rentre à la maison *(home)* à ...
6. Je dîne à ...
7. Maintenant, il est ...

Récapitulation

Substitution

Replace the underlined words by the expressions in parentheses, making all necessary changes.

▶ <u>Je</u> chante mal. (vous)   *Vous chantez mal.*

1. <u>Claire</u> n'est pas à l'université.   (je, vous, le professeur, Marc et Thomas)
2. <u>Françoise</u> aime voyager.   (Mme Bellamy, nous, tu, M. et Mme Petit)
3. <u>Je</u> ne chante pas parce que je n'aime pas <u>chanter</u>.   (tu / danser; vous / étudier; Eric / travailler)
4. Est-ce que <u>vous</u> voyagez en train?   (tu, M. Vasseur, Mlle Joli, Jacques et Sylvie)
5. Le train arrive à <u>midi cinq</u>.   (9 h 40, 15 h 15, 16 h 45, 18 h 30)

Vous avez la parole: Autoportrait

Compose a brief self-portrait by completing each of the following sentences with an expression of your choice. You may wish to use the suggestions in parentheses.

1. En général, je suis ...
2. Je ne suis pas ...   (réaliste, idéaliste, optimiste, pessimiste, dynamique, timide, calme)
3. Je suis souvent ...

4. J'aime ...
5. Je n'aime pas ...   (étudier, voyager, danser, nager, écouter la radio, regarder la télévision)

6. Je veux ...
7. Je ne veux pas ...   (être professeur, architecte, artiste, dentiste)

8. Je voudrais ...   (voyager, travailler en France, visiter Paris)

9. Je dois ...
10. Je ne dois pas ...   (parler français en classe, étudier, travailler)

Vous avez la parole: Interviews

The following French people are visiting your campus. Imagine you are interviewing each visitor for your school newspaper. Prepare four questions for each person.

▶ Caroline Bellevoix, 30 years old, opera singer
Est-ce que vous voyagez souvent?
Est-ce que vous chantez «Carmen»?
Est-ce que vous voulez visiter l'opéra de San Francisco?
Est-ce que vous chantez en italien?

1. Christine Laffont, 35 years old, businesswoman
2. Robert Monteil, 50 years old, movie actor
3. Jean-Pierre Cassin, 18 years old, political science student
4. Marie Galand, 19 years old, architecture student

3. À Paris, à l'Alliance Française

Two students meet in front of the Alliance Française in Paris.

—Bonjour, je m'appelle Kim.
  Je suis anglaise. Et toi?
—Moi, je m'appelle Claire.
  Je suis suisse°.   *Swiss*
—Où° est-ce que tu habites?   *where*
—J'habite à Zurich.
—Pourquoi° est-ce que tu étudies le français?   *why*
—Parce que° pour nous c'est une langue° très importante dans le commerce°.   *because / language / business*
—Je suis d'accord avec toi! Quand° est-ce que tu comptes° rentrer en   *when / expect*
  Suisse°?   *Switzerland*
—En septembre.
—Et qu'est-ce que° tu comptes faire° là-bas°?   *what / to do / there*
—Je voudrais travailler dans une agence de voyages. J'adore° voyager. Et toi?   *love*
—Moi aussi!

Notes culturelles
L'Alliance Française

L'Alliance Française is the largest school devoted to the teaching of French language and civilization. It has about 300,000 students throughout the world. Headquartered in Paris (at 101, boulevard Raspail), it has many branches outside of France, especially in Africa, the Middle East, the Far East, and South America, regions of the world which have maintained strong cultural ties to France.

Le français en Europe et ailleurs

In Europe, the domain of the French language extends beyond the boundaries of France. French is an official language in Luxemburg, Belgium, and Switzerland, which all have sizeable French-speaking populations. Brussels, the capital of Belgium, is a bilingual city. Geneva and Lausanne, the seats of many international organizations, are also large French-speaking cities.

The use of French is not limited to the French-speaking nations. In many countries, especially in Europe and the Americas, French language, literature, and culture are widely studied. (In the United States, for instance, over 2 million high school and university students enroll each year in French courses.) For many millions of non-native speakers, French is the main language of communication. Moreover, it is one of the five official languages of the United Nations and is, along with English, its working language.

Walking in Geneva

Structure et Vocabulaire

A. Questions d'information

The questions below cannot be answered by yes or no. They request specific information and are therefore called *information questions*. Note that the questions begin with interrogative expressions which define the information which is sought.

	questions	answers
(where)	**Où** est-ce que tu habites?	J'habite à Genève.
(with whom)	**Avec qui** est-ce que vous voyagez?	Je voyage avec Paul.
(when)	**Quand** est-ce que vous visitez Paris?	Nous visitons Paris en septembre.
(why)	**Pourquoi** est-ce que tu étudies le français?	Parce que je veux travailler en France.
(who, whom)	**Qui** est-ce que tu invites?	J'invite Jacqueline.

Information questions can be formed according to the following pattern:

> interrogative expression + **est-ce que** + subject + verb + rest of sentence

☐ In information questions, your voice usually begins on a high pitch and steadily falls until the end of the sentence.

Quand est-ce que vous arrivez à Genève?

☐ Short information questions are sometimes formed by inverting or reversing the noun subject and the verb.

Où **habite Anne-Marie?**　　Where does Anne-Marie live?
Avec qui **travaille Charles?**　　With whom does Charles work?

Vocabulaire: *Expressions interrogatives*

comment?	how?	**Comment** est-ce que vous voyagez? En auto ou en bus?
où?	where?	**Où** est-ce que tu habites?
quand?	when?	**Quand** est-ce que vous étudiez?
à quelle heure?	at what time?	**À quelle heure** est-ce qu'il arrive?
pourquoi?	why?	**Pourquoi** est-ce que tu étudies les maths?
parce que	because	**Parce que** je veux être ingénieur!
que?	what?	**Qu'est-ce que** vous regardez?
qui?	who?	**Qui** parle français? Paul ou Jeannette?
	whom?	**Qui** est-ce que vous invitez?
à qui?	to whom?	**À qui** est-ce que tu parles?
avec qui?	with whom?	**Avec qui** est-ce que Jacques joue au tennis?
pour qui?	for whom?	**Pour qui** est-ce que vous travaillez?

notes de vocabulaire

1. Note the elision: **que** and **parce que** become **qu'** and **parce qu'** before a vowel sound.

2. Many of the interrogative expressions are also used in statements.

Voici le village **où** elle habite.　　Here is the village *where* she lives.
Anne-Marie est l'étudiante　　Anne-Marie is the student *with*
　　avec qui je joue au tennis.　　　*whom* I play tennis.

3. When **qui?** *(who)* is the subject of the sentence, **est-ce que** is not used. The word order is: **qui** + verb + rest of sentence.

　　Qui joue au tennis?　　*Who* plays tennis?

1. **Pourquoi?** Ask why the following people do what they are doing. Use subject pronouns.

▶ Hélène voyage. *Pourquoi est-ce qu'elle voyage?*

1. Philippe étudie beaucoup.
2. Monique parle avec Marc.
3. Jean-Claude invite Isabelle.
4. Henri travaille à Genève.

5. Alain et Paul regardent la télévision.
6. Suzanne et Louise téléphonent à Jean.
7. Pierre et Robert ne chantent pas.
8. Thomas et Lucie n'écoutent pas la radio.

2. **La curiosité** Marc wants to know what other people do. Henri tells him. Play the two roles according to the model.

▶ Françoise travaille / où? (à Genève) MARC: *Où est-ce que Françoise travaille?*
HENRI: *Elle travaille à Genève.*

1. Jacqueline travaille / pour qui? (pour Air Canada)
2. Éric et Thomas dînent au restaurant / avec qui? (avec Janine et Marie)
3. Monique parle espagnol / comment? (assez bien)
4. Stéphanie regarde / que? (un album de photos)
5. Philippe écoute / que? (un concert de jazz)
6. Michèle habite / où? (à Marseille)
7. M. et Mme Salat voyagent / pourquoi? (parce qu'ils aiment voyager)
8. M. Dupont rentre à Paris / quand? (en octobre)
9. Le docteur Ricard arrive à l'hôpital / à quelle heure? (à neuf heures)
10. Mme Camus téléphone / à qui? (à un client)

AIR, CANADA

3. **Conversation dans le bus** Two students in a bus have struck up a conversation. Recreate their dialogue. Use elements of columns A and B for the questions, and elements of B and C for the replies. Be logical.

A	B	C
où	étudier	assez bien
quand	habiter	à sept heures
à quelle heure	jouer au tennis	avenue du Maine
que	dîner en général	à l'Institut Commercial
comment	regarder la télévision	au restaurant universitaire
	aimer écouter	après *(after)* le dîner
		le marketing
		la musique classique
		les programmes de sport
		le samedi *(on Saturdays)*

▶ ÉTUDIANT A: *Quand est-ce que tu étudies?*
ÉTUDIANT B: *J'étudie après le dîner.*

B. Les pronoms accentués

In the sentences below, the pronouns in heavy print are stress pronouns. Compare these pronouns with the corresponding subject pronouns.

Moi, je travaille pour **moi.**   **Nous,** nous travaillons pour **nous.**
Toi, tu travailles pour **toi.**   **Vous,** vous travaillez pour **vous.**
Lui, il travaille pour **lui.**   **Eux,** ils travaillent pour **eux.**
Elle, elle travaille pour **elle.**   **Elles,** elles travaillent pour **elles.**

forms

■ There are eight stress pronouns.
Four have the same form as the subject pronouns: **elle, nous, vous, elles**

Four have a different form: **moi, toi, lui, eux**

uses

■ Stress pronouns are used in many ways:

—alone, or in short sentences with no verbs;

     —Qui parle français?   Who speaks French?
     —**Moi! Toi** aussi, n'est-ce pas?   Me! You too, don't you?

—to emphasize a noun or another pronoun;

     Moi, j'aime voyager.
     Philippe, **lui,** déteste voyager.

—after prepositions such as **de** *(of, about, from),* **avec** *(with),* **pour** *(for);*

     Voici Henri. Nous parlons souvent de **lui.**
     Voici Marc et Paul. Je joue au volleyball avec **eux.**
     Voici Monsieur Lucas. Nous travaillons pour **lui.**

—before and after **et** *(and)* and **ou** *(or);*

     Qui joue au volleyball avec nous? **Toi ou lui?**
     Elle et **moi,** nous jouons souvent au tennis.

—after **c'est** *(it is)* and **ce n'est pas** *(it isn't).*

     C'est Jacques? Non, ce n'est pas **lui.**

4. **Qui joue au volleyball?** Say that the following people all play volleyball. Use the appropriate stress pronoun, according to the model.

▶ Caroline joue au volleyball. Et Henri?   *Lui aussi!*

1. Et Charles?
2. Et Béatrice?
3. Et Isabelle et Louise?
4. Et Jacques et Daniel?
5. Et Jean-Louis Dumas?
6. Et Mademoiselle Dupont?
7. Et Monique et Patrick?
8. Et Albert et Nicolas?

5. **La chorale** The president of the choir wants to know how well the following people sing. Tell him, using the appropriate stress and subject pronouns.

▶ Paul et Jean (assez bien)   *Eux, ils chantent assez bien.*

1. Sylvie (très bien)
2. je (assez bien)
3. tu (très bien)
4. Monique et Robert (bien)
5. nous (bien)
6. Lucie et Hélène (assez bien)
7. vous (très, très bien)
8. Michel et Alain (très bien)

6. **Oui et non** Philippe asks Anne-Marie about her activities. She answers affirmatively or negatively. Play the role of Anne-Marie, using stress pronouns.

▶ Tu étudies avec Paul? (non)   *Non, je n'étudie pas avec lui.*

1. Tu joues au tennis avec Charles? (non)
2. Tu joues au golf avec Hélène? (oui)
3. Tu danses avec Louis? (oui)
4. Tu voyages avec Caroline et Sylvie? (non)
5. Tu travailles pour Monsieur Rémi? (non)
6. Tu aimes danser avec Albert? (non)
7. Tu es d'accord avec Roger? (oui)
8. Tu travailles pour Mademoiselle Martin? (oui)

Vocabulaire: *Expressions pour la conversation*

To indicate agreement with a positive statement:

Moi aussi   Me too, I do too   —J'aime voyager.
—**Moi aussi.**

To indicate agreement with a negative statement:

Moi non plus   Me neither, I don't either   —Je n'aime pas voyager.
—**Moi non plus.**

7. **Dialogue** Say whether or not you do the following things. Then ask your classmates if they agree with you.

▶ aimer danser   —*J'aime danser. Et toi?*
—*Moi aussi, j'aime danser.*   ou: *Moi, je n'aime pas danser.*

—*Je n'aime pas danser. Et toi?*
—*Moi non plus, je n'aime pas danser.*   ou: *Moi, j'aime danser.*

1. voyager souvent
2. étudier beaucoup
3. jouer au tennis
4. aimer chanter
5. jouer au hockey
6. danser très bien
7. aimer parler français
8. aimer voyager

C. La date

Note how dates are expressed in French.

> Nous arrivons à Dakar **le trois septembre.**
> Je rentre à Zurich **le vingt-quatre avril.**
> Claire arrive à Paris **le premier décembre.**

■ In French, dates are expressed according to the pattern:

le + number + month

■ French uses cardinal numbers (that is, regular numbers) to express dates. Exception: The first of the month is **le premier.**

■ Since the number indicating the day always precedes the name of the month, dates are abbreviated: day/month

> 7/4 = le 7 avril   5/10 = le 5 octobre

Vocabulaire: *La date*

les jours de la semaine (the days of the week)

lundi	Monday	**vendredi**	Friday
mardi	Tuesday	**samedi**	Saturday
mercredi	Wednesday	**dimanche**	Sunday
jeudi	Thursday		

expressions

Quel jour est-ce?
Quel jour sommes-nous? } What day is it?

aujourd'hui   today   **Aujourd'hui,** nous sommes lundi.
demain   tomorrow   **Demain,** c'est mardi.

MARDI
France Musique

les mois de l'année (the months of the year)

janvier	avril	juillet	octobre
février	mai	août	novembre
mars	juin	septembre	décembre

expressions

Quelle est la date?   What's the date?
Mon anniversaire est le 3 mai.   My birthday is on May 3.
J'ai rendez-vous le 5 juin.   I have a date/appointment June 5.

---

8. **Un calendrier chargé** (*A full calendar*) M. Delorge has a very busy travel schedule. He asks his secretary where he is on certain dates. Play both roles, as in the model.

12/1 : Oslo	30/5 : Londres	9/9 : Rome
2/2 : Amsterdam	5/6 : Mexico City	12/10 : Athènes
18/3 : New York	12/7 : Sao Paulo	2/11 : Genève
1/4 : Montréal	1/8 : Dakar	13/2 : Zurich

▶ *Où est-ce que je suis le 21 janvier?*   —*Le 21 janvier, vous êtes à Oslo.*

9. **Dates** Complete the following sentences with the appropriate dates.

1. Aujourd'hui, nous sommes ...
2. Demain, c'est ...
3. Mon anniversaire est ...
4. Noël est ...
5. La fête nationale (*national holiday*) est ...
6. L'examen de français est ...
7. Les vacances (*vacation*) commencent ...
8. J'ai un rendez-vous avec le dentiste ...

Récapitulation

Substitution

Replace the underlined words by the expressions in parentheses, making the necessary changes.

▶ Marc danse bien. J'aime danser avec lui. (Claire)
Claire danse bien. J'aime danser avec elle.

1. Je travaille avec Paul mais je n'habite pas avec lui. (Hélène, Sylvie et Jeannette, Thomas et François)
2. Je travaille pour moi. (Henri, Sylvie, tu, nous, Marc et Philippe)
3. Nous, nous étudions beaucoup. (vous, je, tu, ils, elle, elles)
4. Où est-ce que tu travailles? (avec qui/vous; pourquoi/Paul; pour qui/Jean et Charles)
5. Nous arrivons à Paris le 2 juin. (3/5, 6/4, 12/1, 1/8)

Vous avez la parole: Interview

You are interviewing a French student. Create a short dialogue of at least six questions and answers, using the following suggestions.

où? (travailler, étudier, habiter)
quand? (étudier, travailler, rentrer en France)
comment? (jouer au tennis, voyager, parler anglais)
pourquoi? (voyager, être en Amérique)
à quelle heure? (dîner, regarder la télévision)

Le Français pratique

Au téléphone

Vocabulaire utile

Allô	*Hello*
Ici ...	*This is ...*
Est-ce que je peux ... ?	*May I ... ? Can I ... ?*
Est-ce que je pourrais ... ?	*Could I ... ?*
Qui est à l'appareil?	*Who is speaking? Who is calling?*
C'est de la part de qui?	*May I ask who is calling?*
Ne quittez pas!	*Hold on!*
Un instant!	*One moment!*
Désolé(e).	*Sorry.*
D'accord! ⎤ Entendu! ⎦	*All right. Fine. Agreed.*
À lundi!	*See you (on) Monday!*
À samedi!	*See you (on) Saturday!*
À bientôt!	*See you soon!*

Votre petite annonce

21 34 27

Situations

Imagine that you are in the following situations. Which option would you choose?

1. You are phoning your French friend, Béatrice, and it is her father, Monsieur Rousseau, who answers. What would you say to introduce yourself?
   A. Allô, c'est moi!   B. Salut, ça va?   C. Ici (+ *your name*).

2. You are working as the assistant to Mme Bernard, branch manager in a Paris bank. You answer a call for Mme Bernard who wants to know who is on the line. What do you say to the client on the phone?
   A. Mme Bernard est en conférence.
   B. Voilà Mme Bernard. Un moment, s'il vous plaît.
   C. C'est de la part de qui?

3. A French friend calls you to set a date. What do you say to your friend to indicate that you agree to meet at the time and place suggested?
   A. Désolé(e).   B. Entendu!   C. Bien sûr que non.

4. You are working in a department store in Montréal. A customer calls to find out whether you have certain items in stock. What would you tell the customer to ask her to wait while you check?
   A. Ne quittez pas.   B. Qui est à l'appareil?   C. Je ne sais pas.

Conversations

A. Jean-Paul Bertin téléphone à Brigitte Dufour. Madame Dufour répond.

MME DUFOUR: Allô?
JEAN-PAUL: Allô! Bonjour Madame. Ici Jean-Paul Bertin.
MME DUFOUR: Ah, c'est vous, Jean-Paul. Comment allez-vous?
JEAN-PAUL: Bien, merci ... Est-ce que je pourrais parler à Brigitte?
MME DUFOUR: Bien sûr! Ne quittez pas!

B. Madame Dufour appelle° Brigitte. Brigitte arrive.   *calls*

JEAN-PAUL: Allô!
BRIGITTE: Allô? Qui est à l'appareil?
JEAN-PAUL: C'est moi, Jean-Paul.
BRIGITTE: Ah, c'est toi! Ça va?
JEAN-PAUL: Oui, ça va. Dis°, Brigitte, est-ce que tu veux dîner avec moi mardi?   *Say*
BRIGITTE: Désolée, mais mardi je ne peux pas. J'ai rendez-vous avec Janine.
Écoute, si° tu veux, je peux dîner avec toi mercredi.   *if*
JEAN-PAUL: Mercredi? D'accord! À quelle heure?
BRIGITTE: À sept heures?
JEAN-PAUL: Entendu! Alors°, à mercredi, sept heures.   *then*
BRIGITTE: C'est ça°! Au revoir, Jean-Paul.   *OK*
JEAN-PAUL: Au revoir, Brigitte.

C. Monsieur Durand téléphone à Madame Montel. La secrétaire de Madame Montel répond.

LA SECRÉTAIRE:	Allô?
M. DURAND:	Allô! Est-ce que je pourrais parler à Madame Montel?
LA SECRÉTAIRE:	C'est de la part de qui?
M. DURAND:	De Monsieur Durand.
LA SECRÉTAIRE:	Ah, bonjour, Monsieur. Je suis désolée mais Madame Montel est en vacances°.
M. DURAND:	Ah bon!° Et quand est-ce qu'elle rentre?
LA SECRÉTAIRE:	Elle rentre le 2 septembre. Est-ce que vous voulez laisser° un message?
M. DURAND:	Euh ... non. Je vais retéléphoner° le 2 septembre.
LA SECRÉTAIRE:	Entendu! Au revoir, Monsieur.
M. DURAND:	Au revoir, Mademoiselle.

on vacation
All right.

to leave
I'll call back

Dialogues

Imagine telephone conversations between the following people.

1. Georges Mercier wants to call Nicole Bouchard. Monsieur Bouchard answers. Georges introduces himself. Monsieur Bouchard asks Paul to hold on while he looks for his daughter.
2. Denise calls her friend Monique to ask her if she wants to visit the Museum of Modern Art (**le Musée d'Art moderne**) with her. Monique asks when, and Denise answers tomorrow. Monique accepts.
3. Marc calls Béatrice and asks her if she wants to play tennis. Béatrice asks him when. Marc says Friday. Béatrice says that she is sorry but that she cannot because she has an appointment at the dentist (**chez le dentiste**).
4. Monsieur Thomas wants to talk to Madame Dumont, the head of an advertising agency. Madame Dumont's secretary answers and wants to know who is calling. Monsieur Thomas identifies himself. The secretary tells him that her boss is in a meeting (**être en conférence**).
5. Jim, an American student, is the guest of the Moreaus in Paris. Jim answers a phone call for Monsieur Moreau. He tells the caller that Monsieur Moreau is on a business trip (**être en voyage**). The caller asks when he is coming back. Jim replies that Monsieur Moreau is coming back on December first.

Rencontres / *Cinq voix françaises*

Comment lire: *Guessing from context*

To understand a new text well, it is often necessary to read it several times. The purpose of the first reading is to acquaint yourself with the context of the passage and to obtain a general overview of its meaning (**le sens général**): What is the topic of the reading? This first reading should be done fairly quickly, without stopping at every unfamiliar word.

The second reading should be done at a more leisurely pace, so as to get the meaning of each paragraph: What is the topic of each paragraph? How do the paragraphs relate to one another? Here, the details are becoming more important, but they are not essential. You may still skip the words you do not know as long as you can follow the general flow of the writer's thought.

Then in the third reading you go over the text more slowly, reading it sentence by sentence, and phrase by phrase. It is at this point that you will want to check the meanings of words and expressions that you do not fully understand. Your task will now be easier, however, because you have a feeling of the general thrust of the passage and the specific context of the paragraph in which these words or expressions occur. Often you will be able to "guess" meanings from this context.

Let's take an example from the first reading. In the second paragraph Jacques states: "**Je veux être médecin.**" Although you do not know the word **médecin,** it clearly does not mean "medicine" because Jacques is talking about what he wants to be. Given the context that he is studying biology and would like to be a **radiologue** (which you guess means "radiologist"), the word **médecin** must mean "doctor."

Cinq voix[1] françaises

JACQUES

Je m'appelle Jacques Dupré. J'habite à New York. Je suis haïtien. Ma famille[2] est de Port-au-Prince. Nous sommes immigrés. Mes parents ne parlent pas très bien anglais. Par conséquent[3], en famille nous continuons à parler français.

Je suis étudiant en biologie à l'Université de New York. Je veux être médecin. Je voudrais être radiologue. Je voudrais travailler dans une grande ville[4]. À Boston ou à San Francisco, par exemple.

1 *voices*   2 *family*   3 *consequently*   4 *large city*

MONIQUE

Je m'appelle Monique Dutour. J'habite à Trois-Rivières dans la province de Québec, mais je ne suis pas souvent là-bas[1]. C'est parce que je voyage beaucoup. Je suis en effet[2] hôtesse de l'air pour Air Canada. En ce moment[3], je travaille sur la ligne Montréal-Vancouver. Un jour à Montréal, un jour à Vancouver ... C'est un peu[4] monotone.

L'année prochaine[5], j'espère[6] travailler sur la ligne Montréal-Paris. Je voudrais beaucoup visiter l'Europe, surtout[7] le Sud[8]: la France, l'Italie, l'Espagne, le Portugal ...

1 *there*   2 *in fact*   3 *at present*   4 *a bit*   5 *next year*
6 *hope*   7 *especially*   8 *south*

JEAN-PIERRE

Je m'appelle Jean-Pierre Martin. Je suis français, mais je n'habite pas en France métropolitaine[1]. J'habite à la Guadeloupe, une île[2] des Iles Caraïbes[3]. La Guadeloupe est un département français, c'est-à-dire[4] une division administrative de la France. Les Guadeloupéens[5] sont des Français d'origine africaine.

J'habite à Pointe-à-Pitre. Je travaille à la réception d'un hôtel. Avec les clients, je parle français. Mais en famille et avec mes amis[6], je parle créole. Le créole est un dialecte formé d'[7] expressions françaises et d'expressions africaines.

1 *continental*   2 *island*   3 *Caribbean*   4 *that is to say*
5 *people of Guadeloupe*   6 *my friends*   7 *consisting of*

AMÉLAN

Je m'appelle Amélan Kouadio. C'est un nom[1] africain, plus[2] exactement baoulé. (Les Baoulés sont une tribu de la Côte d'Ivoire.) Je suis étudiante en lettres[3] à l'Université d'Abidjan. À l'université, nous parlons toujours français. Avec mes amis[4] et mes parents, je parle surtout le baoulé qui[5] est la langue de ma[6] tribu. Ma famille habite à Alépé. C'est un petit[7] village de 6.000 (six mille) habitants. Moi, bien sûr, j'habite à Abidjan qui est une ville moderne.

Plus tard[8], je voudrais être journaliste. Avant[9], je voudrais voyager. Je voudrais passer[10] une ou deux années en France.

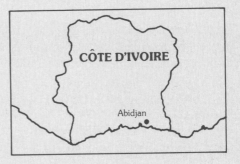

1 *name*   2 *more*   3 *literature*   4 *friends*   5 *which*
6 *my*   7 *small*   8 *Later*   9 *Before that*   10 *spend*

FRANÇOISE

Je m'appelle Françoise Belcour. Je suis étudiante en sciences économiques[1]. J'habite à Grenoble, en Savoie. Mes parents habitent aussi à Grenoble, mais je n'habite pas avec eux. Pourquoi? C'est simple: j'aime bien[2] mes parents, mais j'aime aussi mon indépendance! C'est une bonne raison[3], n'est-ce pas?

Plus tard[4], je voudrais travailler dans une banque internationale. Avant[5], je voudrais faire un stage[6] aux États-Unis. J'étudie deux langues: l'anglais et l'espagnol.

Bien sûr, je n'étudie pas tout le temps[7]. Quand je n'étudie pas, je fais du[8] sport. Je joue au tennis ... assez mal. Et je fais du ski[9] ... assez bien.

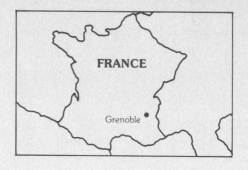

1 *economics* 2 *like* 3 *good reason* 4 *Later*
5 *Before* 6 *to do an internship* 7 *all the time* 8 *am active in* 9 *I ski*

Questions sur le texte

JACQUES

1. Où habite Jacques? 2. Est-ce qu'il est d'origine américaine? 3. Quelle *(What)* langue est-ce qu'il parle avec ses *(his)* parents? 4. Quelle est sa *(his)* profession future? 5. Où est-ce qu'il voudrait travailler?

MONIQUE

1. Où habite Monique? 2. Est-ce qu'elle est souvent à Trois-Rivières? Pourquoi pas? 3. Quelle est sa profession? 4. Pourquoi est-ce que sa profession est un peu monotone en ce moment? 5. Quels pays *(What countries)* est-ce qu'elle voudrait visiter?

JEAN-PIERRE

1. Est-ce que Jean-Pierre Martin est français? 2. Où est-ce qu'il habite? 3. Où est-ce qu'il travaille? 4. Avec qui est-ce qu'il parle français? 5. Quelle langue est-ce qu'il parle avec sa famille?

AMÉLAN

1. Est-ce qu'Amélan est un nom français? 2. Quelle langue est-ce qu'elle parle à l'université? 3. Quelle langue est-ce qu'elle parle avec ses parents? 4. Où est-ce qu'elle habite?

FRANÇOISE

1. Est-ce que Françoise Belcour est étudiante en médecine? 2. Est-ce qu'elle habite avec ses parents? 3. Où est-ce qu'elle veut travailler plus tard? 4. Quelles langues est-ce qu'elle étudie? 5. Est-ce qu'elle aime les sports?

2

IMAGES DE LA VIE

4. *La vie est belle!*

Caroline habite à Paris où elle est étudiante en pharmacie. Aujourd'hui, elle parle de sa vie.°   *her life*

Est-ce que vous avez une voiture°?   *car*
Moi, je n'ai pas de voiture,
   mais j'ai un vélomoteur° ...   *motorbike*
   et une camarade de chambre° qui a une voiture.   *roommate*
Je n'ai pas de téléviseur,
   mais j'ai une chaîne-stéréo et des disques.
Je n'ai pas d'appartement,
   mais j'ai une chambre° à la Cité Universitaire.   *room*
Ma° chambre n'est pas grande°,   *my / big*
   mais elle est claire° et confortable   *well lit*
   et il y a° des plantes partout°.   *there are / everywhere*
J'ai des amis, beaucoup d'amis.
J'ai aussi un petit ami°.   *boyfriend*
La vie est belle°, n'est-ce pas?   *Life is beautiful*

Notes culturelles
La Cité Universitaire

For centuries, French universities catered only to the educational needs of the students, and their buildings were exclusively academic ones. As the number of university students increased—more than fivefold between 1950 and 1980—student residences (**cités universitaires**) were added. In many parts of France, the newer **cités universitaires** were built in the suburbs where land is less expensive, while the academic buildings remained in the center of town. In Paris, for example, the **Cité Universitaire** is located several miles from the academic **Quartier Latin.** This creates a serious transportation problem for the students, who must often commute long distances.

Auto ou vélomoteur?

Because of the very high cost of gas, few French students can afford the luxury of owning and maintaining a car. Instead, many ride motorbikes (**vélomoteurs**), motorscooters (**scooters**) and motorcycles (**motos**). This mode of transportation is not only much more economical than the automobile; it is often much faster since the riders are not slowed down by congested traffic and do not face the parking problems which plague car owners in most French cities. And according to many young people, riding a motorbike or motorcycle is simply a lot of fun.

Devant la Sorbonne

Structure et Vocabulaire

A. Le verbe *avoir*

Note the forms of the present tense of the irregular verb **avoir** *(to have)*.

avoir	to have	Je voudrais **avoir** une auto.
j' **ai**	I have	J'ai une bicyclette.
tu **as**	you have	Est-ce que tu **as** une auto?
il/elle **a**	he/she has	Philippe **a** une guitare.
nous **avons**	we have	Nous avons une Renault.
vous **avez**	you have	Vous **avez** une Fiat.
ils/elles **ont**	they have	Elles o**nt** une Toyota.

☐ Liaison is required in **nous‿avons, vous‿avez, ils‿ont** and **elles‿ont.**

1. Autos   Say which types of cars the following people have. Use subject pronouns.

▶ Sylvie (une Ford)   *Elle a une Ford.*
▶ Pierre et moi (une Fiat)   *Nous avons une Fiat.*

1. Paul (une Renault)
2. Jacqueline (une Volvo)
3. je (une Jaguar)
4. M. et Mme Rémi (une Mercédès)
5. Monique et moi (une Citroën)
6. tu (une Chevrolet)
7. nous (une Alfa Roméo)
8. vous (une Peugeot)
9. Jean-Luc et François (une Honda)
10. Jacques et toi (une Toyota)

B. Le genre: L'article indéfini *un, une*

Determiners are words that introduce nouns. In the sentences below, the determiners in heavy print are called *indefinite articles*. Note the forms of these articles and the forms of the pronouns that replace the articles and their corresponding nouns.

J'ai **un** ami.	**Il** parle français.	I have *a* friend (male).	*He* speaks French.
J'ai **une** amie.	**Elle** habite à Paris.	I have *a* friend (female).	*She* lives in Paris.
J'ai **un** appartement.	**Il** est confortable.	I have *an* apartment.	*It* is comfortable.
J'ai **une** auto.	**Elle** n'est pas confortable.	I have *a* car.	*It* is not comfortable.

■ In French, all nouns, whether they designate people, animals, objects, or abstract concepts, have *gender:* they are either *masculine* or *feminine*. In the examples above, **ami** and **appartement** are masculine. The nouns **amie** and **auto** are feminine.

It is important to know the gender of each noun, since the gender determines the forms of the words associated with that noun, such as *determiners, adjectives* and *pronouns*.

☐ In the singular, the indefinite article **un** *(a, an)* introduces a masculine noun. There is liaison after **un** when the next word begins with a vowel sound. Masculine noun subjects, both persons and things, can usually be replaced by the pronoun **il** (or **ils** in the plural).

☐ In the singular, the indefinite article **une** *(a, an)* introduces a feminine noun. Feminine noun subjects, both persons and things, can usually be replaced by the pronoun **elle** (or **elles** in the plural).

Vocabulaire: *Les gens (people)*

noms

un ami	friend (male)	**une amie**	friend (female)
un petit ami	boyfriend	**une petite amie**	girlfriend
un camarade	friend (male)	**une camarade**	friend (female)
un camarade de chambre	roommate	**une camarade de chambre**	roommate
un étudiant	student (male)	**une étudiante**	student (female)
un garçon	boy, young man	**une fille**	girl, young woman
un jeune homme	young man	**une jeune fille**	young woman
un homme	man	**une femme**	woman
un monsieur	gentleman	**une dame**	lady
un professeur	professor, teacher	**une personne**	person

expressions

Qui est-ce?	Who is it?	**Qui est-ce?**	
C'est ...	It's ..., That's ...	**C'est** Paul. **C'est** Louise.	
	He's ..., She's ...	**C'est** un ami. **C'est** une amie.	

notes de vocabulaire

1. Note the pronunciation of **femme**: /fam/.
2. The gender of a noun designating a person usually corresponds to that person's sex. Note the following exceptions:

> **Un professeur** is masculine, whether it refers to a male or female teacher.
> **Une personne** is feminine, whether it refers to a man or a woman.

---

2. Au café Caroline and Pierre are in a café. As people pass by, Pierre asks who they are. Play both roles, as in the model. Be sure to use **un** or **une,** as appropriate.

▶ André Masson / artiste

PIERRE: *Qui est-ce?*
CAROLINE: *C'est André Masson. C'est un artiste.*

1. Jacques / étudiant
2. Jacqueline / amie
3. Jean-Claude / ami
4. Hélène / étudiante
5. Anne-Marie / camarade
6. Jean-Pierre / camarade
7. Sylvie Motte / artiste
8. Monsieur Simon / journaliste
9. Madame Lasalle / dentiste
10. Mademoiselle Camus / journaliste
11. Monsieur Abadie / professeur d'anglais
12. Madame Rémi / professeur de français

Vocabulaire: *Les objets*

noms

un objet	object, thing	une chose	thing
un appareil-photo	camera	une auto	car
un cahier	notebook	une bicyclette	bicycle
un crayon	pencil	une calculatrice	calculator
un disque	record	une caméra	movie camera
un électrophone	record player	une cassette	cassette
un livre	book	une chaîne-stéréo	stereo system
un magnétophone	tape or cassette recorder	une machine à écrire	typewriter
un micro-ordinateur	micro-computer	une montre	watch
un ordinateur	computer	une moto	motorcycle
un stylo	pen	une photo	photograph
un téléphone	telephone	une radio	radio
un téléviseur	TV set	une voiture	car
un transistor	transistor radio		
un vélo	bicycle		
un vélomoteur	moped, motorbike		

verbes

marcher	to work, to "run"	J'ai un téléviseur, mais il ne **marche** pas.
utiliser	to use	Mlle Dupont **utilise** un micro-ordinateur.

expressions

Qu'est-ce que ...?	What ...?	**Qu'est-ce que** tu écoutes? Un disque ou une cassette?
Qu'est-ce que c'est?	What is it? What is that?	**Qu'est-ce que c'est?** C'est une Renault.

notes de vocabulaire

1. The basic meaning of **marcher** is *to walk:* Moi, je n'aime pas **marcher**.
2. The expression **qu'est-ce que** consists of **que** + **est-ce que**. It is followed by a subject and verb.

Note linguistique: Le genre

There is no systematic way of predicting the gender of nouns designating objects and concepts.

> masculine nouns: **un appartement, un problème**
> feminine nouns: **une auto, une question**

As you learn nouns in French, learn each one with its determiner, which indicates its gender; think of **un vélo** (rather than simply **vélo**), **une voiture** (rather than **voiture**).

In the VOCABULAIRE sections, all nouns are preceded by determiners. Masculine nouns are usually listed on the left and feminine nouns on the right.

3. **Qu'est-ce que c'est?**   Ask your classmates to identify the following objects.

▶ Qu'est-ce que c'est?   *C'est une montre.*

1.   2.   3.   4.

5.   6.   7.   8.

4. **Qu'est-ce qu'ils utilisent?**   In different professions, people use different objects. What are the following people likely to use?

▶ Mlle Marceau est journaliste.
   Elle utilise un magnétophone (une machine à écrire, un stylo ...).

1. Mme Launay est photographe.
2. M. Albert est cinéaste *(moviemaker).*
3. Alice est ingénieur *(engineer).*
4. François est secrétaire.
5. Mlle Minot signe un contrat.
6. M. Lavie est représentant de commerce *(sales representative).*
7. Michèle est étudiante.

5. **Contrôle de qualité**   A supervisor at the consumer bureau is calling to determine whether people are satisfied with the products they buy. The consumers' answers vary. Play the roles, using the appropriate indefinite articles (**un, une**) and pronouns (**il, elle**).

▶ montre / assez bien   LE CONTRÔLEUR: *Est-ce que vous avez une montre?*
                          LE CLIENT: *Oui, j'ai une montre.*
                          LE CONTRÔLEUR: *Comment est-ce qu'elle marche?*
                          LE CLIENT: *Elle marche assez bien.*

1. micro-ordinateur / bien
2. machine à écrire / assez mal
3. chaîne-stéréo / comme ci, comme ça
4. magnétophone / pas très bien

5. téléviseur / très mal
6. radio / pas bien
7. voiture / mal
8. téléphone / comme ci, comme ça

C. Le nombre: l'article indéfini *des*

Nouns are either singular or plural. In the middle column below, the nouns are plural. Note the forms of these nouns as well as the form of the determiner that introduces each one.

Voici un professeur.	Voici **des professeurs.**	Here are *(some)* teachers.
Voici une étudiante.	Voici **des étudiantes.**	Here are *(some)* students.
J'ai un ami à Paris.	J'ai **des amis** à Nice.	I have *(some)* friends in Nice.
Est-ce que tu as une cassette?	Est-ce que vous avez **des cassettes?**	Do you have *(any)* cassettes?

■ The plural of both indefinite articles **un** and **une** is **des.**

☐ The indefinite article **des** may correspond to the English *some* or *any.* However, while *some* may often be omitted in English, the article **des** cannot be omitted in French.

☐ There is liaison after **des** when the next word begins with a vowel sound.

■ In written French, the plural of a noun is generally formed as follows:

> singular noun + -s

☐ The final **-s** of a plural noun is silent in spoken French.

☐ A final **-s** is not added to nouns ending in **-s, -x,** or **-z.**

un Français	**des Français**
un prix *(price)*	**des prix**
un nez *(nose)*	**des nez**

☐ A few nouns have irregular plurals, that is, plurals that do not follow the preceding pattern. Note: **des appareils-photo, des chaînes-stéréo.** (In the VOCABULAIRE sections, irregular plurals will be given in parentheses.)

☐ Proper nouns are invariable, that is, they do not take endings.

une Renault	**des Renault**
M. et Mme Martin	**les Martin**

☐ Certain nouns are used only in the plural.

des gens *(people)*

PEUGEOT TALBOT
VOILÀ DES AUTOMOBILES

Note linguistique: Le pluriel

Because the final -s of the plural is silent, the singular and plural forms of regular nouns sound the same. However, you can usually tell whether a noun is singular or plural in spoken French by listening to its determiner: **un** disque → **des** disques.

6. Au grand magasin *(At the department store)*   Philippe is asking the saleswoman in a department store whether she has the following items. She answers yes. Play the two roles, using plural nouns.

▶ un livre   PHILIPPE: *Est-ce que vous avez des livres?*
          LA VENDEUSE: *Bien sûr, nous avons des livres.*

1. une radio	5. un stylo	9. un disque
2. une guitare	6. un crayon	10. une caméra
3. une bicyclette	7. une lampe	11. un cahier
4. une montre	8. une table	12. un transistor

7. Imitations   Whatever Jacques does, his friends Marc and Eric also do. Play the roles of Jacques and of Marc and Eric according to the model. (Note the use of plural nouns in Marc and Eric's replies.)

▶ inviter une fille   JACQUES: *J'invite une fille.*
          MARC ET ÉRIC: *Nous aussi, nous invitons des filles.*

1. dîner avec une amie
2. téléphoner à un ami
3. parler anglais avec un Américain
4. avoir un cousin au Canada
5. écouter une cassette de musique classique
6. regarder un western à la télévision

8. Qu'est-ce qu'ils font? *(What are they doing?)*   Invent an activity for each person in column A using the elements of columns B and C. Use the appropriate indefinite articles. Be logical!

A	B	C
Béatrice	écouter	ami
Jean-Pierre	regarder	amies
M. Laurent	utiliser	clients
nous	inviter	disque
vous	être avec	filles
je	dîner avec	garçon
tu	avoir rendez-vous avec	ordinateur
		photos
		professeur

▶ *Je dîne avec des amies.*

D. L'article indéfini dans les phrases négatives

Contrast the following sentences:

Philippe a **un** vélomoteur.	Jacques **n'**a **pas de** vélomoteur.
Philippe a **une** montre.	Jacques **n'**a **pas de** montre.
Philippe invite **un** ami.	Jacques **n'**invite **pas d'**ami.
Philippe regarde **des** photos.	Jacques **ne** regarde **pas de** photos.

■ In negative sentences, the indefinite articles **un, une, des** become **de** immediately after the negative word **pas**.

☐ Note the elision: **pas de** becomes **pas d'** before a vowel sound.

☐ The expression **pas de** has several English equivalents:

Nous **n'avons pas de** disques.
$\begin{cases} \text{We } have\ no \text{ records.} \\ \text{We } do\ not\ have\ any \text{ records.} \\ \text{We } do\ not\ have \text{ records.} \end{cases}$

 ☐ The expression **pas de** is not used when the negative verb is **être**.

Paul **est un** ami.	Philippe **n'est pas un** ami.
C'est une Renault?	Non, **ce n'est pas une** Renault!

■ In a negative infinitive construction, the word order is:

> subject + **ne** + verb + **pas** + infinitive + **de** + noun

Tu veux écouter un disque?   Non, je **ne** veux **pas** écouter **de** disque.

9. **Vive la différence!**   Henri has the first item mentioned, but not the second. For Hélène it is the opposite. Play both roles according to the model.

▶ un vélomoteur / une auto   HENRI: *J'ai un vélomoteur, mais je n'ai pas d'auto.*
HÉLÈNE: *Moi, j'ai une auto, mais je n'ai pas de vélomoteur.*

1. un électrophone / une chaîne-stéréo
2. une machine à écrire / un micro-ordinateur
3. une caméra / un appareil-photo
4. des disques / des cassettes
5. un cousin à Paris / un cousin à Québec
6. des amis en France / des amis en Italie

10. **Dialogue**   Ask your classmates if they have any of the following.

▶ un téléviseur?   —*Est-ce que tu as un téléviseur?*
                        —*Oui, j'ai un téléviseur.*
                   ou: *Non, je n'ai pas de téléviseur.*

1. une guitare?   4. un piano?   7. un appartement?
2. une Mercédès?   5. un micro-ordinateur?   8. des amis à New York?
3. un vélomoteur?   6. un dictionnaire anglais-français?   9. des cousins en France?

11. **Conversation**   Carry out short conversations similar to the model, using the items suggested. Be sure to use the appropriate indefinite articles. Note: *ça* means "that."

▶ moto / vélomoteur   A: *Est-ce que vous avez une moto?*
                         B: *Non, je n'ai pas de moto.*
                         A: *Mais ça, c'est une moto, n'est-ce pas?*
                         B: *Pas du tout. Ce n'est pas une moto. C'est un vélomoteur.*

1. caméra / appareil-photo   4. bicyclette / vélomoteur
2. magnétophone / chaîne-stéréo   5. stylo / crayon
3. micro-ordinateur / machine à écrire

E. L'expression *il y a*

Note the use of the expression **il y a** in the sentences below.

Il y a un vélo dans le garage.   *There is* a bicycle in the garage.
Il y a 20 étudiants dans la classe.   *There are* 20 students in the class.

■ The expression **il y a** is used to state the existence of people, things, or facts.

☐ The negative form of **il y a** is **il n'y a pas (de/d')**.

Il n'y a pas de cassettes.   *There aren't any* cassettes.
Il n'y a pas d'université à Tahiti.   *There is no* university in Tahiti.

☐ The interrogative form of **il y a** is **est-ce qu'il y a**.

Est-ce qu'il y a une chaîne-stéréo?   *Is there* a stereo?

☐ The expressions **voici** and **voilà** are used only to point out people and things. They are never used in the negative.

Voici un ami. Voici des amis.   *Here is (comes)* a friend. *Here are* some friends.

Voilà un livre. Voilà des cassettes.   *There is* a book. *There are* some cassettes.

12. Votre chambre   Ask your classmates whether they have the following items in their rooms. Use the expression *il y a.*

▶ des disques?   —*Est-ce qu'il y a des disques?*
                      —*Oui, il y a des disques.*
                   ou: *Non, il n'y a pas de disques.*

1. un téléviseur?   6. un réfrigérateur?
2. un téléphone?   7. une chaîne-stéréo?
3. des posters?   8. un balcon?
4. des photos?   9. un poisson rouge *(goldfish)*?
5. des plantes?   10. un serpent?

Récapitulation

Substitution

Replace the underlined words with the expressions in parentheses. Make all necessary changes.

▶ Voici un électrophone.   (disques)   *Voici des disques.*

1. Voilà un vélo.   (auto, moto, vélomoteur, crayon, transistor)
2. Il y a des étudiants au café.   (garçons, jeunes filles, professeur, dame, hommes)
3. Je voudrais avoir une montre.   (appareil-photo, livres, téléviseur, calculatrice)
4. Nous avons une caméra.   (Anne-Marie, tu, vous, Paul et Jean, je, Nicole et moi)
5. François n'a pas de voiture.   (nous, Marc et toi, je, Guy et Charles, tu, Claire)
6. Voici une radio.   (il y a, il n'y a pas, j'ai, je n'ai pas, c'est, ce n'est pas)

Vous avez la parole: La vie est belle!

Complete the following sentences with nouns of your choice.

Pour moi, la vie est (n'est pas) belle. J'ai un ... J'ai une ... J'ai des ... Je n'ai pas de ... Je voudrais avoir un ... et une ... J'ai un ami qui a ... J'ai une amie qui a ... J'ai des amis qui ont ... Pour mon anniversaire, je voudrais avoir ... ou ... Plus tard *(later on)*, je voudrais avoir ...

Le monde francophone

1. À Bruxelles. La Grand' Place offre de beaux exemples de l'architecture flamande.
2. À Genève, ville commerciale et touristique et siège de nombreuses organisations internationales

3

4

3. Coucher de soleil sur l'île de Moorea, à l'ouest de Tahiti   4. À la Guadeloupe. La pêche, une des ressources principales de ce département d'Outre-Mer

5. À Dakar, capitale du Sénégal et grande ville moderne   6. Au Maroc. Une ville face au désert   7. À Abidjan, capitale de la Côte d'Ivoire. Marché en plein air

8

9

10

8. Une rue de Québec   9. Montréal. La
deuxième ville francophone du monde
10. Le village de St-Pierre, sur la péninsule
de Gaspé au Canada

5. Dans la rue ...

Dans la rue°, il y a un café.   *street*
Dans le café, il y a une jeune fille.
Un jeune homme passe dans la rue.
Il passe devant° le café.   *in front of*
Il regarde la jeune fille.
La jeune fille regarde un magazine.
Elle est grande°.   *tall*
Elle est blonde.
Elle est jolie° ...   *pretty*
«Qui est-ce?» pense° le jeune homme.   *thinks*
«C'est probablement une touriste!»

Le jeune homme décide d'entamer° la conversation.   *to strike up*
—Hello, Miss. Vous êtes américaine?
—...
—Anglaise?
—...
—Canadienne?
—Non, je suis espagnole! ... et j'ai rendez-vous avec un ami. Tiens°!   *look*
  Il arrive!
—Ah ... Hm ... Bon ... Zut° ... Euh ... Je ... Au revoir, Mademoiselle.   *darn*
Et le jeune homme continue sa° promenade°.   *his / walk*

Note culturelle: *Le café*

The café plays an important role in the daily life of
most French students. They go there at any time of
day to have something to eat or drink, to relax, to
read the newspaper or to listen to music. Since
many students live quite a distance from the university, and since the existing libraries are seriously
overcrowded, the café also offers a place to sit and
study. Most cafés have public telephones if one has
to make a phone call. Finally, the café is the ideal
spot to meet one's friends, to strike up a casual
conversation with other students, or to observe
people walking by.

Structure et Vocabulaire

A. L'article défini *le, la, les*

The sentences below on the left refer to items that are not specifically identified;
the nouns are introduced by *indefinite* articles *(a, an)*. The sentences on the
right refer to specific items; the nouns are introduced by *definite* articles *(the)*.
Note the forms of these articles.

Voici **un** disque et **un** électrophone.　　Robert regarde **le** disque et **l'**électrophone.
Voici **une** moto et **une** auto.　　　　　　Colette regarde **la** moto et **l'**auto.
Voici **des** livres et **des** albums.　　　　　Suzanne regarde **les** livres et **les** albums.

■　The definite article has four written forms:

	singular	plural		
masculine	**le** **l'** (+ vowel sound) } **les**		**le** garçon **l'**ami	**les** garçons **les** amis
feminine	**la** **l'** (+ vowel sound) } **les**		**la** fille **l'**amie	**les** filles **les** amies

☐　There is liaison after **les** when the next word begins with a vowel sound.

1. **Le catalogue** You are pointing out items from a mail order catalogue to a friend.

▶ une calculatrice   *Regarde la calculatrice!*

1. un électrophone
2. un appareil-photo
3. une montre
4. un téléviseur
5. des albums de photo
6. des raquettes de tennis

2. **Au café** Paul is at a café. Say that he is watching what is going on in the street.

▶ voitures   *Il y a des voitures. Paul regarde les voitures.*

1. étudiante
2. étudiant
3. vélo
4. auto
5. touristes
6. dame
7. jeunes filles
8. motos

B. La forme des adjectifs de description

Adjectives are used to describe nouns and pronouns. Read the sentences below, paying attention to the forms of the adjectives.

Jean-Paul est **patient** et **optimiste**.
Paul et Marc sont **patients** et **optimistes**.

Jacqueline est **patiente** et **optimiste**.
Louise et Renée sont **patientes** et **optimistes**.

■ Adjectives agree in *gender* and *number* with the nouns and pronouns they modify. Regular adjectives have the following pattern of written endings:

	masculine	feminine	
singular	—	-e	patient, patiente
plural	-s	-es	patients, patientes

☐ In written French, the feminine form of a regular adjective is formed by adding -e to the masculine. If the masculine form already ends in -e, the masculine and feminine forms are identical.

Robert est **intelligent**.
Jacques est **calme**.

Sophie est **intelligente**.
Michèle est **calme**.

☐ Adjectives that do not follow the above pattern are irregular.

Marc est **heureux** *(happy)*.   Marie est **heureuse**.

Irregular forms of adjectives will be given in the VOCABULAIRE.

☐ In written French, the plural form of a regular adjective is formed by adding an -s to the singular form. If the masculine singular form ends in -s or -x, the masculine singular and the plural forms are identical.

Michel et Guy sont **intelligents**.
Philippe est **français**.
Richard est **heureux**.

Anne et Alice sont **intelligentes**.
Pierre et Louis sont **français**.
Alain et Marc sont **heureux**.

☐ In spoken French, if a regular adjective ends in a silent consonant in the masculine, this consonant is pronounced in the feminine.

   Paul est intelligen**t**.   Sylvie est intelligente.

☐ In spoken French, regular adjectives that do not end in a silent consonant in the masculine sound the same in the masculine and feminine.

   Luis est espagno**l**.   Luisa est espagnol**e**.
   Il est timi**d**e et réservé.   Elle est timi**d**e et réservé**e**.

Vocabulaire: *Quelques adjectifs réguliers*

ending in -e

calme	calm
conformiste	conformist
dynamique	dynamic, vigorous
égoïste	selfish
énergique	energetic
honnête	honest
idéaliste	idealistic
individualiste	individualistic
optimiste	optimistic
pessimiste	pessimistic
réaliste	realistic
riche	rich
sociable	sociable, friendly
timide	timid

ending in another vowel

poli	polite
réservé	reserved

ending in a consonant

brillant	brilliant
compétent	competent
content	content
indépendant	independent
patient	patient
impatient	impatient

note de vocabulaire

Adjectives that end in **-é** in the masculine end in **-ée** in the feminine.

   Marc est **réservé**.   Alice est **réservée**.

3. Les amis The following people have friends with similar personality traits. Describe these friends.

▶ Marc est brillant. Et Anne-Marie?   *Elle est brillante aussi.*
▶ Nicole est élégante. Et Thomas?   *Il est élégant aussi.*

1. Jacques est idéaliste. Et Monique?
2. Claire est optimiste. Et Olivier?
3. François est timide et réservé. Et Nathalie?
4. Suzanne est individualiste et indépendante. Et Jean-Louis?
5. Albert est riche mais distant. Et Thérèse?
6. Yves et Luc sont polis et patients. Et Anne et Marie?
7. Sylvie et Claudine sont très contentes. Et Robert et Paul?
8. Charles et Denis sont idéalistes. Et Isabelle et Marianne?
9. Colette et Lucie sont intelligentes. Et Philippe et Alain?
10. Jean-Paul et André sont impatients et égoïstes. Et Yvette et Alice?
11. Le président est compétent, dynamique et énergique. Et la secrétaire?

4. Une question de personnalité Read about the following people and describe their personalities in affirmative or negative sentences using the adjectives from the VOCABU-LAIRE.

▶ Pauline et Françoise aiment parler en public.   *Elles ne sont pas timides.*

1. Mme Leblanc est millionnaire.
2. Jacqueline a d'excellentes manières *(manners)*.
3. Les étudiantes ont un «A» à l'examen.
4. Gérard n'aime pas inviter ses *(his)* amis.
5. La secrétaire ne travaille pas bien.
6. Vous imitez toujours les autres *(other people)*.
7. Tu n'es pas généreux.
8. Antoine et Thomas ont une qualité: l'honnêteté.

Vocabulaire: *La description*

les gens people

une chose thing

la description des gens

blond	blond	**brun**	dark-haired
fort	strong	**faible**	weak
grand	tall	**petit**	short
heureux (heureuse)	happy	**triste**	sad
intelligent	intelligent	**idiot**	stupid
intéressant	interesting		
amusant	amusing	**pénible**	boring
drôle	funny		
sympathique	nice	**désagréable**	unpleasant
marié	married	**célibataire**	single, unmarried

la nationalité

allemand	German	**français**	French
américain	American	**italien (italienne)**	Italian
anglais	English	**japonais**	Japanese
canadien (canadienne)	Canadian	**mexicain**	Mexican
espagnol	Spanish	**suisse**	Swiss

la description des choses

lent	slow	**rapide**	fast
confortable	comfortable	**moderne**	modern

note de vocabulaire

In French, adjectives of nationality are generally not capitalized. They are capitalized, however, when used as nouns. Compare:

Voici un étudiant **français.**   Voici **un Français** *(a Frenchman).*
Voici des touristes **anglaises.**   Voici **des Anglaises** *(English women).*

---

5. **C'est évident!** *(It's obvious!)*   Read the description of the following people and then say what they are *not* like, using the appropriate forms of the adjectives with opposite meanings.

▶ Charlotte est blonde.   *Elle n'est pas brune!*

1. Lucie est brune.
2. Charles et Henri sont forts.
3. Catherine est grande.
4. Philippe est pénible.
5. Suzanne et Anne-Marie sont amusantes.
6. Sylvie et Nathalie sont intelligentes.
7. Robert est sympathique.
8. Denise et Claire sont mariées.
9. Michèle et Sophie sont heureuses.
10. Paul et Denis sont tristes.

6. **Descriptions**   Describe the following people or characters in two sentences, using adjectives from the VOCABULAIRE. Your sentences may be affirmative or negative.

▶ King Kong   *Il est fort. Il n'est pas sympathique.*

1. Dracula
2. Charlie Brown
3. Jane Fonda
4. Michael Jackson
5. le président

6. Miss Piggy
7. Tarzan
8. Woody Allen
9. les Rolling Stones
10. la reine *(queen)* Élizabeth

C. La place des adjectifs

Read the sentences below, paying attention to the position of the adjective.

Paul est un garçon **sympathique**.   Paul is a *nice* boy.
Hélène est une fille **intelligente**.   Hélène is an *intelligent* girl.
Voici des disques **français**.   Here are some *French* records.

■ In French, adjectives usually come *after* the noun they describe.

□ A few adjectives, like **grand** and **petit,** come before the noun.

J'ai une **petite** voiture.   I have a *small* car.

7. **Nationalités**   Give the nationalities of the following people and things. Use complete sentences with the appropriate adjective of nationality.

▶ les Toyota / des voitures   *Les Toyota sont des voitures japonaises.*

1. Meryl Streep / une actrice
2. Picasso / un artiste
3. les Rolling Stones / des musiciens
4. Berlioz et Debussy / des compositeurs

5. les Mercédès / des voitures
6. Québec / une ville *(city)*
7. la Normandie / une province
8. le chianti / un vin *(wine)*

8. **Ressemblances**   The following people have relatives and acquaintances with similar personality traits. Express this according to the model.

▶ Jacques est optimiste. (des amis)   *Il a des amis optimistes.*
▶ Pauline est impatiente. (un cousin)   *Elle a un cousin impatient.*

1. Henri est amusant. (des amies)
2. Philippe est intelligent. (une amie)
3. Catherine est sympathique. (un petit ami)
4. Paul est blond. (une petite amie)
5. Nathalie est brune. (une cousine)
6. Robert est intéressant. (des parents)
7. Francine est indépendante. (des amis)
8. Le professeur est brillant. (des étudiants)

Vocabulaire: *Adjectifs qui précèdent le nom*

bon (bonne)	good	J'ai un très **bon** appareil-photo.
mauvais	bad, poor	Nous n'avons pas de **mauvais** professeurs.
grand	big, large	Mélanie a une **grande** voiture.
petit	small	Paul et Anne ont un **petit** téléviseur.
joli	pretty	Suzanne est une **jolie** fille.
jeune	young	Qui est le **jeune** homme avec qui vous parlez?
vrai	true, real	Vous êtes des **vrais** amis.

notes de vocabulaire

1. There is liaison after **bon, mauvais, grand,** and **petit** when the next word begins with a vowel sound.

   un mauvais accident   un bon ami   un grand appartement   un petit appareil-photo

2. In formal French, **des** becomes **de (d')** before an adjective. In contemporary spoken French, however, **des** is often used. Compare:

   Vous êtes **des** étudiants brillants.   Vous êtes **de** bons étudiants.
   or: Vous êtes **des** bons étudiants.

---

9. **Aux Galeries Lafayette** The Galeries Lafayette is a well-known department store in Paris. Play the roles of the salespersons and the customers according to the model. In the customers' statements, make sure the adjectives are in the proper position and agree with the nouns they modify.

▶ une caméra (japonais)   —*Vous voulez une caméra, Monsieur (Madame)?*
                            —*Oui, je voudrais une caméra japonaise.*

1. un transistor (japonais)
2. une machine à écrire (petit)
3. un téléviseur (moderne)
4. un téléviseur (grand)
5. une chaîne-stéréo (petit)
6. un magnétophone (bon)
7. une bicyclette (anglais)
8. des livres (amusant)
9. un appareil-photo (allemand)
10. une calculatrice (bon)
11. des cassettes (récent)
12. des disques (intéressant)

10. **Madame Hulot a de la chance!** Madame Hulot, a French businesswoman, is a lucky person. Explain why in complete sentences using the elements below. Be sure to insert the adjectives in parentheses in their proper position and to use the correct endings.

▶ Mme Hulot / travailler / pour une compagnie (international)
Madame Hulot travaille pour une compagnie internationale.

1. elle / avoir / une secrétaire (compétent)
2. elle / travailler / avec des collègues (sympathique)
3. elle / avoir / un salaire (bon)
4. elle / avoir / des employés (dynamique)
5. elle / travailler / dans un bureau (*office*) (grand)
6. elle / habiter / dans un appartement (joli)
7. elle / être mariée / avec un journaliste (jeune)
8. elle / avoir / des amies (vrai)
9. elle / avoir / une voiture (rapide)

Ça, c'est une auto.

CITROËN ⌃ VISA

D. *Il est ou c'est?*

As we have seen, the subject pronouns **il, elle, ils,** and **elles** are used to replace noun subjects referring to people or things. However, when the verb of the sentence is **être,** the following constructions are used.

		Qui est-ce?	Qu'est-ce que c'est?
c'est **ce sont** +	proper noun	C'est **Philippe.**	—
	stress pronoun	C'est **lui.**	—
	article + noun	C'est **un ami.** (*He is ...*)	C'est **un vélo.** (*It is ...*)
	article + noun + adjective	C'est **un garçon intelligent.**	C'est **un vélo français.**
	article + adjective + noun	C'est **un bon étudiant.**	C'est **un grand vélo.**
il/elle est **ils/elles sont** +	adjective	Il est **sympathique.** (*He is ...*)	Il est **rapide.** (*It is ...*)
	location	Il est **avec Michèle.**	Il est **dans le garage.**
	name of a profession	Il est **étudiant.**	—

■ Note the negative forms of **c'est:**

C'est un livre.   Ce **n'est pas** un magazine.
Ce sont des motos.   Ce **ne sont pas** des vélomoteurs.

Remember that **pas de** is not used when the negative verb is **être.**

11. **Commentaires**   Max is asking Anne about the following people. Play both roles according to the model.

▶ Sophie? (une fille intelligente)   MAX: *C'est une fille intelligente, n'est-ce pas?*
                                            ANNE: *Oui, elle est très intelligente.*

1. Gilbert? (un ami sympathique)
2. M. Lassalle? (un professeur sympathique)
3. Marie-Christine? (une étudiante brillante)
4. Mme Gauthier? (une journaliste compétente)
5. Paul et Éric? (des amis sincères)
6. Janine et Florence? (des filles intéressantes)

12. **Descriptions**   Complete the descriptions of the following people and things with the appropriate forms of **il est** or **c'est**.

1. Voici une fille. ____ Michèle. ____ une amie. ____ sympathique. ____ aussi une étudiante brillante.
2. Voici M. Masson. ____ journaliste. ____ impartial. ____ un journaliste honnête et indépendant.
3. Voici des étudiants. ____ des touristes. ____ américains. ____ à Paris pour les vacances *(vacation)*.
4. Voici un micro-ordinateur. ____ américain. ____ un ordinateur IBM. ____ un assez bon micro-ordinateur.
5. Voici une voiture. ____ une voiture française. ____ une Renault. ____ assez lente mais ____ confortable.
6. Voici des cassettes. ____ des cassettes de musique classique. ____ extraordinaires!

13. **Opinions personnelles**   Express your opinions about the following people and things. Make up at least two sentences using the appropriate forms of *c'est* or *il est*. Your sentences may be affirmative or negative.

▶ Paul Newman? (un acteur: bon? jeune?)
C'est un bon acteur. (Ce n'est pas un bon acteur.) Il n'est pas jeune.

1. Woody Allen? (un comédien: anglais? drôle? bon? mauvais?)
2. Jane Fonda? (une actrice: français? bon? joli? mauvais? jeune? brillant?)
3. le président? (un homme: sincère? honnête? compétent? intelligent?)
4. *Time?* (un magazine: intelligent? bon? mauvais? libéral?)
5. les Toyota? (des voitures: japonais? bon? petit? confortable? lent?)
6. les Cadillac? (des voitures: français? rapide? grand? bon?)
7. Paris? (une ville *(city)*: moderne? joli? intéressant? touristique?)
8. les Français (des gens: cosmopolite? sympathique? timide? réservé? individualiste? égoïste? indépendant?)

Récapitulation

Substitution

Replace the underlined words with the expressions in parentheses, making all necessary changes.

▶ Où est le professeur?   (étudiants)   *Où sont les étudiants?*
▶ Voici une bonne cassette.   (américain)   *Voici une cassette américaine.*

1. Où est la voiture?   (auto, électrophone, caméra, livre, disques, cassettes)
2. J'ai un ami français.   (une amie, des amis, des amies, des professeurs)
3. Paul est intelligent mais il n'est pas amusant.   (le professeur, Sylvie, Jacques et Paul, Monique et Suzanne)
4. Suzanne est une étudiante française.   (américain, bon, mauvais, intelligent, anglais, intéressant)
5. Monsieur Duval est un professeur amusant.   (pénible, mauvais, jeune, vrai, sympathique, timide)
6. Je n'ai pas de livres intéressants.   (amusant, bon, joli, espagnol)

Vous avez la parole: Mes amis et moi *(My friends and I)*

Describe yourself and your friends. Describe also what you consider the ideal friend. You may use the following suggestions as guidelines.

Physiquement, je suis ... (grand? brun? ...)
Je ne suis pas ...
Généralement, je suis ... (heureux? amusant? ...)
Je ne suis pas ...
Je suis (marié? célibataire?)
J'ai un ami ... Il est ... C'est ...
J'ai une amie ... Elle est ... C'est ...
Pour moi l'ami idéal est ... L'amie idéale est ...

Vous avez la parole: Vos possessions *(Your belongings)*

Name three things that you own and describe them.

▶ *J'ai une voiture. C'est une Peugeot. C'est une voiture française. Elle n'est pas très grande mais elle est très confortable. Elle est assez rapide. C'est une bonne voiture.*

6. Le temps libre

Vous travaillez beaucoup, n'est-ce pas? Mais vous ne travaillez pas tout le temps° ... Où est-ce que vous allez° quand vous avez un moment de libre°? Voici la réponse de cinq jeunes Français: all the time / go / free time

MICHÈLE *(20 ans, étudiante en sciences politiques)*

J'adore le cinéma. Quand j'ai un moment de libre, je vais° au cinéma. Ce soir°, par exemple, je vais aller voir° un western ...   go / tonight / going to go see

HENRI *(19 ans, étudiant en psychologie)*

Moi aussi, j'aime le cinéma mais je déteste la violence. Ainsi°, je ne vais pas souvent au cinéma. Quand j'ai un moment de libre, je reste° chez moi°. J'écoute des disques. J'adore la musique, surtout° la musique classique.   so / stay / home / especially

JEAN-FRANÇOIS *(22 ans, mécanicien°)*   mechanic

Le cinéma, la musique ... d'accord! Mais moi, je ne suis pas un intellectuel. Je préfère aller au café avec les copains°!   friends

PATRICE *(20 ans, étudiant en médecine)*

J'adore le sport, surtout le football° et le rugby. Quand il y a un match à la télé, je reste chez moi. Samedi, je vais regarder le match France-Espagne!   soccer

NATHALIE *(22 ans, secrétaire)*

Patrice aime le sport ... à la télé. Moi, je suis un peu plus° active. Quand j'ai le temps°, je vais au Club des Sports, et je joue au tennis. Je ne suis pas une championne, mais je joue assez bien. Et vous?   more / time

Note culturelle: *Le cinéma en France*

According to a recent survey, French young people rank going to the movies as their favorite leisure activity. Yet, for many movie-goers, cinema is considered not only as a leisure activity, but as an art form: **le septième art**—the seventh art. After seeing a movie, French people are likely to debate at length its flaws and merits, focusing their discussion on the scenario, the acting (**le jeu des acteurs**), and the directing (**la mise en scène**).

Because tickets to newly released movies (**les films en exclusivité**) are relatively expensive, many students go to the local theaters (**cinémas de quartier**) or ciné-clubs to see reruns of old favorites, both French and foreign. In general, the French public is very receptive to American movies of recent or older vintage. Always popular are the films of Charlie Chaplin, Humphrey Bogart, Jerry Lewis, and Alfred Hitchcock. The French also enjoy all westerns, including those of European manufacture.

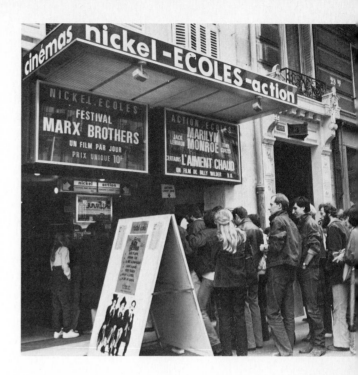

Structure et Vocabulaire

A. L'usage de l'article défini dans le sens général

Note the use of the definite article in the following sentences.

J'aime **les** sports.	I like sports *(in general)*.
Le tennis est un sport intéressant.	Tennis *(in general)* is an interesting sport.
Les Français aiment **le** cinéma.	*(Generally speaking)*, French people like movies.
Les étudiants détestent **la** violence.	*(Generally speaking)*, students hate violence.

■ In French, the definite article is also used to introduce nouns used in an *abstract, general,* or *collective* sense.

Note linguistique: L'usage des déterminants

Although English and French both have definite and indefinite articles, the use of these articles does not always correspond in the two languages. In French, contrary to English, nouns are almost always introduced by determiners.

Nous regardons **la** télé.	We watch TV.
Paul étudie **l'**espagnol.	Paul studies Spanish.

1. **Questions personnelles**   Express your personal opinion.

1. Aimez-vous les sports? le tennis? le baseball? le golf? le hockey? le basketball?
2. Aimez-vous la musique? la musique classique? le jazz? les blues? la musique pop?
3. Aimez-vous l'art? l'art moderne? l'art abstrait? l'art oriental?
4. Admirez-vous les acteurs? les poètes? les inventeurs? les athlètes? les musiciens?
5. Respectez-vous l'autorité? la justice? le gouvernement? les opinions adverses? les intellectuels?
6. Étudiez-vous la biologie? l'anglais? l'histoire? la psychologie? les maths? les sciences?

2. **Une question d'opinion**   Express the opinions of the people below in affirmative or negative sentences.

▶ les étudiants: aimer les examens?   *Les étudiants aiment les examens.*
                                          ou: *Les étudiants n'aiment pas les examens.*

1. les écologistes: aimer la nature?
2. les pacifistes: admirer la violence?
3. les femmes: être pour l'égalité des sexes?
4. les Russes: être pour le capitalisme?
5. les Américains: être contre *(against)* la justice sociale?
6. je: être contre l'énergie nucléaire?

Vocabulaire: *Les loisirs*

un sport
Le tennis, le football *(soccer)*, **le volleyball** sont des sports.

un spectacle (show)
Le cinéma *(movies)*, **le théâtre, la télévision** sont des spectacles.

un passe-temps (hobby)
La cuisine *(cooking)*, **la danse** et **la photo** *(photography)* sont des passe-temps.

un art
La musique, la peinture *(painting)* sont des arts.

un jeu (game)
Le bridge, le poker, les dames (f.) *(checkers)*, **les échecs** (m.) *(chess)*, **les cartes** (f.) *(cards)* sont des jeux.

note de vocabulaire
In conversational French, the names of sports such as **le football** and **le volleyball** are often shortened to **le foot, le volley.** Similarly, **la télévision** becomes **la télé.**

3. Dialogue Ask your classmates about their preferences. Be sure to use the appropriate definite article.

▶ cinéma ou théâtre?   —*Est-ce que tu préfères le cinéma ou le théâtre?*
                            —*Je préfère le théâtre (le cinéma).*

1. cinéma ou télévision?   6. cuisine française ou cuisine américaine?
2. tennis ou football?   7. restaurants français ou restaurants italiens?
3. bridge ou poker?   8. musique classique ou musique moderne?
4. dames ou échecs?   9. musique pop ou musique disco?
5. photo ou peinture?   10. danse classique ou danse moderne?

4. Opinions personnelles State your opinion about the leisure activities of column B, using the expressions of column A. Explain your opinion using the elements of columns C and D. Use the appropriate articles.

A	B	C	D
j'adore	bridge	art	amusant
j'aime	cinéma	jeu	compliqué
je n'aime pas	cuisine	passe-temps	difficile *(hard)*
je déteste	danse	sport	facile *(easy)*
	échecs	spectacle	intéressant
	football		passionnant *(exciting)*
	peinture		stupide
	photo		violent
	tennis		fatigant *(tiring)*
	télévision		lent
			rapide

▶ *J'adore la cuisine parce que c'est un passe-temps amusant (facile ...).*

B. Les prépositions *à* et *de* + l'article défini

Note the forms of the definite article after the prepositions **à** and **de**.

	parler **à** *(to talk to)*	parler **de** *(to talk about)*
Voici le garçon.	Paul parle **au** garçon.	François parle **du** garçon.
Voici la fille.	Paul parle **à la** fille.	François parle **de la** fille.
Voici l'étudiant.	Paul parle **à l'**étudiant.	François parle **de l'**étudiant.
Voici les étudiants.	Paul parle **aux** étudiants.	François parle **des** étudiants.

■ The definite articles **le** and **les** contract with **à** and **de** to form single words.

à	**de**
à + le → **au**	de + le → **du**
à + les → **aux**	de + les → **des**

☐ The articles **la** and **l'** do not contract.

☐ There is liaison after **aux** and **des** when the next word begins with a vowel sound.

☐ The prepositions **à** and **de** have several meanings:

à	at	Le docteur Mercier arrive **à** l'hôpital.
	to	Il parle **à** l'infirmière *(nurse)*.
de	of	Qui est le président **de** l'université?
	from	Tu rentres **de** la pharmacie.
	about	Nous parlons **d'**un projet important.

5. Oui ou non? Express your agreement or disagreement with the following by making slogans beginning with *Oui à* or *Non à*.

▶ les examens   *Oui aux examens!*
        ou: *Non aux examens!*

1. le service militaire
2. le socialisme
3. le racisme
4. l'injustice
5. l'inflation
6. les diplômes

UNIVERSITÉ POPULAIRE

OUI

6. Sujets de discussion *(Topics for discussion)* Say whether or not you talk about the following topics with your friends.

▶ les examens   *Oui, nous parlons souvent des examens.*
               ou: Non, nous ne parlons pas souvent des examens.

1. les vacances *(vacation)*
2. la situation internationale
3. la classe de français
4. les problèmes métaphysiques
5. le professeur
6. les autres *(other)* étudiants
7. le problème de l'inflation
8. l'avenir *(future)*

7. Non! André asks if certain persons are doing certain things. Yvette tells him no and explains what they are doing. Play both roles according to the model.

▶ Suzanne / être à / le musée (la poste)   ANDRÉ : *Est-ce que Suzanne est au musée?*
                                            YVETTE: *Mais non! Elle est à la poste!*

1. Jean-Louis / dîner à / la cafétéria (le restaurant)
2. Daniel et Vincent / étudier à / la Sorbonne (l'université de Tours)
3. Jacqueline / rentrer de / le concert (le film)
4. le professeur / parler de / la grammaire (les examens)
5. la secrétaire / parler à / l'étudiante japonaise (les étudiants mexicains)
6. Maman / arriver de / le restaurant (la banque)
7. Papa / téléphoner à / les clients américains (la cliente anglaise)
8. le président / parler de / la situation internationale (le problème de l'énergie)

Vocabulaire: *Deux verbes en* -er

jouer	to play	Je voudrais **jouer** avec vous.
jouer à	to play *(a sport or game)*	Je **joue au** tennis mais je ne **joue** pas **aux** cartes.
jouer de	to play *(a musical instrument)*	Je **joue du** piano mais je ne **joue** pas **de la** guitare.
penser	to think, to believe	Je **pense**, donc *(therefore)* je suis.
penser à	to think about *(to direct one's thoughts toward)*	Je ne **pense** pas **à** l'inflation.
penser de	to think of, about *(to have an opinion about)*	Qu'est-ce que tu **penses de** la cuisine française?
penser que	to think that	Je **pense qu**'elle est très bonne.

note de vocabulaire

The expression **que** *(that)* is often left out in English. It cannot be omitted in French.

     Paul pense **que** vous jouez bien.   Paul thinks *(that)* you play well.

8. Dialogue Ask your classmates whether they play the following games or instruments. Use *jouer à* and *jouer de,* as appropriate.

▶ le golf —*Est-ce que tu joues au golf?*
—*Oui, je joue au golf.*
ou: —*Non, je ne joue pas au golf.*

1. le tennis	4. le hockey	7. les dames
2. le piano	5. la guitare	8. le violon
3. les échecs	6. le bridge	9. la clarinette

9. Interview Imagine that you are asking French exchange students about the following subjects. Your classmates will play the role of the French students, using the suggested adjectives in affirmative or negative sentences.

▶ les étudiants américains (intelligents?)
—*Qu'est-ce que vous pensez des étudiants américains?*
—*Nous pensons qu'ils sont intelligents.*
ou: —*Nous pensons qu'ils ne sont pas très intelligents.*

1. le cinéma américain (intéressant?)
2. les Américains (sympathiques?)
3. les Américaines (sympathiques?)
4. la cuisine américaine (bonne?)
5. l'hospitalité américaine (remarquable?)
6. l'humour américain (amusant?)
7. le football américain (très violent?)
8. les restaurants américains (extraordinaires?)

C. Le verbe *aller;* le futur proche avec *aller* + infinitif

The verb **aller** *(to go)* is the only irregular -er verb. Note the forms and uses of **aller** in the chart below.

infinitive	**aller**		
present	je **vais**	Je **vais** à Paris.	Je **vais visiter** le Louvre.
	tu **vas**	Tu **vas** à l'université.	Tu **vas étudier.**
	il/elle **va**	Anne **va** à Québec.	Elle **va parler** français.
	nous **allons**	Nous **allons** à Nice.	Nous **allons nager.**
	vous **allez**	Vous **allez** au restaurant.	Vous **allez dîner.**
	ils/elles **vont**	Elles **vont** au musée.	Elles **vont regarder** les sculptures.

■ The verb **aller** (unlike the verb *to go* in English) is never used with only a subject.

It can be used with an adverb: **Comment** allez-vous? Je vais **bien.**
It can be used with an expression of location: Nous allons **au théâtre.**

■ To express the near future, the French use the infinitive construction:

> **aller** + infinitive   *to be going to do something*

Nous **allons inviter** des amis.   We *are going to invite* some friends.
Paul **va voyager.**   Paul *is going to travel.*

☐ Note that in negative sentences, the negative expression **ne ... pas** goes around the verb **aller.**

Je **ne vais pas** étudier.   *I am not going* to study.

10. **Bon voyage!** This summer the following students are going to travel. Say to which city they are going and what they are going to visit there.

▶ Paul (Paris / le Centre Pompidou)   *Paul va à Paris.*
    Il va visiter le Centre Pompidou.

1. Jacques et Henri (Londres / le British Museum)
2. nous (Rome / le Vatican)
3. tu (New York / le musée d'Art Moderne)
4. je (Paris / Notre Dame)
5. vous (Moscou / le Kremlin)
6. Isabelle (New York / les Nations Unies)
7. Albert et Nicolas (Québec / la Citadelle)
8. Marc et moi (Munich / le zoo)

Au musée du Jeu de Paume

Vocabulaire: *Où et comment*

noms

un aéroport	airport	une bibliothèque	library
un bureau	office	une école	school
un café	cafe	une église	church
un cinéma	movie theater	une gare	(train) station
un hôpital	hospital	une maison	house
un laboratoire	laboratory	une piscine	swimming pool
un magasin	store	une plage	beach
un musée	museum	une université	university
un restaurant	restaurant		
un stade	stadium		
un théâtre	theater		

verbes

entrer (dans)	to enter	Nous **entrons dans** le magasin.
passer (par)	to pass, to go (through)	Est-ce que vous **passez par** Paris?
passer	to spend (time)	Je **passe** une heure au café.
rester	to stay	Paul et Suzanne **restent** à Cannes.

expressions

ici	here	Nous travaillons **ici**.
là	there, here	Paul n'est pas **là**. Il est à la plage.
là-bas	over there	Qui est la fille **là-bas**?
à pied	on foot	Nous allons à l'université **à pied**.
à vélo	by bicycle	Je vais à la plage **à vélo**.
en voiture	by car	Henri va à Chicago **en voiture**.
en avion (un avion)	by plane	Nous allons en France **en avion**.
en bus (un bus)	by bus	J'aime voyager **en bus**.
en métro (un métro)	by subway	Je vais aller au Centre Pompidou **en métro**.

11. Lieux de travail (*Places of work*)   Say where each of the following people goes to work. Use place names from the VOCABULAIRE.

▶ le professeur   *Le professeur va à l'école (à l'université).*

1. l'athlète
2. l'actrice
3. les étudiants
4. le pilote
5. la serveuse (*waitress*)
6. la chimiste (*chemist*)
7. les secrétaires
8. les infirmières (*nurses*)

12. **Où et pourquoi?** When we go to a specific place it is usually because we plan to do something there. Express this for the people in column A, using elements of columns B and C. Be logical.

A	B	C
je	aéroport	danser
tu	bibliothèque	nager
Michèle	gare	dîner
nous	hôpital	étudier
vous	musée	travailler
la secrétaire	restaurant	voyager
le docteur Lavie	piscine	réserver les billets (tickets)
les touristes	cinéma	parler aux malades (patients)
les étudiants	université	voir (see) un western
	discothèque	admirer les sculptures
		regarder les magazines français

▶ *Tu vas au cinéma. Tu vas voir un western.*

D. La préposition *chez*

Note the use of **chez** in the following sentences, and compare it with the English equivalents.

Je suis **chez moi**.	I am *(at) home.*
Philippe n'est pas **chez lui**.	Philippe is not *home (at his house, at his place).*
Tu vas **chez toi**?	Are you going *home?*
Je vais **chez Louise**.	I am going *to Louise's (house, room, apartment).*
Michèle va **chez le docteur**.	Michèle is going *to the doctor's (office).*
Elle habite **chez des cousins**.	She lives *at her cousins' (house).*

■ The preposition **chez** is followed by a noun or by a stress pronoun.

□ Note the use of the interrogative expression **chez qui**.

Chez qui est Paul?	At *whose place* is Paul?
Chez qui est-ce que vous allez?	To *whose place* are you going?

□ Note that while the preposition **à** is used with *names of places*, the preposition **chez** is used with *people*.

Je vais **à la pharmacie**.	I am going *to the pharmacy.*
Je vais **chez le pharmacien**.	I am going *to the pharmacist's.*

13. **Où sont-ils?**   Tonight everyone is visiting friends. Say at whose home the following people are. Say also that they are not at home.

▶ Béatrice / étudier / Alain   *Béatrice étudie chez Alain. Elle n'est pas chez elle.*

1. je / être / un cousin
2. nous / regarder la télé / des amis
3. les Martin / dîner / les Dupont
4. Jacques et Louis / jouer au bridge / des étudiants américains
5. Paul / écouter des disques / Nicole
6. les étudiantes / préparer l'examen / des camarades de classe
7. M. Marin / travailler / un collègue
8. tu / jouer du piano / Amélie
9. vous / passer la soirée *(evening)* / des cousins

14. **Week-end**   Read what the following people usually do on weekends. Say that they are going to do these things and indicate whether or not they are going to stay home.

▶ Nous jouons au tennis.
  Nous allons jouer au tennis. Nous n'allons pas rester chez nous.

1. M. Lefèvre regarde la télé.
2. Les Thomas dînent au restaurant.
3. Tu invites des amis.
4. Nous organisons une surprise-partie *(party)*.
5. Hélène et François dansent.
6. Philippe étudie.

CHEZ EDGARD
4, rue Marbeuf
75008 Paris
Tél. : 720.51.15.
Salons de réception
Déjeuners - Dîners - Soupers

15. **Projets** *(Plans)*   Say where you go and what you do (or do not do) in the following circumstances.

▶ Vous avez une heure de libre *(a free hour)*.
  Je reste chez moi. Je ne vais pas étudier. Je vais regarder la télé.

1. Vous avez cinq heures de libre.
2. Vous avez un week-end de libre.
3. Vous avez un mois de libre.
4. Vous êtes triste.
5. C'est votre *(your)* anniversaire.
6. C'est l'anniversaire d'un ami.

Récapitulation

Substitution

Replace the underlined words by the expressions in parentheses. Make all necessary changes.

▶ Nous jouons souvent de la guitare. (le tennis)   *Nous jouons souvent au tennis.*

1. Je parle à François. (le professeur, les étudiants, les étudiantes, l'étudiante américaine)
2. Qu'est-ce que vous pensez de Jacques? (l'étudiant français, le professeur, le concert, le restaurant, les Français, les Françaises, la cuisine française)
3. Pierre n'est pas ici. Il est au laboratoire. (bibliothèque, université, café, église, stade, aéroport)
4. Quand est-ce que vous allez à la piscine? (nous, Monique, tu, Alain et Paul, je, les étudiants)
5. Michèle joue de la flûte. (le piano, le basketball, le football, la clarinette, les cartes)
6. Jean-Paul ne va pas étudier. Il va jouer au bridge. (nous, je, Jacqueline, vous)
7. Sylvie n'est pas chez elle. (Thomas, le dentiste, les Rémi, je, nous)

Vous avez la parole: Le week-end

Describe your weekend activities: what you like, where you go, what you are going to do. You may use the following suggestions.

J'aime ... / Je n'aime pas ...
Généralement, je vais ... parce que j'aime ...
Je ne vais pas ... parce que je déteste ...
Ce *(this)* week-end, je vais aller ... avec ...
Nous allons ... / Nous n'allons pas ...

Vous avez la parole: Conversation

Ask your classmates what they are going to do.

▶ où / passer les vacances *(vacation)*?   —*Où est-ce que tu vas passer les vacances?*
                                                —*Je vais passer les vacances à Paris (à New York, chez un cousin).*

1. comment / rentrer chez toi ce soir *(tonight)*?
2. à quelle heure / dîner?
3. que / regarder à la télé ce soir?
4. où / aller samedi?

Le Français pratique

En ville° in town

Vocabulaire utile

Pardon.	*Pardon me.*
Excusez-moi.	*Excuse me.*
S'il vous plaît.	*Please.*
Est-ce que vous pourriez me dire ... ⎫	
Pourriez-vous me dire ... ⎭	*Could you tell me ...*
où est situé(e) ... ?	*where is ... located?*
où se trouve ... ?	*where is ... ?*
comment aller (à) ... ?	*how to go / get (to) ... ?*
le café de l'Univers	
l'hôtel de Bordeaux	
la poste	*the post office*
la station de taxi	*the taxi stand*
la station de métro	*the subway station*
l'arrêt d'autobus	*the bus stop*
Vous allez ...	
Vous continuez ...	*You keep going ...*
C'est ...	
tout droit	*straight ahead*
Vous tournez ...	*You turn ...*
à droite	*to the right*
à gauche	*to the left*
Vous traversez° l'avenue du Maine	*You cross ...*
le boulevard Raspail	
la rue° du Four	*street*
la place°	*square*
le carrefour°	*intersection*

Vous allez jusqu'à° ...		up to / as far as
C'est	sur° le boulevard ...	on
	dans° la rue ...	in
	devant° l'hôtel	in front of
	derrière° le cinéma	in back of / behind
	près de° l'université	near / close to
	loin de° l'hôtel	far from
	à côté de° l'école	next to
	en face de° la gare	opposite / across from

C'est à 100 mètres. *It's 100 meters from here.*

C'est à 10 minutes à pied. *It's ten minutes on foot.*

C'est	à l'est°	east
	à l'ouest°	west
	au nord°	north
	au sud°	south

Conversation: *À Paris*

Alice a rendez-vous avec un ami° à l'Alliance Française. Elle demande[1] à un agent[2] où se trouve l'Alliance Française.

—Pardon, monsieur l'agent! ...

—Mademoiselle?

—Est-ce que vous pourriez me dire où se trouve l'Alliance Française?

—C'est sur le boulevard Raspail, Mademoiselle.

—Et pour aller boulevard Raspail?

—C'est simple. Vous traversez le boulevard Saint-Germain et vous tournez à droite. Vous continuez jusqu'à la rue de Rennes. Vous tournez à gauche dans la rue de Rennes. Vous allez tout droit jusqu'au boulevard Raspail. Là, vous tournez à gauche et vous continuez jusqu'à l'Alliance Française.

—C'est loin d'ici?

—C'est à 800 (huit cents) mètres environ[3].

—Merci, monsieur l'agent.

—À votre service, Mademoiselle.

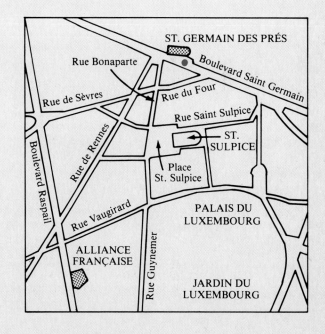

1 *asks*   2 *police officer*   3 *approximately*

Dialogues: *À Tours*

1. Où est-ce? In the summer, thousands of tourists visit Tours. Imagine that you are at the **Syndicat d'Initiative** *(Tourist Bureau)*. A tourist asks where certain places are. Several employees give directions, each one somewhat differently. Play the roles accordingly. Be sure to refer to the map!

▶ le café de l'Univers?

TOURISTE:	*S'il vous plaît?*
EMPLOYÉ 1:	*Oui, Mademoiselle (Monsieur ...)?*
TOURISTE:	*Pourriez-vous me dire où se trouve le Café de l'Univers?*
EMPLOYÉ 1:	*C'est sur l'avenue de Grammont.*
EMPLOYÉ 2:	*C'est à côté de la place Jean-Jaurès.*
EMPLOYÉ 3:	*C'est près de l'Hôtel de l'Univers.*
EMPLOYÉ 4:	*C'est en face de l'arrêt d'autobus.*

1. la Banque de l'Ouest?
2. la poste?
3. l'Hôtel de Bordeaux?
4. le supermarché Lefroid?

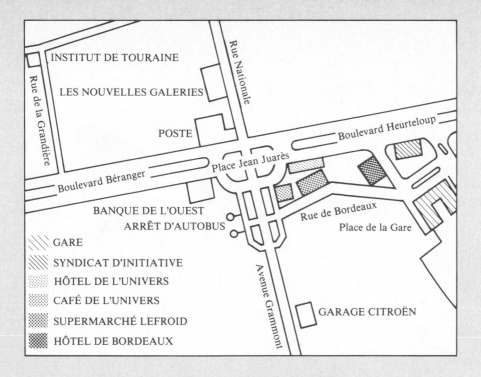

2. Comment aller à ... ? Other tourists are walking in downtown Tours. They ask pedestrians how to get to certain places. Imagine the dialogues.

▶ Le/La touriste est aux Nouvelles Galeries. Il/Elle veut aller au garage Citroën.
—*Pardon, Monsieur. Comment est-ce que je peux aller au garage Citroën?*
—*C'est simple. Vous tournez à droite dans la rue Nationale. Vous traversez la place Jean-Jaurès. Vous continuez tout droit dans l'avenue de Grammont. Le garage Citroën est à gauche.*

1. le garage Citroën → la gare
2. la gare → l'Hôtel de l'Univers
3. l'Hôtel de l'Univers → la poste
4. la poste → l'Institut de Touraine
5. l'Institut de Touraine → l'Hôtel de Bordeaux

Rencontres

Pour ou contre l'auto?

Comment lire: *Identifying cognate patterns*

As you must have noted by now, French and English contain many *cognates* (**mots apparentés**), that is, words which look the same and have a closely related meaning in both languages. The existence of thousands of cognates makes reading French relatively easy for English speakers.

Although the spelling of some cognates is identical in French and English, many are spelled somewhat differently. These differences may involve one or several letters or the addition of an accent mark in French. For instance, compare the French and English spellings of the following cognates, which are taken from the text below:

> **confortable, rapide, une agence**
> **un exercice, un problème, un collègue**

As you read French, you will observe that there are certain recurring patterns of correspondence between French and English. These patterns most typically concern the endings of words. In the VOCABULAIRE on page 70 you learned that the French equivalents for *pessimistic, optimistic,* and *realistic* are **pessimiste, optimiste,** and **réaliste.** From these examples, you may have deduced the existence of the pattern *-istic* ↔ **-iste.** Identifying and learning cognate patterns will help you not only build reading skills but also increase your vocabulary.

In the following text, you will encounter the adjectives **pratique, physique,** and **politique.** What is the ending of these adjectives? What is the corresponding English ending? What is the cognate pattern? Can you guess the French equivalents of *logical? comical?*

You will also encounter the following nouns: **nécessité, publicité, université.** What is the ending of these nouns? What is the ending of the corresponding English nouns? What is the cognate pattern?

Pour ou contre l'auto?

Avez-vous une voiture? Pour beaucoup de personnes, la voiture est une nécessité absolue. Pour d'autres[1] personnes, la voiture est surtout[2] une source de problèmes. Voici quatre opinions différentes au sujet de[3] la voiture.

JEAN-PIERRE PASCAL (27 ans[4])

Je suis représentant de commerce[5] pour une entreprise[6] d'électronique. Je voyage beaucoup. Je fais[7] 40.000 kilomètres par an[8]. Voilà pourquoi j'ai une voiture confortable et rapide. C'est une **Renault 16**. Je change souvent de voiture. L'année prochaine[9], je vais acheter[10] une **Citroën CX** ou une **Peugeot 504**. Pour moi, la voiture n'est pas un luxe[11]. C'est un indispensable instrument de travail[12]!

1 *other*   2 *mainly*   3 *concerning*   4 *years old*   5 *sales representative*   6 *company*   7 = *voyage*   8 *per year* 9 *next year*   10 *to buy*   11 *luxury*   12 *work*

NICOLE MICHELET (32 ans)

Je suis la vice-présidente d'une agence de publicité[1]. Moi aussi, je voyage beaucoup dans ma profession, mais quand je voyage, c'est généralement[2] en train ou en avion. Quand je suis à Paris, je vais à mon bureau à pied. Vingt minutes de marche[3] le matin et vingt minutes de marche le soir... Pour moi, la marche n'est pas seulement[4] un exercice physique, c'est aussi un excellent exercice mental. Quarante minutes de marche, c'est en effet[5] quarante minutes de réflexion. Quand je suis dans mon bureau, il y a le téléphone, les clients, les collègues. La réflexion est impossible. Par contre[6], quand je marche, je formule des idées, j'imagine, j'invente, je crée[7] ...

Est-ce que j'ai une voiture? Bien sûr! J'ai une Alfa-Roméo! Je suis une fana de vitesse[8]!

1 *advertising agency*   2 *generally*   3 *walking*   4 *only* 5 *in reality*   6 *on the other hand*   7 *create*   8 *speed buff*

MARC DUCHEMIN (20 ans)

Je suis étudiant en sciences politiques à **l'Université de Nanterre**. J'ai une **Deux Chevaux**. Bien sûr, ce n'est pas une voiture spectaculaire. Elle est minuscule. Elle n'est pas très confortable et elle n'est pas très très rapide sur l'autoroute[1]. Mais pour Paris, c'est le véhicule idéal: pratique, maniable[2], économique. ... Et puis[3], c'est une voiture! Avoir une voiture présente des avantages considérables. Le week-end[4], par exemple, je peux quitter[5] Paris. Je peux rendre visite à[6] des amis. Je peux respirer[7] l'air pur de la campagne[8]. ...

Pour moi, la voiture, c'est la liberté!

1 *expressway*   2 *easy to handle*   3 *moreover* 4 *weekends*   5 *leave*   6 *visit*   7 *breathe* 8 *countryside*

DENISE LAVIE (22 ans)

Je suis étudiante en médecine. Le matin, je vais à mes cours[1]. L'après-midi, je vais à l'hôpital. Je circule[2] beaucoup, mais je n'ai pas de voiture. Pourquoi? Parce que je suis essentiellement[3] une personne réaliste et pratique. Pourquoi payer une assurance[4], un parking, des contraventions[5]? Je circule en **mobylette**[6]. Avec ma «mob», je peux aller où je veux: à la **fac**[7], à l'hôpital, au cinéma, chez mes amis ... Je n'ai pas de problèmes de stationnement[8] et quand il y a de la circulation[9] je vais plus vite[10] qu'en voiture! Bien sûr, je ne peux pas aller à la campagne le week-end. Dans ce cas, j'emprunte[11] la voiture de mon petit ami ...

1 *classes*   2 *move about*   3 *above all*   4 *insurance* 5 *parking tickets*   6 *motorbike*   7 = *l'université* 8 *parking*   9 *traffic*   10 *faster than*   11 *borrow*

Notes culturelles

1. Les Renault 16, les Citroën CX, les Peugeot 504 sont des modèles de voitures françaises.

2. L'Université de Nanterre est une université dans la banlieue[1] de Paris.

3. La Deux Chevaux est une petite voiture française de forme[2] assez originale. C'est une voiture particulièrement[3] populaire chez[4] les étudiants.

4. La «mobylette» est une marque[5] de vélomoteur.

5. Le mot[6] «fac» signifie «faculté». En français, le mot faculté désigne[7] l'université.

1 *suburbs*   2 *shape*   3 *especially*   4 *among*   5 *make*
6 *word*   7 *refers to*

Questions sur le texte

JEAN-PIERRE PASCAL

1. Quelle *(What)* est la profession de Jean-Pierre Pascal?   2. Pour qui est-ce qu'il travaille?   3. Quelle voiture est-ce qu'il a?   4. Pourquoi est-ce qu'il a une voiture confortable et rapide?

NICOLE MICHELET

1. Quelle est la profession de Nicole Michelet?   2. Comment est-ce qu'elle voyage?   3. Comment est-ce qu'elle va à son *(her)* bureau?   4. Pourquoi est-ce qu'elle aime marcher?   5. Quelle voiture est-ce qu'elle a?

MARC DUCHEMIN

1. À quelle université est-ce que Marc étudie?   2. Quelle voiture est-ce qu'il a?   3. Pourquoi est-ce que c'est le véhicule idéal?   4. Pour Marc, quels sont les avantages d'avoir une voiture?

DENISE LAVIE

1. Comment est-ce que Denise va à ses *(her)* cours?   2. Pour elle, quels sont les désavantages d'avoir une voiture?   3. Quels sont les avantages de la mobylette?   4. Quelle voiture est-ce qu'elle utilise quand elle va à la campagne?

Questions personnelles

1. Avez-vous une voiture? Décrivez votre *(your)* voiture.
2. Est-ce que vos *(your)* parents ont une voiture? Décrivez leur *(their)* voiture.
3. Comment allez-vous à l'université? au cinéma? à la campagne?
4. Aimez-vous marcher? Pourquoi ou pourquoi pas? Où allez-vous à pied?

Sujets de composition

1. Quels sont les avantages et les désavantages d'avoir une voiture?
2. Quels sont les avantages et les désavantages de la marche à pied?

3

PROBLÈMES D'ARGENT

7. *Un tee-shirt qui coûte cher*

SCÈNE 1. UNE AFFAIRE°   *bargain*

Carole et Monique sont dans un grand magasin°. Ce magasin s'appelle° «les   *department store / is called*
Nouvelles Galeries». Carole et Monique regardent les tee-shirts.

CAROLE: Regarde ce tee-shirt!

MONIQUE: Quel tee-shirt?

CAROLE: Ce tee-shirt bleu! Il est joli, hein?

MONIQUE: Moi, je préfère ce tee-shirt rouge.

CAROLE: Mais il est trop° grand pour toi!   *too*

MONIQUE: D'accord! Mais il est très bon marché°.   *cheap*

CAROLE: Combien coûte-t-il°?   *how much does it cost?*

MONIQUE: Soixante-cinq francs ... C'est une affaire!

SCÈNE 2. UNE AFFAIRE QUI° N'EST PAS UNE AFFAIRE   *which*

Monique achète le tee-shirt. Puis°, elle sort° du magasin avec Carole.   *then / leaves*

CAROLE: Dis°, Monique! Regarde le flic° là-bas!   *hey / cop*

MONIQUE: Quel flic?

CAROLE: Le flic qui note le numéro de ta° voiture.   *your*

MONIQUE: Zut°!   *darn*

Monique va parler à l'agent de police°.   *policeman*

MONIQUE: Mais Monsieur l'agent ... Je n'ai rien fait°.   *I didn't do anything*

L'AGENT: Et ce panneau°?   *sign*

MONIQUE: Quel panneau?

L'AGENT: Ce panneau-là! «Interdiction de stationner°.»   *no parking*
Désolé°, mais c'est soixante-quinze francs, Mademoiselle ...   *sorry*

CAROLE: Soixante-cinq francs pour le tee-shirt et soixante-quinze francs pour
la contravention°. Cette affaire, ce n'est pas exactement une affaire!   *ticket*

MONIQUE: Toi, tais-toi°!   *Oh, be quiet!*

Lecture culturelle: *Le shopping*

En France, comme[1] aux États-Unis[2], le shopping n'est pas seulement[3] une nécessité. C'est aussi une forme de récréation. Pour les vêtements[4], les Français ont le choix[5] entre[6] un grand nombre de magasins: la «boutique», le «grand magasin», la «grande surface» ...

La boutique est un magasin spécialisé dans une catégorie de vêtements: chemises[7], vêtements masculins, vêtements féminins, chaussures[8], etc. ... Généralement les boutiques vendent[9] des vêtements qui sont de bonne qualité (les «grandes marques[10]») mais relativement chers[11].

Le grand magasin est un magasin qui[12] vend tous[13] les vêtements. La qualité de ces vêtements, et par conséquent le prix[14], est variable. En général, les grands magasins sont situés dans le centre des grandes villes[15]: Les Galeries Lafayette, le Printemps, le Bon Marché à Paris, les Nouvelles Galeries en province.

La grande surface ou centre commercial est située généralement à l'extérieur[16] des villes. Ces grandes surfaces vendent une grande variété de produits[17]: des vêtements, mais aussi des produits alimentaires[18], des appareils ménagers[19], des outils[20] ... à des prix relativement bas[21]. Inexistantes il y a vingt ans[22], ces grandes surfaces sont aujourd'hui très populaires.

1 *like* 2 *United States* 3 *only* 4 *clothing* 5 *choice*
6 *between* 7 *shirts* 8 *shoes* 9 *sell* 10 *designer labels*
11 *expensive* 12 *that* 13 *all* 14 *price* 15 *cities*
16 *outside* 17 *products* 18 *food* 19 *appliances*
20 *tools* 21 *low* 22 *twenty years ago*

Structure et Vocabulaire

Vocabulaire: *Quelques vêtements*

noms

un anorak	ski jacket	**des bottes**	boots
des bas	stockings	**une chemise**	shirt
un chapeau	hat	**des chaussettes**	socks
un chemisier	blouse	**des chaussures**	shoes
un costume	(man's) suit	**une cravate**	tie
un imperméable	raincoat	**une jupe**	skirt
des jeans	jeans	**des lunettes**	glasses
un maillot de bain	swimming suit	**des lunettes de soleil**	sunglasses
un manteau	coat	**une robe**	dress
un pantalon	pants	**une veste**	jacket
un pull (pull-over)	sweater		
un short	shorts		
un tailleur	(woman's) suit		
un tee-shirt	T-shirt		
un vêtement	(piece of) clothing		

adjectifs de couleur

noir	black	**gris**	gray	**blanc (blanche)**	white
bleu	blue	**vert**	green	**jaune**	yellow
rose	pink	**rouge**	red	**violet (violette)**	purple
orange	orange	**marron**	brown		

verbe

porter   to wear   Je **porte** un pantalon bleu et une chemise verte.

notes de vocabulaire

1. Adjectives of color agree with the nouns they modify. The adjectives **orange** and **marron,** however, are invariable; they do not take regular adjective endings.

> J'ai **une chemise marron** et **des chaussures orange.**

2. Nouns that end in **-eau** in the singular end in **-eaux** in the plural.

> un mant**eau** → des mant**eaux**   un chap**eau** → des chap**eaux**

Note linguistique: Mots empruntés à l'anglais

Over the past hundred years, the French have been borrowing words from the English language. Borrowed nouns have more or less maintained their English pronunciation and are usually masculine.

Sports: **le golf, le tennis, le basketball, le rugby, le skateboard**
Clothing: **le short, le tee-shirt, les jeans, le pull-over**
Business: **le marketing, le business, le management, le shopping**
Fast foods: **le bar, le grill, le snack (le snack-bar), le self-service**

1. Aujourd'hui *(Today)*   Describe the clothes worn by the following people today. Give the colors for each item.

1. Aujourd'hui, je porte ...
2. L'étudiant(e) à ma droite *(to my right)* porte ...
3. L'étudiant(e) à ma gauche *(to my left)* porte ...
4. Le professeur porte ...

2. Vêtements pour chaque occasion *(Clothes for every occasion)*   What we wear often depends on the circumstances in which we find ourselves. Complete the following sentences by indicating the items of clothing these people are likely to wear.

1. Jacques va à une entrevue *(interview)* professionnelle. Il porte ...
2. Monique va à une entrevue professionnelle. Elle porte ...
3. Je vais à la campagne *(country)*. Je porte ...
4. Mlle Gélin va dans un restaurant très élégant. Elle porte ...
5. Tu vas à la plage. Tu portes ...
6. Henri va jouer au tennis. Il porte ...
7. Oh là là, il pleut *(it's raining)*. Vous allez porter ...

3. Une question de goût *(A matter of taste)*   What goes well with the following items of clothing?

1. Un blazer bleu va bien avec ...
2. Un pull gris va bien avec ...
3. Des chaussettes noires vont bien avec ...
4. Une chemise jaune va bien avec ...
5. Une cravate orange et marron va bien avec ...

A. Les verbes comme *acheter* et *préférer*

Here are the present-tense forms of **acheter** *(to buy)* and **préférer** *(to prefer)*. Note what happens to the final -e of the stem when it occurs in the last pronounced syllable of the verb.

infinitive	acheter	préférer
present	j' achète	je préfère
	tu achètes	tu préfères
	il/elle achète	il/elle préfère
	nous achetons	nous préférons
	vous achetez	vous préférez
	ils/elles achètent	ils/elles préfèrent

■ Most verbs that end in **-e** + consonant + **-er** (like **acheter**), and all the verbs that end in **-é** + consonant + **-er** (like **préférer**) have the following stem change in the **je, tu, il/elle,** and **ils/elles** forms of the present: e and é change to è.

J'**achète** une chaîne-stéréo.   Elle **préfère** la veste bleue.

Vocabulaire: *Verbes conjugués comme* acheter et préférer

verbes conjugués comme acheter

acheter	to buy	Nous **achetons** une chaîne-stéréo.
amener	to bring, to take (along)	Philippe **amène** Monique au concert.

verbes conjugués comme préférer

célébrer	to celebrate	Françoise **célèbre** son *(her)* anniversaire le 3 mai.
considérer	to consider	Je **considère** Paul comme *(as)* un ami.
espérer	to hope	Est-ce que tu **espères** avoir un «A» en français?
posséder	to own	Vous ne **possédez** pas de voiture?
préférer	to prefer	Je **préfère** la veste bleue. Et toi?
répéter	to repeat	Le professeur **répète** la question.

4. **Joyeux anniversaire!** *(Happy birthday!)* The people below are taking their friends out on their birthday. Say where, using the appropriate forms of *amener*.

▶ tu / Annie / le restaurant   *Tu amènes Annie au restaurant.*

1. Charles / Monique / le théâtre
2. nous / Henri / le concert
3. vous / des amies / le cinéma

4. Robert et Jacques / Carole / la discothèque
5. je / une amie / le bowling
6. Thomas / Denise / le restaurant chinois

5. **Espérances** State that the following people hope to buy things they do not now own. Use the verbs *espérer* and *posséder*, according to the model.

▶ André (une moto)   *André espère acheter une moto. Il ne possède pas de moto.*

1. je (une chaîne-stéréo)
2. tu (un vélomoteur)
3. André (une machine à écrire)

4. vous (un appartement)
5. M. et Mme Tremblay (une voiture)
6. nous (un micro-ordinateur)

B. L'adjectif démonstratif ce

In the sentences below, the words in heavy print are demonstrative adjectives.

Je voudrais acheter **ce** disque et **cet** électrophone.

I would like to buy *this* record and *this* record player.

Je vais acheter **cette** robe.

I am going to buy *that* dress.

Est-ce que tu aimes **ces** pantalons et **ces** chemises?

Do you like *these* pants and *those* shirts?

■ The demonstrative adjective **ce** *(this, that)* has four written forms.

	singular		plural	
masculine	ce cet (+ vowel sound)	ces	ce garçon cet homme	ces garçons ces hommes
feminine	cette	ces	cette fille cette amie	ces filles ces amies

☐ There is liaison after **cet** and **ces** when the next word begins with a vowel sound.

☐ The demonstrative adjective **ce** corresponds to both *this* and *that*.

Tu achètes ce disque?   Are you buying *this* record?
                          Are you buying *that* record?

☐ The meaning of the demonstrative adjective may be reinforced by adding -ci or -là to the noun.

Cette veste-ci est jolie.   *This* jacket *(over here)* is pretty.
Cette veste-là est chère.   *That* jacket *(over there)* is expensive.

6. Critiques There are times when you can find fault with everything. Criticize the following people and things, using the suggested adjectives in affirmative or negative sentences, as in the model. Do not forget noun/adjective agreement.

▶ la veste: joli?   *Cette veste n'est pas jolie.*
▶ les cassettes: mauvais?   *Ces cassettes sont mauvaises.*

1. la voiture: confortable?
2. les chaussures: élégant?
3. l'appareil-photo: bon?
4. les livres: stupide?
5. le film: ridicule?

6. les étudiantes: brillant?
7. le professeur: impatient?
8. la secrétaire: compétent?
9. les personnes: désagréable?
10. l'ami: sympathique?

7. Désaccord *(Disagreement)* Philippe and Sylvie are at a department store. Whenever Philippe asks Sylvie if she likes certain things, she tells him that she prefers something else. Play the two roles.

▶ une caméra   PHILIPPE: *Est-ce que tu aimes cette caméra-ci?*
            SYLVIE: *Non, je préfère cette caméra-là.*

1. un électrophone
2. des disques
3. un micro-ordinateur
4. une cravate

5. une bicyclette
6. une moto
7. des livres
8. des pantalons

9. un anorak
10. un tailleur
11. des chaussures
12. des lunettes

Aux Galeries Lafayette à Paris

C. L'adjectif interrogatif *quel*

In the following exchanges, the determiners in heavy print are interrogative adjectives. Note the forms of the interrogative adjective **quel**.

MONIQUE:

Je vais acheter ce livre et cette montre.
Je veux inviter des garçons et des filles.

CAROLE:

Quel livre?   **Quelle** montre?
Quels garçons?   **Quelles** filles?

The determiner **quel** *(which, what)* has four written forms:

	singular	plural		
masculine	**quel**	**quels**	**quel** garçon?	**quels** amis?
feminine	**quelle**	**quelles**	**quelle** fille?	**quelles** amies?

☐ There is liaison after **quels** and **quelles** when the next word begins with a vowel sound.

☐ **Quel** may be separated from the noun it modifies by the verb **être**.

Quelle est la **date?**   What is the date?
Quel est le **prix** de cette jupe?   What is the price of this skirt?

8. La boutique   You're walking around the duty-free shop at the Paris international airport with a friend. Whenever you point out something, your friend asks you to be more specific. Play both roles according to the model.

▶ les vestes (bleu)   —*Regarde les vestes!*
—*Quelles vestes?*
—*Ces vestes bleues.*

1. la caméra (japonais)
2. les lunettes (italien)
3. le pantalon (blanc)
4. l'anorak (rouge)
5. les montres (suisse)
6. la radio (allemand)
7. le parfum (français)
8. les cravates (jaune)
9. le maillot de bain (bleu)
10. le stylo (noir)

D. Les questions avec inversion

There are several ways of formulating questions in French. In the questions below, the subjects are pronouns. Each pair of questions illustrates two ways of requesting the same information. Compare the position of the subject pronouns in each example.

Est-ce que **tu achètes** cette veste? } Are you buying this jacket?
Achètes-tu cette veste?

Où est-ce que **vous habitez?** } Where do you live?
Où **habitez-vous?**

Quelle voiture est-ce que **tu as?** } What car do you have?
Quelle voiture **as-tu?**

■ Questions with pronoun subjects are often formed by inverting the subject and the verb. The word order is:

> interrogative expression
> (*if any*) + **verb-pronoun** + rest of sentence?

☐ In inverted questions, the pronoun and the verb are joined with a hyphen (-).

☐ In inverted questions, the sound /t/ is heard between the verb and the subject pronouns **il, elle, ils,** and **elles.** Since all third person plural verbs end in **-t,** that letter is pronounced in liaison.

Voici mes amis.   **Sont-ils** français?   **Habitent-ils** à Paris?

If the third person singular verb ends in a vowel, the letter **-t-** is inserted between the verb and the pronoun.

Voici Paul.   **Est-il** sympathique?   **A-t-il** une voiture?
Voici Nicole.   **Est-elle** française?   Où **habite-t-elle?**

☐ Inverted questions are not normally used when the subject is **je.**

Où **est-ce que je vais?**   Je vais au cinéma.

☐ In infinitive constructions, the subject pronoun is joined to the main verb.

Où **préfères-tu** dîner?
Quelle cravate **allez-vous** acheter?
Quel disque **veux-tu** écouter?

■ When the subject is a noun, inverted questions are usually formed according to the pattern:

> interrogative expression *(if any)* + noun subject + **verb-subject pronoun** + rest of sentence?

Jean parle anglais.   Jean **parle-t-il** bien anglais?

La secrétaire va au bureau.   Quand la secrétaire **va-t-elle** au bureau?

Le bus passe ici.   À quelle heure le bus **passe-t-il** ici?

■ Short information questions are sometimes formed according to the pattern:

> interrogative expression *(if any)* + **verb** + noun subject?

Où habite **Paul?**   À quelle heure passe **le bus?**

9. Dialogue   Ask your classmates some personal questions, using the following verbs. Questions 1–5 are yes/no questions; questions 6–10 are information questions that begin with the expression in parentheses.

▶ avoir un vélomoteur?   —*As-tu un vélo?*
                                  —*Oui, j'ai un vélo.*   ou: —*Non, je n'ai pas de vélo.*

▶ (où) étudier?   —*Où étudies-tu?*
                                  —*J'étudie à la bibliothèque (à la maison ...).*

1. avoir des amis français?   6. (où) habiter?
2. être optimiste?   7. (quels programmes) regarder à la télé?
3. étudier beaucoup?   8. (à quelle heure) dîner?
4. aller souvent au théâtre?   9. (quels disques) aimer?
5. porter des lunettes?   10. (quels livres) préférer?

10. Précisions   Read about the following people and ask more specific questions, according to the model. Use the appropriate subject pronouns.

▶ Jacques achète des chaussures. (italiennes?)   *Achète-t-il des chaussures italiennes?*

1. Gisèle porte une robe. (rouge?)
2. Marc a une voiture. (française?)
3. Anne-Marie va dans une université. (publique?)
4. Mlle Tessier habite dans un appartement. (confortable?)
5. Hélène est à la bibliothèque. (municipale?)
6. Antoine et Marc dînent dans un restaurant. (chinois?)
7. Michèle et Thérèse aiment la musique. (classique?)
8. Les Dupont ont des amis. (sympathiques?)

11. Questions et réponses Read about the following people and ask questions using subject nouns and corresponding subject pronouns. A classmate will answer you.

▶ Robert dîne. (où? dans un restaurant chinois)
  —*Où Robert dîne-t-il?*
  —*Il dîne dans un restaurant chinois.*

1. Mélanie parle. (à qui? à François)
2. La secrétaire téléphone. (à qui? à un client canadien)
3. Albert et François dînent. (chez qui? chez des amis)
4. Mme Simonet achète un tailleur. (dans quel magasin? au Bon Marché)
5. Les touristes visitent Paris. (comment? en autobus)
6. Jacqueline aime jouer au tennis. (avec qui? avec nous)
7. M. Dumont va arriver au bureau. (à quelle heure? à neuf heures)
8. Thomas espère visiter Québec. (quand? en octobre)
9. Alice et Florence vont acheter des vêtements. (où? au Printemps)
10. Jim et Tom vont étudier le français. (où? à l'Alliance Française)

E. Les nombres de *60 à 99*

Note the numbers from 60 to 99.

60	soixante	70	soixante-dix	80	quatre-vingts	90	quatre-vingt-dix
61	soixante et un	71	soixante et onze	81	quatre-vingt-un	91	quatre-vingt-onze
62	soixante-deux	72	soixante-douze	82	quatre-vingt-deux	92	quatre-vingt-douze
63	soixante-trois	73	soixante-treize	83	quatre-vingt-trois	93	quatre-vingt-treize
64	soixante-quatre			84	quatre-vingt-quatre		
...		...		...		...	
69	soixante-neuf	79	soixante-dix-neuf	89	quatre-vingt-neuf	99	quatre-vingt-dix-neuf

☐ Note that **quatre-vingts** takes an **-s** when it is used by itself or is followed by a noun. It does not take an **-s** when it is followed by another number.

12. En France Imagine you are making phone calls to the following people in France. Ask for the phone numbers. Note that in French, digits are always given in pairs.

▶ Lebeau: 72-29-99   *Je voudrais le soixante-douze, vingt-neuf, quatre-vingt-dix- neuf, s'il vous plaît.*

1. Maréchal   28·74·14   5. Azéma   94·12·66
2. Durand   65·82·92   6. Imbert   28·81·91
3. Lejeune   28·62·71   7. Michaud   75·76·85
4. Mercier   45·32·83   8. Thomas   12·82·92

Vocabulaire: *L'argent*

noms

l'argent	money	As-tu **l'argent** nécessaire pour acheter ce pull?
le prix	price	Quel est **le prix** de cette robe?

adjectifs

cher (chère)	expensive	Ces chaussures sont très **chères.**
bon marché	inexpensive, cheap	Les chaussettes sont **bon marché.**
meilleur	better, best	Quelles sont les **meilleures** lunettes?

verbe

coûter	to cost	Cette cravate **coûte** soixante-dix francs.

expressions

combien + *verb* + *subject?*	how much?	**Combien** coûtent ces chemisiers?
combien de + *noun?*	how much?	**Combien** d'argent avez-vous?
	how many?	**Combien de** tee-shirts achetez-vous?
plus	more	Est-ce que ce costume est **plus** cher?
moins	less	Est-ce que cette robe est **moins** élégante?

notes de vocabulaire

1. The expression **bon marché** is invariable and does not take adjective endings.

2. In comparisons, the expressions **plus ... que** and **moins ... que** are used.

> Cette cravate-ci est **plus** (**moins**) chère **que** cette cravate-là.
> This tie is *more (less)* expensive *than* that tie.

---

13. Le marché aux puces *(The flea market)*   You are at the flea market with a friend and you spot the following items. For each item, compose a dialogue, according to the model. State whether the item is expensive or not.

▶
—*Combien coûte ce manteau?*
—*Il coûte soixante-cinq dollars.*
—*Il est bon marché.*

1.   2.   3.   4.   5.

14. Questions personnelles

1. Combien d'étudiants est-ce qu'il y a dans la classe?
2. Combien d'étudiantes est-ce qu'il y a dans la classe?
3. Combien d'étudiants dans la classe portent des lunettes?
4. Combien d'étudiants portent des jeans?
5. Combien de disques avez-vous? combien de cassettes?

Récapitulation

Substitution

Replace the underlined words by the expressions in parentheses. Make all other necessary changes.

▶ Combien coûte ce pull? (chaussures)   *Combien coûtent ces chaussures?*

1. Combien coûte cette caméra? (appareil-photo, téléviseur, disques, auto, jeans, short)
2. Jacques préfère cette veste-ci. (pantalon, lunettes, pulls, chaussures)
3. Je n'achète pas la chemise bleue parce que je préfère la chemise rouge. (nous, tu, Henri, Mélanie, vous)
4. Quel ami amènes-tu? (amie, amis, amies, filles, garçons, étudiants)
5. Où travailles-tu? (vous, ils, elles, il, elle)
6. Quand allez-vous à Paris? (nous, tu, il, elle, ils, elles)
7. Alain aime-t-il voyager? (Marie, Anne et Sylvie, M. et Mme Roche)
8. Cette chemise coûte 80 francs. (64, 79, 87, 93)

Un jeu

Think of a particular person in class today. Your classmates will try to guess who it is by asking questions about what he/she is wearing. You may answer only *oui* or *non*.

▶ —*Est-ce un garçon?*
—*Oui.*
—*Porte-t-il un pull-over jaune?*
—*Non.*

Vous avez la parole: Au magasin

Imagine that you and a French friend are shopping in a department store. Write and act out a brief dialogue similar to the first scene of «*Un pull qui coûte cher*» in which you select an item of clothing of your choice.

8. *Le budget de Philippe*

Avez-vous un budget?

Philippe, lui, prépare son budget tous les mois°. Il est bien obligé! Ses dé-
penses° ont une irrésistible tendance° à dépasser° ses ressources. Les ressources
de Philippe sont limitées: 2.500 (deux mille cinq cents) francs par mois°. Il a
une bourse° de 1.200 (mille deux cents) francs par mois. Ses parents paient le
reste. Bien sûr, 2.500 francs, ce n'est pas énorme°, mais avec cela°, Philippe
paie sa chambre°, ses repas° ses livres, l'essence° de son vélomoteur ...

Voici le budget de Philippe.

every month
expenses / tendency / surpass
per month
scholarship
enormous / that
room / meals / gas

Dépenses	
Logement	800 francs
Repas	600 francs
Vêtements	300 francs
Livres	250 francs
Spectacles	100 francs
Transports	150 francs
Dépenses diverses	300 francs
Total	2500 francs

Lecture culturelle: *Le budget des étudiants*

Analysez attentivement le budget de Philippe. Vous
remarquez qu'il ne paie pas de scolarité[1]. En France,
les principales universités sont des universités publiques et les études[2] sont pratiquement gratuites[3].
Un assez grand nombre d'étudiants reçoivent[4] des
bourses (pour payer leur logement, leurs repas, etc.)
Certains étudiants, les futurs professeurs par
exemple, reçoivent une rémunération, le «pré-sa-
laire», pendant[5] leurs études.

Les étudiants français ont d'autres[6] avantages fi-
nanciers. Par exemple, avec leurs cartes d'étudiants[7],
ils ont des réductions dans beaucoup de cinémas, de
théâtres, de musées, etc. ... Autre[8] avantage important: quand ils sont malades[9] ou quand ils vont à
l'hôpital, leurs frais médicaux[10] sont remboursés[11].

1 *tuition*   2 *studies*   3 *free*   4 *receive*   5 *during*
6 *other*   7 *student ID cards*   8 *another*   9 *sick*
10 *medical expenses*   11 *reimbursed*

Structure et Vocabulaire

Vocabulaire: *Le budget*

noms

un budget	budget	**une bourse**	scholarship
le logement	housing	**une dépense**	expense
les loisirs	leisure activities	**la scolarité**	tuition
le loyer	rent	**les vacances**	vacation
un projet	plan		
un repas	meal		
les transports	transportation		

verbes

dépenser	to spend	Combien **dépensez**-vous pour les repas?
gagner	to earn	Combien d'argent **gagnez**-vous?
	to win	Qui va **gagner** ce match de tennis?

expressions

par jour	per day	Je dépense 10 dollars **par jour** pour les repas.
par semaine	per week	Je gagne mille (1.000) francs **par semaine.**
par mois	per month	Combien dépenses-tu **par mois** pour ton logement?

1. Questions personnelles

1. Avez-vous un budget? Est-ce que vous préparez ce budget tous les mois *(every month)*?
2. Avez-vous un job? Où travaillez-vous? Combien d'argent gagnez-vous par semaine?
3. Est-ce que la scolarité de cette université est élevée *(high)*?
4. Avez-vous une bourse?
5. Combien coûtent les repas à la cafétéria de l'université?
6. Combien dépensez-vous pour le logement?

GAGNEZ 1000 Frs AVEC Télé Star ET RMC

A. Le verbe *payer*

Note the forms of the present tense of the verb **payer** (*to pay, pay for*).

je **paie**	Je **paie** le restaurant.
tu **paies**	Tu **paies** le logement.
il/elle **paie**	Christiane **paie** la scolarité.
nous **payons**	Comment **payons**-nous?
vous **payez**	Vous **payez** en francs.
ils/elles **paient**	Les touristes américains **paient** en dollars.

■ Verbs that end in **-yer**, like **payer**, have the following spelling change in the **je, tu, il/elle** and **ils/elles** forms of the present: $y \rightarrow i$

Vocabulaire: *Verbes conjugués comme* payer

employer	to employ, hire	Ce magasin **emploie** des étudiants.
	to use	J'**emploie** un micro-ordinateur.
envoyer	to send	Paul **envoie** un télégramme à Patrick.
nettoyer	to clean	Tu **nettoies** l'appartement.
payer	to pay, pay for	Nous **payons** la scolarité.

---

2. **La fin du mois** *(The end of the month)* Say what the following people or companies do at the end of the month.

▶ je / nettoyer / l'appartement   *Je nettoie l'appartement.*

1. Mme Rousseau / payer / le loyer
2. Jean-Louis / envoyer / une lettre à Christine
3. tu / nettoyer / le garage
4. nous / payer / le téléphone
5. ces étudiants / payer / la scolarité
6. cette compagnie / employer / des employés temporaires
7. ces magasins / envoyer / les notes *(bills)* aux clients
8. vous / nettoyer / la maison
9. je / employer / une carte de crédit pour acheter des vêtements
10. les employés / nettoyer / le bureau

B. Les nombres de 100 à l'infini

Note the numbers over 100.

100	cent	1.000	mille
101	cent un	1.001	mille un
102	cent deux		...
103	cent trois	1.100	mille cent (onze cents)
110	cent dix	1.200	mille deux cents (douze cents)
150	cent cinquante	1.300	mille trois cents (treize cents)
	...		...
200	deux cents	2.000	deux mille
201	deux cent un	2.100	deux mille cent
202	deux cent deux	2.200	deux mille deux cents
	...		...
300	trois cents	10.000	dix mille
301	trois cent un		...
	...		
400	quatre cents	100.000	cent mille
	...		...
900	neuf cents	1.000.000	un million
		2.000.000	deux millions

☐ In writing numbers, French uses periods where English uses commas, and vice versa.

   French: 2.531,25   English: 2,531.25

☐ In the plural, the word **cent** *(hundred)* does not take an **-s** if it is followed by another number.

   deux **cents,** *but* deux **cent** quatre

☐ The word **mille** *(thousand)* never takes an **-s**.

☐ When introducing a noun, **million**(s) is followed by **de** (**d'**).

   La région parisienne a **dix millions** d'habitants.

3. Le prix du logement   Say how much the following people pay for their rent.

▶ Marie (800 francs)   *Marie paie huit cents francs par mois.*

1. nous (750 francs)
2. Jacques (1.000 francs)
3. je (875 francs)
4. tu (1.100 francs)
5. ces étudiants (980 francs)
6. vous (1.200 francs)
7. Georges (775 francs)
8. M. et Mme Moulin (2.000 francs)

4. **Combien?** Complete the following sentences with the appropriate number. (You may check your answers at the end of the exercise.)

1. La Tour Eiffel a une hauteur *(height)* de ... (combien de mètres?)
   a. 150   b. 320   c. 875

2. La distance Paris-New York est de ... (combien de kilomètres?)
   a. 2.400   b. 5.800   c. 15.800

3. L'Alliance Française, la plus grande *(largest)* école de français du monde *(in the world)* a ... (combien d'étudiants?)
   a. 8.000   b. 14.000   c. 260.000

4. Le prix record pour une bouteille *(bottle)* de vin *(wine)* français est de ... (combien de dollars?)
   a. 310   b. 3.100   c. 31.000

5. La France a une population de ... (combien d'habitants?)
   a. 54.000.000   b. 76.000.000   c. 120.000.000

Voici les réponses: 1.b, 2.b, 3.c, 4.c, 5.a

C. L'expression *être à*

Note the use of the expression **être à** in the sentences below.

Est-ce que ce vélo **est à Philippe?**	Does this bike *belong to Philippe?*
Oui, il **est à lui.**	Yes, it *belongs to him.*
À qui est cette voiture?	*To whom does* this car *belong?*
Elle **est à M. Carré.**	It *belongs to Mr. Carré.*
À qui sont ces lunettes?	*To whom do* these glasses *belong?*
Elles **sont au professeur.**	They *belong to the teacher.*

■ The French expression **être à** indicates possession, and often corresponds to the English expression *to belong to.*

☐ The preposition **à** is repeated before each identified possessor.

Ces disques sont **à** Jacques et **à** Hélène.

☐ Stress pronouns are used after the preposition **à**.

—Est-ce que ce livre est à Pierre?	—Does this book belong to Pierre?
—Non, il n'est pas **à lui.**	—No, it does not belong *to him.* (It is not *his.*)
—Il est **à moi.**	—It belongs *to me.* (It is *mine.*)

5. À qui est-ce? Antoine asks who owns the following things. Suzanne says they belong to certain people but André claims they belong to someone else. Play the three roles according to the model. Be sure to use the appropriate stress pronouns.

▶ les chaussures (Pierre / Philippe)

ANTOINE: *À qui sont les chaussures?*
SUZANNE: *Elles sont à Pierre.*
ANDRÉ: *Mais non, elles ne sont pas à lui. Elles sont à Philippe.*

1. l'électrophone (Denise / Stéphanie)
2. les lunettes (Pauline / Charles)
3. l'anorak (Jean-Claude / Béatrice)
4. l'auto (M. Dupont / Mme Leblanc)
5. les cassettes (Marc et Alain / Nicole)
6. le manteau (le professeur / l'étudiant canadien)
7. la machine à écrire (la secrétaire / le journaliste)
8. les notes (les étudiants / le reporter)
9. la Cadillac (le président de la compagnie / moi)

D. La possession avec *de*

Read the following sentences, paying attention to word order in the expressions in heavy print.

Voici **le budget de Philippe.**	Here is *Philippe's budget.*
Voilà **la voiture de Michèle.**	There is *Michèle's car.*
Où sont **les livres du professeur?**	Where are the *professor's books?*

One way French indicates possession is to use the construction:

noun + **de** + (determiner +) noun

The first noun designates what is owned and the second noun designates the owner.

☐ The above construction is also used to express relationship.

Voici **l'ami de Christine.**	... *Christine's friend.*
Voilà **la cousine de Jacques.**	... *Jacques' cousin.*

☐ If the noun that follows **de** is not a proper name, it is usually preceded by a determiner (i.e., a definite or indefinite article, a demonstrative adjective ...)

C'est **la voiture d'un ami.**	It's *a friend's car.*
Où sont **les livres de l'étudiant?**	Where are *the student's books?*
Voilà **le petit ami de cette fille.**	Here comes *that girl's boyfriend.*

6. Emprunts *(Borrowed items)*   The people below are using things that belong to other people. Express this according to the model.

▶ Paul / regarder / les livres (Élisabeth)   *Paul regarde les livres d'Élisabeth.*

1. je / écouter / les disques (Patrick)
2. Robert / porter / l'anorak (un ami)
3. Jean-Paul / utiliser / la machine à écrire (cette fille)
4. M. Berton / employer / le micro-ordinateur (une collègue)
5. vous / regarder / le livre (le professeur)
6. tu / habiter dans / l'appartement (les amis de Claire)
7. nous / employer / le magnétophone (le journaliste)
8. ces étudiants / utiliser / la voiture (l'amie de Catherine)

7. Curiosité   You want to know more about the friends and acquaintances of the people below. Ask relevant questions, using the expressions in parentheses.

▶ Paul a une petite amie. (parler français?)   *Est-ce que la petite amie de Paul parle français?*

1. Anne a un petit ami. (être sympathique?)
2. Janine a des cousins. (habiter à Genève?)
3. Sylvie a des amies. (avoir un appartement à Nice?)
4. Mme Martin a un secrétaire. (utiliser un micro-ordinateur?)
5. Le dentiste a une assistante. (être compétente?)
6. Le professeur de français a des étudiants. (étudier beaucoup?)
7. Les étudiants canadiens ont un ami. (parler français?)
8. La secrétaire a des collègues. (travailler beaucoup?)

E. Les adjectifs possessifs

In the sentences below, the determiners in heavy print are possessive adjectives.
These determiners refer to Philippe's belongings. Note the form of the possessive adjective in the following sentences.

C'est la veste de Philippe?	Oui, c'est **sa** veste.	Yes, it's *his* jacket.
C'est le vélo de Philippe?	Oui, c'est **son** vélo.	Yes, it's *his* bike.
Ce sont les livres de Philippe?	Oui, ce sont **ses** livres.	Yes, they're *his* books.

■ In French, possessive adjectives agree with the nouns they introduce. They
have the following forms:

possessor			singular masculine	feminine	plural			
(je)	*my*	**mon**	**ma (mon)**	**mes**	**mon** vélo	**ma** moto	**mes** disques
(tu)	*your*	**ton**	**ta (ton)**	**tes**	**ton** vélo	**ta** moto	**tes** disques
(il *or* elle)	*his, her, its*	**son**	**sa (son)**	**ses**	**son** vélo	**sa** moto	**ses** disques
(nous)	*our*		**notre**	**nos**	**notre** vélo	**notre** moto	**nos** disques
(vous)	*your*		**votre**	**vos**	**votre** vélo	**votre** moto	**vos** disques
(ils *or* elles)	*their*		**leur**	**leurs**	**leur** vélo	**leur** moto	**leurs** disques

☐ There is liaison after **mon, ton, son, mes, tes, ses, nos, vos,** and **leurs** when
the next word begins with a vowel sound.

Philippe est mon‿ami.   Vos‿amis sont mes‿amis.

☐ **Mon, ton, son** are used instead of **ma, ta, sa** to introduce feminine nouns
when the next word begins with a vowel sound.

Voici **mon‿amie** Christine.   *but:* C'est **ma** meilleure amie.
Où est **ton‿auto?**   Où est **ta** petite auto?

☐ The choice between **son, sa,** and **ses** depends only on the gender and
number of the noun that follows and not on the gender and the number
of the owner.

C'est la voiture de Paul?	Oui, c'est **sa** voiture.	*his* car
C'est la voiture de Michèle?	Oui, c'est **sa** voiture.	*her* car
Ce sont les disques de Paul?	Oui, ce sont **ses** disques.	*his* records
Ce sont les disques de Michèle?	Oui, ce sont **ses** disques.	*her* records

To clarify who the owner is, the construction **à** + *stress pronoun* is sometimes used after the noun.

Voici Jacques. Voici **sa** voiture **à lui.**   Voici Nicole. Voici **sa** voiture **à elle.**

8. Un millionnaire Pretend that you are a millionaire. Show off some of your possessions, as in the model.

▶ l'avion   *Voici mon avion.*

1. les chevaux *(horses)*	4. la Mercédès	7. le chalet à Chamonix
2. la piscine	5. la Jaguar	8. l'appartement à Paris
3. les autos	6. l'Alfa Roméo	9. la villa à Monaco

9. Les valises *(Packing)* Philippe is packing for vacation and is looking for some of his things. His sister Mélanie says that she has some of them, but not others. Play both roles, according to the model.

▶ les lunettes (non)   PHILIPPE: *As-tu mes lunettes?*
                        MÉLANIE: *Non, je n'ai pas tes lunettes.*

1. la veste (oui)	3. les chaussures (oui)	5. l'appareil-photo (oui)
2. le pull (non)	4. la caméra (non)	6. le transistor (non)

10. La surprise-partie Say whom the following people are bringing to the party. Follow the model.

▶ Hélène (un ami)   *Hélène amène son ami.*

1. Jacques (des amies)	6. Marc (une petite amie)
2. Nathalie (des amis)	7. Jacques et François (un cousin)
3. Paul (une amie)	8. Thérèse et Annie (des cousines)
4. Sylvie (un ami)	9. nous (un cousin et des amis)
5. Alice (un petit ami)	10. vous (une cousine et des amies)

Vos amis sont aussi nos amis.

11. Oui ou non? Read about the following people. On the basis of this information, say whether or not they do the things in parentheses. Use the appropriate possessive adjectives in affirmative or negative sentences.

▶ Vous êtes consciencieux. (préparer les examens?)   *Oui, vous préparez vos examens.*

1. Catherine aime l'ordre. (nettoyer l'appartement?)
2. Ces clients sont honnêtes. (payer les dettes?)
3. Tu es avare *(stingy).* (dépenser l'argent?)
4. Vous n'êtes pas sociable. (inviter souvent les amis?)
5. Ces étudiantes sont indépendantes. (aimer l'indépendance?)
6. Nous détestons nager. (passer les week-ends à la plage?)
7. J'aime voyager. (passer les vacances en Italie?)

Vocabulaire: *La famille et les relations personnelles*

la famille	family
les parents	parents
le mari—la femme	husband—wife
le père—la mère	father—mother
les enfants	children
le fils—la fille	son—daughter
le frère—la sœur	brother—sister
les grands-parents	grandparents
le grand-père—la grand-mère	grandfather—grandmother
les petits-enfants	grandchildren
le petit-fils—la petite-fille	grandson—granddaughter
les parents	relatives
l'oncle—la tante	uncle—aunt
le cousin—la cousine	cousin (male—female)
les voisins	neighbors
le voisin—la voisine	neighbor (male—female)
les copains	friends, comrades
le copain—la copine	friend (male—female)

note de vocabulaire

Note the pronunciation of the following words:

la femme /fam/   **le fils** /fis/

12. Questions personnelles

1. Avez-vous des frères et des sœurs? Combien de frères? Combien de sœurs? Est-ce qu'ils habitent avec vos parents?
2. Avez-vous des cousins? des cousines? Où habitent vos cousins et vos cousines?
3. Où habitent vos grands-parents?
4. Combien d'enfants ont vos grands-parents? Combien de petits-enfants?
5. Dans votre famille, est-ce qu'il y a souvent des réunions de famille? Allez-vous à ces réunions? Qui va à ces réunions?
6. Où allez-vous avec vos copains le week-end? pendant *(during)* les vacances?
7. Avez-vous des voisins sympathiques? Est-ce qu'ils ont des enfants? Combien? Est-ce que les enfants de vos voisins vont aussi à l'université?

13. Joyeux Noël! *(Merry Christmas!)*   It is Christmas time. Say that the people of column A are contacting their friends and relatives, using elements of columns B and C. Be logical!

A	B	C
je	inviter	le frère
vous	penser à	la sœur
nous	téléphoner à	l'oncle
M. Lombard	envoyer une carte *(card)* à	la tante
Mme Gautier	acheter des cadeaux *(presents)* à	les cousins
Catherine	aller chez	le mari
le professeur	rester chez	la femme
mes amis	passer les vacances chez	les amis
Richard et Julien	dîner chez	les voisins
		la voisine
		les copains

▶ *J'envoie une carte à ma tante.*
▶ *Je passe mes vacances chez mes cousins.*

Récapitulation

Substitution

Replace the underlined words with the words in parentheses, making all necessary changes.

▶ Où habite votre grand-père?   (cousins)   *Où habitent vos cousins?*

1. Ce vélo est à Sophie mais cette voiture n'est pas à elle.   (Jacques, l'ami de Béatrice, mes cousins, le professeur, les amies de Jeannette)
2. Voici la maison de François.   (André, Mme Richard, le dentiste, les cousins de Nathalie)
3. Je vais téléphoner à mon frère.   (sœur, amie Jeanne, cousine Irène, ami Paul)
4. Vincent habite chez son oncle.   (Nicole, l'étudiant français, Jacques et Paul, Michèle et Monique)
5. Je nettoie mon appartement.   (vous, nous, M. Mercier, la sœur de Thomas, Pierre et Olivier)
6. Est-ce que tu vas payer ton loyer?   (M. Chadourne, les étudiants, vos amis, tes parents)

Vous avez la parole: En vacances

Find out what your classmates are going to do during the summer vacation. You may want to ask questions about the following topics:

rester chez lui/elle?
voyager avec sa famille?
aller chez ses cousins, chez ses grands-parents?

travailler? où?
gagner (combien d'argent)?
dépenser cet argent? comment?

9. *Le rêve et la réalité*

Michèle a une chambre° spacieuse et confortable avec des meubles° modernes: *room / furniture*
une chaîne-stéréo, une table avec des plantes vertes, des chaises°, un bureau°,   *chairs / desk*
un grand lit° ... . Est-ce le logement idéal pour une étudiante?   *bed*

    «Oui!» pensent les parents de Michèle.

    «Non! pense Michèle, parce que finalement cette chambre n'est pas à moi.»
Michèle, en effet, habite chez ses parents, et chez ses parents elle n'est pas
totalement indépendante.

    Voilà pourquoi Michèle cherche° un appartement. Michèle regarde le jour-   *is looking for*
nal°. Est-ce qu'elle va trouver° ce qu'°elle cherche?   *newspaper / to find / what*

    «Tiens°, voilà une annonce° intéressante.»   *hey / ad*

> QUARTIER LATIN
> Studio avec cuisine°   *kitchen*
> et salle de bains°;   *bathroom*
> 1.500 Francs par mois

    Mille cinq cent francs par mois! C'est beaucoup pour le modeste budget de
Michèle. Et puis, cet été°, Michèle veut faire un voyage en Grèce avec ses   *summer*
copains. Si elle veut faire ce voyage, elle doit faire des économies°. Alors? Alors,   *save money*
Michèle ferme° le journal ... . Après tout°, sa chambre n'est pas si° mal!   *closes / after all / so, that*

Lectures culturelles

Le Quartier Latin

Le Quartier Latin est le centre de la vie estudiantine[1] à Paris. C'est un quartier très animé[2] où il y a beaucoup de cinémas, de théâtres, de cafés et de boutiques.

Le logement des étudiants

Pour les étudiants français, le logement représente un problème majeur. Les universités sont en effet situées dans des grandes villes[3] où les appartements sont très chers. Comment les étudiants résolvent-ils le problème du logement?

Certains[4] habitent avec leurs parents. Ce n'est pas la solution idéale pour les étudiants qui aiment être indépendants. En plus[5], cette solution est impossible pour les milliers[6] d'étudiants qui n'habitent pas dans une ville universitaire. Beaucoup louent[7] une «chambre d'étudiant»[8]. Ces chambres sont relativement peu coûteuses[9], mais elles ne sont pas très confortables. Elles n'ont pratiquement jamais[10] le téléphone et certaines n'ont pas l'eau courante[11]. Souvent, la meilleure solution est d'avoir une chambre à la Cité Universitaire... Malheureusement[12], cette solution n'est pas toujours possible. Les demandes[13] sont en effet nombreuses[14] et excèdent les disponibilités[15].

1 *student*   2 *full of life*   3 *cities*   4 *some*   5 *moreover*
6 *thousands*   7 *rent*   8 *student room*   9 pas très chères
10 *never*   11 *running water*   12 *unfortunately*
13 *requests*   14 *numerous*   15 *number available*

Structure et Vocabulaire

Vocabulaire: *Expressions pour la conversation*

Conversational style is characterized by the presence of *fillers* that are used:

to attract attention

Dis!	Say! Hey!	**Dis,** Michèle! Où habites-tu?
Tiens!	Look! Hey!	**Tiens!** Voilà Paul!
Alors!	Well!	**Alors,** Philippe! Où vas-tu ce week-end?

to reinforce a statement, an explanation, or a question

Alors?	So?	—Je n'habite pas avec mes parents.
		—**Alors,** où habites-tu?
alors	therefore, then, so	Je ne suis pas riche. **Alors,** je n'ai pas de voiture.
en effet	as a matter of fact, indeed	—Pierre a une auto, n'est-ce pas?
		—**En effet,** il a une Fiat.
après tout	after all	**Après tout,** il voyage souvent.
et puis	and, and then	—Je vais étudier, **et puis** je vais regarder la télé. Et toi?

to pause

euh ...	uh ... er ...	—Moi? ... **euh** ... Je vais travailler.

A. Le verbe *faire*

The verb **faire** *(to do, to make)* is irregular. Note the present tense forms.

infinitive	**faire**	Qu'est-ce que nous allons **faire?**
present	je **fais**	Je **fais** des projets.
	tu **fais**	Qu'est-ce que tu **fais** ici?
	il/elle **fait**	Philippe **fait** son budget.
	nous **faisons**	Nous ne **faisons** pas d'économies.
	vous **faites**	**Faites**-vous des projets pour les vacances?
	ils/elles **font**	Qu'est-ce qu'ils **font** à l'université?

☐ The letters **ai** of faisons are pronounced /ə/.

☐ The principal meaning of **faire** is *to do* or *to make.*

Philippe **fait** son budget.

Philippe *is doing* (working out) his budget.

Je **fais** des projets pour le week-end.

I *am making* plans for the weekend.

■ **Faire** is also used in many idiomatic expressions:

faire attention (à)	to pay attention (to)	Je **fais attention** quand le professeur parle.
	to be careful (about)	**Faites**-vous **attention à** votre budget?
faire le ménage	to do the housecleaning	Henri **fait le ménage.**
faire la vaisselle	to do the dishes	Qui **fait la vaisselle** chez vous?
faire les devoirs	to do homework	Nous ne **faisons** pas **nos devoirs.**
faire des économies	to save money	Je ne **fais** pas **d'économies.**
faire un voyage	to take, to go on a trip	Paul **fait un voyage** à Québec.
faire une promenade	to take a walk	Nous **faisons une promenade** dans le parc.
	to go for a ride	Charles **fait une promenade** à bicyclette/en voiture.
faire un match	to play a game	Sylvie **fait un match** de tennis.

1. Occupations de week-end For most of us, weekends are for leisure time activities, *not* for work. Say what the following people do or do not do on weekends.

▶ Gilbert / la vaisselle?   *Non, il ne fait pas la vaisselle.*

1. nous / une promenade à pied?
2. Caroline et André / un match de tennis?
3. je / les devoirs?
4. Jacques / le ménage?
5. les Dupont / un petit voyage?
6. vous / la vaisselle?
7. tu / une promenade en auto?
8. ces filles / une promenade à bicyclette?

2. Qu'est-ce qu'ils font? Read what the following people are doing and complete each description with an expression using *faire.*

▶ Sylvie ne dépense pas d'argent. Elle ...   *Elle fait des économies.*

1. Claire joue au tennis avec Marc. Ils ...
2. Daniel écoute attentivement *(carefully)* le professeur. Il ...
3. Isabelle et moi, nous aimons marcher. Nous ... dans le parc.
4. Nous nettoyons notre chambre. Nous ...
5. Vous nettoyez les assiettes *(plates)*. Vous ...
6. M. et Mme Leclerc ne sont pas ici. Ils sont en Italie. Ils ...
7. Guillaume étudie les verbes pour la classe de demain. Il ...
8. Je ne dépense pas mon argent. Je ...

3. Questions personnelles

1. Faites-vous attention quand le professeur parle? quand vous avez un examen?
2. Généralement, à quelle heure faites-vous vos devoirs?
3. Est-ce que vous faites le ménage? Est-ce que vous faites la vaisselle?
4. Est-ce que vous jouez au tennis? Faites-vous des matches? Avec qui? Qui gagne?
5. Faites-vous des économies pour les vacances?
6. Faites-vous souvent des voyages? Où allez-vous?
7. Allez-vous faire un voyage pendant *(during)* les vacances? Où allez-vous aller?
8. Aimez-vous faire des promenades en auto? à bicyclette? à pied? Où allez-vous?

Vocabulaire: *Le logement*

noms

un appartement	apartment	**une maison**	house, home
un studio	studio apartment	**une résidence**	dormitory
un cabinet de toilette	bathroom	**une chambre**	(bed)room
un garage	garage	**une fenêtre**	window
le jardin	garden	**une pièce**	room (of a house)
un mur	wall	**une porte**	door
un salon	(formal) living room	**une salle à manger**	dining room
les WC	toilet(s)	**une salle de séjour**	living room
		une salle de bains	bathroom
		les toilettes	toilets

un bureau	desk	**une chaise**	chair
un fauteuil	armchair	**une lampe**	lamp
un lit	bed	**une table**	table
un meuble	piece of furniture		
un sofa	sofa		

verbes

chercher	to look for	Jacques **cherche** un appartement.
louer	to rent	Je vais **louer** une chambre.
trouver	to find	Éric espère **trouver** un studio dans le Quartier Latin.

expressions

dans	in	Le téléviseur est **dans** la salle de séjour.
sur ≠ **sous**	on ≠ under	Il y a une lampe **sur** mon bureau.
		Mes chaussures sont **sous** le lit.
près de ≠ **loin de**	near ≠ far from	J'habite **près de** l'université.
		Habitez-vous **loin du** campus?
devant ≠ **derrière**	in front of ≠ behind, in back of	La chaise est **devant** le bureau.
		Il y a un jardin **derrière** la maison.
pendant	during	Où vas-tu habiter **pendant** les vacances?
si	if	**Si** je fais des économies, je vais louer un studio.

notes de vocabulaire

1. When a noun is used to describe another noun, the French use the following construction: *main noun* + **de** + *descriptive noun*.

une salle de bains	a bathroom
une table de nuit	a nighttable
un camarade de chambre	a roommate

2. **Si** becomes **s'** before **il** and **ils** (but not before **elle** or **elles**).

    S'il va à Paris, Jacques va louer un studio.

Quand les Français veulent louer un studio, ils consultent le Figaro.

4. Questions personnelles

1. Où habitez-vous? dans une résidence? dans un appartement? chez vos parents? Si vous n'habitez pas sur le campus, habitez-vous près ou loin de l'université?
2. Comment s'appellent les principales résidences de l'université? Si vous habitez dans une résidence, comment s'appelle cette résidence? Avez-vous une chambre confortable? Avez-vous une chambre moderne?
3. Si vous habitez dans un appartement, est-ce un grand appartement? Est-ce un appartement confortable? Est-ce qu'il y a une cuisine moderne? Combien de personnes habitent dans cet appartement?
4. Quand vous êtes chez vos parents, est-ce que vous avez une chambre indépendante? Combien de pièces est-ce qu'il y a chez eux? Combien de chambres est-ce qu'il y a? Est-ce que la salle de séjour est grande? Est-ce qu'il y a un jardin? Est-ce que le jardin est situé *(located)* devant ou derrière la maison?
5. Quels meubles est-ce qu'il y a dans votre chambre? Sont-ils modernes? Quels meubles est-ce qu'il y a dans le salon? dans la salle à manger?
6. Quand vous allez en vacances, est-ce que vous louez un appartement? une voiture? un vélo?
7. Quand vous allez travailler après *(after)* l'université, est-ce que vous allez louer un studio? un appartement?
8. Après les vacances, est-ce que vous allez chercher un appartement? Quelle sorte d'appartement est-ce que vous espérez trouver?

5. Où sont-ils?   Read what the following people are doing and say where you think each one is.

▶ Jacques répare la voiture.   *Alors, il est dans le garage.*

1. Albert regarde la télévision.
2. Marie-Noëlle fait ses devoirs.
3. Henri joue du piano.
4. Nous dînons.
5. Vous faites la vaisselle.
6. Tu es sur ton lit.
7. Monique est à son bureau.
8. Jean-Marc se lave *(washes up)*.
9. Suzanne fait des sandwiches.
10. Mme Martin regarde les roses.

B. Les adjectifs *beau, nouveau, vieux*

The adjectives **beau** *(pretty, handsome, beautiful)*, **nouveau** *(new)*, and **vieux** *(old)* have the following forms.

	masculine	masculine + vowel sound	feminine
singular	un **beau** costume un **nouveau** disque un **vieux** livre	un **bel** homme un **nouvel** ami un **vieil** ami	une **belle** robe une **nouvelle** jupe une **vieille** maison
plural	les **beaux** costumes les **nouveaux** disques les **vieux** livres	les **beaux** enfants les **nouveaux** amis les **vieux** appartements	les **belles** robes les **nouvelles** jupes les **vieilles** maisons

☐ The adjectives **beau, nouveau,** and **vieux** usually come *before* the noun they modify.

☐ Note the liaison before a vowel sound:

les vieux amis   les nouvelles écoles

☐ **Vieil** and **vieille** are pronounced the same: /vjɛj/.

QUÉBEC
LA BELLE PROVINCE

6. Janine et Albert   Janine and Albert have different life styles. Janine likes older things and Albert likes what is new. Describe them both, according to the model.

▶ habiter dans un studio   *Janine habite dans un vieux studio.*
Albert habite dans un nouveau studio.

1. avoir une auto
2. acheter des meubles
3. chercher un appartement
4. employer une machine à écrire

5. utiliser un électrophone
6. porter des vêtements
7. écouter des cassettes
8. louer une voiture

7. **L'appartement** Jacqueline and Robert have just gotten married and are looking for a place to live. Describe the apartment they are visiting. Begin each sentence with *il y a* and replace the underlined adjectives by the appropriate form of *beau, nouveau,* or *vieux.*

▶ une cuisine <u>moderne</u>   *Il y a une nouvelle cuisine.*

1. une jolie salle à manger
2. une salle de bains <u>ancienne</u>
3. des chambres <u>bien décorées</u>
4. un réfrigérateur <u>ancien</u>
5. des jolis meubles
6. un fauteuil <u>moderne</u>
7. une vue *(view)* <u>magnifique</u> sur Paris
8. un <u>joli</u> jardin derrière la maison

C. Le temps

Note which verb is used in the following sentences about the weather.

Quel temps **fait-il?**   How is the weather?
Il **fait** beau.   It's beautiful.

■ Many expressions of weather contain the impersonal expression **il fait.**

Vocabulaire: *Le temps*

Quelle température fait-il?	What's the temperature?
Il fait 18 degrés.	It's 18° (centigrade).
Quel temps fait-il?	How is the weather? (What's the weather?)
Aujourd'hui, ...	Today ...
il fait bon.	it is nice (out).
il fait beau.	it is beautiful.
il fait mauvais.	it is bad.
il fait chaud.	it is warm, hot.
il fait froid.	it is cold.
il fait du vent.	it is windy.
il fait un temps épouvantable.	the weather is awful.
il pleut.	it is raining. (it rains.)
il neige.	it is snowing. (it snows.)
Demain, ...	Tomorrow ...
il va faire beau.	it's going to be nice.
il va pleuvoir.	it's going to rain.
il va neiger.	it's going to snow.

note de vocabulaire

Le temps may also mean *time.*

Je n'ai pas **le temps** de téléphoner.   I don't have the *time* to phone.

8. Questions personnelles

1. Quel temps fait-il aujourd'hui? Quelle température fait-il?
2. Quel temps va-t-il faire demain?
3. En vacances, qu'est-ce que vous faites quand il fait beau? quand il fait mauvais? quand il pleut?
4. Est-ce qu'il neige dans la région où vous habitez? Est-ce qu'il pleut souvent?
5. Quel temps fait-il en janvier? en avril? en août? en décembre?
6. Est-ce que vous utilisez votre voiture quand il neige?

9. Une question de temps   Complete the following sentences with an appropriate weather expression.

1. Je skie quand ...
2. Paul va acheter un pull parce qu' ...
3. Je reste chez moi parce qu' ...
4. Le radiateur ne marche pas bien. Dans ma chambre, ...
5. La visibilité est mauvaise quand ...
6. Quand il y a un ouragan (*hurricane*), ... et ...
7. Tu vas porter ton imperméable parce qu' ...
8. Nous allons faire une promenade ce week-end s' ...
9. Je vais aller à la piscine parce qu' ...

Récapitulation

Substitution

Replace the underlined words with the expressions in parentheses. Make all necessary changes.

1. Est-ce que <u>tu</u> fais des économies en ce moment?   (nous / vous / M. Lasalle / vos cousins)
2. Je ne fais pas mes devoirs.   (les étudiants / Monique / vous / tu / nous)
3. <u>La</u> nouvelle <u>robe</u> de Jacqueline est très belle.   (le tailleur / les chaussures / l'anorak / les jeans)
4. Je vais acheter <u>une</u> nouvelle <u>machine à écrire</u>. Est-ce que tu veux ma vieille machine à écrire?   (un bureau / une table / des chaises / des lampes / des fauteuils)

Conversation: Par tous les temps! *(In any kind of weather!)*

With a friend, discuss your plans as a function of the weather. For each situation, use as many expressions with *faire* as you can.

▶
—*Quel temps fait-il aujourd'hui?*
—*Il fait beau!*
—*Qu'est-ce tu vas faire?*
—*Je vais faire une promenade à pied avec des amis.*
—*Où est-ce que vous pensez aller?*

1.    2.   3.    4.

Vous avez la parole: Votre maison

Write a short paragraph describing your house and its different rooms. Write another paragraph describing your room and its furniture. Use at least five adjectives in your description.

Le Français pratique

À la recherche d'un appartement°

In search of an apartment

Vocabulaire utile

Quel genre°	d'appartement cherchez-vous?	kind, type
Quelle sorte°		sort, type, kind
Quel type		

Je cherche	**une chambre indépendante**	
	un studio meublé°	furnished
	un appartement vide°	empty, unfurnished
Dans quel **quartier**°?		district, part of town
Il y a tout le confort:	**l'eau froide**°	cold water
	l'eau chaude°	hot water
	l'électricité	
	le chauffage central°	central heating
	l'air conditionné	
	le téléphone	
	un ascenseur°	elevator
	un(e) concierge°	superintendent

Dans **la salle de bains**, il y a	**un lavabo**°	sink
	une douche°	shower
	une baignoire°	bathtub
	un placard°	closet

Dans **la cuisine**, il y a	**un évier**°	sink
	un réfrigérateur	
	un congélateur°	freezer
	une cuisinière° **électrique / à gaz**	range
	un four à micro-ondes°	microwave oven
	un lave-vaisselle°	dishwasher
	une machine à laver°	washing machine
	un vide-ordures°	garbage disposal

Au **salon**, il y a	**une glace**°	mirror
	une cheminée°	fireplace

Conversation: *À l'agence immobilière*°

real estate agency

Monique Tessier est étudiante à Paris. Elle cherche un appartement dans le Quartier Latin. Elle passe à l'agence immobilière Saint-Germain.

L'EMPLOYÉ: Bonjour, Mademoiselle.

MONIQUE: Bonjour, Monsieur. Je cherche un studio au Quartier Latin.

L'EMPLOYÉ: Nous avons plusieurs° studios dans ce quartier. Quel genre de studio cherchez-vous, Mademoiselle? Un studio vide? *several*

MONIQUE: Non, un studio meublé si° possible. *if*

L'EMPLOYÉ: Justement, nous avons un studio meublé, rue° de l'École de Mé-decine. Il est petit, mais il est très confortable. *street*

MONIQUE: Est-ce qu'il y a une salle de bains?

L'EMPLOYÉ: Oui, il y a une salle de bains avec une douche.

MONIQUE: Est-ce que la cuisine est moderne?

L'EMPLOYÉ: Bien sûr. La cuisine est équipée d'un réfrigérateur et d'une cuisinière électrique.

MONIQUE: Est-ce qu'il y a le téléphone?

L'EMPLOYÉ: Non, Mademoiselle. Il n'y a pas le téléphone.

MONIQUE: Et quel est le loyer?

L'EMPLOYÉ: 2.000 francs par mois, Mademoiselle, payables à l'avance°, avec un dépôt de garantie° de trois mois de loyer. *in advance / security deposit*

MONIQUE: Hm... C'est un peu° cher pour mon budget. Je vais réfléchir°. *a little bit / to think it over*

Situation: *Les petites annonces°* classified ads
immobilières

Imagine that you are working in a real estate agency in Paris. This agency is advertising the apartments listed on the right. Describe these apartments to your clients. You may want to use the following questions as a guide.

Où est situé cet appartement?
Quelles sont les dimensions en mètres carrés *(square meters)*[1]?
Combien de pièces a l'appartement?
Quelles sont ces pièces?
Quelles sont les autres *(other)* caractéristiques?
Quel est le loyer?

▶ *Cet appartement est situé boulevard Raspail. C'est un assez grand appartement. Il a 4 ou 5 pièces. Il y a deux chambres, une salle de séjour, une salle à manger, une cuisine et une salle de bains. La cuisine est bien équipée. L'appartement est décoré. Il y a une cheminée dans la salle de séjour. Le loyer est de 7.500 francs net (everything included). (Si vous voulez des informations supplémentaires, vous pouvez téléphoner au 225-32-25.)*

1 *Note:* 1 square meter ≅ 10 square feet

SUITE DE L'IMMOBILIER

Offres Vides 7e

PRÈS BOSQUET
Duplex 50 m2 env. 2 P., tt cft, s/jard. Calme, charme. 5.000 ch. comp. 265-51-45

SOLFÉRINO. 6 P.
cuis., bains (belles récept.). 8.700 F. 766-17-69, 766-12-42.

RUE COGNAC-JAY. Imm. gd stand. Beau 2 P., 50 m2, tt cft. 4.200 F net. 555-01-29

INVALIDES. Récent, 3 P., cuis., bains. Parking. 4.475 F net. Tél. 651-16-62.

Offres Vides 8e

AV. CHAMPS-ELYSEES
Studios à partir 3.640 F, 2 pièces à partir 4.960 F. Provision pour charges comp.
336-67-97

HAUSSMANN - ST-HONORÉ. Imm. luxe, studio, 30 m2. 3.900 F charges comprise. O.C.I.M. 260-11-56.

Près CHAMPS-ÉLYSÉES. 4 P., 3e ét., 120 m2, s. de bains + douche, chbre de service. 8.500 F ch. comp. 225-20-53.

Offres Vides 11e

3, RUE MOUFLE 2e ét. s/jard, 2 p. princ., cuis., s. de bains, environ 46 m2. 2.588,25 F, ch. comp. S/pl. ce jr, 12 h 30-13 h 30.

VOLTAIRE. Refait neuf, 2 p., entrée, cuis., bains. 1.800 F. 367-18-85.

131, RUE OBERKAMPF. Pptaire, 2 p., soleil, cuis., s. de bains, chf. 2.150 F. Ce jr, 13-17 h.

Mo NATION. 2 p., 50 m2 + parking. 2.800 F net. 265-22-57.

ST-AMBROISE, 2 p., stand., terrasse, park. 3.200 F 366-52-00.

BD VOLTAIRE, pierre de t., 4 P., cuis., bains, w.-c., refait neuf, 4.000 F. Tél. 634-13-16.

Mo CHEMIN-VERT STUDIOS, 1.700 ch. comp. et 2.750 ch. comp. 766-13-92.

Mo MÉNILMONTANT, récent, stand., 2 P., s. bains, cuis., park., 2.800 ch. comp. 742-80-22.

Offres Vides 12e

QUARTIER GARE DE LYON Appt tt cft, entrée, 3 p., cuis., s. de bains, w.-c., chf. indiv. électrique. 3.800 F + ch. Tél. 285-89-50.

RUE DE PICPUS. Imm. récent, petit studio, kitchen., équipée, chbes. 1.100+300 F charges. 265-41-03.

ALESIA. 2 P., TT CFT, IMM. RECENT, BALCON. 3.700 F ch. comp. 306-82-04

ST-JACQUES. Luxueux 2 p. cuis. équipée, bains, parking. 3.500 F + ch. 562-04-99.

91, RUE D'ALÉSIA, étage élevé, grand dble séj. + chbre 4.129 F. Sur place, 12 à 14 h.

Offres Vides 15e

TOUR RIVE GAUCHE 3 P., 74 m2 + loggia, 12e ét. 3.900 + 1.400 F de charges. Visites ce jour, 14 à 17 h, 18, rue Gaston-de-Caillavet, 504-44-86.

PRES UNESCO
— 5 p., 100 m2, refait neuf, loyer 6.800 F + charges, — 3 p., 75 m2, refait neuf, 6.000 + ch. 766-73-40.

15, RUE DE LA PROCESSION. STUDIO, coin cuis. équipée, s. de bains, 1.500 ch. comp. S/pl. mercredi 18, 14-16 h, 2e étage droite.

RÉCENT, 42 m2, 2 P. Cuis., bains, balc., 2.540 F + possib. box 766-12-42.

PONT MIRABEAU Soleil, luxe, dble séjour, 2 chambres, balcon, tt cft. 5.000 F. - 577-17-07.

Mo FELIX-FAURE, bel imm. anc. pierre de t. 5 P. rénovées, tt cft, 227-69-60.

LOURMEL. Studio, 30 m2, cuisine équipée, bains. 2.060 F net. 764-07-08.

163, AVENUE VICTOR-HUGO. Imm. récent, studio, tt cft, 2.800 F + ch. Ce jour, 15 à 16 h.

109, AVENUE VICTOR-HUGO 3 P., 76 m2, parfait état. 4.500+200 ch. Sur place 12-13 h 30.

AUTEUIL - PASSY Appartements de qualité, 2 à 5 PIÈCES. - 751-21-01.

Dble liv., gd stand., 4.700 F ch. comp. Ce jour, 12-13 h, 14, rue des Sablons, appt 721.

16e, imm. résidentiel, séj. + 2 chbres, tout confort, 5.500 F + ch. 387-95-97.

Offres Vides 17e

Libre, 1er février, 2 p., entrée, cuis., s. d'eau, tt cft. 2.700 F ch. comp. Sur pl. le 19, 9 h, 21, rue des Épinettes. Tél. 534-66-29.

PLAINE MONCEAU
Superbe 3 pièces, réception, 3 chambres, 2 bains + serv., 11.300 F. - 563-68-38.

Batignolles, stand., superbe 170 m2+serv., 2 bains, 6.000 F ch. comp., reprise élevée justifiée. AG. 357-79-67.

60, RUE GUY-MOQUET Dble living, coin salle de bains, 2.200 F + charges. Ce jour de 13 h à 14 heures.

CARDINET, STUDIO, 20 m2, refait neuf, 1.800 F. S/pl., 2e ét. de 12 à 14 h, 112, R. TRUFFAUT, escalier D.

LAMARCK-CAULAINCOURT, beau studio, parfait état, cuis., w.-c., s. de bains, chf. 1.800, 255-29-04.

Près mairie 18e, dans imm. pierre de t., 3 P., refait neuf, cuis., w.-c., s. de bains, chf. 3.300 F. 255-29-04.

33 bis, rue Doudeauville, 2 p., 51 m2, 2.387 F + charges. Sur place ce jour 17-17 h 30.

Mo JULES-JOFFRIN. 2 p., kitchen., confort. 2.200 F + charges. 522-09-95.

136, RUE CHAMPIONNET. 2 p. tt cft, parking. 3.060 net. Ce jour 14 à 17 heures.

LAMARCK. Pptaire studio, cuis., bains 1.100 + chf. imm pour jne couple. 264-73-83

10' Pte Clignancourt, 2 P. cuis., tout confort, 1.986 F. 523-22-00.

Mo J.-JOFFRIN, studette, cft. 1.300, 2 P. tt cft, refait neuf, 2.500 net. 326-92-90.

16, pl. Emile-Goudeau, studio, vue, 2.060 F ch. comp. vis. mercredi 13-13 h 30.

Offres Vides 19e

BUTTES-CHAUMONT
(Prox.). 2-3 p., 60 m2, 3e ét. 2.700+200 F ch. Sur pl. ce jr 15 h 30-16 h 30. 22, r. Manin.

Résidence
LES EIDERS
Imm. 1980. Prox. pte Villette. 2-3 p. Tél. 776-41-60 hres bur.

Dialogues

The following people are looking for apartments in Paris. They each go to a real estate agency. The broker asks what type of apartment they are looking for (**nombre de pièces, dimensions, confort, équipement sanitaire** *(plumbing)*, **loyer,** etc.). Select one of the persons described below and compose the dialogue.

1. Jeannette Mercier, 18 ans, est étudiante. Elle n'a pas beaucoup d'argent.
2. Maurice Normand, 40 ans, est architecte. Il n'est pas marié. Il gagne 30.000 francs par mois.
3. Anne-Marie Aveline, 26 ans, est artiste. Elle n'est pas mariée. Ses ressources varient avec la vente *(sale)* de ses tableaux *(paintings)*.
4. Robert Meunier, 50 ans, est président d'une compagnie internationale. Il est marié et a trois enfants: deux filles de 21 ans et 7 ans et un fils de 18 ans. Il invite souvent ses clients à dîner chez lui.

Rencontres / *Chez les Descroix*

Comment lire: *Recognizing word endings*

Many words are derived from other words by the addition of an ending. In English, words ending in -*ing* (like *amusing* and *interesting*) are derived from verbs *(to amuse, to interest)*. Similarly, French words ending in -**ant** (like **amusant** and **intéressant**) are derived from verbs (**amuser, intéresser**).

   When reading French, it is important to recognize such words. Here are some patterns of correspondence between French and English endings:

☐ -**ment** → -*ly*
Many words ending in -**ment** are derived from adjectives and correspond to English words in -*ly*.

☐ -é → -*ed*
Many words ending in -é are derived from verbs in -**er**. They often correspond to English verb forms in -*ed*. Words in -é frequently function as adjectives and modify nouns and pronouns.

☐ -**ant** → -*ing*
Many words in -**ant** are derived from verbs and correspond to English words in -*ing*. In the following reading, you will find the word **portant: un jeune homme portant des lunettes.** From what verb is **portant** derived?

Chez les Descroix

Michel Descroix est ingénieur-chimiste°. Il habite à **Versailles,** mais il travaille à Paris. Tous les matins°, il prend° le train et le métro pour aller à son travail°. Nicole, sa femme, travaille à Versailles dans une agence immobilière. Les Descroix ont deux enfants. Sophie, 21 ans, est étudiante en biologie. Olivier, 17 ans, prépare son **bac**° au **lycée**° **Hoche.**

   L'appartement des Descroix est situé **au deuxième**° **étage**° d'un immeuble° relativement moderne. C'est un appartement spacieux et confortable. Entrons° chez les Descroix. L'entrée° donne° sur les différentes pièces. Passons° au salon. Le mobilier° est un mélange° d'ancien et de moderne: un canapé° recouvert° d'un tissu° bleu pâle, deux fauteuils anciens hérités de la grand-mère de Nicole, une table à café°, une commode° anglaise, un téléviseur. Sur la commode il y a des photos de famille. Au mur, il y a des aquarelles° peintes° par la tante de Michel, une artiste assez connue°. Le salon est prolongé par le coin° salle-à-manger, une grande table rectangulaire et huit chaises rustiques. Les deux fenêtres donnent sur une terrasse où il y a des plantes vertes.

chemical engineer
every morning / takes
work

diploma / high school
second / floor
building
Let's enter / entrance / opens
Let's pass / furniture / mixture
sofa / covered / fabric
coffee table / dresser

watercolors / painted
well-known / corner

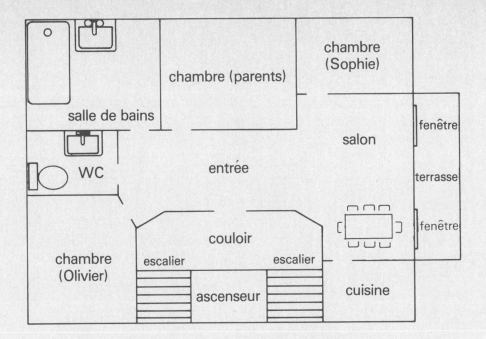

La cuisine est petite mais bien équipée: cuisinière électrique, réfrigérateur, machine à laver. Il y a aussi une table en formica blanc et quatre tabourets°.

La chambre des parents est classique: un lit, une grande armoire° ancienne, un bureau, un fauteuil confortable. Sur le sol°, il y a un tapis° gris et rouge avec des motifs géométriques. C'est un tapis navajo, souvenir d'un voyage° au Nouveau Mexique.

La chambre de Sophie est plus petite. Il n'y a pas d'armoire, mais un placard où Sophie range° ses vêtements. Sur le bureau, il y a une lampe, des livres de biologie et la photo d'un jeune homme portant des lunettes. D'autres livres sont rangés sur des étagères°. Ici tout° est en ordre.

Au contraire°, dans la chambre d'Olivier tout est en désordre. Sur le lit, il y a une radio-cassette°, une pile de magazines, une chaussette rouge, deux chaussettes vertes et une paire de bottes. Sous le lit, il y a des cassettes, une veste de pyjama, une cravate, une orange et une moitié° de sandwich. Sur le bureau, il y a un maillot de bain, un jeu° de cartes et la guitare d'Olivier. Il y a des étagères mais sur ces étagères, il n'y a pas de livres mais des modèles réduits° d'avions, une chaîne-stéréo et un Walkman. Si° Olivier aime la musique, il est évident qu'il n'aime pas particulièrement faire le ménage.

Finalement il y a une grande salle de bains avec une douche et une baignoire. Il y a aussi des WC séparés°. (C'est ici qu'Olivier a une partie de sa bibliothèque°!)

Est-ce que l'appartement est un appartement typiquement français? Peut-être ou peut-être pas. C'est à vous° de juger°!

stools

wardrobe
floor / rug

trip

puts away

shelves / everything

on the contrary
radio-cassette recorder

half / deck

scale models

if

separate
library

up to you / to judge

Notes culturelles

1. Versailles est une ville[1] située à 15 kilomètres de Paris.

2. Le «bac» ou «baccalauréat» est un diplôme que les Français obtiennent[2] à la fin[3] des études secondaires. Un lycée est une école secondaire. En général, les lycées portent[4] le nom[5] des personnes célèbres[6]. Hoche est un général de la Révolution française.

3. Voici la correspondance entre les étages français et les étages américains:

en France	aux États-Unis
le rez-de-chaussée	first floor
le premier étage	second floor
le deuxième étage	third floor

1 *city*   2 *get*   3 *end*   4 *bear*   5 *name*   6 *famous*

Questions sur le texte et questions d'interprétation

1. Que fait Monsieur Descroix? Que fait sa femme? Où habitent-ils? Combien d'enfants ont-ils? Comment s'appellent les enfants?

2. À quel étage est situé l'appartement des Descroix? Combien y a-t-il de pièces? Combien y a-t-il de chambres? Combien y a-t-il de salles de bain?

3. Quels meubles y a-t-il au salon? dans la salle à manger? dans la cuisine? Quels appareils ménagers *(appliances)* y a-t-il dans la cuisine?

4. Quels meubles y a-t-il dans la chambre des parents? D'où vient le tapis?

5. Où est-ce que Sophie range ses vêtements? Pourquoi est-ce qu'elle a des livres de biologie? Qu'est-ce qu'il y a sur son bureau? D'après *(according to)* vous, qui est le jeune homme?

6. Quels instruments de musique y a-t-il dans la chambre d'Olivier? Est-ce qu'il y a des livres? Où sont les livres d'Olivier?

7. Dans une maison, il y a toujours un certain nombre d'objets fonctionnels. Il y a aussi des objets personnels qui reflètent l'individualité de la famille habitant dans cette maison. Quels objets personnels y a-t-il au salon? dans la chambre des parents? dans la chambre de Sophie? dans la chambre d'Olivier?

8. Faites une comparaison entre un appartement français et un appartement américain. Quelles sont les ressemblances et des différences dans le nombre et la disposition *(layout)* des pièces, dans l'équipement sanitaire *(plumbing)*, dans l'équipement de la cuisine?

9. Faites une comparaison entre le mobilier français et le mobilier américain. Quelles sont les ressemblances et les différences?

10. Faites le portrait de Sophie d'après la description de sa chambre. Faites le portrait d'Olivier d'après la description de sa chambre.

4

DE JOUR
EN JOUR

10. *Les problèmes de l'existence*

Dans la vie° nous avons tous° nos petits problèmes: problèmes affectifs°, problèmes d'argent, problèmes de santé°, etc. Bien sûr, ces problèmes ont plus ou moins d'importance selon° notre personnalité, notre âge, notre conception de l'existence ...

life / we all have / emotional
health
according to

En ce moment, avez-vous les problèmes suivants°? Répondez° aux questions suivantes et puis comparez vos réponses avec celles° d'un(e) camarade.

following / respond
those

	Oui, c'est un problème.	Non, ce n'est pas un problème.	
• Je grossis°.	☐	☐	gain weight
• Je maigris°.	☐	☐	lose weight
• Je perds mon temps° à l'université.	☐	☐	am wasting my time
• Je ne finis° pas ce que° je commence.	☐	☐	finish / what
• Je ne réfléchis° pas à ce que je fais.	☐	☐	think about
• J'ai peur° des examens.	☐	☐	am afraid
• J'ai toujours sommeil°.	☐	☐	am always tired
• Je n'ai pas envie d'étudier°.	☐	☐	don't feel like studying

Lecture culturelle: *Le bonheur et les Français*

Êtes-vous heureux? Et en quoi consiste le bonheur?[1] Quelle importance attribuez-vous à l'argent? à la sécurité? au confort? Un magazine français, *L'Express*, a organisé un sondage[2] d'opinion sur ce sujet. Les résultats de ce sondage révèlent comment les Français conçoivent[3] le bonheur.

Question: Est-ce que les éléments suivants[4] sont essentiels au bonheur?

	oui
la santé[5]	90%
l'amour[6]	80%
la liberté	75%
la famille	74%
la justice	65%
le travail	63%
l'argent	52%
la sécurité	51%
les loisirs	50%
le confort	40%
le succès personnel	34%
la religion	33%

1 *what does happiness consist of*   2 *poll*   3 *view*
4 *following*   5 *health*   6 *love*

Structure et Vocabulaire

A. Expressions avec *avoir*

The verb **avoir** is used in many idiomatic expressions where English does not use the verb *to have*. Compare the verbs in the sentences below.

Nous **avons soif**.	We *are thirsty*.
Nathalie **a** 20 ans.	Nathalie *is* 20 (*years old*).
Avez-vous besoin d'argent?	*Do you need* money?

Vocabulaire: *Expressions avec* avoir

avoir faim / soif	to be hungry / thirsty	J'ai **faim**, mais je n'ai pas **soif**.
avoir chaud / froid	to be hot (warm) / cold	Il n'a pas **froid**. Il a **chaud**.
avoir raison / tort	to be right / wrong	Paul **a tort**. Marie **a raison**.
avoir sommeil	to be sleepy	Il est une heure du matin. J'ai **sommeil**.
avoir peur (de)	to be afraid (of)	Pourquoi as-tu **peur**? As-tu **peur de** l'examen?
avoir ... ans	to be ... (years old)	Pierre **a dix-neuf ans**.
avoir besoin de	to need	J'ai **besoin d'**une nouvelle veste.
	to need, to have to	J'ai **besoin d'**acheter une veste.
avoir envie de	to want, to feel like	J'ai **envie d'**un sandwich, mais je n'**ai** pas **envie d'**aller au restaurant.
avoir l'intention de	to intend, to plan	As-tu **l'intention de** faire un voyage?

notes de vocabulaire

1. To ask how old someone is, you would say **Quel âge avez-vous?** or **Quel âge as-tu?** Note that when giving someone's age, the word **ans** is *never* omitted in French: J'ai dix-huit **ans**.

2. The expressions **avoir envie de** and **avoir besoin de** may be followed by either a noun or an infinitive.

ACHETEZ DU BONHEUR

C'est peu pour rendre un enfant heureux.

UNICEF Fonds des Nations Unies pour l'enfance

1. **Quel âge ont-ils?** Regardez les dessins et dites quel âge ont les personnes suivantes.

1.
2.
3.

4.
5.
6.

2. **L'examen** Il y a un examen demain, mais les étudiants suivants n'ont pas envie d'étudier. Exprimez cela et dites aussi ce qu'ils ont l'intention de faire, d'après le modèle.

▶ Pierre (aller au cinéma)   *Pierre n'a pas envie d'étudier.*
    Il a l'intention d'aller au cinéma.

1. nous (regarder la télé)
2. vous (jouer aux cartes)
3. Jacqueline (aller danser)
4. je (inviter des amis)
5. tu (organiser une surprise-partie)
6. Paul et Louis (nettoyer leur appartement)

3. **Pourquoi?** Complétez les phrases suivantes. Pour cela, utilisez l'expression avec *avoir* qui convient logiquement.

▶ Paul va au restaurant parce qu'il ...   *a faim.*

1. Jacqueline achète un coca-cola parce qu'elle ...
2. Nous allons à la cafétéria parce que nous ...
3. Philippe porte un pull parce qu'il ...
4. Isabelle enlève *(takes off)* sa veste parce qu'elle ...
5. Vous pensez que Paris est la capitale de la France: vous ...
6. Albert pense que New York est la capitale des États-Unis: il ...
7. Il est minuit. Charlotte bâille *(yawns):* elle ...
8. Tu n'aimes pas les risques. Tu détestes le danger: tu ...

4. Questions personnelles

1. Avez-vous envie de voyager? d'aller en France? de visiter Paris?
2. Avez-vous l'intention de continuer vos études de français? d'acheter une moto?
3. En ce moment avez-vous besoin d'argent? d'encouragements? de vacances?
4. Avez-vous besoin de travailler? d'étudier beaucoup?
5. Pendant les vacances, avez-vous l'intention de travailler? d'étudier? de faire un voyage? de visiter la France?
6. Avez-vous peur des examens? du danger? de la solitude? de l'avenir *(future)*?
7. À votre avis *(in your opinion)*, est-ce que les économistes ont toujours raison?

B. Les verbes réguliers en *-ir*

Some French verbs end in **-ir** in the infinitive. Many of these verbs are conjugated like **finir** *(to finish)*. Note the present-tense forms of **finir** in the chart below, paying special attention to the endings.

infinitive	**finir**	Je vais **finir** à deux heures.	endings
present	je **finis**	Je **finis** l'examen.	-is
	tu **finis**	Tu **finis** la leçon.	-is
	il/elle **finit**	Elle **finit** le livre.	-it
	nous **finissons**	Nous **finissons** à cinq heures	-issons
	vous **finissez**	Quand **finissez**-vous?	-issez
	ils/elles **finissent**	Ils **finissent** le match.	-issent

☐ The present tense of regular **-ir** verbs is formed by replacing the infinitive ending (**-ir**) with the above endings.

☐ In the singular, the forms of the present tense sound the same.

Vocabulaire: *Verbes réguliers en -ir*

choisir	to choose, select	Qu'est-ce que vous **choisissez**? Ce livre-ci?
finir	to finish, end	Le programme **finit** à deux heures.
réfléchir (à)	to think (about)	Nous **réfléchissons** à cette question.
réussir (à)	to be successful	Vas-tu **réussir** dans tes projets?
	to pass (an exam)	Les étudiants sérieux **réussissent** toujours à leurs examens.

note de vocabulaire

Many regular verbs in **-ir** are derived from adjectives describing a physical characteristic (size, age, color).

gros, grosse	fat	**grossir**	to become fat, to gain weight
maigre	thin	**maigrir**	to become thin, to lose weight
grand	tall	**grandir**	to grow taller, to grow up
vieux, vieille	old	**vieillir**	to become old, to age
rouge	red	**rougir**	to become red, to blush
brun	brown	**brunir**	to become brown, to get a tan

5. **À la bibliothèque**   Dites quel magazine les étudiants suivants choisissent.

▶ Paul (L'Express)   *Paul choisit L'Express.*

1. nous (Paris-Match)
2. vous (Le Point)
3. je (Vogue)
4. tu (Elle)
5. Jacques (Réalités)
6. Suzanne et Jacqueline (Jours de France)

6. **Questions personnelles**

1. À quelle heure finit la classe de français?
2. À quelle heure finit votre dernière *(last)* classe aujourd'hui?
3. Si vous regardez la télé aujourd'hui, quel programme allez-vous choisir?
4. Quels cours allez-vous choisir le semestre prochain *(next)*?
5. Quand vous allez au restaurant avec des amis, est-ce que vous choisissez le menu?
6. Quand vous êtes en vacances, est-ce que vous maigrissez ou est-ce que vous grossissez?
7. Quand vous êtes à l'université, est-ce que vous maigrissez?
8. Est-ce que vous maigrissez quand vous étudiez beaucoup? quand vous jouez au tennis?
9. Est-ce que vous rougissez souvent? Pourquoi?
10. Est-ce que vous réfléchissez souvent aux problèmes de la société? à votre avenir *(future)*? à la politique?
11. Avez-vous peur de grossir? de maigrir? de vieillir?
12. Est-ce que vous allez réussir à l'examen de français? Qu'est-ce que vous allez faire si vous ne réussissez pas?
13. Quel âge ont vos grands-parents? Est-ce qu'ils vieillissent?

C. Les verbes réguliers en *-re*

Some French verbs end in **-re** in the infinitive. Many of these verbs are conjugated like **attendre** *(to wait for)*. Note the present-tense forms of **attendre**, paying special attention to the endings.

infinitive	attendre	Je déteste **attendre**.	endings
present	j' **attends**	J'**attends** le bus.	**-s**
	tu **attends**	Tu **attends** tes amis.	**-s**
	il/elle **attend**	Paul **attend** Suzanne.	—
	nous **attendons**	Nous **attendons** le professeur.	**-ons**
	vous **attendez**	Qui est-ce que vous **attendez**?	**-ez**
	ils/elles **attendent**	Qu'est-ce qu'elles **attendent**?	**-ent**

☐ The present tense of regular **-re** verbs is formed by replacing the infinitive ending (**-re**) by the above endings.

☐ The **-d** of the stem is silent in the singular forms of the present tense. It is pronounced in the plural forms.

☐ In inverted questions, the final **-d** is pronounced /t/ before **il** and **elle**.

Paul attend une amie. **Attend-il** Suzanne?

Vocabulaire: *Verbes réguliers en -re*

attendre	to wait (for)	J'**attends** un ami.
entendre	to hear	**Entendez**-vous le professeur?
perdre	to lose	Pourquoi est-ce que vous **perdez** patience?
perdre (son) temps	to waste (one's) time	Je n'aime pas **perdre mon temps.**
rendre	to give back	Je **rends** les disques à Pierre.
rendre visite (à)	to visit (someone)	Nous **rendons visite à** nos amis.
répondre (à)	to answer	Je vais **répondre à** ta lettre.
vendre	to sell	Jacques **vend** sa guitare à Antoine.

notes de vocabulaire

1. Note the lack of correspondence between French and English in the following constructions. Where one language uses a preposition after the verb, the other does not, and vice-versa.

J'**attends** Jacques.	I *am waiting for* Jacques.
Je **réponds au** professeur.	I *am answering* the professor.
Je **rends visite à** Paul.	I *am visiting* Paul.

2. There are two French verbs that correspond to the English verb *to visit.*

visiter + (places)	Nous **visitons** Paris.
rendre visite à + (people)	Nous **rendons visite à** M. Dumas.

---

7. **Problèmes d'argent**   Les étudiants suivants ont besoin d'argent. Dites ce que chacun *(each one)* vend.

▶ Jacqueline (sa guitare)   *Jacqueline vend sa guitare.*

1. Paul (son vélo)
2. je (mon téléviseur)
3. tu (tes disques)
4. nous (nos livres de français)
5. vous (votre calculatrice)
6. mes cousins (leur chaîne-stéréo)
7. Sylvie (son micro-ordinateur)
8. Albert et Roger (leurs skis)

8. **Une perte de temps** *(A waste of time)*   Selon vous, est-ce que ces personnes suivantes perdent leur temps? Exprimez votre opinion en utilisant la forme appropriée de l'expression *perdre (son) temps* dans des phrases affirmatives ou négatives.

▶ Nous regardons la télé de sept heures à minuit.
Nous perdons notre temps. ou: *Nous ne perdons pas notre temps.*

1. Vous regardez des matchs de football à la télé.
2. Tu étudies la leçon de français.
3. François va au laboratoire de langues.
4. Marie et Philippe vont au théâtre.
5. Nous parlons trois heures avec nos amis.
6. J'écoute des disques de jazz.
7. Je fais de l'aérobic.

9. **Questions personnelles**

1. Êtes-vous patient(e)? Aimez-vous attendre? Attendez-vous vos amis quand ils sont en retard *(late)*?
2. Perdez-vous souvent patience? Perdez-vous souvent courage? Perdez-vous courage quand vous avez une mauvaise note *(grade)* à un examen?
3. Pendant les vacances, rendez-vous visite à vos amis? à vos cousins? à vos grands-parents? à vos professeurs?
4. Rendez-vous visite à vos amis quand ils sont à l'hôpital?
5. Est-ce que vous répondez immédiatement aux lettres de votre famille? aux lettres de vos amis?
6. Dans votre résidence, qui répond quand le téléphone sonne *(rings)*?
7. Est-ce que vous rendez les choses que *(that)* vous empruntez *(borrow)*?

10. **Oui ou Non?**   Informez-vous sur les personnes suivantes et dites si oui ou non elles font les choses entre parenthèses.

▶ Jacques est impatient.   (attendre ses amis?)   *Il n'attend pas ses amis.*

1. Vous êtes des étudiants sérieux.   (étudier? réussir à l'examen? réfléchir aux questions du professeur?)
2. Toi, tu n'es pas sérieux!   (finir tes devoirs? répondre au professeur? parler français en classe?)
3. Cet employé est compétent.   (travailler bien? perdre son temps? répondre aux questions des clients?)
4. Nous sommes à la plage.   (travailler? jouer au tennis? brunir? nager?)
5. Jacqueline est une championne de tennis.   (jouer bien? gagner ses matches? perdre souvent?)
6. Paul et Étienne n'ont pas d'appétit.   (grossir? maigrir? acheter des sandwiches? perdre 5 kilos?)
7. Je suis à la gare.   (attendre un ami? entendre les trains? regarder les avions?)
8. Stéphanie et Claire achètent des chaussures pour l'été *(summer)*.   (choisir des sandales? choisir des bottes? dépenser leur argent?)

D. L'impératif

The imperative is used to give orders, hints, and advice. Note the imperative forms of regular verbs in the chart below.

infinitive		étudier		finir	répondre
imperative	(tu)	**Étudie!**	(Study!)	**Finis** la leçon	**Réponds** au professeur!
	(vous)	**Étudiez!**	(Study!)	**Finissez** le livre!	**Répondez** à la question!
	(nous)	**Étudions!**	(Let's study!)	**Finissons** l'examen!	**Répondons** à la lettre!

■ For all regular verbs and most irregular verbs, the imperative forms are the same as the present tense, minus the subject pronoun.

☐ For -er verbs, including **aller,** the final -s is dropped in the **tu**-form of the imperative.

☐ The **nous**-form of the imperative corresponds to the English construction with *let's.*

Dînons au restaurant.   *Let's have dinner* at the restaurant.

■ The negative form of the imperative is obtained by putting **ne (n')** ... **pas** around the verb.

Ne rougis **pas!**   Don't blush!
Ne vendez **pas** vos livres!   Don't sell your books!
N'allons **pas** en classe!   Let's not go to class!

■ The verbs **être** and **avoir** have irregular imperative forms.

être	avoir
sois	**aie**
soyez	**ayez**
soyons	**ayons**

11. **Avant le départ**   Pendant les vacances vous allez visiter la France avec un(e) camarade de classe. Dites à ce(cette) camarade de faire les choses suivantes avant le départ.

▶ chercher ton passeport   *Cherche ton passeport!*

1. téléphoner à tes amis
2. écouter bien les cassettes de français
3. finir tes examens
4. choisir des vêtements confortables
5. rendre les livres à la bibliothèque
6. vendre tes vieux livres
7. nettoyer ta chambre
8. faire tes valises *(suitcases)*
9. aller à l'agence de voyage
10. acheter ton billet *(ticket)*
11. être à l'aéroport à six heures
12. avoir ton passeport

12. Chez le médecin *(At the doctor's)* Imaginez que vous pratiquez la médecine en France. Un de vos patients est un homme d'affaires *(businessman)* de cinquante ans. Il est obèse et ne fait pas assez d'exercices. Dites-lui de faire ou de ne pas faire les choses suivantes.

▶ jouer au tennis   *Jouez au tennis!*
                    ou: *Ne jouez pas au tennis!*

1. travailler le week-end
2. rester chez vous
3. maigrir
4. grossir
5. perdre dix kilos
6. aller à la piscine
7. nager

8. aller en vacances
9. acheter un vélo
10. avoir peur de faire des exercices
11. faire des promenades à vélo
12. être calme
13. être nerveux
14. payer ma note *(bill)*

13. Projets de week-end Nos projets de week-end dépendent souvent du temps. Proposez à vos camarades de faire certaines choses. Ils vont répondre affirmativement ou négativement suivant *(according to)* le temps qu'il fait.

▶ Il fait beau. (rester à la maison?)   *—Vous voulez rester à la maison?*
                                        —Mais non, ne restons pas à la maison!

1. Il fait très beau. (faire une promenade à vélo? aller au cinéma?)
2. Il fait chaud. (regarder la télé? aller à la plage? jouer au tennis?)
3. Il fait froid. (aller à la piscine? nager?)
4. Il pleut. (rendre visite à des amis? rentrer à la maison? jouer aux cartes?)
5. Il neige. (louer des skis? skier? faire les devoirs?)
6. Il fait un temps épouvantable. (faire une promenade à pied? aller au théâtre? jouer au football?)

14. Bons conseils! Certaines personnes aiment donner des conseils *(to give advice)*. Exprimez *(Express)* les conseils des personnes suivantes. Pour cela, utilisez l'impératif des expressions entre parenthèses dans des phrases affirmatives ou négatives.

▶ Madame Chartier parle à son fils qui n'a pas assez d'argent pour acheter un vélo. (chercher un job?) *Cherche un job!*

1. Le professeur parle aux étudiants. (réfléchir à la question? réussir à l'examen? répondre bien? avoir peur de l'examen?)
2. Le médecin parle à un patient. (grossir? maigrir? choisir un sport? aller en vacances?)
3. La directrice parle à son assistant. (finir votre travail? répondre à cette lettre? être impoli avec les clients?)
4. Le professeur d'art dramatique parle à un jeune acteur. (parler distinctement? être nerveux? avoir peur? rougir?)
5. M. Moreau parle à sa fille qui va en voyage. (envoyer une lettre à ta grand-mère? faire attention? dépenser tout *(all)* ton argent?)
6. Jacqueline parle à son partenaire pendant le match de tennis. (être impatient? faire attention? perdre ta concentration?)

Récapitulation

Substitution

Remplacez les mots soulignés par les mots entre parenthèses. Faites tous les changements nécessaires.

1. Qu'est-ce que <u>tu</u> choisis? (vous, nous, Philippe, tes amis, tes cousines)
2. <u>Je</u> réussis parce que je réfléchis. (les bons étudiants, Caroline, nous, vous)
3. <u>Je</u> ne perds pas mon temps quand je réponds au professeur. (vous, Guy, mes amis, tu)
4. Ces gens <u>utilisent</u> un ordinateur. (choisir, vendre, acheter, employer, avoir besoin de)
5. Est-ce que vous <u>invitez</u> Jacqueline? (attendre, répondre à, rendre visite à, rester chez)
6. <u>Étudiez</u> cet exercice! (finir, réfléchir à, faire attention à)
7. <u>Visite</u> Paris! (aller à, faire une promenade à, choisir une carte postale *(postcard)* de, regarder les photos de, attendre le train de)

Vous avez la parole: Expression personnelle

Complétez les phrases suivantes avec une expression personnelle.

1. Quand j'ai faim, je ...
2. Quand j'ai chaud, je ...
3. Ce week-end, j'ai envie de ...
4. En juillet, j'ai l'intention de ...

Vous avez la parole: Soyez les bienvenus! *(Welcome!)*

Les personnes suivantes visitent les États-Unis *(United States)*. Donnez des conseils à ces personnes. Qu'est-ce qu'elles peuvent faire? Qu'est-ce qu'elles ne doivent *(should)* pas faire? Si vous voulez, utilisez l'impératif, affirmatif ou négatif, des verbes suivants:

visiter / rendre visite à / acheter / louer / étudier / chercher / faire un voyage à / parler à / faire attention à / être

1. Marc, 18 ans, étudiant. Il n'a pas beaucoup d'argent.
2. Caroline, 19 ans, étudiante. Elle va passer un semestre à votre université.
3. Mlle Maurepas, 35 ans, photographe pour une revue de tourisme.
4. Mme Charron, 40 ans, présidente d'une compagnie de textiles.
5. M. Thomas, 55 ans, ingénieur spécialisé dans les ordinateurs.

11. *Pour garder la ligne*

Qu'est-ce que vous faites pour garder° votre ligne°?   keep / waistline
Est-ce que vous faites attention aux calories que vous consommez°?   consume

MARIE-NOËLLE MARCHAND *(19 ans, étudiante)*

Je n'ai pas de problème particulier avec ma ligne ... mais c'est parce que je n'ai pas grand appétit. Quand j'ai faim, je mange° du yaourt°. Quand j'ai soif, je bois° du thé° ou de l'eau° minérale.   eat / yogurt   drink / tea / water

JEAN-PHILIPPE BAILLY *(35 ans, technicien)*

J'ai tendance à grossir. Aussi°, j'observe un régime° très strict. À chaque° repas je prends° uniquement de la viande°, de la salade, de l'eau minérale, ou du café. Pas de pain°, pas de sucre°, pas de vin°, pas de bière° ... C'est atroce°! J'ai toujours faim!   so / diet / each   have / meat   no bread / sugar / wine / beer / atrocious

EVELYNE IMBERT *(25 ans, vendeuse)*

Je n'ai pas de régime spécial. Aux repas, je mange modérément°, mais je bois du vin ou de la bière ... et je ne grossis pas. Mon secret? Je n'ai pas de secret! Mais je fais du sport! En hiver°, je fais du ski. En été°, je fais de la natation°. Je fais du jogging tous les jours° et je fais de l'aérobic rythmique le week-end. Voilà!   moderately   winter / summer / swimming   every day

RAYMOND LUCAS *(67 ans, retraité°)*

Je suis en excellente santé°. Mon secret? Je ne fais pas d'excès. Un paquet° de cigarettes par jour et un petit cognac après° chaque repas ... C'est tout°! Naturellement, je mange bien: de la viande, des pommes de terre°, de la salade, du fromage° et des fruits à chaque repas. Avec, bien sûr, du pain et du vin. C'est nécessaire si je veux garder la ligne!   retired person   health / pack   after / all   potatoes   cheese

Lecture culturelle: *Pour bien vivre*

Connaissez-vous[1] l'expression «bon vivant»? Cette expression est d'origine française. Ce n'est pas un hasard[2]. La France a la réputation d'être le pays[3] du «bien vivre»[4] et les Français justifient généralement cette réputation. Ils sont en effet amateurs[5] de bonne cuisine et consacrent une part importante[6] de leur budget à la nourriture[7]. Ils sont aussi amateurs de vin[8] qu'ils consomment généralement à chaque[9] repas.

Mais les Français font aussi attention à leur ligne[10] et à leur santé[11]. Dans leur majorité[12], ils savent[13] concilier[14] les joies du «bien vivre» avec les impératifs[15] d'une certaine élégance. Leur secret est simple: manger modérément[16] une cuisine saine[17] et équilibrée[18]. Ce secret est aussi le secret de la «Cuisine Minceur» qui est la nouvelle cuisine française.

1 *do you know*   2 *accident*   3 *country*   4 *good living*
5 *lovers*   6 *grande*   7 *food*   8 *wine*   9 *each*
10 *waistline*   11 *health*   12 *for the most part*   13 *know how*   14 *reconcile*   15 *requirements*   16 *in moderation*
17 *healthy*   18 *balanced*

Structure et Vocabulaire

A. Le verbe *prendre*

Prendre *(to take)* is an irregular verb. Note the present-tense forms of **prendre** in the chart below.

prendre	Qu'est-ce que tu vas **prendre**?
je **prends**	Je **prends** mes disques.
tu **prends**	**Prends**-tu ta bicyclette?
il/elle **prend**	Jacques ne **prend** pas sa voiture.
nous **prenons**	Nous **prenons** nos livres.
vous **prenez**	Est-ce que vous **prenez** votre caméra?
ils/elles **prennent**	Mes cousins **prennent** leur appareil-photo.

☐ The main meaning of **prendre** is *to take* or *to take along*.

Jacques **prend** le bus quand il va à l'université.

☐ **Prendre** is also used with foods and beverages with the meaning of *to have something to eat or drink*.

—Qu'est-ce que tu **prends?**	What are you *having?*
—Je vais **prendre** un café. Et toi?	I'm going *to have* a coffee. And you?
—Moi, je vais **prendre** un sandwich.	I'm going *to have* a sandwich.

☐ The following verbs are conjugated like **prendre:**

| **apprendre** | to learn | Nous **apprenons** l'espagnol. |
| **comprendre** | to understand | **Comprenez**-vous la leçon? |

1. **Vacances à l'étranger** *(Vacation abroad)* Les étudiants suivants passent leurs vacances à l'étranger pour apprendre la langue du pays. Lisez où sont ces étudiants et dites quelle langue chacun apprend. Utilisez le verbe *apprendre* et les expressions suivantes: *le français, l'espagnol, l'anglais.*

▶ Mes cousins sont à Buenos Aires.   *Ils apprennent l'espagnol.*

1. Annette est à Chicago.
2. Philippe est à Mexico City.
3. Nous sommes à Paris.
4. Je suis à Genève.

5. Tu es à Madrid.
6. Henri et Thérèse sont à Dallas.
7. Jacqueline est à San Francisco.
8. Vous êtes à Québec.

CONSEIL POUR LE DÉVELOPPEMENT DU FRANÇAIS EN LOUISIANE — CODOFIL — JAMES DOMENGEAUX Chairman — CONSEILLER

EST-CE QUE VOS ENFANTS APPRENNENT LE FRANCAIS A L'ECOLE

2. **Questions personnelles**

1. Prenez-vous beaucoup de notes en classe de français?
2. Comprenez-vous quand le professeur parle français? Est-ce que les autres *(other)* étudiants comprennent?
3. Apprenez-vous une autre *(another)* langue? l'espagnol? le russe? le chinois? l'italien? l'allemand?
4. Comprenez-vous l'espagnol? le russe? l'italien? l'allemand?
5. Apprenez-vous le français facilement *(easily)?*
6. Avez-vous un appareil-photo? Prenez-vous beaucoup de photos?
7. Prenez-vous le bus quand vous allez à l'université?
8. Prenez-vous le bus, le train ou l'avion quand vous voyagez?

B. L'article partitif

In the sentences below, the determiners in heavy print are partitive articles.
Note the forms of these determiners.

J'aime le champagne.	Voici **du** champagne.	Here is *some* champagne.
J'aime la salade.	Voici **de la** salade.	Here is *some* salad.
J'aime l'eau minérale.	Voici **de l'**eau minérale.	Here is *some* mineral water.
J'aime les spaghetti.	Voici **des** spaghetti.	Here is *some* spaghetti.

forms

■ The partitive articles have the following forms:

singular			
masculine	**du (de l')**	**du** champagne	**de l'**argent
feminine	**de la (de l')**	**de la** salade	**de l'**eau minérale
plural	**des**	**des** spaghetti	**des** œufs brouillés *(scrambled eggs)*

☐ The forms in parentheses are used in front of a vowel sound.

uses

■ The partitive article carries the meaning *a certain amount of* or *a certain quantity of*.

☐ The partitive article frequently corresponds to the English determiners *some* and *any*. While *some* and *any* may be omitted in English, the partitive article cannot be left out in French.

☐ The partitive article is generally used in the singular. The plural form **des** is the same as the plural of the indefinite article **un/une**.

Vocabulaire: *Au menu*

noms

les hors-d'œuvre	appetizer(s)		
le jambon	ham		
le saucisson	salami		
le poisson	fish		
le thon	tuna	**la sole**	sole
la viande	meat		
le bœuf	beef		
le porc	pork		
le poulet	chicken		
le rosbif	roast beef		
le fromage	cheese	**la salade**	salad
le dessert	dessert		
le gâteau	cake	**la crème**	custard
le yaourt	yogurt	**la glace**	ice cream
		la tarte	pie

les autres produits *(other products)*			
le beurre	butter	**la confiture**	jam
un œuf	egg	**la crème**	cream
le pain	bread	**la mayonnaise**	mayonnaise
le poivre	pepper	**la moutarde**	mustard
le sel	salt		
le sucre	sugar		

verbe

manger   to eat   Qu'est-ce que vous **mangez?**

notes de vocabulaire

1. There is no liaison or elision before the **h** of **hors-d'œuvre.** Note also that **hors-d'œuvre** is invariable: **un hors-d'œuvre/des hors-d'œuvre.**
2. The final **-f** of **œuf** and **bœuf** is pronounced in the singular. It is silent in the plural.
3. The final **-c** of **porc** is silent.
4. **Manger** follows the pattern of the other verbs in **-ger:** the **nous**-form ends in **-eons:** nous **mangeons.**

3. Au restaurant Vous êtes à Montréal dans un restaurant. Le garçon *(waiter)* vous propose certains plats *(dishes)*. Choisissez. Un camarade de classe va jouer le rôle du garçon.

▶ le poulet ou le rosbif?   —*Voulez-vous du poulet ou du rosbif?*
　　　　　　　　　　　　　　　—*Je voudrais du poulet.*　ou: —*Je voudrais du rosbif.*

1. le jambon ou le saucisson?	6. le beurre ou la margarine?
2. le céleri ou le melon?	7. la salade ou le fromage?
3. le rosbif ou le porc?	8. le yaourt ou la glace?
4. le ketchup ou la moutarde?	9. le gâteau ou la tarte?
5. le sel ou le poivre?	10. le sucre ou la crème?

4. À la cuisine Imaginez que vous êtes dans la cuisine et que vous préparez les choses suivantes. Dites quels ingrédients vous allez utiliser d'après le modèle.

▶ un sandwich au saucisson　　*Je fais un sandwich au saucisson avec du pain, du saucisson et de la moutarde.*

1. un sandwich au jambon *(ham sandwich)*
2. un sandwich au fromage
3. un sandwich au thon
4. un toast
5. un croque-monsieur *(grilled ham and cheese sandwich)*

C. L'article partitif dans les phrases négatives

Note the forms of the partitive article in the answers to the questions below.

Prenez-vous **de la** salade?	Non merci! Je ne prends **pas de** salade.
Prenez-vous **du** gâteau?	Non, je ne prends **pas de** gâteau.
As-tu **de l'**argent?	Non, je n'ai **pas d'**argent.
Prends-tu **des** carottes?	Non, je ne prends **pas de** carottes.

■　In negative sentences, the partitive article becomes **de** (**d'**) immediately after **pas.**

☐　There is no change, however, after **ce n'est pas.**

Est-ce que c'est **du** rosbif?　　Non, **ce n'est pas du** rosbif.

5. Une végétarienne Nicole est végétarienne. Dites si oui ou non elle mange les choses suivantes.

▶ le pain?　　*Oui, elle mange du pain.*
▶ le jambon?　　*Non, elle ne mange pas de jambon.*

1. la glace?	4. le poulet?	7. le beurre?
2. la salade?	5. le rosbif?	8. le bœuf?
3. le porc?	6. le fromage?	9. le saucisson?

6. **Le régime** *(Diet)* Jacqueline observe un régime qui interdit *(forbids)* les produits laitiers *(dairy products)*. Son amie Suzanne qui fait les courses *(is going shopping)* lui demande si elle doit acheter les produits suivants. Jouez les deux rôles d'après le modèle.

▶ pain   SUZANNE: *Est-ce que je dois acheter du pain?*
                JACQUELINE: *Oui, achète du pain.*
▶ *beurre*   SUZANNE: *Est-ce que je dois acheter du beurre?*
                JACQUELINE: *Non, n'achète pas de beurre.*

1. rosbif	3. salade	5. jambon	7. yaourt
2. glace	4. crème	6. fromage	8. viande

7. **La cafétéria de l'université** Dites si oui ou non le restaurant de votre université sert les plats suivants. Commencez vos phrases par les expressions *il y a souvent* ou *il n'y a pas souvent*.

▶ le porc   *Il y a souvent du porc.*
          ou: *Il n'y a pas souvent de porc.*

1. la salade	4. le rosbif	7. la soupe
2. la glace	5. le jambon	8. le gâteau
3. la sole	6. le poulet	9. le thon

D. Le verbe *boire*

The verb **boire** *(to drink)* is irregular.

boire	Qu'est-ce que tu vas **boire?**
je **bois**	Moi, je **bois** du café.
tu **bois**	Tu **bois** de la limonade?
il/elle **boit**	Jacques **boit** toujours de la bière.
nous **buvons**	Nous ne **buvons** pas de vin.
vous **buvez**	**Buvez**-vous du thé?
ils/elles **boivent**	Mes parents **boivent** du champagne.

8. **Un cocktail** Monsieur Dupont organise un cocktail pour ses amis. Dites ce que chacun boit. Utilisez l'article partitif après *boire*.

▶ Nous aimons le champagne.   *Nous buvons du champagne.*

1. Monsieur Martin aime le whisky.	5. J'aime le punch.
2. Madame Labov aime la vodka.	6. Tu aimes l'eau minérale.
3. Nous aimons le bourbon.	7. Mes cousins aiment le cognac.
4. Vous aimez le scotch.	8. Ces deux actrices aiment le gin.

Vocabulaire: *Boissons*

le café	coffee	**la bière**	beer
le jus d'orange	orange juice	**la boisson**	beverage, drink
le lait	milk	**l'eau**	water
le thé	tea	**l'eau minérale**	mineral water
le vin	wine	**la limonade**	lemon soda

9. **Dialogue**   Demandez à vos camarades s'ils boivent les choses suivantes.

▶ le lait   —*Bois-tu du lait?*
                —*Oui, je bois du lait.*   ou: —*Non, je ne bois pas de lait.*

1. le thé   4. l'eau minérale   7. la bière
2. le café   5. le vin français   8. le jus d'orange
3. l'eau   6. le vin de Californie 9. le jus de tomate

10. **Préférences**   Indiquez ce que vous buvez dans les circonstances suivantes.

▶ avec un hamburger?   *Avec un hamburger, je bois de l'eau.*

1. avec du poisson?   4. quand j'ai besoin d'étudier?
2. avec du rosbif?   5. quand j'ai envie de me reposer *(to relax)*?
3. avec du gâteau?   6. à onze heures du soir?

E. L'emploi idiomatique de *faire*

Note the use of the partitive article in the following expressions with **faire**.

Fais-tu **du** sport?	Oui, je **fais du** volleyball.	I *play* volleyball.
Fais-tu **de l'**espagnol?	Non, mais je **fais du** français.	I *study* French.
Fais-tu **des** sciences?	Oui, et je **fais des** maths aussi.	I also *study* math.
Fais-tu **de la** politique?	Non, je **ne fais pas de** politique.	I'm *not active in* politics.

■ The following construction is used in many expressions that mean *to practice or play (a sport), to study (a subject or an instrument), to be active or involved in (an activity):*

$$\text{faire} \left\{ \begin{array}{l} \text{du} \\ \text{de la} \\ \text{des} \end{array} \right\} + \text{noun}$$

☐ In negative sentences, the noun is introduced by **de**.

Nous ne faisons **pas de** sport.   Vous ne faites **pas d'**anglais.

11. Dialogue   Nous avons tous des occupations et des passe-temps différents. Demandez à vos camarades s'ils font les choses suivantes.

▶ le tennis
—*Fais-tu du tennis?*
—*Oui, je fais du tennis.*
ou: —*Non, je ne fais pas de tennis.*

1. la gymnastique?
2. le vélo?
3. le droit *(law)*?
4. la politique?
5. le théâtre?
6. la biologie?
7. les études scientifiques?
8. la voile *(sailing)*?
9. la planche à voile *(windsurfing)*?
10. la plongée sous-marine *(scuba diving)*?

12. Achats   Ce que *(what)* nous achetons révèle souvent ce que nous faisons. Dites *(say)* ce que chaque *(each)* personne de la colonne A achète en choisissant *(by choosing)* un élément de la colonne B. Dites aussi ce que cette personne fait en choisissant un élément de la colonne C. Soyez logique!

A	B	C
je	une calculatrice	le camping
vous	une raquette	le jogging
Christine	un appareil-photo	le ski
M. Lavie	un dictionnaire	le karaté
mes amis	un kimono	la photo
ces gens	un survêtement *(sweat suit)*	l'espagnol
	une tente	le tennis
	des chaussures de ski	les maths

▶ *Christine achète une calculatrice. Elle fait des maths.*

Récapitulation

Substitution

Remplacez les mots soulignés par les mots entre parenthèses. Faites tous les changements nécessaires.

1. J'apprends le russe.   (nous, vous, tu, Paul, Sylvie et Claire, mes amis)
2. Je voudrais du rosbif.   (salade, saucisson, jambon, eau minérale, viande, fromage)
3. Dans le réfrigérateur, il y a du lait.   (la crème, la bière, la glace, le beurre, le melon)
4. Il y a du pain américain, mais il n'y a pas de pain français.   (le vin, la bière, l'eau minérale, la moutarde, le fromage)
5. Nous buvons du thé.   (vous, Nathalie, Christophe et Annette, tu, je)
6. Faites-vous du ski?   (le sport, la gymnastique, le tennis, l'aérobic, la poterie, la biologie, l'espagnol, les sciences)

Vous avez la parole: Au restaurant

Dans un restaurant, le garçon *(waiter)*/la serveuse *(waitress)* propose à un client/une cliente le choix entre deux choses.

▶ comme *(for)* dessert?

> LE GARÇON/LA SERVEUSE: *Comme dessert, nous avons (du gâteau) et (de la tarte). Qu'est-ce que vous allez prendre?*
> LE CLIENT/LA CLIENTE: *Je vais prendre (de la tarte).*

1. comme hors d'œuvre?
2. comme poisson?
3. comme viande?
4. comme dessert?
5. comme boisson non-alcoolisée?
6. comme boisson alcoolisée?

Côtes-du-Rhône
les vins des bons moments

Campagnes publicitaires

Vous travaillez dans une agence de publicité. Composez des slogans publicitaires pour les produits de la colonne B en utilisant des éléments des colonnes A, B et C dans des phrases logiques!

A	B	C
acheter	le sport	du Brésil
boire	le chocolat	d'Alsace
manger	le jus d'orange	sur le lac d'Annecy
faire	les céréales	dans vos salades
prendre	le café	au petit déjeuner *(breakfast)*
utiliser	le vin	au gymnase
	le vinaigre	pour une meilleure digestion
	la mayonnaise	???
	l'eau minérale	
	la voile *(sailing)*	
	???	

▶ *Utilisez de la mayonnaise dans vos salades!*

12.   *Bon appétit!*

Quand vous êtes dans un restaurant français, vous êtes un peu° en France ...   a little
Alors faites comme° les Français! Voici quelques° conseils° à observer: like / some / advice

Ne buvez pas d'alcool avant° le repas.   before
Ne fumez° pas pendant le repas! Attendez le café!   smoke
Ne commandez° pas de coca-cola avec votre repas.   order
Commandez du vin ... ou de l'eau minérale!
Buvez du vin rouge avec les viandes rouges.
Buvez du vin blanc avec le porc et le poisson.
Ne mettez° pas de ketchup sur votre steak.   put
Ne mettez pas de beurre sur votre pain.
Ne mangez pas trop de° pain.   too much
Ne mangez pas trop vite°.   too quickly
Prenez votre temps.
Faites beaucoup de compliments au chef.
Soyez patients.
  (En France, le service n'est pas toujours très rapide.)
Ne laissez° pas votre portefeuille° chez vous!   leave / wallet
Prenez assez d'argent pour payer l'addition°.   bill
  (Les restaurants français ne sont pas bon marché.)
Et maintenant, bon appétit!

Lecture culturelle: *La cuisine française*

Les Français ont transformé[1] la satisfaction d'une nécessité physiologique en[2] un art. Cet art a une réputation internationale et s'appelle la cuisine française. Considérons un repas français. C'est un événement[3] organisé. Il commence par[4] l'apéritif, généralement un vin sec[5] qui stimule l'appétit. Puis viennent[6] les hors-d'œuvre, la viande, les légumes[7]. La salade est un entr'acte[8]. Elle est suivie[9] par les fromages et le dessert.

La cuisine française est basée sur la notion d'harmonie. Harmonie des vins et de la nourriture[10], par exemple. Les vins blancs doux[11] sont généralement réservés au dessert. L'harmonie culinaire interdit[12] aux Français certaines choses très communes[13] aux États-Unis[14]: par exemple, le mélange[15] des plats salés[16] et des plats sucrés[17], les épices[18] trop[19] violentes, les cigarettes pendant le repas, et bien sûr l'alcool avant[20] le repas car[21] l'alcool détruit[22] une chose très précieuse pour le gourmet: la sensibilité[23] du palais[24].

1 *have transformed*   2 *into*   3 *event*   4 *begins with*
5 *dry*   6 *come*   7 *vegetables*   8 *intermission*
9 *followed*   10 *food*   11 *sweet*   12 *forbids*   13 *common*
14 *United States*   15 *mixing*   16 *salted dishes*   17 *sweet*
18 *spices*   19 *too*   20 *before*   21 *parce que*
22 *destroys*   23 *sensitivity*   24 *palate, taste*

Structure et Vocabulaire

Vocabulaire: *Les repas*

noms

un petit déjeuner	breakfast	**une cantine**	school cafeteria
un déjeuner	lunch, noon meal	**la cuisine**	cooking, cuisine
un dîner	supper, dinner	**la ligne**	figure, waistline
un garçon	waiter	**une serveuse**	waitress
un repas	meal		

verbes réguliers

apporter	to bring	Jean-Claude **apporte** un gâteau.
commander	to order	Qu'est-ce que tu vas **commander** pour le dîner?
déjeuner	to have lunch	Nous **déjeunons** à midi.
dîner	to have dinner	Nous **dînons** à huit heures.
fumer	to smoke	Je ne **fume** pas et je déteste les gens qui **fument.**
garder	to keep	Je veux **garder** la ligne.
préparer	to prepare, to make (food)	Qui **prépare** les repas chez vous?

expressions

être au régime	to be on a diet	Je **suis au régime** parce que je veux maigrir.
faire les courses	to go shopping	Si tu **fais les courses,** achète du pain.
faire la cuisine	to cook, to do the cooking	Robert adore **faire la cuisine.**

note de vocabulaire

Note the difference between **amener** *(to bring, bring along)* and **apporter** *(to bring)*. **Amener** is used with *people,* and **apporter** is used with *things.*

> Je vais **amener mes amis** au pique-nique.
> Je vais **apporter des sandwiches** pour le pique-nique.

1. Questions personnelles

1. Où déjeunez-vous? chez vous? à la cantine de votre université? au restaurant?
2. Où dînez-vous? À quelle heure dînez-vous?
3. Où prenez-vous le petit déjeuner? À quelle heure prenez-vous le petit déjeuner?
4. Où allez-vous dîner ce soir *(tonight)?* Avec qui?
5. Allez-vous souvent au restaurant? à quels restaurants? avec qui?
6. Aimez-vous la cuisine italienne? la cuisine chinoise? la cuisine française? Quelle est votre cuisine préférée?
7. Faites-vous les courses? où? quand? avec qui? Combien d'argent dépensez-vous par semaine?
8. Êtes-vous au régime? Gardez-vous la ligne? Qu'est-ce que vous mangez? Qu'est-ce que vous ne mangez pas? Qu'est-ce que vous buvez? Qu'est-ce que vous ne buvez pas?
9. Fumez-vous? Si vous ne fumez pas, est-ce que vous tolérez les gens qui fument?
10. Aimez-vous faire la cuisine? Avez-vous des spécialités?
11. Chez vous, qui prépare le petit déjeuner? le déjeuner? le dîner? Qui fait les courses?
12. Travaillez-vous comme garçon? comme serveuse? Dans quel restaurant?
13. Quand vous allez à un pique-nique est-ce que vous amenez vos amis? Qu'est-ce que vous apportez? (des sandwiches? de l'eau minérale? quelles boissons?)
14. Qu'est-ce que vous apportez quand vous êtes invité(e) à dîner chez des amis?

A. Le verbe *mettre*

The verb **mettre** *(to put, to place)* is irregular.

infinitive	**mettre**
present	Je **mets** ma veste. Nous **mettons** un disque de jazz.
	Tu **mets** ton pull. Vous **mettez** la radio.
	Il/Elle **met** un tee-shirt. Ils/Elles **mettent** la télévision.

☐ **Mettre** has several English equivalents:

to put, to place	**Mettez** vos livres ici.
to wear, to put on	Je **mets** un pull.
to turn on	Est-ce que je peux **mettre** la radio?
to give (a grade)	Est-ce que le professeur **met** des bonnes notes *(grades)*?
to set (the table)	Qui va **mettre** la table?

2. Chaque chose à sa place *(Everything in its place)*   Dites où les personnes suivantes mettent certaines choses. Utilisez le verbe *mettre*.

▶ Paul / ses livres / sur la table   *Paul met ses livres sur la table.*

1. Vincent / ses chaussures / sous le lit
2. vous / votre argent / à la banque
3. je / ma moto / dans le garage
4. tu / une pellicule *(film)* / dans l'appareil-photo
5. nous / la lettre / à la poste *(mail)*
6. mes amis / le téléviseur / dans leur chambre
7. Anne / de la crème / dans le café
8. les Américains / du beurre / sur leur pain
9. je / du poivre / sur mon steak

3. Questions personnelles

1. Mettez-vous du sucre dans votre café? Mettez-vous de la crème? du lait?
2. Mettez-vous des blue jeans quand vous allez en classe? à un rendez-vous? au cinéma?
3. Quels vêtements mettez-vous quand il fait froid? quand il fait chaud? quand il pleut? quand vous jouez au tennis? quand vous allez à une entrevue professionnelle?
4. En général, est-ce que les professeurs de votre université mettent des bonnes notes?
5. Chez vous, qui met la table?
6. Mettez-vous la radio quand vous étudiez chez vous? Quel programme mettez-vous en général?
7. Quel programme de télévision allez-vous mettre ce soir *(this evening)*?

B. L'usage de l'article partitif, de l'article défini et de l'article indéfini

Note linguistique: Les noms

■ Bananas, oranges, and olives are objects that you can count. The nouns that designate such objects are called *count nouns*. They may be singular or plural. In French, count nouns are often introduced by the indefinite article or by a number.

> **une** banane, **des** bananes
> **une** banane, **deux** oranges, **trois** olives

In English, count nouns in the singular may be introduced by *a* or *an: a* banana, *an* orange.

■ Cream, mustard, and wine are things that you cannot count, but of which you can take a certain quantity. The nouns that designate such things are called *mass nouns* and are usually singular. In French, they are introduced by the partitive article when a specific quantity is not mentioned.

> **de la** crème, **de la** moutarde, **du** vin

In English, mass nouns cannot be introduced by *a* or *an*. They are frequently used without a determiner, but may be introduced by *some* or *any:*

> Do you want cream in your coffee? Have *some* mustard. Do you want *any* wine?

■ Certain nouns may function as either count nouns or mass nouns, depending on the way in which they are used:

> Voici **du** fromage.   Here is *some* cheese (i.e., a certain quantity of cheese).
> Voici **un** fromage.   Here is *a* cheese (i.e., a whole cheese).

These articles ...	introduce ...	for example:
definite: **le** **la**	a specific object	Voici **le** gâteau de ma mère. Je mange **le** fromage. **Le** lait est au réfrigérateur.
	a noun used in a general or collective sense	J'aime **le** fromage. **Le** lait est bon pour les enfants.
indefinite: **un** **une**	one item, a whole item	Voici **un** gâteau. J'achète **un** fromage. Anne commande **une** bière.
	a specific one, one of a kind	Ce boulanger fait **un** excellent pain.
partitive: **du** **de la**	some, any, a certain quantity of	Voici **du** gâteau. J'achète **du** fromage. Ce magasin vend **du** pain.

■ In French, nouns are almost always introduced by *determiners*. The choice of the appropriate article depends on the context in which a noun is used.

☐ The distinction between the definite, the indefinite, and the partitive articles applies to abstract as well as concrete nouns.

J'admire **la patience**.	I admire patience *(in general)*.
Le professeur a **une patience** extraordinaire.	The teacher has an extraordinary patience.
J'ai **de la patience**.	I have *(a certain degree of)* patience.

☐ The definite article is often used after verbs such as **adorer, admirer, aimer, détester, préférer**, since these verbs introduce nouns taken in a general sense.

Les pacifistes **détestent la violence**.

☐ Depending on the context, the definite, indefinite, and partitive articles may be used after: **voici, voilà, acheter, apporter, vendre, commander, choisir, manger, prendre, boire**, and je veux / je **voudrais**.

Je commande **le** yaourt.	I order *the* yogurt *(on the menu)*.
Je commande **un** yaourt.	I am ordering *a (single serving of)* yogurt.
Je commande **du** yaourt.	I am ordering *some (quantity of)* yogurt.

Here is my mother's cake *(not one from the store)*.
I am eating the cheese *(that I bought)*.
The milk is in the refrigerator.

I like *(all kinds of)* cheese.
(In general) Milk is good for children.

Here is a *(whole)* cake.
I am buying one cheese *(not two)*.
Anne is ordering a *(whole glass, bottle of)* beer.

That baker makes an excellent bread *(not just any kind of bread)*.

Here is some cake *(not the whole cake, just a piece)*.
I am buying *(a limited quantity of)* cheese.
This store sells *(a certain amount of)* bread.

4. **Qualités**   Informez-vous sur les personnes suivantes et dites si oui ou non elles ont les qualités entre parenthèses.

▶ Jacques et René détestent attendre. (la patience?)   *Ils n'ont pas de patience.*

1. Christine est très diplomate. (le tact?)
2. Vous êtes un grand artiste. (le talent?)
3. J'oublie *(forget)* l'adresse de mes amis. (la mémoire?)
4. Mme Masson veut être la présidente de sa compagnie. (l'ambition?)
5. Mon cousin invente toujours des excuses extraordinaires. (l'imagination?)
6. Tu ne fais pas de sport. (l'énergie?)
7. Vous comprenez les secrets de vos amis. (l'intuition?)
8. Je n'ai pas peur de prendre des risques. (le courage?)
9. Vous n'êtes pas très amusant. (l'humour?)

5. **Chacun à son goût** *(Each to his/her own taste)*   Dites que les personnes suivantes aiment les choses entre parenthèses et dites ce qu'elles font.

▶ M. Moreau / boire (le champagne)   *M. Moreau aime le champagne. Il boit du champagne.*

1. vous / prendre (le thé)
2. Charles / acheter (la confiture)
3. ces filles / manger (le rosbif)
4. Alain / apporter (l'eau minérale)
5. je / mettre dans mon café (le sucre)
6. vous / écouter (le jazz)
7. nous / faire (le camping)
8. Pauline / mettre (la musique classique)
9. ces gens / gagner (l'argent)

6. **À la douane** *(At customs)* Un douanier *(customs officer)* demande aux touristes s'ils ont les choses suivantes. Les touristes répondent affirmativement ou négativement. Jouez le rôle du douanier et des touristes en utilisant un article indéfini ou partitif.

▶ (la) caméra? LE DOUANIER: —*Avez-vous une caméra?*
　　　　　　　　 LE/LA TOURISTE: —*Oui, j'ai une caméra.*
　　　　　　　　　　　　　　　　ou: —*Non, je n'ai pas de caméra.*

▶ (l') alcool? LE DOUANIER: —*Avez-vous de l'alcool?*
　　　　　　　　 LE/LA TOURISTE: —*Oui, j'ai de l'alcool.*
　　　　　　　　　　　　　　　　ou: —*Non, je n'ai pas d'alcool.*

1. (le) parfum?
2. (le) visa?
3. (la) carte d'identité?
4. (l') argent français?
5. (le) vin?
6. (l') adresse à Paris?
7. (le) tabac?
8. (l') appareil-photo?

7. **Chez Jeannette** Vous êtes «chez Jeannette», une petite auberge *(inn)* de province. Vous entendez des phrases incomplètes. Complétez ces phrases avec les articles définis, indéfinis ou partitifs. (Note: *Roquefort* et *champagne* sont masculins.)

1. Aimez-vous ... fromage? Est-ce qu'il y a ... fromage au menu? Mais oui, il y a ... roquefort. ... roquefort est un fromage du centre de la France. C'est ... fromage délicieux!
2. D'accord, ... champagne est ... vin français, mais moi, je n'aime pas ... vin. Garçon, s'il vous plaît, est-ce que vous pouvez *(can)* apporter ... eau minérale? Merci!
3. Madame, voulez-vous ... thé ou ... café? Vous préférez ... café. Très bien. Avec ... sucre? Et avec ... crème?
4. ... glace de ce restaurant est absolument extraordinaire! Garçon, deux glaces, s'il vous plaît, ... glace au chocolat pour moi et ... glace à la vanille pour mademoiselle.
5. Comme viande, il y a ... rosbif et ... poulet. Moi, je préfère ... rosbif. Mais toi, tu n'aimes pas ... viande, n'est-ce pas? Tu peux prendre ... poisson. ... poisson est toujours très bon ici.

Vocabulaire: *Fruits et légumes*

les fruits (m.) (fruits)

un pamplemousse	grapefruit	**une banane**	banana
		une orange	orange
		une pomme	apple
		une poire	pear
		une fraise	strawberry
		une cerise	cherry

les légumes (m.) (vegetables)

des haricots *(m.)*	beans	**une pomme de terre**	potato
des petits pois *(m.)*	peas	**des frites** *(f.)*	French fries
		une carotte	carrot
		une tomate	tomato

note de vocabulaire

There is no liaison or elision before **haricot**.

8. **À la cuisine**   Vous faites la cuisine. Demandez à un(e) camarade d'acheter les choses nécessaires.

▶ Je vais faire une salade de tomates.   *Achète des tomates.*

1. Je vais faire un «banana split».
2. Je vais faire une salade de fruits.
3. J'ai besoin de fruits pour le petit déjeuner.
4. Je vais faire une tarte.
5. Je vais faire une salade de légumes.
6. Je vais préparer un repas végétarien.
7. J'ai besoin de légumes pour accompagner le rosbif.

C. Expressions de quantité

In the sentences on the left, the expressions in heavy print modify verbs or adjectives. In the sentences in the middle, they introduce nouns. Compare the forms of these expressions in each pair of sentences.

Tu travailles **beaucoup**.	Tu as **beaucoup de** travail.	You have *a lot of* work.
Nous étudions **beaucoup**.	Nous avons **beaucoup d'**examens.	We have *many* exams.
Je ne suis pas **assez** riche.	Je n'ai pas **assez d'**argent.	I don't have *enough* money.

■ Adverbs of quantity, such as **beaucoup** and **assez**, modify *verbs* or *adjectives*. Note that these adverbs of quantity usually come after the verb they modify.

J'aime la musique.	J'aime **beaucoup** la musique classique.
Nous ne voyageons pas.	Nous ne voyageons pas **assez**.

■ Expressions of quantity, such as **beaucoup de** and **assez de**, introduce *nouns*. Note that there are no other determiners between these expressions and the nouns they introduce.

Je bois **du** thé.	Je bois **beaucoup de** thé.
Tu manges **de la** glace.	Tu manges **beaucoup de** glace.
Nous avons **des** vacances.	Nous n'avons pas **assez de** vacances.

Vocabulaire: *Expressions de quantité*

peu	little, not much	Je travaille **peu**.
peu de	little (few), not much (not many)	J'ai **peu** d'argent.
assez	enough	Tu ne voyages pas **assez**.
assez de	enough	Tu n'as pas **assez de** vacances.
beaucoup	much, very much, a lot	Marc aime **beaucoup** le jazz.
beaucoup de	much (many), very much (very many), a lot of, lots of	Il a **beaucoup de** disques de jazz.
trop	too much	Vous jouez **trop**.
trop de	too much (too many)	Vous avez **trop de** loisirs.
beaucoup trop	much too much	Nous étudions **beaucoup trop**.
beaucoup trop de	much too much (many too many)	Nous avons **beaucoup trop d'**examens.

notes de vocabulaire

Compare the following sentences.

Alice aime **le sport.**   Elle **aime beaucoup** le sport.   She likes sports a lot.
Alice fait **du sport.**   Elle fait **beaucoup de sport.**   She does a lot of sports.

In the first sentence, **beaucoup** modifies the verb **aimer**. (How much does Alice like sports?)
In the second sentence, **beaucoup de** introduces the noun **sport**. (How much does Alice do?)

---

9. **Conversation** Posez des questions à vos camarades. Vos camarades vont répondre affirmativement ou négativement en utilisant *beaucoup* ou *beaucoup de*.

▶ aimer le sport?   *—Est-ce que tu aimes le sport?*
                           —Oui, j'aime beaucoup le sport.
              ou: *—Non, je n'aime pas beaucoup le sport.*

▶ faire du sport?   *—Est-ce que tu fais du sport?*
                           —Oui, je fais beaucoup de sport.
              ou: *—Non, je ne fais pas beaucoup de sport.*

1. étudier?	7. avoir de l'énergie?
2. voyager?	8. avoir de la patience?
3. aimer la musique classique?	9. aimer le tennis?
4. acheter des disques?	10. faire du tennis?
5. travailler?	11. aimer la cuisine italienne?
6. gagner de l'argent?	12. manger des pommes?

10. **Opinions**   Que pensez-vous du monde d'aujourd'hui? Exprimez votre opinion dans des phrases affirmatives ou négatives, en utilisant une expression de quantité.

▶ Il y a de la violence à la télé.
   Il y a trop (beaucoup, beaucoup trop) de violence à la télé.
   ou: *Il n'y a pas beaucoup de violence à la télé.*

1. Il y a de la violence dans les sports professionnels.
2. Les Américains consomment *(use)* de l'énergie.
3. Nous mangeons des produits artificiels.
4. Les enfants boivent du lait.
5. Les étudiants ont des examens.
6. Les étudiants prennent des vacances.
7. Les jeunes ont des responsabilités.
8. Nous importons du pétrole.
9. Il y a de l'injustice dans la société.
10. J'ai de l'argent.

Récapitulation

Substitution

Remplacez les mots soulignés par les mots entre parenthèses. Faites tous les changements nécessaires.

▶ J'<u>adore</u> la soupe.   (mange)   *Je mange de la soupe.*

1. <u>Vous</u> mettez un disque de jazz.   (Jacques, tu, je, nous, mes amis)
2. J'aime <u>le camping</u>. Je fais du camping.   (le jogging, la gymnastique, la danse, le ski nautique *(water-skiing)*, l'italien, l'espagnol, les études scientifiques)
3. Marie <u>mange</u> de la glace.   (aime, déteste, commande, achète)
4. Est-ce que Pierre <u>aime</u> la bière?   (boit, déteste, prend, préfère, apporte)
5. Voulez-vous une <u>orange</u>?   (lait, thon *(tuna)*, jambon, eau minérale, banane)
6. Tu <u>étudies</u> trop.   (manger, manger de la viande, aimer le vin, faire du sport)

Vous avez la parole: Préférences culinaires

Posez des questions à vos camarades de classe sur leurs préférences culinaires.

1. Quel type de cuisine est-ce qu'ils préfèrent? la cuisine italienne? française? chinoise?
2. Qu'est-ce qu'ils aiment? Qu'est-ce qu'ils détestent?
3. Qu'est-ce qu'ils prennent au petit déjeuner?
4. Qu'est-ce qu'ils achètent? Qu'est-ce qu'ils n'achètent pas?
5. Qu'est-ce qu'ils boivent et qu'est-ce qu'ils mangent quand ils sont à la cafétéria? quand ils sont chez eux?
6. Qu'est-ce qu'ils préfèrent quand ils invitent des amis? Quelles sont leurs spécialités?
7. Qu'est-ce qu'ils apportent quand ils vont à un pique-nique? quand ils sont invités?

Le Français pratique
Faisons les courses!

Vocabulaire utile

Les commerces et les commerçants *(Shops and shopkeepers)*

Allons ...

à **la crémerie** *(dairy shop)*
chez **le crémier**
chez **la crémière**

à **la boulangerie** *(bakery)*
chez **le boulanger**
chez **la boulangère**

à **la boucherie** *(butcher shop)*
chez **le boucher**
chez **la bouchère**

Les produits *(Products)*

Achetons ...

du lait
du beurre
du yaourt
du fromage
des œufs

du pain
des croissants
des gâteaux
des tartes

du bœuf
du veau *(veal)*
de l'agneau *(lamb)*

Les quantités

Donnez-moi *(Give me)* ...

un litre de lait
une livre *(pound)* de beurre
un pot *(jar)* de yaourt
un morceau *(piece)* de brie
une douzaine *(dozen)* d'œufs

une baguette[1]
une brioche[2]
des biscottes[3]
un gâteau au chocolat
une tarte aux pommes

un bifteck
un rôti *(roast)* de veau
un gigot *(leg)* d'agneau

1 The most common kind of French bread: long and thin with a hard crust.
2 A light sweet yeast bread in a round shape.
3 Slices of dry white bread toasted twice *(zwieback* or *rusk).*

à **la charcuterie** *(pork butcher shop)*
chez **le charcutier**
chez **la charcutière**

à **l'épicerie** *(grocery store)*
chez **l'épicier**
chez **l'épicière**

à **la pharmacie**
chez **le pharmacien**
chez **la pharmacienne**

au **bar-tabac** *(tobacco shop)*

---

du porc
du jambon
des saucisses
 (sausages)

du vin
du café
du thon
de la farine *(flour)*
des oranges

du dentifrice *(tooth paste)*
du savon *(soap)*
du shampooing
des mouchoirs en papier
 (tissues)
de l'aspirine

des cigarettes
des allumettes *(matches)*
des timbres *(stamps)*
une pellicule *(film)*

---

une côtelette de porc
 (pork chop)
une tranche *(slice)* **de jambon**

une bouteille *(bottle)*
 de vin
un paquet *(package)*
 de café
une boîte *(can)* **de**
 thon
un sac *(bag)* **de farine**
un kilo d'oranges

un tube de dentifrice
un cachet *(tablet)*
 d'aspirine

un paquet *(pack)* de
 cigarettes
une boîte *(box)*
 d'allumettes
un timbre à 2 francs
un rouleau *(roll)* de
 pellicule

Conversation: *À la crémerie Verne*

Jeannette fait les courses. Elle passe d'abord° à la crémerie. Il est six heures du soir et à cette heure-là, il y a toujours beaucoup de clients°. Jeannette attend patiemment° son tour°. Finalement le tour de Jeannette arrive. C'est Monsieur Verne qui sert° les clients.

first
customers
patiently / turn
serves

M. VERNE: Bonjour, Mademoiselle. Vous désirez?
JEANNETTE: Un litre de lait et 4 yaourts, s'il vous plaît.
M. VERNE: Des yaourts nature°, Mademoiselle?   *plain*
JEANNETTE: Non, des yaourts à la fraise.
M. VERNE: Et avec ça?°   *Anything else?*
JEANNETTE: Un bon morceau de roquefort.
M. VERNE: Une demi-livre?°   *half a pound*
JEANNETTE: Oui, une demi-livre, ça va.
M. VERNE: Voilà, Mademoiselle! Ce sera tout°?   *Will that be all?*
JEANNETTE: Oui, ce sera tout pour aujourd'hui.
M. VERNE: Si vous voulez passer à la caisse°.   *cash register*

Jeannette passe à la caisse. C'est Madame Verne qui fait les comptes°.   *accounts*

MME VERNE: Ça fait 42 francs 50, Mademoiselle.
JEANNETTE: Voilà un billet° de 50 francs.   *note, bill*
MME VERNE: Merci, et voilà votre monnaie.°   *change*
JEANNETTE: Merci, madame. Au revoir.
MME VERNE: Au revoir, Mademoiselle. À demain.

Situation: *La liste des courses*

Vous habitez en France. Faites une liste des courses pour chacune *(each)* des situations suivantes et dites chez quels commerçants vous allez aller.

1. Vous organisez un pique-nique pour quatre personnes.
2. Vous invitez votre professeur de français et sa femme (ou son mari) à dîner. Et vous préparez un repas typiquement français.
3. C'est l'anniversaire d'un ami français. Vous préparez un repas typiquement américain pour lui.
4. Vos parents vous rendent visite. Vous préparez un petit déjeuner typiquement français pour eux.
5. Vous allez passer un week-end en Alsace avec des amis. Vous allez voyager en auto pendant six heures. Vous faites les courses pour ce voyage.
6. Vous organisez une surprise-partie *(party)* pour une vingtaine *(about 20)* d'amis de l'Alliance Française où vous faites vos études.
7. Aujourd'hui, vous avez mal à la tête *(a headache)* et vous n'avez pas très faim. Faites les courses pour trois repas.

Dialogue

Choisissez l'une des situations précédentes et composez un dialogue avec les commerçants chez qui vous allez. Jouez ce dialogue avec vos camarades de classe.

La France des vins et des fromages

La France produit[1] une très grande variété de vins et de fromages.

Les vins français ont une réputation mondiale[2]. Voici quelques[3] vins français:

vins blancs: Alsace (Sylvaner, Riesling), Bordeaux, Bourgogne (Chablis), vins de la Loire (Muscadet, Vouvray)

vins rouges: Bourgogne, Beaujolais, Bordeaux (Médoc, Saint-Émilion), Côtes du Rhône

vins rosés: Côtes du Rhône

vins pétillants[4]: Champagne

Pour les fromages, les Français ont le choix entre plus de 400 espèces[5] différentes. Chaque[6] fromage a une forme et un goût[7] particuliers. Voici trois fromages universellement connus:

le brie: Ce fromage est fabriqué[8] dans la Brie, une région située à l'est de Paris. Il a une forme ronde.

le camembert: Ce fromage est originaire du village de Camembert, un petit village de Normandie. Aujourd'hui il est fabriqué partout[9] en France.

le roquefort: C'est un fromage fait avec du lait de brebis[10]. Il est fabriqué dans les caves de Roquefort, dans le sud-ouest de la France.

1 *produces*   2 *worldwide*   3 *some*   4 *sparkling*
5 *kinds*   6 *each*   7 *taste*   8 *made*   9 *everywhere*
10 *sheep*

Tarif des Consommations				
BOISSONS				
express	4F	Coca-cola		8F
café-crème	4F50	Orangina		8F
café au lait	6F	Perrier		8F
chocolat	6F	citron pressé[3]		12F
grand chocolat	8F	Vichy		8F
thé nature[1]	5F	Schweppes		12F
thé menthe[2]	6F	bière pression[4]		15F
thé citron	6F	bière en bouteilles		20F
SANDWICHES				
jambon-beurre	20F	fromage		18F
service 15% non compris[5]				

1 *plain*   2 *mint*   3 *fresh lemonade*   4 *on tap, draft*   5 *not included*

Conversation: *Au café*

Marc et Denise sont au café. Marc appelle° le garçon.   *calls*

MARC: Garçon, s'il vous plaît!
GARÇON: J'arrive ... Mademoiselle?
DENISE: Un thé-citron, s'il vous plaît.
GARÇON: Et pour vous, Monsieur?
MARC: Une bière.
GARÇON: Bière pression?
MARC: Non, une Kronenbourg, s'il vous plaît.

Marc veut payer les consommations°.   *drinks*

MARC: Garçon, l'addition°.   *check*
GARÇON: Voilà, Monsieur. Trente francs, s'il vous plaît.

Marc donne° trois pièces° de 10 francs au garçon. Il veut savoir° si le   *gives / coins / to know / tip*
pourboire° est compris.

MARC: Est-ce que le service est compris dans l'addition?
GARÇON: Oui, Monsieur. Il est compris.

Dialogue

Imaginez que vous êtes dans un café français. Composez un dialogue.

Rencontres / *Les Français à table*

Comment lire: *Partial cognates*

While many cognates have identical or very similar meanings in French and English, others have somewhat different meanings. Let's take a few examples of such partial cognates among the words you already know.

☐ **un disque** resembles the English word *disk,* but more often means *record* than *disk.*

☐ **un crayon** is spelled the same way in French and English, but in French it more often means *pencil* than *crayon.*

☐ **un costume** means both *costume* and *(men's) suit,* but is more often used with the latter meaning.

When reading French you should be aware of these partial cognates. Their meanings are usually close enough to help you understand them, and their context usually helps you determine their exact meaning.

Here are two examples from the first paragraph of the text you are about to read.

☐ **signifier** looks like the verb *to signify,* but the more common English equivalent is *to mean.*

☐ **interroger** looks like the English verb *to interrogate,* but its usual meaning is much softer. Which English verb would be a better equivalent of **interroger** in the following sentence?

> Un journaliste **interroge** quatre Français sur leurs habitudes alimentaires *(eating habits).*

Les Français à table

La cuisine française a une réputation universelle. Est-ce que cela° signifie° que tous° les Français sont des gourmets? Nous avons interrogé° quatre Français sur leurs habitudes alimentaires°. — *that / mean / all* — *asked* — *dietary*

LUCETTE HAMON *(27 ans, technicienne médicale)*

Je travaille en banlieue°. À midi, je déjeune à la cantine de mon entreprise°. Le soir, je ne rentre jamais chez moi avant° sept heures. En général, c'est mon mari qui fait les courses et qui prépare le dîner. Il achète tout° à **Monoprix.** Nous mangeons toujours simplement: du jambon ou une omelette, un bifteck ou des spaghetti, parfois° du **cassoulet** (en boîte, bien entendu°!), une salade verte et du yaourt. Le dimanche, nous déjeunons dans la famille de mon mari. Ma belle-mère° est une excellente cuisinière° et ses repas sont toujours extraordinaires! Malheureusement°, ce jour-là, nous passons la journée à table! Tant pis° pour la ligne°! — *in the suburbs / company* — *before* — *everything* — *sometimes / of course* — *mother-in-law / cook* — *unfortunately / too bad / waistline*

JEAN-PIERRE LEBLANC *(20 ans, étudiant)*

Généralement je ne prends pas de petit déjeuner parce que je n'ai pas le temps°. *time*
Quand j'ai le temps, je prends un café et un croissant au café en face de° chez *across*
moi. À midi, je déjeune au restaurant universitaire. La nourriture° est assez bonne, *food*
mais les menus ne sont pas très variés. Comme hors-d'œuvre, des carottes râpées° *grated*
ou des sardines. Comme° plat principal°, un bifteck avec de la purée de pommes *for / main dish*
de terre° ou du veau avec des petits pois°. Comme dessert, un fruit ou un yaourt, *mashed potatoes / peas*
et parfois de la glace. Comme boisson, de la bière ou de l'eau minérale. Pour le
dîner, je n'ai pas de programme précis. Parfois, je mange un sandwich au jambon.
Parfois je suis invité chez des amis. Parfois je ne dîne pas. Comme ça°, je fais des *that way*
économies et je ne grossis pas.

ALBERT DUCHEMIN *(65 ans, retraité°)* *retired*

La bonne cuisine est l'un des plaisirs° de l'existence. Heureusement° j'ai la chance° *pleasures / fortunately / I'm lucky*
d'avoir une femme qui est un véritable° «cordon bleu». C'est elle qui fait la cuisine, *enough / true*
mais c'est moi qui fais les courses. Je connais° les meilleurs magasins de Paris et je *know*
n'hésite pas à faire des kilomètres à pied pour acheter des œufs frais°, des fromages *fresh*
qui ont du goût°, et des légumes qui n'ont pas été traités chimiquement° ... Et *taste / chemically*
quand mes enfants déjeunent chez moi, j'ai toujours quelques° bonnes bouteilles *a few*
en réserve ...

GISÈLE LACOSTE *(31 ans, infirmière)*

C'est vrai, les Français ont la réputation de bien manger, mais souvent ils mangent
beaucoup trop. Heureusement, maintenant les gens font attention à leur santé°. *health*
Les jeunes en particulier donnent° l'exemple. Au lieu° de manger des plats riches *give / instead of*
en calories, ils mangent des produits sains° et naturels. Au lieu de boire du vin ou *healthy*
de la bière, ils boivent de l'eau minérale et des jus de fruits.

Je fais comme eux. Pour le petit déjeuner, je prends une tasse° de thé et une ou *cup*
deux biscottes avec du beurre et de la confiture. Au déjeuner, je mange un fruit et
un yaourt. Pour le dîner, je prends un repas un peu plus copieux°: un plat de *abundant*
viande, des légumes verts, du fromage et un fruit ... Si je mange modérément, ce
n'est pas parce que j'ai peur de grossir. C'est simplement parce que je tiens à° ma *I am careful about*
santé.

Notes culturelles

1. «Monoprix» est une chaîne de magasins spécialisés dans l'alimentation *(food)*.

2. Le cassoulet est un plat régional typique de la
région de Toulouse, dans le sud de la France. C'est
un plat à base de haricots blancs *(dry beans)* et de
viande de porc ou de mouton.

3. «Cordon bleu» est une expression qui désigne
une excellente cuisinière.

Questions sur le texte

LUCETTE HAMON

1. Où est-ce qu'elle déjeune à midi?   2. Qui prépare le dîner?   3. Où est-ce qu'il fait les courses?   4. Qu'est-ce que les Hamon mangent le soir?
5. Où est-ce qu'ils déjeunent le dimanche?

JEAN-PIERRE LEBLANC

1. Où est-ce qu'il prend ses repas le matin? à midi? le soir?   2. En général, qu'est-ce qu'il mange à midi?   3. Qu'est-ce qu'il pense de la cuisine du restaurant universitaire?   4. Comment fait-il des économies?

ALBERT DUCHEMIN

1. Qui fait la cuisine chez les Duchemin?   2. Qui fait les courses?   3. Où est-ce qu'il fait les courses?

GISÈLE LACOSTE

1. Qu'est-ce qu'elle pense des habitudes alimentaires (eating habits) des Français?   2. D'après (according to) elle, est-ce que les jeunes ont de bonnes habitudes alimentaires? Pourquoi?   3. Qu'est-ce que Gisèle mange le matin? à midi? le soir?   4. Pourquoi est-ce qu'elle mange modérément?

Questions d'interprétation

1. Jean-Pierre Leblanc décrit *(describes)* un repas typique servi dans un restaurant universitaire français. Comparez ce repas avec un repas typique servi à la cafétéria d'une université américaine. Quelles sont les ressemblances? Quelles sont les différences?
2. Le rôle de la nourriture varie de famille en famille. Comparez l'attitude des Hamon et des Duchemin envers *(toward)* la nourriture. Décrivez et expliquez les ressemblances et les différences.
3. L'attitude de Gisèle Lacoste envers la nourriture est assez typique de beaucoup de jeunes Français. Décrivez cette attitude. Comparez cette attitude à l'attitude d'une famille plus traditionnelle, comme la famille Duchemin. Expliquez pourquoi il y a des différences. Comparez l'attitude envers la nourriture des jeunes Français avec l'attitude des jeunes Américains.
4. Sur la base des paragraphes que vous avez lus *(have read)*, comparez l'attitude des Français et des Américains envers la nourriture. Quelles sont les ressemblances et les différences?

Sujets de composition

1. Décrivez vos repas.
2. Décrivez les trois repas dans une famille typique américaine.

5

BONJOUR LA FRANCE!

13. *Pourquoi la France?*

Où allez-vous aller cet été°? °summer

    À l'époque° du jet et du charter, les touristes ont un grand choix: le Japon, °era
la Grèce, l'Égypte, l'Espagne, … et bien sûr, la France! Chaque année°, entre° °every year / between
le premier juillet et le trente septembre, des millions de touristes viennent° en °come
France. Pourquoi? Voici la réponse de cinq touristes différents.

PER ERIKSEN *(étudiant, 22 ans, danois°)* °Danish

Pourquoi est-ce que je viens en France? Parce que ma petite amie est française.
C'est une raison° suffisante, non? °reason

SUSAN MORRISON *(étudiante, 17 ans, américaine)*

Je visite la France avec mon école. Nous venons d'arriver° à Paris. Nous allons °have just arrived
passer deux jours ici. Ensuite° nous allons faire le tour° de la Normandie à °then / to go around
bicyclette.

KARIN SCHMIDT *(photographe, 25 ans, allemande)*

Je viens en France parce que les Français ont une façon° d'être heureux que° °way / which
nous n'avons pas en Allemagne. La France, c'est la joie de vivre°. C'est aussi °happiness
un pays° où les gens sont intelligents et cultivés°. °country / cultured

PIETER DE JONG *(employé de banque, 34 ans, hollandais°)* °Dutch

Ma femme et moi, nous venons en France tous les ans° depuis° notre mariage. °every year / since
Pourquoi? Parce que nous adorons la cuisine française! Le beaujolais, la bouillabaisse, le camembert,[1] nous n'avons pas cela° chez nous! Bien sûr, nous allons °that
revenir° l'année prochaine°. Ma femme vient de réserver° notre hôtel. °to come back / next / has just reserved

ANDREW MITCHELL *(étudiant, 22 ans, anglais)*

Pourquoi est-ce que je viens en France? Parce que pour moi, la France est
réellement° le pays de la liberté … Bien sûr, il y a les gendarmes°! Mais ce ne °really / police
sont pas les gendarmes qui m'empêchent° de jouer de la guitare et de dormir° °prevent / sleep
sur la plage°! °beach

1 Beaujolais *is a French red wine;* bouillabaisse *is a soup made from several varieties of
fish;* camembert *is a type of cheese.*

Lecture culturelle:
La France, un pays touristique

Chaque année[1], des millions de touristes visitent la France. Ces touristes viennent[2] d'Allemagne, de Belgique, d'Angleterre, de Suisse, mais aussi des États-Unis et du Canada ...

Pourquoi choisissent-ils la France? Pour visiter des monuments ou pour rencontrer[3] des gens? Pour prendre contact avec la France d'aujourd'hui ou la France d'hier[4]? Pour la culture, pour la langue[5], ou pour la cuisine? Chacun[6] a ses raisons.

Chacun a aussi sa méthode de voyager. Beaucoup de touristes visitent la France avec un voyage organisé. Cette méthode a l'avantage d'être simple, mais elle ne favorise pas les contacts humains. Les jeunes, les étudiants en particulier, viennent en France pour rencontrer des Français et des Françaises de leur âge. Certains[7] s'inscrivent[8] à une université pour les cours d'été[9]. D'autres [10] passent les vacances dans la famille d'un(e) étudiant(e) français(e) avec qui ils font un échange[11]. D'autres font du camping. D'autres visitent la France en auto-stop[12]. Et pour les sportifs, il y a toujours le «tour de France[13]» à vélo.

1 *every year* 2 *come* 3 *to meet* 4 *yesterday* 5 *language*
6 *each one* 7 *some* 8 *sign up* 9 *summer* 10 *others*
11 *exchange* 12 *hitchhiking* 13 *tour through France*

Structure et Vocabulaire

A. Le verbe *venir*

The verb **venir** *(to come)* is irregular. Note the present-tense forms of this verb.

infinitive	**venir**	
present	Je **viens** de France.	Nous **venons** de chez un ami.
	Tu **viens** avec nous?	Vous **venez** à six heures, n'est-ce pas?
	Il/Elle **vient** chez moi.	Ils/Elles **viennent** au café avec nous.

The following verbs are conjugated like **venir**:

devenir to become Avec l'âge, les gens **deviennent** généralement plus conservateurs *(conservative)*.

revenir to come back Les étudiants **reviennent** à l'université en septembre.

1. **La conférence internationale** Les étudiants suivants participent à une conférence internationale. Donnez leur nationalité et leur ville d'origine d'après le modèle.

▶ Anne-Marie (française / Marseille)   *Anne-Marie est française. Elle vient de Marseille.*

1. Luis et Carlos (mexicains / Puebla)
2. nous (américains / San Francisco)
3. vous (japonais / Tokyo)
4. je (canadien / Québec)

5. tu (anglais / Londres)
6. Boris (russe / Moscou)
7. ces étudiants (indiens / New Delhi)
8. ces étudiants (suisses / Genève)

2. **Questions personnelles**

1. De quelle ville venez-vous?
2. De quelle ville vient votre père? votre mère? votre meilleur ami? votre meilleure amie?
3. Quand vous allez au cinéma, à quelle heure revenez-vous chez vous?
4. Est-ce que vos amis viennent souvent chez vous? Quand? Pourquoi?
5. Est-ce que le français devient plus facile *(easier)* pour vous?
6. Est-ce que vous devenez plus patient(e)? plus libéral(e)? plus indépendant(e)? plus tolérant(e)? plus optimiste? plus réaliste?
7. Avez-vous l'intention de revenir à cette université l'année prochaine *(next year)*?

B. Le passé récent avec *venir de*

The sentences on the left describe events that will happen in the near future.
The sentences on the right describe events that have happened recently. Compare the expressions in heavy print.

future	*recent past*
Albert **va passer** un trimestre en France.	Linda **vient de passer** un trimestre en France.
Sylvie et Marc **vont visiter** Paris.	Isabelle et Paul **viennent de visiter** Paris.
Je **vais prendre** des photos.	Je **viens d'acheter** un appareil-photo.

■ To express an action or event that has happened in the recent past, French uses the construction: **venir de** + infinitive.

Je **viens de téléphoner** à Pierre.   I *have just called* Pierre.
I *just called* Pierre.

3. **Sens opposés** *(Opposite directions)* Paul va en France. Il dit ce qu'il va faire. Linda rentre de France. Elle dit qu'elle vient de faire ces choses-là. Jouez les deux rôles d'après le modèle.

▶ visiter Paris   PAUL: *Je vais visiter Paris.*
LINDA: *Moi, je viens de visiter Paris.*

1. prendre l'avion
2. aller à Marseille
3. rendre visite à mes amis

4. visiter Bordeaux
5. acheter des souvenirs
6. faire un voyage intéressant

4. D'où viennent-ils? Dites d'où reviennent les personnes suivantes. Dites aussi ce qu'ils viennent de faire.

▶ Hélène (la bibliothèque / étudier)   *Hélène revient de la bibliothèque.*
                                        Elle vient d'étudier.

1. Paul (le restaurant / déjeuner)
2. nous (la plage / nager)
3. vous (le stade / faire du sport)
4. Mme Prévost (le bureau / travailler)
5. mes amis (le magasin / acheter des disques)
6. Thérèse (la discothèque / danser)
7. Antoine et Christophe (le supermarché / faire les courses)
8. tu (le café / parler avec tes amis)
9. je (la poste / envoyer une lettre)

5. Pourquoi? Décrivez les sentiments des personnes de la colonne A en utilisant *être* et un adjectif de la colonne B. Expliquez ces sentiments en utilisant la construction *venir de* + un verbe de la colonne C. Soyez logique!

A	B	C
je	heureux/heureuse	nager dix miles
vous	furieux/furieuse	faire du jogging
les étudiants	triste	réussir à l'examen
Mme Martin	fatigué(e) *(tired)*	gagner à la loterie
nous		avoir une dispute avec un ami
cette championne		apprendre une mauvaise nouvelle *(piece of news)*
		perdre un match important
		trouver 100 francs dans la rue *(street)*

▶ *Je suis triste. Je viens d'avoir une dispute avec un ami.*

C. L'usage de l'article défini avec les noms géographiques

Note the use of the definite article with geographical names:

> Paris est la capitale de **la** France.
> **Le** Massachusetts est un état *(state)* américain.
> Nous allons visiter **le** Portugal en septembre.
> Béatrice va faire du ski dans **les** Alpes.

■ The definite article is used to introduce most geographical names (names of continents, countries, states, mountains, rivers, etc.). It is usually not used with cities.

exceptions:

☐ A few countries do not use articles.

> Israël, Cuba, Puerto Rico

☐ A few cities have definite articles as part of their name.

> le Havre, le Caire *(Cairo),* la Nouvelle Orléans, la Rochelle

---

Vocabulaire: *Le monde*

noms

un état	state	**une capitale**	capital
les gens	people	**une langue**	language
le monde	world	**une nationalité**	nationality
un pays	country	**une ville**	city, town

pays et nationalités

le Brésil	brésilien (brésilienne)	**l'Allemagne**	allemand
le Canada	canadien (canadienne)	**l'Angleterre**	anglais
les États-Unis	américain	**la Belgique**	belge
le Japon	japonais	**la Chine**	chinois
le Mexique	mexicain	**l'Égypte**	égyptien (égyptienne)
le Portugal	portugais	**l'Espagne**	espagnol
		la France	français
		la Grèce	grec (grecque)
		l'Irlande	irlandais
		l'Italie	italien (italienne)
		la Suisse	suisse
		l'Union Soviétique (la Russie)	russe

notes de vocabulaire

1. Most countries and states that end in **-e** are feminine. Countries and states that do not end in **-e** are masculine.

le Japon	**le Brésil**	**le Texas**	**le Vermont**
la France	**la Suisse**	**la Floride**	**la Californie**

Exceptions: Note that **le Mexique, le Zaïre**, and **le Maine** are masculine.

2. In French, adjectives of nationality are not capitalized. However, when these words function as nouns to designate people from that country, they are capitalized.

un Français *a Frenchman*   **une Anglaise** *an English woman*

3. Names of languages are masculine and are not capitalized.

Le français et **l'espagnol** sont des langues d'origine latine.

---

6. **Voyages et visites** Les personnes suivantes voyagent. Les phrases ci-dessous indiquent dans quelles villes sont ces personnes. Utilisez ces renseignements pour dire quel pays chaque personne visite et expliquez pourquoi d'après le modèle.

▶ Paul est à Québec. (avoir une amie)   *Paul visite le Canada. Il a une amie canadienne.*

1. Jacqueline est à Acapulco. (avoir des amis)
2. Albert est à Paris. (rendre visite à un cousin)
3. Suzanne est à Madrid. (rendre visite à des étudiants)
4. Jean-François est à Liverpool. (avoir une petite amie)
5. Nous sommes à Athènes. (visiter les monuments)
6. Je suis à Dublin. (aimer l'hospitalité)
7. Tu es à Lisbonne. (parler à des étudiants)
8. Jacques est à Rome. (aimer la cuisine)
9. Mme Bellami est à New York. (faire un article sur la presse)
10. M. Rousseau est à Tokyo. (rendre visite à des clients)
11. Mme Lamé est à Genève. (prendre contact avec un banquier)
12. M. et Mme Durand sont à Berlin. (acheter une voiture)

Le Canada en fête

D. L'usage des prépositions avec les villes et les pays

Note the prepositions used to express movement and location with cities and countries.

	city	feminine country	masculine country	plural country
to	J'aime Paris.	J'aime la France.	J'aime le Canada.	J'aime les États-Unis.
in	Je vais **à** Paris.	Je vais **en** France.	Je vais **au** Canada.	Je vais **aux** États-Unis.
from	Je suis **à** Paris.	Je suis **en** France.	Je suis **au** Canada.	Je suis **aux** États-Unis.
	J'arrive **de** Paris.	J'arrive **de** France.	J'arrive **du** Canada.	J'arrive **des** États-Unis.

☐ With *masculine* American states, **dans le** is often used instead of **au** to express location. Compare:

feminine	*masculine*
J'habite **en** Californie.	Mon cousin habite **dans le** Vermont.
Je vais **en** Floride.	Mes amis vont **dans le** Colorado.

☐ Note how French distinguishes between cities and states having the same name.

Je suis **à** New York.	Albany est **dans l'état** de New York.
Tu habites **à** Washington.	Mon cousin habite **dans l'état** de Washington.

7. Transit à Roissy Les voyageurs suivants sont en transit à Roissy, l'aéroport international de Paris. Dites de quels pays ces voyageurs viennent et dans quels pays ils vont.

▶ Paul (le Canada / la Suisse)   *Paul vient du Canada. Il va en Suisse.*

1. nous (le Sénégal / le Canada)
2. vous (les Bermudes / le Japon)
3. Silvia (l'Italie / la Belgique)
4. Jacqueline (le Portugal / l'Angleterre)
5. François (la Suisse / les États-Unis)
6. Antoine et Pierre (les États-Unis / l'Allemagne)

8. Où sont-ils? Lisez ce que les personnes suivantes font. Dites dans quel pays elles sont.

▶ Jacqueline visite le Parthénon.   *Elle est en Grèce.*

1. Ces touristes visitent le Château de Versailles.
2. Christine prend une photo des Pyramides.
3. Nous admirons les ruines aztèques.
4. Tu envoies une carte postale *(postcard)* du Kremlin.
5. M. et Mme Moreau visitent le building des Nations-Unies.
6. J'habite un petit hôtel près de Trafalgar Square.
7. Thérèse et Nadine visitent la vieille cité impériale de Kyoto.
8. Marc visite ce petit pays d'Europe où les gens parlent allemand, français et italien.

9. **Conseils touristiques** Un ami français visite les États-Unis. Il dit ce qu'il veut faire. Dites-lui dans quel état aller.

▶ Je veux faire du ski.   *Va dans le Vermont (dans le Colorado, etc.).*

1. Je veux visiter un ranch.
2. Je veux écouter du jazz.
3. Je veux visiter le Grand Canyon.
4. Je veux visiter un vignoble *(vineyard)*.
5. Je veux goûter *(to taste)* à la cuisine créole.
6. Je veux nager dans l'Océan Pacifique.

Un pays d'amis
Le Vermont

E. L'usage du présent avec *depuis*

The following sentences describe activities that began in the past and are still continuing in the present. Compare the use of tenses in French and English.

Anne **habite** à Lyon **depuis** 1980.	Anne *has been living* in Lyon *since* 1980.
Nous **étudions** le français **depuis** septembre.	We *have been studying* French *since* September.
Paul **habite** à Paris **depuis** deux ans.	Paul *has been living* in Paris *for* two years.
J'**étudie** l'espagnol **depuis** six mois.	I *have been studying* Spanish *for* six months.

■ To describe an action or condition which began in the past and is still going on, the French use the following construction:

> verb in the *present tense* + **depuis** + starting point (since ...)
> length of time (for ...)

☐ To ask when an on-going condition began, the following interrogative expressions are used:

Depuis quand ... ?	Since when ... ?	—**Depuis quand** êtes-vous à l'université?
		—Depuis septembre.
Depuis combien de temps ... ?	For how long ... ?	—**Depuis combien de temps** habitez-vous ici?
		—Depuis deux ans.

Vocabulaire: *Les divisions du temps*

un anniversaire	birthday	une date	date
un an	year	une année	(whole) year
un jour	day	une journée	(whole) day
un mois	month	une saison	season
un week-end	weekend	une semaine	week
un matin	morning		
un après-midi	afternoon	une nuit	night
un soir	evening	une soirée	(whole) evening
le printemps	spring	au printemps	in spring
l'été	summer	en été	in summer
l'automne	fall	en automne	in fall
l'hiver	winter	en hiver	in winter

10. En France   Ces étudiants américains sont en France. Dites depuis quand ils font certaines choses.

▶ Robert / habiter à Paris / septembre   *Robert habite à Paris depuis septembre.*

1. Mélanie / habiter à Toulouse / le 3 mai
2. nous / étudier à l'Alliance Française / octobre
3. Jacqueline et Denise / louer un appartement / le 15 novembre
4. vous / apprendre le français / le mois de juin
5. tu / chercher du travail / le premier juin
6. je / travailler pour une agence de voyage / le printemps
7. Paulette / avoir un petit ami français / l'été
8. tu / déjeuner au restaurant universitaire / octobre

11. Une entrevue professionnelle   Madame Salat est chef du personnel dans une entreprise française qui recrute des étudiants américains. Un jour John Harris, un étudiant en physique, se présente à l'entrevue. Jouez les deux rôles suivant le modèle.

▶ Vous êtes en France / 2 ans

MADAME SALAT: *Depuis combien de temps êtes-vous en France?*

JOHN HARRIS: *Je suis en France depuis deux ans.*

1. Vous êtes étudiant / 5 ans
2. Vous étudiez la physique / 4 ans
3. Vous parlez français / 6 ans
4. Vous utilisez un ordinateur / 5 ans
5. Vous avez votre diplôme / un an
6. Vous cherchez du travail / une semaine
7. Vous habitez en France / 10 mois
8. Vous habitez à cette adresse / 6 semaines

12. **Expression personnelle**   Dites depuis quand ou depuis combien de temps vous faites les choses suivantes.

▶ être à l'université   *Je suis à l'université depuis deux ans (depuis septembre ...).*

1. habiter dans cette ville
2. apprendre le français
3. jouer au baseball
4. avoir un vélo
5. boire de la bière
6. avoir l'âge de voter
7. avoir votre diplôme de high school
8. faire du jogging

Récapitulation

Substitution

Remplacez les mots soulignés par les mots entre parenthèses. Faites tous les changements nécessaires.

1. Janine vient cet après-midi.   (je, tu, nous, vous, Nicole et Béatrice)
2. Henri ne dîne pas au restaurant. Il vient de dîner à la cafétéria.   (vous, les étudiants, nous, Jean-Claude)
3. Marc aime nager. Il nage depuis une heure.   (Françoise / jouer au tennis; nous / faire du jogging; vous / écouter du jazz; Philippe et Claire / téléphoner)
4. Le Canada est un pays intéressant.   (France, Japon, États-Unis, Allemagne)
5. Chantal va à Paris au printemps.   (Suisse, Portugal, Tokyo, Chicago, États-Unis, Berlin)
6. Jean-Pierre revient de Londres cet automne.   (Mexique, Rome, Italie, Japon, Brésil, États-Unis)

Vous avez la parole: Interview

Demandez certains renseignements à un(e) camarade de classe.

1. Dans quelle ville est-ce qu'il/elle habite? dans quel état? depuis combien de temps?
2. D'où viennent ses parents? de quelle ville? de quel état? de quel pays?
3. D'où viennent ses ancêtres?
4. Où est-ce qu'il/elle va passer ses vacances? dans quelle ville? dans quel état? dans quel pays?
5. Quel pays est-ce qu'il/elle a l'intention de visiter? Pourquoi?

Situations

1. Vous revenez de la bibliothèque. Dites qui vous venez de rencontrer.
2. Vous revenez du supermarché. Dites ce que vous venez d'acheter.
3. Vous revenez du magasin. Dites quels vêtements (ou quels objets) vous venez d'acheter.
4. Vous faites des projets pour une surprise-partie. Dites à qui vous venez de téléphoner / qui vous venez d'inviter.

14. Une semaine à Paris

Bob a passé° une semaine à Paris. Avec un voyage° organisé! Une semaine à Paris, ce n'est pas beaucoup. Oui, mais en une semaine Bob a fait° beaucoup de choses.

Il a visité° Notre-Dame. Il a visité la Tour Eiffel. Il n'a pas visité le Louvre, mais il a visité le Centre Pompidou. Il a passé une journée à Versailles. Il a acheté° quelques° souvenirs. Et, bien sûr, il a pris° beaucoup de photos.

Est-ce qu'il a rencontré° des étudiants français? Non, il n'a pas rencontré beaucoup d'étudiants français. (En août, les étudiants sont en vacances!) Mais il a rencontré une charmante° étudiante italienne ... .

Est-ce qu'il a parlé° français au moins°? Bien sûr! Avec les commerçants°, avec les garçons de café, avec les chauffeurs de taxi.

Bob a gardé° un excellent souvenir° de son voyage. Excellent, mais un peu fugitif°! Une semaine à Paris, ce n'est pas assez!

spent / tour

did

visited

bought / some / took

did he meet

charming

did he speak / at least / shopkeepers

kept / memory

fleeting

Lecture culturelle: *Paris*

Paris, qu'est-ce que c'est? Pour les touristes, Paris est une ville-monument, une ville-musée: Notre-Dame, l'Opéra, le Louvre, la Tour Eiffel, ... le Centre Pompidou. C'est aussi une ville où l'on s'amuse[1], une ville de plaisirs: le Lido, le Quartier Latin, les Champs-Elysées ...

Pour les Français, Paris est la capitale de la France, son centre politique, économique, culturel. C'est aussi le symbole du gigantisme administratif, de la bureaucratie, de la centralisation. Tout[2] passe par Paris, tout part[3] de Paris: les trains, les autoroutes, les émissions[4] de télévision, les nouveaux films, la publicité, la mode[5], les décisions ministérielles qui influencent l'existence de 55 millions de Français.

Et pour les quatre millions de Parisiens? Paris est une ville où chaque[6] jour des gens naissent[7], vivent[8], travaillent, s'amusent, meurent[9] ... Paris est une ville comme les autres[10], avec ses problèmes: problème de la pollution, problème du logement, problème des transports, problèmes de la criminalité et de la violence ... Récemment[11], un énorme effort a été fait[12] pour transformer Paris, pour adapter la ville aux conditions d'aujourd'hui. Maintenant Paris est devenue[13] une ville du vingtième siècle[14]. Hélas! disent certains[15].

1 *one has fun*   2 *everything*   3 *leaves*   4 *programs*
5 *fashion*   6 *every*   7 *are born*   8 *live*   9 *die*   10 *like others*   11 *recently*   12 *has been made*   13 *has become*
14 *twentieth century*   15 *say some people*

Paris vu de Notre-Dame

Structure et Vocabulaire

A. Révision: le verbe *avoir*

Avoir *(to have)* is one of the most frequently used verbs in French. Review its affirmative, negative, and interrogative forms in the present tense.

affirmative	negative	interrogative
j' **ai**	je n'ai pas	est-ce que j'ai ...?
tu **as**	tu n'as pas	as-tu ... ?
il/elle **a**	il/elle n'a pas	a-t-il/elle ...?
nous **avons**	nous n'avons pas	avons-nous ... ?
vous **avez**	vous n'avez pas	avez-vous ... ?
ils/elles **ont**	ils/elles n'ont pas	ont-ils/elles ...?

1. Tant mieux! *(So much the better!)* Les personnes suivantes ne possèdent pas la première chose entre parenthèses mais elles possèdent la seconde. Exprimez cela d'après le modèle.

▶ Paul (une voiture / une moto)   *Paul n'a pas de voiture, mais il a une moto.*

1. Jacqueline (un téléviseur / une radio)
2. mes cousins (une maison / un appartement)
3. je (une chaise / un fauteuil confortable)
4. vous (des amis riches / des amis sympathiques)
5. nous (un micro-ordinateur / une machine à écrire)
6. tu (beaucoup d'argent / beaucoup d'amis)

2. Un voyage organisé *(An organized tour)* Imaginez que vous êtes le responsable d'un voyage organisé en France. Demandez aux personnes suivantes si elles ont les choses entre parenthèses. Utilisez des pronoms sujets et l'inversion.

▶ Paul (son passeport)   *A-t-il son passeport?*

1. Suzanne (son passeport)
2. Michèle et Béatrice (leurs visas)
3. Louis et Henri (leur caméra)
4. Alice (des dollars)
5. Thomas (de l'argent français)
6. tu (des traveller-chèques)
7. vous (vos cartes de crédit)
8. nous (nos billets: *tickets*)

B. Le passé composé avec *avoir*

Read the following sentences carefully. The sentences on the left express actions occurring in the present; the verbs are in the present tense. The sentences on the right express actions that occurred in the past; the verbs are in the **passé composé**.

present	*passé composé*	
Je **voyage**.	L'été dernier aussi, j'**ai voyagé**.	Last summer, too, I *travelled*.
Nous **visitons** Paris.	En mars, nous **avons visité** Rome.	In March, we *visited* Rome.
Tu **attends** le bus.	Hier aussi, tu **as attendu** le bus.	Yesterday, too, you *waited for* the bus.

■ As its name indicates, the *passé composé* is a compound past tense. It is formed as follows:

> **passé composé** = present of auxiliary verb + past participle

■ Note the forms of the *passé composé* of the verb **visiter** in the following chart:

J'**ai visité** Paris.	Nous **avons visité** Marseille.
Tu **as visité** Lyon.	Vous **avez visité** Grenoble.
Il/Elle **a visité** la Normandie.	Ils/Elles **ont visité** Bordeaux.

■ The *passé composé* of most verbs is formed with the present of **avoir** as the auxiliary verb.

■ For regular verbs, the past participle is formed by replacing the infinitive endings with the corresponding past participle ending.

infinitive ending	past participle ending		
-er	-é	voyager → voyagé	Nous **avons voyagé** en France.
-ir	-i	choisir → choisi	Louise **a choisi** ce pull.
-re	-u	vendre → vend**u**	Ils **ont vendu** leur auto.

■ The *passé composé* is used to describe past actions and occurrences. Note the several English equivalents of the *passé composé*.

J'**ai visité** Paris.
$\begin{cases} I \textit{ visited} \text{ Paris.} \\ I \textit{ have visited} \text{ Paris.} \\ I \textit{ did visit} \text{ Paris.} \end{cases}$

3. **À Paris**   Dites quels monuments ou quels endroits les personnes suivantes ont visités hier. Utilisez le passé composé de *visiter*.

▶ Paul / le Louvre   *Hier Paul a visité le Louvre.*

1. Sylvia / le musée d'Art Moderne
2. nous / le Quartier Latin
3. vous / la Sorbonne
4. mes amis / le Centre Pompidou
5. je / Notre-Dame
6. tu / le Musée de l'Homme
7. Charles et Louis / la Tour Eiffel
8. Hélène et Suzanne / l'UNESCO

4. Achats et ventes *(Buying and selling)*   Avant les vacances, les personnes suivantes ont vendu certaines de leurs affaires. Avec l'argent, elles ont acheté d'autres objets. Exprimez cela en utilisant le passé composé de *vendre* et le passé composé de *choisir*.

▶ Charles (sa guitare / une radio)   *Charles a vendu sa guitare.*
   Il a choisi une radio.

1. mon oncle (sa maison / un appartement)
2. je (mon livre de français / des lunettes de soleil)
3. tu (ta caméra / une bicyclette)
4. nous (nos disques / une raquette)
5. vous (votre chaîne-stéréo / des skis nautiques: *water skis*)
6. mes amis (leur calculatrice / un appareil-photo)

5. Avant le départ   C'est la fin *(end)* du trimestre. Dites ce que les étudiants suivants ont fait.

▶ André / téléphoner à ses parents   *André a téléphoné à ses parents.*

1. Alice / finir ses examens
2. nous / nettoyer notre chambre
3. tu / envoyer un télégramme à ton cousin
4. vous / rendre les livres à la bibliothèque
5. je / chercher un appartement pour septembre
6. ces étudiants / attendre les résultats *(results)* de l'examen
7. Nicole / vendre ses vieux livres
8. Pierre / choisir un cadeau *(gift)* pour sa petite amie
9. Jacques et Henri / payer la note *(bill)* de téléphone
10. vous / chercher un job pour l'été

6. Les nouvelles *(The news)*   Imaginez que vous travaillez comme journaliste à la télévision française. Votre assistant a préparé les notes suivantes au sujet des principaux événements de la journée. Annoncez ces événements.

▶ le président / parler / à la radio   *Le président a parlé à la radio.*

1. des bandits / attaquer / le train Paris-Nice
2. le musée du Louvre / vendre / la Mona Lisa / au Metropolitan Museum of Art
3. les sénateurs / voter / le budget
4. la femme du président / inaugurer / l'exposition *(exhibit)* Picasso
5. les Américains / lancer *(launch)* / un satellite géant
6. un chimiste russe / inventer / un nouveau textile artificiel

LE MOT-CLÉ
Radio Monte Carlo

Vocabulaire: *Quand?*

adjectifs

premier (première)	first	Lundi est le **premier** jour de la semaine.
prochain	next	Où vas-tu la semaine **prochaine?**
dernier (dernière)	last	La semaine **dernière,** nous avons dîné au restaurant.

expressions

avant	before	Nettoie ta chambre **avant** le week-end.
après	after	**Après** le dîner, je vais étudier.
pendant	during	**Pendant** les vacances, j'ai travaillé.
	for	Mes cousins ont voyagé en Italie **pendant** deux mois.

maintenant	*avant*	*après*
aujourd'hui	**hier** *(yesterday)*	**demain**
	avant-hier *(the day before yesterday)*	**après-demain** *(the day after tomorrow)*
ce matin	**hier matin**	**demain matin**
cet après-midi	**hier après-midi**	**demain après-midi**
ce soir	**hier soir**	**demain soir**
mardi	**mardi dernier**	**mardi prochain**
le 8 janvier	**le 8 janvier dernier**	**le 8 janvier prochain**
en mars	**en mars dernier**	**en mars prochain**
cette semaine	**la semaine dernière**	**la semaine prochaine**
ce week-end	**le week-end dernier**	**le week-end prochain**
ce mois-ci	**le mois dernier**	**le mois prochain**
cet été	**l'été dernier**	**l'été prochain**
cette année	**l'année dernière**	**l'année prochaine**

notes de vocabulaire

1. **Premier** usually comes before the noun.

2. **Dernier** usually comes before the noun. With expressions of time, **dernier** is placed:
—*before* the noun, when it means the *last in a series.*

  Décembre est le **dernier** mois de l'année. December is the *last* month of the year.

—*after* the noun, when it means *most recent in date.*

  Il a téléphoné le mois **dernier.** He phoned *last* month.

3. The construction **le** + *day of the week* is used to express repeated events.

repeated occurrence	**Le samedi,** je vais au cinéma.	*(On) Saturdays ...*
one occurrence	**Samedi,** je vais au théâtre avec Paul.	*(On/This) Saturday ...*

4. Both **depuis** and **pendant** may mean *for,* but they are used very differently.

  J'habite à Paris **depuis** un an. *I have been living* in Paris *for* one year.
  J'ai habité à Paris **pendant** un an. *I lived* in Paris *for* one year.

7. **La dernière fois** *(The last time)*   Indiquez la dernière fois que vous avez fait les choses suivantes. Utilisez les expressions du VOCABULAIRE.

▶ regarder la télévision   *J'ai regardé la télévision hier soir (ce matin, etc.).*

1. parler à mes parents
2. rendre visite à mes grands-parents
3. dîner dans un très bon restaurant
4. perdre mon temps
5. amener un(e) ami(e) au cinéma
6. acheter un disque
7. jouer au tennis
8. nager
9. voyager
10. nettoyer ma chambre

8. **Tout change!**   Lisez ce que font les personnes suivantes. Dites ce qu'elles ont fait avant et ce qu'elles vont faire après.

▶ Cet été nous visitons l'Italie. (la Grèce, le Portugal)
L'année dernière nous avons visité la Grèce.
L'année prochaine nous allons visiter le Portugal.

1. Aujourd'hui, je dîne à la cafétéria. (dans un restaurant chinois, chez moi)
2. Ce week-end Philippe invite Christine. (Sophie, Amélie)
3. Cet été Pierre et André travaillent dans un café. (dans un restaurant, dans une banque)
4. Cette semaine tu rends visite à tes cousins. (ta grand-mère, ta tante Stéphanie)
5. Ce matin, vous mangez des croissants. (du pain et du beurre, des œufs et du jambon)
6. En juillet, Monsieur Rimbaud loue un appartement à Nice. (une villa en Normandie, un châlet dans les Alpes)

C. Les participes passés irréguliers

A few verbs have irregular past participles. Note these in the chart below.

infinitive	past participle	
avoir	eu	Nous **avons eu** une bonne surprise.
être	été	Jacqueline **a été** en France en juin.
faire	fait	Mes parents **ont fait** un voyage au Canada.
boire	bu	Anne et moi, nous **avons bu** du champagne.
prendre	pris	Tu **as pris** des photos de Québec, n'est-ce pas?
apprendre	appris	Ma mère **a appris** le français au Canada.
comprendre	compris	J'ai **compris** la question.
mettre	mis	Où **as**-tu **mis** mon livre?

☐   Note the two possible meanings of **être** in the *passé composé:*

Paul **a été** malade   Paul *has been* sick.
Il **a été** à l'hôpital.   He *went* to the hospital.

■ Note the *passé composé* forms of the following impersonal expressions.

il neige	il a neigé	**Il a neigé** en janvier.
il pleut	il a plu	Hier, **il a plu**.
il y a	il y a eu	**Il y a eu** un accident.

9. **En France** Dites ce que les gens suivants ont fait en France. Utilisez le passé composé des verbes entre parenthèses.

▶ Suzanne (être à Paris / visiter le Louvre)   *Suzanne a été à Paris. Elle a visité le Louvre.*

1. nous (être en Provence / faire du camping)
2. mes amis (être en Bourgogne / boire du bon vin)
3. je (prendre le train / faire un voyage en Alsace)
4. tu (être à l'Alliance Française / apprendre le français)
5. vous (faire de l'auto-stop [*hitchhiking*] / être dans les Pyrénées)
6. Jacqueline (être en Savoie / prendre des photos)
7. Paul et moi (être dans les Alpes / avoir un accident)
8. vous (mettre votre maillot de bain / faire de la planche à voile [*windsurfing*])

10. **Occupations de week-end** Décrivez ce qu'ont fait les personnes suivantes le week-end dernier en utilisant le passé composé.

1. Jacqueline a organisé une surprise-partie. (elle / nettoyer son appartement; ses cousins / faire des sandwiches; vous / apporter des disques; tu / mettre un disque de rock; nous / danser)
2. François a invité ses amis dans un restaurant français. (tu / choisir une omelette; vous / commander du poulet; je / prendre du coq au vin; nous / boire du Chablis; Patrick et Pierre / être malades [*sick*])
3. Nous avons passé le week-end à la plage. (Françoise / mettre ses lunettes de soleil; vous / faire du ski nautique [*waterskiing*]; tu / prendre des photos; Thérèse et Monique / apprendre la technique de la planche à voile [*windsurfing*]; nous / brunir)

D. Le passé composé dans les phrases négatives

Compare the verbs in each set of sentences.

affirmative	*negative*
J'ai visité Québec.	Je **n'**ai **pas** visité Montréal.
Nous avons voyagé en bus.	Nous **n'**avons **pas** voyagé en train.
Paul a pris du café.	Il **n'**a **pas** pris de thé.

The negative form of the *passé composé* follows this pattern:

> **ne** + auxiliary verb + **pas** + past participle

11. Expression personnelle Dites si oui ou non vous avez fait les choses suivantes au cours du mois dernier.

▶ voyager en train?   *Oui, j'ai voyagé en train.*
                  ou: *Non, je n'ai pas voyagé en train.*

1. jouer au hockey?
2. acheter une auto?
3. parler au président de l'université?
4. maigrir?
5. grossir?
6. perdre 20 kilos?

7. vendre mon livre de français?
8. rendre visite à mes grands-parents?
9. faire un voyage?
10. prendre l'avion?
11. boire du champagne?
12. avoir un accident de voiture?

12. Faute d'argent *(For lack of money)* Les personnes suivantes n'ont pas eu assez d'argent pour faire ce qu'elles désiraient *(wished)* vraiment faire. Lisez ce qu'elles ont fait et dites ce qu'elles n'ont pas fait.

▶ Jacques a visité l'Italie. (la France)   *Il n'a pas visité la France.*

1. Mes cousins ont voyagé en bus. (en avion)
2. Philippe a loué un vélo. (une auto)
3. J'ai déjeuné à la cafétéria. (au restaurant)
4. Nous avons bu de la bière. (du champagne)
5. Mes parents ont loué un appartement. (une villa)
6. Tu as dépensé peu d'argent. (beaucoup d'argent)
7. Vous avez choisi une chemise. (une veste)
8. Pierre a mangé des pommes de terre. (de la viande)
9. Mes cousins ont pris du jambon. (du caviar)
10. Nous avons été à Montréal. (à Vancouver)

13. Oui ou non? Informez-vous sur les personnes suivantes et dites si oui ou non elles ont fait les choses entre parenthèses.

▶ Jacques est très impatient. (attendre ses amis?)   *Il n'a pas attendu ses amis.*

1. Tu n'es pas prudent *(careful)*. (prendre des risques? faire attention? avoir un accident?)
2. Ces étudiants ne sont pas sérieux. (écouter le professeur? comprendre la question? répondre correctement?)
3. Élisabeth est la championne. (perdre? gagner le championnat [*championship*]? avoir le premier prix [*prize*]?)
4. Oh là là! J'ai une très mauvaise grippe *(flu)*! (prendre de l'aspirine? boire du thé chaud? avoir envie d'aller au cinéma?)
5. Ce secrétaire est très compétent. (apprendre la sténo [*shorthand*]? faire des erreurs dans cette lettre? avoir des problèmes avec ce document?)

E. Les questions au passé composé

Note how questions are formed in the *passé composé*.

statements	questions
Il a visité Paris.	**Est-ce qu'il a visité** Marseille aussi? **A-t-il visité** Marseille aussi? **Il a visité** Marseille aussi?
Tu as parlé à Philippe.	Quand **as-tu parlé** à Philippe? Pourquoi **est-ce que tu as parlé** à Philippe?

■ Questions in the *passé composé* follow this pattern:

> interrogative form of auxiliary verb + past participle

☐ Remember that the interrogative form of a verb can be formed as follows:

—by using **est-ce que**
—by inverting the subject pronoun and the verb
—by using a rising intonation (yes/no questions only)

■ When the subject is a noun, an inverted question in the *passé composé* can be formed according to the pattern:

> interrogative expression + noun subject + **avoir** + subject pronoun + past participle

Monique **a-t-elle visité** Paris?
Quand vos cousins **ont-ils fait** un voyage en France?

14. **Dialogue** Demandez à vos amis s'ils ont fait les choses suivantes récemment.

▶ voyager l'été dernier —*As-tu voyagé l'été dernier?*
—*Oui, j'ai voyagé.*
ou: —*Non, je n'ai pas voyagé.*

1. visiter Paris l'année dernière
2. nager hier
3. jouer au golf le week-end dernier
4. étudier ce matin
5. regarder la télé hier soir
6. faire les courses samedi dernier
7. gagner de l'argent l'été dernier
8. faire du camping
9. être malade *(sick)* l'hiver dernier
10. avoir la grippe *(flu)*
11. prendre du café ce matin
12. mettre la radio hier soir

15. Questions Plusieurs étudiants français ont passé l'été dernier aux États-Unis. Lisez ce qu'ils ont fait et demandez s'ils ont fait aussi les choses entre parenthèses.

▶ Michèle a visité New York. (Boston?)   *A-t-elle visité Boston aussi?*

1. Pierre et Robert ont visité Disneyland. (Epcot Center?)
2. Yvette a aimé le Texas. (la Californie?)
3. Alice et Denise ont voyagé dans le Vermont. (dans le Maine?)
4. Paul a pris des photos de la Maison Blanche. (du Capitole?)
5. Françoise a mangé des hamburgers. (des hot dogs?)
6. Antoine et Gilbert ont fait du camping. (de l'autostop [*hitchhiking*])?

16. Curiosité Vous voulez avoir des détails sur les activités des personnes suivantes. Formulez vos questions. Un(e) camarade de classe va répondre.

▶ Jacques a voyagé. (quand? l'été dernier)   *—Quand a-t-il voyagé?*
                                                —Il a voyagé l'été dernier.

1. Henri a visité Paris. (quand? en juin dernier)
2. Albert a travaillé. (où? dans une banque internationale)
3. Mélanie a fait un voyage. (où? au Japon)
4. Annie et Denise ont été au Mexique. (pourquoi? pour apprendre l'espagnol)
5. Jacques a appris l'anglais. (pourquoi? pour travailler dans une firme internationale)
6. Monsieur Lebrun a téléphoné. (à qui? à un client américain)

Récapitulation

Substitution

Remplacez les mots soulignés par les mots entre parenthèses. Faites tous les changements nécessaires.

1. L'été dernier, <u>nous</u> n'avons pas voyagé. Nous avons travaillé.   (vous, Suzanne, mes cousines, je, tu)
2. Avez-<u>vous</u> gagné beaucoup d'argent?   (il, elle, tu, ils, elles)
3. J'aime <u>parler français</u>. J'ai <u>parlé français</u> pendant les vacances.   (nager, faire du camping, prendre des photos, faire la cuisine)
4. Nous n'<u>achetons</u> pas ce disque-ci parce que nous avons <u>acheté</u> ce disque-là.   (écoutons, vendons, choisissons, prenons, mettons)

Vous avez la parole: Conversation

Demandez à vos camarades de classe ce qu'ils/elles ont fait hier en utilisant les suggestions suivantes.

déjeuner: où? à quelle heure? avec qui?
étudier: quand? où?
téléphoner: à qui? pourquoi? quand?
acheter: quoi *(what)*? où?
rendre visite: à qui? à quelle heure? pourquoi?
faire une promenade: où? avec qui? quand?
dîner: où? à quelle heure?
regarder: quel programme de télé? quand?

Vous avez la parole: Réactions

Imaginez que les personnes ci-dessous vous font les remarques suivantes. Utilisez votre imagination et trouvez une réplique.

▶ votre camarade de chambre: «J'ai été au cinéma hier.»
Est-ce que tu as aimé le film?
ou: *Qu'est-ce que tu as fait après?*
ou: *Alors, tu n'as pas étudié?*

1. une amie: «J'ai fait un excellent repas hier.»
2. un camarade: «J'ai été obligé de rester chez moi le week-end dernier.»
3. votre professeur de biologie: «Vous n'avez pas rendu votre examen hier.»
4. vos parents: «Tu as dépensé trop d'argent le mois dernier.»
5. un ami: «Tu as perdu ton temps aujourd'hui!»

15. Séjour en France

Pierre est un étudiant français qui passe une année dans une université américaine. Il a rencontré° Linda au Club International.

°met

PIERRE: Tu es canadienne?

LINDA: Non, je suis américaine!

PIERRE: Tu parles français vraiment° très bien. Tu as déjà° été en France?   °really / already

LINDA: Oui, je suis allée° à l'université de Grenoble.   °I went

PIERRE: Combien de temps es-tu restée° là-bas?   °did you stay

LINDA: Dix mois! Je suis arrivée à Grenoble en septembre et je suis rentrée à Boston en juillet.

PIERRE: Tu as aimé ton séjour°?   °stay

LINDA: Oui, j'ai beaucoup aimé ... mais les débuts° ont été difficiles.   °beginnings

PIERRE: Pourquoi?

LINDA: À l'université j'ai rencontré d'autres° étudiants américains mais je n'ai pas fait la connaissance° d'étudiants français. Ainsi°, les trois premiers mois, je n'ai pas parlé français! Heureusement, j'ai eu un accident et tout° a changé!   °other °met / thus °everything

PIERRE: Un accident? Explique°!   °explain

LINDA: Eh bien, à Noël°, je suis allée faire du ski. Le deuxième jour, je suis tombée° et je me suis cassé la jambe° ... Je suis restée une semaine à l'hôpital. À l'hôpital, j'ai rencontré un garçon très sympa. Il m'a présentée° à ses amis. À partir de° ce moment-là, j'ai été adoptée par tout le monde°.   °Christmas °fell / broke my leg °introduced me / from °everyone

PIERRE: Qu'est-ce que tu as fait quand tu es rentrée à Grenoble?

LINDA: Eh bien, j'ai vraiment profité de mon séjour. Je suis beaucoup sortie°. J'ai beaucoup parlé français et j'ai un peu oublié° mes études°.   °went out °forgot / studies

Lecture culturelle: *Les étudiants étrangers en France*

La France a toujours attiré[1] un très grand nombre d'étudiants étrangers[2]. Aujourd'hui, plus de[3] 100.000 (cent mille) étudiants étrangers fréquentent[4] les universités françaises.

D'où viennent ces étudiants étrangers? Principalement des anciennes[5] colonies françaises d'Afrique du Nord[6] (Algérie, Tunisie, Maroc) et d'Afrique Noire (Cameroun, Côte d'Ivoire[7], Sénégal).

Il y a aussi beaucoup d'étudiants américains. En 1982, plus de 3.000 (trois mille) étudiants américains ont passé plusieurs[8] mois dans les universités françaises. Qu'est-ce qu'ils sont venus[9] étudier? Les lettres et les sciences, la médecine, le droit[10] ... et bien sûr, le français!

1 attracted   2 foreign   3 more than   4 attend   5 former
6 north   7 Ivory Coast   8 several   9 did they come   10 law

Structure et Vocabulaire

Vocabulaire: *Vive les vacances!*

noms

un endroit	place	la campagne	country, countryside
le journal	newspaper	la mer	sea
le séjour	stay	la montagne	mountain
le soleil	sun	les vacances	vacation
le voyage	trip	une valise	suitcase

verbes

faire la connaissance (de)	to meet	Cet été, j'ai fait la connaissance d'une Anglaise.
faire de l'auto-stop	to hitchhike	Mes amis font de l'auto-stop.
faire les valises	to pack	As-tu fait les valises?
faire un séjour	to reside, to spend time	J'ai fait un séjour à Nice cet été.
oublier	to forget	Zut! J'ai oublié mon passeport!
quitter	to leave	Nous quittons Lausanne le 15 août.
rencontrer	to meet	J'ai rencontré Paul à Grenoble.

expressions

à l'étranger	abroad	Je vais passer mes vacances à l'étranger.
en vacances	on vacation	Quand allez-vous en vacances?
quelqu'un	someone	Est-ce que quelqu'un a téléphoné?
quelque chose	something	Est-ce que tu as apporté quelque chose?

notes de vocabulaire

1. The plural of **le journal** is **les journaux**.

   Quand nous sommes à l'étranger nous achetons **les journaux** du pays.

2. Both **faire la connaissance (de)** and **rencontrer** correspond to the English *to meet*. Usually **faire la connaissance** means *to meet for the first time*, whereas **rencontrer** means *to meet, to run into, to see (by chance)*.

J'ai fait la connaissance d'Anne à un mariage.	I *met* Anne at a wedding.
J'ai rencontré Paul dans la rue ce matin.	I *saw* Paul in the street this morning.

RENCONTREZ LE CANADA!

1. Questions personnelles

1. Aimez-vous aller à la campagne pendant le week-end?
2. Préférez-vous aller à la mer ou à la montagne pendant les vacances?
3. Dans quel endroit passez-vous vos vacances en général? Est-ce que c'est un endroit intéressant? Pourquoi? Où allez-vous passer vos vacances l'été prochain?
4. Quand vous voyagez, est-ce que vous aimez faire la connaissance d'autres *(other)* gens? Avez-vous fait la connaissance de personnes intéressantes l'été dernier? De qui?
5. Aimez-vous le soleil? Portez-vous souvent des lunettes de soleil?
6. Avez-vous envie d'aller à l'étranger après l'université? Dans quel pays?
7. Avez-vous fait un séjour dans un pays étranger *(foreign)*? Dans quel pays?
8. Aimez-vous voyager avec beaucoup de valises? Quand vous voyagez avec votre famille, qui fait les valises?
9. Faites-vous souvent de l'auto-stop? Pourquoi ou pourquoi pas?
10. Avez-vous une bonne mémoire ou oubliez-vous les choses importantes? Allez-vous oublier votre français après l'université?
11. Est-ce que vous rencontrez vos amis après les classes? Où?
12. Quand allez-vous quitter l'université? (l'année prochaine? dans deux ans?) Qu'est-ce que vous allez faire après?
13. Est-ce qu'il y a des étudiants étrangers *(foreign)* à votre université? De quelles nationalités sont-ils? Avez-vous fait la connaissance de ces étudiants? Où et quand?
14. Achetez-vous des journaux français? Regardez-vous ces journaux à la bibliothèque?

A. Les verbes *sortir, partir, et dormir*

The verbs **sortir** *(to go out)*, **partir** *(to leave)*, and **dormir** *(to sleep)* are irregular.

infinitive	sortir	partir	dormir
present	Je **sors** avec Marc. Tu **sors** maintenant. Il/Elle **sort** ce soir. Nous **sortons** avec Anne. Vous **sortez** demain? Ils/Elles **sortent** souvent.	Je **pars** maintenant. Tu **pars** avec Paul? Il/Elle **part** à six heures. Nous **partons** à une heure. Vous **partez** en voiture. Ils/Elles **partent** avant le dîner.	Je **dors** peu. Tu **dors** trop. Il/Elle **dort** bien. Nous **dormons** mal. Vous **dormez** en classe. Ils/Elles **dorment**.

☐ **The past participles of these verbs end in -i: J'ai dormi** neuf heures.

☐ These verbs have two stems in the present tense:
—The plural stem consists of the infinitive minus **-ir.**

sort - ir   **part** - ir   **dorm** - ir

—The singular stem consists of the plural stem minus the last consonant.

sor - t-ir   **par** - t-ir   **dor** - m-ir

Vocabulaire: *Verbes conjugués comme* sortir, partir *et* dormir

sortir	to go out	Nous **sortons** avec des amis.
sortir avec	to go out with, to date	Jean-Pierre **sort avec** Caroline.
partir	to leave	Nous **partons** à huit heures.
dormir	to sleep	Est-ce que vous **dormez** bien?
sentir	to smell	**Sentez**-vous ce parfum?
	to feel	Je **sens** que j'ai la grippe *(flu)*.
servir	to serve	**Servez** le dessert!

notes de vocabulaire

The verbs **sortir de, partir de** and **quitter** all mean *to leave*. Compare the uses of these verbs.

—**Sortir de** means *to leave* in the sense of *to get out (of a place)*. It is the opposite of **entrer**.

> Je **sors de** l'université à onze heures.

—**Partir de** means *to leave (a place)*. It is the opposite of **arriver**.

> Nous **partons de** Grenoble le 3 septembre.

—**Quitter** also means *to leave*, but can only be used together with the name of a person or place. Compare:

Partons!	—	Let's leave! (Let's go!)
Je **pars** à midi.	—	I'm leaving at noon.
Je **pars** de la maison.	Je **quitte** la maison.	I'm leaving the house.
—	Je **quitte** mes amis.	I'm leaving my friends.

2. **Bonne nuit?** Informez-vous sur les personnes suivantes et dites si oui ou non elles dorment bien.

▶ Philippe est nerveux. *Il ne dort pas bien.*

1. Nous avons un examen très important demain matin.
2. Vous buvez trop de café.
3. Je n'ai pas de problèmes.
4. M. Lenormand est une personne très calme.
5. Tu as une très mauvaise grippe *(flu)*.
6. Il y a beaucoup de bruit *(noise)* dans notre résidence.
7. Jacqueline est en vacances à la campagne.
8. Mon lit n'est pas très confortable.

3. Questions personnelles

1. Sortez-vous souvent? avec qui? Quand? Où allez-vous?
2. Allez-vous sortir le week-end prochain? avec qui?
3. Si vous n'habitez pas sur le campus, à quelle heure quittez-vous votre campus? Où allez-vous?
4. Le week-end, quittez-vous votre campus? Où allez-vous?
5. À quelle heure partez-vous de chez vous le lundi? le vendredi?
6. En général, dormez-vous bien? Combien d'heures dormez-vous par nuit? Combien d'heures avez-vous dormi la nuit dernière? Qu'est-ce que vous faites quand vous ne dormez pas?
7. Servez-vous du thé ou du café quand vos amis viennent chez vous? Qu'est-ce que vous servez en hiver? en été? Avez-vous invité vos amis à dîner récemment (recently)? Qu'est-ce que vous avez servi?
8. Est-ce que vous sentez que vous faites des progrès en français? Pourquoi ou pourquoi pas?

B. Révision: Le verbe *être*

Review the present-tense forms of **être** *(to be)*.

affirmative	negative	interrogative
je **suis**	je ne suis pas	est-ce que je suis ... ?
tu **es**	tu n'es pas	es-tu ... ?
il/elle **est**	il/elle n'est pas	est-il/elle ... ?
nous **sommes**	nous ne sommes pas	sommes-nous ... ?
vous **êtes**	vous n'êtes pas	êtes-vous ... ?
ils/elles **sont**	ils/elles ne sont pas	sont-ils/elles ... ?

Questions may also be formed with **est-ce que** + normal word order.

Est-ce que vous êtes français?

4. Où sont-ils? Dites si oui ou non les personnes suivantes sont aux endroits indiqués entre parenthèses.

▶ Vous prenez une photo de la Tour Eiffel. (à Paris? à Chicago?)
Vous êtes à Paris. Vous n'êtes pas à Chicago.

1. Mme Leblanc travaille. (en vacances? au bureau?)
2. Vous faites un voyage au Brésil. (à l'étranger? en France?)
3. Nous écoutons des cassettes. (à la bibliothèque? au laboratoire de langues?)
4. Janine et Alice nagent. (à la mer? au restaurant?)
5. Vous prenez un bain de soleil *(sunbath)*. (en classe? à la plage?)
6. Tu visites le Centre Pompidou. (à Paris? à Marseille?)

C. Le passé composé avec *être*

In the sentences below, the verb **aller** is used in the *passé composé*. Note the auxiliary verb and the forms of the past participle.

Robert **est allé** en France.   Paul et David **sont allés** en Provence.
Linda **est allée** en France aussi.   Martine et Lucie **sont allées** en Normandie.

■ The *passé composé* of certain verbs like **aller** is conjugated with **être** (rather than **avoir**) as the auxiliary verb, according to the pattern:

present of **être** + past participle

Je **suis allé** (allée) en France.   Nous **sommes allés** (allées) à Québec.
Tu **es allé** (allée) au Canada.   Vous **êtes allé** (allée, allés, allées) à Nice.
Il **est allé** à Bordeaux.   Ils **sont allés** en Touraine.
Elle **est allée** à Montréal.   Elles **sont allées** à Marseille.

☐ Negative form: Il **n'est pas allé** en Alsace.
Interrogative form: Où **est-ce qu'il est allé?** Où **est-il allé?**

■ When a verb is conjugated with **être** in the *passé composé*, the past participle agrees in gender and number with the subject of the sentence.

5. **Achats** (*Purchases*)   Dites où sont allées les personnes suivantes. Dites aussi ce qu'elles ont acheté. Utilisez le passé composé des verbes *aller* et *acheter*.

▶ Sylvie (à la pharmacie / de l'aspirine)   *Sylvie est allée à la pharmacie.*
     Elle a acheté de l'aspirine.

1. les étudiants (en France / du vin)
2. Thomas (au supermarché / de la glace)
3. nous (à la campagne / des fruits)
4. je (à Paris / du parfum français)
5. tu (au Japon / une caméra)
6. ma sœur (en Espagne / une guitare)
7. mes amis (en Allemagne / une moto)
8. vous (en Suisse / une montre)

Vocabulaire: *Verbes conjugués avec être*

Most verbs conjugated with **être** in the passé composé are *verbs of motion.*
They indicate movement to, in, from, and so on. Note the past participles of
these verbs.

aller	to go	Êtes-vous **allés** en France?
venir	to come	Isabelle **est venue** en France avec nous.
arriver	to arrive, to come	Quand est-elle **arrivée** à Grenoble?
partir	to leave	Nous **sommes partis** d'Annecy le 5 octobre.
entrer	to enter, to come in	Je **suis entré** dans l'appartement.
sortir	to go out	Avec qui Linda **est-elle sortie?**
monter	to go up, to climb	Êtes-vous **montés** à la Tour Eiffel?
	to get on	Nous **sommes montés** dans le bus.
descendre	to go down, to get off	Nous **sommes descendus** du train à Orléans.
	to stop (at a place)	Mon père **est descendu** à cet hôtel.
tomber	to fall	Je **suis tombé** de bicyclette.
passer	to pass, to go by	Nous **sommes passés** par Toulouse.
rester	to stay, to remain	Ils ne **sont** pas **restés** à Marseille.
rentrer	to go back, to return	Pierre **est rentré** chez lui.
retourner	to return, to go back	Nous **sommes retournés** à Québec.
revenir	to come back	Il **est revenu** après les vacances.
devenir	to become	Elle **est devenue** actrice.
naître	to be born	Mon frère **est né** à Strasbourg.
mourir	to die	Mon grand-père **est mort** en juin dernier.

notes de vocabulaire

1. The past participles of **venir, revenir,** and **devenir** are **venu, revenu,** and
devenu.

> Ils ne sont pas **venus** avec nous.
> Quel jour sont-elles **revenues?**

2. When names of places are used with verbs of motion they are always
introduced by a preposition such as **à, de, en, dans, par** *(by, through),* **pour,**
chez, etc.

> Je suis entré **dans** l'appartement. I entered the apartment.
> Paul est rentré **chez** lui. Paul returned home.

3. When **passer** means *to spend time,* it is conjugated with **avoir: J'ai passé**
un mois en France.

6. **Sorties?** Dites ce que les personnes suivantes ont fait hier et dites si oui ou non elles sont sorties.

▶ Jacques / regarder la télé   *Jacques a regardé la télé. Il n'est pas sorti.*

1. nous / faire les courses
2. M. Bernard / faire le ménage
3. je / nettoyer mon appartement
4. tu / rendre visite à un ami
5. Béatrice et Denise / faire une promenade
6. les étudiants / préparer l'examen
7. vous / nager
8. Mme Moreau / inviter des amis

7. **Une vie** *(A life)* Gérard décrit la vie de son grand-père. Jouez le rôle de Gérard en utilisant le passé composé des verbes suivants.

1. naître en Normandie
2. partir au Canada à l'âge de vingt ans
3. arriver à Québec
4. rester 30 ans là-bas
5. devenir très riche
6. revenir en France
7. rentrer en Normandie
8. devenir maire *(mayor)* de son village
9. à l'âge de 90 ans, tomber de bicyclette
10. aller à l'hôpital
11. mourir d'une pneumonie

Le port d'Honfleur

8. **Pendant les vacances** Décrivez ce qu'ont fait les personnes suivantes pendant les vacances, en utilisant le passé composé des verbes entre parenthèses.

▶ Florence (aller en Égypte / admirer les Pyramides)
Florence est allée en Égypte. Elle a admiré les Pyramides.

1. Charles et Robert (aller en Suisse / prendre des photos des Alpes)
2. mes amis (aller en Espagne / visiter Séville)
3. Hélène (faire du ski / tomber)
4. nous (monter à la Tour Eiffel / regarder Paris)
5. vous (rester un mois en France / faire de l'auto-stop)
6. mon cousin (venir chez moi / sortir avec ma sœur)
7. tu (passer par Paris / visiter le Centre Pompidou)
8. Denis (inviter ma cousine / sortir avec elle)
9. Paul (avoir un accident / tomber de bicyclette / aller à l'hôpital)
10. Catherine (faire la connaissance d'un Français / sortir avec lui)
11. vous (aller à l'Alliance Française / rencontrer beaucoup d'étudiants)
12. un cambrioleur *(burglar)* (entrer dans mon appartement / prendre mon téléviseur / partir par la fenêtre)

9. **Oui ou non?** Dites si oui ou non les personnes suivantes ont fait les choses entre parenthèses. Utilisez le passé composé à la forme affirmative ou négative.

▶ Je n'ai pas d'argent. (aller au restaurant?) *Alors, je ne suis pas allé(e) au restaurant.*

1. Catherine a une pneumonie. (sortir? rester chez elle?)
2. J'ai la grippe *(flu)*. (rentrer à la maison? rester à l'université?)
3. Vous aimez beaucoup la nature. (faire du camping? descendre à l'hôtel?)
4. Charles est très timide. (devenir rouge? parler à Caroline?)
5. Nous avons une belle vue *(view)* sur Paris. (monter à la Tour Eiffel? prendre des photos?)
6. Anne et Lise sont françaises. (naître en France? apprendre le français?)

10. **Bavardages** *(Gossip)* Pierre et Annette aiment parler de leurs amis. Jouez les deux rôles d'après le modèle.

▶ Alice / sortir avec Georges (quand? hier soir)
PIERRE: *Alice est sortie avec Georges.*
ANNETTE: *Quand est-elle sortie avec Georges?*
PIERRE: *Elle est sortie avec Georges hier soir.*

1. Antoine / aller au cinéma (avec qui? avec Suzanne)
2. Mme Moreau / rester chez elle (pourquoi? parce qu'elle a la grippe [*flu*])
3. M. Martin / téléphoner (à qui? à sa femme)
4. les voisins / partir (où? en Alsace)
5. Thomas / rentrer chez lui (à quelle heure? à deux heures du matin)
6. les Durand / faire un voyage (où? au Pérou)
7. Marguerite / inviter son cousin (où? dans un restaurant chinois)
8. Jérôme / faire une promenade (avec qui? avec la cousine de Paul)

D. L'usage du passé avec *il y a*

Note the use of the expression **il y a** in the following sentences.

Paul a téléphoné **il y a** dix minutes. Paul phoned ten minutes *ago*.
Suzanne est rentrée **il y a** deux jours. Suzanne came back two days *ago*.

■ To indicate how long ago an event occurred, the following construction is used:

il y a + elapsed time

This corresponds to the English construction with *ago*.

11. Quand? Lisez ce qu'ont fait les personnes suivantes et dites quand elles ont fait cela. Utilisez la construction *il y a* + temps. Utilisez aussi le temps présent comme base de référence.

▶ Vincent a téléphoné ce matin à 9 heures. (heures?)
Il a téléphoné il y a 2 (3, 4, 5) heures.

1. Nicole est passée à 8 heures. (heures?)
2. Tu es allé au restaurant samedi. (jours?)
3. Nous sommes rentrés en septembre. (mois?)
4. Vous avez fait la connaissance de Marc en décembre. (mois?)
5. J'ai acheté ma Rolls Royce en 1984. (ans?)
6. Monsieur Lemaire est mort en 1970. (ans?)

12. Et vous? Dites quand vous avez fait les choses suivantes. Utilisez la construction *il y a* + temps.

▶ dîner au restaurant?
J'ai dîné au restaurant il y a trois jours (une semaine, deux mois, etc.).

1. aller au cinéma?
2. acheter un journal?
3. téléphoner à mes grands-parents?
4. faire les courses?
5. faire un voyage?
6. arriver à cette université?
7. avoir mon diplôme de high school?
8. apprendre à nager?
9. naître?

E. La place de l'adverbe au passé composé

Note the position of the following adverbs in the *passé composé*.

■ **J'ai beaucoup aimé** Paris.   I *liked* Paris *a lot.*
Je suis souvent sorti avec mes amis.   I *often went out* with my friends.

When the verb is in the *passé composé*, some adverbs such as **beaucoup**
and **souvent** are placed between the auxiliary verb (**être** or **avoir**) and the past
participle.

☐ Note the word order in the negative: Elle **n'est pas souvent sortie.**

Vocabulaire: *Adverbes et expressions adverbiales*

In the *passé composé*, the following adverbs come between the auxiliary and the past participle.

bien ≠ **mal**	well ≠ badly	J'ai **bien** entendu mais j'ai **mal** compris.
peu ≠ **beaucoup**	little ≠ much	Nous avons **peu** travaillé mais nous avons **beaucoup** joué.
assez ≠ **trop**	enough ≠ too much	Tu n'as pas **assez** étudié et tu es **trop** sorti.
souvent	often	J'ai **souvent** voyagé,
ne ... jamais	never	mais je **ne** suis **jamais** allé au Japon.
déjà	already	J'ai **déjà** visité Québec,
ne ... pas encore	not yet	mais je **n'**ai **pas encore** visité Montréal.
presque	almost	J'ai **presque** fini mon devoir.
rarement	rarely, seldom	Cette année je suis **rarement** allé au cinéma.
vraiment	really	Thomas a **vraiment** aimé le film.

notes de vocabulaire

1. With **ne ... jamais** and **ne ... pas encore, ne** comes before the auxiliary.
2. In questions, **déjà** corresponds to the English *ever*.

   Êtes-vous **déjà** allé à Paris?   Have you *ever* gone to Paris?

3. Many French adverbs that end in **-ment** correspond to English adverbs in *-ly*.

   -ment ↔ *-ly*   rare**ment**   rare*ly*

---

13. **Causes et résultats**   Lisez ce que les personnes suivantes ont fait et dites si oui ou
non elles ont fait les choses entre parenthèses.

1. Tu as bu beaucoup de café. (dormir mal?)
2. Vous avez perdu le match. (jouer bien?)
3. Oh là là, Jacques a grossi! (manger trop?)
4. Je n'ai pas bruni cet été. (aller souvent à la plage?)

14. Au bureau Madame Mercier demande certaines choses à son assistant. Il répond affirmativement ou négativement. Jouez les deux rôles.

▶ M. Duval / téléphoner? (oui)   MME MERCIER: *Est-ce que M. Duval a téléphoné?*
                                   L'ASSISTANT: *Oui, il a déjà téléphoné.*

▶ Mme Joly / venir? (non)   MME MERCIER: *Est-ce que Mme Joly est venue?*
                             L'ASSISTANT: *Non, elle n'est pas encore venue.*

1. Mme Dumas / envoyer un chèque? (non)
2. la dactylo *(typist)* / finir le contrat? (oui)
3. M. Petit / revenir de New York? (non)
4. la secrétaire / partir? (oui)
5. le facteur *(mailman)* / apporter les lettres? (non)
6. le télex de New York / arriver? (oui)
7. vous / aller à la banque? (oui)
8. vous / envoyer le télégramme? (non)

Récapitulation

Substitution

Remplacez les mots soulignés par les mots entre parenthèses. Faites les changements nécessaires.

1. <u>Nous</u> partons demain matin.   (Henri, Nicole et Monique, je, tu, vous)
2. Cet été <u>je</u> suis allé à San Francisco.   (nous, mes amies, les étudiants, vous, tu)
3. À quelle heure es-<u>tu</u> rentré hier soir?   (il, elle, ils, vous, nous, elles)
4. Paul est <u>resté</u> à Paris.   (allé, travaillé, arrivé, habité, étudié, rentré)

Conversation: Le week-end dernier

Demandez à vos camarades de classe ce qu'ils ont fait le week-end dernier en utilisant les suggestions suivantes.

aller (où? avec qui? comment?)   téléphoner (à qui?)
rester (où? avec qui? pourquoi?)   travailler? (où?)
sortir (avec qui? à quelle heure?)   étudier? (pourquoi?)
dîner (quand? avec qui?)   rentrer chez vous (à quelle heure?)

Vous avez la parole: Un voyage

Décrivez un voyage que vous avez fait. Vous pouvez utiliser les suggestions suivantes:

aller (où? avec qui?)   faire (quoi? [*what*])   rencontrer (qui?)
partir (quand?)   visiter (quoi?)   faire la connaissance (de qui?)
rester (où? combien de temps?) acheter (quoi?)   revenir (quand?)

Le Français pratique

Voyage en France

Vocabulaire utile: *Arrivée en France*

Contrôle d'identité

Avez-vous une pièce d'identité°? identification document

Oui, j'ai | **un passeport**
une carte d'identité° ID card
un permis de conduire° driver's license

Quelle est votre nationalité?

Je suis | **américain(e)**
hollandais(e)° Dutch
suédois(e)° Swedish
irlandais(e)° Irish

Où résidez-vous?
Je réside aux États-Unis.

Où êtes-vous né(e)? (Quel est votre lieu de naissance°?) birthplace
Je suis né(e) à Chicago.

Combien de temps° allez-vous rester en France? How long
Je vais rester quatre semaines.

Quel est le but° de votre voyage? purpose

Je fais | **un voyage d'agrément°** pleasure trip
un voyage d'études° study trip
un voyage d'affaires° business trip
Je viens en touriste°. as a tourist

Voyagez-vous seul(e)°? alone, by yourself
Oui, je voyage seul(e).
(Non, je voyage avec ma famille.)

CARTE DE DÉBARQUEMENT
DISEMBARKATION CARD
ne concerne pas les voyageurs de nationalité française
not required for nationals of France

1 NOM :
NAME (en caractère d'imprimerie – please print)

Nom de jeune fille :
Maiden name

Prénoms :
Given names

2 Date de naissance :
Date of birth   (quantième, mois, année – day, month, year)

3 Lieu de naissance :
Place of birth

4 Nationalité :
Nationality

5 Profession :
Occupation

6 Domicile :
Permanent address

7 Aéroport d'embarquement :
Airport of embarkation

À la douane°

Avez-vous des bagages°?

Oui, j'ai | **une valise°**
| **un sac à dos°**

J'ai aussi | **un sac°**
| **une serviette°**

Avez-vous quelque chose à déclarer?

J'ai | **des cadeaux°** pour mes amis
| **une bouteille** de parfum
| **une cartouche°** de cigarettes

(Non, **je n'ai rien°** à déclarer.)

Ouvrez° cette valise, s'il vous plaît.

C'est bon! Vous pouvez passer.

customs

luggage

suitcase
backpack
handbag
briefcase

gifts

carton
nothing
open

Dialogues

Les personnes suivantes arrivent à Charles de Gaulle, le grand aéroport international de Paris. Elles passent au contrôle des passeports. Imaginez le dialogue entre le contrôleur et chaque *(each)* personne.

1. Erik Ekberg est un étudiant suédois. Il habite à Stockholm où il est né. Il va passer les mois de juillet et d'août en France pour apprendre le français.
2. Simone Ratelle est une femme d'affaires *(businesswoman)* canadienne. Elle habite à Montréal, mais elle est originaire de Québec. Elle va passer une semaine à Paris. Elle vient négocier *(to negotiate)* un contrat avec la société Buromat.
3. Pieter de Haan est professeur d'art à l'Université de Rotterdam, la ville où il est né. Il va passer une année en Provence. Il a l'intention de faire des recherches *(research)* sur les peintres *(painters)* Cézanne et Van Gogh qui ont habité dans cette région. Il voyage avec sa femme.
4. Maureen Kelly habite à New York, mais elle est originaire de Dublin. Chaque année, elle vient passer ses vacances en France avec son mari. Cette année, elle va passer une semaine en Normandie et deux semaines en Bretagne.

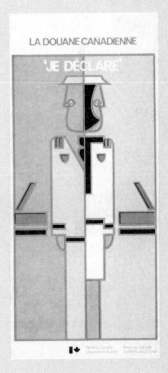

Situation

Une dame passe à la douane avec une grande quantité de bagages. Le douanier demande *(asks)* à cette dame si elle a quelque chose à déclarer. Elle répond négativement, mais quand le douanier examine le contenu *(contents)* du sac à main *(handbag)* de cette dame, il trouve deux bouteilles de parfum. Imaginez la scène.

Vocabulaire utile: *Comment voyager*

Prenez ...	Allez à ...	Achetez ...	Parlez avec ...	Demandez ...
l'avion	l'aéroport	**un billet** *(ticket)* **d'avion**	**le steward** **l'hôtesse de l'air**	
le train	la gare	**un billet de train** **—un aller simple** *(one-way ticket)* **—un aller retour** *(round-trip ticket)*	**le contrôleur** *(conductor)* **la contrôleuse**	«Est-ce que cette place est **libre?**» *(Is this seat free?)*
l'autobus	**l'arrêt** *(stop)* **d'autobus**	**un ticket d'autobus**	**le conducteur** *(driver)* **la conductrice**	«Où est le prochain **arrêt?**» *(Where is the next stop?)*
le métro	**la station de métro**	**un ticket de métro** **—un carnet** *(book)* **de tickets**	**le contrôleur** **la contrôleuse**	«Est-ce que c'est **direct?**» «Est-ce qu'il y a une **correspondance** *(change of trains)*?»
le taxi	**la station de taxi**		**le chauffeur de taxi**	«Je suis **pressé(e)** *(in a hurry)*.» «Pouvez-vous aller plus **vite** *(quickly)*, s'il vous plaît.» «C'est combien?»

OCCUPIED
BESETZT
OCCUPÉ
OCUPADO
مشغول

Vocabulaire utile: *Voyage en avion*

Les passagers *(passengers)* doivent **enregistrer** *(check)* leurs bagages. Ils montent dans l'avion. Ils cherchent leur **place** *(seat)*. Dans un avion il y a **une section fumeurs** *(smoking section)* et une section non-fumeurs.

L'avion va **décoller** *(to take off)*. Les passagers doivent **attacher** *(fasten)* leur **ceinture** *(seatbelt)*. L'avion a décollé. Les passagers peuvent regarder le film, écouter de la musique. L'hôtesse de l'air et le steward servent le repas.

L'avion va **atterrir** *(to land)*. Quand l'avion a atterri, les passagers descendent de l'avion.

Conversation: *À l'agence de voyages*

Madame Leblanc est présidente d'une compagnie qui exporte des articles de luxe°. Elle voyage souvent en avion. Elle passe dans une agence de voyages pour réserver son billet.

luxury items

MME LEBLANC: Bonjour, Mademoiselle.

L'EMPLOYÉE: Bonjour, Madame. Vous désirez?

MME LEBLANC: Je voudrais réserver un billet d'avion Paris–New York.

L'EMPLOYÉE: Oui, pour quelle date?

MME LEBLANC: Pour le 6 avril.

L'EMPLOYÉE: C'est un lundi. Il y a plusieurs° vols° ce jour-là. Air France a un vol qui part de Paris à une heure de l'après-midi et qui arrive à New York à trois heures cinquante-cinq. TWA a un vol qui part à dix heures quarante-cinq et qui arrive à New York à une heure quarante.

several / flights

MME LEBLANC: Je dois être à New York dans l'après-midi pour un rendez-vous d'affaires°. Je vais prendre le vol de TWA.

business

L'EMPLOYÉE: Très bien. En classe touriste?

MME LEBLANC: Non, en première classe.

L'EMPLOYÉE: Si vous préférez voyager en première classe, il y a aussi le Concorde d'Air France qui part de Paris à onze heures du matin et qui arrive à New York à neuf heures quarante-cinq du matin, heure locale.

MME LEBLANC: Alors oui, je vais prendre le Concorde.

L'EMPLOYÉE: Vous préférez la section fumeurs ou non-fumeurs?

MME LEBLANC: Non-fumeurs.

L'EMPLOYÉE: Parfait, je prépare votre billet.

MME LEBLANC: Merci.

Dialogues

Les personnes suivantes vont dans des agences de voyage de leur pays réserver des billets d'avion. Composez les dialogues.

1. Émile Bertin, suisse, banquier de Genève, veut aller à Londres le 8 janvier.
2. Suzanne Lavoie, étudiante à Montréal, va passer les vacances à Nice. Elle désire partir le 15 juin.
3. Henri Langlois, architecte à Paris, va passer les vacances à Casablanca (Maroc) avec sa femme et ses deux enfants. Il désire partir le 2 août.

Vocabulaire utile: *Voyage en train*

Les voyageurs arrivent à la gare. Ils peuvent consulter **l'horaire des trains** *(train schedule)* sur **le tableau des horaires** *(schedule board).* Ce tableau indique l'heure de départ et d'arrivée des trains. S'ils ont besoin d'**un renseignement** *(piece of information),* ils vont au bureau de renseignements.

Les voyageurs achètent leurs billets au **guichet** *(ticket window).* Ils peuvent acheter un aller simple ou un aller retour. S'ils veulent prendre certains trains rapides, ils doivent payer un supplément. En France les voyageurs doivent **composter** *(punch)* leurs billets avant de monter dans le train.

Les voyageurs vont sur **le quai** *(platform).* Là, ils attendent le train. Les trains français sont généralement **à l'heure** *(on time).* Ils sont rarement **en avance** *(early)* ou **en retard** *(late).*

Les passagers montent dans le train. Ils cherchent une place libre. Si toutes les places sont occupées, ils doivent rester **debout** *(standing).* S'ils ont faim, ils vont au **wagon-restaurant.** Pour les longs voyages, ils peuvent dormir dans **un wagon-lit** *(sleeping car).* Parfois *(sometimes),* il y a une correspondance. Dans ce cas, ils doivent changer de train. Finalement, le train arrive à sa destination. Les passagers descendent du train.

Conversation: *À la gare*

Un étudiant américain arrive à la Gare d'Austerlitz, à Paris. Il achète un billet pour Tours, la ville où il va passer les vacances.

LE TOURISTE: Un billet Paris–Tours, s'il vous plaît.

L'EMPLOYÉ: Aller simple ou aller retour?

LE TOURISTE: Aller simple.

L'EMPLOYÉ: En quelle classe?

LE TOURISTE: En deuxième classe.

L'EMPLOYÉ: Cent deux francs, s'il vous plaît.

LE TOURISTE: Voilà. S'il vous plaît, à quelle heure part le prochain train pour Tours?

L'EMPLOYÉ: À 13 h 53 (treize heures cinquante-trois).

LE TOURISTE: Sur quel quai?

L'EMPLOYÉ: Dites-moi°, jeune homme ... je ne suis pas une agence de renseignements. Consultez le tableau ... Ah, excusez-moi, vous êtes étranger° ... Bon, bon. Le prochain train part du quai F. Et n'oubliez pas que vous avez une correspondance à Saint-Pierre-des-Corps!   *tell me*   *a foreigner*

LE TOURISTE: Je dois changer de train à Saint-Pierre-des-Corps?

L'EMPLOYÉ: Oui, c'est ça.

LE TOURISTE: Merci bien, Monsieur.

L'EMPLOYÉ: De rien. *(en lui-même)°:* Ah, ces touristes!   *to himself*

Numéro du train		603	5087	5247	931	653	417	613	419	1551	943	5652	5051	617	5249	935	8719	937	625	5251	627	5241
Notes à consulter		1	2	7	4	5	6	4	7	8	9	10	11	9	3	12	3	4	13	7	4	14
Paris-Gare-de-Lyon	D	07.00			07.23	07.30			10.00			10.41	09.41	12.00		13.09		14.32	14.00		15.00	
Dijon-Ville	D		06.47							10.18					12.17							
Châlon-sur-Saône	D		07.25							10.52					12.53							
Mâcon	D		07.55							11.30	12.24				13.24			16.15				
Bourg-en-Bresse	D						09.21			11.50	12.44							16.35				
Lyon-Part-Dieu	A	09.02	08.37		09.30				12.02					14.02	14.08				16.02		17.00	
Lyon-Part-Dieu	D			09.15		09.47				12.43					14.18					16.22		17.16
Aix-les-Bains-le Revard	A			10.33	10.27		10.59	13.59		13.02	13.52				15.39		16.02	17.43		18.00		18.24
Aix-les-Bains-le Revard	D							11.35			14.15						16.16					
Rumilly	A				10.59			11.56			14.31				15.56		16.40			18.19		18.47
Annecy	A			11.15	11.00			12.28			14.54				16.19	16.38	16.58	18.16		18.42		19.06

Symboles
A   Arrivée
D   Départ

Dialogue

Les personnes suivantes sont à la Gare de Lyon, à Paris. Elles vont au bureau de renseignements. Composez un dialogue entre ces personnes et l'employé(e) des renseignements.

1. Marc Simonet veut arriver à Dijon pour le déjeuner.
2. Madame Rimbaut a un rendez-vous d'affaires à Lyon dans l'après-midi.
3. Janine Senéchal a rendez-vous avec un ami à Annecy pour le dîner.

Vocabulaire utile: *Voyage en taxi*

En général, on *(one)* prend un taxi à la station de taxi. Si on a de la chance, on peut trouver un taxi dans la rue *(street)*. Le chauffeur de taxi met les bagages dans **le coffre** *(trunk)*. Le passager (la passagère) donne sa destination. En général, un taxi va assez vite *(fast)* excepté quand il y a de **la circulation** *(traffic)*. Dans ce cas, il va lentement *(slowly)*. Quand le passager arrive à sa destination, il paie **le prix de la course** *(fare)*. Parfois *(sometimes)*, il y a un supplément pour les bagages. En général, le passager donne *(gives)* **un pourboire** *(tip)* de 10 à 15% (pour cent) au chauffeur de taxi.

Conversation: *Départ*

Nathalie va passer une semaine chez des amis à Orléans. Pour être sûre d'arriver à la gare à l'heure°, elle prend un taxi.

on time

NATHALIE: Hep, taxi!
LE CHAUFFEUR: Bonjour, Mademoiselle. Vous avez des bagages?
NATHALIE: Oui, est-ce que vous pouvez mettre ces deux valises dans le coffre? Je vais garder mon sac à dos.
LE CHAUFFEUR: Où allez-vous, Mademoiselle?
NATHALIE: À la gare d'Austerlitz. J'ai un train dans une demi-heure. Est-ce que vous pouvez aller vite?
LE CHAUFFEUR: Je vais faire mon possible°. Mais il y a de la circulation à cette heure-ci.

do my best

Le taxi arrive à la gare d'Austerlitz dix minutes avant le départ du train.

NATHALIE: C'est combien?
LE CHAUFFEUR: 32 francs, Mademoiselle.
NATHALIE: Voilà 40 francs. Gardez la monnaie°.
LE CHAUFFEUR: Merci, Mademoiselle.

change

Dialogue

Les chauffeurs de taxi sont toujours une excellente source de renseignements. Imaginez que vous travaillez comme chauffeur de taxi. Un touriste français veut visiter votre ville et vous engage *(hires)*. Composez le dialogue.

Rencontres
Bonjour, «Miss Liberté»

Dans l'atelier de Bartholdi

Comment lire: *False cognates*

Cognates may have identical meanings in French and English. More often, their meanings are somewhat different, yet they are still close enough so that one can guess the meaning of a French word from its English cognate. For example, the most common English equivalent of **regarder** is *to look at,* rather than *to regard,* but the word *regard* is a reminder of the verb's meaning.

There are, however, some words that look very much the same in French and English but have quite unrelated meanings. These deceptive words are called *false cognates* (or **faux amis,** *false friends,* in French). A very common false cognate is the verb **rester** which, as you know, does not mean *to rest,* but *to stay.* Since the meanings of the false cognates cannot be guessed, they must be learned.

The text that you are about to read contains several false cognates:

☐ In the first paragraph, the adjective **actuel** occurs. It never means *actual* or *real.* It means only *present* or *current.* What does the French word **actuellement** mean?

☐ The verbs **réaliser** and **quitter** do not mean *to realize* and *to quit.* **Réaliser** means *to accomplish, to carry out, to work out.* **Quitter** means *to leave.* What is the meaning of the following sentences?

> Cet architecte a réalisé un projet difficile.
> Ces étudiants vont quitter l'université.

☐ The noun **la marine** does not mean the *marines,* but the *navy.* What is the English color that corresponds to **bleu marine**?

Bonjour, «Miss Liberté»!

Cette grande dame a cent ans mais elle est éternellement jeune. Elle habite à New York, mais elle est née en France. Elle n'a jamais° quitté sa résidence actuelle° et pourtant° elle a rencontré des millions de gens ...
never
present / however

Qui est-ce? «Miss Liberté», bien sûr!

La Statue de la Liberté est un cadeau° du peuple° français au peuple américain. Elle a coûté 700.000 dollars. Les Français ont payé plus de° 400.000 dollars pour la construction de la statue elle-même°. Les Américains, eux, ont contribué 250.000 dollars pour la construction de son piédestal. Ces sommes très importantes° pour l'époque° ont été obtenues° par souscription publique dans les deux pays.
gift / people
more than
itself
sizable / time / obtained

C'est un journaliste français, Édouard de Laboulaye, qui en 1865 a proposé aux Français la construction d'un monument commémorant le centième° anniversaire de l'Indépendance américaine. Le sculpteur Auguste Bartholdi a accepté de réaliser° ce monument.

Bartholdi est venu aux États-Unis en 1871 pour étudier et discuter son projet avec ses collègues américains, pour convaincre° l'administration américaine, et pour choisir un site. Comme° site, il a choisi l'île° de Bedloe à l'entrée du port° de New York. De retour° en France, il a exécuté plusieurs° maquettes°.

En 1874, une commission franco-américaine a adopté la version finale: une statue gigantesque portant° dans la main droite° une torche, symbole de la liberté éclairant° le monde, et dans la main gauche° un livre où est inscrite° la date la plus° importante de l'histoire des États-Unis: le 4 juillet 1776.

Bartholdi a commencé ses travaux° immédiatement après l'acceptation de son projet. Ces travaux, exécutés dans l'atelier° parisien du sculpteur, ont duré° dix ans. Ils ont nécessité toute° l'ingéniosité de Bartholdi et la coopération de Gustave Eiffel, le plus grand° ingénieur de son temps° et le créateur d'un autre° monument célèbre°, la Tour Eiffel.

hundredth

carry out

convince
For / island
harbor / back / several / models

carrying / right hand
enlightening / left hand / inscribed
the most

works
workshop / lasted
all
greatest / time / another
famous

Préparations de l'armature du bras de la statue

Bartholdi a réalisé son œuvre° en plusieurs étapes°. Le bras° qui porte° la torche a été envoyé en 1876 à Philadelphie à l'occasion d'une exposition°. La tête°, pour laquelle° la mère de l'artiste a servi de modèle, a été présentée au public parisien en 1878. Finalement Bartholdi a assemblé les divers° morceaux° de la statue. Pendant quelques° mois la statue la plus célèbre du monde a dominé la ville de Paris avant de dominer la rade° de New York.

C'est le 4 juillet 1884, huit ans après l'anniversaire de l'indépendance américaine, que la Statue de la Liberté a été officiellement présentée par le peuple français au peuple américain. Puis° elle a été démontée°, mise en caisses° et transportée par bateau° jusqu'à° New York. Elle est arrivée triomphalement dans le port de New York le 17 juin 1885, accompagnée des bateaux de la marine° américaine. C'est finalement le 28 octobre 1886 que le président Grover Cleveland a inauguré la Statue de la Liberté. Cet événement° a été l'occasion de magnifiques cérémonies célébrant l'amitié° franco-américaine.

Si° la Statue de la Liberté a d'abord° symbolisé cette amitié, très vite elle est devenue un monument universel. Pendant des années elle a représenté l'espoir° pour des millions d'immigrants qui sont venus d'Europe en quête° d'une nouvelle vie°.

work / stages / arm / carries

fair

head / which

various / pieces

a few

harbor entrance

then / dismantled / boxes

ship / to

navy

event

friendship

if / at first

hope

in search

life

Questions sur le texte

1. Qui est «Miss Liberté»? Quel âge a-t-elle?
2. Combien a-t-elle coûté? Qui a payé cette somme d'argent?
3. Qui a eu le premier l'idée de construire *(to build)* la statue de la Liberté? Qui est le sculpteur qui a réalisé le projet?
4. Quand est-ce que Bartholdi est venu aux États-Unis? Qu'est-ce qu'il a fait? Où a-t-il trouvé le site pour le monument?
5. Quand est-ce que le projet final a été adopté? Qu'est-ce que la statue a dans la main droite? dans la main gauche?
6. Où est-ce que Bartholdi a exécuté son projet? Qui a aidé le sculpteur? Pour quel monument Eiffel est-il resté célèbre *(famous)*?
7. Où est-ce que la statue a été assemblée pour la première fois *(first time)*? Quand a-t-elle été présentée au peuple américain? Comment est-elle venue à New York? Quand est-elle arrivée?
8. Qui a inauguré la Statue de la Liberté? À quelle date?

À Paris et en province

11

12

11. À Paris. La conciergerie, ancienne résidence royale   12. À Paris. Chez un grand couturier

13

15

14

13. Le forum des Halles   14. Aux Champs-
Elysées à Paris   15. Une vue aérienne de
Paris, illuminée par un arc-en-ciel

16. Dans les Pyrénées. Une rue de St-Jean-
Pied-de-Port, un jour de fête   17. La Loire
vue du Château d'Amboise   18. Les jardins
fleuris du peintre Claude Monet, à Giverny

16

17

18

19. Un lac en Provence   20. Le four solaire
d'Odeilo, dans les Pyrénées

19

20

6

À L'UNIVERSITÉ

16. *La course aux diplômes*

Quels cours suivez-vous°? Quel diplôme préparez-vous? Qu'est-ce que vous pouvez faire avec ce diplôme? Est-ce qu'il faut° avoir beaucoup de diplômes pour° avoir un travail° intéressant?

   Françoise et Brigitte, deux étudiantes françaises, discutent° de ces problèmes importants.

are you taking
is it necessary
in order to / job
discuss

FRANÇOISE: Quel diplôme prépares-tu?

BRIGITTE: Je prépare une licence de chimie°.   *chemistry*

FRANÇOISE: Qu'est-ce que tu veux faire avec cette licence?

BRIGITTE: Ta question est mal posée°. La véritable° question n'est pas: «Qu'est-ce que je veux faire?» mais «Qu'est-ce que je peux faire?» Il y a une différence!

badly phrased / true

FRANÇOISE: Bon, d'accord. Qu'est-ce qu'on° peut faire avec un diplôme de chimie?

one

BRIGITTE: On peut enseigner° dans un lycée° ou on peut travailler dans un laboratoire. Personnellement je préfère enseigner. Bien sûr, il y a une condition.

teach / secondary school

FRANÇOISE: Quelle condition?

BRIGITTE: D'abord, je dois être reçue à° mes examens!   *I have to pass*

Lecture culturelle: *Les examens et les diplômes français*

Le système des diplômes français est différent du système américain. En France, pour obtenir un diplôme il faut généralement passer[1] un examen ou une série d'examens. Voici comment fonctionne le système des examens et des diplômes en France.

Études secondaires

À la fin[2] de leurs études[3] secondaires, c'est-à-dire[4] à l'âge de 18 ou de 19 ans, les étudiants français passent le baccalauréat ou «bac.» C'est un examen assez difficile. Seulement[5] 70% (soixante-dix pour cent) des candidats sont reçus[6]. C'est aussi un examen important: avec le bac, on[7] peut aller directement à l'université.

Études supérieures

Les étudiants qui veulent continuer leurs études après le bac peuvent aller à l'université. Les deux premières années sont assez difficiles. À la fin de

chaque année il y a un examen. Si on rate[8] cet examen, on doit «redoubler,» c'est-à-dire recommencer une année d'études. Si on rate plusieurs fois[9], on est éliminé. Si on est reçu, on obtient[10] un diplôme et on peut continuer ses études. Voici les principaux diplômes universitaires:

- le DEUG (Diplôme d'Études Universitaires Générales): après deux ans d'université
- la licence: un an après le DEUG
- la maîtrise: un an après la licence
- le DEA (Diplôme d'Études Approfondies[11]) ou le DESS (Diplôme d'Études Supérieures Spécialisées): un an après la maîtrise
- le doctorat: de deux à cinq ans après la maîtrise

1 *you generally have to take*   2 *end*   3 *studies*   4 *that is to say*   5 *only*   6 *passed*   7 *one*   8 *fails*   9 *several times*   10 *receives*   11 *in depth*

Structure et Vocabulaire

Vocabulaire: *Les études*

noms

un conseil	(piece of) advice	une classe	class
un cours	course, class	des études	studies
un devoir	(written) assignment	une note	grade
un diplôme	diploma, degree	des notes	(lecture) notes
un examen	exam, test		

adjectifs

facile ≠ difficile	easy, simple ≠ hard, difficult
utile ≠ inutile	useful ≠ useless
gratuit	free
seul	alone, only

verbes

enseigner	to teach
faire des études	to study, to go to school
suivre un cours	to take a class
commencer (par)	to begin (by, with)
faire des progrès	to make progress, to improve
obtenir	to obtain, to get
réussir (à)	to succeed, to be successful (in)
préparer un examen	to prepare for an exam, to study for an exam
passer un examen	to take an exam
être reçu à un examen	to pass an exam
rater un examen	to flunk, to fail an exam

adverbes

ensemble	together	François étudie avec son camarade de chambre. Ils étudient toujours **ensemble**.
seulement	only	Paul est bilingue. Pierre parle **seulement** français.
vite	fast	Ces étudiants apprennent **vite**.

préposition

pour + *infinitive*	(in order) to	Je fais des études **pour obtenir** mon diplôme.

notes de vocabulaire

1. In the **nous** form of the verb **commencer,** the final **c** of the stem becomes **ç** before the ending **-ons**.

   Nous **commençons** la classe à neuf heures.

2. **Obtenir** is conjugated like **venir**. The *passé composé,* however, uses **avoir** as the auxiliary.

> Est-ce que tu **obtiens** toujours de bonnes notes?   J'**ai obtenu** un «A» hier.

3. Note that **passer un examen** is a false cognate.

> Hélène **a passé son examen** lundi.   Hélène *took her exam* Monday.
> Est-ce qu'elle va **être reçue?**   Is she going *to pass?*

4. Note the difference between **seul** and **seulement**.
   —**Seul(e)** is an adjective and modifies nouns and pronouns.

> Marie est **seule.**   Marie is *alone.*
> C'est mon **seul** ami.   That's my *only* friend.

   —**Seulement** is an adverb and modifies verbs and numbers.

> Je visite **seulement** Paris.   I'm visiting *only* Paris.
> Nous avons **seulement** dix dollars.   We have *only* ten dollars.

---

1. Questions personnelles

1. Quel diplôme préparez-vous? Quand allez-vous obtenir votre diplôme?
2. À quelle université faites-vous vos études? Faites-vous des études scientifiques? littéraires? artistiques?
3. À quelle école secondaire avez-vous fait vos études?
4. Avez-vous souvent des examens? Sont-ils faciles ou difficiles?
5. Quand avez-vous obtenu votre diplôme de *high school?* votre permis de conduire *(driver's license)?*
6. Avez-vous beaucoup de devoirs? Quand faites-vous vos devoirs?
7. Est-ce que le français est une langue facile ou difficile? Est-ce que c'est une langue utile ou inutile? Pourquoi?
8. En général, obtenez-vous de bonnes notes? Avez-vous obtenu une bonne note au dernier examen de français?
9. Est-ce que vous avez fait beaucoup de progrès en français?
10. Pourquoi étudiez-vous? pour obtenir de bonnes notes ou pour apprendre quelque chose d'intéressant?
11. Avez-vous l'intention d'enseigner? Pourquoi ou pourquoi pas?
12. Préférez-vous étudier seul(e) ou avec vos camarades? Pourquoi? Le week-end, sortez-vous seul(e) ou avec vos amis? Qu'est-ce que vous faites ensemble?
13. Est-ce que votre professeur parle vite? En général, est-ce que vous comprenez vite? Est-ce que vous faites vite vos devoirs?
14. Aux États-Unis, est-ce que les études secondaires sont gratuites? Et les études universitaires?
15. En général, est-ce que vous écoutez les conseils de vos amis? les conseils de vos professeurs? les conseils de vos parents?

2. Les étudiants modèles Les étudiants suivants sont des étudiants modèles. Dites si oui ou non ils ont fait les choses suivantes.

▶ Georges / perdre son temps?　　*Non, il n'a pas perdu son temps.*

1. Nathalie / choisir seulement des cours faciles?
2. nous / écouter les conseils du professeur?
3. je / obtenir des mauvaises notes?
4. vous / faire des progrès en français?
5. Jacques et Claude / rater leurs examens?
6. tu / obtenir ton diplôme?
7. Suzanne / répondre trop vite à la question du professeur?
8. Marc / être reçu à l'examen?

A. Le verbe *suivre*

The verb **suivre** *(to follow)* is an irregular verb.

infinitive	**suivre**	Je vais **suivre** un cours d'histoire.
present	Je **suis** un cours d'anglais. Tu **suis** un cours de maths. Il/Elle **suit** un cours de chimie.	Nous **suivons** un régime. Vous **suivez** la politique. Ils/Elles **suivent** nos conseils.
passé composé	J'ai **suivi** un cours de français.	

Although **suivre** generally means *to follow*, this verb is used in many idiomatic expressions.

suivre un cours	to take a class, to be enrolled in a class	Quels cours **suis**-tu?
suivre un régime	to be on a diet	Je **suis** un régime parce que je veux maigrir.
suivre (un sujet)	to keep abreast of (a topic)	**Suivez**-vous la politique internationale?

3. Questions personnelles

1. Est-ce que vous suivez les conseils de vos amis? de vos parents? de vos professeurs?
2. Combien de cours suivez-vous ce semestre? Quels cours suivez-vous?
3. Avez-vous suivi un cours de français le semestre dernier? Allez-vous suivre un cours de français le semestre prochain? Pourquoi ou pourquoi pas?
4. Suivez-vous un régime? Qu'est-ce que vous mangez? Qu'est-ce que vous ne mangez pas?
5. Suivez-vous la politique? l'évolution de l'économie? la mode *(fashion)*?
6. L'année dernière, avez-vous suivi les progrès de votre équipe de baseball favorite? Suivez-vous les progrès d'une équipe de football? de quelle équipe?

B. Le pronom *on*

The subject pronoun **on** is very common in French. Note how it is used in the following sentences.

À l'université **on** passe beaucoup d'examens.	At the university *you* take many exams.
Quand **on** étudie, **on** est reçu à ses examens.	When *people* study, *they* pass their exams.
Quand **on** est étudiant, **on** est idéaliste.	When *one* is a student, *one* is an idealist.

■ The pronoun **on** is used in general statements where it corresponds to the impersonal English subjects: *one, people, you, they.*

☐ **On** is used with the **il/elle** form of the verb and is modified by masculine singular adjectives. The corresponding possessive adjectives are **son/sa/ses.**

Si **on** est **sérieux,** on obtient des bonnes notes.	If one is serious, one gets good grades.
On choisit **ses** cours en automne.	You choose your courses in the fall.

■ The pronoun **on** also has the following uses:

—In conversational style, it is often used in place of **nous.**

Qu'est-ce qu'**on fait** ce soir?	What *are we doing* tonight?

—It may be used to replace **quelqu'un.**

On a téléphoné.	*Someone called.*

—It may be used in cases where English would use a passive construction.

On parle français ici.	French *is spoken* here.

Proverbe   **On est comme on est.**   We are what we are.

4. **À l'université**   Imaginez qu'un étudiant français vous a demandé des détails sur la vie estudiantine à votre université. Répondez-lui, en utilisant *on* et les expressions suivantes dans des phrases affirmatives ou négatives.

▶ étudier beaucoup   *On étudie beaucoup.*
                      ou: *On n'étudie pas beaucoup.*

1. passer souvent des examens
2. avoir des examens difficiles
3. avoir des cours intéressants
4. apprendre des choses utiles
5. avoir beaucoup de vacances
6. faire beaucoup de sport
7. faire de la politique
8. sortir le samedi soir
9. boire de la bière
10. obtenir facilement *(easily)* des bonnes notes

5. **Annonces** *(Signs)* Imaginez que vous travaillez dans une fabrique d'affiches *(sign factory)*. Préparez des annonces pour des commerçants qui veulent faire savoir *(advertise)* les choses suivantes. Commencez vos phrases par *Ici, on ...*

▶ parler anglais   *Ici, on parle anglais.*

1. accepter les cartes de crédit
2. réparer les montres
3. vendre *Paris-Match*
4. louer des vélos
5. faire des photo-copies
6. parler japonais

6. **Dialogue: Projets de week-end** Proposez à vos camarades de faire les choses suivantes le week-end prochain. Vos camarades vont accepter ou refuser.

▶ aller au cinéma?   —*On va au cinéma?*
         —*D'accord, allons au cinéma!*
    ou: —*Non, n'allons pas au cinéma!*

1. aller au concert?
2. jouer au basket?
3. dîner au restaurant?
4. manger une pizza?
5. regarder la télé?
6. organiser un pique-nique?
7. faire une promenade à vélo?
8. sortir?

C. Les verbes *vouloir* et *pouvoir*

The verbs **vouloir** *(to want)* and **pouvoir** *(to be able to, can, may)* are irregular.
Note the forms of these verbs in the following chart.

infinitive	vouloir	pouvoir
present	Je **veux** un livre. Tu **veux** aller en France. Il/Elle/On **veut** gagner de l'argent. Nous **voulons** voyager. Vous **voulez** aller en ville. Ils/Elles **veulent** parler français.	Je **peux** prendre ce livre? Tu **peux** travailler pour Air France. Il/Elle/On **peut** travailler cet été. Nous **pouvons** aller au Canada. Vous **pouvez** prendre mon auto. Ils/Elles **peuvent** parler avec Jacques.
passé composé	J'ai **voulu** voyager.	J'ai **pu** visiter la Suisse.

vouloir

☐ **Vouloir** is usually used with a noun or an infinitive construction.

Veux-tu ce livre-ci?	Non, je veux ce livre-là.
Tu veux être professeur?	Oui, je veux être professeur.
Voulez-vous étudier ce soir?	Non, nous ne voulons pas étudier.

☐ In an answer, the expression **vouloir bien** is often used to mark acceptance
of an invitation or request.

Veux-tu dîner avec nous?   Oui, **je veux bien**.   (Yes, *I do.* Yes, *I would.*)

☐ **Je veux** expresses a strong will or wish. In a conversation, **je voudrais** *(I would like)* is often used instead, to make a request.

Je voudrais aller en Amérique.
Je voudrais un livre sur les États-Unis, s'il vous plaît.

pouvoir

☐ **Pouvoir** has several English equivalents.

Je **peux** sortir ce soir.   I $\begin{cases} can \\ may \\ am\ able\ to \end{cases}$ go out tonight.

Pierre **n'a pas pu** venir.   Pierre $\begin{cases} could\ not \\ was\ not\ able\ to \end{cases}$ come.

Proverbes   Quand on veut, on peut. $\Big\}$ Where there's a will, there's a way.
Vouloir c'est pouvoir.

7. Quand on veut ... Décrivez ce que veulent faire les personnes suivantes et dites si oui ou non elles veulent faire les choses entre parenthèses. Soyez logique!

▶ Catherine: être indépendante (rester chez ses parents?)
Catherine veut être indépendante. Elle ne veut pas rester chez ses parents.

1. Philippe: étudier (sortir ce soir?)
2. nous: avoir une bonne note (rater l'examen?)
3. je: trouver du travail (gagner de l'argent cet été?)
4. vous: faire des économies (dépenser votre argent?)
5. ces étudiants: être professeurs (enseigner?)
6. M. Legros: suivre un régime (grossir?)
7. tu: faire des études scientifiques (être ingénieur?)
8. on: rester jeune (vieillir?)

ELECTRONIQUE SERGE DASSAULT

recherche un

**INGENIEUR
GRANDE ECOLE**

pour le poste de

CHEF DU SERVICE DES ETUDES MECANIQUES,

adjoint au Responsable du Bureau d'Etudes
(80 Personnes dont 35 Ingénieurs et Cadres).

8. Avec 1.500 dollars Pendant les vacances, les étudiants suivants ont gagné 1.500 dollars. Lisez ce qu'ils veulent faire avec cet argent et dites si oui ou non ils peuvent réaliser leurs projets avec 1.500 dollars.

▶ Sylvie veut passer un mois à Miami. *Elle peut passer un mois à Miami.*
  ou: *Elle ne peut pas passer un mois à Miami.*

1. Tu veux aller à l'université.
2. Brigitte veut acheter une moto.
3. Anne veut passer une semaine en Europe.
4. Nous voulons passer trois mois à Paris.
5. Je veux acheter un micro-ordinateur.
6. Charles veut acheter une voiture d'occasion *(used car)*.
7. Vous voulez acheter un téléviseur en couleur.
8. Mes amis veulent habiter au Japon pendant un an.

9. Alors? Complétez les phrases suivantes. Utilisez votre imagination.

1. Quand je suis chez moi, je ne peux pas ...
2. Avec cinq mille dollars, je peux ...
3. Avec mon diplôme de cette université, je vais pouvoir ...
4. Quand je vais en France, je veux ...
5. Pendant les vacances, je ne veux pas ...
6. Quand on ne veut pas étudier, on peut ...

D. Le verbe *devoir*

The verb **devoir** *(to have to, to be supposed to, must)* is irregular. Note the forms of **devoir** in the chart below.

infinitive	**devoir**	
present	Je **dois** étudier.	Nous **devons** rentrer chez nous.
	Tu **dois** préparer tes examens.	Vous **devez** acheter ce livre.
	Il/Elle/On **doit** passer un examen.	Ils/Elles **doivent** prendre de l'argent.
passé composé	J'**ai dû** téléphoner à mon père.	

■ **Devoir** can be followed by an infinitive or a noun.

☐ **Devoir** + *infinitive* can imply necessity, probability, or expectation. Note the following English equivalents.

Ce soir, je **dois travailler.** Tonight, I $\begin{cases} must\ work. \\ have\ to\ work. \\ am\ supposed\ to\ work. \end{cases}$

Que **devez**-vous **faire** demain? What $\begin{cases} must\ you\ do \\ do\ you\ have\ to\ do \\ are\ you\ supposed\ to\ do \end{cases}$ tomorrow?

Paul **a dû** partir à 8 h. Paul $\begin{cases} had\ to\ leave \\ must\ have\ left \end{cases}$ at eight o'clock.

☐ **Devoir** + *noun* means *to owe.*

Je **dois** de l'argent à Paul. I *owe* Paul money.

10. **Obligations?** Lisez ce que veulent faire les personnes suivantes et dites si oui ou non elles doivent faire les choses entre parenthèses.

▶ Nicole veut obtenir son diplôme. (rater ses examens?) *Elle ne doit pas rater ses examens.*

1. Je veux être docteur. (suivre des cours de biologie?)
2. Vous voulez être interprètes. (faire des progrès en français?)
3. Nous voulons réussir à l'examen. (perdre notre temps en classe?)
4. Jean-Pierre veut maigrir. (boire de la bière?)
5. Tu veux suivre un régime végétarien. (servir du poulet?)
6. Monique veut trouver du travail. (regarder les petites annonces *(want ads)* dans le journal?)
7. Ces étudiants veulent organiser une surprise-partie. (nettoyer leur appartement?)
8. On veut rester en bonne santé *(health)*. (fumer?)

11. **L'examen** À cause de l'examen, les étudiants suivants n'ont pas pu réaliser certains projets. Au contraire, ils ont dû étudier. Exprimez cela en utilisant le passé composé de *pouvoir* et de *devoir* d'après le modèle.

▶ Éric (aller au théâtre)   *Éric n'a pas pu aller au théâtre. Il a dû étudier.*

1. je (aller au concert)
2. tu (sortir)
3. François (sortir avec Annie)
4. mes amis (jouer aux cartes)
5. nous (dîner au restaurant)
6. vous (regarder la télé)
7. Hélène (aller à la piscine)
8. Paul et Henri (rester au café)

12. **Questions personnelles**

1. À l'université, est-ce que vous devez passer beaucoup d'examens? Qu'est-ce que vous devez faire pour être reçu(e) à vos examens?
2. Quand vous êtes chez vous, est-ce que vous devez travailler? aider *(help)* vos parents? faire la cuisine? Qu'est-ce que vous devez faire? Qu'est-ce que vous ne devez pas faire?
3. Qu'est-ce que vous voulez faire ce week-end? Qu'est-ce que vous devez faire?
4. Qu'est-ce que vous voulez faire après l'université? Qu'est-ce que vous devez faire pour obtenir ce résultat?
5. Qu'est-ce que vous pouvez faire avec votre diplôme? avec vos qualifications présentes?

E. L'expression impersonnelle *il faut*

Note the uses of the expression **il faut** in the following sentences.

À l'université, **il faut** travailler.	At the university *one has to* study.
Pour être heureux, **il faut** avoir des amis.	To be happy, *one must* have friends.
Est-ce qu'il faut passer par Paris pour aller à Nice?	*Is it necessary* to pass through Paris in order to go to Nice?
Il ne faut pas fumer ici.	*One should not* smoke here.

■ The expression **il faut** expresses a general obligation or necessary condition. It corresponds to the English expressions *it is necessary, one has to, one must, one should.*

■ **Il faut** has several different corresponding negative expressions:

☐ To forbid an action, one uses **il ne faut pas** *(one must not, should not)*:

En classe, **il faut** étudier.   Il **ne faut pas** dormir.

☐ To express a lack of necessity, one uses **il n'est pas nécessaire de** or **il ne faut pas nécessairement** *(one does not have to, it is not necessary to)*:

Dans la vie *(life)*, **il faut** avoir des amis.

Il n'est pas nécessaire d'être riche.
Il ne faut pas nécessairement être riche.

■ The *passé composé* of **il faut** is **il a fallu.**

Il a plu et **il a fallu** rentrer.   It rained and *we had to (it was necessary to)* get inside.

13. Dans le studio d'enregistrement *(In the recording studio)* Vous êtes le directeur d'un studio d'enregistrement en France. Certaines personnes n'observent pas le réglement *(the rules)* du studio. Dites à ces personnes de ne pas faire ce qu'elles font. Étudiez le modèle.

▶ Quelqu'un fume.   *Il ne faut pas fumer ici!*

1. Quelqu'un parle fort *(loud)*.
2. Quelqu'un écoute la radio.
3. Un enfant joue.
4. Quelqu'un téléphone.
5. Quelqu'un arrive en retard *(late)*.
6. Quelqu'un fait du bruit *(noise)*.
7. Quelqu'un sort pendant l'enregistrement *(recording)*.

14. Que faire? Dites si certaines choses sont nécessaires ou non pour obtenir certains résultats.

▶ être heureux: avoir de l'argent?   *Pour être heureux, il faut avoir de l'argent.*
                                        Pour être heureux, il n'est pas nécessaire d'avoir de l'argent.

1. être journaliste: aller à l'université?
2. trouver du travail: avoir des diplômes?
3. réussir aux examens: étudier?
4. réussir dans la vie *(life):* avoir des relations *(connections)?*
5. réussir dans les affaires *(business):* avoir beaucoup de chance *(luck)?*
6. devenir architecte: suivre des cours de maths?

15. Expression personnelle Dites ce qu'il faut faire pour réaliser les objectifs suivants. Utilisez *il faut* et une expression infinitive de votre choix.

▶ Pour être reçu aux examens, ...   *Pour être reçu aux examens, il faut étudier (être sérieux, travailler beaucoup, apprendre les leçons, inviter le professeur au restaurant ...).*

1. Pour passer un bon week-end, ...
2. Pour passer quatre années agréables à l'université, ...
3. Pour avoir des amis, ...
4. Pour gagner vite de l'argent, ...
5. Pour être heureux, ...
6. Pour avoir un travail intéressant, ...
7. Pour être bien considéré, ...
8. Pour vraiment parler une langue étrangère, ...

APPRENEZ VRAIMENT L'ANGLAIS A OXFORD

Récapitulation

Substitution

Remplacez les mots soulignés par les mots entre parenthèses. Faites tous les changements nécessaires.

1. Quand on aime <u>danser</u>, on danse souvent. (voyager, étudier, travailler, faire du sport, aller au cinéma, être indépendant)
2. <u>Vous</u> ne voulez pas répondre parce que vous ne pouvez pas. (tu, Anne et Sylvie, je, l'étudiant, nous)
3. <u>Je</u> dois partir ce soir. (Jacques, mes cousins, tu, nous, vous)
4. Je <u>travaille</u> parce qu'il faut travailler. (parle français, étudie, réponds, fais des efforts, vais en classe)
5. <u>Christine</u> ne suit pas les conseils du professeur. (mes amis, tu, vous, nous, je)

Vous avez la parole: Quand on est étudiant

Décrivez l'existence des étudiants américains: ce qu'on doit faire, ce qu'on peut faire. Parlez aussi de ce qu'on ne doit pas faire. Si vous le désirez, vous pouvez compléter les phrases suivantes.

1. Quand on est étudiant ...
   on doit ...   on ne doit pas ...
   on peut ...   on ne peut pas ...
   il faut ...   il ne faut pas ...
2. Quand on a besoin d'argent ...
3. Quand on veut passer un bon week-end ...
4. Quand on a des difficultés avec ses cours ...

Conseils

Donnez des conseils aux personnes suivantes. Dites ce qu'elles doivent faire, ce qu'elles ne doivent pas faire, ce qu'elles peuvent faire.

▶ Paul est malade (sick).   *Il doit rester chez lui. Il ne doit pas sortir. S'il veut, il peut regarder la télé.*

1. Ces étudiants français vont passer un an aux États-Unis.
2. Cet étudiant américain va passer l'été en France.
3. Janine veut travailler pour une firme internationale.
4. Nous ne trouvons pas de travail.
5. Vous avez perdu votre passeport.
6. Tu n'as pas été reçu à ton examen de français.
7. Jacques n'aime pas rester seul chez lui.

17. *Un étudiant modèle?*

Pourquoi allez-vous à l'université? Pour préparer votre avenir° ou pour passer le temps? Et quelle sorte d'étudiant(e) êtes-vous?

    Voici un questionnaire simple. Analysez chaque situation et choisissez l'option *a, b* ou *c* qui° reflète° votre attitude personnelle.

1. Vous avez un examen très important lundi matin.

    a. Vous le° préparez dimanche soir.
    b. Vous le préparez pendant tout le° week-end et vous restez chez vous.
    c. Vous ne le préparez pas.

2. Ce soir, vous avez rendez-vous, mais vous avez aussi une préparation pour demain.

    a. Vous la faites très vite et vous allez à votre rendez-vous.
    b. Vous la faites consciencieusement et vous n'allez pas au rendez-vous.
    c. Vous ne la faites pas.

3. Le professeur est en retard.

    a. Vous l'attendez cinq minutes.
    b. Vous l'attendez vingt minutes.
    c. Vous ne l'attendez pas et vous quittez la salle de classe°.

4. Vos camarades de classe ne comprennent pas la leçon.

    a. Vous les aidez° si ce sont vos amis.
    b. Vous les aidez même si° ce ne sont pas vos amis.
    c. Vous ne les aidez pas.

5. C'est la fin° de l'année. Vous n'avez plus° besoin de votre livre de français.

    a. Vous allez le vendre.
    b. Vous allez le garder. (Si vous allez en France, ne partez pas sans° lui!)
    c. Vous allez le brûler°.

future

which / reflects

it
the whole

classroom

help
even if

end / no longer

without
to burn

Interprétation

Marquez deux points pour chaque réponse *b* et un point pour chaque réponse *a*. Combien de points avez-vous?

9–10 points	Oui, vous êtes un(e) étudiant(e) modèle, ... mais vous êtes beaucoup trop sérieux (sérieuse)!
6–8 points	Vous avez le sens des responsabilités. Vous allez réussir dans vos études et dans l'existence!
3–5 points	Vous êtes comme la majorité des étudiants: responsable ... quand c'est nécessaire!
0–2 points	Pourquoi allez-vous à l'université?

Lecture culturelle: *Les études supérieures*

En France, 20% (vingt pour cent) des jeunes gens et des jeunes filles font des études supérieures. Cette proportion est moins élevée qu'[1] aux États-Unis (où elle est de 35%), mais elle est plus importante que[2] dans les autres[3] pays européens. Après le bac, c'est-à-dire[4] après les études secondaires, on a le choix entre l'université ou une grande école.

L'université: On va à l'université pour étudier les lettres[5] et les sciences humaines, le droit[6] et les sciences économiques, les sciences, la médecine et la pharmacie. Il y a 67 universités en France. Treize de ces universités sont situées à Paris ou dans la région parisienne et sont désignées par un numéro: Paris I, Paris II, Paris III, etc. Chaque[7] université est divisée en un certain nombre d'U.E.R. (Unités d'Enseignement[8] et de Recherche), qui correspondent à une specialité: lettres, sciences humaines et sociales, etc. En principe, le bac est suffisant[9] pour aller à l'université.

Les grandes écoles: Les grandes écoles sont des écoles professionnelles spécialisées pour la formation des cadres[10] de la nation. Le bac n'est pas suffisant pour entrer dans une grande école. Il faut être reçu à un examen d'entrée qui est généralement très difficile. Voici quelques-unes[11] des grandes écoles françaises:

écoles d'administration:
Sciences-Po (Sciences Politiques)
l'E.N.A. (École Nationale d'Administration)

écoles commerciales:
H.E.C. (Hautes Études Commerciales)

écoles scientifiques et techniques:
Polytechnique, Centrale

1 *lower than*   2 *greater than*   3 *other*   4 *that is to say*
5 *humanities*   6 *law*   7 *each*   8 *instruction*   9 *sufficient*
10 *top executives*   11 *some*

Structure et Vocabulaire

Vocabulaire: *Les études supérieures*

les études littéraires, artistiques, scientifiques

les lettres *(f.)* (humanities):	**la littérature, la philosophie, l'histoire** *(f.)*, **les langues**
les beaux arts (fine arts):	**la peinture, la sculpture, l'architecture** *(f.)*
les sciences humaines et sociales:	**l'anthropologie, la psychologie, les sciences politiques, les sciences économiques**
les sciences:	**la chimie, la biologie, la physique, les mathématiques** *(f.)*

les études professionnelles

les études d'ingénieur (engineering):	**l'électronique** *(f.)*, **l'informatique** *(f.)* (computer science)
les études commerciales:	**la gestion** (management), **le marketing, la publicité** (advertising), **l'administration des affaires** *(f.)* (business administration)

la médecine, la pharmacie
le droit (law)

verbes

faire des études de	to specialize in	Il **fait des études de** droit.
faire des recherches	to do research	Le professeur Mayet **fait des recherches** sur le cancer.

expressions

comme	like, as	Faites **comme** moi! Étudiez le français!
sans	without	Pierre n'est pas venu. Nous sommes partis **sans** lui.
même	even	Pierre travaille toujours, **même** le week-end.
même si	even if	Je vais voyager cet été, **même si** je n'ai pas beaucoup d'argent.

note de vocabulaire

The indefinite article is usually omitted after **sans**.

Ne sors pas **sans** manteau.   Don't go out *without a* coat.

1. Expression personnelle   Complétez les phrases suivantes avec une expression qui reflète la réalité.

▶ Je fais mes études à ...   *Je fais mes études à l'Université d'Akron.*

1. Je fais des études de ...
2. Mon meilleur ami fait des études de ...
3. Les meilleurs départements de mon université sont les départements de ...
4. Aux États-Unis, les meilleures écoles d'ingénieurs sont ...
5. À la Business School de Harvard, on peut faire des études de ...
6. Pour être programmeur, il faut faire des études de ...
7. Dans le monde moderne, il faut avoir des notions de ...
8. Si on veut diriger *(to manage)* une entreprise, il faut ...
9. Si on veut avoir un bon salaire après l'université, il faut faire des études de ...
10. On a des difficultés d'emploi si on a fait des études de ...

A. Le verbe *connaître*

Note the forms of the irregular verb **connaître** *(to know)* in the chart below.

infinitive	**connaître**	
present	Je **connais** Marc. Tu **connais** Martine. Il/Elle/On **connaît** le professeur.	Nous **connaissons** des Français. Vous **connaissez** un restaurant. Ils/Elles **connaissent** quelqu'un d'intéressant.
passé composé	**J'ai connu** ton grand-père.	

■ **Connaître** means *to know* in the sense of *to be acquainted with* people or places.

☐ In the *passé composé,* **connaître** also means *to meet.* It is the equivalent of **faire la connaissance de.**

J'ai **connu** vos cousins à l'Université de Lille.   I *met* your cousins at the University of Lille.

■ The verb **reconnaître** *(to recognize)* is conjugated like **connaître.**

Je **n'ai pas reconnu** Lucille à la plage.   I *didn't recognize* Lucille on the beach.

2. Qui connaît Paul?   Dites si les personnes suivantes connaissent Paul.

▶ tu (non)   *Tu ne connais pas Paul.*

1. nous (oui)
2. vous (non)
3. je (oui)
4. Jacqueline (non)
5. le professeur de français (oui)
6. les étudiants français (non)
7. mes amis (oui)
8. tu (non)

B. Les pronoms *le, la, les*

The *direct object* of a verb answers the question **qui?** *(whom?)* or **quoi?** *(what?).*
A direct object may be a noun or a pronoun. When a direct object is a noun,
it usually comes directly after the verb. In the questions below, the nouns in
heavy print are direct objects. Note the forms and position of the pronouns
that replace these nouns in the answers.

le français, je le parle par coeur.

Tu connais **Paul**?	Oui, je **le** connais.	Non, je ne **le** connais pas.
Tu connais **cette université**?	Oui, je **la** connais.	Non, je ne **la** connais pas.
Tu connais **mes cousins**?	Oui, je **les** connais.	Non, je ne **les** connais pas.
Tu invites **le professeur**?	Oui, je **l'**invite.	Non, je ne **l'**invite pas.
Tu invites **tes amis**?	Oui, je **les** invite.	Non, je ne **les** invite pas.

forms

■ The direct-object pronouns have the following forms.

	singular	plural
masculine	**le (l')**	**les**
feminine	**la (l')**	

☐ **Le** and **la** become **l'** before a vowel sound.

☐ There is liaison after **les** when the next word begins with a vowel sound.

position

■ The direct-object pronouns normally come immediately before the main
verb:

$$\text{subject} \ (+ \ \textbf{ne}) \ + \begin{Bmatrix} \text{le} \\ \text{la} \\ \text{les} \end{Bmatrix} + \text{main verb} \ (+ \ \textbf{pas}) \ + \text{rest of sentence}$$

■ Note the use and position of direct-object pronouns with **voici** and **voilà**.

Où est le professeur?	**Le** voici.
Où est Michèle?	**La** voilà.
Où sont mes livres?	**Les** voici.

■ In the *passé composé,* the direct-object pronouns come before the auxiliary
verb.

As-tu invité Jacques?	Oui, je **l'**ai invité.
Et Paul?	Non, je ne **l'**ai pas invité.

3. **Expression personnelle**   Dites si oui ou non vous connaissez personnellement les gens suivants. Utilisez le pronom qui convient.

▶ Meryl Streep?   *Oui, je la connais personnellement.*
                     ou: *Non, je ne la connais pas personnellement.*

1. Michael Jackson?
2. Jane Fonda?
3. le professeur?
4. le (la) secrétaire du département de français?
5. le président (la présidente) de l'université?
6. les parents de vos amis?
7. les amis de vos parents?
8. les étudiants de la classe?
9. les étudiantes de la classe?
10. le président des États-Unis?

Vocabulaire: *Quelques verbes utilisés avec un complément d'objet direct*

aider	to help	—**Aides**-tu tes amis? —Bien sûr, je les **aide**.
aimer	to like	—**Aimes**-tu tes cours? —Non, je ne les **aime** pas.
attendre	to wait for	—**Attends**-tu le professeur? —Non, je ne l'**attends** pas.
chercher	to look for, to get	—**Cherches**-tu ton livre? —Oui, je le **cherche**.
écouter	to listen to	—**Écoutes**-tu souvent tes disques? —Oui, je les **écoute** souvent.
regarder	to look at, to watch	—**Regardes**-tu la télé? —Oui, je la **regarde**.
trouver	to find	—Comment **trouves**-tu ce livre? —Je le **trouve** assez intéressant.

note de vocabulaire

A few French verbs that take a direct object (**attendre, chercher, écouter, regarder**) correspond to English verbs that are used with prepositions *(to wait for, to look for, to listen to, to look at)*.

4. Dialogue Demandez à vos amis ce qu'ils pensent des choses suivantes. Vos camarades vont répondre en utilisant un pronom complément et l'adjectif entre parenthèses.

▶ la classe (intéressante?)　　　—*Comment trouves-tu la classe?*
　　　　　　　　　　　　　　　　—*Je la trouve intéressante.*
　　　　　　　　　　　　　ou:— *Je ne la trouve pas intéressante.*

1. le français (facile?)
2. les examens (difficiles?)
3. le campus (joli?)
4. la politique américaine (intelligente?)
5. le président (remarquable?)

6. les Américains (matérialistes?)
7. les Français (snobs?)
8. la cuisine française (délicieuse?)
9. le vin américain (excellent?)
10. la bière américaine (bonne?)

5. Mais si! *(Why yes!)* Dites que vous n'êtes pas en accord avec les remarques suivantes. Note: on utilise *si* à la place de *oui* pour contredire *(to contradict)* une phrase négative.

▶ Les jeunes ne respectent pas les adultes. 　　*Mais si, ils les respectent.*

1. Les jeunes ne font pas leurs devoirs.
2. Les jeunes ne comprennent pas la musique classique.
3. Les jeunes n'aiment pas la politique.
4. Les jeunes n'aident pas leurs parents.
5. Les jeunes n'écoutent pas leurs professeurs.
6. Les jeunes ne préparent pas leurs examens.

6. Le bon étudiant et le mauvais étudiant Pierre est un bon étudiant. Jean-Marc est un mauvais étudiant. Dites ce que chacun fait ou ne fait pas en utilisant un pronom complément d'objet direct. Soyez logique.

▶ Qui prépare ses examens? 　　*Pierre les prépare, mais Jean-Marc ne les prépare pas.*

1. Qui écoute le professeur?
2. Qui regarde la télé pendant la journée?
3. Qui apprend la grammaire?
4. Qui étudie les verbes irréguliers?

5. Qui aide ses camarades de classe?
6. Qui apporte son livre de français en classe?
7. Qui perd son temps?

7. **Dialogue** Demandez à vos amis s'ils font les choses suivantes.

▶ inviter souvent tes amis?   —*Est-ce que tu invites souvent tes amis?*
                                   —*Oui, je les invite souvent.*
                              ou: —*Non, je ne les invite pas souvent.*

1. aider tes parents? ton meilleur *(best)* ami?
2. admirer le président? les gens riches?
3. aimer la musique classique? le rock?
4. perdre ton temps? ton sang-froid *(cool)*?
5. étudier la biologie? le droit?
6. regarder la télé? les films d'horreur?
7. suivre les sports à la télé? la politique internationale?
8. faire la cuisine? les courses?
9. nettoyer souvent ton bureau? ta chambre?
10. avoir ton permis de conduire *(driver's license)*? ton diplôme d'université?

8. **Ce matin** Demandez à votre ami(e) s'il (si elle) a fait les choses suivantes ce matin.

▶ acheter le journal?   —*As-tu acheté le journal?*
                          —*Oui, je l'ai acheté.*   ou: *Non, je ne l'ai pas acheté.*

1. écouter le bulletin d'information *(news)*?
2. regarder le thermomètre?
3. préparer le petit déjeuner?
4. faire le café?
5. nettoyer ton bureau?
6. regarder ton livre de français?
7. préparer le cours de français?
8. attendre le facteur *(mailman)*?
9. prendre le bus?
10. rencontrer ton meilleur ami?

C. Les pronoms *le, la, les* à l'infinitif

Note the position of the direct-object pronouns in the answers to the questions below.

questions	answers
Vas-tu inviter Paul?	Oui, je vais l'inviter.
Devons-nous préparer cette leçon?	Oui, nous devons **la** préparer.
Veux-tu acheter ces livres?	Non, je ne veux pas **les** acheter.

■ In most infinitive constructions where the conjugated verb is a verb like **aimer, aller, vouloir, devoir, pouvoir,** and **venir de,** the direct-object pronoun comes immediately *before* the infinitive according to the pattern:

> **le (l')**
> subject (+ **ne**) + conjugated verb (+ **pas**) + **la (l')** + infinitive ...
> **les**

9. **Procrastination** Les gens suivants ne font pas certaines choses. Dites qu'elles vont les faire plus tard.

▶ Henri ne fait pas les courses. (demain)   *Il va les faire demain.*

1. Jacqueline ne fait pas ses devoirs. (ce soir)
2. Paul ne nettoie pas sa chambre. (ce week-end)
3. Nous n'invitons pas nos amis. (le week-end prochain)
4. Tu ne prépares pas ton examen. (la semaine prochaine)
5. Vous n'apprenez pas les verbes. (avant l'examen)
6. Les étudiants ne rendent pas les livres à la bibliothèque. (avant les vacances)
7. Je ne suis pas le cours de biologie. (le semestre prochain)

10. **Non!** Quelqu'un vous demande si vous faites les choses suivantes. Répondez négativement. Utilisez les verbes entre parenthèses et des pronoms compléments.

▶ Tu fais tes devoirs? (vouloir)   *Non, je ne veux pas les faire.*

1. Tu achètes le journal? (vouloir)
2. Tu attends tes amis? (pouvoir)
3. Tu suis ce cours? (aller)
4. Tu fais la vaisselle? (vouloir)
5. Tu finis cet exercice? (devoir)
6. Tu regardes ce programme? (avoir envie de)

D. Passé composé: l'accord du participe passé

In the answers below, the direct-object pronouns are all of different gender and number. Note the form of the past participle in each case.

As-tu fini **cet exercice?**	Oui, je l'ai fini.
As-tu fini **la leçon?**	Oui, je l'ai finie.
As-tu fini **tes devoirs?**	Oui, je **les** ai finis.
As-tu fini **les leçons?**	Non, je ne **les** ai pas finies.

■ When a verb in the *passé composé* is conjugated with **avoir**, the past participle usually remains invariable.

J'ai **perdu** mon livre.   Claire a **perdu** ses cahiers.

■ When a direct object comes *before* the verb, the past participle agrees in gender and number with this preceding direct object.

Quand as-tu acheté ces **disques?**   Je **les** ai achetés hier.

■ Most past participles end in a vowel (**-é, -i, -u**) and therefore sound the same in the masculine and feminine forms. For such verbs, the existence or absence of agreement with a preceding direct object cannot be heard. However, if the past participle ends in a consonant (**-s, -t**), the feminine form sounds different from the masculine form.

Tu as pris ton livre?   Oui, je l'ai **pris.**
Et ta montre?   Je l'ai **prise** aussi.

11. **Les bagages** Suzanne et Paul partent en vacances. Suzanne demande à Paul s'il a pris les choses suivantes. Il répond affirmativement. Jouez les deux rôles.

▶ ta guitare   SUZANNE: *As-tu pris ta guitare?*
               PAUL: *Oui, je l'ai prise.*

1. ta radio
2. tes cassettes
3. ton magnétophone
4. ton maillot de bain
5. ta montre
6. ta caméra
7. ton appareil-photo
8. ta raquette de tennis
9. tes chaussures de tennis

12. **Inaction** Suzanne a fait beaucoup de choses cet après-midi. Paul, lui, est allé au café! Dites qu'il n'a pas fait ce que Suzanne a fait.

▶ Suzanne a étudié la leçon.   *Paul ne l'a pas étudiée.*

1. Suzanne a préparé ses exercices.
2. Elle a fini ses devoirs.
3. Elle a écouté la radio.
4. Elle a acheté le journal.
5. Elle a fait la composition.
6. Elle a fait la vaisselle.
7. Elle a appris la leçon.
8. Elle a regardé la télé.

13. **Dialogue** Demandez à vos amis s'ils ont fait les choses suivantes.

▶ inviter tes amis hier?   —*As-tu invité tes amis hier?*
                  —*Oui, je les ai invités.*
      ou: —*Non, je ne les ai pas invités.*

1. écouter la radio ce matin?
2. regarder la télé hier soir?
3. acheter le journal du dimanche?
4. regarder la page des sports?
5. faire le ménage hier?
6. préparer le dîner dimanche dernier?
7. aider tes parents pendant les vacances?
8. étudier cette leçon?

14. **Questions et réponses** Jacqueline pose certaines questions à Pierre en utilisant les éléments des colonnes A et B. Pierre répond en utilisant les éléments des colonnes B et C et un pronom complément d'objet. Jouez les roles de Jacqueline et de Pierre. Soyez logique!

A	B	C
où?	faire la vaisselle	ce matin
quand?	faire les courses	samedi après-midi
	mettre la bicyclette	après le dîner
	apprendre cette nouvelle (*piece of news*)	pendant les vacances
	prendre ces belles photos	au supermarché *Prisunic*
		à la mer
		chez des amis
		au garage

▶ JACQUELINE: *Quand as-tu fait la vaisselle?*
    PIERRE: *Je l'ai faite après le dîner.*

Récapitulation

Substitution

Remplacez les mots soulignés par les mots entre parenthèses. Faites tous les changements nécessaires.

1. <u>Tu</u> connais Paul, n'est-ce pas?   (ton cousin, tes amis, vous, nous)
2. J'invite <u>Jacques</u> parce que je le connais bien.   (le professeur, Irène, Isabelle et Suzanne, les amis de Paul, ton cousin, Christine, l'ami de Christine)
3. Je connais <u>Sylvie</u>, mais je ne la comprends pas.   (tes amis, ta cousine, Paul, ces étudiants)
4. Où est <u>Jacqueline</u>? La voilà!   (Sylvie, le professeur, Patrick, Paul et Bruno, nos amis, ta cousine)
5. Je n'ai pas <u>le journal</u>. Je vais le chercher.   (les disques, l'appareil-photo, la guitare, ton magnétophone, tes cassettes, la calculatrice de Jacques)
6. Je n'ai pas <u>ta caméra</u>. Henri l'a prise.   (le manteau, tes livres, mes lunettes)

Vous avez la parole: Descriptions

Parlez des sujets suivants. Pour cela composez un petit paragraphe en utilisant les verbes suggérés au présent, au passé composé ou dans une construction infinitive.

▶ votre meilleur ami (connaître? inviter? trouver?)
  Je le connais depuis deux ans. Je l'ai connu pendant les vacances. Je l'invite assez souvent. Je vais l'inviter samedi prochain. En général je le trouve assez sympathique.

1. votre meilleure amie (connaître? inviter? trouver?)
2. vos voisins (connaître? rencontrer? trouver?)
3. vos parents (écouter? comprendre? aider?)
4. votre camarade de chambre (connaître? aider? trouver?)
5. la classe de français (aimer? trouver?)
6. votre chambre (aimer? décorer? trouver? louer? nettoyer?)

18. *Un contestataire*

Thomas est étudiant en sciences politiques. Jacqueline est étudiante en droit. Je les ai rencontrés dans un café. Nous avons discuté°. Je leur ai demandé° leur opinion sur la vie° universitaire. Voilà ce qu'ils m'ont dit°.

talked / asked them
life / what they told me

THOMAS:

Tu me demandes mon opinion. Et bien, la voilà. Si je suis à l'université, c'est parce que j'ai besoin d'un diplôme. Ce n'est pas par plaisir°. Qu'est-ce que je reproche° au système? Je pense qu'il est impersonnel et inhumain. Prends par exemple nos relations avec les profs. En classe, nous les écoutons, mais il n'y a pas de dialogue. Ils ne nous parlent pas et nous ne leur parlons pas. On a l'impression qu'ils nous ignorent totalement et qu'ils nous prennent pour° des enfants. Demande à Jacqueline si ce n'est pas vrai!

for fun
find wrong with

considèrent comme

JACQUELINE:

N'écoute pas Thomas et ne le prends pas au sérieux. C'est un contestataire°. Il critique tout°. Il dit° que le système est impersonnel. Bien sûr, le contact avec les profs n'est pas facile, mais ce n'est pas parce qu'ils nous ignorent ou qu'ils nous prennent pour des idiots. C'est parce que le système est comme ça. Thomas te parle de ses études, mais il ne te parle pas de sa vie d'étudiant ... Les copains, les sorties°, le cinéma le samedi soir! Demande-lui° si cela° ne compte° pas pour lui ... Et maintenant, je vais te dire° quelque chose. Thomas prépare un doctorat. Il a l'intention d'enseigner un jour ... à l'université!

activist
everything / says

dates / him / that / count
to tell

Lecture culturelle: *L'université: hier et aujourd'hui*

Traditionnellement, l'enseignement[1] universitaire français est impersonnel et théorique. Cet enseignement est symbolisé par l'institution de l'amphithéâtre. Un amphithéâtre ou «amphi» est une salle où il y a 100, 200 ... et parfois[2] 1.000 étudiants. Dans un cours d'amphi, le professeur parle et les étudiants l'écoutent et prennent des notes. Quand il y a 1.000 étudiants dans un cours, le dialogue entre professeur et étudiants est totalement impossible.

Il est évident que ce système archaïque ne correspond pas à l'idéal démocratique du vingtième siècle[3]. Les étudiants français ont compris la nécessité des réformes. Pour obtenir ces réformes, ils ont fait une véritable mini-révolution en mai 1968. Cette révolution a affecté l'ensemble[4] de la population fran-

çaise. Elle a provoqué des changements importants dans les institutions françaises, et particulièrement dans les structures universitaires. Aujourd'hui, l'enseignement est plus personnalisé et plus pratique qu'[5]avant. Les amphis existent toujours[6], mais il y a aussi des cours de travaux pratiques[7], des séminaires où les étudiants sont peu nombreux[8] et où ils ont la possibilité de dialoguer avec le professeur. L'université est aussi plus démocratique: les étudiants ont maintenant l'occasion[9] de participer à des comités où ils décident, avec les professeurs, du fonctionnement de leur université.

1 *instruction*   2 *sometimes*   3 *20th century*   4 *whole*
5 *than*   6 *still*   7 *small sections*   8 *few in number*
9 *chance*

Structure et Vocabulaire

A. Les verbes *dire, lire* et *écrire*

The verbs **dire** *(to say, tell)*, **lire** *(to read)*, and **écrire** *(to write)* are irregular.
Note the forms of these verbs in the chart below.

infinitive	dire	lire	écrire
present	Je **dis** que j'ai raison. Tu **dis** que j'ai tort. Il/Elle **dit** que c'est vrai. Nous **disons** la vérité *(truth)*. Vous **dites** que c'est facile. Ils/Elles **disent** une chose stupide.	Je **lis** un magazine. Tu **lis** une annonce. Il/Elle **lit** un article. Nous **lisons** un livre. Vous **lisez** le journal. Ils **lisent** une lettre.	J' **écris** une lettre. Tu **écris** à un ami. Il/Elle **écrit** à une amie. Nous **écrivons** un poème. Vous **écrivez** un roman. Ils **écrivent** à un ami.
passé composé	J'**ai dit** la vérité.	J'**ai lu** ce journal.	J'**ai écrit** à un ami.

■ The verb **dire** means *to say* and sometimes *to tell*. The verb **raconter** means *to tell* in the sense of *to narrate*.

    Racontez cette histoire!   *Tell* that story!

☐ Note the construction:

    dire à quelqu'un de + infinitive   Le professeur **dit** à ses étudiants **de** préparer l'examen.

☐ Note the expressions:

    vouloir dire   to mean   Qu'est-ce que cette expression **veut dire?**
    c'est-à-dire   that is to say   Téléphonez-moi après l'examen, **c'est-à-dire** après deux heures.

■ The verb **décrire** *(to describe)* is conjugated like **écrire**.

    Décrivez la ville où vous habitez.

Vocabulaire: *La lecture*

un écrivain	writer		
un mensonge	lie	la vérité	truth
la lecture	reading	une (petite) annonce	(classified) ad
un article	article	une bande dessinée	comic strip
un magazine	magazine	une carte (postale)	card (postcard)
un poème	poem	une lettre	letter
une roman	novel	une nouvelle	(piece of) news, news item
un roman policier	detective novel	une revue	(illustrated) magazine

1. À la bibliothèque   Les étudiants suivants sont à la bibliothèque. Dites ce qu'ils lisent et à qui ils écrivent.

▶ Henri (un journal français / à sa petite amie)
Henri lit un journal français. Après, il écrit à sa petite amie.

1. vous (*Le Monde* / à vos parents)
2. je (*l'Express* / à un ami)
3. Nathalie (une revue féminine / à Paul)
4. nous (les nouvelles sportives / à nos cousins)
5. Pierre et François (les bandes dessinées / à leurs parents)
6. tu (les petites annonces / à ta sœur)

2. Questions personnelles

1. Lisez-vous beaucoup? Lisez-vous vite ou lentement? Qui est votre écrivain préféré *(favorite)*? Qu'est-ce qu'il/elle a écrit?
2. Quand vous achetez un journal, est-ce que vous lisez l'horoscope? les bandes dessinées? la page des sports? les petites annonces? les nouvelles?
3. Selon vous *(according to you)*, quel est le meilleur journal? la meilleure revue? Quel journal a les meilleures bandes dessinées? Quelle est votre bande dessinée favorite?
4. Quel journal lisent vos parents?
5. Est-ce que votre université a un journal? Comment s'appelle ce journal?
6. Est-ce qu'il y a des revues et des journaux français à la bibliothèque de votre université? Quelles revues? Quels journaux?
7. Avez-vous lu un livre récemment *(recently)*? Quel livre?
8. Aimez-vous écrire? Voulez-vous être écrivain? Avez-vous écrit des poèmes? un roman?
9. Pendant les vacances, écrivez-vous à vos amis? à vos grands-parents?
10. Écrivez-vous beaucoup de cartes de Noël? À qui?
11. Est-ce que vous dites toujours la vérité? Est-ce qu'il y a des occasions où vous ne dites pas la vérité? Quand et pourquoi?
12. Selon vous, est-ce que le président dit toujours la vérité? et les hommes politiques? et les journalistes? Quand est-ce qu'ils ne l'ont pas dite?

B. La conjonction *que*

Note the use of the conjunction **que** in the following sentences.

Je dis **que** tu as tort.   I say *(that)* you are wrong.
Paul écrit **qu'**il est à Nice.   Paul writes *(that)* he is in Nice.
Nous pensons **que** l'examen est facile.   We think *(that)* the exam is easy.

■ The conjunction **que** must be used after verbs such as **annoncer, apprendre, déclarer, dire, écrire, lire, penser, trouver,** and so on to introduce a clause. In English, the corresponding conjunction *that* is often omitted.

3. Communications   Quand on est à l'université on peut communiquer un grand nombre de choses. Exprimez cela d'après le modèle.

▶ les étudiants / dire (les examens / n'être pas nécessaires)
Les étudiants disent que les examens ne sont pas nécessaires.

1. vous / dire (le cours de français / être intéressant)
2. Janine / écrire à sa famille (elle / obtenir des bonnes notes)
3. nous / lire dans le petites annonces (une firme internationale / chercher des étudiants bilingues)
4. les étudiants / apprendre (ils / être reçus à l'examen)
5. le professeur / déclarer (les étudiants d'aujourd'hui / étudier beaucoup)
6. tu / trouver (le système universitaire / n'être pas assez démocratique)
7. nous / penser (tu / avoir raison)

C. Les pronoms *lui, leur*

Indirect-object pronouns answer the question à **qui?** *(to whom?)*. Indirect-object nouns are introduced by the preposition **à.** In the questions below, the nouns in heavy print are indirect objects. Note the forms and position of the pronouns that replace these indirect objects.

Tu parles souvent **à Thomas?**   Oui, je **lui** parle souvent.
Tu as téléphoné **au professeur?**   Oui, je **lui** ai téléphoné.

Tu parles souvent **à Marie?**   Non, je ne **lui** parle pas souvent.
Tu as téléphoné **à sa mère?**   Non, je ne **lui** ai pas téléphoné.

Tu téléphones souvent **à tes cousines?**   Oui, je **leur** téléphone souvent.
Tu as répondu **à nos camarades?**   Oui, je **leur** ai répondu.

■ The indirect-object pronouns **lui** and **leur** refer to *people.*

lui	*replaces* à	+ singular noun
leur	*replaces* à	+ plural noun

■ Like other object pronouns, the indirect-object pronouns usually come *before* the verb.

☐ In an infinitive construction, **lui** and **leur** come immediately before the infinitive.

> Voici Jeanne.   Nous allons **lui** parler.   Nous n'allons pas **lui** téléphoner.

■ In the *passé composé*, there is no agreement with indirect-object pronouns that come before the verb.

> **Anne** est venue au concert.   Je l'ai reconnue. Je **lui** ai parlé.

■ **Lui** and **leur** cannot be used with certain verbs such as **penser à** and **faire attention à**. Instead the construction **à** + *stress pronoun* is used.

> Pensez **à vos amis.**
> Ne fais pas attention **à Robert.**

> Pensez **à eux.**
> Ne fais pas attention **à lui.**

Vocabulaire: *Quelques verbes utilisés avec un complément d'objet indirect*

demander (quelque chose) à (quelqu'un)	to ask for	**Demande** des conseils à ton père.
dire (quelque chose) à (quelqu'un)	to tell	As-tu **dit** la vérité à tes parents?
donner (quelque chose) à (quelqu'un)	to give	Je **donne** un livre à Paul.
écrire (quelque chose) à (quelqu'un)	to write	J'ai **écrit** une lettre à Anne.
envoyer (quelque chose) à (quelqu'un)	to send	As-tu **envoyé** la carte à Éric?
montrer (quelque chose) à (quelqu'un)	to show	J'ai **montré** mes photos à Albert.
parler à (quelqu'un)	to speak	Qui **parle** à Henri?
poser une question à (quelqu'un)	to ask a question	As-tu **posé** la question **au** professeur?
prêter (quelque chose) à (quelqu'un)	to loan, lend	Je **prête** mes disques à Albert.
rendre (quelque chose) à (quelqu'un)	to give back	Je dois **rendre** ce disque à Pierre.
rendre visite à (quelqu'un)	to visit	Hier, j'ai **rendu visite** à un ami.
répondre à (quelqu'un)	to answer	**Réponds** à Pierre.
téléphoner à (quelqu'un)	to phone	**Téléphonez** à vos amis.

notes de vocabulaire

1. Many French verbs (like **parler à, téléphoner à**) take indirect objects, while their English equivalents take direct objects. Conversely, many French verbs (like **chercher, écouter, regarder**) take direct objects while their English equivalents take indirect objects.

2. Note the constructions used with **demander:**

> **Demandez** à Jacqueline **si** elle va au théâtre.
> **Demandez** à Paul **de** parler à Martine.

> *Ask* Jacqueline *whether (if)* she is going to the theater.
> *Ask* Paul *to* speak to Martine.

---

4. Les amis de Monique   Monique a beaucoup d'amis qui font beaucoup de choses pour elle. Complétez les phrases suivantes avec *Monique* ou *à Monique*.

▶ Charles invite ...   *Charles invite Monique.*

1. Paul aide ...
2. Jacques téléphone ...
3. Albert parle ...
4. Suzanne répond ...
5. Michèle écoute ...
6. Henri regarde ...
7. Marc prête sa voiture ...
8. Anne pose une question ...

9. Éric donne un disque ...
10. Robert cherche ...
11. Irène demande un livre ...
12. Alain montre ses photos ...
13. Charles rend visite ...
14. François aime ...
15. Richard attend ...

5. Au téléphone   Henri a besoin de plusieurs choses et il téléphone aux gens suivants. Dites à qui il téléphone et ce qu'il demande à chaque personne. Utilisez la forme appropriée du pronom complément d'objet indirect.

▶ son cousin (sa voiture)   *Il téléphone à son cousin. Il lui demande sa voiture.*

1. sa cousine (son appareil-photo)
2. son frère (son vélo)
3. Jacqueline (ses notes)
4. Paul (l'adresse de Françoise)
5. ses parents (de l'argent)
6. ses professeurs (des lettres de recommandation)

6. Dialogue   Demandez à vos camarades de classe si oui ou non ils font les choses suivantes.

▶ téléphoner souvent à ton   *—Est-ce que tu téléphones souvent à ton*
   meilleur ami?   *meilleur ami?*
                                   —Oui, je lui téléphone souvent.
                        ou: *—Non, je ne lui téléphone pas souvent.*

1. téléphoner souvent à ta meilleure amie?
2. parler souvent à tes voisins?
3. rendre souvent visite à ton cousin?
4. rendre visite à tes grands-parents?
5. répondre en français au professeur?
6. écrire à tes amis pendant les vacances?
7. écrire à ta cousine pour son anniversaire?
8. parler en français à ton père?

7. **Relations personnelles**   Informez-vous sur les personnes suivantes. Dites si oui ou non elles font les choses entre parenthèses pour les personnes soulignées. Utilisez les pronoms d'objet direct *(le, la, l', les)* ou indirect *(lui, leur)* qui conviennent.

▶ Paul n'aime pas <u>André.</u> (trouver sympathique? parler?)
  Il ne le trouve pas sympathique. Il ne lui parle pas.

1. Jean-Claude est amoureux *(in love)* de <u>Béatrice.</u> (regarder en classe? téléphoner souvent? écrire pendant les vacances?)
2. Lucie est fiancée avec <u>Antoine.</u> (aimer? trouver adorable? téléphoner souvent? écrire des poèmes?)
3. M. Normand a des <u>voisins</u> très sympathiques. (connaître bien? inviter à dîner? rendre visite?)
4. Jeanne est généreuse avec <u>ses amies.</u> (inviter au restaurant? prêter ses disques? donner des cadeaux [*gifts*]?)
5. Les étudiants admirent le <u>professeur.</u> (trouver incompétent? écouter? critiquer? demander des conseils?)
6. Le professeur a de bonnes relations avec <u>les étudiants.</u> (trouver stupides? donner des mauvaises notes? donner des bons conseils? aider?)
7. Henri n'est pas d'accord avec <u>sa cousine.</u> (écouter? comprendre? demander des conseils?)

8. **Non!**   Monique demande à André s'il a fait certaines choses. André répond négativement. Jouez le rôle d'André.

▶ As-tu téléphoné à Jacques?   *Non, je ne lui ai pas téléphoné.*

1. As-tu téléphoné à Nathalie?
2. As-tu parlé au professeur?
3. As-tu répondu à tes amis?
4. As-tu prêté ta guitare à Jacqueline?
5. As-tu rendu visite à Pierre?
6. As-tu rendu visite à ta tante?
7. As-tu écrit à tes amis?
8. As-tu dit la vérité à tes parents?

9. **Au bureau**   Mme Leblanc demande à son assistant s'il a fait les choses suivantes. Il répond affirmativement ou négativement. Jouez les rôles de Mme Leblanc et de son assistant. Dans le rôle de l'assistant, utilisez le pronom d'objet direct ou indirect qui convient.

▶ téléphoner à M. Ledru? (non)   MME LEBLANC: *Avez-vous téléphoné à M. Ledru?*
                                     L'ASSISTANT: *Non, je ne lui ai pas téléphoné.*

1. répondre à la présidente? (oui)
2. inviter les clients américains? (oui)
3. écrire à Mme Tabard? (non)
4. parler à l'agent commercial? (non)
5. envoyer le contrat? (oui)
6. réserver les billets *(tickets)* d'avion? (non)

D. Les pronoms *me, te, nous, vous*

Note the forms and position of the object pronouns in the following sentences.

Tu **me** trouves sympathique?	Oui, je **te** trouve sympathique.
Tu **me** téléphones ce soir?	Non, je ne vais pas **te** téléphoner.
Tu **nous** invites?	Oui, je **vous** invite.
Tu vas **nous** prêter ta voiture?	Oui, je vais **vous** prêter ma voiture.

■ The pronouns **me, te, nous, vous** are used both as direct- and indirect-object pronouns. Like all object pronouns, they usually come *before* the verb. In an infinitive construction, they come *before* the infinitive.

□ Note the elision: **me** → **m'** and **te** → **t'** before a vowel sound.

  Tu **m'**invites?   Oui, je **t'**invite.

□ There is liaison after **nous** and **vous** before a vowel sound.

■ In the *passé composé*, the past participle agrees with **me, te, nous, vous** only when these pronouns are direct objects of the verb. Contrast:

indirect objects	*direct objects*
Je **vous** ai téléphon**é**, Monsieur, ...	et je **vous** ai invit**é**.
Je **vous** ai téléphon**é**, Madame, ...	et je **vous** ai invit**ée**.
Je **vous** ai téléphon**é**, Marc et Paul, ...	et je **vous** ai invit**és**.
Je **vous** ai téléphon**é**, Anne et Édith, ...	et je **vous** ai invit**ées**.

10. **Dialogue** Demandez à vos camarades de faire les choses suivantes pour vous. Ils vont accepter ou refuser.

▶ prêter ton livre de français

  —*Tu me prêtes ton livre de français?*
  —*Oui, je te prête mon livre de français.*
  ou: —*Non, je ne te prête pas mon livre de français.*

1. prêter un dollar
2. inviter samedi chez toi
3. aider avec les devoirs
4. donner ton vélo
5. montrer tes notes
6. téléphoner ce soir
7. vendre ton électrophone
8. attendre après la classe

11. **Questions personnelles**

1. Est-ce que vos amis vous invitent souvent au cinéma? Est-ce qu'ils vous trouvent sympathique? Est-ce qu'ils vous prêtent leurs disques?
2. Est-ce que vos parents vous écoutent? Est-ce qu'ils vous aident? Est-ce qu'ils vous comprennent?
3. Est-ce que vos professeurs vous aident? Est-ce qu'ils vous donnent des conseils? Est-ce qu'ils vous posent des questions difficiles en classe?
4. Est-ce que votre meilleur(e) ami(e) vous a téléphoné le week-end dernier? Est-ce qu'il(elle) vous a rendu visite? Est-ce qu'il(elle) vous a fait un cadeau *(gift)* pour votre anniversaire? Qu'est-ce qu'il(elle) vous a donné?

12. Messages Vous avez pris certains messages pour un(e) camarade pendant son absence. Votre camarade veut savoir *(to know)* quels sont ces messages. Jouez les deux rôles d'après le modèle.

▶ téléphoner / ton père

—*Quelqu'un t'a téléphoné.*
—*Ah bon! Qui m'a téléphoné?*
—*Ton père t'a téléphoné.*

1. écrire / ta cousine
2. envoyer une carte / tes parents
3. inviter à dîner / un ami français
4. chercher / ton professeur de maths
5. téléphoner / la secrétaire du docteur Guérin
6. apporter un cadeau *(gift)* / un admirateur (une admiratrice)

Danièle BORANO
PASSE DEMAIN
dimanche 1er juillet à 15 heures
sur ANTENNE 2...
dans l'émission « Si on chantait »
**REGARDEZ-LA
ÉCOUTEZ-LA**
Elle chantera
« J'suis comme un bouchon »
Disques POLYDOR

E. La place des pronoms à l'impératif

Contrast the position of the object pronouns in affirmative and negative commands.

	affirmative	*negative*
(Paul)	Invitons-**le** vendredi.	Ne l'invitons pas dimanche.
	Prête-**lui** tes livres.	Ne **lui** prête pas ta voiture.
(Michèle)	Attendons-**la** chez elle.	Ne l'attendons pas ici.
	Donne-**lui** ce disque-ci.	Ne **lui** donne pas ce disque-là.
(mes amis)	Invitez-**les** demain.	Ne **les** invitez pas ce soir.
	Demande-**leur** d'aller au théâtre.	Ne **leur** demande pas d'aller au cinéma.
(moi)	Répondez-**moi** demain.	Ne **me** répondez pas maintenant.

■ In affirmative commands (but not in negative commands), both direct- and indirect-object pronouns come *after* the verb and are linked to it with a hyphen.

□ In affirmative commands: **me** → **moi**.

13. S'il te plaît Imaginez que vous passez l'année à Paris. Demandez à un ami français de vous aider.

▶ prêter ton plan *(map)* de Paris   *Prête-moi ton plan de Paris.*

1. prêter ta voiture
2. aider
3. téléphoner ce soir
4. parler de tes amis
5. montrer où est l'université
6. donner l'adresse d'un dentiste
7. attendre après la classe
8. dire où est la poste *(post office)*

14. **Déménagement** *(Moving)* Vous aidez un ami à déménager. Vous lui demandez où vous devez mettre certaines choses. Il va vous répondre.

▶ la table / devant la fenêtre   —*Où est-ce que je mets la table?*
                                  —*Mets-la devant la fenêtre.*

1. les plantes / sur la table
2. le bureau / près de la porte
3. la chaise / devant le bureau
4. la lampe / près du lit
5. les valises / dans ma chambre
6. les livres / sur le bureau

15. **Oui ou non?** Informez-vous sur les personnes suivantes. Ensuite, dites à un(e) camarade de classe de faire ou de ne pas faire certaines choses pour ces personnes.

▶ Catherine est végétarienne. (servir du rosbif?)   *Ne lui sers pas de rosbif.*

1. Philippe ne comprend pas ce problème. (aider?)
2. Gisèle et Anne sont à l'hôpital. (rendre visite?)
3. Patrick dort. (téléphoner?)
4. Henri et Denis sont absents ce week-end. (inviter samedi?)
5. Thomas a besoin d'argent. (prêter dix francs?)
6. Anne-Marie et François suivent un régime très strict. (servir de la glace?)
7. Robert et Raymond sont partis. (attendre?)
8. Cette personne a raison. (écouter?)

16. **Dialogue** Proposez à un(e) camarade de classe de faire certaines choses. Il/Elle va accepter ou refuser.

▶ amener au cinéma? (oui)   —*Je t'amène au cinéma?*
                              —*Oui, amène-moi au cinéma.*

1. attendre? (non)
2. écrire pendant les vacances? (oui)
3. aider à faire la cuisine? (non, merci)
4. téléphoner ce soir? (oui, si tu veux)
5. rendre visite demain? (non, je sors)
6. montrer ces photos? (d'accord)

17. **Que faire?** Le secrétaire de M. Blanchard lui demande s'il doit faire certaines choses. M. Blanchard lui répond affirmativement ou négativement. Utilisez les pronoms qui conviennent.

▶ envoyer ces documents? (non)   LE SECRÉTAIRE: *Est-ce que j'envoie ces documents?*

                                        M. BLANCHARD: *Non, ne les envoyez pas.*

1. envoyer cette lettre? (oui)
2. écrire à Mme Lavie? (oui)
3. écrire à M. Senéchal? (non)
4. attendre les ingénieurs? (oui)
5. attendre la cliente? (non)
6. finir ce contrat? (non)
7. téléphoner au journaliste? (non)
8. téléphoner à nos correspondants? (oui)
9. mettre la petite annonce dans le journal? (oui)
10. interviewer les candidats? (oui)
11. interviewer la nouvelle assistante? (non)

Récapitulation

Substitution

Remplacez les mots soulignés par les expressions entre parenthèses. Faites les changements nécessaires.

1. Christine écrit. Elle dit qu'elle est en vacances à Paris.   (les étudiants, nous, je, vous, M. et Mme Lanson)
2. Jacques connaît ma sœur. Il lui téléphone souvent.   (mon frère, tes cousins, le professeur, nos amis, les étudiants français)
3. Où est Philippe? Je lui ai demandé de m'aider.   (Marie, Guy et Thomas, Alice et Christine, M. et Mme Lavallée)
4. Voici Caroline. Je lui parle souvent parce que je la trouve sympathique.   (mes amis, les étudiantes françaises, Henri, la cousine d'Henri)
5. Voici André. Je lui ai téléphoné hier.   (parlé, rencontré, aidé, écrit, prêté mes disques, rendu visite, amené au cinéma, invité au restaurant, envoyé une lettre)
6. Je connais Pierre. Il me téléphone souvent.   (tu, nous, vous)
7. Tu connais Jacques. Alors, téléphone-lui.   (invite, aide, parle, réponds, attends)
8. Sylvie est pénible. Ne lui parle pas.   (téléphone, invite, réponds, aide, attends, écoute, regarde)

Vous avez la parole: Situations

Dites ce que vous faites ou ne faites pas pour les personnes suivantes. Faites 2 ou 3 phrases pour chaque personne.

▶ Sylvie est malade *(sick)*.
Je lui rends visite. Je vais lui téléphoner. Je vais lui apporter un roman policier ... .

1. Ces amis français visitent ma ville.
2. Mon meilleur ami part en vacances.
3. Je rencontre une amie que je n'ai pas vue depuis cinq ans *(whom I haven't seen for five years)*.
4. Mon oncle va célébrer son quarantième (40e) anniversaire.

Le Français pratique

La transmission des nouvelles

Vocabulaire utile: *Comment écrire une lettre personnelle*

On met d'abord l'endroit et la date:

Marseille, le 2 juillet

On commence par:

Cher Paul, Chère Nathalie.

ou, si on connaît très bien la personne:

Mon cher Paul, Ma chère Nathalie

On écrit le texte.

On finit par une expression comme:

Amicalement
Bien à toi
Amitiés

ou, si on connaît très bien la personne:

Affectueusement,
Je t'embrasse,

On prépare l'enveloppe.

Paris, le 8 décembre

Chère Christine,
J'organise une petite fête chez moi lundi prochain à neuf heures pour célébrer l'anniversaire de ma soeur. Je voudrais t'inviter si tu es libre ce jour-là. Téléphone-moi pour me donner ta réponse avant samedi.

Je t'embrasse,
Danièle

Situation: *Une lettre d'invitation*

Composez des lettres où vous invitez un(e) ami(e) à ...

1. un pique-nique
2. une fête pour célébrer la fin *(end)* des examens
3. votre fête d'anniversaire

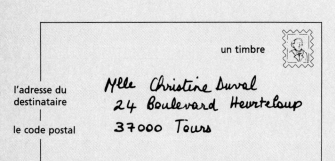

un timbre

l'adresse du destinataire

le code postal

Mlle Christine Duval
24 Boulevard Heurteloup
37000 Tours

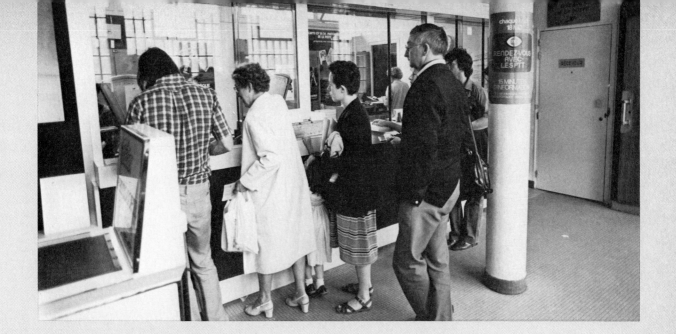

Vocabulaire utile: *Au bureau de poste*

On va à **la poste** ou au **bureau de poste** *(post office)* pour ...

   chercher du **courrier** *(mail)* à **la poste restante**
     (general delivery)
   acheter des timbres
   envoyer une lettre
   envoyer **un colis** *(package)* ou **un paquet**
   envoyer un télégramme
   téléphoner

Pour chercher son courrier à la poste restante

Il faut présenter une pièce d'identité.
Il faut aussi payer une taxe pour chaque *(each)*
   lettre qu'on reçoit *(receives)*.

Pour envoyer une lettre

On peut envoyer une lettre
   par avion *(by air mail)*
   en express *(special delivery)*
   en recommandé *(registered)*
Quand on veut envoyer une lettre en
recommandé, il faut aussi **remplir un formulaire**
(fill out a form).
Le postier ou **la postière** *(postal clerk)* vous
donne **un reçu** *(receipt)* ou **un récépissé**.

Questions

1. Vous venez d'arriver en France. Vous n'avez pas encore d'adresse fixe. Où est-ce que vos amis peuvent vous écrire?
2. Vous avez acheté un bijou *(piece of jewelry)* pour l'anniversaire de votre mère. Comment allez-vous l'envoyer si vous voulez être sûr(e) qu'elle le reçoive *(will get it)*?

Conversation

Jean-Pierre vient d'écrire une carte postale à sa cousine Nicole qui habite au Canada. Il a aussi rempli sa demande d'admission° pour l'Université de Cincinnati où il espère passer une année. Il passe au bureau de poste.

application form

JEAN-PIERRE: Bonjour, Madame. Je voudrais envoyer cette carte postale par avion.
LA POSTIÈRE: C'est pour le Canada. Voyons. Ça fait 3 francs 45.
JEAN-PIERRE: Je voudrais aussi envoyer cette lettre en recommandé aux États-Unis.
LA POSTIÈRE: Vous devez remplir ce formulaire.

Elle donne à Jean-Pierre un formulaire qu'il remplit. Quand il a fini, il donne la lettre et le formulaire à la postière. La postière pèse° la lettre.

weighs

LA POSTIÈRE: Votre lettre pèse 25 grammes. Ça fait 8 francs 15 plus 11 francs 70 de taxe de recommandation. C'est tout?
JEAN-PIERRE: Pouvez-vous aussi me donner 10 timbres à 2 francs?
LA POSTIÈRE: Voilà. Ça vous fait 49 francs 30.
JEAN-PIERRE: Voici un billet de 50 francs.
LA POSTIÈRE: Et voici votre monnaie°.

change

⮞ N° 698	**TÉLÉGRAMME**	Étiquettes		N° d'appel :
			Timbre à date	INDICATIONS DE TRANSMISSION
Ligne de numérotation	N° télégraphique	**Taxe principale.**		
ZCZC		Taxes accessoires		N° de la ligne du P.V. :
Ligne pilote			Bureau de destination	Département ou Pays
		Total . .		
Bureau d'origine	Mots	Date	Heure	Mentions de service

Services spéciaux demandés : (voir au verso)	Inscrire en CAPITALES l'adresse complète (rue, n°, bloc, bâtiment, escalier, etc...) et le texte (une lettre par case, laisser une case vierge entre les mots).
	adresse

TEXTE et éventuellement signature très lisible

Nom et adresse de l'expéditeur :
(Ces indications ne sont taxées et transmises que sur la demande expresse de l'expéditeur)

Dialogues

Les personnes suivantes passent à la poste pour envoyer certaines choses.
Composez un dialogue avec la postière.

1. Henri veut envoyer une carte postale aux États-Unis.
2. Françoise veut acheter 3 timbres à 2 francs et 5 aérogrammes.
3. Mme Charron veut envoyer une lettre recommandée de 15 grammes à
   Marseille.
4. M. Leroux veut envoyer une lettre de 15 grammes par avion aux États-
   Unis.

TARIFS POSTAUX

poste aérienne			
	France	Canada	États-Unis
moins de 5 gr.	2 francs	2 francs 65	3 francs 45
10 gr.	2 francs	3 francs 30	4 francs 10
15 gr.	2 francs	3 francs 95	4 francs 75
20 gr.	2 francs	4 francs 60	5 francs 40
25 gr.	3 francs 60	7 francs 05	8 francs 15

taxe de recommandation: 11 francs 70
aérogrammes: 3 francs 30

Vocabulaire utile: *Pour téléphoner*

Quand on veut parler à quelqu'un, on peut ...
lui téléphoner
lui donner **un coup de téléphone** (*phone call*)

Si on ne connaît pas le numéro de son correspondant ...

on le cherche dans **l'annuaire** (*phone directory*)
on le demande à **la standardiste** (*operator*)
on demande aux **renseignements** (*information*)

Quand on veut téléphoner, on doit ...

aller dans **une cabine téléphonique** (*phone booth*)
décrocher l'appareil (*pick up the receiver*)
mettre **des pièces** (*coins*) ou **un jeton** (*token*) dans **la fente** (*slot*)
attendre **la tonalité** (*dial tone*)
composer le numéro (*dial*)
parler à son correspondant
ou: **raccrocher** (*hang up*) si son numéro est **occupé** (*busy*)

On peut ...

téléphoner **avec préavis** (*person-to-person*)
téléphoner **en P.C.V.** (*collect*)

Questions

1. Vous êtes en vacances en France. Vous voulez téléphoner à vos parents aux États-Unis, mais vous n'avez pas d'argent sur vous. Qu'est-ce que vous allez faire?
2. Vous voulez téléphoner à votre meilleur ami pour son anniversaire et vous voulez être sûr(e) qu'il est chez lui quand vous allez téléphoner. Qu'est-ce que vous faites?

Conversation

Patrick veut téléphoner à sa sœur qui passe une année aux États-Unis. Il passe à la poste.

PATRICK:	Bonjour, Mademoiselle. Je voudrais téléphoner aux États-Unis.
LA POSTIÈRE:	Avec ou sans préavis?
PATRICK:	Avec préavis.
LA POSTIÈRE:	Pour les États-Unis, il y a une demi-heure d'attente°.
PATRICK:	Bien, je vais attendre.
LA POSTIÈRE:	Donnez-moi le numéro et le nom de votre correspondant et votre nom.

half-hour wait

Patrick donne le nom et le numéro de téléphone de sa sœur. Il attend. Finalement, après 40 minutes, la postière l'appelle°.

calls

LA POSTIÈRE:	J'ai votre correspondant en ligne. Allez à la cabine 8.
PATRICK:	Merci, Mademoiselle.

Dialogue

Vous êtes en France. Vous voulez téléphoner à vos parents. Comme il n'y a pas de téléphone dans votre appartement, vous allez à la poste. Composez le dialogue avec la postière.

1. Vous téléphonez sans préavis. Il y a cinq minutes d'attente.
2. Vous téléphonez avec préavis. Il y a un quart d'heure d'attente.

Rencontres

«Les meilleurs sentiments»

Comment lire: *Polite phrases and formulas*

Every culture has its own formulas or expressions of politeness, which usually do not translate literally from one language to the other. For example, in an informal note, an American may close with "Love," whereas a French person might write **"Amitiés"** *(friendships)*.

In business letters, one might open with "Dear Sir" or **"Cher Monsieur,"** even if the person addressed is not a "dear" or cherished acquaintance. In English, one would close with "Yours truly" or "Sincerely yours," without implying great affection or sincere feelings. French business letters close with a standard formula, such as:

> **«Croyez, Monsieur, à mes meilleurs sentiments.»**
> or: **«Croyez, Madame, à ma considération distinguée.»**

In the text that you are going to read, Solange, Monsieur Poulletard's secretary, challenges the meaninglessness of these standard formulas.

«Les meilleurs sentiments»

Le directeur (il finit de dicter° une lettre):
—Croyez°, cher Monsieur, à mes meilleurs sentiments° ... C'est tout°. *(Sa secrétaire a l'air° d'attendre, et le regarde.)* Qu'est-ce qu'il y a°, Solange? Vous avez oublié quelque chose?
—Non, Monsieur. Non, rien°. Ce sont les derniers mots° ...
—Quels derniers mots?
—Vos derniers mots, Monsieur: «Croyez, cher Monsieur, à mes meilleurs sentiments.»
—Eh bien oui: «Croyez, cher Monsieur, à mes meilleurs sentiments.» Vous préférez: «Recevez°, cher Monsieur, etc. ... etc. ...» Qu'est-ce qu'on dit d'autre° dans ce cas°-là? Je m'en moque°, de ce type° -là!
—Et vous lui envoyez vos meilleurs sentiments!
—C'est une formule, ma petite Solange! Une formule! Qu'est-ce qui ne va pas°?
—Cette formule justement°. Je l'ai écrite très souvent. C'est la première fois° qu'elle me choque°.
—Vous vous moquez° de moi!
—Oh non, Monsieur Poulletard, oh non, je n'oserais pas°. Mais je ne sais pas° pourquoi je suis comme ça°. Vous dictez°: «mes meilleurs sentiments». Je relis° «mes

	dictate
	Believe / best feelings / all
	seems / what's wrong
	nothing / words
	receive / What else does one say
	case / I don't care about / guy
	What's wrong?
	precisely / time
	shocks
	You are making fun
	wouldn't dare / don't know
	that / dictate / reread

meilleurs sentiments» et brusquement° je me demande° si ça veut dire quelque chose. — suddenly / wonder

—Quoi°? — What?

—Vos meilleurs sentiments.

—Si vous préférez, mettez° donc° «ma considération distinguée» ou la phrase que vous — = écrivez / then
voulez. C'est exactement la même° chose. — same

—Alors vos meilleurs sentiments, ça ne veut rien° dire? — anything

—Ça veut dire, «ma lettre est terminée». Un point°, c'est tout. — period

Solange rêve°. — daydreams

—Une formule ...

—Oui, une formule de politesse°. Ce n'est pas moi qui l'ai inventée! — politeness

—Oh non, alors! On me la dicte souvent.

—Vous êtes choquée, Solange? Vous savez°, toute sa vie°, on répète des formules qui — know / all life long
ne veulent rien dire: «Comment allez-vous?» «Très bien, merci et vous», «Bonjour»,
«Chéri°», «Mes hommages° à votre femme», «Je regrette», «Désolé°». — Dearest / respects / sorry

—C'est que ... Enfin°, si° je vous comprends bien, M. Poulletard, vos sentiments, — well / if
vous ne les éprouvez° jamais°? — feel, experience / never

—Mais si°. Seulement° qu'est-ce que c'est, mes sentiments? J'aime ma femme, mes — Yes, I do / only
enfants, ils occupent ma pensée° et mon temps°. Mais je ne vais pas écrire à un client — thought / time
qu'il occupe ma pensée comme° ma femme! — like

—Non, il ne vous croirait pas°. — wouldn't believe

Le téléphone sonne°. — rings

—Ici le bureau° de M. Poulletard. Oui madame. Bien, madame. Je vous le passe°, — office / give
madame. *(Au directeur:)* C'est Mme Poulletard.

—Âllo ... Bonjour, chérie ... Bien, merci et toi, chérie, comment vas-tu? ... Très
occupé°, oui ... Ce soir? Écoute, mon amour°, je dois rentrer très tard°. Demain non — busy / love / late
plus°: je pars très tôt. Désolé vraiment, je regrette. Embrasse° les enfants pour moi, — neither / soon / hug
veux-tu? Je t'embrasse. À bientôt.

—Vous avez oublié vos meilleurs sentiments.

Le directeur fâché°: — angry

—Je vous trouve bien° indiscrète ce matin, Solange. — = très

—Vous avez le temps puisque° vous bavardez° avec moi et pourtant° vous dites à Mme — since / chat / nevertheless
Poulletard que vous êtes très occupé° ... — busy

Le directeur agacé°: — upset

—Préparez plutôt le courrier.° — why don't you do the mail

Solange se met° à taper.° Elle lit à haute voix°: — begins / to type / out loud
«Mon cher ami ... » Elle s'arrête°. — stops

—Vous dites «mon cher ami» à ce M. Marouf?

—Oui.

—Pourtant vous le détestez.

—Je l'appelle «mon cher ami», c'est comme ça.

—Je ne pourrai pas m'habituer°. Les mots n'ont aucun sens°. Je tape depuis ... depuis — won't be able to get used to it / no meaning
longtemps°. Je n'ai jamais réfléchi avant ... — for a long time

—Vous êtes la secrétaire parfaite°.   *perfect*

—Non. Je suis une machine. Une machine qui tape sur une autre machine. Et vous aussi, vous êtes une machine. Une machine qui dicte à une machine qui tape sur une machine …

—Ça suffit°, Solange.   *that's enough*

—Non, ça ne suffit pas. Je ne pense pas, voilà le problème.

—Inutile de penser pour taper. Vous n'êtes pas contente de votre place°? Vous voulez   *job*
une augmentation°? Qu'est-ce qui ne va pas ce matin, Solange?   *raise*

—Je ne veux pas d'augmentation, merci … Je suis contente de mon travail mais je ne suis pas une machine. Je veux comprendre, c'est tout.

d'après André Gillois, *Les petites Comédies*, © Éditions René Juillard (adapté par S. Hellström et M. Barbier, *Porte Ouverte*, Stockholm, 1976)

Questions sur le texte

1. Qui est Monsieur Poulletard? Qui est Solange?

2. Par quelle formule est-ce qu'on termine une lettre d'affaires *(business letter)* en France? Pourquoi est-ce que cette formule choque Solange?

3. Quels sont les sentiments de Monsieur Poulletard pour le client à qui il écrit? Pour qui est-ce qu'il réserve ses sentiments?

4. Qui téléphone à Monsieur Poulletard? Qu'est-ce qu'elle lui demande? Comment répond Monsieur Poulletard? D'après *(according to)* vous, est-ce qu'il attache réellement beaucoup d'importance à sa famille?

5. Par quelle formule est-ce que Monsieur Poulletard commence sa lettre à Monsieur Marouf? Est-ce que cette formule correspond à la réalité?

6. Qu'est-ce que Monsieur Poulletard pense du travail de sa secrétaire? Est-ce qu'il comprend son attitude? Pourquoi pas?

7. Pourquoi Solange dit-elle qu'elle est une machine? À quoi compare-t-elle Monsieur Poulletard? Pourquoi?

7

HIER ET
AUJOURD'HUI

19. La vie urbaine: pour ou contre?

Habitez-vous dans une grande ville?

Aujourd'hui, la majorité des Français habitent en ville. L'urbanisation a ses avantages mais aussi ses inconvénients. Voici quelques° réflexions sur la vie° en ville. Certaines° sont optimistes. Les autres°, au contraire°, sont pessimistes.
Qu'est-ce que vous pensez de ces réflexions?

few / life
some / others / on the contrary

POUR

DOMINIQUE BELLAMY *(19 ans, étudiante, Strasbourg)*

Dans une grande ville il y a toujours quelque chose à faire. On peut aller au cinéma, visiter une exposition°, ou simplement aller dans un café et regarder les gens qui passent dans la rue. Personnellement, je ne perds jamais mon temps.

exhibit

NELLY CHOLLET *(28 ans, chef du personnel, Toulouse)*

Je suis originaire° d'une petite ville mais maintenant j'habite à Toulouse. Je gagne bien ma vie°. J'ai un travail qui est intéressant, des responsabilités que je n'avais pas° avant. Je connais des quantités de gens extraordinaires. Je ne voudrais pas habiter dans une autre° ville!

native
earn a good living
I did not have
another

PIERRE BARTHE *(35 ans, photographe, Marseille)*

L'avantage des grandes villes, c'est l'indépendance et l'anonymat°. Personne ne° vous connaît, personne ne fait attention à vous. Pour moi au moins°, c'est un avantage considérable!

anonymity
no one / at least

CONTRE°

against

CHRISTOPHE LEMAIRE *(27 ans, employé de banque, Bordeaux)*

Regardez le journal! On parle uniquement de violence et de crimes ... Et je ne mentionne pas la pollution, le bruit°, le coût de la vie ... En ville, tout° est plus cher qu'ailleurs°. Où sont les avantages de la ville? Moi, je ne sais° pas!

noise / everything
elsewhere / know

CHRISTINE LEROI *(39 ans, employée de laboratorie, Paris)*

Je travaille en banlieue°. Le matin, je quitte mon appartement à sept heures pour prendre le métro. Le soir, je ne rentre jamais chez moi avant huit heures. Je dîne, je regarde la télé et je vais au lit ... Le week-end, je suis trop fatiguée° pour sortir. Bien sûr, il y a le cinéma, les musées, les concerts ... Mais c'est pour les gens qui ne font rien° pendant la semaine.

suburb

tired

do nothing

SYLVIANE DUMOULIN *(45 ans, employée des postes, Lyon)*

J'habite dans une ville d'un million d'habitants ... Cela ne veut pas dire que les contacts humains sont plus faciles que dans les petites villes. Au contraire! Ici les gens sont froids et distants. J'habite dans un immeuble° moderne et confortable. J'ai des centaines° de voisins ... mais je ne connais personne. Dans les grandes villes, le problème numéro un, c'est la solitude!

building

hundreds

Lecture culturelle:
L'urbanisation de la France

En 1900, la France était[1] un pays essentiellement rural; 65% des Français habitaient[2] à la campagne ou dans des petites villes de moins de 2.000 habitants. Cette situation a radicalement changé après la guerre[3]. De très grandes zones urbaines se sont développées[4] autour[5] de villes plus anciennes, comme Marseille ou Lyon. Aujourd'hui, 80% des Français habitent dans des villes.

Voici quelques grands centres urbains:

PARIS Avec 10 millions d'habitants, la région parisienne est la plus grande agglomération d'Europe.

LYON Lyon était la capitale de la Gaule romaine. Aujourd'hui, Lyon est un centre industriel très important[6].

MARSEILLE Fondée[7] au sixième siècle[8] avant Jésus-Christ par des marins[9] grecs, Marseille est la plus ancienne ville française. Située sur la Méditerranée, c'est le premier port de France et le centre de l'industrie pétrolière française.

BORDEAUX Bordeaux doit son expansion économique au commerce des vins au Moyen Âge[10]. Aujourd'hui, Bordeaux est un centre industriel et commercial important.

TOULOUSE Très actif centre culturel au Moyen Âge, Toulouse est aujourd'hui le centre de l'industrie aéronautique française.

STRASBOURG Située sur le Rhin, Strasbourg est une ville-frontière[11] entre la France et l'Allemagne. Siège[12] de plusieurs[13] institutions européennes, Strasbourg est devenue «la capitale de l'Europe».

1 *was*   2 *were living*   3 *war*   4 *have developed*
5 *around*   6 = *grand*   7 *founded*   8 *century*   9 *sailors*
10 *Middle Ages*   11 *border*   12 *seat*   13 *several*

Structure et Vocabulaire

Vocabulaire: *La ville*

noms

la ville

un bâtiment	building	**une avenue**	avenue
un boulevard	boulevard	**la banlieue**	suburbs
un bureau (des bureaux)	office	**une rue**	street
le centre	center	**une usine**	factory
un habitant	inhabitant	**une ville**	city
un immeuble	apartment building		
un parc	park		
un quartier	district, area, neighborhood		

la vie urbaine

le bruit	noise	**la circulation**	traffic
le crime	crime	**la pollution**	pollution
un problème	problem	**la vie**	life

Demandes à acheter

Achetons

petite villa

Rive gauche

Ecrire sous chiffre U 18-672072,
à Publicitas, 1211 Genève 3.

Cherchons

terrains, immeubles

Ecrire sous chiffre W 18-672074,
à Publicitas, 1211 Genève 3.

adjectifs

agréable ≠ **désagréable**	pleasant, nice ≠ unpleasant
ancien (ancienne) ≠ **moderne**	old ≠ modern, new
propre ≠ **sale**	clean ≠ dirty

verbe

gagner sa vie   to earn one's living   Comment **gagnez**-vous **votre vie?**

expressions

à la campagne	in the country	Nous habitons **à la campagne.**
en ville	in the city, downtown	Je préfère habiter **en ville.**
pour ≠ **contre**	for ≠ against	Êtes-vous **pour** ou **contre** la vie urbaine?
au contraire	on the contrary	J'aime la vie urbaine. Mon camarade de chambre, **au contraire,** déteste les grandes villes.
au moins	at least	La France a une population d'**au moins** 55 millions d'habitants.

1. Questions personnelles

1. Décrivez la ville où vous habitez. Est-ce que c'est une grande ville ou une petite ville? Combien d'habitants est-ce qu'il y a? Est-ce que c'est une ville agréable? Pourquoi ou pourquoi pas?
2. Habitez-vous dans le centre ou dans la banlieue? Est-ce qu'il y a des bâtiments modernes dans le centre? Est-ce qu'il y a un parc?
3. Est-ce que vos parents habitent dans un immeuble ou dans une maison individuelle?
4. Dans quel bâtiment avez-vous votre classe de français? Est-ce qu'il est ancien ou moderne? Est-ce qu'il est propre?
5. Est-ce qu'il y a beaucoup de pollution dans votre ville? beaucoup de circulation? beaucoup de bruit? beaucoup de crimes?
6. Est-ce qu'il y a des usines dans la région où vous habitez? Quelle sorte d'usines? Où sont-elles situées *(located)*? Est-ce qu'elles sont une source de pollution?
7. D'après vous, quels sont les avantages et les désavantages d'habiter dans un quartier ancien? d'habiter dans un quartier moderne?
8. Préférez-vous la vie en ville ou la vie à la campagne? Pourquoi?
9. Est-ce que votre vie à l'université est agréable? intéressante? difficile? Expliquez pourquoi.
10. Est-ce que vous gagnez votre vie? Comment? Est-ce que vous allez gagner votre vie immédiatement après l'université? Pourquoi ou pourquoi pas?
11. Êtes-vous pour ou contre l'énergie nucléaire? la construction de centrales atomiques *(power plants)* près des villes? l'interdiction *(prohibiting)* de la circulation dans le centre-ville?

A. Le verbe *savoir*; la construction *savoir* + *infinitif*

Note the forms of **savoir** *(to know, to know how to)* in the sentences below.

infinitive	**savoir**	
present	Je **sais** parler français. Tu **sais** parler espagnol. Il/Elle/On **sait** jouer au tennis.	Nous **savons** jouer de la guitare. Vous **savez** faire du ski. Ils/Elles **savent** piloter un avion.
passé composé	J'**ai su** la réponse à cette question.	

☐ The main meaning of **savoir** is *to know*. When **savoir** is followed by an infinitive, it means *to know how to*.

Sais-tu nager? $\begin{cases} \textit{Do you know how to swim?} \\ \textit{Can you swim?} \end{cases}$

Proverbe Savoir, c'est pouvoir.

2. **Où est le restaurant?** Un groupe d'amis a décidé d'aller dans un restaurant vietnamien. Certains savent où est le restaurant. Les autres ne savent pas. Exprimez cela.

▶ Paul (non) *Paul ne sait pas.*

1. Charles (oui)
2. Anne et Claire (non)
3. je (oui)
4. tu (non)
5. vous (oui)
6. mes cousins (non)
7. ma cousine (oui)
8. nous (non)

3. **Dialogue** Demandez à vos camarades s'ils savent faire les choses suivantes.

▶ nager? —*Sais-tu nager?*
—*Oui, je sais nager.*
ou: —*Non, je ne sais pas nager.*

1. parler espagnol?
2. faire du ski?
3. faire la cuisine?
4. piloter un avion?
5. jouer de la guitare?
6. programmer?
7. utiliser un ordinateur?
8. taper à la machine?

Dans un bureau à Niamey, Niger

Je sais...

B. *Connaître* ou *savoir?*

In French, there are two verbs that correspond to the English verb *to know:*
connaître *(to be acquainted with)* and **savoir** *(to know as a fact)*. Compare
the uses of these verbs in the sentences below.

Je **connais** André.   Je **sais** où il habite.
Connaissez-vous Québec?   **Savez**-vous si c'est une belle ville?
Nous **connaissons** ce restaurant.   Nous **savons** que la cuisine est excellente.
Tu **connais** quelqu'un ici?   Tu **sais** la leçon?

—**Sais**-tu à quelle heure est le bus?
—Moi, je **sais.** (Non, je ne **sais** pas.)

Although **connaître** and **savoir** both mean *to know*, they are not interchangeable. Their uses are summarized in the following chart.

verb used ...	**connaître**	**savoir**
alone	——	Oui, je **sais.** Non, je ne **sais** pas.
with a direct-object noun or pronoun: *people* *places* *facts, things learned*	Tu **connais** Jean. Je **connais** Paris. Il **connaît** mon adresse.	—— Il **sait** mon adresse.
with a clause	——	Nous **savons** { pourquoi comment avec qui quand } il va à Paris.
with an infinitive	——	Vous **savez** nager.

☐   Note the following constructions:
Je sais que ...   I know that ...   **Je sais que** vous n'aimez pas le bruit.
Je ne sais pas si ...   I do not know if (whether) ...   **Je ne sais pas si** vous aimez Paris.
Sais-tu si ... ?   Do you know if (whether) ... ?   **Sais-tu si** tu vas venir avec nous?

4. Questions personnelles

1. Connaissez-vous New York? Atlanta? la Nouvelle Orléans? le Canada? le Mexique?
2. Connaissez-vous bien votre ville? Savez-vous quand elle a été fondée *(founded)?* Savez-vous combien d'habitants il y a? Savez-vous qui est le maire *(mayor)?* Est-ce que vous le connaissez?
3. Connaissez-vous bien vos voisins? Savez-vous où ils travaillent? Savez-vous s'ils parlent français?
4. Connaissez-vous les bons restaurants de votre ville? Savez-vous s'il y a des restaurants français? Savez-vous s'ils sont chers?

5. À Paris   Un étudiant américain vient d'arriver à Paris. Il demande certains renseignements *(information)* à une étudiante française qui répond affirmativement ou négativement. Jouez les deux rôles. L'étudiant américain commence ses questions par *Sais-tu* ou *Connais-tu.*

▶ où il y a une banque? (oui)   —*Sais-tu où il y a une banque?*
                                  —*Oui, je sais où il y a une banque.*

1. où est l'Alliance Française? (oui); le directeur? (non); combien coûtent les cours? (non)
2. où est le consulat des États-Unis? (oui); s'il est ouvert *(open)* le samedi? (non); le consul? (non)
3. la Cité Universitaire? (oui); des étudiants américains à la Cité Universitaire? (oui); comment on va là-bas? (oui)
4. ce restaurant? (oui); le chef? (non); quelles sont ses spécialités? (non); si on accepte des cartes de crédit? (non)
5. où je peux trouver une chambre bon marché? (oui); cet hôtel? (non); cette agence immobilière *(real estate agency)?* (oui)
6. le Quartier Latin? (oui); le boulevard Saint-Michel? (oui); les étudiants dans ce café? (non)

C. Le pronom relatif *qui*

In the sentences on the right, the pronoun in heavy print is used to join the pairs of sentences on the left. It replaces the *subject* of the second sentence in each pair. This pronoun is called a *relative pronoun.*

J'ai une amie. **Cette amie** habite à la campagne.	J'ai une amie **qui** habite à la campagne.
Paris est une ville. **Cette ville** est très agréable.	Paris est une ville **qui** est très agréable.
J'ai écouté un journaliste. **Ce journaliste** a parlé des problèmes urbains.	J'ai écouté un journaliste **qui** a parlé des problèmes urbains.
Dans ma ville il y a des immeubles. **Ces immeubles** sont très modernes.	Dans ma ville, il y a des immeubles **qui** sont très modernes.

The word to which the relative pronoun refers is called its *antecedent*. In the above sentences, the nouns **une amie, une ville, un journaliste,** and **des immeubles** are the antecedents of the relative pronoun **qui**.

■ The relative pronoun **qui** is a *subject pronoun*. It replaces nouns that designate people, things, or abstract ideas.

□ **Qui** corresponds to the English relative pronouns *who, which, that.*

□ The verb that follows **qui** agrees with its antecedent. Note that this antecedent may be a noun or a stress pronoun.

> C'est **moi qui ai** raison.

> Est-ce que c'est **vous qui avez** téléphoné ce matin?

6. Préférences personnelles Dites si vous aimez les personnes ou les choses suivantes, d'après le modèle.

▶ les maisons / anciennes

J'aime les maisons qui sont anciennes.
ou: *Je n'aime pas les maisons qui sont anciennes.*

1. les immeubles / modernes
2. les villes / très grandes
3. les quartiers / calmes *(quiet)*
4. les usines / sales
5. les appartements / bruyants *(noisy)*
6. les banlieues / distantes du centre

7. Expression personnelle Faites des phrases suivant le modèle.

▶ J'habite dans une ville. / Elle est ancienne?
J'habite dans une ville qui est ancienne.
ou: *J'habite dans une ville qui n'est pas ancienne.*

1. J'habite dans un quartier. / Il est agréable?
2. New York est une ville. / Elle est propre?
3. Mes parents ont une voiture. / Elle consomme beaucoup d'essence *(gas)?*
4. La pollution est un problème. / Il a une solution?
5. J'ai des voisins. / Ils font beaucoup de bruit?
6. Le français est une langue. / Elle est facile?
7. Les journalistes sont des gens. / Ils disent toujours la vérité?
8. Les ordinateurs sont des instruments. / Ils sont indispensables aujourd'hui?
9. Je cherche un travail. / Il offre *(offers)* beaucoup de responsabilités?

8. Expression personnelle Complétez les phrases suivantes avec une expression de votre choix.

1. J'ai un ami qui ...
2. J'habite dans une maison qui ...
3. J'aime les gens qui ...
4. Je connais quelqu'un qui ...
5. J'ai des voisins qui ...

D. Le pronom relatif *que*

In the sentences on the right, the relative pronoun in heavy print is used to join the pairs of sentences on the left. It replaces the *direct object* of the second sentence in each pair.

Paul est un garçon. Je trouve **ce garçon** sympathique.	Paul est un garçon **que** je trouve sympathique.
Paris est une ville. Les touristes admirent **cette ville**.	Paris est une ville **que** les touristes admirent.
Voici des filles. Nous invitons souvent **ces filles**.	Voici des filles **que** nous invitons souvent.
Alice a des idées. Je trouve **ces idées** intéressantes.	Alice a des idées **que** je trouve intéressantes.

■ The relative pronoun **que** is a *direct-object pronoun*. It replaces nouns or pronouns that designate people, things, or abstract ideas.

☐ **Que** corresponds to the English relative pronouns *whom, which, that.*

☐ Although the direct-object relative pronoun is often omitted in English, the pronoun **que** must always be expressed in French.

Voici un livre **que**		Here is a book *(that, which)*	
Voici une personne **que**	je comprends	Here is a person *(whom)*	I understand.
Voici des idées **que**		Here are some ideas *(that)*	

☐ If the verb after **que** is in the *passé composé,* its past participle agrees with **que** since **que** is a preceding direct object. The gender and number of **que** are determined by its antecedent.

Voici **le livre** que j'ai acheté.

Voici **les cassettes** que j'ai achetées.

9. Expression personnelle Faites des phrases d'après le modèle.

▶ Chicago est une ville. / Vous l'aimez?   *Chicago est une ville que j'aime.*
ou: *Chicago est une ville que je n'aime pas.*

1. Paris est une ville. / Vous la connaissez?
2. Les Français sont des gens. / Vous les trouvez sympathiques?
3. Le français est une langue. / Vous la parlez bien?
4. «Time» est un magazine. / Vous le lisez?
5. Le football est un sport. / Vous le regardez à la télé?
6. Jack Nicholson est un acteur. / Vous l'admirez?
7. Le bruit est une chose. / Vous le trouvez agréable?
8. La violence est une chose. / Vous la tolérez?

10. Activités Dites ce que les gens suivants font d'après le modèle. Faites attention à l'accord du participe passé.

▶ Pierre / écouter la cassette / acheter hier   *Pierre écoute la cassette qu'il a achetée hier.*

1. Robert et Denis / téléphoner aux filles / rencontrer samedi dernier
2. Isabelle / nettoyer la robe / mettre hier
3. nous / regarder les photos / prendre pendant les vacances
4. je / envoyer la lettre / écrire ce matin
5. vous / manger la tarte / faire pour le dessert
6. M. Martin / parler de la nouvelle *(piece of news)* / apprendre au bureau

11. En ville Les gens suivants sont à Paris. Dites ce qu'ils font en utilisant les pronoms *qui* ou *que (qu')*.

▶ Je dîne dans un restaurant. / Il sert des spécialités vietnamiennes.
   Je dîne dans un restaurant qui sert des spécialités vietnamiennes.
▶ Je dîne dans un restaurant. / Le Guide Michelin le recommande.
   Je dîne dans un restaurant que le Guide Michelin recommande.

1. Je prends l'autobus. / Il va aux Champs-Élysées.
2. Paul va chez des amis. / Ils habitent dans le Quartier Latin.
3. Nous allons à un cours. / Nous le suivons depuis septembre.
4. Nicole va au café avec des étudiants. / Elle les connaît bien.
5. Les touristes vont dans un magasin. / Il vend des cartes postales.
6. Jacqueline habite dans un appartement. / Elle le loue pour l'été.
7. Nous habitons dans un immeuble. / Il a une vue *(view)* sur Notre Dame.

E. Les expressions *quelqu'un, quelque chose* et leurs contraires

Note the meanings and the use of the following expressions.

quelqu'un	someone	Tu connais **quelqu'un** à Paris.
ne ... personne	no one, not anyone	Nous **ne** connaissons **personne** dans cet immeuble.
quelque chose	something	Est-ce que tu comprends **quelque chose?**
ne ... rien	nothing, not anything	Vous **ne** comprenez **rien.**

■ **Ne ... personne** and **ne ... rien** are negative expressions consisting of two parts:

> **ne** comes before the verb
> **personne** and **rien** usually come after the verb

☐ When the verb is in the *passé composé*, **personne** comes after the past participle and **rien** comes between the auxiliary and the past participle.

As-tu invité quelqu'un?	Non, je **n'**ai invité **personne.**
As-tu entendu quelque chose?	Non, je **n'**ai **rien** entendu.

☐ When **personne** and **rien** are the subjects of the sentence, they come before the verb.

Personne ne vient.	**Personne n'**a téléphoné.
Rien n'est impossible.	**Rien n'**a été facile dans ce projet.

☐ **Quelqu'un, quelque chose, personne,** and **rien** are invariable expressions and can be used with the following constructions:

> quelqu'un
> quelque chose ⎫
> personne   ⎬   + **de** + masculine adjective
> rien   ⎭   + **à** + infinitive

Je connais **quelqu'un d'intéressant.**	Je ne connais **personne d'intéressant.**
As-tu fait **quelque chose de spécial?**	Je **n'**ai **rien** fait **de spécial.**
As-tu **quelque chose à dire?**	Non, je **n'**ai **rien à dire.**

12. **Définitions**   Définissez les choses ou les personnes suivantes en utilisant la construction *quelqu'un* ou *quelque chose* + *de* + adjectif.

▶ une énigme: mystérieux   *Une énigme est quelque chose de mystérieux.*

1. une comédie: drôle
2. un comédien: amusant
3. un secret: confidentiel
4. un fantôme *(ghost):* invisible
5. un athlète: sportif
6. une exception: spécial
7. un génie: très intelligent
8. un géant *(giant):* très grand

13. **Non!**   Décrivez ce que les personnes suivantes ne font pas. Pour cela utilisez les expressions **ne ... personne** ou **ne ... rien** avec les verbes entre parenthèses.

▶ Je n'ai pas d'appétit. (manger)   *Je ne mange rien.*

1. Nous n'avons pas soif. (boire)
2. Vous êtes inactifs. (faire)
3. Charles est égoïste. (aider)
4. Ces garçons sont discrets. (dire)
5. Je fais des économies. (dépenser)
6. Hélène déteste les conseils. (écouter)
7. Tu n'es pas sociable. (inviter chez toi)
8. Je n'ai pas d'argent. (acheter)
9. Vous venez d'arriver dans ce quartier. (connaître)
10. Nous ne sommes pas très intelligents. (comprendre)

14. **L'étranger dans la ville**   Anne-Marie habite depuis longtemps *(for a long time)* dans cette ville. Jacques vient d'arriver. Lisez ce que dit Anne-Marie et jouez le rôle de Jacques. Pour cela, mettez les phrases à la forme négative.

▶ Je sors avec quelqu'un.   *Moi, je ne sors avec personne.*

1. Je connais quelqu'un dans cette banque.
2. Je fais quelque chose d'amusant le week-end prochain.
3. Ce soir je dîne avec quelqu'un d'intéressant.
4. Je commande quelque chose de spécial dans ce restaurant.
5. J'ai rencontré quelqu'un de sympathique le week-end dernier.
6. J'ai fait quelque chose d'intéressant hier soir.
7. Quelqu'un m'aide quand j'ai besoin d'un conseil.
8. Quelqu'un m'a téléphoné hier soir.
9. Quelqu'un va m'inviter ce week-end.
10. Quelque chose est arrivé pour moi dans le courrier *(mail)* ce matin.

Vocabulaire: *Expressions indéfinies de quantité*

autre	other	
l'autre	the other	L'**autre** jour je suis allée au parc.
les autres	the others	**Les autres** étudiants ne sont pas venus.
un(e) autre	another	Je cherche **un autre** appartement.
d'autres	other	Voulez-vous visiter **d'autres** appartements?
certain	certain	
un(e) certain(e)	a certain	J'ai besoin d'**un certain** livre.
certain(e)s	certain, some	**Certains** problèmes n'ont pas de solution.
chaque	each, every	**Chaque** banlieue est différente.
plusieurs	several	Notre ville a **plusieurs** parcs.
quelques	some, a few	Marc a **quelques** magazines français chez lui.
de nombreux (nombreuses)	many, numerous	J'ai **de nombreuses** amies à Paris.
tout	all, everything	Je **comprends** tout.
tout le (toute la)	all the, the whole	Est-ce que **toute la** classe comprend la leçon?
tous les (toutes les)	all the,	**Tous les** hommes sont égaux *(equal)*.
	every	Nous allons au cinéma **toutes les** semaines.
tout le monde	everybody, everyone	Est-ce que **tout le monde** a compris?

notes de vocabulaire

1. The expression **autre** is always introduced by an article or another determiner.
2. **Tout le** (**toute la**, etc.) agrees with the noun it introduces.
3. In the expression **tout le**, the definite article may be replaced by **ce** or a possessive adjective.

Que font **tous ces** gens?	What are *all those* people doing?
J'ai perdu **tout mon** argent.	I lost *all my* money.

4. When **tout** means *everything*, it is invariable.

---

15. **Généralisations** Acceptez ou refusez les généralisations suivantes. Utilisez *tous* ou *toutes* dans vos réponses.

▶ Less femmes veulent être indépendantes?
C'est vrai! Toutes les femmes veulent être indépendantes.
C'est faux (false)! Toutes les femmes ne veulent pas être indépendantes.

1. Les hommes sont égaux *(equal)?*
2. Les gens aiment la liberté?
3. Les professeurs sont intelligents?
4. Les étudiants sont idéalistes?
5. Les personnes optimistes sont heureuses?
6. Les voitures consomment de l'énergie?
7. Les usines polluent?
8. Les généralisations *(f.)* sont absurdes?

16. Questions personnelles

1. Allez-vous aller à une autre classe après cette classe? Quelle classe?
2. Avez-vous d'autres cours aujourd'hui? Quels cours?
3. Est-ce qu'il y a d'autres universités dans la région? Quelles universités?
4. Est-ce que vous préparez bien chaque examen de français?
5. Est-ce que vous comprenez tout quand le professeur parle français? Est-ce que tout le monde répond en français dans votre classe?
6. Est-ce que vous connaissez tous les garçons dans la classe? et toutes les filles?
7. Est-ce que vous allez à l'université tous les jours?
8. Est-ce que vous sortez tous les week-ends?
9. Est-ce que vous avez plusieurs camarades de chambre?
10. Chez vous est-ce qu'il y a plusieurs téléviseurs? plusieurs radios?
11. De temps en temps *(from time to time)*, avez-vous quelques difficultés avec vos amis? avec vos parents? avec vos études? avec le français?
12. Est-ce qu'il y a de nombreux restaurants dans votre ville? de nombreuses boutiques? de nombreuses choses à voir *(to see)?* de nombreuses choses à faire? Quelles choses?

Récapitulation

Substitution

Remplacez les mots soulignés par les mots entre parenthèses. Faites tous les changements nécessaires.

1. Je connais Jacques, mais je ne sais pas où il habite.   (nous, mes frères, ma voisine, tu, vous)
2. Connaissez-vous Georges?   (avec qui il travaille, Paris, ce quartier, où j'habite, mes amis, pourquoi Sylvie est furieuse)
3. Voici un garçon qui est très intéressant.   (une ville, un magazine, des livres, un professeur)
4. Voici une fille que je connais.   (un quartier, des immeubles, une personne, des étudiants, un voisin)
5. Paris est une ville qui est belle.   (est ancienne, les touristes visitent, j'aime, a beaucoup d'ambiance [*atmosphere*])
6. J'invite quelqu'un ce soir, mais hier je n'ai invité personne.   (fais quelque chose, mange quelque chose, téléphone à quelqu'un, attends quelqu'un)

Vous avez la parole: La vie urbaine

Décrivez la ville où vous habitez. Parlez aussi de ses avantages et de ses inconvénients. Si vous voulez, vous pouvez utiliser le texte «*La vie urbaine: pour ou contre?*» comme modèle.

20.

La télévision: un bien ou un mal?

Avez-vous la télévision?

Aujourd'hui, la télévision fait partie de° notre existence. Mais la télévision n'a pas toujours existé. Deux habitants d'un petit village se souviennent° du temps où la télévision n'existait pas°.

MAURICE PÉCOUL *(45 ans, instituteur °)*

Avant la télévision, nous vivions° dans l'isolement° absolu. Notre univers était° limité au village. Notre existence était monotone. Les gens travaillaient dur°, mais ils n'avaient pas° de distractions°. Le soir°, les vieux allaient° au café, mais les jeunes ne sortaient° jamais. Nous n'allions jamais au cinéma qui était à trente kilomètres. Heureusement, la télévision est arrivée. Elle nous a apporté les loisirs à domicile°. Elle a transformé notre existence.

LOUIS JUÉRY *(55 ans, agriculteur °)*

Avant, le village formait° une communauté où tout le monde connaissait° ses voisins. On travaillait dur, c'est vrai, mais il y avait° aussi les bons moments de l'existence. Le soir, on allait au café. On jouait° aux cartes et on buvait° ensemble le vin du pays° ... La conversation était toujours animée° ... Le samedi, tout le monde allait au bal ... Maintenant, c'est fini! Le soir, les gens restent chez eux pour regarder la télévision. Ils ne sortent plus°. Ils ne parlent plus à leurs voisins. L'art de la conversation n'existe plus ... C'est vrai, la télévision a changé notre existence. Hélas!°

	Lundi	**Mardi**	**Mercredi**	**Jeudi**	**Vendredi**	**Samedi**	**Dimanche**
	FILM 20 h 35 **L'Homme de la plaine**	BALLET 21 h 50 **Don Quichotte** Musique de Minkus, chorégraphie de et avec Mickael Baryshikov, Cynthia Harvey	**21 h 30 Champions**	SÉRIE 20 h 35 **L'Homme de Suez** avec Guy Marchand Horst Franck Ricardo Palacios	**VARIÉTÉS 20 h 35 Carnaval**	TELEFILM 20 h 35 **Dernier banco** de Claude Givray avec Jean-Pierre Cassel Michel Duchaussoy Pascale Petit	FILM 20 h 35 **Le Lauréat**
	avec James Stewart		Spécial football avec Elton Jones		avec Marie-Paule Belle		avec Dustin Hoffman

(margin glosses:)

is part of

remember

didn't exist

teacher

lived / isolation / was

worked hard

didn't have / amusements / in the evening / used to go

would go out

at home

farmer

formed / knew

there were

would play / drank

local wine / lively

no longer

Alas!

Lecture culturelle:
La télévision en France

Il y a soixante ans, la télévision n'existait pas. Il y a trente ans, c'était un luxe[1]. La popularité de la télévision en France a commencé avec la transmission des cérémonies du couronnement[2] de la reine[3] d'Angleterre en 1953. Aujourd'hui, tout le monde «a la télé».

Il y a une différence fondamentale entre le système de télévision français et le système américain. En France, la télévision n'est pas une industrie privée[4], mais un service public. Pendant longtemps[5], elle est restée sous le contrôle plus ou moins direct du gouvernement. Cette situation posait la question capitale[6] de la liberté d'expression et de l'indépendance de l'information. Est-ce que les journalistes de la télévision étaient des journalistes indépendants? Ou bien, est-ce que c'étaient des fonctionnaires[7] chargés de présenter le point de vue officiel?

Cette situation a changé en 1982 avec la création de la Haute[8] Autorité de la Communication Audiovisuelle. Aujourd'hui, la télévision française est toujours un service public, mais un service public indépendant. La Haute Autorité a de nombreuses fonctions, en particulier d'assurer le pluralisme et l'équilibre des programmes, le respect de la personne humaine, l'égalité entre[9] les hommes et les femmes, la protection des enfants, la défense de la langue française.

Les téléspectateurs ont le choix entre trois chaînes[10] de télévision: TF 1 (Télévision Française 1), A2 (Antenne 2), FR3 (France Régions 3). Pour la majorité des Français, la télévision est avant tout[11] une forme de récréation à domicile[12]. Leurs émissions favorites sont les sports, les films, le théâtre, les variétés, et surtout les jeux télévisés. Certains de ces programmes sont transmis en «Eurovision», c'est-à-dire simultanément dans les autres pays européens.

Pour beaucoup de Français, la télé est devenue une habitude, un rite, presque une drogue[13]: on regarde la télé en famille avant, pendant et après le dîner.

1 *luxury*   2 *crowning*   3 *queen*   4 *private*   5 *for a long time*   6 = essentielle   7 *civil servants*   8 *high*   9 *between*   10 *channels*   11 *above all*   12 = à la maison   13 *drug*

Structure et Vocabulaire

Vocabulaire: *La télévision*

noms

un dessin animé	cartoon	une chaîne	channel
un documentaire	documentary	une émission	show, program
un feuilleton	movie	les informations	news
un film	TV series	la météo	weather forecast
des jeux télévisés	TV game show	les nouvelles	news
un programme	program	la publicité	commercials
un spectacle	show	les variétés	variety show

adjectifs

favori (favorite)	favorite	Quelles sont vos émissions **favorites?**
préféré	favorite	Quelles sont tes émissions **préférées?**

expression

à la télé	on TV	Il y a un bon programme **à la télé** ce soir.

1. **Questions personnelles**

1. Avez-vous un téléviseur? Est-ce un téléviseur-couleur ou un téléviseur en noir et blanc?
2. Regardez-vous souvent la télévision? Combien d'heures par jour?
3. Regardez-vous les informations à la télé? Sur quelle chaîne?
4. D'après vous *(in your opinion)*, quelle est la chaîne qui a les meilleurs films? les meilleurs émissions sportives?
5. Regardez-vous les jeux télévisés? Quels sont vos jeux préférés? Quels sont les jeux que vous trouvez idiots?
6. Regardez-vous les émissions de variétés? Quelle est votre émission favorite?
7. Qui est votre comédien(ne) préféré(e)? Dans quelle émission est-ce qu'il/elle joue?
8. Quel est votre feuilleton préféré? Quels acteurs et quelles actrices jouent dans ce feuilleton?
9. Est-ce que vous regardez la météo? Pourquoi? Qu'est-ce que la météo a prévu *(forecast)* hier soir?

12.00 MIDI INFORMATIONS ET MÉTÉO

Vive les loisirs!

21. Ambiance méditerranéenne, spécialités niçoises   22. Face à face dans le Jardin du Luxembourg à Paris

23

24

23. Les sports d'hiver dans les Alpes suisses
24. Planches à voile à Toulon

25. Une joueuse renvoie la balle   26. Un
match de rugby   27. Jeu de boules

26

28. Feux d'artifice au carnaval de Nice

A. Le verbe *vivre*

The verb **vivre** *(to live)* is irregular. Note especially the past participle.

infinitive	**vivre**	
present	Je **vis** en France.	Nous **vivons** bien.
	Tu **vis** à Paris.	Vous **vivez** mal.
	Il/Elle/On **vit** en Italie.	Ils/Elles **vivent** confortablement.
passé composé	J'**ai vécu** trois ans en France.	

Vivre and **habiter** both mean *to live*. **Vivre** means *to live* in a general sense, and also *to live* or *reside in a particular place*. **Habiter** means *to live* only in the sense of *to reside in a place*.

J'**habite** à Paris. ⎫
Je **vis** à Paris. ⎭   I *live* in Paris.

Je **vis** d'une manière simple.   I *live* in a simple style.

2. Où et comment? Dites où les personnes suivantes habitent et comment ils vivent. Votre seconde phrase peut être affirmative ou négative.

▶ Mlle Richard / dans un beau château *(castle)* / mal?
Mlle Richard habite dans un beau château. Elle ne vit pas mal.

1. mes cousins / une ferme *(farm)* à la campagne / simplement?
2. je / avec ma famille / seul?
3. tu / dans une chambre minuscule et sans confort / bien?
4. nous / dans un bel appartement / confortablement?
5. Françoise / près d'un aéroport / dans le calme?
6. vous / près d'un volcan / dangereusement?

3. Questions personnelles

1. Vivez-vous bien ou mal? Vivez-vous confortablement? Vivez-vous seul(e)?
2. Est-ce qu'on vit bien aux États-Unis?
3. Selon *(according to)* vous, est-ce que les Américains vivent mieux *(better)* que les Français?
4. Selon vous, est-ce qu'on vit mieux dans une grande ville ou à la campagne?
5. Selon vous, dans quelle ville américaine est-ce qu'on vit le mieux *(best)*?
6. Dans quelle ville habitent vos parents? Est-ce qu'ils ont toujours vécu dans cette ville?
7. Avez-vous vécu à l'étranger? en Europe? en Asie? en Afrique? en Amérique Latine?

B. L'imparfait: formation

French, like English, uses different tenses to describe past actions and past events. One of these past tenses is the *passé composé,* which was presented in lessons 14 and 15. Another frequently used past tense is the imperfect *(l'imparfait).* Note the forms of the imperfect in the following sentences.

present	*imperfect*	
Aujourd'hui, j'**habite** à Paris.	Avant, j'**habitais** dans un village.	I *used to live* in a village.
Nous **allons** à l'université.	Nous **allions** à l'école secondaire.	We *went* to high school.
Mes amis **jouent** au tennis.	Ils **jouaient** au football.	They *were playing* soccer.

■ The imperfect has several English equivalents:

Mes cousins **habitaient** à Paris.
- My cousins *lived* in Paris.
- My cousins *used to live* in Paris.
- My cousins *were living* in Paris.

Note the forms of the imperfect of three regular verbs (in -**er,** -**ir,** -**re**) and an irregular verb, **faire.**

infinitive	**parler**	**finir**	**vendre**	**faire**
present (**nous**-form)	nous **parl**ons	nous **finiss**ons	nous **vend**ons	nous **fais**ons
imperfect	je parl**ais**	je finiss**ais**	je vend**ais**	je fais**ais**
	tu parl**ais**	tu finiss**ais**	tu vend**ais**	tu fais**ais**
	il/elle parl**ait**	il/elle finiss**ait**	il/elle vend**ait**	il/elle fais**ait**
	nous parl**ions**	nous finiss**ions**	nous vend**ions**	nous fais**ions**
	vous parl**iez**	vous finiss**iez**	vous vend**iez**	vous fais**iez**
	ils/elles parl**aient**	ils/elles finiss**aient**	ils/elles vend**aient**	ils/elles fais**aient**

■ The imperfect, like the present, is a *simple* tense consisting of *one* word.

☐ For all verbs except **être,** *the stem* of the imperfect is derived as follows:

imperfect stem = **nous**-form of present *minus* -**ons**

boire:	nous **buv**ons	→ je **buv**ais	acheter:	nous **achet**ons	→ j' **achet**ais
prendre:	nous **pren**ons	→ je **pren**ais	manger:	nous **mange**ons	→ je **mange**ais
lire:	nous **lis**ons	→ je **lis**ais	commencer:	nous **commenç**ons	→ je **commenç**ais

☐ For all verbs, regular and irregular, the *endings* of the imperfect are the same:

-ais, -ais, -ait, -ions, -iez, -aient.

■ **Être** has an irregular imperfect stem: **ét-**. The endings are regular.

j'**étais**, tu **étais**, il/elle **était**, nous **étions**, vous **étiez**, ils/elles **étaient**

■ Note the imperfect forms of the following impersonal expressions:

il neige	**il neigeait**	it was snowing	il faut	**il fallait**	it was necessary
il pleut	**il pleuvait**	it was raining	il y a	**il y avait**	there was (were)

■ In the imperfect, questions and negative sentences are formed according to the same pattern used in the present:

Est-ce que tu regardais souvent la télé? ⎫
Regardais-tu souvent la télé? ⎭   *Did you* often *watch* TV?

Non, **je ne regardais pas** souvent la télé.   No, *I did not* often *watch* TV.

4. Avant Les étudiants suivants font leurs études à l'université de Paris. Dites où chacun habitait avant et si oui ou non il vivait en France.

▶ Paul (à Québec)   *Paul habitait à Québec. Il ne vivait pas en France.*

1. Philippe (à Montréal)
2. Michel et Antoine (à Genève)
3. Alice et Suzanne (à Tours)
4. Béatrice (à Lille)
5. je (en Normandie)
6. tu (à San Francisco)
7. nous (à Marseille)
8. vous (à Dakar)

5. Aujourd'hui et autrefois *(Now and then)* Thérèse explique ce qu'elle fait à l'université. Son père, M. Moreau, dit qu'à son époque *(in his time)* il faisait les mêmes choses. Jouez les deux rôles.

▶ avoir des examens   THÉRÈSE: *Nous avons des examens.*
                M. MOREAU: *Nous aussi, nous avions des examens.*

1. travailler beaucoup
2. choisir des cours difficiles
3. perdre rarement notre temps
4. aller au cinéma le week-end
5. faire du sport
6. sortir le samedi soir
7. boire de la bière avec nos amis
8. apprendre beaucoup de choses intéressantes
9. lire beaucoup
10. être idéaliste
11. vouloir changer le monde
12. avoir des idées anticonformistes

6. Dialogue Demandez à vos camarades s'ils faisaient les choses suivantes quand ils étaient à l'école secondaire.

▶ parler français?   *—Est-ce que tu parlais français?*
               —Oui, je parlais français. ou: *—Non, je ne parlais pas français.*

1. avoir un vélo?
2. jouer aux jeux électroniques?
3. regarder souvent la télé?
4. aller dans les discothèques?
5. utiliser un ordinateur?
6. faire du sport?
7. savoir programmer?
8. sortir le samedi soir?
9. connaître des gens intéressants?
10. être timide?
11. vouloir aller à l'université?
12. suivre un régime?

C. L'imparfait et le passé composé: événements habituels, événements spécifiques

The sentences below all describe events that took place in the past. Compare the verbs in the sentences on the left (describing habitual events) with those in the sentences on the right (describing specific events).

Habituellement ...	*Un jour ...*
... je **regardais** les programmes de sports.	... j'**ai regardé** un excellent match de football.
... on **jouait** au volley.	... on **a joué** au tennis.
... mes amis **allaient** au cinéma.	... ils **sont allés** au théâtre.

The *passé composé* and the *imperfect* cannot be substituted for one another. The choice between the two tenses depends on *how* the speaker *wants* to describe past events and facts.

> The *imperfect* is used to describe *habitual actions of the past,* that is, actions that repeated themselves.

☐ The *imperfect* is used in sentences that imply repetition. Often such sentences contain expressions such as **le week-end** *(on weekends),* **d'habitude** *(usually),* **tous les jours** *(every day),* etc., which indicate that events recurred on a regular basis.

☐ In English, a habitual past action is often expressed by the form *used to* + verb. Such constructions are rendered in French by the *imperfect.*

Autrefois les gens **travaillaient** dur.   In the past, people *used to work* hard.

> The **passé composé** is used to describe *past actions* that are *unique or specific,* and that *are completed* within a certain time period.

☐ The *passé composé* is used with expressions such as **un week-end, un jour,** which refer to a specific occurrence and do not imply repetition.

7. **Vive le progrès!** Dites si oui ou non on faisait les choses suivantes en 1900.

▶ on / regarder la télé?   *Non, on ne regardait pas la télé.*

1. on / travailler beaucoup?
2. les enfants / travailler dans les usines?
3. les gens / gagner beaucoup d'argent?
4. on / avoir beaucoup de loisirs?
5. les femmes / être indépendantes?
6. on / voyager en voiture?
7. on / vivre dans des grands immeubles?
8. on / être plus heureux qu'aujourd'hui?
9. tout le monde / connaître ses voisins?
10. on / savoir vivre?

Vocabulaire: *Expressions de temps*

le lundi	(on) Mondays	**Le lundi,** j'invitais mes amis.
un lundi	(on, a, one) Monday	**Un lundi,** je suis allé chez eux.
tous les lundis	every Monday	**Tous les lundis,** j'avais un cours d'anglais.
une fois	once	Je suis sortie **une fois** avec Pierre.
deux fois	twice	Je suis sortie **deux fois** avec Paul.
plusieurs fois	several times	Nous avons été **plusieurs fois** au cinéma.
quelquefois	sometimes, a few times	Avez-vous **quelquefois** écouté du jazz?
autrefois	in the past, formerly	**Autrefois,** il y avait un café ici.
parfois	sometimes	**Parfois,** j'allais au café avec mes amis.
tout le temps	all the time	Quand j'étais étudiant, je n'étudiais pas **tout le temps.**
longtemps	(for) a long time	J'ai habité **longtemps** à Paris.
de temps en temps	from time to time, once in a while	**De temps en temps,** je passais les week-ends en Normandie.
souvent	often	Je regardais **souvent** des films d'aventure.
d'habitude	usually	**D'habitude,** j'allais au concert le lundi.
habituellement	usually	**Habituellement,** mon frère restait à la maison.
rarement	rarely, seldom	Mes amis sortaient **rarement.**

notes de vocabulaire

1. Both **temps** and **fois** correspond to the English word *time*.
   Temps refers to the *span of time* during which an action occurs.

   Combien de temps faut-il pour aller   *How much time* does it take to go
   de New York à Paris?   from New York to Paris?

   Fois refers to the *number of times* an action or event occurs.

   Combien de fois as-tu été à Paris?   *How many times* have you been to Paris?

2. The *passé composé* is usually used with expressions such as **un lundi, une fois, deux fois, plusieurs fois** since these expressions refer to one or several isolated occurrences. The *imperfect* is usually used with expressions such as **le lundi, tous les lundis, d'habitude, habituellement** since these expressions imply repetition.

3. With expressions such as **souvent, parfois, quelquefois,** either the *passé composé* or the *imperfect* may be used depending on the speaker's viewpoint.

   The *passé composé* is used when the action is considered as a series of specific and separate completed occurrences.

   The *imperfect* is used when the action is considered as a habitual occurrence.

   Je suis allé souvent à Paris.   *I went* to Paris often (on several occasions).
   J'allais souvent à Paris.   *I used to go* to Paris often (regularly).

Dictons (Sayings)   **Une fois n'est pas coutume.**
Doing something once is not establishing a habit.

Une fois passe. Deux fois lassent. Trois fois cassent.
Once is all right. Twice is boring. Three times is too much.

8. **Souvenirs**   Des amis discutent de l'époque où ils étaient «teenagers». Dites que chacun faisait ce qu'il aimait faire, en utilisant l'expression entre parenthèses.

▶ Paul aimait jouer au tennis. (tous les samedis)
Il jouait au tennis tous les samedis.

1. Jacqueline aimait jouer au volley. (assez souvent)
2. Suzanne aimait aller à la piscine. (le week-end)
3. Anne et Charles aimaient aller au cinéma. (le samedi soir)
4. Marc aimait faire du camping. (assez souvent)
5. Lise et Sophie aimaient faire du ski en Suisse. (de temps en temps)
6. Albert aimait sortir avec ses amis. (le dimanche après-midi)
7. Ma cousine aimait prendre des photos. (quand il faisait beau)
8. Mes amis aimaient regarder les jeux télévisés. (tout le temps)

9. **Aujourd'hui et autrefois**   Après 60 ans d'absence, Madame Camus retourne au village où elle est née. Elle remarque la vie d'aujourd'hui et elle décrit la vie autrefois. Jouez le rôle de Madame Camus.

▶ Aujourd'hui les jeunes ont des voitures. (des bicyclettes)
   Autrefois les jeunes avaient des bicyclettes.

1. Ma cousine habite dans une belle maison. (une ferme [*farm*])
2. Mon cousin a une Mercédès. (un cheval [*horse*])
3. On va au cinéma le samedi soir. (au bal)
4. Les gens travaillent 39 heures par semaine. (tout le temps)
5. Tout le monde mange de la viande. (du pain et des lentilles)
6. Il y a une usine moderne près de la rivière *(river)*. (une vieille maison abandonnée)
7. Il faut avoir de l'argent. (du courage)
8. On vit confortablement. (simplement)
9. La vie est facile. (difficile mais agréable)
10. Les gens sont riches. (honnêtes et sincères)

10. **Questions personnelles**   Décrivez votre vie quand vous aviez quinze ans. Pour cela, répondez aux questions suivantes.

1. Où habitiez-vous?
2. À quelle école alliez-vous? Quels cours suiviez-vous?
3. Où alliez-vous pendant les vacances? Avec qui?
4. Quels programmes regardiez-vous à la télé? Quel était votre feuilleton préféré?
5. Qui était votre acteur favori? votre actrice favorite?
6. Qu'est-ce que vous faisiez le week-end? Où alliez-vous? Avec qui?
7. Quels sports est-ce que vous pratiquiez *(practice)*? Où et quand? À quels jeux jouiez-vous?
8. Qu'est-ce que vous achetiez avec votre argent?

11. **Les vacances de Suzanne**   Suzanne dit ce qu'elle faisait d'habitude, et ce qu'elle a fait un certain jour. Jouez le rôle de Suzanne d'après le modèle.

▶ dîner (chez moi / au restaurant)   *D'habitude, je dînais chez, moi.*
                                       Un jour, j'ai dîné au restaurant.

1. jouer (au tennis / au golf)
2. aller (à la plage / à la piscine)
3. sortir (avec Paul / avec Pierre)
4. rentrer (à 9 heures / à minuit)
5. regarder (les westerns / une comédie musicale)
6. inviter (des amis / une amie de l'université)
7. déjeuner (en ville / avec une amie)
8. faire une promenade (en ville / à la campagne)

12. **Pendant les vacances** Des camarades parlent de leurs vacances. Dites ce que chacun faisait ou a fait. Pour cela, complétez les phrases avec *allait* ou *est allé(e)* suivant le cas.

▶ Le jeudi, Paul ... (au cinéma)   *Le jeudi, Paul allait au cinéma.*
▶ Un jeudi, il ... (au théâtre)   *Un jeudi, il est allé au théâtre.*

1. Une fois, Marc ... (faire du ski nautique)
2. Deux fois, Philippe ... (au casino)
3. Le soir, Hélène ... (au café)
4. Un soir, Monique ... (à Nice)
5. L'après-midi, Brigitte ... (à la plage)
6. Le samedi, Sylvie ... (dans une discothèque)
7. Un samedi, Pierre ... (au concert)
8. Habituellement, Louis ... (à la piscine)
9. Le 15 août, Max ... (à Cannes)
10. Le 30 juillet, Robert ... (en Italie)
11. Isabelle ... deux fois (en Espagne)
12. Un certain jour, Pierre ... (chez un ami)
13. Michel ... tout le temps (chez ses amis)
14. De temps en temps, il ... (au café)
15. Charles ... souvent (au restaurant)

13. **Une vie** M. Legrand a 65 ans. Il habite à Paris et il est ingénieur en retraite *(retired)*. Un jour il amène ses petits-enfants dans le village où il est né. Là il évoque sa vie.

[*Quand*] Je suis jeune, j'habite dans ce village. J'ai trois frères et deux sœurs. Nous vivons ensemble dans une maison qui est grande mais qui n'est pas confortable. Il y a l'électricité mais il n'y a pas le gaz. Naturellement, ma mère a beaucoup de travail. Je l'aide dans les travaux domestiques *(chores)*. Mon père travaille dans une petite usine de textiles. Il travaille beaucoup mais il ne gagne pas beaucoup d'argent.

Un jour, l'usine où il travaille tombe en faillite *(bankruptcy)*. Mon père perd son travail. Nous vendons notre maison et nous quittons notre village. Nous arrivons à Paris. Mon père trouve du travail chez Renault. Moi, je trouve du travail dans un garage.

À cette époque-là *(at that time)*, la vie est difficile. Je travaille dix heures par jour. Le soir je suis des cours dans un institut technique. Le week-end je ne sors pas. J'étudie. Finalement, après deux ans, j'ai mon diplôme d'ingénieur. [*Quand*] J'obtiens ce diplôme, je trouve immédiatement du travail dans une entreprise internationale de travaux *(works)* publics. Cette firme m'envoie au Maroc *(Morocco)*. Rapidement, je deviens ingénieur en chef. J'habite au Maroc pendant vingt ans. Je ne deviens pas millionnaire, mais je vis bien.

Maintenant racontez l'histoire au passé. Utilisez *l'imparfait* pour les événements habituels et *le passé composé* pour les événements spécifiques.

▶ *Quand j'étais jeune, j'habitais dans ce village ...*

D. Les expressions négatives *ne ... jamais* et *ne ... plus*

Note the meaning and use of the following expressions.

ne ... jamais	never, not ever	Je **ne** voyage **jamais**.
		Je **ne** suis **jamais** allé au Canada.
ne ... plus	no more (longer), not any more (longer)	Vous **ne** fumez **plus**.
		Vous **n**'avez **plus** acheté de cigarettes.

■ **Ne ... jamais** and **ne ... plus** are negative expressions consisting of two parts:

—**ne** comes before the verb
—**jamais** and **plus** come after the verb in the present tense, and between the auxiliary verb and the past participle in the *passé composé*.

14. Dialogue Demandez à vos camarades si oui ou non ils ont déjà fait les choses suivantes.

▶ visiter Paris? *—As-tu déjà visité Paris?*
—Oui, j'ai déjà visité Paris.
ou: *—Non, je n'ai jamais visité Paris.*

1. visiter le Japon?
2. écrire au Président?
3. manger du caviar?
4. boire du champagne?
5. piloter un hélicoptère?
6. participer à un marathon?
7. faire du ski nautique *(waterski)*?
8. gagner un million de dollars à la loterie?

15. C'est fini! Dites ce que les personnes suivantes ont fait et ce qu'elles ne font plus.

▶ Janine / vendre sa raquette / jouer au tennis
Janine a vendu sa raquette. Elle ne joue plus au tennis.

1. nous / quitter Paris / habiter en France
2. vous / obtenir votre diplôme / aller à l'université
3. mon grand-père / acheter une bicyclette / utiliser sa Rolls Royce
4. François / rentrer de vacances / sortir tous les soirs
5. mes amis / devenir végétariens / manger de la viande
6. tu / acheter un château *(castle)* en France / louer une chambre d'étudiant
7. je / gagner à la loterie / travailler
8. Roland et Pierre / prendre une bonne décision / fumer

Récapitulation

Substitution

Remplacez les mots soulignés par les mots entre parenthèses. Faites tous les changements nécessaires.

1. Je voudrais <u>faire du ski</u>. Je n'ai jamais fait du ski.   (aller à Paris, voyager en avion, monter à la Tour Eiffel, jouer aux échecs, boire du champagne)
2. Quand j'étais petit, <u>je</u> regardais toujours la télé.   (tu, Paul, mes cousins, nous, vous)
3. Tu aimais <u>danser</u>. Tu dansais souvent.   (jouer au tennis, faire des promenades, boire de la bière, sortir, aller au cinéma, étudier, faire du camping, prendre des photos)
4. <u>L'après-midi</u>, j'allais au cinéma.   (le samedi soir, hier, le matin, le dimanche, quand j'étais étudiant)
5. <u>Nous</u> vivons bien maintenant, mais autrefois nous vivions difficilement.   (je, vous, mes amis, ma sœur, tu)
6. En général, <u>je dînais</u> à la maison mais un jour <u>j'ai dîné</u> chez un ami français. (nous / déjeuner; tu / aller; Jacques / dormir; les étudiants / passer le week-end)

Vous avez la parole: Les phases de la vie

Complétez les phrases suivantes en décrivant une situation habituelle *(à l'imparfait)* et un événement particulier *(au passé composé)*. Utilisez les ressources de votre mémoire ... et de votre imagination!

▶ Quand j'avais cinq ans ...   *Quand j'avais cinq ans, j'avais une bicyclette. Un jour, j'ai eu un accident.*

1. Quand j'avais douze ans ...
2. Quand j'allais à l'école secondaire ...
3. Avant d'aller *(Before going)* à l'université ...
4. L'été dernier, pendant les vacances, ...

Vous avez la parole: Aujourd'hui et autrefois

1. Comparez la vie aux États-Unis aujourd'hui et la vie en 1900. Qu'est-ce qu'on faisait autrefois qu'on ne fait plus aujourd'hui? Qu'est-ce qu'on fait aujourd'hui qu'on ne faisait pas autrefois?

▶ *Aujourd'hui tout le monde a une voiture. En 1900, il n'y avait pas de voitures. Les gens allaient au travail à pied ...*

2. Décrivez votre vie autrefois (votre personnalité, votre école, vos habitudes, vos loisirs, etc.) et dites ce qui a changé.

▶ *Autrefois j'étais timide et pas très sociable. Maintenant je ne suis plus timide.*

21.   *Un cambriolage*

Il y a plusieurs semaines, un cambriolage° a eu lieu° à la galerie d'art Saint Firmin. Plusieurs tableaux° de grande valeur ont été volés°. Heureusement°, grâce à° la description d'un témoin°, la police a pu arrêter les cambrioleurs° et récupérer° les tableaux. Un journaliste interviewe ce témoin.   burglary / took place / paintings / stolen / fortunately / thanks to / witness / burglars / to recover

—Vous avez assisté° au cambriolage, n'est-ce pas?   were present
—Bien sûr, c'est moi qui ai téléphoné à la police.
—Quel jour était-ce?
—C'était le 18 mars.
—Quelle heure était-il?
—Il était neuf heures du soir. Il faisait déjà nuit°.   was dark
—Quel temps faisait-il?
—Il pleuvait ... Il n'y avait personne dans les rues.
—Que faisiez-vous?
—J'allais au cinéma. Je passais dans la rue Saint Firmin quand j'ai remarqué° quelque chose d'étrange.   noticed
—Qu'est-ce que vous avez remarqué?
—D'habitude la galerie Saint Firmin est fermée° à cette heure-là, mais ce soir-là, j'ai remarqué qu'elle était ouverte°. À l'intérieur, j'ai vu° un homme qui transportait un sac.   closed / open / saw
—Pouvez-vous le décrire?
—C'était un homme assez jeune. Il était très brun et il avait une moustache. Il était assez petit. Il portait un pantalon et une veste de cuir°.   leather
—Qu'est-ce qu'il a fait?
—Il est sorti précipitamment° et il a passé le sac à sa complice, qui attendait dans la rue.   hurriedly
—Sa complice?
—Oui, c'était une jeune femme blonde qui portait aussi une veste de cuir.
—Qu'est-ce qu'ils ont fait?
—Ils sont montés dans une voiture et ils sont partis à toute vitesse°. Malheureusement°, je n'ai pas pu noter entièrement le numéro de la voiture. Il faisait trop noir°. J'ai seulement remarqué que les deux derniers chiffres° étaient 20, et par conséquent° que la voiture venait de Corse°.   at high speed / unfortunately / dark / numbers / therefore / Corsica
—Qu'est-ce que vous avez fait alors?
—J'ai immédiatement téléphoné à la police et je leur ai donné le signalement° des cambrioleurs et de la voiture.   description
—Merci, c'est grâce à ce signalement qu'ils ont été arrêtés.

Lectures culturelles
Les Français en uniforme

Un Français sur[1] vingt porte un uniforme. Quand on voyage en France, il est important de reconnaître ces uniformes.

L'agent de police

Il porte un uniforme bleu et un bâton[2] blanc. Son rôle principal consiste à diriger[3] la circulation dans les grandes villes. Si vous avez besoin d'un renseignement[4], c'est à lui qu'il faut s'adresser[5].

La contractuelle[6]

C'est une auxiliaire de la police. Elle porte un uniforme beige. Son travail consiste à mettre des contraventions[7] aux voitures qui sont stationnées[8] illégalement.

Le gendarme

Il porte un uniforme bleu et noir en hiver et beige en été. Il circule à moto ou en voiture. Il assure[9] la police[10] de la route et intervient[11] en cas d'accident. Il est aussi chargé d'arrêter[12] les criminels.

Le garde républicain

Il porte un uniforme bleu et noir. Sa mission principale est d'assurer les services d'honneur pendant les cérémonies officielles à Paris. Il assure aussi la sécurité du Président de la République.

Les départements français

La France est divisée administrativement en 95 départements. Chaque département est identifié par un numéro allant[13] de 01 à 95. Ce numéro figure sur les plaques d'immatriculation[14] des voitures. Le nombre 75 représente Paris. Le nombre 20 désigne la Corse, une île[15] située au sud-est[16] de la France.

1 *out of*   2 *stick*   3 *in directing*   4 *information*   5 *address yourself*   6 *parking enforcement officer*   7 *tickets*   8 *parked*   9 *provides*   10 *policing*   11 *intervenes*   12 *to arrest*   13 *going*   14 *license plates*   15 *island*   16 *southeast*

Structure et Vocabulaire

Vocabulaire: *Événements*

noms

un accident	accident	**une époque**	period, epoch, time
un cambriolage	burglary	**une histoire**	story
un événement	event	**une scène**	scene
un fait	fact, act		
un siècle	century		
un témoin	witness		

verbes

arriver	to happen	Qu'est-ce qui *(What)* est **arrivé** ce jour-là?
assister (à)	to attend, to go to; to be present at	Vas-tu **assister** au match de football? Hier, j'ai **assisté** à un accident.
avoir lieu	to take place	Quand **a eu lieu** le cambriolage?
expliquer	to explain	Peux-tu m'**expliquer** cette histoire?
raconter	to tell	Aimez-vous **raconter** des histoires drôles?
remarquer	to notice	Je n'**ai** rien **remarqué.**

A L'OPÉRA **le grand café** SON BANC D'HUITRES RÉFRIGERÉ, SES POISSONS 4, BD DES CAPUCINES 742.75.77

expressions

d'abord	first, at first	**D'abord,** nous sommes allés au cinéma.
puis	then	**Puis,** nous sommes allés au café.
ensuite	after, then	**Ensuite,** nous avons joué aux cartes.
enfin	finally, at last	**Enfin,** nous sommes rentrés chez nous.
finalement	finally	**Finalement,** je suis allé au lit.
encore	still	Mes amis sont **encore** ici.
	once more	Tu as **encore** perdu?
ne ... pas encore	not yet	Ils **ne** sont **pas encore** partis.
pendant	during, for	Nous avons raconté des histoires **pendant** deux heures.
pendant que	while	**Pendant que** tu parlais, Paul a pris une photo.
soudain	suddenly	**Soudain,** j'ai entendu un grand bruit.
tout à coup	suddenly, all of a sudden	**Tout à coup,** j'ai vu l'accident.
tout de suite	immediately	Nous avons **tout de suite** téléphoné à la police.

1. Questions personnelles

1. Le mois dernier, avez-vous assisté à un match de football? à une conférence *(lecture)*? à un concert? à un événement sportif? à un événement culturel? Quels étaient ces événements?
2. Avez-vous été témoin d'un accident? Où et quand?
3. Connaissez-vous quelqu'un qui a été victime d'un cambriolage? Où et quand a eu lieu ce cambriolage? Quelle a été la réaction de la victime?
4. Quel est l'événement le plus *(most)* important auquel *(at which)* vous avez assisté? Selon vous, quel est l'événement le plus important de ce siècle?
5. Quand a eu lieu votre anniversaire? L'anniversaire de votre meilleur(e) ami(e)?

A. La date

Note how dates are expressed in the following sentences.

Je suis né **le 24 juin 1968**.	I was born *June 24, 1968*.
Ma mère est née **le premier mars 1940**.	My mother was born *on March 1, 1940*.
La prise de la Bastille a eu lieu **le 14 juillet 1789**.	The capture of the Bastille took place *on July 14, 1789*.

■ In French, the complete date is expressed according to the pattern:

le + number + month + year

☐ The first day of the month is **le premier** (abbreviated **le 1ᵉʳ**).

☐ Years can be expressed in two ways:

1 984   mille   neuf cent quatre-vingt-quatre
19 84   dix-neuf cent   quatre-vingt-quatre

☐ In giving the year, the word **cent** cannot be omitted.

2. Dates de naissance   D'après *(According to)* les théories de la probabilité, dans un groupe de 25 personnes, il y a souvent deux personnes qui ont la même date de naissance. Est-ce que c'est le cas dans votre classe de français? Demandez à vos camarades de classe quand ils sont nés.

3. Dates historiques   Donnez la date des événements historiques suivants.

1. les Américains / signer la Déclaration d'Indépendance   (le 4/7/1776)
2. les Parisiens / prendre la Bastille   (le 14/7/1789)
3. l'armistice / être signé   (le 11/11/1919)
4. le débarquement de Normandie *(Normandy landing)* / avoir lieu   (le 6/6/1944)
5. la conquête de la lune *(moon)* / avoir lieu   (le 21/7/1969)
6. Martin Luther King / naître   (le 15/1/1929)

B. Le verbe *voir*

The irregular verb **voir** *(to see)* has the following forms:

infinitive	**voir**	
present	je **vois**	nous **voyons**
	tu **vois**	vous **voyez**
	il/elle/on **voit**	ils/elles **voient**
passé composé	j'**ai vu**	

☐ **Prévoir** *(to foresee, to forecast)* is conjugated like **voir**.

4. **Questions personnelles**

1. Est-ce que vous voyez bien? Avez-vous besoin de lunettes?
2. Voyez-vous souvent votre famille? vos amis? vos grands-parents?
3. Ce week-end allez-vous voir un film? un match de tennis?
4. Avez-vous vu le dernier film de Woody Allen?
5. Avez-vous déjà vu un OVNI *(UFO)*? Où et quand?
6. Quand vous étiez jeune, quel type de films voyiez-vous?
7. Quel temps est-ce que la météo prévoit pour aujourd'hui? pour demain? Quel temps a-t-elle prévu le week-end dernier?

Le 14 juillet à Aix-en-Provence

C. L'imparfait et le passé composé: actions progressives et actions spécifiques

The first sentence in each pair below describes an action that *took place* at some time in the past. The second sentence describes an action that *was taking place* at a given time. Compare the use of the tenses in the following sentences.

(Hier) j'**ai fait** une promenade.	(Yesterday) I *took* a walk.
(Hier à 9 heures) je **faisais** une promenade.	(Yesterday at nine) I *was taking* a walk.
Paul **a regardé** la télé (après le dîner).	Paul *watched* TV (after dinner).
Paul **regardait** la télé (quand tu as téléphoné).	Paul *was watching* TV (when you called).

■ The choice between the *passé composé* and the imperfect depends on what type of action is being described.

> The **passé composé** is used to relate a specific action or event that began and ended at some time in the past. It describes *what happened*.

> The **imparfait** is used to relate an ongoing past action or event, that is, an action or event that was in progress for an unspecified length of time. It describes *what was going on, what was happening*. In English, such progressive past actions are expressed by the construction *was/were ...ing*. In French, they are expressed by the *imperfect*.

☐ A specific past event and an ongoing or progressive past event are very often combined into a single sentence.

specific action	*ongoing action*
Les cambrioleurs **sont entrés** ...	pendant que nous **dormions**.
The burglars *entered* ...	while we *were sleeping*.
Quand tu **as téléphoné** ...	nous **dînions**.
When you *called* ...	we *were having dinner*.
J'**ai vu** des gens ...	qui **allaient** au cinéma.
I *saw* people ...	who *were going* to the movies.

In the preceding sentences, the time relationship between the two events can be depicted graphically as follows:

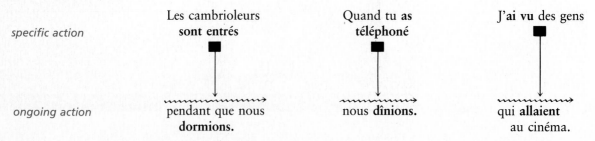

specific action — Les cambrioleurs **sont entrés** / Quand tu **as téléphoné** / J'**ai vu** des gens

ongoing action — pendant que nous **dormions**. / nous **dînions**. / qui **allaient** au cinéma.

☐ The choice between the *imperfect* and the *passé composé* reflects the narrator's view of the actions he or she is describing.

Hier, je **suis allé** au cinéma.	I *went* to the movies. *(main action)*
Hier, j'**allais** au cinéma ...	I *was going* to the movies ... *(ongoing action)*
quand j'**ai rencontré** Paul.	when I *met* Paul. *(main action)*

5. Le cambriolage Un cambriolage a eu lieu hier dans un immeuble parisien. La police interroge les voisins. Dites ce que chaque personne faisait au moment du cambriolage. Dites aussi si oui ou non cette personne était chez elle.

▶ Mlle Chauvin (faire une promenade)   *Mlle Chauvin faisait une promenade. Elle n'était pas chez elle.*

1. je (dormir)
2. M. Blanc (préparer le dîner)
3. tu (nettoyer ta chambre)
4. nous (dîner au restaurant)
5. les étudiants (étudier à la bibliothèque)
6. Gérard (attendre sa fiancée au café)
7. vous (faire la vaisselle)
8. Catherine et Thomas (rendre visite à des amis)

6. Rencontres Les personnes suivantes ont fait une promenade cet après-midi. Dites qui elles ont rencontré et ce que faisaient ces gens.

▶ Paul rencontre une amie / elle va à l'université   *Paul a rencontré une amie qui allait à l'université.*

1. je rencontre un ami / il sort du cinéma
2. nous voyons des musiciens / ils chantent dans la rue
3. vous écoutez un étudiant américain / il joue de la guitare
4. Jacques voit un agent de police / il demande ses papiers à un automobiliste
5. Hélène et Suzanne parlent à des touristes / ils cherchent le musée
6. les touristes achètent des cartes postales à un marchand *(merchant)* / il vend des souvenirs
7. tu vois une ambulance / elle va sur la scène d'un accident
8. M. Dupont remarque ses voisins / ils attendent le bus

7. Qu'est-ce qu'ils faisaient? Dites ce que les personnes suivantes faisaient quand certaines choses sont arrivées.

▶ Béatrice / être étudiante / faire la connaissance de son fiancé
Béatrice était étudiante quand elle a fait la connaissance de son fiancé.

1. Robert / faire une promenade à pied / voir un cambriolage
2. Denis / travailler comme mécanicien / gagner un million à la loterie
3. Albert / aller à 100 kilomètres à l'heure / avoir un accident
4. cet écrivain / habiter à Paris / écrire son roman
5. Thérèse / regarder le ciel *(sky)* / voir un OVNI *(UFO)*
6. Vincent / regarder les filles / tomber dans la piscine
7. Alice / nettoyer le garage / trouver un bracelet en or *(gold)*
8. Charles / déjeuner / entendre une explosion

8. **Quand?** Lisez la description des événements suivants. Racontez ces événements au passé en utilisant le passé composé et l'imparfait et l'expression *pendant que*.

▶ Jacques arrive (nous dînons)   *Jacques est arrivé pendant que nous dînions.*

1. Jean-Pierre rencontre Stéphanie (elle fait un voyage en France)
2. Nous prenons des photos des enfants (ils jouent au football)
3. Les journalistes prennent des notes (le président parle)
4. Ton cousin téléphone (tu dors)
5. Nos amis passent (nous faisons les courses)
6. Le cambriolage a lieu (les voisins sont en vacances)
7. La police arrive (les cambrioleurs [*burglars*] sont dans la maison)
8. Je rends visite à Denise (elle habite à Québec)

9. **Dialogue** Demandez à vos camarades ce qu'ils faisaient aux moments suivants.

▶ hier à midi   —*Qu'est-ce que tu faisais hier à midi?*
                   —*J'étais en classe.*
        ou: —*Je déjeunais.*
        ou: —*J'attendais un ami.*

1. hier à neuf heures du matin
2. hier à une heure de l'après-midi
3. hier à quatre heures et demie
4. hier à huit heures moins le quart
5. avant-hier à minuit
6. ce matin à six heures

D. Le passé composé et l'imparfait: événement principal et circonstances de l'événement

In the sentences on the left, a certain event is described. In the sentences on the right, some circumstances that accompanied this event are given. Compare the tenses of the verbs in these sentences.

Je **suis allé** en vacances.	C'**était** au mois de juin.
	Il **faisait** très chaud.
J'**ai rencontré** des Américains.	C'**étaient** des touristes.
	Ils **étaient** en vacances à Paris.
	Ils **parlaient** assez bien le français.
Sophie **a rencontré** un étudiant canadien.	Il **était** jeune et sympathique.
	Il **avait** une moustache.
	Il **portait** une veste bleue.
Paul **est allé** au Mexique.	Il **avait** vingt ans.
	Il **voulait** apprendre l'espagnol.
	Il **pensait** que c'était facile.

The **passé composé** is used to describe past actions that occurred at *a specific time.*

Je **suis arrivé** à l'université en 1985.

The **imperfect** is used to describe the *circumstances* or *conditions* that accompanied this past action, such as:

time and weather:
C'**était** en septembre.
Ce jour-là, il **faisait** beau.
Il **était** quatre heures.

age, physical appearance:
J'**étais** jeune.
J'**avais** dix-huit ans.

feelings, attitudes, beliefs:
À cette époque-là, j'**étais** timide.
J'**étais** aussi très idéaliste.
Je **voulais** réformer la société.

10. Pourquoi?   Dites où les personnes suivantes sont allées et pourquoi.

▶ Martine / au restaurant / elle a faim   *Martine est allée au restaurant parce qu'elle avait faim.*

1. Charles / au café / il a soif
2. Georges / chez le médecin *(doctor)* / il a une violente migraine
3. Sylvie / à la piscine / elle veut nager
4. Antoine / à la discothèque / il a envie de danser
5. Suzanne / à la bibliothèque / elle a l'intention d'étudier
6. Denis / au café / il espère rencontrer ses amis
7. Marc / dans sa chambre / il a sommeil
8. Nathalie / en Italie / elle veut apprendre l'italien
9. ma sœur / à l'université / elle veut être ingénieur

11. Excuses   Hier les personnes suivantes n'ont pas fait certaines choses. Expliquez pourquoi.

▶ Guillaume / sortir (il a la grippe [*flu*])
Guillaume n'est pas sorti parce qu'il avait la grippe.

1. Georges / travailler (il a une migraine)
2. Janine / faire les courses (elle est malade [*sick*])
3. Gilbert et Denis / assister aux cours (ils pensent que c'est samedi)
4. Françoise / aller au cinéma (elle veut préparer l'examen)
5. Albert / téléphoner à Jacqueline (il n'a pas son numéro)
6. Michèle / nager (il fait trop froid)

12. **Oui ou non?** Dites si oui ou non les personnes suivantes ont fait les choses indiquées et expliquez pourquoi.

▶ nous / sortir? (il fait mauvais)
Nous ne sommes pas sortis parce qu'il faisait mauvais.

1. vous / aller à la plage? (il fait beau)
2. Paul / voir l'obstacle? (la visibilité est mauvaise)
3. Janine / envoyer une carte à son fiancé? (c'est la Saint Valentin)
4. je / mettre un manteau? (il fait froid)
5. nous / travailler? (c'est le 14 juillet [*Bastille Day*])
6. tu / déjeuner? (il est midi)
7. François / écrire à son cousin? (c'est son anniversaire)

13. **La bagarre** (*The fight*) Imaginez que vous êtes dans un café français. Il y a une bagarre. Vous racontez les faits à la police. Pour cela, mettez les phrases suivantes au passé. Attention: certains verbes doivent être à l'imparfait et d'autres au passé composé.

1. C'est le 20 juin.
2. Il est neuf heures du soir.
3. Il fait chaud.
4. Je vais dans un café.
5. Là, je rencontre un ami.
6. Nous parlons de sport.
7. Un homme entre.
8. Il est jeune.
9. Il porte un costume bleu.
10. Il a une moustache noire.
11. Il demande quelque chose au garçon.
12. Le garçon refuse.
13. Les deux hommes ont une discussion (*argument*) violente.
14. Un client téléphone à la police.
15. La police arrive tout de suite.
16. Enfin, on emmène (emmener: *to bring*) l'homme au poste de police.

14. **Transformation: Un Américain à Paris** Frank a passé les vacances en France. Mettez son histoire au passé.

Arrivée à Paris

J'arrive à Paris le 14 juillet. Mon ami Henri m'attend à l'aéroport. Nous prenons un taxi. Je remarque qu'il y a beaucoup de monde dans les rues. Je demande à Henri pourquoi les gens ne travaillent pas. Il me répond que c'est le jour de la fête (*holiday*) nationale. Nous arrivons chez Henri. Là, je dors un peu parce que je suis fatigué (*tired*). Mais le soir je sors avec Henri. Nous faisons une promenade. Sur une place, il y a un orchestre (*band*) qui joue du rock. Beaucoup de gens dansent dans la rue. Nous invitons deux jeunes filles à danser. Nous dansons toute la nuit. Je suis heureux. Une nouvelle vie commence ...

Récapitulation

Substitution

Remplacez les mots soulignés par les mots entre parenthèses. Faites tous les changements nécessaires.

1. Je n'ai pas vu Paul hier, mais je le vois aujourd'hui.   (nous, Monique, mes amis, vous)
2. Anne-Marie avait 19 ans quand elle est allée à l'université.   (ces étudiants, nous, mon père, je)
3. Quand Jacques a téléphoné, nous regardions la télé.   (je / mes amis; Mme Girard / vous; tu / je)
4. Pendant que vous faisiez les courses, j'ai nettoyé la maison.   (M. Mercier / Mme Mercier; je / mes camarades de chambre; nous / Henri)
5. Nous sommes allés en Angleterre parce que nous voulions apprendre l'anglais.   (je, mon cousin, ces étudiantes, tu, vous)

Transformation: Un accident

Karen a passé ses vacances à Paris. Elle raconte certains événements au présent. Mettez son histoire au passé.

Je pars ce matin de Paris. Il est sept heures. Il pleut et il fait froid. La visibilité est très mauvaise. Heureusement il n'y a pas beaucoup de voitures sur la route. À dix kilomètres de Tours, je vois quelqu'un sur la route. C'est un policier qui signale aux automobilistes de s'arrêter *(to stop)*. Il y a un accident: une voiture et une moto dans le fossé *(ditch)*. Je vois le motocycliste sur le bord *(edge)* de la route. C'est un jeune homme. Il porte une veste de cuir *(leather)* et des blue-jeans, mais il n'a pas de casque *(helmet)*. Il est couvert *(covered)* de sang *(blood)* et il ne bouge *(move)* pas. Je pense qu'il est mort. Une ambulance arrive. Deux infirmiers *(male nurses)* transportent le mort *(dead man)* dans l'ambulance. Mais l'ambulance ne part pas. Après une minute, le mort sort de l'ambulance. Alors je comprends. L'accident n'est pas un vrai accident. C'est une scène d'un film qu'on tourne *(is filming)*. Je regarde le motocycliste et je reconnais le célèbre *(famous)* acteur de cinéma, Jean-Pierre Montebello.

Vous avez la parole: Événements

1. Racontez un événement mémorable de votre existence. (Quel âge aviez-vous alors? Quel jour était-ce? Quel temps faisait-il ce jour-là? Où habitiez-vous? Qu'est-ce qui est arrivé?)
2. Racontez votre dernière surprise-partie *(informal party)*. (Quand était-ce? Avec qui étiez-vous? Qui étaient les invités? Y avait-il un buffet? Y avait-il de la musique? Qu'est-ce que vous avez fait?)

Le Français pratique

Les arts et les spectacles

Vocabulaire utile

On va **au cinéma** pour voir
- un film
- une comédie, une comédie musicale
- un film de science-fiction
- un film d'horreur
- un western
- un film policier *(detective movie)*
- un drame psychologique

On va **au théâtre** pour voir
- une pièce de théâtre *(play)*
- une comédie
- une tragédie

On va **au music-hall** pour voir
- un spectacle de variétés *(variety show)*
- un concert
- un récital

On va **à une exposition** *(exhibition)* pour voir
- une œuvre d'art *(work of art)*
- un tableau *(painting)*
- une peinture
- une sculpture

Dans un film (ou une pièce de théâtre) ...

On peut **admirer** ou **critiquer** *(criticize)*
- le jeu *(acting)* des acteurs
- la mise en scène *(staging)*
- le scénario *(script)*
- l'action
- les décors *(scenery)*
- les costumes
- la musique

Dans une œuvre d'art ...

On peut admirer ou critiquer | **la technique**
| **le talent**
| **l'inspiration**
| **la couleur**
| **la forme** *(shape)*
| **la composition**

Qu'est-ce que vous pensez du film (ou de la pièce ou de l'exposition) que vous avez vu(e)?

Si le film était bon ...

Je l'ai trouvé | **extraordinaire**
| **sensationnel**
| **formidable** *(fantastic)*
| **passionnant** *(exciting)*
| **génial** *(brilliant)*
| **superbe**
| **super**

Je l'ai beaucoup aimé.
Ça m'a beaucoup plu *(pleased).*

Si le film était moyen *(average)* ...

Je l'ai trouvé | **moyen**
| **médiocre**
| **sans intérêt**

Cela **m'a laissé indifférent** *(left me cold).*

Si le film était mauvais ...

Je l'ai trouvé | **ridicule**
| **absurde**
| **grotesque** *(ludicrous)*
| **mauvais**
| **affreux** *(awful)*
| **épouvantable** *(ghastly)*
| **nul** *(zero)*

Je n'ai pas du tout aimé.
J'ai été très déçu(e) *(disappointed).*
C'était un vrai navet! *("bomb"; lit. turnip).*

ACTUELLEMENT SUR LES ÉCRANS

HITCHCOCK
LES ANNÉES D'OR

Le rideau se lève sur 5 chefs-d'œuvre que le cinéma français n'avait pas projetés depuis près de 20 ans.

FENÊTRE
SUR
COUR
(Rear Window) 1954

avec JAMES STEWART · GRACE KELLY · WENDELL COREY · THELMA RITTER et RAYMOND BURR
réalisé par ALFRED HITCHCOCK scénario de JOHN MICHAEL HAYES d'après la nouvelle de CORNELL WOOLRICH
TECHNICOLOR

Conversation

Samedi soir, Nathalie est sortie avec Jean-Pierre. Son amie Christine lui pose des questions sur sa soirée.

CHRISTINE: Tu es sortie samedi soir?

NATHALIE: Oui, je suis allée au cinéma avec Jean-Pierre.

CHRISTINE: Qu'est-ce que vous êtes allés voir?

NATHALIE: Nous avons vu un film américain dans le Quartier Latin.

CHRISTINE: Ah bon, qui jouait dans ce film?

NATHALIE: Robert Redford était l'acteur principal.

CHRISTINE: Ça vous a plu?

NATHALIE: Jean-Pierre a trouvé que le scénario était nul. Mais tu sais, il critique toujours tout.

CHRISTINE: Et toi?

NATHALIE: Moi, j'ai beaucoup aimé le film. L'action était formidable, la mise en scène superbe et la photographie magnifique ... Et puis, il y avait Robert Redford!

Situation

Décrivez un film que vous avez vu récemment *(recently)*.

Dites ... où vous avez vu ce film
quand vous l'avez vu
quel était le titre du film
qui étaient l'acteur principal et l'actrice principale
ce que vous avez pensé du film en général
ce que vous avez pensé des divers éléments (scénario, action, ...)

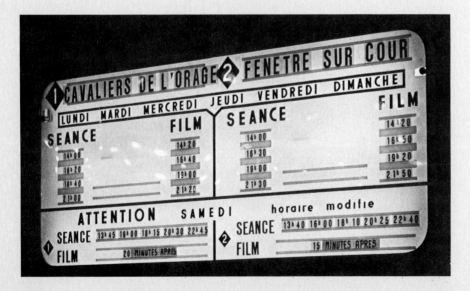

Vocabulaire utile: *Au cinéma en France*

Quand vous allez au cinéma en France, vous devez d'abord choisir **la séance** *(showing)*. Vous pouvez aller à **la matinée** (qui est paradoxalement la séance de l'après-midi) ou à **la soirée** (qui est la séance du soir).

Ensuite vous devez acheter vos **billets** *(tickets)* au **guichet** *(ticket window, box office)*. S'il y a beaucoup de monde, vous devez **faire la queue** *(stand in line)* et attendre votre tour. Le prix des **places** *(seats)* varie avec leur **emplacement** *(location)*.

Quand vous entrez dans la salle de cinéma, vous ne pouvez pas choisir votre place vous-même. Vous devez attendre **une ouvreuse** *(usherette)* qui prend votre billet et vous accompagne jusqu'à *(to)* votre **siège** *(seat, chair)*. Pour ce service, vous lui donnez un petit **pourboire** *(tip)*.

Le film est projeté sur **un écran** *(screen)*. Le film peut être **en noir et blanc,** ou **en couleur.** Si c'est un film étranger, il peut être **en version originale,** avec ou sans **sous-titres** *(subtitles)* ou **doublé** *(dubbed)* en version française.

Avant le film principal, il y a parfois **un court métrage** *(short film)* et de **la publicité.** Il y a aussi **un entracte** *(intermission)*. Pendant l'entracte, les ouvreuses vendent divers produits: **bonbons** *(candy),* glace, chocolat, etc. ...

Questions

1. Si vous allez au cinéma à cinq heures de l'après-midi, à quelle séance allez-vous? 2. Où achète-t-on les billets de cinéma? Qu'est-ce qu'on doit faire s'il y a beaucoup de monde? 3. À qui donne-t-on son billet de cinéma? Quel est le rôle de cette personne? Qu'est-ce qu'on lui donne pour ce service? Est-ce que c'est la même *(same)* chose aux États-Unis? 4. Quelles sont les diverses façons *(ways)* de voir un film étranger? À votre avis, quelle est la meilleure *(best)* façon?

Conversation

Catherine propose à Jean-Marc d'aller au cinéma.

CATHERINE: Tu veux aller au cinéma ce soir?

JEAN-MARC: Ça dépend! Qu'est-ce qu'on joue?

CATHERINE: Le dernier film de Woody Allen.

JEAN-MARC: Bon, alors dans ce cas, je veux bien! À quelle séance allons-nous?

CATHERINE: Allons à la séance de dix heures. En général, il y a moins de monde et il ne faut pas faire la queue.

JEAN-MARC: D'accord! Au fait°, est-ce que le film est doublé? *Say*

CATHERINE: Non, c'est un film en version originale. Non seulement on va passer une soirée agréable, mais on va améliorer° notre anglais! *to improve*

Dialogue

Invitez un(e) ami(e) au cinéma. Donnez-lui des précisions sur le titre du film, le type de film, l'heure de la séance, etc. ...

Rencontres / Le Jour le plus long

Comment lire: *Connecting words*

When reading a text, you should pay special attention to the connecting words. These expressions are important because they highlight the relationship that exists between two or several sentences. The text you are about to read contains the following connecting words:

☐ **pourtant** *(however):* This expression indicates a contrast or contradiction.

☐ **en effet** *(as a matter of fact):* This expression is used to illustrate a point.

☐ **donc** *(therefore):* This expression is used to express a result or consequence.

Note the following connecting words:

to express:		
Contrast, limitation or restriction	**cependant** **toutefois**	*nevertheless* *however*
Opposition or contradiction	**au contraire** **par contre**	*on the contrary* *on the other hand*
Result or consequence	**par conséquent**	*consequently*
Illustration	**de plus** **en outre**	*furthermore* *furthermore*

Le jour le plus long

La mer est calme. Sur la plage, des enfants jouent. Derrière les dunes, la campagne de **Normandie,** elle aussi, est paisible°. C'est pourtant° ici qu'a eu lieu l'un des grands drames de l'histoire. Ici en effet, des milliers° de soldats américains sont morts pour la liberté. C'était il y a quarante ans ...   *peaceful / however*
    thousands

Qui n'a pas vu à la télévision ou au cinéma les épisodes de ce qu°'un historien a appelé° «le jour le plus long»? Pour Pierre Aubert, cette fameuse journée est une histoire vécue. À l'occasion des cérémonies du quarantième anniversaire qui ont eu lieu en 1984, un journaliste a rencontré ce fermier° de cinquante-huit ans. Pierre Aubert lui a raconté ses souvenirs.   *what*
    called
    farmer

—C'était quel jour exactement?
—C'était dans la nuit du 5 au 6 juin 1944.
—Quel âge aviez-vous?
—J'avais dix-huit ans.

—Où habitiez-vous?
—J'habitais la ferme° que j'habite aujourd'hui.   farm
—Pouvez-vous me raconter les événements de cette nuit-là?
—Bien sûr! Cette nuit-là, j'étais un peu malade°. J'avais une terrible mi-   sick
graine. Je ne pouvais pas dormir. Vers° minuit, je suis allé dans la cui-   around
sine et j'ai bu un verre° d'eau, puis je suis remonté° dans ma chambre.   glass / went back up
J'ai dormi un peu ... assez mal. Mais j'avais trop chaud et je me suis
réveillé°. J'ai regardé ma montre. Il était trois heures du matin. Je suis   woke up
allé ouvrir° la fenêtre. C'est à ce moment que j'ai vu quelque chose d'ex-   to open
traordinaire.
—Qu'est-ce que vous avez vu?
—Dans le ciel° il y avait des centaines° de taches° blanches.   sky / hundreds / spots
—Saviez-vous ce que° c'était?   what
—Pas exactement ... J'ai d'abord° pensé que c'était des parachutistes al-   first
lemands. À cette époque-°là, en effet, des rumeurs extraordinaires et   période
contradictoires circulaient au village. On parlait de mouvements importants de troupes allemandes dans la région.

—Qu'est-ce que vous avez fait alors?

—J'avais très peur ... J'ai donc° réveillé° mon père. Lui, il savait. Il avait *therefore / woke up*
un ami qui travaillait pour **la Résistance.** Il a dit «Ce sont les Améri-
cains.»

—Qu'est-ce qui s'est passé ensuite°? *happened then*

—Nous sommes sortis de la ferme. Dans notre champ°, il y avait cinq *field*
parachutistes: un officier et quatre soldats°. L'officier parlait un peu fran- *soldiers*
çais. Il a demandé à mon père la direction du village ... Puis, il a parlé
à ses soldats et à d'autres° soldats qui arrivaient vers la ferme ... *other*

—Combien étaient-ils alors?

—Entre 50 et 100.

—Est-ce qu'ils sont restés longtemps chez vous?

—Non! Peut-être dix minutes. Puis ils sont partis vers le village qu'ils
allaient libérer après quatre ans d'occupation allemande ... Le «jour le
plus long» venait de commencer. Et aussi la libération de la France.

Notes culturelles

1. La Normandie est une province située à l'ouest
de la France. C'est sur des plages de Normandie
qu'a eu lieu le 6 juin 1944 le plus grand débarquement *(landing)* de l'histoire.

2. La Résistance était, pendant la Seconde Guerre
Mondiale *(World War II),* une organisation de pa-
triotes français opposés à l'occupation allemande.

Questions sur le texte

1. Dans quelle région de France habite Pierre Aubert? Quelle est sa profession?
   Quel âge a-t-il aujourd'hui? Quel âge avait-il au moment de l'action?
2. Quelle est la date de l'action décrite dans le texte? Pourquoi est-ce que
   Pierre Aubert ne pouvait pas dormir cette nuit-là? Qu'est-ce qu'il a fait?
3. Quelle heure était-il quand il a regardé sa montre? Qu'est-ce qu'il a vu
   quand il a regardé à la fenêtre? Pourquoi a-t-il pensé que c'étaient des
   parachutistes ennemis? À qui a-t-il parlé? Comment son père savait-il la
   vérité?
4. Qu'est-ce que Jacques et son père ont fait? Qui ont-ils rencontré dans le
   champ? Combien de temps les soldats sont-ils restés à la ferme? Qu'est-ce
   qu'ils ont fait ensuite?

Sujet de composition

Décrivez un fait historique de votre choix.

8

LES CHOSES
DE LA VIE

22. *Vive les loisirs!*

Voici comment quatre Français, âgés de moins de trente ans, ont répondu à la question: «Avez-vous assez de loisirs?»

ANNE-MARIE *(27 ans, décoratrice)*

Oui, j'ai assez de loisirs. Je suis inscrite° à un club de sport. J'y° vais le lundi et le jeudi soir après mon travail°. Là, je fais de l'aérobic et de la gymnastique. Je cours° régulièrement. Je joue aussi au tennis. J'y joue tous les week-ends. Pour moi, le sport est une chose essentielle quand on veut rester 'en forme°.

enrolled / there
work
run
shape

FRANÇOIS *(25 ans, journaliste)*

Vous me demandez si j'ai assez de loisirs? On n'en a jamais assez! Il y a beaucoup de choses que je voudrais faire. Du théâtre, par exemple. J'en faisais quand j'étais étudiant. Maintenant, je n'en fais plus parce que je n'ai pas le temps. Quand j'ai un peu de temps, je sors avec mes amis, mais quand je rentre chez moi je suis plus fatigué° qu'avant.

tired

HENRI *(19 ans, étudiant)*

Les loisirs? Il en faut si on ne veut pas devenir fou°. Mes loisirs dépendent de l'état° de mes finances. Quand j'ai de l'argent, je vais au cinéma. Quand je n'en ai pas, je reste chez moi. J'aime la lecture et la musique. Pendant les vacances, j'ai appris à jouer de la guitare. Maintenant j'en joue souvent. Pour mes amis ou pour moi seul°.

crazy
depends on the state

myself

JOSIANE *(29 ans, ouvrière°)*

factory worker

En semaine je travaille dans une usine. Le week-end, il y a les enfants. Nous en avons quatre. Il y a aussi les travaux domestiques°, les courses, etc. ... Les loisirs? Ne m'en parlez pas! Mon mari en a quand il va au café avec ses copains. Moi, je n'y vais pas. Je reste à la maison parce que je suis trop fatiguée.

housework

Devant le château des Templiers à Collioure

Lecture culturelle:
La civilisation des loisirs

«Si vous aviez le choix entre[1] plus de temps libre[2] ou plus d'argent, que choisiriez[3]-vous?» 72% des jeunes Français à qui un institut d'opinion publique avait posé la question n'ont pas hésité. Ils ont choisi le temps libre. La réponse de ces jeunes Français souligne[4] l'importance de la «civilisation des loisirs.» Dans le monde mécanisé d'aujourd'hui, les loisirs réhumanisent notre existence. Pour la majorité des Français, les loisirs ne sont pas seulement une nécessité. Ils sont un droit[5].

En quoi consistent ces loisirs? Cela[6] dépend des préférences de chacun. Le cinéma, la musique, le théâtre restent des loisirs importants, mais la pratique du sport devient de plus en plus[7] populaire. Les Français et les Françaises d'aujourd'hui courent[8], skient, nagent et jouent au tennis ... Ils mettent ainsi[9] en valeur[10] le vieux proverbe: «Un esprit sain dans un corps sain.»[11]

Le gouvernement français a compris l'importance des loisirs dans la société contemporaine. Il a financé la construction de «Maisons des Jeunes» et de «Maisons de la Culture» mais aussi de piscines, de stades, de gymnases ... Il a créé[12] un Ministère du Temps Libre, de la Jeunesse et des Sports. En France, les loisirs ne sont pas seulement l'affaire des individus. Ils représentent aussi la politique[13] officielle du pays.

1 *between*　2 *free*　3 *would choose*　4 *underlines*
5 *right*　6 *that*　7 *more and more*　8 *run*　9 *thus*
10 mettre en valeur = *to stress*　11 *"A sound mind in a sound body."*　12 *created*　13 *policy*

Structure et Vocabulaire

Vocabulaire: *La santé, les sports et les loisirs*

noms

un loisir	leisure-time activity	**la forme**	shape
un rhume	cold	**la grippe**	flu
un sport	sport	**une maladie**	illness
le temps libre	free time	**la santé**	health

sports et loisirs

l'alpinisme	mountain climbing	**la gymnastique**	gymnastics
le camping	camping	**la lecture**	reading
le jogging	jogging	**la marche à pied**	walking, hiking
le patinage	skating	**la natation**	swimming
le ski	skiing	**la planche à voile**	windsurfing
le ski nautique	water skiing	**la voile**	sailing

adjectifs

bien portant ≠ **malade**	healthy ≠ sick
fatigué ≠ **en forme**	tired ≠ in shape
gros (grosse) ≠ **mince**	fat ≠ thin

verbes et expressions

pratiquer	to be active in (a sport)	Quels sports **pratiques**-tu?
avoir l'air + *adjectif*	to seem, to look	Vous **avez l'air** fatiguée.
être en bonne santé	to be in good health	Je **suis en bonne santé** parce que je fais du sport.
être en mauvaise santé	to be in poor health	Vous êtes pâle! Êtes-vous **en mauvaise santé**?
être en forme	to be in good shape	M. Renaud grossit. Il n'est pas **en forme**.
faire des exercices	to exercise	Quand **fais**-tu tes **exercices**?

notes de vocabulaire

1. French uses various verbs to talk about sports activities:

—**pratiquer** (un sport): *to be active in sports,* is used to refer to athletic activity in general.

   Quels sports **pratiquez**-vous?

—**jouer à** (un sport): *to play,* is used mainly with team and competitive sports.

   Jouez-vous **au** football ou **au** volley?

—**faire du/de la/des** (un sport): *to do, to participate actively in a sport,* is used with most sports, and many other leisure activities.

   Faites-vous **du** jogging aujourd'hui?

2. The adjective used with the expression **avoir l'air** usually agrees with the subject.

> Paul a l'air **fatigué.**   Monique a l'air **fatiguée** aussi.

---

1. Questions personnelles

1. Quels sports regardez-vous à la télé?
2. Est-ce que vous faites du sport régulièrement?
3. Quels sports pratiquez-vous en été? en automne? en hiver? au printemps?
4. Quels sports d'hiver peut-on pratiquer dans la région où vous habitez? Quels sports d'été?
5. Selon vous *(in your opinion)*, les loisirs sont-ils nécessaires? Pourquoi ou pourquoi pas?
6. Quels sont vos loisirs préférés? Que faites-vous pendant vos heures de loisirs?
7. Faites-vous du camping? Où et quand avez-vous fait du camping?
8. Qu'est-ce que vous faites pour rester en forme?
9. Est-ce que vous êtes bien portant(e)? Est-ce que vous avez été malade cet hiver? Est-ce que vous avez eu la grippe? Est-ce que vous avez eu un rhume?
10. Est-ce que vous êtes fatigué(e) maintenant? Est-ce que vous êtes fatigué(e) quand vous faites du sport? Après un examen?
11. Avez-vous beaucoup de temps libre? Comment utilisez-vous votre temps libre?

A. Le verbe *courir*

The verb **courir** *(to run)* is irregular. It has the following forms:

infinitive	**courir**	
present	je **cours**	nous **courons**
	tu **cours**	vous **courez**
	il/elle/on **court**	ils/elles **courent**
passé composé	j'**ai couru**	

☐ **Courir** *(to run)* is used when the subject is a person. **Marcher** *(to run, to work)* is used when the subject is a thing.

> Paul **court.** Paul *is running.*
> Cette voiture ne **marche** pas bien. This car does not *run* well.

2. Vive le sport!   Dites si oui ou non les personnes suivantes courent dans le sport qu'elles pratiquent.

▶ Je fais de la planche à voile.   *Je ne cours pas.*

1. Nous faisons du jogging.
2. Françoise fait de l'alpinisme.
3. Mes amis jouent au football.
4. Vous faites de la voile.
5. Tu joues au tennis.
6. Je fais de la natation.

B. Le pronom y

Note the form and position of the pronoun that replaces expressions indicating location.

Vas-tu **à l'université?**	Oui, j'y vais.	I'm going *there.*
Dînes-tu **au restaurant ?**	Oui, j'y dîne.	I eat *there.*
Est-ce que ta sœur est **chez elle?**	Non, elle n'y est pas.	She's not *there.*
Es-tu déjà allé **en France?**	Non, je n'y suis jamais allé.	I've never gone *there.*
	Je vais y aller en mai.	I'm going to go *there* in May.
Allons **au café.**	D'accord, allons-y.	OK, let's go *there.*

uses

■ The pronoun y replaces noun phrases and pronouns introduced by a preposition of place: **à, chez, en, dans, sur,** etc., but not **de** *(from).* In this use, **y** refers to a place already mentioned, and is the equivalent of the English *there.*

☐ While *there* is often omitted in English, **y** must be used in French.

Vas-tu **au cinéma?** Oui, j'y vais.   Yes, I'm going *(there).*

■ The pronoun y is also used to replace **à** + *noun designating a thing.*

Penses-tu **à l'examen?**	Non, je n'y pense pas.	No, I'm not thinking *about it.*
Joues-tu **au tennis?**	Oui, j'y joue.	Yes, I do (play *it*=tennis).

☐ Remember that the indirect-object pronouns **lui** and **leur** are used to replace **à** + *noun designating a person.* Compare:

J'ai répondu **à cette lettre.**	J'y ai répondu.	I answered *it.*
J'ai répondu **à M. Durand.**	Je **lui** ai répondu.	I answered *him.*

position

■ Like the other object pronouns, y usually comes before the verb. In an infinitive construction, it comes before the infinitive. In an affirmative command, it comes after the verb.

■ In affirmative commands there is liaison between the verb and y. Since this liaison consonant is /z/, an **-s** is added to the **tu**-form of all -er verbs, including **aller.**

Va au cinéma!	**Vas**-y aujourd'hui!	N'y **va** pas demain!
Joue au tennis!	**Joues**-y avant le dîner!	N'y **joue** pas après le dîner!

3. **Dialogue** Demandez à vos camarades s'ils font les choses suivantes.

▶ aller souvent au cinéma? —*Est-ce que tu vas souvent au cinéma?*
—*Oui, j'y vais souvent.*
ou: —*Non, je n'y vais pas souvent.*

1. aller souvent au concert?
2. aller souvent chez le dentiste?
3. aller souvent chez tes grands-parents?
4. être souvent à la bibliothèque?

5. déjeuner à la cafétéria?
6. dîner souvent au restaurant?
7. partir à la campagne ce week-end?
8. rester chez toi ce soir?

4. **La même chose** Lisez ce que font les personnes suivantes et dites quand elles ont fait la même chose.

▶ François va au Canada. (l'été dernier)   *Il y est allé l'été dernier aussi.*

1. Nathalie va au cinéma. (samedi dernier)
2. Tu vas au stade. (lundi)
3. Ces étudiants vont au laboratoire. (avant la classe)
4. Je déjeune dans un restaurant français. (pour mon anniversaire)
5. Vous passez chez vos amis. (il y a deux jours)
6. Marc travaille dans un supermarché. (pendant les vacances)

5. **Questions personnelles** Utilisez le pronom *y* dans vos réponses.

1. Habitez-vous sur le campus? chez vos parents?
2. En été, jouez-vous au tennis? au volley? au basket? au Frisbee?
3. Quand il pleut, jouez-vous au poker? aux cartes? aux échecs?
4. Pensez-vous souvent à vos examens? à votre profession future? à votre santé?
5. En général, dînez-vous à la cafétéria? au restaurant? chez vous? chez vos amis?
6. En classe, répondez-vous aux questions du professeur? aux questions de vos amis?
7. Faites-vous attention à votre santé? à vos notes de français?
8. Quand vous étiez jeune, alliez-vous souvent au cinéma? à la plage? au cirque *(circus)*?
9. Êtes-vous allé(e) au Canada? au Mexique? en France? en Europe? à l'étranger?
10. Voulez-vous aller en France? au Japon? à la Martinique?

6. **Oui et non** Monsieur Durand demande à son patron *(boss)* s'il doit faire certaines choses. Le patron répond affirmativement ou négativement, en utilisant les pronoms **y** ou **lui**. Jouez les deux rôles.

▶ passer à la banque? (oui)   M. DURAND: *Je passe à la banque?*
LE PATRON: *Oui, passez-y.*

1. aller au laboratoire? (oui)
2. rester au bureau ce soir? (non)
3. téléphoner à Madame Mercier? (non)
4. répondre à cette lettre? (oui)

5. répondre à ce client? (oui)
6. répondre à ce télégramme? (non)
7. écrire à Monsieur Moreau? (oui)
8. passer à la poste? (oui)

C. Le pronom *en*

In reading the answers below, note the pronoun that replaces the expressions in heavy print.

Avez-vous **des loisirs?**	Oui, j'en ai.
Faites-vous **du sport?**	Oui, j'en fais.
Faisiez-vous **de la gymnastique?**	Non, je n'en faisais pas.
Avez-vous acheté **des skis?**	Oui, j'en ai acheté.
Vas-tu acheter **de la bière?**	Non, je ne vais pas **en** acheter.

uses

■ The pronoun **en** replaces a direct object introduced by the articles **du, de la, des,** and the negative **de.**

□ In the example sentences, **en** is the equivalent of the English pronouns *some* and *any* (or *none*, in negative sentences). While these pronouns may sometimes be omitted in English, **en** must always be expressed in French.

Est-ce que Paul a **des loisirs?**	Does Paul have *(any)* leisure activities?
Oui, il **en** a.	Yes, he does *(have some)*.
Non, il n'**en** a pas.	No, he doesn't *(have any)*.

□ Remember that the pronouns **le, la, les** are used to replace a direct-object noun introduced by a definite article, a demonstrative, or a possessive adjective. Compare:

Achetez **du fromage.**	Achetez-**en.**
Achetez **ce fromage.**	Achetez-**le.**

□ Note the use of **en** with **il y a:**

Est-ce qu'il y a **du pain?**   Oui, il y **en** a. (Non, il n'y **en** a pas.)

■ **En** also replaces a noun or noun phrase introduced by the preposition **de** *(of, from, about)*.

Est-ce que Janine vient **de sa classe de gymnastique?**	
Oui, elle **en** vient.	She's coming *from there.*
Parles-tu souvent **de tes projets professionnels?**	
Non, je n'**en** parle jamais.	I never talk *about them.*
As-tu besoin **de ta raquette?**	
Oui, j'**en** ai besoin.	I need it (=have need *of it*).

□ In general, **en** is not used to replace **de** + *noun designating a person.* Instead, the construction **de** + *stress pronoun* is used. Compare:

Je parle **de ma classe.**	J'**en** parle.
Je parle **de mon professeur.**	Je parle **de lui.**

position

■ Like other object pronouns, **en** comes before the verb, except in affirmative commands.

Vous mangez **du pain**?   N'**en** mangez pas.
Vous ne faites pas **de sport**?   Faites-**en.**

☐ There is always liaison after **en** when the next word begins with a vowel sound.

Du vin? Je n'**en**‿ai pas.   Je vais **en**‿acheter.

☐ In affirmative commands, there is liaison between the verb and **en.** Since this liaison consonant is /z/, an **-s** is added to the **tu**-form of all **-er** verbs.

Mange de la salade.   **Manges**‿en.

7. **Dialogue** Demandez à vos camarades s'ils font les choses suivantes. Ils vont vous répondre en utilisant des expressions comme *souvent, tous les jours, de temps en temps, rarement, ne ... jamais.*

▶ du sport?   —*Fais-tu du sport?*
                  —*Oui, j'en fais tous les jours.*
      ou: —*Non, je n'en fais pas.*

1. de la marche à pied?   4. du yoga?   7. de la gymnastique?
2. du ski nautique?   5. du judo?   8. du camping?
3. de la planche à voile?   6. des exercices?   9. du théâtre?

Jogging au Jardin des Tuileries à Paris

8. **Oui on non?** Informez-vous sur les personnes suivantes et répondez affirmativement ou négativement aux questions.

Catherine était en bonne forme physique. Elle faisait du sport? *Oui, elle en faisait!*

1. Philippe suivait un régime très strict. Il mangeait des spaghetti?
2. Nous n'aimions pas les boissons alcooliques. Nous buvions du vin?
3. René était végétarien. Il commandait du rosbif?
4. Tu travaillais. Tu gagnais de l'argent?
5. Mon cousin était artiste. Il avait du talent?
6. Thérèse avait peur de l'eau. Elle faisait de la voile?
7. Vous étiez musiciens. Vous jouiez du piano?
8. Vous étiez discrets. Vous parliez des problèmes de vos amis?

9. **Chez le médecin** Monsieur Pesant, un homme de quarante ans assez obèse, vient consulter son médecin, le docteur Lavie. Il lui demande s'il peut faire certaines choses. Le docteur Lavie lui répond affirmativement ou négativement selon le cas, en utilisant l'impératif. Jouez les deux rôles.

▶ faire des exercices?   M. PESANT: *Docteur, est-ce que je peux faire des exercices?*
　　　　　　　　　　　　　　DR LAVIE: *Bien sûr, faites-en!* ou: *Non, n'en faites pas!*

1. faire du sport?   5. manger du pain?
2. boire du vin?   6. fumer des cigares?
3. boire de l'eau minérale?   7. prendre des vacances?
4. manger des fruits?   8. manger de la glace?

10. **Questions personnelles** Utilisez le pronom *en* dans vos réponses.

1. Ce matin, avez-vous fait du jogging? de la gymnastique?
2. L'été dernier avez-vous fait de la voile? de la planche à voile? de la natation? de l'alpinisme?
3. Avez-vous gagné de l'argent l'été dernier? Comment?
4. Hier au dîner, avez-vous mangé de la viande? du pain? de la glace? Avez-vous bu de l'eau minérale? du lait? du café? du thé?
5. Avez-vous déjà bu du vin français? du champagne? À quelle occasion?
6. Avez-vous déjà fait du ski? du ski nautique? de l'équitation *(horseback riding)*?
7. Avez-vous déja fait du camping? Où et quand?

11. **Travaux domestiques** Un ami français habite chez vos parents. Il vous demande s'il doit faire les choses suivantes. Répondez-lui affirmativement, en utilisant les pronoms *en, le, la* ou *les*.

▶ faire la vaisselle   —*Est-ce que je dois faire la vaisselle?*
　　　　　　　　　　　　—*Oui, fais-la.*

1. faire les courses   4. apporter de la glace   7. servir la salade
2. acheter du pain   5. prendre de l'eau minérale   8. faire le gâteau
3. acheter ce jambon   6. mettre la table   9. préparer l'omelette

D. Le pronom *en* avec les expressions de quantité

Note the use of the pronoun **en** in the answers on the right.

Avez-vous **une auto?**	Oui, j'en ai **une.**
Avez-vous **un vélo?**	Oui, j'en ai **un.**
Combien de **semaines de vacances** prenez-vous?	J'en prends **quatre.**
Combien de **frères** avez-vous?	J'en ai **trois.**
Avez-vous **beaucoup de loisirs?**	Non, je n'en ai pas **beaucoup.**
Avez-vous **trop d'examens?**	Oui, nous en avons **trop.**
As-tu acheté **plusieurs disques?**	Oui, j'en ai acheté **plusieurs.**
As-tu lu **d'autres livres?**	Oui, j'en ai lu **d'autres.**
Est-ce qu'il y a **une piscine** à l'université?	Non, il n'y **en** a pas, mais il y **en** a **une** en ville.

■ The pronoun **en** replaces a direct object introduced by **un, une,** a number, or an expression of quantity, according to the construction:

$$\text{en } + \text{ verb } + \begin{cases} \textbf{un/une} \\ \text{number} \\ \text{expression of quantity} \end{cases}$$

☐ In affirmative commands, **en** comes immediately after the verb.

Achète **un appareil-photo.**	Achètes-en un.
Prends **plusieurs photos.**	Prends-en plusieurs.

☐ In the example sentences above, **en** corresponds to the English *of it, of them.* Although these expressions are rarely used in English, **en** must be expressed in French.

Avez-vous **beaucoup de patience?**	Oui, j'en ai **beaucoup.**	Yes, I have *a lot (of it).*
Avez-vous **des sœurs?**	Oui, j'en ai **trois.**	Yes, I have *three (of them).*

☐ In affirmative sentences, the number **un/une** must be used with **en** if a single object is referred to.

As-tu une guitare?	Oui, j'en ai **une.**	Yes, I have *(one).*
but:	Non, je n'en ai pas.	No, I don't *(have one).*

☐ When the pronoun **en** is used to replace an expression introduced by **quelques, quelques** is replaced by **quelques-un(e)s.**

Tu as acheté **quelques disques?**	Oui, j'en ai acheté **quelques-uns.**
Tu as pris **quelques photos?**	Oui, j'en ai pris **quelques-unes.**

12. **Dialogue** Demandez à vos camarades s'ils ont les objets suivants.

▶ une guitare? —*As-tu une guitare?*
—*Oui, j'en ai une.*
ou: —*Non, je n'en ai pas.*

1. une auto?
2. un vélo?
3. une caméra?
4. un téléviseur?

5. un appareil-photo?
6. une chaîne-stéréo?
7. une raquette de tennis?
8. un micro-ordinateur?

13. **D'accord?** Lisez les phrases suivantes et dites si vous êtes d'accord ou non. Si vous n'êtes pas d'accord, exprimez votre opinion en rectifiant la phrase.

▶ Nous avons beaucoup d'examens. *Je suis d'accord! Nous en avons beaucoup.*
ou: *Je ne suis pas d'accord! Nous n'en avons pas beaucoup.*

1. Les étudiants américains boivent beaucoup de bière.
2. Les jeunes n'ont pas assez de responsabilités.
3. Les Américains consomment trop d'énergie.
4. Nous n'avons pas assez de loisirs.
5. Les athlètes professionnels gagnent trop d'argent.
6. J'ai beaucoup d'argent.
7. Je n'ai pas assez de temps libre.
8. Nos professeurs donnent trop de conseils.

14. **Questions personnelles** Répondez aux questions suivantes, en utilisant le pronom *en*.

▶ Combien de frères avez-vous? *J'en ai un (deux, trois ...).*
ou: *Je n'en ai pas.*

1. Combien de sœurs avez-vous?
2. Combien de disques avez-vous?
3. Combien de voitures ont vos parents?
4. Combien d'étudiants est-ce qu'il y a dans la classe?
5. Combien de garçons est-ce qu'il y a?
6. Combien de filles est-ce qu'il y a?

15. **Au marché** Jacqueline fait les courses. Elle veut acheter certaines choses. La marchande *(vendor)* lui demande en quelle quantité. Jouez les deux rôles.

▶ des oranges (un kilo) JACQUELINE: *Je voudrais des oranges.*
LA MARCHANDE: *Combien en voulez-vous?*
JACQUELINE: *J'en veux un kilo.*

1. des bananes (2 kilos)
2. des camemberts (3)
3. de la bière (1 litre)

4. des œufs (une douzaine)
5. des tomates (6)

6. de l'eau minérale (2 litres)
7. des biftecks (4)

16. Combien?   Nadine prépare une surprise-partie. Elle dit à Philippe ce qu'elle a fait. Philippe demande des précisions sur les quantités. Jouez les deux rôles.

▶ acheter de l'eau minérale (5 litres)

NADINE: *J'ai acheté de l'eau minérale.*
PHILIPPE: *Combien en as-tu acheté?*
NADINE: *J'en ai acheté 5 litres.*

1. apporter des disques (une douzaine)
2. louer des tables (3)
3. faire des sandwiches (50)

4. écrire des lettres d'invitation (25)
5. inviter des filles (15)
6. inviter des garçons (quelques)

Récapitulation

Substitution

Remplacez les mots soulignés par les expressions entre parenthèses. Faites tous les changements nécessaires.

1. Je vais souvent <u>à Paris.</u> J'y vais le week-end prochain.   (Mme Simonet / au Canada; nous / à la campagne; Paul et Henri / chez leurs amis; vous / dans ce restaurant)
2. Jeanne aime <u>aller</u> chez ses amis. Elle y va souvent.   (déjeuner, dîner, étudier, passer le week-end)
3. Philippe aime <u>prendre des photos.</u> Il en prend souvent.   (boire de la bière, manger de la glace, faire du jogging, donner des conseils)
4. Vous ne <u>faites</u> pas de <u>sport.</u> Faites-en! (faites / jogging; buvez / eau minérale; mangez / fromage)
5. Élisabeth a une <u>guitare.</u> Paul en a une aussi.   (achète une voiture, loue un appartement, cherche une maison, utilise un micro-ordinateur)
6. Jacques avait besoin d'<u>une chemise.</u> Il en a acheté une.   (mes cousins / un micro-ordinateur; M. Delorme / deux cravates; Mme Simon / six chaises; nous / cinq cartes postales)

Vous avez la parole: Vos loisirs

Décrivez vos loisirs. Décrivez en particulier les sports que vous pratiquez. (Quand? Où? Pourquoi? Avec qui?) Si vous voulez, vous pouvez vous inspirer de l'un des paragraphes du texte «*Vive les loisirs!*»

Vous avez la parole: Week-end!

Posez des questions à vos camarades sur leur week-end: où ils sont allés? ce qu'ils ont acheté? ce qu'ils ont mangé? ce qu'ils ont fait? etc. …
Vous pouvez utiliser les suggestions suivantes:

aller en ville / acheter …
aller au super-marché / acheter …
aller au café / boire, commander …

aller au restaurant / commander, manger, …
aller au stade / faire …
aller à la campagne / faire, voir …

23. *Une journée commence*

Habitez-vous dans un appartement?

    Les appartements modernes ont des avantages, mais aussi des inconvénients°. inconveniences
Le bruit, par exemple ... Si votre appartement n'est pas bien isolé°, vous pouvez insulated
entendre tous les bruits de l'immeuble. Ce n'est pas toujours agréable ...

Il est sept heures du matin.

    Dans l'appartement 101, un réveil° sonne°. Mademoiselle Legrand ouvre°   alarm clock / rings / opens
les yeux° et se réveille°. Elle se lève° et va dans la cuisine. Là, elle se prépare   eyes / wakes up / gets up
un toast, puis elle met la radio ...

    La radio de Mademoiselle Legrand réveille Monsieur Charron, le locataire°   tenant
du 102. Monsieur Charron se lève et va dans la salle de bains. Là, il se lave°,   washes up
puis il se rase° avec son rasoir° électrique. Zzzzzz ...   shaves / razor

    Le rasoir de Monsieur Charron réveille Madame Dupont, la locataire du
103. Madame Dupont se lève et met la télévision ...

    La télévision de Madame Dupont réveille Monsieur Dumas, le locataire du
104. Monsieur Dumas se lève et va dans la salle de bains. Il se regarde dans
la glace°, puis il se rase avec son rasoir mécanique ... et il se coupe°! «Zut!   mirror / cuts himself
C'est la troisième fois cette semaine que je me coupe avec ce maudit° rasoir!»   darn
crie Monsieur Dumas.

    La voix° de Monsieur Dumas réveille Monsieur Imbert, le locataire du 106   voice
... Bientôt° tout l'immeuble est réveillé ... Une nouvelle journée commence!   soon

Lecture culturelle:
La vie en appartement

La majorité des Français qui habitent les grandes villes vivent en appartement. Ces appartements peuvent être situés dans des immeubles de grand luxe ou «résidences», ou au contraire, dans des immeubles plus modestes comme les HLM (habitations à loyer modéré[1]).

Après la guerre[2], le gouvernement français a financé la construction de milliers[3] de HLM dans toutes les grandes villes françaises. Le système des HLM représente une innovation sociale importante car[4] il permet[5] aux gens de revenus modestes d'accéder[6] à la propriété[7]. Les HLM sont modernes et relativement confortables, mais ils ont aussi des inconvénients. En général, ils sont situés dans des zones industrielles et leurs habitants se plaignent[8] de nombreux problèmes: la pollution, le mauvais entretien[9], l'absence d'espaces verts[10] ou de terrains de jeux[11] ... et le bruit! Ainsi[12] les nouvelles cités de HLM sont souvent devenues des «cités-dortoirs[13]» où l'on vient uniquement pour dormir!

1 *low rent*   2 *war*   3 *thousands*   4 =*parce que*   5 *allows*
6 *to have access*   7 *property*   8 *complain*   9 *upkeep*
10 *open land*   11 *playgrounds*   12 *thus*   13 *bedroom communities*

Structure et Vocabulaire

Vocabulaire: *Quelques activités*

verbes

appeler	to call	Je vais t'**appeler** demain.
couper	to cut	**Coupez** le pain, s'il vous plaît.
fermer	to close, to shut	**Fermez** vos livres!
laver	to wash	Je **lave** ma voiture assez souvent.
réveiller	to wake up (someone)	Il est huit heures. **Réveille** ton frère!

adjectif

prêt	ready	Êtes-vous **prêts**? Je vous attends!

expressions

jusqu'à	until, up to	Nous travaillons **jusqu'à** midi.
tôt ≠ **tard**	early ≠ late	Nous partons **tôt**. Nous rentrons **tard**.

note de vocabulaire

In spoken French, the verb **appeler** is similar in its conjugation to the verb **acheter**. However, in written French the forms **je, tu, il,** and **ils** of the present tense have a double **l** rather than a grave accent.

> j'appelle, tu appelles, il/elle appelle,
> nous appelons, vous appelez, ils/elles appellent

1. Questions personnelles

1. Avez-vous une voiture? Est-ce que vous la lavez souvent?
2. Est-ce que vos parents vous réveillent le matin? Qui vous réveille?
3. Allez-vous souvent chez le coiffeur *(hairdresser)*? Est-ce qu'il coupe bien les cheveux *(hair)*?
4. Quand vous sortez le samedi soir, est-ce que vous rentrez tôt ou tard?
5. Est-ce que vous aimez dormir tard le dimanche? Jusqu'à quelle heure?
6. Fermez-vous la porte de votre chambre quand vous sortez? quand vous dormez?
7. Est-ce que vous êtes toujours prêt(e) quand vous passez un examen? quand vous allez au cinéma? quand vous sortez avec des amis?

A. L'usage de l'article défini avec les parties du corps

Note the words in heavy print in the sentences below.

Elle a **les** yeux bleus.	She has blue eyes. (*Her* eyes are blue.)
J'ai **les** cheveux bruns.	I have brown hair. (*My* hair is brown.)
Fermez **les** yeux!	Close *your* eyes.

■ In French, parts of the body are generally introduced by the *definite* article.

☐ French almost never uses the possessive adjective with parts of the body.

Vocabulaire: *Les parties du corps*

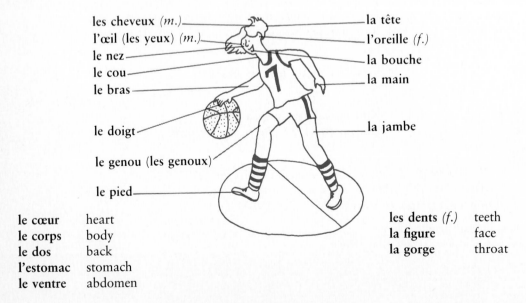

les cheveux *(m.)*
l'œil (les yeux) *(m.)*
le nez
le cou
le bras
le doigt
le genou (les genoux)
le pied

la tête
l'oreille *(f.)*
la bouche
la main
la jambe

le cœur	heart		les dents *(f.)*	teeth
le corps	body		la figure	face
le dos	back		la gorge	throat
l'estomac	stomach			
le ventre	abdomen			

court ≠ long (longue)   short ≠ long   As-tu les cheveux **longs** ou **courts?**

avoir mal à (+ part of body) to have a (...) ache, As-tu **mal à la tête?**
                              to have (a) sore ...   Claire a **mal aux pieds.**

1. In French, **les cheveux** is usually used in the plural.
2. Note the use of the definite article with parts of the body in the construction **avoir mal à.**

André a mal **à l'estomac.**   André has *a* stomachache. (*His* stomach hurts.)
Avez-vous mal **au bras?**   Do you have *a* sore arm? (Does *your* arm hurt?)

3. The expression **avoir mal au cœur** means to *have an upset stomach.*

---

2. Questions personnelles

1. Avez-vous les yeux bleus, noirs, verts ou gris? Et vos parents?
2. Avez-vous les cheveux noirs ou blonds? Et vos frères?
3. Avez-vous les cheveux longs ou courts?
4. Pour une fille, préférez-vous les cheveux longs ou les cheveux courts? Et pour un garçon?
5. Prenez-vous de l'aspirine quand vous avez mal à la gorge? mal aux dents? mal au ventre?
6. Où avez-vous mal quand vous avez la grippe?

3. Malaises *(Discomforts)*   Informez-vous sur les personnes suivantes et dites où elles ont mal.

▶ Georges a trop mangé.   *Il a mal au ventre (à l'estomac, au cœur).*

1. Mlle Lebrun est allée chez le dentiste.
2. Nous avons fait du jogging pendant une heure.
3. J'ai une migraine terrible.
4. Tu es tombé de bicyclette.
5. Vous avez joué de la guitare.
6. Aïe! *(ouch!),* j'ai des chaussures trop petites.
7. M. Thomas porte une chemise qui est trop serrée *(tight).*
8. Il fait très froid aujourd'hui et j'ai oublié de mettre mes gants *(gloves).*
9. Hélène a porté *(carried)* deux valises énormes.
10. Tu as lu trop longtemps.

B. Les verbes pronominaux: formation

Compare the pronouns in heavy print in sentences A and B.

Marc lave sa voiture.	A. Il **la** lave. B. Puis il **se** lave.	He washes *it*. Then he washes *himself*.
Hélène regarde Paul.	A. Elle **le** regarde. B. Puis elle **se** regarde dans la glace.	She looks at *him*. Then she looks at *herself* in the mirror.
J'achète un livre à Sylvie.	A. Je **lui** achète un livre. B. Je **m'**achète un magazine.	I buy *her* a book. I buy *myself* a magazine.

Note that in each sentence A, the pronoun in heavy print represents a person or object different from the subject.

> Marc washes *his car*.   Hélène looks at *Paul*.   I buy a book for *Sylvie*.

In each sentence B, on the other hand, the subject and object of the verb represent the same person.

> Marc washes *himself*.   Hélène looks *at herself*.   I buy *myself* a magazine.

■ The object pronouns in sentences B are called *reflexive pronouns* because the action is reflected on the subject. Verbs conjugated with reflexive pronouns are called *reflexive verbs* (**verbes pronominaux**).

Note the conjugations of the reflexive verbs **se laver** (*to wash oneself*) and **s'acheter** (*to buy for oneself*) in the present tense.

infinitive	se laver	s'acheter
present affirmative	Je **me** lave. Tu **te** laves. Il/Elle/On **se** lave. Nous **nous** lavons. Vous **vous** lavez. Ils/Elles **se** lavent.	Je **m'**achète des disques. Tu **t'**achètes un téléviseur. Il/Elle/On **s'**achète un appareil-photo. Nous **nous** achetons des vêtements. Vous **vous** achetez un micro-ordinateur. Ils/Elles **s'**achètent une voiture.
negative interrogative	Je ne **me** lave pas. Est-ce que **tu te laves**?	Je ne **m'**achète pas de cigarettes. Est-ce que **tu t'achètes** des livres?

☐ Like other pronouns, the reflexive pronouns usually come *before* the verb.

Note linguistique: Les verbes pronominaux

Reflexive verbs are very common in French. They may be used with a strictly reflexive meaning, as well as in other ways where the equivalent English construction does not use a reflexive verb.

4. **Dialogue**   Demandez à vos camarades s'ils s'achètent les choses suivantes quand ils ont de l'argent.

▶ des livres français?   —*Est-ce que tu t'achètes des livres français?*
                              —*Oui, je m'achète des livres français.*
              ou: —*Non, je ne m'achète pas de livres français.*

1. des disques français?   4. de la bière?   7. des chocolats?
2. des vêtements?   5. des cigarettes?   8. des plantes?
3. du chewing-gum?   6. des romans policiers?   9. des magazines?

5. **Joyeux anniversaire** *(Happy birthday!)*   Les personnes de la colonne A ont reçu *(received)* de l'argent pour leur anniversaire. Dites ce que ces personnes aiment faire (colonne B) et ce qu'elles s'achètent avec cet argent. Soyez logique.

A	B	C
je	écrire	un appareil-photo
vous	lire	un vélomoteur
nous	jouer au tennis	un téléviseur
Catherine	faire du ski	une chaîne-stéréo
mes cousines	écouter des disques	des skis
tu	prendre des photos	une nouvelle raquette
Daniel et Alain	faire des promenades	plusieurs romans
Marc	à la campagne	une machine à écrire
	regarder des matchs	
	de football	

▶ *J'aime écrire. Je m'achète une machine à écrire.*

6. **Avant l'examen**   Lisez ce que faisaient les étudiants suivants quand ils avaient un examen d'anglais. Dites si oui ou non ils se préparaient pour l'examen. Utilisez la forme appropriée de l'imparfait du verbe *se préparer* dans des phrases affirmatives ou négatives.

▶ Jacques allait au cinéma.   *Il ne se préparait pas pour l'examen.*

1. Anne allait au laboratoire de langues.   5. Mes amis sortaient.
2. Henri étudiait les verbes irréguliers.   6. Mes amies étudiaient.
3. Nous allions à la bibliothèque.   7. Vous alliez au café.
4. Je parlais anglais avec un étudiant américain.   8. Tu allais au concert.

7. **Propreté** *(Cleanliness)*   Les personnes suivantes passent l'après-midi à laver certains objets. Ensuite *(afterwards)*, elles se lavent. Pour chaque personne, faites deux phrases d'après le modèle.

▶ Nous avons une voiture.   *Nous la lavons. Ensuite, nous nous lavons.*

1. Jacqueline a une bicyclette.   5. Tu as un scooter.
2. Hubert a une moto.   6. Nous avons une auto.
3. Mes cousins ont un chien *(dog)*.   7. Vous avez un vélomoteur.
4. J'ai un pull.   8. Pierre a des blue jeans.

C. Les verbes pronominaux: sens réfléchi

Compare the meanings of the verbs below in reflexive and non-reflexive constructions.

non-reflexive	reflexive	
Je **coupe** du pain.	Je **me coupe**.	I cut *myself*.
J'**achète** un disque.	Je **m'achète** un disque.	I buy *(myself)* a record.
Je **lave** la voiture.	Je **me lave**.	I am washing *(myself)*.

■ Reflexive verbs in French are frequently used with a strictly reflexive meaning, that is the action of the verb is *reflected* on the subject of the sentence. In such sentences, the reflexive pronouns **me, te,** etc., correspond to the English reflexive pronouns *myself, yourself,* etc. In English, the reflexive pronouns are often not expressed.

☐ Note the use of the definite article with parts of the body in reflexive constructions.

Paul **se lave les** mains.	Paul washes *his* hands.
Hélène **se coupe les** cheveux.	Hélène is cutting *her* hair.

Vocabulaire: *Quelques occupations de la journée*

noms

du dentifrice	toothpaste	**une brosse**	brush
un peigne	comb	**une brosse à dents**	toothbrush
un rasoir	razor		
du savon	soap		

verbes

se réveiller	to wake up	À quelle heure est-ce que **tu te réveilles?**
se lever	to get up	**Je me lève** à huit heures et demie.
se brosser	to brush	**Tu te brosses** les dents.
se laver	to wash	**Nous nous lavons** dans la salle de bains.
se raser	to shave	**Paul se rase** avec un rasoir électrique.
s'habiller	to get dressed, to dress	**Anne s'habille** toujours bien.
se peigner	to comb one's hair	**Vous vous peignez** souvent.
se promener	to go for a walk	**Je me promène** après la classe.
se coucher	to go to bed	**Je ne me couche** pas avant minuit.
se reposer	to rest	**Je me repose** après le dîner.

notes de vocabulaire

1. **Se lever** and **se promener** are conjugated like **acheter.**

Je me lève.	Nous nous levons.
Je me promène.	Nous nous promenons.

2. The listed verbs all express actions which the subject performs *on* or *for* himself. Many of these verbs may also be used non-reflexively. Compare:

Je réveille **mon camarade de chambre.**	I wake up *my roommate.*
Je **me** réveille.	I wake *(myself)* up.
Tu promènes **ton chien.**	You walk *your* dog.
Tu **te** promènes.	You go for a walk *(yourself).*

---

8. Qu'est-ce qu'ils font? Lisez ce que font les personnes suivantes. Décrivez leurs activités en utilisant un verbe réfléchi du VOCABULAIRE.

▶ François fait une promenade en ville. *Il se promène en ville.*

1. Suzanne utilise du savon.
2. M. Dumont utilise un rasoir.
3. Vous utilisez une brosse à dents.
4. J'utilise un peigne.
5. Pierre et Jean mettent leurs vêtements.
6. Il est sept heures. Nous sortons du lit.
7. Il est minuit. Je vais au lit.
8. Le week-end nous ne travaillons pas.

Qui s'habille bien vit bien

TED LAPIDUS
PARIS   DIFFUSION

9. Questions personnelles

1. Est-ce que vous vous réveillez à six heures du matin?
2. Est-ce que vous vous levez tôt ou tard le dimanche?
3. Est-ce que vous vous habillez bien quand vous avez un rendez-vous? quand vous allez au restaurant? au concert?
4. Est-ce que vous vous reposez pendant les classes? pendant les vacances?
5. Est-ce que vous vous promenez le soir? le week-end?
6. Est-ce que vous vous peignez souvent?
7. Est-ce que vous vous couchez tôt ou tard?

10. Dialogue Posez des questions à vos amis au sujet de leurs occupations de la journée.

▶ se réveiller (à quelle heure?)   —*À quelle heure est-ce que tu te réveilles?*
        —*Je me réveille à sept heures.*

1. se lever (à quelle heure?)
2. se coucher (quand?)
3. se promener (où?)
4. se promener (avec qui?)
5. se reposer (quand?)
6. se réveiller le dimanche (quand?)

D. L'infinitif des verbes pronominaux

Note the position of the reflexive pronouns in the following sentences.

Je vais **me reposer**.	I am going *to rest*.
Je n'aime pas **me lever** tôt.	I do not like *to get up* early.
Nous voulons **nous promener**.	We want *to go for a walk*.
Tu ne dois pas **te coucher** tard.	You should not *go to bed* late.

■ When the infinitive form of a reflexive verb is used in a sentence, the reflexive pronoun comes directly *before* the infinitive, and represents the same person as the subject of the main verb.

Je vais **me** promener.   **Paul** ne va pas **se** promener.

11. **Dialogue**   Demandez à vos camarades s'ils aiment faire les choses suivantes.

▶ se promener   —*Est-ce que tu aimes te promener?*
                      —*Oui, j'aime me promener.*
                 ou: —*Non, je n'aime pas me promener.*

1. se promener à la campagne	4. se laver avec de l'eau froide
2. se promener quand il pleut	5. se reposer
3. se lever tôt le dimanche	6. s'acheter des vêtements chers

12. **Vive le week-end!**   Lisez ce que les personnes suivantes font d'habitude et dites ce qu'elles vont faire ce week-end.

▶ Je me lève à huit heures. (à midi)   *Ce week-end, je vais me lever à midi.*

1. Mme Fontaine se lève tôt. (tard)
2. Tu te réveilles à 7 heures. (à 9 heures)
3. Nous nous achetons du pain. (des croissants)
4. Je me prépare un repas simple. (un dîner de gourmet)
5. Vous vous reposez après le dîner. (toute la journée)
6. Monique et Sophie se promènent en ville. (à la campagne)
7. Je me couche tard. (tôt)

13. **Oui ou non?**   Informez-vous sur les personnes suivantes et dites si oui ou non elles font les choses entre parenthèses.

▶ Vous êtes très actifs. (vouloir se reposer?)   *Vous ne voulez pas vous reposer.*

1. Jean-Louis est très fatigué. (devoir se reposer?)
2. J'ai un train à sept heures du matin. (devoir se lever tôt?)
3. Nous avons beaucoup de travail. (pouvoir se promener?)
4. Tu vas à un restaurant très élégant. (devoir s'habiller élégamment?)
5. Françoise veut regarder le film à la télé. (vouloir se coucher tôt?)
6. Tu n'as pas de savon. (pouvoir se laver?)
7. Zut! J'ai perdu mon peigne. (pouvoir se peigner?)

E. Le verbe *ouvrir*

The verbe **ouvrir** *(to open)* is irregular in the present and *passé composé*, but is regular in the other tenses.

infinitive	**ouvrir**	
present	J' **ouvre** la porte.	Nous **ouvrons** la fenêtre.
	Tu **ouvres** le cahier.	Vous **ouvrez** le magazine.
	Il/Elle/On **ouvre** le livre.	Ils/Elles **ouvrent** le journal.
passé composé	J' **ai ouvert** votre lettre.	

In the present, **ouvrir** is conjugated like a regular *-er* verb.

Vocabulaire: *Verbes conjugués comme* ouvrir

découvrir	to discover	Les médecins vont **découvrir** une cure contre le cancer.
offrir	to give, to offer	Mes parents m'**ont offert** une nouvelle voiture.
ouvrir	to open	**Ouvrez** la fenêtre, s'il vous plaît.
souffrir	to suffer	J'**ai souffert** quand je suis allé chez le dentiste.

14. Questions personnelles

1. Est-ce que votre université offre beaucoup de cours intéressants?
2. Qu'est-ce que vous avez offert à votre père pour son anniversaire? à votre mère? à votre meilleur(e) ami(e)?
3. Dans quelle banque avez-vous ouvert un compte de chèque *(checking account)*?
4. Souffrez-vous beaucoup quand vous allez chez le dentiste? quand vous avez un examen? quand vous êtes en classe de français?
5. À l'université, avez-vous découvert l'amitié *(friendship)*? la tranquillité? la stabilité? le bonheur *(happiness)*?

Récapitulation

Remplacez les mots soulignés par les mots entre parenthèses. Faites tous les changements nécessaires.

1. J'ai mal à la tête.   (tu / ventre; vous / pieds; nous / gorge; Charles / dos)
2. Le dimanche, nous nous levions tard.   (Caroline, Jacques et André, je, vous, tu)
3. À quelle heure est-ce que tu te couches?   (vous, tes parents, Henri, on)
4. Tu ne te rases pas?   (M. Martin, tes amis, vous)
5. Si je n'ai pas de réveil *(alarm clock)*, je ne vais pas me réveiller.   (vous, nous, ta cousine)
6. Je ne peux pas me promener. Je dois me reposer.   (cet enfant, ces malades, vous, tu)

Vous avez la parole: La journée

Décrivez vos activités de la journée et du week-end. Composez un paragraphe en utilisant au moins *(at least)* six verbes pronominaux.

▶ *En général, je me lève à sept heures, mais le week-end, je ne me lève pas avant onze heures ...*

Vous avez la parole: Pendant les vacances

Décrivez vos activités habituelles pendant les vacances dernières en utilisant au moins six verbes pronominaux à l'imparfait.

▶ *L'été dernier, je me levais à 10 heures ...*

24.   *Hésitations*

Hier, Paul a demandé à Nathalie de l'épouser°.   *to marry*

Paul et Nathalie se sont rencontrés pendant les vacances et ils s'aiment.
Pourtant° Nathalie hésite.   *however*

«Bien sûr, je ne suis pas contre le mariage. Au contraire! Et Paul est bien°   *definitely*
le garçon avec qui je veux me marier. Mais pourquoi nous marier maintenant?
J'ai vingt ans. J'ai le temps!»

La mère de Nathalie n'est pas d'accord avec sa fille.

—Vous vous aimez, n'est-ce pas? Alors mariez-vous! ... Moi-même, je me
suis mariée à dix-huit ans et je ne le regrette pas!

—Peut-être, mais tu t'es mariée en 1960. Les choses ont changé depuis ...
J'ai des amies qui se sont mariées jeunes et qui maintenant le regrettent.

—Pourquoi?

—Parce qu'elles n'ont pas pu faire les choses qu'elles voulaient faire. Moi,
par exemple, avant de me marier, je voudrais finir ma licence et obtenir mon
diplôme d'interprète ...

—Alors?

—Alors, je ne vais pas me marier tout de suite°! Après tout, ce n'est pas un   *right now*
déshonneur° d'avoir vingt ans et d'être célibataire.   *disgrace*

Lecture culturelle:
Les Français et le mariage

Si pour beaucoup de jeunes Français le mariage re-présente la décision la plus importante de l'existence, c'est rarement la «grande aventure». En effet, les garçons et les filles qui se marient se connaissent généralement depuis longtemps (souvent depuis des années). Ils ont la même[1] religion, le même niveau[2] d'instruction. Souvent, ils appartiennent[3] au même milieu social et économique.

Avant le mariage, les futurs époux[4] doivent accomplir un certain nombre de formalités admini-stratives (examen médical, publication des bans[5] du mariage, etc. ...). Le mariage est ensuite célébré à la mairie[6], et une deuxième fois à l'église (si les époux veulent avoir un mariage religieux). Le caractère très officiel et très sérieux du mariage explique sans doute[7] la stabilité de cette institution. Si le divorce existe, il est relativement rare. (On divorce 3 fois moins en France qu'aux États-Unis.) C'est assez nor-mal dans un pays où l'on considère toujours[8] la famille comme la base de la société.

1 *same*   2 *level*   3 *belong*   4 *spouses*   5 = annonce officielle   6 *town hall*   7 = probablement   8 *still*

Structure et Vocabulaire

Vocabulaire: *L'amitié, l'amour et le mariage*

noms

l'amour	love	l'amitié	friendship
le mariage	marriage, wedding	une surprise-partie	party
un rendez-vous	date, appointment		

adjectifs

amoureux (amoureuse) (de)	in love (with)	Georges est **amoureux** de Martine.
célibataire	single	Est-ce que tu vas rester **célibataire?**
même	same	Marc et moi, nous avons les **mêmes** amis.

verbes

aimer	to love	Tu m'**aimes?**
aimer bien	to like	Je t'**aime bien.**
donner rendez-vous (à)	to make a date (with), to arrange to meet	Je te **donne rendez-vous** à midi.
s'entendre bien (avec)	to get along (with)	Anne s'**entend bien avec** son mari.
se disputer (avec)	to quarrel, to argue (with)	Je **me dispute avec** mon frère.
se fiancer (avec)	to get engaged (to)	Henri va **se fiancer avec** Louise.
épouser	to marry	Jean va **épouser** Éliane.
se marier (avec)	to marry, to get married	Alice va **se marier avec** André.
divorcer	to divorce	Mon oncle vient de **divorcer.**

expressions

entre	between, among	Nous sommes **entre** amis.
moi-même	myself	J'ai réparé ma voiture **moi-même.**

notes de vocabulaire

1. The constructions **épouser** and **se marier avec** are synonymous:

   Paul va **épouser** Jacqueline. ⎫
   Paul va **se marier avec** Jacqueline. ⎬ Paul is going *to marry* Jacqueline.

2. The ending -**même**(s) is sometimes used to reinforce a stress pronoun.

   J'ai fait cela **moi-même.**   I did that *myself.*
   Pierre et Paul sont sûrs d'**eux-mêmes.**   Pierre and Paul are sure of *themselves.*

Proverbe   On ne peut pas vivre d'amour et d'eau fraîche.
You can't live on love and water.

1. **Questions personnelles**

1. Êtes-vous marié(e) ou célibataire? Si vous êtes célibataire, avez-vous l'intention de vous marier? Quand?
2. Avez-vous déjà assisté à un mariage? Où? Quand? Qui était le marié *(groom)?* Qui était la mariée *(bride)?*
3. Est-ce que vous vous entendez bien avec vos amis? avec vos parents? avec vos professeurs? avec vos frères et sœurs?
4. Est-ce que vous vous disputez avec vos parents? Souvent ou rarement?
5. Selon vous *(in your opinion),* quelle est la chose la plus *(the most)* importante dans la vie, l'amour ou l'amitié? Pourquoi?

A. Les verbes pronominaux: sens idiomatique

Compare the meanings of the verbs in the reflexive and non-reflexive constructions below.

J'**appelle** mon frère.	I am calling my brother.
Je **m'appelle** Olivier.	My name is Olivier. (I am called Olivier.)
Vous **amusez** vos amis.	You are amusing your friends.
Vous **vous amusez.**	You are having fun. (You are having a good time.)

There is a close relationship in meaning between **laver** and **se laver**, or **réveiller** and **se réveiller**. In the sentences above, however, the relationship between the simple verb and the corresponding reflexive verb is somewhat more distant. Reflexive verbs like **s'appeler** and **s'amuser** may be considered as *idiomatic expressions.*

Vocabulaire: *Quelques verbes pronominaux*

s'amuser	to have fun	Je **m'amusais** bien pendant les vacances.
s'appeler	to be called	Comment est-ce que tu **t'appelles?**
s'arrêter	to stop	Nous allons **nous arrêter** dans ce café.
se dépêcher	to hurry	Pourquoi est-ce que tu **te dépêches?**
s'énerver	to get nervous, upset	Pourquoi est-ce qu'il **s'énerve?**
s'excuser	to apologize	Je **m'excuse.**
s'impatienter	to grow impatient	Je **m'impatiente** quand tu n'es pas prêt.
s'intéresser (à)	to be (to get) interested (in)	Les étudiants **s'intéressaient** à la politique.
se mettre en colère	to get angry	Paul **se mettait** souvent **en colère.**
s'occuper (de)	to take care of, to be busy (with)	Je **m'occupe** de ce problème.
se préoccuper (de)	to be concerned (about)	Sylvie **se préoccupe des** problèmes de ses amis.
se préparer	to get ready	Henri **se prépare** pour le concert.
se souvenir de	to remember	Je ne **me souviens** pas de la date de l'examen.

note de vocabulaire

Se souvenir is conjugated like **venir: je me souviens, nous nous souvenons.**

2. Sujets d'intérêt Dites à quelle chose les personnes suivantes s'intéressaient quand elles étaient à l'université. Utilisez l'imparfait de *s'intéresser*.

▶ Paul et Jacques (les sports)   *Ils s'intéressaient aux sports.*

1. Frédéric (le théâtre)
2. je (la politique)
3. vous (la psychologie)
4. mes amis (la nature)
5. tu (la philosophie orientale)
6. nous (les problèmes sociaux)

3. L'ami idéal Dites si oui ou non l'ami(e) idéal(e) fait les choses suivantes.

▶ s'impatienter   *Non, il/elle ne s'impatiente pas.*

1. s'énerver facilement
2. se mettre en colère
3. s'occuper de moi
4. s'amuser quand je suis triste
5. se souvenir de mon anniversaire
6. s'intéresser à mes problèmes personnels
7. s'excuser quand il/elle a tort
8. se disputer avec moi

4. Dialogue Demandez à vos camarades s'ils font les choses suivantes.

▶ s'intéresser à la politique?   —*Est-ce que tu t'intéresses à la politique?*
                                         —*Oui, je m'intéresse à la politique.*
                          ou: —*Non, je ne m'intéresse pas à la politique.*

1. s'intéresser aux sports?
2. s'impatienter souvent?
3. s'énerver pendant les examens?
4. s'amuser à l'université?
5. s'entendre bien avec ses amis?
6. se mettre souvent en colère?
7. se préoccuper de l'avenir *(future)?*
8. se souvenir de son premier rendez-vous?

5. Oui ou non? Informez-vous sur les personnes suivantes et dites si oui ou non elles font les choses entre parenthèses.

▶ Philippe est triste. (s'amuser?)   *Il ne s'amuse pas.*

1. Nous ne voulons pas rater le bus. (se dépêcher?)
2. Ces touristes continuent leur promenade. (s'arrêter au café?)
3. J'ai une excellente mémoire. (se souvenir de tout?)
4. Nicole a un rendez-vous ce soir. (se préparer pour l'examen de demain)?
5. Janine est la fille de M. Dupont. (s'appeler Janine Durand?)
6. Le professeur est toujours calme. (s'énerver?)
7. Tu assistes à un match de tennis. (s'intéresser aux sports?)
8. Je suis discret. (s'occuper de la vie privée de mes amis?)
9. Vous êtes impoli! (s'excuser?)

6. Sentiments Nous changeons souvent d'humeur. Complétez les phrases suivantes, puis expliquez vos sentiments.

1. Je m'énerve ... (quand? pourquoi? contre qui?)
2. Je m'amuse ... (quand? comment? avec qui? où?)
3. Je me mets en colère ... (quand? avec qui? pourquoi?)
4. Je m'occupe de ... (qui? quels problèmes? quelles choses?)
5. Je me préoccupe de ... (quels problèmes personnels? quelles situations?)
6. Je me prépare pour ... (quelles occasions?)
7. Je me dépêche ... (à quelles occasions?)
8. Je m'excuse ... (quand?)

B. L'impératif des verbes pronominaux

Compare the position of the reflexive pronouns in the following affirmative and negative commands.

affirmative commands	*negative commands*
Lave-**toi** les mains avant le dîner.	Ne **te** lave pas les mains dans la cuisine.
Occupez-**vous** de vos problèmes.	Ne **vous** occupez pas de mes problèmes.
Promenons-**nous** en voiture.	Ne **nous** promenons pas à pied.

■ In affirmative commands, the reflexive pronoun follows the verb and is attached to it by a hyphen. In negative commands the pronoun comes before the verb.

☐ The pronoun **te** becomes **toi** when it comes after the verb.

7. **Le jour de l'examen**   Ce matin il y a un examen important. Philippe dit à Jacques, son camarade de chambre, de faire comme lui. Jouez le rôle de Philippe.

▶ Philippe se réveille.   *Réveille-toi, Jacques!*

1. Philippe se lève.	3. Il se lave.	5. Il se peigne.
2. Il se rase.	4. Il s'habille.	6. Il se dépêche.

8. **Quelques conseils**   Imaginez que vous êtes médecin en France. Vous avez un patient très nerveux. Dites-lui de faire certaines choses et de ne pas faire d'autres choses.

▶ se reposer (oui)   *Reposez-vous!*
▶ s'énerver (non)   *Ne vous énervez-pas!*

1. s'impatienter (non)	5. s'acheter des cigarettes (non)
2. se mettre en colère (non)	6. s'acheter une bicyclette (oui)
3. se disputer avec ses amis (non)	7. se promener à la campagne (oui)
4. se préoccuper inutilement (non)	8. s'amuser (oui)

9. **Que dire?**   Vous parlez à vos amis. Dites si oui ou non ils doivent faire les choses entre parenthèses.

▶ Tu as le temps. (se dépêcher?)   *Ne te dépêche pas.*

1. Vous avez l'air fatigués. (se reposer?)
2. Nous avons soif. (s'arrêter dans ce café?)
3. Tu as tort. (s'excuser?)
4. Vous devez être sérieux. (s'intéresser à vos études?)
5. Tu as une mauvaise grippe. (se lever?)
6. Vous devez finir vos devoirs. (s'arrêter?)
7. Nous devons être calmes. (s'impatienter?)
8. Tu as toujours froid. (se promener sans manteau?)
9. Nous ne sommes pas prêts. (se dépêcher?)

10. Réactions Qu'est-ce que vous pouvez dire dans les circonstances suivantes? Utilisez un verbe pronominal à la forme impérative, négative ou affirmative. Et n'oubliez pas d'utiliser votre imagination!

▶ Un ami part en week-end.   *Amuse-toi bien!*

1. Il est dix heures du matin et votre frère dort.
2. Votre sœur a les cheveux en désordre.
3. Vous avez eu un accident avec la voiture de votre père.
4. Vos amis travaillent trop.
5. Vos parents ne sont pas contents parce que vous partez en voyage.
6. Vos camarades se disputent dans votre chambre.
7. Vos amis Georges et Virginie s'aiment beaucoup.
8. Vos amis Vincent et Paul sont en retard *(late)*.

C. Les verbes pronominaux: sens réciproque

Note the reflexive constructions in heavy print.

Charles aime Monique. Monique aime Charles. }	Ils **s'aiment**.	They *love each other*.
Robert rencontre Anne. Anne rencontre Robert. }	Ils **se rencontrent**.	They *meet (each other)*.
Je téléphonais à mes amis. Mes amis me téléphonaient. }	Nous **nous téléphonions**.	We *used to call one another*.

■ The reflexive construction may be used to express *reciprocal actions*. Since reciprocity involves more than one person, this reflexive construction almost always occurs in the plural.

☐ In English, reciprocal actions are often rendered by *each other* or *one another*.

11. Vive l'amitié! Quand elles étaient plus jeunes, les personnes suivantes étaient d'excellents amis. Décrivez leurs relations en utilisant la forme pronominale des verbes suivants.

▶ Jacques et moi / inviter souvent   *Nous nous invitions souvent.*

1. Paul et Marie / voir tous les week-ends
2. Philippe et Claire / écrire pendant les vacances
3. Antoine et moi / rendre visite tous les week-ends
4. Thérèse et toi / donner rendez-vous après les cours
5. Jean-Pierre et Cécile / rencontrer après les cours
6. Sylvie et Thomas / aimer bien
7. mes amis et moi / s'entendre bien
8. tes amies et toi / aider

D. Le passé composé des verbes pronominaux

The following sentences are in the *passé composé*. Note the auxiliary verb that is used and the form of the past participle.

Paul **s'est habillé** pour la surprise-partie.
Jacqueline **s'est habillée** pour aller au théâtre.
Albert et André **se sont habillés** pour un rendez-vous.
Isabelle et Anne **se sont habillées** pour aller au concert.

Paul *got dressed* ...
Jacqueline *got dressed* ...
Albert and André *got dressed* ...
Isabelle and Anne *got dressed* ...

■ The *passé composé* of reflexive verbs is formed as follows:

> reflexive pronoun + present of **être** + past participle

Note the forms of the *passé composé* of **se laver** and **s'acheter** in the following chart.

	reflexive pronoun = direct object (agreement of past participle)	reflexive pronoun = indirect object (no agreement)
affirmative form	Je me suis **lavé(e)**. Tu t'es **lavé(e)**. Il s'est **lavé**. Elle s'est **lavée**.	Je me suis **acheté** une veste. Tu t'es **acheté** un pull-over. Il s'est **acheté** des chaussures. Elle s'est **acheté** une robe.
	Nous nous sommes **lavé(e)s**. Vous vous êtes **lavé(e)(s)**. Ils se sont **lavés**. Elles se sont **lavées**.	Nous nous sommes **acheté** des chaussettes. Vous vous êtes **acheté** une chemise. Ils se sont **acheté** des pantalons. Elles se sont **acheté** des pyjamas.
negative form interrogative form	Je ne me suis pas **lavé(e)**. Est-ce que tu t'es **lavé(e)**?	Je ne me suis pas **acheté** de vêtements. Est-ce que tu t'es **acheté** des vêtements?

■ When a reflexive verb is used in the *passé composé*, the past participle agrees in gender and number with a preceding direct object.

☐ The reflexive pronoun is usually, but not always, a direct-object pronoun. Compare the following sentences:

Jacqueline s'est lavée.   Jacqueline s'est lavé les mains.

In the first sentence, the reflexive pronoun **s'** is the direct object of the verb **laver.** *(Whom* did Jacqueline wash? She washed *herself.)* Since **s'** comes *before* the verb, and since it represents **Jacqueline,** a feminine singular noun, the past participle **lavée** has a feminine singular ending. In the second sentence, **les mains** is the direct object of the verb **laver** *(What* did Jacqueline wash? She washed *her hands.)* and **s'** is the indirect object. Since the direct object comes *after* the verb, there is no agreement.

☐ The reflexive pronoun is an *indirect* object when:

—the reflexive verb is followed by a direct object.

Hélène **s'**est acheté **une robe.**   (**une robe** is a direct object)
Pierre et Marie **se** sont donné **rendez-vous.**   (**rendez-vous** is a direct object)

—the corresponding non-reflexive verb takes an indirect object. This is the case with verbs such as **téléphoner à, parler à, répondre à, écrire à.**

Nous **nous** sommes **téléphoné.**   Vous **vous** êtes **écrit** pendant les vacances.

Note that in the sentences above, the past participle does not agree with the reflexive pronoun since it is not a direct object.

13. **Week-end**   Dites ce que les personnes suivantes ont fait le week-end dernier et dites si oui ou non elles se sont amusées.

▶ Monique / étudier   *Monique a étudié. Elle ne s'est pas amusée.*

1. François / nettoyer son appartement
2. Pauline / sortir avec son fiancé
3. je / faire les courses et le ménage
4. tu / faire une promenade avec tes amis
5. Anne et Stéphanie / aller dans une discothèque
6. ces étudiants / aller au laboratoire de langues
7. vous / aller à une surprise-partie
8. nous / travailler

14. **Une histoire d'amour**   Racontez au passé composé l'histoire d'amour de Pierre et d'Annette.

1. Ils se rencontrent pendant les vacances.
2. Ils se parlent.
3. Ils se téléphonent.
4. Ils se voient le lendemain *(next day).*
5. Ils se rencontrent à nouveau *(again).*
6. Ils s'écrivent après les vacances.
7. Ils se rendent visite à Noël.
8. Ils s'entendent.
9. Ils se déclarent leur amour.
10. Ils se fiancent.
11. Ils se marient.

15. À l'hôpital Les personnes suivantes sont à l'hôpital. Expliquez la nature de leur accident. Utilisez le verbe *se casser (to break)* avec la partie du corps entre parenthèses.

▶ Paul a fait du ski. (la jambe)   *Il s'est cassé la jambe.*

1. J'ai joué au football. (le pied)
2. Vous avez eu un accident de voiture. (la jambe)
3. Tu es tombé. (la main)
4. Nous nous sommes disputés avec King Kong. (les dents)
5. Hélène a eu un accident de moto. (le bras)
6. Mes amis ont fait du parachutisme. (les pieds)

16. Vendredi 13 Pour certains, le vendredi 13 est un jour de malchance *(bad luck)*. Expliquez la malchance des personnes suivantes. Attention: les phrases peuvent être affirmatives ou négatives.

▶ Janine / se souvenir de son rendez-vous avec Paul?
Janine ne s'est pas souvenue de son rendez-vous avec Paul.

1. les étudiants / se souvenir des verbes irréguliers?
2. notre professeur / s'impatienter?
3. les touristes / se perdre *(to get lost)* à Paris?
4. je / se réveiller pour l'examen de français?
5. M. Lenormand / se couper avec son rasoir?
6. vous / se mettre en colère?
7. Catherine / se disputer avec son fiancé?
8. nous / s'entendre avec nos amis?

Récapitulation

Substitution

Remplacez les mots soulignés par les mots entre parenthèses. Faites les changements nécessaires.

1. <u>Henri</u>, repose-toi et ne te couche pas trop tard!   (Jacqueline, Georges et André, M. Ardouin)
2. Je vais <u>rencontrer</u> Paul. Nous nous rencontrons souvent.   (voir, écrire à, téléphoner à, rendre visite à)
3. Aujourd'hui, je n'ai pas travaillé. Je me suis reposé.   (Mme Durand, les étudiants, Caroline, vous, nous)
4. Je me suis mis en colère, mais après je me suis excusé.   (vous, Julien, Suzanne et Monique, tu)

Vous avez la parole: Samedi dernier

Demandez à vos amis ce qu'ils ont fait le week-end dernier. Vous pouvez utiliser les suggestions suivantes.

se lever (à quelle heure?)
se promener (où? quand? avec qui?)
s'amuser (comment?)
s'acheter quelque chose (quoi? où? pourquoi?)
se coucher (à quelle heure?)

Vous avez la parole: Pourquoi?

Dites ce que les personnes suivantes ont fait et expliquez pourquoi. Utilisez votre imagination.

▶ Adèle / se dépêcher   *Adèle s'est dépêchée parce qu'elle ne voulait pas rater son train.*

1. le professeur / se mettre en colère
2. ma cousine / s'excuser
3. je / s'impatienter
4. vous / s'occuper de ...
5. tu / s'arrêter au café
6. mes amis et moi, nous / se disputer

Le Français pratique

La Santé

Vocabulaire utile

La maladie et la santé

Je suis | fatigué(e)
| malade
| en mauvaise santé

Je ne suis pas en forme.
Je ne me sens pas très bien.

Je me sens | agité(e) *(restless)*
| déprimé(e) *(depressed)*
| fatigué(e), malade

Je suis | bien portant
| en bonne santé

Je me sens bien *(feel good)*.
Je suis en pleine forme *(in great shape)*.

Qui est-ce qui vous **soigne?** *(Who takes care of you?)*
C'est le docteur Allard qui me soigne.
Je ne suis plus malade.
Je suis guéri(e) *(cured)*.

Les symptômes

J'ai **mal à la gorge, à la tête, au ventre.**
J'ai **de la fièvre** *(fever)*. J'ai **39 de fièvre**[1].
Je **tousse** *(am coughing)*. J'**éternue** *(am sneezing)*.
J'ai **des crampes** d'estomac.
J'ai **mal au cœur.** J'ai **envie de vomir** *(to vomit)*.
Je **n'ai pas d'appétit.**
J'ai **une douleur** *(pain)* dans le dos.
J'ai **des vertiges.** *(I feel dizzy.)*
J'ai **des boutons** *(pimples)*.

1 In France, temperature is measured on the Centigrade scale. 37 = 98.6 Fahrenheit,
39 = 102.2

Les maladies *(sicknesses)*

Vous avez peut-être | **une migraine**
| **un rhume** *(cold)*
| **une angine** *(strep throat, tonsillitis)*
| **la grippe**
| **une bronchite**
| **une pneumonie**
| **la mononucléose**

Est-ce que vous avez eu les maladies suivantes?

les oreillons *(mumps)*   **la varicelle** *(chicken pox)*
la rougeole *(measles)*   **la variole** *(smallpox)*
la coqueluche *(whooping cough)*   **la rubéole** *(German measles)*

Est-ce que vous **avez été opéré(e)** *(had an operation)?*

Oui, j'ai été opéré(e) | **des amygdales** *(tonsils)*
| **de l'appendicite**

Est-ce que votre grand-père est **vivant** *(living)?*
Non, il est **mort.**

Est-ce qu'il est mort | **d'un cancer?**
| **d'une crise cardiaque** *(heart attack)?*

Les médecins

Un médecin généraliste soigne toutes les maladies, et plus généralement les maladies internes.
Un(e) cardiologue soigne les maladies du cœur.
Un(e) neurologue soigne les maladies nerveuses.
Un(e) dermatologue soigne les maladies de **la peau** *(skin).*
Un(e) psychiatre soigne les maladies mentales.
Un(e) pédiatre soigne les maladies de l'enfance.
Un(e) dentiste soigne les dents.
Un(e) chirurgien(ne) *(surgeon)* fait des opérations chirurgicales. Il/Elle **opère** les malades.

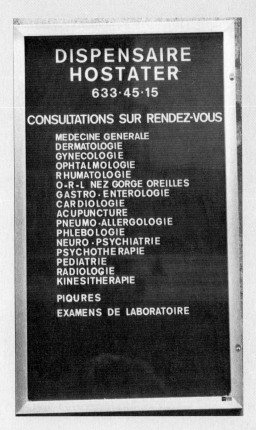

Chez le médecin

Le/la malade *(patient)* va | **chez le dentiste**
| **chez le médecin**
| **chez le docteur** Allard

Il/Elle **a rendez-vous** à deux heures.
Il/Elle **attend son tour** dans **la salle d'attente** *(waiting room).*
Quand c'est son tour, il/elle rentre dans le **cabinet** *(office)* du médecin.

Le médecin lui dit:

Asseyez-vous. *(Sit down.)*
Ouvrez la bouche.
Tirez la langue. *(Stick out your tongue.)*
Fermez les yeux.
Respirez. *(Breathe in.)*
Enlevez *(take off)* **votre chemise.**
Déshabillez-vous. *(Get undressed.)*
Est-ce que cela vous fait mal? *(Does it hurt?)*
   Aïe! *(Ouch!)* **Cela fait mal.** *(That hurts.)*
   Non, cela ne fait pas mal.

Je vais | **prendre une radio** *(X-ray)*
      | **faire une analyse de sang** *(blood test)*
      | **prendre votre tension artérielle** *(blood pressure)*

Je vais vous **faire une piqûre** *(shot).*

Prenez | **de l'aspirine**
     | **ce médicament** *(medicine)*
     | **un cachet** *(tablet)* **d'aspirine toutes les deux heures**
     | **ces comprimés** *(pills)* **trois fois par jour**
     | **ce somnifère** *(sleeping pill)* **avant de**
        vous endormir *(before going to sleep)*

Voici **l'ordonnance** *(prescription).*
Restez deux jours au lit *(in bed).*
Reposez-vous.
Soignez-vous bien.

LE PHARMACIEN AU SERVICE DE VOTRE SANTÉ

Chez le dentiste

Vous avez **une carie** *(cavity).*
Je vais vous **faire un plombage** *(filling).*

À l'hôpital

Est-ce qu'il y a eu des victimes dans l'accident?
   Oui, il y a eu **un blessé** *(injured person),* mais il n'y a pas eu de **mort**
     (fatality).
J'ai **une blessure** *(wound).* Je me suis blessé à la jambe.
J'ai **une coupure** *(cut).* Je me suis coupé à la main.
J'ai **une brûlure** *(burn).* Je me suis brûlé au pied.
Je **me suis cassé** *(broke)* **le pied, l'épaule** *(shoulder),* **la main.**
Je **me suis foulé** *(sprained)* **la cheville** *(ankle).*

L'infirmier/l'infirmière *(nurse)* va vous soigner.
Il/Elle va vous faire | **un pansement** *(bandage)*
           | **un plâtre** *(cast)*

des béquilles = crutches

Questions personnelles

1. Allez-vous souvent chez le dentiste? Comment s'appelle-t-il? Est-ce qu'il vous soigne bien?
2. Comment s'appelle votre médecin? Est-ce que c'est un médecin généraliste ou un spécialiste? Si c'est un spécialiste, quelle est sa spécialité?
3. Est-ce que vous vous sentez parfois agité(e)? déprimé(e)? fatigué(e)? À quelle occasion?
4. Quelles maladies d'enfance *(childhood)* avez-vous eues? Quelles maladies d'enfance n'avez-vous pas eues?
5. Avez-vous eu la grippe cet hiver? Quels symptômes avez-vous eus? Comment est-ce que vous vous êtes soigné(e)?
6. Avez-vous déjà eu une maladie grave? Quelle maladie? Comment est-ce qu'on vous a soigné(e)?
7. Avez-vous déjà été à l'hôpital? Pourquoi? Combien de temps y êtes-vous resté(e)?
8. Avez-vous eu un accident? Est-ce que vous avez été à l'hôpital? Qu'est-ce qu'on vous a fait?

Situations: *Symptômes*

Les personnes suivantes ont certaines maladies ou indispositions. Décrivez leurs symptômes.

1. Françoise a un rhume.
2. Jean-Pierre a une très mauvaise grippe.
3. Antoine a les oreillons.
4. Catherine a la mononucléose.
5. Alain a la coqueluche.
6. Charles a une indigestion.
7. Gisèle a une angine.

Situations: *À l'hôpital*

Imaginez que vous avez assisté à un accident. Décrivez le type d'accident (un accident d'auto, de bicyclette, de ski ...). Décrivez les blessures des victimes et le traitement qu'elles ont reçu *(received)*.

LIGUE NATIONALE CONTRE LE CANCER
Fédération des Comités Départementaux

Conversation

Catherine Dubois ne se sent pas très bien. Elle est pâle. Elle tousse. Elle a mal à la gorge et elle n'a pas d'appétit. Elle prend rendez-vous avec le docteur Allard qui la soigne.

LE DOCTEUR: Alors, ça ne va pas bien?

CATHERINE: Non, docteur. Je me sens fatiguée. J'ai mal à la gorge et j'ai aussi mal à la tête.

LE DOCTEUR: Est-ce que vous toussez?

CATHERINE: Oui, je tousse depuis cinq ou six jours.

LE DOCTEUR: Est-ce que vous avez pris votre température?

CATHERINE: Oui, j'avais 38,7° hier matin et ce matin j'avais 39,2°.

LE DOCTEUR: Je vais vous examiner ... Ouvrez la bouche ... Tirez la langue ... Faites «ah» ... Est-ce que ça fait mal ici ...

CATHERINE: Aïe! oui ... Est-ce que c'est grave°, docteur?   *serious*

LE DOCTEUR: Non, ce n'est pas grave. Vous avez une bonne grippe et un début d'angine°. Je vais vous faire une piqûre.   *touch of tonsillitis*
(Il fait la piqûre.)
Je vais vous donner une ordonnance. Voilà. Reposez-vous pendant trois jours. Buvez beaucoup de liquides. Prenez ces comprimés trois fois par jour. Prenez ce sirop avant de vous coucher ... Et si vous ne vous sentez pas mieux° dans une semaine, revenez me voir.   *better*

CATHERINE: Merci, docteur! Je vais me soigner.

Dialogue

Robert est un étudiant américain qui passe une année à l'Université de Montpellier. Depuis quelques jours, il ne se sent pas bien. Il a pris un rendez-vous avec le docteur Marceau. Composez un dialogue. Jouez ce dialogue.

Rencontres / **Le langage du corps**

Comment lire: *Idiomatic expressions*

To describe the consequence of overeating, a Frenchman may say: **"J'ai mal au cœur."** An American will describe the same condition by saying: *"I have an upset stomach."* Different languages often use different imagery to express the same concept. The idiomatic expressions that embody such imagery therefore cannot usually be translated word for word but must be learned.

The French language contains many idiomatic expressions referring to parts of the body. Some of these expressions are presented in the text that you are about to read. As you encounter these expressions, try to determine which ones have close English counterparts and which do not.

Le langage du corps

La langue française contient un grand nombre d'expressions qui font référence à une partie du corps. Généralement ces expressions sont très imagées. Lisez les phrases suivantes et cherchez les expressions équivalentes (a, b ou c).

1. J'ai l'estomac dans les talons°.   *heels*
    a. J'ai très faim.
    b. J'ai fait beaucoup de sport.
    c. J'ai mal aux pieds.
2. Nicole fait la tête.
    a. C'est l'étudiante la plus intelligente de la classe.
    b. Elle a une chance extraordinaire.
    c. Elle est de mauvaise humeur.
3. Vous me cassez° les pieds.   *break*
    a. Vous me marchez° sur les pieds.   *step on*
    b. Vous m'embêtez°.   *annoy*
    c. Vous avez des difficultés à marcher.
4. Paul a un poil° dans la main.   *hair*
    a. Il est très timide.
    b. Il est très paresseux.
    c. Il a beaucoup de cheveux.
5. Tu mets les pieds dans le plat°!   *dish*
    a. Tu fais la vaisselle.
    b. Tu es très impoli(e).
    c. Tu fais toujours des gaffes°.   *blunders*
6. Est-ce que vous êtes tombé sur la tête?
    a. Est-ce que vous avez eu un accident grave?
    b. Est-ce que vous avez une bonne mémoire?
    c. Est-ce que vous êtes fou°?   *crazy*

7. Tu as les yeux plus gros° que le ventre.   *larger*
   a. Tu as eu une très bonne vue°.   *vision*
   b. Tu as un appétit d'oiseau°.   *bird*
   c. Au restaurant tu ne finis jamais ce que tu commandes.
8. Tu as du nez!
   a. Tu as beaucoup d'intuition!
   b. Tu es très curieux!
   c. Tu es vraiment très snob!
9. Jean-Louis s'est levé du pied gauche°.   *left*
   a. Il est de mauvaise humeur.
   b. Il s'est levé tôt°.   *early*
   c. Il a mal à la jambe droite°.   *right*
10. Françoise n'est pas dans son assiette°.   *plate*
   a. Elle n'a pas d'argent.
   b. Elle ne se sent pas bien.
   c. Elle n'a pas fait la vaisselle.

Voici les réponses: 1a, 2c, 3b, 4b, 5c, 6c, 7c, 8a, 9a, 10b

Situations

Imaginez que les personnes suivantes sont vos amis. Étudiez les situations suivantes et parlez à ces personnes en utilisant une expression qui reflète cette situation.

1. Florence avait un examen important ... mais pas beaucoup de temps pour le préparer. La veille de *(day before)* l'examen, elle a révisé *(reviewed)* la question qui est tombée le jour de l'examen.
2. Pierre est pâle. Il n'a pas d'appétit. Il ne se sent pas bien. Vraiment, il a l'air *(looks)* malade aujourd'hui.
3. Jean-Claude a commandé un bifteck, une pizza et un plat de spaghetti. Il n'a plus faim pour le dessert.
4. Aujourd'hui Catherine n'est pas de bonne humeur. Ce matin, elle s'est disputée avec sa sœur. Cet après-midi, elle s'est querellée avec son petit ami. Ce soir, elle a refusé de sortir avec ses amis.
5. Votre camarade de chambre fait du bruit quand vous voulez étudier. Il/Elle met la radio quand vous voulez dormir. Il/Elle veut emprunter votre voiture quand vous en avez besoin.

9

NOTRE INDIVIDUALITÉ

Focus of Unit 9
Grammar: adjectives: irregular forms;
the comparative and superlative; object
pronoun expansion
Vocabulary: adjectives of personality;
work; how to express an opinion; personal relations; ordinal numbers
Culture: the role of women in French
society; the French personality and indi-
vidualism

25.   Qui êtes-vous?

Savez-vous qui vous êtes? Avez-vous de la personnalité? Et quelle sorte de personnalité avez-vous? Faites votre analyse personnelle. Pour cela, répondez franchement° aux questions suivantes.

les garçons	les filles	oui	non	
1. Êtes-vous persévérant?	Êtes-vous persévérante?	☐	☐	
2. Êtes-vous idéaliste?	Êtes-vous idéaliste?	☐	☐	
3. Êtes-vous ambitieux?	Êtes-vous ambitieuse?	☐	☐	
4. Êtes-vous prétentieux?	Êtes-vous prétentieuse?	☐	☐	
5. Êtes-vous capricieux?	Êtes-vous capricieuse?	☐	☐	
6. Êtes-vous jaloux°?	Êtes-vous jalouse°?	☐	☐	*jealous*
7. Êtes-vous impulsif?	Êtes-vous impulsive?	☐	☐	
8. Êtes-vous individualiste?	Êtes-vous individualiste?	☐	☐	
9. Êtes-vous sociable?	Êtes-vous sociable?	☐	☐	
10. Êtes-vous agressif?	Êtes-vous agressive?	☐	☐	
11. Êtes-vous le premier à admettre° vos erreurs?	Êtes-vous la première à admettre vos erreurs?	☐	☐	*to admit*
12. Êtes-vous le premier à critiquer° les autres?	Êtes-vous la première à critiquer les autres?	☐	☐	*to criticize*

Interprétation

Marquez un point par réponse positive.

Faites le total de vos points pour les questions 1, 2, 3, 8, 9, 11.
   Si vous avez 4 points ou plus, oui, vous avez de la personnalité.

Faites le total de vos points pour les questions 4, 5, 6, 7, 10, 12.
   Si vous avez 4 points ou plus, vous avez de la personnalité, mais vous avez aussi un caractère difficile. Avez-vous beaucoup d'amis?

Marcel Marceau, ou l'art du mime

Lecture culturelle: *La personnalité française*

Avoir de la personnalité, c'est avoir une individualité marquée.[1] Les Français attachent beaucoup d'importance au développement de la personnalité, qui est le but[2] de l'éducation. On respecte, en effet, les personnes originales[3], même si elles sont excentriques, égoïstes ou asociales. On oublie les personnes sans personnalité, même si elles ont bon caractère.

Y a-t-il une personnalité française distincte, un caractère national typiquement français? À ce sujet, les opinions sont nombreuses et différentes. Selon certains[4], les Français sont des gens distants, chauvins[5], matérialistes, logiques et calculateurs. Selon d'autres, les Français sont des êtres[6] sociables, ouverts, idéalistes, généreux et romantiques.

La vérité est ambiguë. S'il y a une personnalité française, cette personnalité est faite de paradoxes et de contradictions. Les défauts[7] des Français sont à l'opposé[8] de leurs qualités. Ainsi[9], un Français peut être chauvin, mais aussi totalement irrespectueux[10] de l'autorité. Quelqu'un a dit avec ironie que «La France est un pays divisé en 50 millions de Français». Cette remarque insiste sur le caractère individualiste des Français. Si les Français sont des individus, il est impossible de généraliser. L'essentiel est donc[11] qu'il n'y a pas de Français typique, pas plus qu'il n'y a d'Américain typique.

1 *strong*   2 *goal*   3 = qui ont des idées originales
4 = certaines personnes   5 = très nationalistes   6 = gens
7 *faults*   8 *opposite*   9 *thus*   10 *disrespectful*   11 *therefore*

Structure et Vocabulaire

A. Révision: les adjectifs réguliers

Note the forms of the adjectives in the sentences below.

J'ai un ami **calme** et **patient.**   J'ai une amie **calme** et **patiente.**
J'ai des amis **calmes** et **patients.**   J'ai des amies **calmes** et **patientes.**

The endings of regular adjectives are as follows:

	masculine	feminine
singular	-	-e
plural	-s	-es

■ Regular adjectives add an -e to form the feminine. If the masculine form already ends in an unaccented -e, the masculine and feminine forms are the same.

   un garçon **réservé**   une fille **réservée**

■ Regular adjectives add an -s in the plural. If the singular form ends in -s or -x, the masculine singular and plural forms are the same.

   un film **français**   des films **français**

☐ Adjectives that do not follow the pattern above are irregular.

1. **Qui se ressemble s'assemble** (*Birds of a feather flock together*)   Les personnes suivantes ont des relations ou des possessions qui ont les mêmes caractéristiques qu'elles. Exprimez cela.

▶ François est dynamique. (avoir des amis)   *Il a des amis dynamiques.*

1. Monsieur Rimbaud est compétent. (avoir une secrétaire / chercher des assistants)
2. Le professeur est brillant. (avoir des étudiants / enseigner à des étudiantes)
3. Jacqueline est indépendante. (avoir un cousin / choisir des amies)
4. Paul est riche. (avoir une cousine / connaître des gens)
5. Marc est français. (avoir une auto / acheter des disques)
6. Diane est anglaise. (avoir un vélo / lire des livres)

Vocabulaire: *Quelques adjectifs réguliers*

âgé ≠ jeune	old ≠ young
compliqué ≠ simple	complicated ≠ simple
obstiné ≠ docile	stubborn ≠ docile
poli ≠ impoli	polite ≠ impolite
prudent ≠ imprudent	cautious, careful ≠ careless
rapide ≠ lent	fast ≠ slow
sensible ≠ insensible	sensitive ≠ insensitive

note de vocabulaire

Sensible is a false cognate. It does not mean *sensible,* which is usually expressed by adjectives such as **sensé** and **raisonnable.**

2. Descriptions Informez-vous sur les personnes et les choses suivantes et décrivez-les en utilisant un adjectif du VOCABULAIRE.

▶ Le professeur a vingt-cinq ans.   *Il est jeune.*

1. Dans ses œuvres *(works),* cette jeune artiste exprime *(expresses)* des émotions très fortes.
2. Mme Tessier vient de célébrer son quatre-vingtième (80ᵉ) anniversaire.
3. En voiture, tu prends trop de risques.
4. Vous ne changez jamais d'opinion.
5. Cette jeune fille a d'excellentes manières *(manners).*
6. Vous ne finissez jamais vos devoirs à temps *(on time).*
7. La voiture de Jacques peut aller à 180 kilomètres à l'heure.
8. Cette situation présente beaucoup de difficultés.

B. Adjectifs irréguliers

The forms of many irregular adjectives follow predictable patterns.

■ Irregular feminine patterns:

endings		singular		plural	
masculine	feminine	masculine	feminine	masculine	feminine
-eux	→ -euse	sérieux	sérieuse	sérieux	sérieuses
-el	→ -elle	cruel	cruelle	cruels	cruelles
-er	→ -ère	cher	chère	chers	chères
-et	→ -ète	discret	discrète	discrets	discrètes
-eur	→ -euse	travailleur	travailleuse	travailleurs	travailleuses
-ateur	→ -atrice	créateur	créatrice	créateurs	créatrices
-f	→ -ve	actif	active	actifs	actives
-on	→ -onne	bon	bonne	bons	bonnes
-(i)en	→ -(i)enne	canadien	canadienne	canadiens	canadiennes

☐ A few adjectives in **-eur,** such as **supérieur, inférieur, extérieur, intérieur**
are regular in the feminine: une attitude **supérieure**

☐ A few adjectives which end in a consonant in the masculine have a double
consonant in the feminine.

gros → **grosse** *(big, fat)*	**net** → **nette** *(neat)*
gentil → **gentille** *(nice)*	**sot** → **sotte** *(dumb)*

☐ Other adjectives have different feminine patterns.

faux → **fausse** *(false)*	**long** → **longue**	**blanc** → **blanche**
roux → **rousse** *(red-head)*	**favori** → **favorite**	**franc** → **franche** *(frank)*
doux → **douce** *(sweet, soft)*	**fou** → **folle** *(crazy)*	
jaloux → **jalouse** *(jealous)*		

■ Most adjectives in **-al** form their masculine plural in **-aux.** The feminine
forms are regular.

un garçon origin**al** → des garçons origin**aux**
une fille origin**ale** → des filles origin**ales**

☐ A few adjectives in **-al,** such as **final,** are regular.

l'examen **final** → les examens **finals**

☐ Most nouns ending in **-al** in the singular end in **-aux** in the plural.

un journal → des journ**aux**   un animal → des anim**aux**

Vocabulaire: *Quelques adjectifs irréguliers*

en -eux

ennuyeux *(boring)*	ambitieux	généreux
heureux *(happy)*	consciencieux	nerveux
malheureux *(unhappy)*	courageux	sérieux
paresseux *(lazy)*	curieux	superstitieux

en -el

ponctuel *(punctual, on time)*	cruel	naturel
	intellectuel	superficiel

en -er

étranger *(foreign, from abroad)*

en -et

inquiet *(worried)*	discret
secret *(secretive)*	indiscret

en -eur

travailleur *(hard-working)*

en -teur

créateur *(creative)*
conservateur *(conservative)*

en -f

neuf *(new)*	actif	intuitif
sportif *(athletic)*	attentif	naïf
	imaginatif	perceptif
	impulsif	

en -al

égal *(equal)*	libéral	original
inégal *(unequal)*	loyal	sentimental
génial *(bright, smart)*		

note de vocabulaire

The adjectives **nouveau** and **neuf** both mean *new*. **Nouveau** comes before the noun and means *new* in the sense of *recent* or *newly acquired*. **Neuf** comes after the noun and means *new* in the sense of *brand new*.

Jean a une **nouvelle** voiture.	Jean has a new car.
Ce n'est pas une voiture **neuve**.	It's not a (brand) new car.

3. **Vive la différence!** Dites que les personnes entre parenthèses n'ont pas la même personnalité que les personnes suivantes.

▶ Cet étudiant est sérieux. (ces étudiantes)   *Ces étudiantes ne sont pas sérieuses.*

1. Mme Lombard est généreuse. (son mari)
2. Sylvie est ambitieuse. (ses cousins)
3. Henri est discret. (sa sœur)
4. Adèle est intellectuelle. (Paul et Georges)
5. Gisèle est intuitive. (Marc et Robert)
6. La secrétaire est travailleuse. (cet employé)
7. Philippe est musicien. (sa fiancée)
8. Madeleine est jalouse. (ses frères)
9. Ce jeune homme est franc. (cette jeune fille)
10. Jacques est roux. (Marthe)

4. **Le chef du personnel** Vous êtes le chef du personnel d'une entreprise française. Cette entreprise cherche des étudiants pour l'été. Les étudiants suivants se présentent. Demandez s'ils ont les qualités nécessaires.

▶ Nathalie (ambitieux?)   *Êtes-vous ambitieuse?*

1. Paul et Thomas (consciencieux?)
2. Jacqueline et Suzanne (sérieux?)
3. Sylvie (actif?)
4. Isabelle et Caroline (ponctuel?)
5. Monique et Nicole (perceptif?)
6. Hélène et Françoise (discret?)
7. Véronique et Marie-Cécile (travailleur?)
8. Jacqueline (courageux?)

5. **Descriptions** Décrivez les personnes suivantes en utilisant les adjectifs entre parenthèses.

▶ mes amis (original?)   *Mes amis sont originaux.*
                   ou: *Mes amis ne sont pas originaux.*

1. mes amis (loyal?)
2. mes amies (loyal?)
3. mes parents (libéral?)
4. les Américains (sentimental?)
5. les Américaines (sentimental?)
6. mes professeurs (génial?)
7. les femmes d'aujourd'hui (égal aux hommes?)

6. Une question de personnalité Lisez ce que font les personnes suivantes. Puis décrivez leur personnalité en utilisant un adjectif de votre choix.

▶ Jacqueline ne sort jamais le vendredi 13.   *Elle est superstitieuse.*

  1. Madame Lamblet veut être la présidente de sa compagnie.
  2. Pierre et Paul ne travaillent jamais.
  3. Sylvie répète les secrets de ses amis.
  4. Ce week-end-ci, mes cousines vont préparer leur examen.
  5. En hiver, Thérèse fait du ski. En été, elle nage et elle joue au volleyball.
  6. Ma sœur ne parle de ses problèmes à personne.
  7. Alice ne se repose jamais.
  8. Françoise aime discuter des grands problèmes philosophiques.
  9. La secrétaire arrive toujours à l'heure *(on time)* au bureau.
10. Cette jeune artiste a un talent extraordinaire.
11. Ces étudiantes font toujours attention quand le professeur parle.
12. Ces sénateurs veulent changer les institutions.

7. Expression personnelle Complétez les phrases suivantes avec un ou plusieurs adjectifs du VOCABULAIRE de cette leçon.

  1. Mes amis pensent que je suis ...
  2. Mes parents pensent que je suis ...
  3. Je n'aime pas les gens qui sont trop ...
  4. À une surprise-partie, j'aime parler avec des gens ...
  5. Je ne respecte pas les personnes ...
  6. J'aime sortir avec des personnes ...
  7. Je suis à l'aise *(at ease)* avec les personnes ...
  8. Je ne suis pas à l'aise avec des personnes ...
  9. Aujourd'hui, les femmes sont ... ; les hommes sont ...
10. J'espère me marier avec une personne ...

C. Les adverbes en *-ment*

In the following sentences compare the adverbs in heavy print with the adjectives in parentheses.

(poli)	Jacques répond **poliment**.	Jacques answers *politely*.
(calme)	Nous avons parlé **calmement**.	We spoke *calmly*.
(sérieux)	Anne a étudié **sérieusement**.	Anne studied *seriously*.
(intuitif)	Je comprends **intuitivement**.	I understand *intuitively*.
(patient)	Tu attends **patiemment**.	You wait *patiently*.
(brillant)	Alice a répondu **brillamment**.	Alice answered *brilliantly*.

■ Many adverbs of manner end in **-ment** and correspond to English adverbs ending in *-ly*. These adverbs are derived from the corresponding adjectives according to the following patterns:

When the masculine adjective ends in ...	the adverb is formed ...	example
a vowel	masculine adjective + **ment**	poli → poliment
a consonant	feminine adjective + **ment**	actif, active → activement
		sérieux, sérieuse → sérieusement
-ent	masculine adjective (minus **-ent**) + **emment**	patient → patiemment
-ant	masculine adjective (minus **-ant**) + **amment**	constant → constamment

☐ Adverbs in **-ment**, like other adverbs of manner, usually come immediately after the verb they modify.

> André répond **intelligemment** à la question du professeur.

☐ The adjective **rapide** has two corresponding adverbs: **rapidement** and **vite**, which is more common.

Ces voitures de sport sont **rapides**.	These sports cars are *fast*.
Elles vont **vite**.	They go *fast*.

CONCORDE
AIR FRANCE ///
Plus vite que le soleil

☐ A few adverbs in **-ment** have a meaning somewhat different from the adjectives from which they are derived. These adverbs often come at the beginning of a sentence for emphasis.

heureusement	fortunately	**Heureusement**, Éric s'est souvenu de la date de l'examen.
malheureusement	unfortunately	**Malheureusement**, il l'a raté.
vraiment	really	**Vraiment**, il n'a pas de chance.
évidemment	of course	**Évidemment**, il n'étudie pas beaucoup.
seulement	only	Si **seulement** il étudiait plus!

8. Une question de personnalité   Les personnes suivantes travaillent d'une manière qui reflète leur personnalité. Exprimez cela, en utilisant l'adverbe en *-ment* qui convient.

▶ Jacques est sérieux. (travailler)   *Il travaille sérieusement.*

1. Paul est généreux. (aider ses amis)
2. Thomas est ponctuel. (arriver au rendez-vous)
3. Fernand est lent. (apprendre)
4. Albert et Roger sont actifs. (participer au débat)
5. Antoine est discret. (parler de ses amis)
6. Philippe est consciencieux. (suivre son régime)
7. Jean est attentif. (écouter le professeur)
8. Madeleine est polie. (parler à ses voisins)
9. Claire est sérieuse. (préparer ses examens)
10. Éric est rapide. (courir)
11. Robert est franc. (répondre aux questions)

9. Comment?   Dites ce qu'ont fait les personnes suivantes et comment. Pour cela utilisez le passé composé des verbes suivants et l'adverbe dérivé de l'adjectif entre parenthèses.

▶ (brillant) les étudiants / répondre à la question du professeur
  Les étudiants ont répondu brillamment à la question du professeur.

1. (brillant) Nicole / réussir à l'examen de français
2. (impatient) tu / répondre à la question
3. (intelligent) Marc / répondre au professeur
4. (élégant) Monique / s'habiller pour la surprise-partie
5. (patient) nous / attendre nos amis
6. (constant) ces gens / parler pendant le concert
7. (violent) vous / fermer la porte
8. (prudent) la police / entrer dans la maison abandonnée
9. (imprudent) ces ingénieurs / parler des secrets de leur entreprise

10. Conversation   Demandez à vos camarades s'ils font les choses suivantes. Utilisez l'adverbe en *-ment* dérivé de l'adjectif entre parenthèses.

▶ préparer tes leçons (consciencieux?)
  —*Est-ce que tu prépares consciencieusement tes leçons?*
  —*Oui, je prépare consciencieusement mes leçons.*
  ou: —*Non, je ne prépare pas consciencieusement mes leçons.*

1. faire tes devoirs (rapide?)
2. comprendre le français (intuitif?)
3. apprendre les langues étrangères (facile?)
4. connaître le président (la présidente) de l'université (personnel?)
5. aller au cinéma le samedi soir (régulier?)
6. chercher du travail pour l'été (actif?)
7. parler à tes amis (franc?)
8. écrire à tes cousins (fréquent?)

D. Les nombres ordinaux

Ordinal numbers (*first, second, ... tenth*) are used for ranking. Note the forms of these numbers in French.

1$^{er(ère)}$	premier (première)	6^e	sixième	11^e	onzième
2^e	deuxième	7^e	septième	20^e	vingtième
3^e	troisième	8^e	huitième	21^e	vingt et unième
4^e	quatrième	9^e	neuvième	22^e	vingt-deuxième
5^e	cinquième	10^e	dixième	100^e	centième

In French, ordinal numbers are derived from regular numbers according to the following pattern:

> number (*minus* final -e, if any) + -ième

☐ Exception: **un → premier, première**   *but:* **le vingt et unième,**
                                                   le trente et unième, etc.

☐ Before the ending **-ième,** cardinal numbers are pronounced as they are in front of a word beginning with a vowel sound. The "**x**" of **deuxième, sixième,** and **dixième** is pronounced /z/.

☐ Note the spelling modifications: cin**q** → cin**qu**ième   neuf → neu**v**ième.

☐ Ordinal numbers are adjectives and agree with the nouns they modify. Only **premier** has a different feminine form.

Le lundi, mon **premier** cours est à neuf heures.
Le vendredi, ma **première** classe est à dix heures.

☐ Ordinal numbers come *before* the noun they modify. There is no liaison or elision before 8e and 11e.

Quel est **le** huitième mois de l'année? **le** onzième mois?

11. **Vrai ou faux?**   Est-ce que les informations contenues dans les phrases suivantes sont exactes? Exprimez votre opinion en disant «*C'est vrai*» ou «*C'est faux*». Rectifiez les informations fausses.

▶ Mars est le deuxième mois de l'année.   *C'est faux. Mars est le troisième mois.*

1. Juin est le septième mois.
2. George Washington est le premier président des États-Unis.
3. James Madison est le cinquième président.
4. La pénicilline a été découverte au vingtième siècle.
5. L'avion a été inventé au dix-neuvième siècle.
6. Einstein a vécu au seizième siècle.
7. L'Alaska est le quarante-neuvième état.

12. Le concours de photo *(The photo contest)* Vous êtes le juge d'un concours de photo. Donnez aux étudiants suivants leur classement *(ranking)*.

▶ Henri (8ᵉ)   *Henri, tu es huitième.*

1. Anne (1ᵉʳᵉ)
2. Philippe (2ᵉ)
3. Nathalie (6ᵉ)
4. Charles et Louis (10ᵉ)

5. Suzanne et Louise (15ᵉ)
6. Jacques (18ᵉ)
7. Jacqueline (21ᵉ)
8. Michèle (32ᵉ)

9. Jean-Marc (53ᵉ)
10. Antoine (66ᵉ)
11. Alice (74ᵉ)
12. Émilie (100ᵉ)

 XXIIIᵉˢ JEUX OLYMPIQUES

Récapitulation

Substitution

Remplacez les mots soulignés par les mots entre parenthèses. Faites tous les changements nécessaires.

1. <u>Jacques</u> est compétent mais il n'est pas sérieux.   (Jacqueline, mes cousins, Anne et Suzanne, vos amies)
2. <u>Sylvie</u> est sportive et très travailleuse.   (ce garçon, mes cousines, Henri, tes frères)
3. <u>Louise</u> n'est pas libérale. Elle est très conservatrice.   (mes parents, mon père, Jacques et Antoine, Isabelle)
4. Quand on est <u>sérieux</u>, on fait tout très sérieusement.   (spontané, patient, consciencieux, discret)

Vous avez la parole: Portraits

Composez un petit paragraphe où vous faites le portrait d'une des personnes suivantes. Utilisez au moins cinq adjectifs et trois adverbes.

1. une personne que je connais bien
2. l'amie idéale
3. les Américaines d'aujourd'hui
4. les femmes d'autrefois
5. les étudiants et les étudiantes du campus

26. *La condition féminine*

Aujourd'hui, la condition de la femme fait des progrès considérables dans le monde. Des femmes occupent des fonctions importantes dans tous les domaines et dans presque tous les pays ... L'Angleterre, l'Inde, Israël ont ou ont eu des femmes premiers ministres. En France et aux États-Unis, des femmes font partie° des cabinets ministériels. Est-ce que cela signifie que la femme est l'égale de l'homme?   *are members*

Quelle est donc° la condition de la femme française aujourd'hui? Est-elle comparable à la condition de la femme américaine ou est-elle différente? À ce sujet°, voilà huit questions. À votre avis°, quelles sont les réponses?   *then*   *topic / in your opinion*

1. En France, les femmes sont-elles plus ou moins nombreuses que les hommes?
2. En France, les filles sont-elles plus ou moins intelligentes que les garçons?
3. En France, les femmes reçoivent-elles un salaire aussi° élevé ou moins élevé que les hommes?   *as*
4. Y a-t-il plus ou moins de femmes-professeurs en France qu'aux États-Unis?
5. En France, les femmes-professeurs ont-elles plus ou moins de diplômes que les hommes?
6. En France, les femmes-ingénieurs sont-elles mieux° ou moins bien qualifiées que les hommes?   *better*
7. Y a-t-il plus ou moins de femmes-avocats° en France qu'aux États-Unis?   *lawyers*
8. Est-ce en France que la proportion de femmes-médecins° est la plus élevée?   *doctors*

Vous trouverez° les réponses à ces questions dans LA LECTURE CULTURELLE.   *will find*

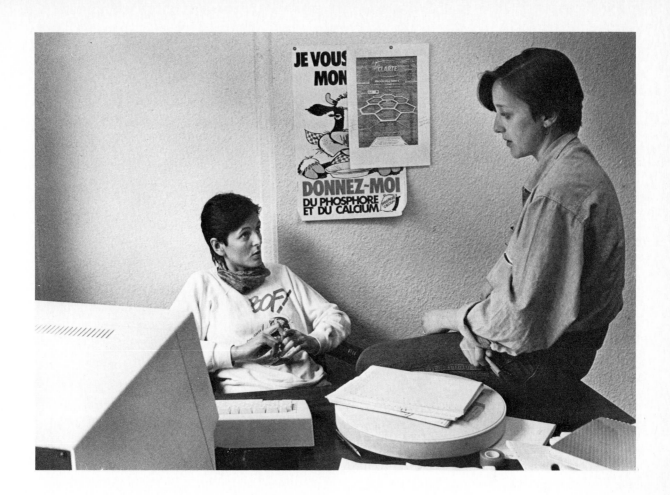

Lecture culturelle: *Les femmes en France*

Voici les réponses aux questions de la page précédente.

1. Elles sont plus nombreuses. La majorité des Français (52%) sont en fait des Françaises.
2. Elles sont peut-être plus studieuses. Le fait est que les filles obtiennent leurs diplômes avant les garçons.
3. Non. Les femmes sont désavantagées. Une employée gagne 20% de moins qu'un employé. Une ouvrière[1] gagne 25% de moins qu'un ouvrier. Un cadre[2] supérieur féminin gagne 30% de moins qu'un cadre supérieur masculin.
4. La proportion est pratiquement identique en France et aux États-Unis: 20% contre 22%.
5. Elles ont plus de diplômes. Dans l'enseignement[3] secondaire, 40% des femmes ont la licence. Cette proportion est seulement de 30% pour les hommes.
6. Elles sont mieux[4] qualifiées. 63% des femmes-ingénieurs ont un diplôme supérieur contre 56% pour les hommes.
7. Sur[5] 100 avocats[6], il y a 19 femmes en France et 14 aux États-Unis.
8. Non, c'est en Union Soviétique où 75% des médecins sont des femmes. Cette proportion est de 14% en France et de 15% aux États-Unis.

1 *blue-collar worker*   2 *executive*   3 *education*   4 *better*
5 *out of*   6 *lawyers*

Structure et Vocabulaire

Vocabulaire: *Le travail*

noms

un chef	head, boss, chief	**l'égalité**	equality
un choix	choice	**une entreprise**	firm, company
un domaine	domain, field	**l'indépendance**	independence
un groupe	group	**la majorité**	majority
un salaire	salary	**une responsabilité**	responsibility
un travail	work; job		

adjectifs

bas (basse) ≠ **élevé**	low ≠ high
parfait ≠ **imparfait**	perfect ≠ imperfect
dur	hard
libre	free
satisfait (de)	satisfied (with)
tolérant	tolerant

note de vocabulaire

Both **libre** and **gratuit** mean *free*. **Libre** means free in the sense of *independent* or *available*. **Gratuit** means free in the sense of *costing nothing*.

Es-tu **libre** ce soir?	Are you *free* tonight?
J'ai des billets **gratuits.**	I have *free* tickets.

1. Questions personnelles

1. Avez-vous fait le choix de votre profession future? Quel est ce choix?
2. Dans quelle sorte *(type)* d'entreprise voulez-vous travailler? petite? grande? internationale?
3. Le salaire, les responsabilités, les possibilités de promotion, l'indépendance sont des éléments importants quand on choisit une profession. À votre avis *(in your opinion)*, quel est l'élément le plus *(most)* important? Pourquoi?
4. Êtes-vous satisfait(e) de vos cours? de vos résultats? de votre vie? Pourquoi ou pourquoi pas?
5. À l'université, dans quel domaine est-ce que vous vous spécialisez?
6. Selon vous *(according to you)*, est-ce que les femmes américaines ont obtenu l'égalité avec les hommes dans le domaine du travail? dans le domaine de la justice? Expliquez votre position.

A. Le comparatif avec les adjectifs et les adverbes

In the following sentences, comparisons are expressed with adjectives.

Anne est **plus intelligente que** Paul.	Anne is *more intelligent than* Paul.
Elle est **plus jeune que** lui.	She is *younger than* he is (*than* him).
Je suis **aussi sérieux que** toi.	I am *as serious as* you.
Mes amis sont **moins patients que** vous.	My friends are *less patient than* you.

■ Comparisons with *adjectives* follow the pattern:

[+]	**plus**	**plus** sérieux (**que** ...)
[=]	**aussi** } + adjective (+ **que** ...)	**aussi** sérieux (**que** ...)
[−]	**moins**	**moins** sérieux (**que** ...)

☐ There is liaison after **plus** and **moins** before a vowel sound.

Ce livre est plus intéressant.   Ces personnes sont moins ambitieuses.

☐ Stress pronouns are used after **que**. Note: **que** → **qu'** before a vowel sound.

Elle est plus compétente **que moi**.   Nous sommes aussi tolérants **qu'eux**.

■ Comparisons with *adverbs* follow the same pattern as adjectives.

J'étudie **plus sérieusement que** mes amis.	I study *more seriously than* my friends.
Tu étudies **moins sérieusement que** nous.	You study *less seriously than* we do.

2. Autrefois   Comparez la vie d'autrefois avec la vie d'aujourd'hui.

▶ le travail (dur?)   *Autrefois le travail était moins (aussi, plus) dur.*

1. les maisons (confortables?)
2. les femmes (indépendantes?)
3. l'université (difficile?)
4. la vie (compliquée?)
5. les gens (heureux?)
6. le président (populaire?)
7. les étudiants (travailleurs?)
8. les relations humaines (sincères?)
9. les salaires (élevés?)
10. les gens (libres?)

3. Conseils   Donnez des conseils à un ami. Pour cela, utilisez l'impératif et la forme comparative appropriée de l'adverbe.

▶ Tu prends trop de risques. (aller / vite)   *Va moins vite!*

1. Tu es paresseux. (étudier / sérieusement)
2. Tu es difficile à comprendre. (parler / distinctement)
3. Tu es trop pessimiste. (prendre la vie / négativement)
4. Tu ne travailles pas assez. (sortir / fréquemment)
5. Tu t'énerves trop. (vivre / calmement)
6. Tu ne réfléchis pas assez. (prendre tes décisions / impulsivement)

Vocabulaire: *Comment exprimer son opinion*

à mon avis	in my opinion	À mon avis, les femmes d'aujourd'hui sont très indépendantes.
selon ...	according to ...	Selon Paul, } les Françaises sont plus indépendantes que les
d'après ...		D'après Paul, } Américaines.
à ce sujet	on this topic	À ce sujet, les opinions varient.
donc	therefore, thus	Donc, vous avez peut-être raison.
en fait	as a matter of fact, indeed	En fait, votre opinion est intéressante.

note de vocabulaire

Stress pronouns are used after **selon** and **d'après**.

Selon moi, }
D'après moi, } les Américaines sont très indépendantes.

4. **Expression personnelle** Utilisez la forme appropriée des adjectifs entre parenthèses pour comparer les personnes ou les choses suivantes.

▶ les femmes / les hommes (énergique)
À mon avis, les femmes sont plus (moins, aussi) énergiques que les hommes.

1. les garçons / les filles (timide)
2. les femmes / les hommes (sensible)
3. l'argent / la santé (important)
4. le salaire / les responsabilités (important)
5. mes amis / ma famille (important)
6. ma mère / mon père (généreux)
7. le français / l'espagnol (facile)
8. les jeunes / les adultes (libéral)
9. les Français / les Américains (intellectuel)
10. les cigarettes / l'alcool (dangereux)

5. **Questions personnelles**

1. Avez-vous un frère? Êtes-vous plus jeune que lui? plus riche? plus sportif (sportive)? plus grand(e)? plus sérieux (sérieuse)? plus ambitieux (ambitieuse)?
2. Avez-vous une sœur? Êtes-vous plus jeune qu'elle? plus grand(e)? plus riche? plus sportif (sportive)? plus généreux (généreuse)? plus indépendant(e)? plus dynamique? plus ambitieux (ambitieuse)?
3. Êtes-vous plus libéral(e) ou plus conservateur (conservatrice) que vos parents? Êtes-vous plus tolérant(e) qu'eux? plus sincère? moins égoïste?
4. Êtes-vous plus jeune que votre meilleur(e) ami(e)? plus réaliste? plus sérieux (sérieuse)?
5. Maintenant, étudiez-vous plus sérieusement qu'avant? plus vite?

B. Les comparaisons avec les noms

Note the comparative constructions in the sentences below.

J'ai **plus de patience que** mon frère.	I have *more patience than* my brother.
J'ai **autant d'amis que** lui.	I have *as many friends as* he does.
J'ai **moins d'argent que** lui.	I have *less money than* he does.
J'ai **moins de problèmes.**	I have *fewer problems.*

Comparisons with *nouns* follow the pattern:

[+]	**plus de**		**plus de** problèmes **que**
[=]	**autant de**	} + noun (+ **que** ...)	**autant de** problèmes **que**
[−]	**moins de**		**moins de** problèmes **que**

☐ Stress pronouns are used after **que** in comparisons.

J'ai autant de problèmes **que toi.**

6. **C'est évident!** Les phrases suivantes expriment certaines comparaisons. Faites d'autres comparaisons en utilisant les expressions entre parenthèses.

▶ Jacques est plus patient que son frère. (avoir de la patience)
Il a plus de patience que lui.

1. Michel est moins riche que Suzanne. (avoir de l'argent)
2. M. Lamblet est aussi riche que M. Moreau. (gagner de l'argent)
3. Gérard est plus sportif que ses cousins. (faire du sport)
4. Nathalie est plus ambitieuse que sa sœur. (avoir des projets)
5. Georges est aussi sociable que Julien. (avoir des amis)
6. Sylvie est aussi courageuse que toi. (prendre des risques)

7. **Comparaisons** Lisez les phrases suivantes et faites des comparaisons avec les expressions entre parenthèses.

▶ Les femmes ont de la patience. (les hommes)
Les femmes ont autant de (plus de, moins de) patience que les hommes.

1. Les femmes d'aujourd'hui ont des responsabilités. (les femmes d'autrefois)
2. Les gens ambitieux prennent des risques. (les gens timides)
3. Les professeurs gagnent de l'argent. (les ingénieurs)
4. Les Américains ont des vacances. (les Français)
5. Les Français boivent du vin. (les Américains)
6. Les étudiants français ont du travail. (les étudiants américains)
7. Les filles font du sport. (les garçons)
8. Les voitures américaines consomment de l'essence *(gas)*. (les voitures japonaises)

C. Le superlatif

In superlative constructions, one or several persons or things are compared to the rest of a group. Note the superlative constructions in heavy print in the following sentences.

Robert est le garçon **le plus sportif** de la classe.	Robert is *the most athletic* boy in the class.
Anne est la fille **la plus drôle** de la classe.	Anne is *the funniest* girl in the class.
Quels sont les livres **les moins chers?**	Which are *the least expensive* books?

■ Superlative constructions with *adjectives* follow the pattern:

$$\begin{bmatrix} + \\ - \end{bmatrix} \quad \text{le, la, les} \left\{ \begin{array}{l} \text{plus} \\ \text{moins} \end{array} \right\} + \text{adjective} \qquad \begin{array}{l} \text{le (la) plus calme, les plus calmes} \\ \text{le (la) moins calme, les moins calmes} \end{array}$$

□ In a superlative construction, the position of the adjective is usually the same as in a simple construction. If the adjective normally follows the noun, the superlative construction likewise follows the noun. Similarly, if the adjective normally precedes the noun, the superlative construction does also.

une **grande** ville	Montréal est **la plus grande** ville du Canada.
une ville **ancienne**	Montréal n'est pas la ville **la plus ancienne**.

□ Note that when the superlative construction follows the noun, the definite article (**le, la, les**) is repeated.

Voici **la** fille **la** plus brillante.
Voici **les** livres **les** moins chers.

□ The preposition **de** is used after a superlative construction to introduce the reference group. Here **de** corresponds to the English preposition *in*.

Pierre est l'étudiant le plus brillant **de notre classe.**	*... in our class.*
Paris n'est pas la plus grande ville **du monde.**	*... in the world.*

■ Superlative constructions with *adverbs* follow the pattern:

$$\begin{bmatrix} + \\ - \end{bmatrix} \quad \text{le} \left\{ \begin{array}{l} \text{plus} \\ \text{moins} \end{array} \right\} + \text{adverb} \qquad \begin{array}{l} \text{le plus souvent} \\ \text{le moins souvent} \end{array}$$

DIM TF1

20.35 CINÉMA

LA PLUS BELLE SOIRÉE DE MA VIE

d'Ettore Scola
avec
Michel Simon
Alberto Sordi
Pierre Brasseur
Claude Dauphin

8. **Extrêmes** Dites quels sont les extrêmes dans les catégories suivantes.

▶ (le tennis, le football, le hockey) un sport violent?
Le hockey est le sport le plus violent. Le tennis est le sport le moins violent.

1. (le russe, l'espagnol, le japonais) une langue facile?
2. (l'italien, l'anglais, le chinois) une langue utile?
3. (*Time, Sports Illustrated, People*) un magazine intéressant?
4. (le Canada, la France, le Japon) un pays industriel?
5. (janvier, février, avril) un mois long?
6. (l'été, l'automne, le printemps) une saison agréable?
7. (Paris, Rome, New York) une ville ancienne?
8. (les Ferrari, les Mercédès, les Renault) des voitures rapides?
9. (les Russes, les Français, les Chinois) des gens sympathiques?

9. **Le sommet?** Lisez les phrases suivantes et dites si oui ou non chaque chose et chaque personne représente un sommet dans sa catégorie.

▶ Chicago est une grande ville. (les États-Unis?)   *Chicago n'est pas la plus grande ville des États-Unis.*

1. San Francisco est une belle ville. (les États-Unis?)
2. Le Canada est un grand pays. (le continent américain?)
3. Le Japon est un pays industriel. (l'Asie?)
4. L'injustice est un problème sérieux. (le monde d'aujourd'hui?)
5. Le 21 juin est un jour long. (l'année?)
6. Picasso est un artiste important. (le vingtième siècle?)
7. Je suis un(e) étudiant(e) brillant(e). (la classe?)
8. Je suis une personne jeune. (ma famille?)

10. **Le plus et le moins** Faites des comparaisons en utilisant l'expression entre parenthèses d'après le modèle.

▶ Ce mois-ci, Pierre a vu 2 films. Jeannette a vu 5 films. Catherine et Gisèle ont vu 7 films. (aller souvent au cinéma?)
C'est Catherine et Gisèle qui sont allées le plus souvent au cinéma.
C'est Pierre qui est allé le moins souvent au cinéma.

1. À l'examen, Martine a eu un C+. Philippe a eu un A+. André et Jacques ont eu un D. (préparer sérieusement l'examen?)
2. Serge a passé une semaine à Québec. Marie et Stéphanie ont passé l'été à Toronto. Alice a passé le mois de septembre à Montréal. (rester longtemps au Canada?)
3. François a dit la vérité. Christophe a inventé une histoire. Charles n'a rien dit. (parler franchement?)
4. Jean-Pierre a mis des blue-jeans. Robert et André ont mis une chemise et une cravate. Albert a mis son plus beau costume. (s'habiller élégamment pour aller au restaurant?)

D. Les comparatifs et superlatifs irréguliers

Note the comparative and superlative forms of **bon** (good) and **bien** (well) in the following sentences.

Anne est **bonne** en maths.	Anne is *good* in math.
Alice est **meilleure.**	Alice is *better.*
Thérèse est **la meilleure.**	Thérèse is *the best.*
Paul joue **bien** au tennis.	Paul plays tennis *well.*
François joue **mieux.**	François plays *better.*
Jean-Pierre joue **le mieux.**	Jean-Pierre plays *the best.*

■ The adjective **bon** and the adverb **bien** have irregular comparative and superlative forms to indicate superiority:

			comparative		superlative	
adjective	**bon** **bonne**	good	**meilleur** **meilleure**	better	**le meilleur** **la meilleure**	the best
adverb	**bien**	well	**mieux**	better	**le mieux**	the best

☐ The other comparative and superlative forms of **bon** and **bien** are regular.

Henri est **moins bon.**	Jacques est **le moins bon.**
Annette joue **moins bien.**	Pauline joue **le moins bien.**

11. **À votre avis?** Lisez les phrases suivantes et exprimez votre opinion sur les questions entre parenthèses. Utilisez le comparatif dans des phrases complètes.

▶ Le climat de la Floride est bon. (et le climat de la Californie?)
   À mon avis, le climat de la Californie est meilleur (aussi bon, moins bon).

1. La cuisine américaine est bonne. (et la cuisine française?)
2. Les voitures américaines sont bonnes. (et les voitures japonaises?)
3. Les vins californiens sont bons. (et les vins français?)
4. Robert Redford joue bien. (et Jack Nicholson?)
5. Les Red Sox jouent bien. (et les Yankees?)
6. À l'université, on s'amuse bien. (et pendant les vacances?)
7. Aux États-Unis on mange bien. (et en France?)
8. À la campagne on dort bien. (et en ville?)

12. Questions personnelles

1. À votre avis, qui est le meilleur acteur? la meilleure actrice? Parmi *(among)* les films que vous avez vus récemment, quel était le meilleur? le moins bon?
2. À votre avis, qui est le meilleur chanteur *(singer)?* la meilleure chanteuse? le meilleur groupe musical?
3. Selon vous, quel est le meilleur restaurant de votre ville? le moins bon? Dans quelle région des États-Unis est-ce qu'on mange le mieux? le moins bien? Dans quel pays vit-on le mieux? le moins bien?

E. Le verbe *recevoir*

Note the forms of the irregular verb **recevoir** *(to receive, to get)* in the chart below.

infinitive	**recevoir**	
present	Je **reçois** une lettre.	Nous **recevons** cette revue.
	Tu **reçois** un télégramme.	Vous **recevez** un bon salaire.
	Il/Elle/On **reçoit** son diplôme.	Ils/Elles **reçoivent** de l'argent de leurs parents.
passé composé	**J'ai reçu** une bonne note à l'examen.	

☐ **Recevoir** may also mean *to entertain:* Je **reçois** mes amis chez moi.

☐ The following verbs are conjugated like **recevoir:**

décevoir	to disappoint	Ne **décevez** pas vos amis.
apercevoir	to see, to catch a glimpse of	**Avez-vous aperçu** votre cousin ce matin?
s'apercevoir (de)	to realize	Je **me suis aperçu** de mon erreur.

13. De la Tour Eiffel
Un groupe de touristes observe Paris du sommet de la Tour Eiffel. Dites ce que chacun aperçoit.

▶ Jacques (un monument)   *Jacques aperçoit un monument.*

1. Paul (une église)
2. Suzanne (Notre-Dame)
3. Michèle et Anne (l'Arc de Triomphe)
4. Marc et Philippe (un bus)
5. nous (le Centre Pompidou)
6. vous (le Musée d'Art Moderne)
7. je (les Invalides)
8. tu (le Louvre)

14. Questions personnelles

1. Recevez-vous souvent des lettres? des paquets (packages)? De qui?
2. Quand avez-vous reçu votre diplôme de high school?
3. Quand allez-vous recevoir votre diplôme de l'université?
4. Décevez-vous parfois vos parents? vos professeurs? vos amis? vos amies?
5. Aimez-vous recevoir des cadeaux (presents)? Quels cadeaux avez-vous reçus pour votre anniversaire?
6. Allez-vous recevoir des amis chez vous ce week-end?
7. Quand vous faites une erreur (mistake) en français, est-ce que vous vous en apercevez immédiatement?

Récapitulation

Substitution

Remplacez les mots soulignés par les mots entre parenthèses. Faites tous les changements nécessaires.

1. Suzanne est optimiste mais je suis plus optimiste qu'elle.   (Albert, tu, votre frère, tes cousins, Louise et Claire)
2. Pierre est plus sportif que Paul. Il fait plus de sport que lui. (moins / ses cousins; aussi / sa sœur)
3. Thomas est le garçon le plus intelligent de la classe.   (Thomas et Charles, Hélène, Béatrice et Marie-Noëlle, je)
4. Brigitte était l'étudiante la plus sérieuse de notre groupe. C'est elle qui travaillait le plus sérieusement.   (Roland, Philippe et François, je, tu, Monique et Nicole)
5. Ce livre est intéressant. Ce livre-ci est plus intéressant. Ce livre-là est le plus intéressant.   (exercices / faciles; vin / bon; bière / bonne)

Vous avez la parole: Préférences personnelles

Répondez aux questions suivantes et expliquez votre choix en utilisant au moins trois constructions comparatives ou superlatives.

▶ Préférez-vous vivre à la campagne ou en ville?
  Je préfère vivre à la campagne. Les gens sont plus sincères. L'air est meilleur. On gagne moins d'argent, mais la vie est plus facile.

1. Préférez-vous habiter au Texas ou dans le Vermont?
2. Préférez-vous être professeur ou ingénieur?
3. Préférez-vous voyager en voiture ou en train?
4. Pendant les vacances, préférez-vous faire du camping ou aller à l'hôtel?

27.   Êtes-vous calme?

Les gens ne sont pas parfaits. Même nos meilleurs amis sont parfois la source de problèmes, de déceptions° ou de vexations. Comment réagissez°-vous alors? Avec calme et indifférence ... ou avec beaucoup de mauvaise humeur?

    disappointments / react

   Analysez les huit situations suivantes et exprimez votre réaction personnelle devant ces situations. Pour cela, choisissez l'une des options A, B ou C.

A = Cela me laisse° indifférent(e).   *leaves*
B = Cela m'irrite un peu, mais je ne fais rien.
C = Cela me rend° absolument furieux (furieuse).   *makes*

A   B   C

☐ ☐ ☐ 1. Vous racontez une histoire drôle. Quelqu'un vous interrompt° continuellement avec des questions stupides.   *interrupts*

☐ ☐ ☐ 2. Vous avez rendez-vous avec un ami. Il vous téléphone et vous dit qu'il ne peut pas venir. Une heure après, vous le rencontrez dans la rue avec sa petite amie.

☐ ☐ ☐ 3. Un étudiant a des difficultés avec ses devoirs de français. Vous l'aidez. Vous lui prêtez vos notes. Vous lui expliquez la grammaire. Vous lui donnez des conseils. Il vous dit merci et le jour de l'examen, il reçoit une meilleure note que vous.

☐ ☐ ☐ 4. Un ami vous invite au restaurant. Quand le garçon° lui apporte l'addition°, il s'aperçoit qu'il a oublié son portefeuille°. C'est vous qui êtes obligé de lui payer son repas.   *waiter* / *check* / *wallet*

☐ ☐ ☐ 5. Il y a un nouvel étudiant dans la classe. Vous lui montrez le campus. Vous le présentez à vos amis. Vous l'invitez à vos surprises-parties ... Mais le jour où il organise sa première surprise-partie, il ne vous invite pas.

☐ ☐ ☐ 6. Votre meilleure amie a un problème avec sa famille. Elle vous demande votre opinion. Vous la lui donnez. Votre amie vous écoute ... et fait le contraire de ce que° vous lui avez dit.   *what*

☐ ☐ ☐ 7. Vous avez une calculatrice. Un ami veut vous l'emprunter°. Vous hésitez un peu, mais finalement vous la lui prêtez. Deux jours après, votre camarade vous la rend ... cassée°!   *borrow* / *broken*

☐ ☐ ☐ 8. Un étudiant vous a demandé dix dollars. Vous les lui avez prêtés parce qu'il vous a promis de vous les rendre avant le week-end. Vendredi soir, cet étudiant vous dit: «Tiens, prête-moi encore dix dollars. Cela fera° vingt dollars que je te dois.»   *that will make*

Interprétation

Additionnez° vos réponses par colonne.   *add*
- Si vous avez plus de 6 réponses A ...
  Vous êtes un monument de calme ... et d'indifférence. Êtes-vous réellement
  insensible au monde et aux gens autour de° vous?   *around*
- Si vous avez plus de 6 réponses B ...
  Vous êtes sensible, mais réservé(e). Vous avez des opinions mais vous n'aimez
  pas les exprimer°.   *to express*
- Si vous avez plus de 6 réponses C ...
  Vous avez une nature passionnée ... et explosive. Calmez-vous si vous voulez
  éviter° la crise cardiaque°!   *avoid / heart attack*
- Si vous n'appartenez° pas à ces catégories ...   *belong*
  Vous êtes comme tout le monde. En général, vous savez vous contrôler, mais
  vous savez aussi manifester votre opinion (et votre mauvaise humeur!) quand
  c'est nécessaire.

Lecture culturelle: *Individualisme, amitié et sociabilité*

Pour la majorité des Français l'existence est une affaire essentiellement personnelle. Ceci[1] explique
pourquoi les groupes constitués[2] n'ont pas le succès
qu'ils connaissent aux États-Unis. Peu d'étudiants, par exemple, appartiennent[3] à un club
sportif, à une association religieuse, politique,
culturelle ... L'équivalent de la «fraternity» ou
de la «sorority» n'existe pas.

Si le Français reste un individualiste, cela ne signifie pas qu'il soit[4] un solitaire[5]. Au contraire! Il a
une très haute[6] conception de l'amitié et préfère la
compagnie des gens qu'il choisit à celle[7] des gens
qui lui sont imposés par son milieu social ou professionnel. L'amitié est en effet un lien[8] profond et
durable, jamais une association passagère[9] et superficielle.

Le Français est aussi un être[10] sociable qui attache
une grande importance à la politesse, à l'étiquette,
au savoir-vivre[11] ... Il aime parler, discuter, argu-
menter, débattre. Pour lui, la conversation est un
art, art qui consiste souvent à parler de tout et de
rien, mais avec virtuosité.

1 ce fait   2 organisés   3 *belong*   4 *is*   5 une personne qui
cherche la solitude   6 *lofty*   7 *that*   8 une attache
9 temporaire   10 une personne   11 *the ways of polite society*

L'héritage culturel

29

30

29. Carcassonne, cité médiévale, illuminée
la nuit   30. La chapelle de Ronchamps,
œuvre de l'architecte Le Corbusier

31. Un artisan de la porcelaine, à Limoges
32. Une dessinatrice illustre des livres.

31

32

33. Au musée du Louvre: devant le *Radeau de la Méduse* du peintre Géricault   34. Le centre national d'art et de culture Georges Pompidou

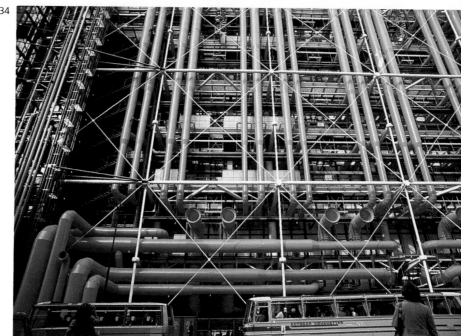

35

36

35. *Don Juan* de Molière, à la Comédie
Française   36. Films français et films américains à l'affiche d'un cinéma parisien

Structure et Vocabulaire

Vocabulaire: *Relations personnelles*

noms

un numéro de téléphone	phone number	une adresse	address
les rapports	relationship	une difficulté	difficulty, problem
un renseignement	(piece of) information	les relations	relationship, connection
un sentiment	feeling		

verbes

critiquer	to criticize	Ne **critiquez** pas vos amis!
emprunter (à)	to borrow (from)	Je n'aime pas **emprunter** de l'argent **à** mes amis.
exprimer	to express	Je peux **exprimer** mon opinion.
s'exprimer	to express oneself	Guy **s'exprime** mal en public.
laisser	to leave	**Laisse** tes livres sur la table.
sembler	to seem	Tes problèmes ne **semblent** pas très sérieux.
ressembler à	to resemble, to look like	Vous **ressemblez à** votre frère.
rendre + *adjectif*	to make	La fumée *(smoke)* me **rend** malade.
agir	to act	**Agissez** logiquement!
réagir	to react	Pourquoi **réagissez-vous** de cette manière?

expressions

cela (ça)	that	Ne faites pas **cela**.
de bonne (mauvaise) humeur	in a good (bad) mood	Je suis toujours **de bonne humeur.**
envers	toward (someone)	Soyez généreux **envers** vos amis.
plutôt	rather	Ce garçon est **plutôt** timide.

1. Questions personnelles

1. En général, êtes-vous plutôt de bonne humeur ou de mauvaise humeur? Êtes-vous parfois de mauvaise humeur sans savoir pourquoi?
2. Quand vous avez un problème, agissez-vous toujours logiquement? calmement?
3. Comment réagissez-vous quand quelqu'un vous dit un mensonge?
4. Qu'est-ce que vous empruntez à vos amis? à vos parents? à votre frère ou à votre sœur? Est-ce que vous rendez toujours les choses que vous empruntez?
5. Est-ce que vous exprimez toujours votre opinion? vos sentiments?
6. À qui ressemblez-vous le plus? à votre père ou à votre mère?
7. Est-ce que les examens vous rendent nerveux (nerveuse)? Et l'avenir *(future)*?
8. Est-ce que vous critiquez vos amis? vos voisins? la politique du gouvernement?
9. Avez-vous de bons rapports avec vos professeurs? vos camarades de classe? vos voisins?

A. Révision: les pronoms compléments d'objet direct et indirect

Review the direct- and indirect-object pronouns in the chart below.

	subject	direct object	indirect object		
singular	je	me (m')	me (m')	Tu m'aides?	Tu me téléphones?
	tu	te (t')	te (t')	Je te connais.	Je te parle souvent.
	il	le (l') }	lui	{ Je le connais.	Je lui prête mes notes.
	elle	la (l') }		{ Tu la connais?	Tu lui téléphones?
plural	nous	nous	nous	Henri nous aide.	Il nous téléphone.
	vous	vous	vous	Je vous invite.	Je vous réponds.
	ils }	les	leur	{ Je les vois souvent.	Je leur rends visite.
	elles }			{ Je les invite.	Je leur parle.

☐ The forms in parentheses are used in front of words beginning with a vowel sound.

■ Object pronouns usually come immediately *before* the verb.

Tu vois souvent Hélène? Marc **la** voit souvent. Je ne **la** vois jamais.
As-tu téléphoné à tes cousins? Je **leur** ai téléphoné hier. Je ne **leur** ai pas parlé aujourd'hui.

☐ In an infinitive construction, the object pronoun usually comes immediately before the infinitive.

—Je vais voir Charles. Et toi?
—Je ne vais pas **le** voir, mais je vais **lui** écrire.

☐ In an affirmative command, object pronouns come after the verb and are attached to the verb by a hyphen. Note that **me** becomes **moi** after the verb.

Voici Jacques.   Invite-**le**.   Invite-**moi** aussi.

■ When the verb is in the *passé composé*, the past participle agrees with a preceding direct object.

Tu as ouvert **la porte?**   Oui, je l'ai ouverte.
Tu as pris **ces photos?**   Oui, je les ai prises.

Ecris-moi, je t'écrirai!

2. Réactions Lisez ce que les personnes suivantes aiment ou n'aiment pas faire. Expliquez leurs réactions à ces choses en utilisant l'adjectif entre parenthèses dans la construction *rendre + adjectif*. Commencez chaque phrase par *cela* et utilisez le pronom complément d'objet direct qui convient.

▶ Janine n'aime pas voyager en avion. (malade)   *Cela la rend malade.*
▶ Les étudiants aiment boire de la bière. (malades)   *Cela ne les rend pas malades.*

1. Philippe n'aime pas aller chez le dentiste. (nerveux)
2. Les acteurs aiment donner des interviews. (nerveux)
3. Ma cousine aime recevoir des lettres. (heureuse)
4. Annie et Claire n'aiment pas attendre. (furieuses)
5. Je n'aime pas parler en public. (nerveux)
6. Tu aimes écouter de la musique classique. (calme)
7. Vous aimez boire du vin. (malades)
8. Nous aimons recevoir des compliments. (optimistes)
9. Nous n'aimons pas recevoir des insultes. (furieux)
10. Vous n'aimez pas les critiques. (malheureux)

3. Relations personnelles Décrivez les relations entre les personnes ci-dessous sur la base des phrases suivantes. Pour cela, faites de nouvelles phrases selon le modèle. Utilisez le pronom d'objet direct ou indirect qui convient.

▶ Les étudiants admirent le professeur. (parler souvent, critiquer)
  Ils lui parlent souvent. Ils ne le critiquent pas.

1. Jacques aime Nathalie. (téléphoner, inviter, voir souvent)
2. Hélène connaît bien mes cousins. (rendre visite, écrire, inviter, rencontrer souvent)
3. Paul admire Isabelle. (trouver intelligente, écouter, poser des questions)
4. Charles trouve Antoine stupide. (critiquer, parler, respecter, demander des renseignements)
5. Anne n'aime pas Thomas. (aider, prêter ses disques, téléphoner)
6. Le professeur aide les étudiants. (donner des conseils, prêter des livres, écouter)

4. Dialogue Demandez à vos camarades de faire les choses suivantes pour vous. Vos camarades vont accepter ou refuser. Étudiez le modèle.

▶ donner ton adresse   —*Donne-moi ton adresse!*
                              —*D'accord, je vais te donner mon adresse!*
                    ou: —*Non, je ne vais pas te donner mon adresse!*

1. inviter ce week-end
2. parler de tes problèmes
3. montrer tes photos
4. téléphoner ce soir
5. inviter à dîner demain
6. apporter une pizza
7. donner ton numéro de téléphone
8. montrer tes notes de français
9. écrire pendant les vacances
10. aider avec le devoir de français

5. **Procrastination** Alice demande à Pierre s'il a fait certaines choses. Pierre répond négativement et il dit quand il va faire ces choses. Jouez les deux rôles.

▶ faire les courses? (samedi) ALICE: *Tu as fait les courses?*
  PIERRE: *Non, je ne les ai pas faites. Je vais les faire samedi.*

1. téléphoner à tes parents? (ce soir)
2. aider les voisins? (dans deux jours)
3. laver ta voiture? (ce week-end)
4. nettoyer ta chambre? (après le dîner)
5. écrire à Jacqueline? (dimanche)
6. apprendre la leçon? (avant la classe)
7. rendre visite à ton cousin? (demain)
8. vendre ton vélo? (après les vacances)

6. **Au bureau** Un employé demande à son patron *(boss)* s'il doit faire certaines choses. Le patron répond affirmativement ou négativement. Jouez les deux rôles.

▶ écrire à M. Durand / non L'EMPLOYÉ: *Est-ce que je dois écrire à M. Durand?*
  LE PATRON: *Non, ne lui écrivez pas.*

1. téléphoner à Mlle Duval / oui
2. envoyer cette lettre / oui
3. répondre à ces clients / non
4. utiliser le micro-ordinateur / non
5. chercher les billets *(tickets)* d'avion / oui
6. finir ce contrat / non

B. L'ordre des pronoms compléments

The sentences on the left below contain both a direct and an indirect object.
In the sentences on the right, these objects have been replaced by pronouns.
Note the sequence of these object pronouns.

Je prête **ma moto à Richard.**	Je **la lui** prête.
Alice donne **le journal à Jacques.**	Alice **le lui** donne.
Anne ne montre pas **ses photos à ses parents.**	Anne ne **les leur** montre pas.
Vous ne dites pas **la vérité aux étudiants.**	Vous ne **la leur** dites pas.

Note also the sequence of the pronouns in the following sentences.

Je **te** donne **mon numéro de téléphone.**	Je **te le** donne.
Charles ne **nous** prête pas **sa voiture.**	Il ne **nous la** prête pas.

In sentences containing a direct- *and* an indirect-object pronoun, the sequence is:

$$(ne) + \begin{Bmatrix} le \\ la \\ les \end{Bmatrix} + \begin{Bmatrix} lui \\ leur \end{Bmatrix} + verb + (pas) \quad OR \quad (ne) + \begin{Bmatrix} me \\ te \\ nous \\ vous \end{Bmatrix} + \begin{Bmatrix} le\ (l') \\ la\ (l') \\ les \end{Bmatrix} + verb + (pas)$$

7. **Êtes-vous généreux (généreuse)?** Imaginez que vous avez une nouvelle voiture de sport. Dites si oui ou non vous la prêtez aux personnes suivantes.

▶ à votre meilleur ami?   *Mais oui, je la lui prête.*
                  ou: *Mais non, je ne la lui prête pas.*

1. à votre meilleure amie?
2. à vos amis?
3. à vos parents?
4. à votre sœur?

5. à Jacqueline, une fille très sympathique?
6. à Jean-Louis, un garçon assez égoïste?
7. à Paul et à Claude, deux étudiants français?
8. à Henri, un garçon qui conduit (*drives*) mal?

8. **Emprunts** (*Borrowed items*)   Jean-Paul a emprunté les choses suivantes à certaines personnes. Maintenant il les leur rend. Exprimez cela, en utilisant deux pronoms.

▶ le stylo / à Suzanne   *Il le lui rend.*

1. les cassettes / à Pierre
2. le livre / au professeur
3. la voiture / à sa mère
4. la machine à écrire / à ses voisins
5. cent francs / à ses cousins

6. le micro-ordinateur / à moi
7. les disques / à vous
8. la guitare / à toi
9. la chaîne-stéréo / à nous

9. **Bons services**   Lisez quels services les personnes suivantes rendent. Décrivez ces services en utilisant deux pronoms compléments.

▶ La secrétaire envoie la lettre à M. Richard.   *Elle la lui envoie.*

1. Le garçon apporte le menu à la cliente.
2. Le professeur explique la leçon aux étudiants.
3. La guide montre les monuments aux touristes.
4. Les témoins décrivent l'accident au juge (*judge*).
5. Mme Dubois prête sa voiture à sa fille.
6. M. Durand raconte cette histoire à ses petits-enfants.
7. La serveuse sert le café à Mme Thibault.
8. L'architecte montre les plans de la maison à M. et Mme Mercier.

10. **Oui et non**   Mlle Leblanc demande à son assistant s'il a fait certaines choses. Il répond affirmativement ou négativement. Jouez les deux rôles.

▶ envoyer la lettre à M. Martin (non)
    MLLE LEBLANC: *Vous avez envoyé la lettre à M. Martin?*
      L'ASSISTANT: *Non, je ne la lui ai pas envoyée.*

1. envoyer le télégramme à nos clients (oui)
2. montrer le contrat à la directrice (oui)
3. rendre les documents à l'avocat (*lawyer*) (non)
4. donner notre adresse à cette cliente (oui)
5. emprunter la machine à écrire à Mlle Dupont (oui)
6. apporter le micro-ordinateur au réparateur (*repairman*) (non)

11. **Dialogue** Demandez à vos camarades de faire les choses suivantes pour vous. Ils vont accepter ou refuser en utilisant deux pronoms.

▶ prêter (ta voiture)

—*Tu me prêtes ta voiture?*
—*D'accord, je te la prête.*
ou: —*Pas question! Je ne te la prête pas!*

1. prêter (10 dollars / 100 dollars)
2. donner (tes lunettes de soleil / ta raquette de tennis)
3. montrer (tes posters / ton album de photos)
4. laisser (ta nouvelle adresse / ton numéro de téléphone)
5. vendre (ton vélo / ta chaîne-stéréo)
6. expliquer (la leçon de grammaire / les exercices)

C. L'ordre des pronoms à la forme affirmative de l'impératif

In the sentences below, the verbs are in the affirmative imperative. Note the sequence of the object pronouns in the sentences on the right.

Donne **ta guitare à Jacques!**   Donne-**la-lui!**
Prête **tes notes à tes camarades!**   Prête-**les-leur!**
Vends-**moi tes disques!**   Vends-**les-moi!**
Donnez-**nous votre adresse!**   Donnez-**la-nous!**

■ In affirmative commands, the direct-object pronoun comes *before* the indirect-object pronoun:

$$\text{verb} + \left\{ \begin{array}{l} \text{le} \\ \text{la} \\ \text{les} \end{array} \right\} + \left\{ \begin{array}{l} \text{moi} \\ \text{nous} \\ \text{lui} \\ \text{leur} \end{array} \right\}$$

12. **S'il te plaît** Vous demandez à un ami français de faire certaines choses pour vous. Complétez vos requêtes en utilisant le verbe entre parenthèses.

▶ J'ai besoin de ce livre. (prêter)   *S'il te plaît, prête-le-moi!*

1. Je veux écouter cette cassette. (prêter)
2. Je n'ai pas ton numéro de téléphone. (donner)
3. J'ai besoin de ma machine à écrire. (rendre)
4. Je veux voir tes photos. (montrer)
5. Je ne comprends pas ce problème. (expliquer)
6. Je veux savoir la vérité. (dire)
7. Je veux connaître cette histoire. (raconter)

13. Nettoyage *(Cleaning)* André et Nathalie nettoient le grenier *(attic)*. André demande à Nathalie s'il peut donner certains objets à certaines personnes. Nathalie répond affirmativement. Jouez les deux rôles.

▶ ces journaux / à Thomas

ANDRÉ: *Regarde ces journaux. Est-ce que je les donne à Thomas?*

NATHALIE: *Oui, donne-les-lui!*

1. ce fauteuil / à Alain
2. ces chaises / aux voisins
3. cette machine à écrire / à Thérèse
4. ce vieux vélo / à nos cousins

5. ces chaussures / à Gilbert
6. ces skis / à Pauline
7. cette table / à la nouvelle étudiante

14. Bien sûr! Un ami vous demande s'il peut faire certaines choses. Répondez-lui affirmativement.

▶ Je prête ma voiture à André? *Bien sûr! Prête-la-lui.*

1. Je prête mes cassettes à Marianne?
2. Je vends ma raquette à Denise?
3. Je rends le stylo à Thomas?
4. Je montre mes notes à mes parents?

5. Je demande la voiture aux voisins?
6. Je dis la vérité à Sophie?
7. J'emprunte ce livre à Maurice?
8. Je raconte cette histoire à Mathilde?

D. L'ordre des pronoms avec *y* et *en*

Review the use of the pronouns **y** (page 324) and **en** (page 326). Note the position of these pronouns in the following sentences.

Jean a invité **ses amis au cinéma?**	Oui, il **les y** a invités.
Tu **nous** amènes **chez tes amis?**	Non, je ne **vous y** amène pas.
Alain a demandé **des conseils à ta mère?**	Oui, il **lui en** a demandé.
Tu **me** prêtes **de l'argent?**	Non, je ne **t'en** prête pas.

■ When **y** and **en** are used with other object pronouns, they always come in second position.

☐ The same word order is used in reflexive constructions.

Tu t'intéresses **aux sports?**	Oui, je **m'y** intéresse.
Tu te souviens **de ton premier rendez-vous?**	Oui, je **m'en** souviens.

☐ This word order also applies to imperative constructions.

Donne **du pain à Olivier.**	Donne-**lui-en.**
Donne-**moi des oranges.**	Donne-**m'en** un kilo.

—Note that there is liaison between an object pronoun and **y** or **en**.

Il nous amène au cinéma.	Il **nous y** amène.
Il vous parle du film.	Il **vous en** parle.

—**Me (moi)** and **te (toi)** followed by **en** become **m'en** and **t'en**.

■ When **y** and **en** occur together, the word order is **y** before **en**.

Il y a du pain?	Oui, il **y en** a.
Il y a du beurre?	Non, il **n'y en** a pas.

15. Vrai ou faux? Lisez les phrases suivantes et dites si oui ou non elles correspondent à ce que vous faites. Utilisez deux pronoms dans vos phrases.

▶ Je donne des conseils à mon meilleur ami.

C'est vrai, je lui en donne.
ou: *C'est faux, je ne lui en donne pas.*

1. Je donne des conseils à ma meilleure amie.
2. Je demande des conseils à mes professeurs.
3. J'écris des lettres à mes amis pendant les vacances.
4. J'envoie des cartes de Noël à mes amis.
5. Je me préoccupe de mes études.
6. Je me préoccupe de mon avenir *(future)*.
7. Mes parents me donnent souvent de l'argent.
8. Le professeur nous donne de bonnes notes.
9. Le professeur nous donne des examens très difficiles.

16. Services professionnels Répondez affirmativement aux questions suivantes en utilisant le pronom entre parenthèses et un autre pronom qui convient.

▶ Le voyageur a montré des photos à ses voisins? (en)   *Oui, il leur en a montré.*

1. Le chauffeur de taxi cherche les touristes à l'aéroport? (y)
2. Le vendeur *(salesman)* a invité ses clients au restaurant? (y)
3. Le garçon sert du café à Mme Simon? (en)
4. La serveuse a apporté du vin à M. Rimbaud? (en)
5. Le banquier *(banker)* a prêté de l'argent à Mme Dumas? (en)
6. Le boulanger *(baker)* vend du pain à la cliente? (en)
7. Le médecin a donné des conseils à ses malades *(patients)?* (en)
8. Le guide amène les touristes au musée? (y)
9. Le chauffeur de la limousine a laissé les clients à l'hôtel? (y)

Récapitulation

Substitution

Remplacez les mots soulignés par les mots entre parenthèses. Faites tous les changements nécessaires.

1. Vous m'avez écrit et je vous ai répondu.   (Paul, Michèle, mes cousins, tu)
2. Je connais bien ton cousin. Je le vois souvent.   (téléphone, parle, rencontre, invite, rends visite)
3. Quand mon frère a besoin de ma voiture, je la lui prête.   (mes notes, mon vélo, ma raquette de tennis)
4. François m'a prêté 100 francs et je les lui ai rendus.   (Danièle, vous, tu, mes cousins)
5. J'ai demandé son vélo à Jacques et il me l'a donné.   (sa voiture, ses skis, de l'argent, des conseils)
6. Tu dois me rendre ce livre. Rends-le-moi!   (me dire la vérité, me donner des conseils, nous montrer cette lettre, nous inviter au café, me parler de tes projets)

Vous avez la parole: Services personnels

Demandez à vos camarades de vous rendre certains services. Ils vont accepter, refuser ou poser certaines conditions. Vous pouvez utiliser les verbes suivants: *apporter, prêter, demander, rendre visite, vendre, envoyer, rendre, expliquer, raconter, laisser.*

▶   *—Est-ce que tu me prêtes ta machine à écrire?*
     —D'accord! Je vais te la prêter si tu me prêtes ton vélo.
 ou: *—Écoute, je veux bien te le prêter si tu me le rends avant le dîner.*

Le Français pratique

Entre amis

Vocabulaire utile: *L'art des exclamations*

Bon voyage!

Bonne chance!

Bonne année!

Bon anniversaire!
Joyeux anniversaire!

À ta santé!
À votre santé!

À tes souhaits!
À vos souhaits!

Bravo!

Félicitations!

Vas-y!
Allez-y!

Attention!

Au secours!

Au feu!

Réactions

Vous habitez à la Cité Universitaire avec d'autres étudiants. Qu'est-ce que vous allez dire dans les situations suivantes?

1. Une amie vous annonce qu'elle va se fiancer avec le garçon qu'elle a rencontré pendant les vacances. Qu'est-ce que vous lui dites?

2. Votre camarade de chambre va passer un examen très difficile. Qu'est-ce que vous lui dites avant l'examen?

3. C'est les vacances de Noël. Vous accompagnez André, un ami canadien, à l'aéroport. Qu'est-ce que vous lui dites quand il va prendre son avion?

4. Vous remarquez qu'un de vos camarades a reçu beaucoup de lettres aujourd'hui. Il vous dit qu'il vient d'avoir 19 ans. Comment réagissez-vous à cette nouvelle?

5. Vous assistez au Marathon de Paris. Il y a des milliers de participants. Vous reconnaissez un ami dans la foule *(crowd)* des coureurs *(runners)*. Il a l'air fatigué. Qu'est-ce que vous lui dites pour l'encourager?

6. Vous faites un pique-nique à la campagne avec des amis. Il y a beaucoup de vent *(wind)*. Vous remarquez une branche d'arbre *(tree)* qui va tomber. Qu'est-ce que vous dites à vos amis?

7. Vous célébrez la fin des examens. Quelqu'un a apporté une bouteille de champagne. Il remplit *(fills)* les verres *(glasses)*. Qu'est-ce que vous dites en levant *(raising)* votre verre?

8. C'est dimanche après-midi. La plupart *(most)* des étudiants sont partis en week-end, mais vous, vous êtes resté(e) à la Cité Universitaire parce que vous attendez un coup de téléphone *(phone call)* des États-Unis. Après le coup de téléphone, vous sortez de votre chambre et vous prenez l'ascenseur *(elevator)*. Il y a une panne d'électricité *(power failure)*. Vous restez bloqué(e) *(stuck)* dans l'ascenseur. Vingt minutes passent. Finalement vous entendez quelqu'un qui passe dans le corridor. Qu'est-ce que vous dites pour attirer *(attract)* l'attention de cette personne?

Vocabulaire utile: *Comment s'exprimer*

S'il te plaît, est-ce que tu peux | **me donner ton numéro de téléphone?**
me donner un renseignement *(information)?*
me donner ton adresse?
m'aider?
me rendre (un) service *(do me a favor)?*
me donner un coup de main *(give me a hand)?*
me prêter ta voiture?
m'aider à réparer ma voiture?
m'aider à transporter *(to carry)* **ces livres?**

Comment offrir ses services:

Qu'est-ce que je peux faire pour toi?
Est-ce que je peux | **t'aider?**
te rendre service?
te donner un coup de main?

Comment remercier *(to thank):*

Oui, merci.
Merci mille fois!
Je te remercie.
Merci, tu es très aimable *(kind).*
Merci, c'est gentil de ta part *(nice of you).*

Comment inviter:

Est-ce que tu veux | **sortir avec moi?**
aller à l'exposition *(exhibition)* **avec moi?**
prendre un verre *(have a drink)?*

J'aimerais t'inviter | **au théâtre.**
au concert.
à dîner.

Est-ce que je peux **te raccompagner chez toi** *(take you home)?*

Comment accepter:

Oui, d'accord! *(Sure! OK! All right!)*
C'est d'accord!
Avec plaisir *(pleasure)!*
Volontiers! *(Gladly! With pleasure!)*
Je veux bien! *(All right!)*
C'est entendu! *(Agreed!)*

Comment refuser poliment:

Je regrette, mais ...	
Je suis désolé(e) *(very sorry)*, **mais ...**	
J'aimerais bien *(would like to)*, **mais ...**	
Tu es gentil(le) *(nice),* mais	**je dois préparer mon examen.**
	je suis occupé(e) *(busy).*
	je ne suis pas libre *(free).*
	j'ai d'autres projets *(plans).*
	je n'ai pas le temps *(time)* **aujourd'hui.**

Comment présenter ses excuses:

Excuse-moi.
Oh, pardonne-moi.
Je te demande pardon.
Je ne l'ai pas fait exprès *(on purpose).*
Ce n'est pas de ma faute *(fault).*

Comment montrer son irritation envers *(toward)* **quelqu'un:**

Laisse-moi tranquille! *(Leave me alone!)*
Fiche-moi la paix! (slang: *Leave me in peace!*)

Situations: *Que dire?*

Vous êtes à Paris. Qu'est-ce que vous allez dire dans les situations suivantes? N'oubliez pas que vous utilisez *tu* avec vos amis et *vous* avec les autres personnes.

1. Vous êtes perdu(e). Vous demandez à un agent de police où est la station de métro.
2. Vous emménagez *(are moving in)* dans un nouvel appartement. Vous demandez à vos amis français de vous aider.
3. Vous voyagez en voiture. Sur la route, il y a une voiture en panne *(disabled).* Vous offrez votre aide à l'automobiliste.
4. À une surprise-partie, vous avez fait la connaissance d'une jeune fille (d'un jeune homme) très sympathique. Vous lui téléphonez pour l'inviter au café.
5. Un ami français veut vous inviter à dîner chez lui. Ce soir-là vous avez une terrible migraine.
6. Vous êtes dans l'autobus. Vous marchez sur les pieds *(step on the toes)* d'une vieille dame.
7. Une amie française vous a invité(e) à passer le week-end chez ses parents à la campagne. Ce week-end vous avez des billets *(tickets)* pour un concert que *(which)* vous ne voulez absolument pas manquer *(miss).*
8. Quelqu'un veut absolument vous vendre un abonnement *(subscription)* à un magazine qui ne vous intéresse pas. C'est la 18ème fois qu'il vous téléphone à ce sujet.

Conversations

A. Monique propose à Béatrice d'aller à une exposition.

MONIQUE: Dis, Béatrice, est-ce que tu veux aller à l'exposition Cézanne avec moi?

BÉATRICE: Avec plaisir. Quel jour?

MONIQUE: Samedi prochain. Ça va?

BÉATRICE: Oui, bien sûr.

MONIQUE: Bon. Alors je vais passer te prendre chez toi vers trois heures. Ensuite, nous pouvons aller au cinéma, si tu veux.

BÉATRICE: Tu es gentille! Alors, à samedi!

B. Pierre veut inviter Suzanne.

PIERRE: Dis, Suzanne, est-ce que tu veux aller au concert avec moi?

SUZANNE: J'aimerais bien, mais en ce moment avec les examens j'ai beaucoup de travail. Enfin *(well)*, ça dépend. Quel jour?

PIERRE: Vendredi soir.

SUZANNE: Vendredi? C'est le jour après l'examen. Écoute, je suis libre ce jour-là. Alors, si tu veux, c'est d'accord pour vendredi. Est-ce que tu peux passer me prendre?

PIERRE: Oui, bien sûr! Vers 8 heures.

SUZANNE: Entendu!

C. Gérard a l'intention d'inviter Anne-Marie.

GÉRARD: Dis, Anne-Marie, est-ce que tu veux aller au cinéma samedi soir? Il y a un film de Bogart dans le Quartier Latin.

ANNE-MARIE: Écoute, Gérard, tu es gentil, mais samedi soir je suis occupée.

GÉRARD: Bon, alors on peut dîner ensemble dimanche. D'accord?

ANNE-MARIE: Je te remercie, mais lundi matin j'ai un examen important. Je dois absolument le préparer dimanche.

GÉRARD: Dans ce cas, est-ce que tu veux aller au concert lundi soir?

ANNE-MARIE: Écoute, Gérard, tu es bien gentil, mais tu ne comprends pas que je ne veux pas sortir avec toi. Fiche-moi la paix à la fin *(after all)*!

1 *except*

Dialogues

A. Imaginez les dialogues entre les personnes suivantes. Basez ces dialogues sur les possibilités offertes à la page de gauche.

1. Antoine et Marie-Claude, deux étudiants en beaux arts, sortent souvent ensemble. Marie-Claude téléphone à Antoine et lui propose de sortir samedi prochain.
2. Jacques demande à Caroline si elle veut sortir avec lui. Caroline hésite un peu et accepte.
3. Patrick est un étudiant riche et snob. Il voudrait sortir avec Michèle, mais Michèle n'aime pas l'attitude de Patrick. Patrick est obstiné et Michèle aussi.

B. Proposez à vos camarades de classe de sortir ce week-end. Suivant ce que vous suggérez, ils vont accepter ou refuser.

Vocabulaire utile: *Expressions de tous les jours*

Bien sûr!	*Of course!*	**Pas du tout!**	*Not at all!*
Évidemment!	*Of course!*	**Au contraire!**	*On the contrary!*
C'est formidable!	*great!*	**Zut!**	*Darn!*
sensationnel!	*fantastic!*	**Zut alors!**	
splendide!	*splendid!*		
super!			
extra!			
Quelle chance!	*What luck!*	**Quelle malchance!**	*Tough luck!*
		Quelle catastrophe!	*What a catastrophe!*
Tant mieux!	*So much the better!*	**Tant pis!**	*Too bad!*
	Good!	**Dommage!**	*Too bad!*
		C'est dommage!	*That's too bad!*
		Quel dommage!	*What a pity!*
Heureusement ...	*Fortunately ...*	**Malheureusement ...**	*Unfortunately ...*
Ça dépend.	*It (all) depends.*	**Ce n'est pas grave.**	*It's nothing serious.*
C'est ça.	*That's it.*	**Ce n'est rien.**	*It's nothing.*
Ça y est!	*It's done! That's it!*	**Il n'y a pas de mal.**	*No harm done.*
Ça suffit.	*That's enough.*	**J'en ai assez.**	*I've had enough.*
Ça ne fait rien!	*It doesn't matter.*	**J'en ai marre!**	*(slang) I've had it!*
Ça n'a pas d'importance!	*It doesn't matter!*		
Cela m'est égal!	*It's all the same to me.*		

Situations

Dites comment vous allez réagir dans les circonstances suivantes. Pour cela, utilisez une expression du VOCABULAIRE.

1. Vous avez décidé de participer à un concours *(contest)* de photo. Vous soumettez *(submit)* plusieurs photos. Un mois après, vous apprenez que vous avez obtenu le premier prix *(prize):* un voyage à Tahiti!

2. Vous avez de la fièvre! Vous toussez *(cough).* Vous avez des difficultés à respirer. Vous avez peur d'avoir une pneumonie. Vous allez chez le médecin qui vous dit que c'est seulement la grippe!

3. Un ami vous invite à dîner pour votre anniversaire. Il vous demande si vous préférez dîner dans un restaurant vietnamien ou dans un restaurant italien. Vous n'avez pas de préférence particulière.

4. Vous êtes dans l'autobus. Quelqu'un vous bouscule *(bumps).* La personne s'excuse.

5. Vous allez au cinéma. Il y a une très longue queue *(line).* Après une demi-heure, c'est finalement votre tour *(turn).* On annonce alors que tous les billets *(tickets)* sont vendus!

Rencontres / *Soyez polis*

Comment lire: *Playing with words*

The main function of language is to communicate ideas through conversations, interviews, letters, articles, essays, and the like. However, it is also possible to play with language, juxtaposing words in new ways, creating new rhythms and combinations of sounds. Nursery rhymes and children's stories exemplify this sort of creativity. At a more sophisticated level, poets as well as writers of advertising slogans create with language by putting familiar words and expressions together in new ways. In fact, poetry and advertising jingles are difficult to translate because they are based on sounds and associations of words that differ from one language to the other.

In the poem you are about to read, Jacques Prévert uses two techniques frequently adopted by poets and those who enjoy playing with words.

☐ **Shifting from the expected to the unexpected.** When people are told to be polite, it is usually in reference to other people: **Soyez polis avec les femmes.** In the first part of the poem, we are told to be polite with food (**les aliments**). Then the poet, playing with rhyming words, indicates that one should be polite with the elements, with elephants, construction workers (**gars du bâtiment**), and all living things (**le monde vivant**).

☐ **Using repetition to establish rhythm.** By repeating certain phrases and constructions, the poet gives an internal rhythm to the poem.

Prévert also uses many phrases from ordinary conversational French, thus appealing to readers of all social classes. The naturalness and flow of his poetry make him one of the best known trend poets of this century.

«Soyez polis»

Ennemi des conventions, Jacques Prévert (1900–
1977) décrit avec tendresse, humour et fantaisie les
thèmes simples de l'existence: la nature, l'amour,
l'amitié, l'enfance, la réalité de tous les jours. Prévert
est aussi l'auteur de nombreuses chansons et de plusieurs scénarios de films. Voici un extrait de son
poème «Soyez Polis».

I

...
Soyez polis
Crie° l'homme   *shouts*
Soyez polis avec les aliments°   *food*
Soyez polis
Avec les éléments avec les éléphants
Soyez polis avec les femmes
Et avec les enfants
Soyez polis
Avec les gars du bâtiment°   *construction workers*
Soyez polis
Avec le monde vivant°.   *living*

II

Il faut aussi être très poli avec la terre°   *earth*
Et avec le soleil
Il faut les remercier le matin en se réveillant°   *= quand vous vous réveillez*
Il faut les remercier
Pour la chaleur°   *warmth*
Pour les arbres°   *trees*
Pour les fruits
Pour tout ce qui° est bon à manger   *all that*
Pour tout ce qui est beau à regarder
À toucher
Il faut les remercier
Il ne faut pas les embêter° ... les critiquer   *bother*
Ils savent ce qu'ils ont à faire
Le soleil et la terre
Alors il faut les laisser faire°   *let them do it*
Ou bien ils sont capables de se fâcher°   *to get angry*
Et puis après
On est changé
En courge°   *pumpkin*
En melon d'eau°   *watermelon*
Ou en pierre à briquet°   *flintstone*
Et on est bien avancé° ...   *what good will that do?*

Le soleil est amoureux de la terre
La terre est amoureuse du soleil
Ça les regarde°   = concerne
C'est leur affaire°   business
Et quand il y a des éclipses
Il n'est pas prudent ni discret de les regarder
Au travers° de sales petits morceaux° de verre fumé°   through / pieces / smoked glass
Ils se disputent
C'est des histoires personnelles
Mieux vaut ne pas s'en mêler°   to get involved in it
Parce que
Si on s'en mêle on risque d'être changé
En pomme de terre gelée°   frozen
Ou en fer à friser°   curling iron
Le soleil aime la terre
La terre aime le soleil
C'est comme ça
Le reste ne nous regarde pas
La terre aime le soleil
Et elle tourne
Pour se faire admirer°   to make herself admired
Et le soleil la trouve belle
Et il brille° sur elle   shines
Et quand il est fatigué
Il va se coucher
Et la lune° se lève   moon
La lune c'est l'ancienne amoureuse° du soleil   lover
Mais elle a été jalouse
Et elle a été punie°   punished
Elle est devenue toute° froide   = complètement
Et elle sort seulement la nuit
Il faut aussi être très poli avec la lune
Ou sans ça elle peut vous rendre un peu fou
Et elle peut aussi
Si elle veut
Vous changer en bonhomme de neige°   snowman
En réverbère°   street lamp
Ou en bougie° ...   candle

Jacques Prévert, *Histoires,* © Éditions Gallimard

Questions sur le texte

1. Dans la première strophe *(stanza),* le poète suggère d'être poli. Avec quelles personnes? Avec quelles choses? Avec quels animaux?
2. À quel moment de la journée est-ce qu'on doit remercier la terre et le soleil? Pour quelles choses? Qu'est-ce qui peut arriver si on les critique?
3. De qui le soleil est-il amoureux? À quel phénomène naturel est-ce que le poète associe les disputes entre le soleil et la terre? Qu'est-ce qu'on ne doit pas faire à ce moment-là? Que sont les «petits morceaux de verre fumé» décrits par le poète?
4. Que fait la terre pour montrer son amour? Comment est-ce que le soleil réagit?
5. Qui le soleil aimait-il avant d'aimer la terre? Pourquoi est-ce que la lune a été punie? De quelle manière? Pourquoi est-ce qu'il faut être poli avec la lune?

Questions d'interprétation

1. Voici plusieurs thèmes: l'amour, le respect de la nature, les phénomènes naturels, les relations personnelles. Choisissez l'un de ces thèmes et décrivez comme il est traité *(treated)* dans le poème.
2. L'ironie, l'humour, la fantaisie, le cynisme, le réalisme, etc., sont différentes façons de traiter un thème. Dites de quelle façon Prévert s'exprime dans ce poème et expliquez pourquoi.
3. On a dit que Prévert était le poète de l'inattendu *(unexpected).* La phrase «Soyez polis avec les éléphants», par exemple, exprime une comparaison assez inattendue. Cherchez dans le texte d'autres exemples d'impressions inattendues.

Sujet de composition

Composez un petit poème sur un thème similaire au thème *Soyez polis.* Par exemple: Soyez généreux, Soyez patients, Soyez gentils, Soyez prudents, etc. Utilisez votre imagination!

10

PERSPECTIVES D'AVENIR

28. *L'an 2000*

Croyez-vous au° progrès technique? Croyez-vous au progrès humain? Croyez-vous en l'avenir°? *do you believe in / future*

    Voici certaines prédictions assez optimistes. Croyez-vous que ces prédictions se réaliseront° bientôt? Comment voyez-vous l'an 2000? Pour chaque prédiction, indiquez votre point de vue avec l'échelle° suivante: *will come true / scale*

certain	*très probable*	*assez probable*	*peu probable*	*impossible*

1. On travaillera moins qu'aujourd'hui. Les gens auront° plus de loisirs. — *will have*
2. Le problème de l'énergie n'existera plus car° nous utiliserons l'énergie solaire. À cause de° cela, il n'y aura plus de pollution. — *because / because of*
3. Les gens vivront plus longtemps car les médecins° découvriront une cure contre le cancer et les maladies cardio-vasculaires. — *doctors*
4. Les médecins administreront des drogues qui calmeront les gens instables et violents. Donc les prisons n'existeront plus car il n'y aura plus de criminels.
5. Tout le monde apprendra à programmer à partir de° l'école primaire. Chaque famille disposera d'°un ordinateur. — *beginning with / will have at their disposal*
6. Pour communiquer avec ses amis, on n'utilisera plus le téléphone, mais un système de télévision qui permettra° de voir la personne avec qui on parle. — *will allow*
7. Le danger nucléaire cessera° d'exister parce que les États-Unis et l'Union Soviétique décideront de détruire° leur stock d'armes° atomiques. Les Nations Unies réussiront à établir° la paix° permanente dans le monde. — *will cease / to destroy / weapons / establish / peace*
8. Le climat sera toujours beau car les météorologistes contrôleront les conditions atmosphériques.
9. Le Sahara n'existera plus. À sa place, il y aura de vastes champs° de céréales qui serviront à l'alimentation° de l'humanité. Il n'y aura plus de famine dans le monde. — *fields / feeding*
10. Je serai millionnaire.

Lecture culturelle: *Pour ou contre le progrès?*

Comment imaginez-vous l'avenir? Croyez-vous[1] à votre succès personnel? Pensez-vous que votre vie sera[2] plus intéressante qu'aujourd'hui? Pensez-vous que les gens vivront mieux? Pensez-vous que le monde sera meilleur? En général, les Américains ont une vision optimiste et idéaliste de l'avenir[3]. Ils croient au progrès technologique, au progrès économique, au progrès humain.

Les Français, eux, ont une attitude plus réservée vis-à-vis de l'avenir et du progrès. Oui, les choses peuvent changer mais pas nécessairement pour le mieux. Bien sûr, la science nous a donné l'automobile et l'avion, mais avec eux, elle nous a donné aussi la pollution et le bruit. Et si notre succès dépend de[4] nos qualités personnelles, il dépend aussi en grande partie du hasard[5]. Sans être[6] blasés, les Français ont tendance à ne pas avoir une confiance[7] absolue dans le progrès et la science, à se méfier des[8] innovations, et à faire confiance au[9] hasard et à la chance[10] autant qu'à la logique.

Cette attitude un peu sceptique s'exprime dans un grand nombre d'expressions ou de proverbes comme «Le hasard fait bien les choses», «Qui vivra[11] verra[12]», ou plus simplement «On verra ...». Est-ce du pessimisme ou du bon sens?

1 *do you believe*   2 *will be*   3 *future*   4 *on*   5 *chance*
6 *without being*   7 *trust*   8 *to distrust*   9 *to trust in*
10 *luck*   11 *will live*   12 *will see*

Structure et Vocabulaire

Vocabulaire: *L'avenir*

noms

l'avenir	future	la chance	luck
le commencement	beginning	la fin	end
le début	beginning	l'occasion	opportunity, chance
le hasard	chance		
le progrès	progress		
un projet	plan, project		
le succès	success		

verbes

avoir de la chance	to be lucky	Paul va passer les vacances à Paris. Il **a de la chance!**
avoir l'occasion (de)	to have the opportunity (to)	As-tu **eu l'occasion** de lire ce livre?
prédire	to predict, foretell	On ne peut pas **prédire** l'avenir.
réaliser	to carry out	Je voulais aller au Japon cet été, mais je n'**ai** pas **réalisé** ce projet.

expressions

à cause de	because of	J'ai étudié **à cause de** l'examen.
car	because, since, for	Marc a gagné mille dollars **car** il a toujours de la chance.
cependant	however	J'ai raté mon examen. **Cependant,** j'ai beaucoup travaillé.
par hasard	by chance, accidentally	Ce matin, j'ai rencontré Jacques **par hasard.**
pourtant	nevertheless, yet	Anne réussit toujours à ses examens. **Pourtant** elle ne travaille pas beaucoup.

notes de vocabulaire

1. **Prédire** is conjugated like **dire**, except in the **vous**-form: **vous prédisez.**
2. **Parce que** *(because)* introduces a clause, whereas **à cause de** *(because of)* introduces a noun.

> Nous sommes restés chez nous **parce qu'il faisait mauvais.**
> Nous sommes restés chez nous **à cause du mauvais temps.**

1. D'accord? Dites si vous êtes d'accord (totalement, partiellement) ou pas d'accord avec les opinions suivantes. Si possible, expliquez votre opinion et donnez un exemple personnel.

1. C'est notre horoscope qui détermine notre avenir.
2. Certains extra-lucides *(psychics)* peuvent prédire l'avenir.
3. Il est inutile de faire des projets parce qu'il est impossible de prédire l'avenir.
4. Ce sont toujours les mêmes personnes qui ont de la chance.
5. Le hasard est une excuse facile pour les gens qui n'ont pas d'ambition.
6. Dans la vie, tout le monde a son heure de chance.
7. Nous allons connaître la fin du monde avant l'an 2000.
8. On n'a jamais l'occasion de faire toutes les choses qu'on veut faire.

A. Le verbe *croire*

The verb **croire** *(to believe)* is irregular. Note its forms:

infinitive	croire	
present	je **crois**	nous **croyons**
	tu **crois**	vous **croyez**
	il/elle/on **croit**	ils/elles **croient**
passé composé	j'ai **cru**	

■ Note the following constructions with **croire**:

croire (+ *noun*)	to believe (somebody or something)	Je **crois** Paul. Je le **crois**.
		Je ne **crois** pas cette histoire. Je ne la **crois** pas.
croire à (+ *noun*)	to believe in (something)	Je **crois au** progrès. J'y **crois**.
croire que (+ *clause*)	to think, to believe (that)	Je **crois que** vous avez raison.

Proverbe   Voir c'est croire.

2. Croyances *(Beliefs)* Informez-vous sur les personnes suivantes et dites si oui ou non elles croient aux choses suivantes.

1. Vous êtes trop réalistes. (le hasard?)
2. Ces gens sont superstitieux. (leur horoscope?)
3. Nous sommes idéalistes. (le progrès social?)
4. Je suis ambitieux. (mon succès personnel?)
5. Tu es trop pessimiste. (la chance?)
6. Francine est optimiste. (la possibilité d'une guerre [*war*] nucléaire?)

B. Le futur: formation régulière

Contrast the sentences on the left, which are in the present tense, with those on the right, which are in the future tense. Note the forms of the verbs.

J'**habite** aux États-Unis.　　　　　L'année prochaine, j'**habiterai** en France.
Chantal **finit** son travail à 5 heures.　Demain, elle **finira** à 4 heures.

■ The future tense has several English equivalents:

J'**habiterai** à Nice l'année prochaine. $\Big\{$ I *will (shall) live* in Nice next year.
　　　　　　　　　　　　　　　　　　　I *will (shall) be living* in Nice next year.

Note the following forms of the future tense of regular verbs in -er, -ir, -re, and of **dire**, an irregular verb.

infinitive	habiter	finir	vendre	dire	future endings
future	j'habiterai	finirai	vendrai	dirai	-ai
	tu habiteras	finiras	vendras	diras	-as
	il/elle/on habitera	finira	vendra	dira	-a
	nous habiterons	finirons	vendrons	dirons	-ons
	vous habiterez	finirez	vendrez	direz	-ez
	ils/elles habiteront	finiront	vendront	diront	-ont

■ The future, like the present, is a *simple* tense consisting of *one* word.

□ The *stem* of the future always ends in -r. For most regular verbs and many irregular verbs, the stem of the future is derived as follows:

future stem = infinitive (*minus* final -e, if any)

□ Note, however, the stem changes of verbs like **acheter**, **appeler**, and **payer**.

infinitive	future stem	
acheter	achèter-	Nous **achèterons** une voiture de sport.
appeler	appeller-	Je t'**appellerai** ce soir.
payer	paier-	Alain **paiera** pour moi.

□ For all verbs, regular and irregular, the *endings* of the future tense are the same: -ai, -as, -a, -ons, -ez, -ont.

■ In the future tense, negative and interrogative sentences are formed according to the same pattern used in the present.

Est-ce que tu travailleras cet été? ⎫
Travailleras-tu cet été? ⎭   *Will you work* this summer?

Non, je **ne travaillerai pas.**   No, I *will not (won't) work.*

☐ Word order in reflexive constructions also follows the same pattern as in the present.

Pierre **se promènera** avec Sylvie. Il **ne se promènera pas** avec nous.

3. Les vacances   Dites quelles villes les étudiants suivants visiteront cet été et quelle langue ils parleront: *français, anglais* ou *espagnol?*

▶ Jacques (Lima)   *Jacques visitera Lima. Il parlera espagnol.*

1. je (Québec)
2. nous (New York)
3. Élizabeth (Dakar)
4. vous (San Francisco)
5. tu (Paris)
6. Pierre et André (Mexico)
7. ma sœur (Marseille)
8. mes amis (Chicago)

4. Prédictions   Prédisez certaines choses aux personnes suivantes.

▶ Paul (rencontrer une Française / se marier avec elle)
Paul rencontrera une Française. Il se mariera avec elle.

1. Janine (vivre à Québec / trouver un travail intéressant)
2. tu (passer une année à Paris / s'amuser beaucoup)
3. nous (voyager / connaître des aventures extraordinaires)
4. vous (choisir une carrière scientifique / découvrir une cure contre le cancer)
5. je (écrire un grand roman / gagner le prix Nobel de littérature)
6. mes parents (gagner à la loterie / acheter un château [*castle*] en France)

5. Dialogue   Demandez à vos amis s'ils vont faire les choses suivantes après l'université.

▶ travailler   —*Est-ce que tu travailleras?*
             —*Oui, je travaillerai.*
      ou: —*Non, je ne travaillerai pas.*

1. voyager en Europe
2. chercher du travail
3. gagner de l'argent
4. acheter une voiture de sport
5. vivre à la campagne
6. écrire un roman
7. se reposer
8. s'amuser
9. se marier
10. apprendre une autre langue

6. **Futurologie** Comment voyez-vous l'avenir dans 20 ans? Exprimez votre opinion en commençant vos phrases par *à mon avis ...* .

▶ on / parler une langue universelle
À mon avis, on parlera (on ne parlera pas) une langue universelle.

1. les astronautes / explorer Mars
2. nous / passer les vacances sur la lune *(moon)*
3. tout le monde / employer un ordinateur
4. les État-Unis / déclarer la guerre à la Russie
5. les extra-terrestres / visiter notre planète
6. on / utiliser l'énergie solaire dans les maisons
7. les voitures / marcher à l'énergie électrique
8. on / vieillir / moins rapidement
9. les gens / vivre plus de cent ans

7. **Oui ou non?** Informez-vous sur les personnes suivantes et dites si oui ou non elles vont faire les choses entre parenthèses.

▶ Anne-Marie étudie. (rater l'examen?)
Elle ne ratera pas l'examen.

1. Vous suivez un régime très strict. (grossir? maigrir? perdre dix kilos?)
2. Tu bois trop de café. (se coucher tôt? dormir bien?)
3. Jean-Pierre est malade. (se lever? sortir? téléphoner au médecin? prendre de l'aspirine?)
4. Ces gens vont dîner dans un restaurant français. (boire du lait? commander du vin? manger des spaghetti?)
5. Nous voulons être à l'heure *(on time)* pour le rendez-vous. (se dépêcher? s'arrêter dans un café? prendre un taxi?)
6. Je veux réussir à l'examen. (étudier? perdre mon temps? s'énerver pendant l'examen?)

8. **Procrastination!** Demandez à vos camarades s'ils ont fait les choses suivantes. Ils vont répondre négativement et vous dire quand ils vont faire ces choses, en utilisant le futur et un pronom complément.

▶ nettoyer ta chambre (ce soir)
—Tu as nettoyé ta chambre?
—Non, je la nettoierai ce soir.

1. laver ta voiture (ce week-end)
2. écrire à ton cousin (dimanche)
3. lire ce roman (après le dîner)
4. finir tes devoirs (avant le petit déjeuner)
5. rendre visite à tes amis (dans dix jours)
6. apprendre les verbes (avant l'examen)
7. passer à la poste *(post office)* (demain matin)
8. chercher du travail (cet été)

9. **Dialogue** Posez certaines questions à vos camarades concernant leurs projets.

▶ à quelle heure / dîner ce soir?   —*À quelle heure dîneras-tu ce soir?*
                                     —*Je dînerai à six heures.*

1. quand / étudier ce soir?   5. quand / célébrer ton anniversaire?
2. où / déjeuner demain?   6. quels cours / suivre l'année prochaine?
3. quand / partir en vacances?   7. dans combien de temps / quitter l'université?
4. où / travailler cet été?   8. dans quelle ville / habiter après l'université?

C. Le futur d'*être* et d'*avoir*

The future stems of **être** and **avoir** are irregular.

infinitive	future stem	
être	ser-	je **serai**, tu **seras**, il/elle **sera**, nous **serons**, vous **serez**, ils/elles **seront**
avoir	aur-	j'**aurai**, tu **auras**, il/elle **aura**, nous **aurons**, vous **aurez**, ils/elles **auront**

10. **Dans cinq ans** Quelle sorte de personne serez-vous dans cinq ans? Faites des phrases selon le modèle.

avoir: plus de? moins de? autant de?   être: plus? moins? aussi?

▶ amis   *J'aurai autant d'amis*   ▶ riche   *Je serai plus riche.*

1. argent   5. ambitieux / ambitieuse
2. patience   6. sportif / sportive
3. responsabilités   7. paresseux / paresseuse
4. illusions   8. conservateur / conservatrice

11. **Ce soir** Lisez ce que les personnes suivantes ont fait aujourd'hui. Décrivez leur situation ce soir, en utilisant le futur des expressions entre parenthèses dans des phrases affirmatives ou négatives. Soyez logique!

▶ Nous avons acheté des billets pour le concert. (être chez nous?)
   Ce soir nous ne serons pas chez nous.

1. Catherine s'est levée à 5 heures du matin. (avoir sommeil?)
2. Philippe a participé à un marathon. (avoir mal aux jambes?)
3. Vous vous êtes reposés toute la journée. (avoir envie de dormir?)
4. Nous avons raté nos examens. (être de bonne humeur?)
5. Les joueurs ont perdu un match important. (avoir envie de célébrer?)
6. Nous n'avons pas déjeuné. (avoir faim?)
7. Madame Tournon est partie en vacances. (être chez elle?)
8. Mes voisins ont pris l'avion de Québec. (être au Canada?)

D. La construction *verbe* + *infinitif*

Note how the main verb is used with an infinitive in the sentences below.

J'**aime jouer** au tennis …	I *like to play (playing)* tennis …
… mais je **déteste perdre**.	… but I *hate to lose (losing)*.
J'**apprends à jouer** de la guitare.	I *am learning how to play* the guitar.
Avez-vous **commencé à prendre** des leçons?	Did you *begin to take* lessons?
Paul ne **cesse** jamais **de travailler**.	Paul never *stops working*.
Acceptez-vous **de participer** à son projet?	Do you *agree to participate* in his project?

■ When one verb follows another, the second verb is in the infinitive. Depending on the main verb, one of the following patterns is used:

main verb + infinitive	Nous **devons** partir.
main verb + à + infinitive	Nous **hésitons à** partir.
main verb + **de** + infinitive	Nous **refusons de** partir.

☐ In similar English constructions, the second verb is an *infinitive* or a verbal form ending in *-ing:* I like *to play* tennis. / I like *playing* tennis. In French, the second verb must be an infinitive.

Yannick Noah, numéro un du tennis français

Vocabulaire: *Verbes suivis de l'infinitif*

verbes suivis immédiatement de l'infinitif

aimer	to like, to love	**espérer**	to hope
aller	to go	**pouvoir**	can, to be able
détester	to hate, to detest	**préférer**	to prefer
devoir	must, to have to	**vouloir**	to wish, to want

verbes suivis de à + l'infinitif

apprendre à	to learn	Nous **apprendrons à** jouer de la guitare.
chercher à	to strive, try to	Je n'**ai** pas **cherché à** gagner de l'argent.
commencer à	to begin	Je **commencerai à** travailler lundi prochain.
continuer à	to continue	**Continuerez**-vous **à** étudier le français?
hésiter à	to hestitate	N'**hésitez** pas **à** parler.
réussir à	to be successful, succeed in	On **a réussi à** explorer l'espace.

verbes suivis de de + infinitif

s'arrêter de	to stop	Quand est-ce que tu **t'arrêteras d'**étudier?
cesser de	to stop, quit	J'ai **cessé de** fumer.
choisir de	to choose, decide	J'ai **choisi de** dire la vérité.
décider de	to decide	Nous **avons décidé de** faire plus de sport.
essayer de	to try	**Essayez de** jouer mieux!
finir de	to finish	J'ai **fini d'**étudier.
oublier de	to forget	As-tu **oublié de** fermer la porte?
refuser de	to refuse	Nous **refusons de** répondre à la question.
regretter de	to regret	Je ne **regrette** pas **d'**apprendre le français.
rêver de	to dream of	Caroline **rêve d'**acheter une voiture.
se souvenir de	to remember	Est-ce que tu **t'es souvenu de** téléphoner à Paul?

verbes suivis de de + l'infinitif *et qui utilisent un complément d'objet indirect*

demander à quelqu'un **de**	to ask someone	J'ai **demandé à** mon frère **de** m'aider.
dire à quelqu'un **de**	to tell someone	J'ai **dit à** Paul **de** partir.
promettre à quelqu'un **de**	to promise someone	J'ai **promis à** mes parents **de** travailler.
permettre à quelqu'un **de**	to give permission, to allow	J'ai **permis à** Jacques **de** prendre ma voiture.
défendre à quelqu'un **de** } **interdire à** quelqu'un **de** }	to forbid	Je **vous défends d'**utiliser mon appareil-photo. J'**interdis à** mes amis **de** fumer dans ma chambre.

notes de vocabulaire

1. **Interdire** is conjugated like **dire** except in the **vous**-form: **vous interdisez**.
2. **Permettre** and **promettre** are conjugated like **mettre**.

12. Questions personnelles

1. Apprenez-vous à faire du ski? à faire du ski nautique? à faire du patinage? Avez-vous appris à jouer de la guitare? à jouer du piano?
2. Hésitez-vous parfois à parler en public? à prendre des risques?
3. Oubliez-vous parfois de préparer vos examens? d'être à l'heure (on time)? Avez-vous oublié de préparer la leçon?
4. Regrettez-vous d'être à l'université? d'étudier le français? Pourquoi avez-vous choisi d'étudier le français?
5. Essayez-vous d'être tolérant(e)? de respecter les opinions des autres? d'être une meilleure personne?
6. Rêvez-vous d'être millionnaire? d'être quelqu'un d'important? d'avoir une profession très intéressante?
7. Avez-vous décidé de visiter la France? de faire de la politique? de vous marier?
8. Commencez-vous à comprendre le français plus facilement? à le parler avec vos camarades?
9. L'année prochaine continuerez-vous à suivre des cours de français? à aller à cette université?
10. Plus tard, chercherez-vous à être riche? à avoir des responsabilités? à jouer un rôle politique?
11. Réussirez-vous à trouver du travail cet été? à trouver un travail intéressant après l'université? à être indépendant(e)?
12. Est-ce que vous permettez à vos amis d'utiliser votre voiture? de lire votre journal (diary)?
13. Quand vous étiez plus jeune, est-ce que vos parents vous permettaient de sortir le samedi soir? de regarder la télé toute la journée? de faire de l'auto-stop? Qu'est-ce qu'ils vous interdisaient de faire?
14. Interdisez-vous à vos amis de fumer chez vous? d'employer votre machine à écrire? de lire votre courrier (mail)?
15. Le premier janvier dernier avez-vous pris des décisions importantes? Qu'est-ce que vous avez promis de faire?

13. Quand on veut ...   Lisez ce que veulent faire les personnes suivantes et dites ce qu'elles vont faire ou ce qu'elles ne vont pas faire. Pour cela, utilisez les verbes entre parenthèses dans des phrases au futur.

▶ Jacqueline veut être dentiste. (choisir / faire des études artistiques)
   Elle ne choisira pas de faire des études artistiques.

1. Henri veut travailler pour une compagnie d'ordinateurs. (apprendre / programmer)
2. Nous voulons rester en bonne santé. (cesser / fumer)
3. Vous voulez trouver du travail. (s'arrêter / lire les petites annonces)
4. Tu veux être sincère avec tes amis. (hésiter / dire la vérité)
5. Je veux parler parfaitement français. (continuer / suivre des cours)
6. Paul veut sortir avec Françoise. (oublier / lui téléphoner)
7. Marc veut gagner de l'argent cet été. (essayer / trouver un job)
8. Cette compagnie veut développer ses ventes (sales). (chercher / exporter ses produits [products]).

14. Expression personnelle   Complétez les phrases suivantes avec une expression personnelle où vous décrivez ce que vous faites ou ce que vous pensez. Utilisez une construction infinitive.

▶ Depuis que je suis à l'université, j'ai cessé ...
   Depuis que je suis à l'université, j'ai cessé de fumer (d'habiter chez mes parents, de voir mes amis de high school, etc.).

1. En ce moment, j'apprends ...
2. Je n'hésite jamais ...
3. Parfois j'oublie ...
4. J'aime ... mais je préfère ...
5. Je ne refuse jamais ...
6. J'ai décidé ...
7. Je rêve ...
8. Je vais essayer ...
9. Je ne finirai jamais ...
10. Maintenant je commence ...
11. Je chercherai ...
12. Je n'oublierai jamais ...

Récapitulation

Substitution

Remplacez les mots soulignés par les mots entre parenthèses. Faites tous les changements nécessaires.

1. Je ne crois pas à la révolution.   (nous, mon professeur, tu, vous, les gens intelligents)
2. Quand est-ce que vous arriverez à Paris?   (vos amis, Paul, tu, nous, Catherine et Cécile)
3. J'aime voyager. Je voyagerai cet été.   (travailler, sortir, boire de la bière, me reposer, être avec mes amis, prendre des photos, avoir une voiture)
4. Je déteste travailler. Je ne travaillerai pas.   (tu / sortir; vous / étudier; Jacques / écrire à ses amis; nous / être sérieux; tu / avoir des problèmes)
5. J'apprends à programmer.   (déteste, commence, essaie, refuse, hésite, rêve)
6. Vous avez décidé de travailler pendant les vacances.   (je / refuser; ces étudiants / chercher; les employés / s'arrêter; nous / continuer; Mme Janin / cesser)

Vous avez la parole: La boule de cristal

Pouvez-vous prédire l'avenir? Pour chacune des périodes suivantes, composez un petit paragraphe où vous parlerez de l'avenir. Comment vivront les gens? Quels seront les développements technologiques et sociaux? Quels seront les avantages et les inconvénients de vivre à cette époque?

a. dans cinq ans
b. dans vingt ans
c. dans cinquante ans

29. *Dans dix ans*

Deux filles et deux garçons parlent de l'avenir ... Aujourd'hui ils ont vingt ans ... Comment considèrent-ils leur existence dans dix ans?

MICHÈLE *(étudiante)*

Je suis étudiante en médecine. Si tout va bien, dans dix ans ma vie sera certainement plus facile qu'aujourd'hui. Je serai médecin. Quand je serai médecin, j'aurai plus de responsabilités et plus d'argent ... mais est-ce que je serai plus heureuse?

ANNE-MARIE *(secrétaire)*

J'habite à Paris et je travaille pour une compagnie d'assurances°. Où est-ce que je serai dans dix ans et qu'est-ce que je ferai°? Vraiment, je ne sais pas! Je sais seulement que je ne serai plus secrétaire! Je sais aussi que je ne serai pas millionnaire et que je ne serai pas mariée, à moins que° ...

insurance
will I do

unless

JACQUES *(employé de banque)*

J'ai un travail monotone et je ne suis pas très bien payé. Voilà pourquoi je suis des cours d'informatique°. Quand je serai informaticien, je travaillerai dans de meilleures conditions avec des gens plus intéressants ... et je gagnerai plus d'argent qu'aujourd'hui ... Dans dix ans, j'espère que je serai marié ...

data processing

MARTIN *(étudiant)*

Aujourd'hui, je suis étudiant en sociologie. Je suis relativement indépendant, plutôt anti-conformiste, un peu rebelle comme tous les garçons de mon âge ... Eh bien, quand j'aurai trente ans, je serai comme les autres hommes de trente ans. J'aurai une bonne situation°. Je conduirai° peut-être une grosse voiture. Je serai marié. J'aurai deux enfants. En été, nous ferons des voyages ... Nous irons° en Grèce ou en Égypte ... En somme, je serai un affreux° bourgeois°!

job / will drive

will go / awful
  member of the middle class

420

Lecture culturelle: *Stabilité et mobilité*

Pendant longtemps, la France est restée le pays de la stabilité. Stabilité politique: les gouvernements se succédaient[1] et se ressemblaient. Stabilité économique et professionnelle: les enfants héritaient[2] de leurs parents non seulement la fortune mais aussi la profession. Stabilité géographique: on naissait[3], on se mariait et on mourait[4] dans la même ville.

Cette situation a beaucoup changé. Aujourd'hui, les Français se déplacent[5]. Ils quittent leur ville ou leur village pour faire leurs études, pour se marier,

pour travailler. Pourtant, la société française est beaucoup moins mobile que la société américaine. Il est rare, par exemple, qu'on change de profession et d'activité économique. On peut généralement prévoir son avenir avec une assez grande certitude. Si on ne sait pas où l'on sera dans dix ans, on sait cependant ce que[6] l'on fera!

1 *followed*   2 *inherited*   3 *was born*   4 *died*   5 *move around*   6 *what*

Structure et Vocabulaire

Vocabulaire: *Expressions de temps*

bientôt	soon	Je vous inviterai **bientôt**.
alors	then, at that moment	**Alors,** nous sortirons ensemble.
dans un moment		
dans un instant	in a short while	Je téléphonerai à Suzanne **dans un moment** (**dans un instant,**
dans une minute		**dans une minute**).
de nouveau	again	Ma sœur travaille **de nouveau**.
en avance	early, ahead of time	Nous sommes **en avance** pour notre rendez-vous.
à l'heure	on time	Soyez **à l'heure!**
en retard	late	Si tu ne pars pas maintenant, tu seras **en retard**.

note de vocabulaire

Tôt and **en avance** both mean *early*. **En avance** is used when reference is made
to a specific event.

Je suis arrivé **tôt** à la gare. I arrived *early* at the station (i.e., at 6 A.M.).
Je suis **en avance**. I am *early* (i.e., in relationship to the train departure).

A similar distinction exists between **tard** and **en retard**.

---

1. **Quand?** Complétez les phrases suivantes avec l'expression de temps qui convient.

1. Monsieur Martin est arrivé ＿＿ à l'aéroport. Voilà pourquoi il a raté son avion.
2. Je suis allé au cinéma le week-end dernier. J'y suis allé ＿＿ hier soir.
3. Attendez-moi. Je suis presque prêt. J'arrive ＿＿.
4. Nous sommes en mai. Les vacances vont commencer ＿＿!
5. Je n'aime pas attendre. Sois ＿＿ au rendez-vous.
6. Si nous arrivons ＿＿ chez le dentiste, nous allons lire des magazines.
7. Monsieur Dupont a fait la connaissance de sa femme à Bordeaux. Elle était ＿＿ étudiante.

A. Futurs irréguliers

The following verbs, and the verbs derived from these verbs, have irregular future stems. Their endings, however, are regular.

infinitive	future stem	
aller	**ir-**	J'**irai** à Paris la semaine prochaine.
courir	**courr-**	Est-ce que tu **courras** ce week-end?
devoir	**devr-**	Tu **devras** prendre ton passeport.
envoyer	**enverr-**	Est-ce que tu m'**enverras** tes photos?
faire	**fer-**	Est-ce qu'il **fera** beau?
obtenir	**obtiendr-**	Anne **obtiendra** son passeport demain.
pouvoir	**pourr-**	Vous **pourrez** visiter le Louvre.
recevoir	**recevr-**	Nous **recevrons** notre diplôme en juin.
savoir	**saur-**	Je ne **saurai** jamais bien jouer au tennis.
venir	**viendr-**	**Viendrez**-vous avec nous?
voir	**verr-**	Nous **verrons** mes amies.
vouloir	**voudr-**	Mes cousins ne **voudront** pas venir avec nous.

☐ Verbs conjugated in the present like the above verbs have similar irregular stems in the future.

devenir (like **venir**)   Ma cousine **deviendra** ingénieur.
s'apercevoir (like **recevoir**)   Tu t'**apercevras de** tes erreurs.

☐ Note the irregular future forms of the following impersonal expressions.

il y a	**il y aura**	**Il y aura** un concert dimanche.
il faut	**il faudra**	**Il faudra** acheter des billets.
il pleut	**il pleuvra**	J'espère qu'**il** ne **pleuvra** pas.

2. Projets de week-end   Dites où les personnes de la colonne A vont aller ce week-end et ce qu'elles vont faire. Utilisez le futur d'*aller* et de *faire*, selon le modèle.

A	B	C
je	à la bibliothèque	du sport
vous	en ville	des recherches *(research)*
nous	à la campagne	une promenade à pied
tu	au gymnase	du ski nautique
Mme Guérin	dans la forêt	du camping
mes amis	à la plage	les courses
les étudiants	au stade	un match de foot
		un pique-nique
		de l'aérobic

▶ *Tu iras à la campagne. Tu feras un pique-nique (une promenade à pied ...)*

3. **Dialogue** Demandez à vos camarades si un jour ils feront les choses suivantes. S'ils répondent affirmativement, demandez quand.

▶ aller à Paris —*Est-ce que tu iras à Paris?* —*Quand iras-tu à Paris?*
 —*Oui, j'irai à Paris.* —*J'irai à Paris dans deux ans.*

1. aller à Moscou
2. faire un voyage en Chine
3. devenir très riche
4. obtenir ton diplôme
5. voir Rome
6. recevoir le prix Nobel de littérature
7. savoir faire du ski nautique
8. courir un marathon
9. envoyer tes enfants à l'université
10. pouvoir acheter une Rolls Royce
11. devoir chercher du travail

Vocabulaire: *Quelques professions*

un architecte	une architecte	architect
un avocat	une avocate	lawyer
un employé	une employée	employee
un fonctionnaire	une fonctionnaire	civil servant
un infirmier	une infirmière	nurse
un informaticien	une informaticienne	data processing specialist
un journaliste	une journaliste	journalist, reporter
un ouvrier	une ouvrière	worker
un patron	une patronne	boss
un secrétaire	une secrétaire	secretary
un vendeur	une vendeuse	salesperson
un cadre	—	executive
un ingénieur	—	engineer
un médecin	—	doctor

notes de vocabulaire

1. The names of certain professions are always masculine, even though they are used to refer to both men and women. If the reference to women must be made explicit, the prefix **femme-** is used.

Cette **femme-ingénieur** est remarquable.

2. After **être** and **devenir**, nouns designating professions are generally used without the indefinite article (**un, une, des**), except when these nouns are modified by an *adjective* or after **c'est** (**ce sont**).

Je suis **étudiant.** I am *a student.*
Charles veut devenir **ingénieur.** Charles wants to become *an engineer.*

but: Le docteur Caron est **un bon médecin.** Doctor Caron is *a good doctor.*

Ingénieur agronome
études marketing
référence MU 341 AM

ROBOTIQUE Ingénieur
fort potentiel ESE, IDN, AM...
référence IS 352 CM

Ingénieur chef de projet informatique
référence AK 345 AM

4. **Quelle sera leur profession?** Lisez ce que les personnes suivantes vont faire plus tard et dites quelle sera leur profession. Utilisez le futur d'*être* et les professions du VOCABULAIRE.

▶ Gisèle ira à l'hôpital tous les jours. *Elle sera infirmière (médecin).*

1. Nous deviendrons des spécialistes de l'information sur ordinateur.
2. Monique verra ses patients régulièrement.
3. Alice et Thérèse feront du droit international.
4. Tu devras travailler dans une usine.
5. Je pourrai interviewer des acteurs célèbres *(famous)*.
6. Vous aurez des responsabilités importantes dans votre entreprise.
7. Alain devra taper *(to type)* et répondre au téléphone.
8. Nous saurons résoudre *(to resolve)* les problèmes techniques.
9. Mon cousin devra travailler pour le gouvernement.
10. Jacques travaillera dans un grand magasin où il servira la clientèle.

5. **Oui ou non?** Informez-vous sur les personnes suivantes et dites si oui ou non elles feront les choses entre parenthèses.

1. Françoise a très mal aux dents. (devoir aller chez le dentiste? vouloir sortir ce soir?)
2. Michèle et Monique veulent être médecins. (aller à l'université? faire des études de biologie?)
3. J'ai décidé de travailler pendant les vacances. (faire un voyage? voir mes cousins à Paris?)
4. Nous étudions beaucoup. (recevoir des bonnes notes? obtenir notre diplôme?)
5. Vous voulez être informaticiens. (savoir programmer? pouvoir trouver du travail facilement?)
6. La radio a annoncé du mauvais temps pour demain. (il fait beau? il pleut? il y a une tempête *(storm)?* il faut prendre nos imperméables?)

B. La construction *si* + présent

Note the verb tenses used in the following sentences:

Si j'ai de l'argent, **j'irai** en France.   *If I have* money, *I will go* to France.
Si nous allons en France, **nous visiterons** Paris.   *If we go* to France, *we will visit* Paris.

The sentences above consist of two clauses: the **si**-*clause,* introduced by **si** *(if),* which expresses a certain condition, and the *result clause,* which expresses the result of the condition.

■ When the verb of the **si**-clause is in the *present,* the verb of the result clause is usually in the *future.*

☐ **Si** becomes **s'** before **il/ils** but not before **elle/elles.**

☐ The **si**-clause may come first or second.

Je viendrai chez toi **si** j'ai le temps.

6. Une question de temps Les personnes suivantes sont occupées pour le moment. Dites ce qu'elles feront si elles ont le temps.

▶ Paul veut sortir.   *Si Paul a le temps, il sortira.*

1. Nous voulons regarder la télé.
2. Je veux lire le journal.
3. Tu veux écrire à tes amis.
4. Vous voulez aller en ville.
5. Les étudiants veulent aller au cinéma.
6. François veut téléphoner à Hélène.
7. Philippe veut faire une promenade.
8. Mes amis veulent venir chez moi.

7. Expression personnelle Complétez les phrases suivantes en exprimant une réflexion personnelle. Utilisez votre imagination! Si vous voulez, vous pouvez aussi utiliser l'un des verbes entre parenthèses.

1. Si je vais en France cet été, je ... (visiter, aller, rencontrer)
2. Si j'ai mon diplôme, je ... (travailler, voyager, pouvoir)
3. Si je n'ai pas mon diplôme, je ... (travailler, faire, pouvoir)
4. Si un jour je gagne beaucoup d'argent, je ... (donner, acheter, s'intéresser à)
5. Si j'ai besoin d'argent cet été, je ... (travailler, vendre, chercher)
6. Si je me marie, je ... (acheter, être, avoir)
7. Si je ne trouve pas de travail après l'université, je ... (voyager, aller, trouver)
8. Si j'ai le temps, je ... (faire, aller, apprendre à)

C. L'usage des temps après *quand*

Compare the tenses of the verbs in heavy print in the following sentences:

Quand **j'ai** de l'argent, **je vais** au cinéma.   When *I have* money, *I go* to the movies.
Quand **j'aurai** assez d'argent, **j'irai** à Paris.   When *I have* enough money, *I will go* to Paris.

■ In sentences containing **quand** *(when)*, the following sequence of tenses is used:

to describe:	quand-*clause*	→ *main clause*
a general situation	present	→ present
a future situation	future	→ future

☐ In French, the *future* is used after **quand** when the action of the *main* verb takes place in the future. In English the present tense is used.

☐ The **quand**-clause may come first or second.

Je chercherai du travail **quand** j'aurai mon diplôme.

8. **Quand ...** Ce qu'on fait dépend souvent de ce qu'on a. Exprimez cela, en utilisant *quand* et le futur d'*avoir* d'après le modèle.

▶ Michel / son passeport / aller en Espagne   *Quand Michel aura son passeport, il ira en Espagne.*

1. nous / notre diplôme / chercher du travail
2. tu / de l'argent / faire un voyage
3. je / l'adresse de Mélanie / lui envoyer une lettre
4. vous / un ordinateur / apprendre à programmer
5. Thérèse / le temps / aller au cinéma
6. mes parents / plus d'argent / acheter un appartement
7. Paul / une voiture / pouvoir faire des promenades à la campagne
8. Janine et Nicole / un bateau *(boat)* / faire de la voile

9. **Avec un peu de patience ...** Dites que les personnes suivantes réaliseront leurs projets. Utilisez le futur des verbes soulignés. Étudiez le modèle attentivement.

▶ Denise veut <u>être</u> cadre pour <u>avoir</u> des responsabilités importantes.
   Quand Denise sera cadre, elle aura des responsabilités importantes.

1. Jacques veut <u>travailler</u> pour <u>gagner</u> de l'argent.
2. Hélène veut <u>avoir</u> de l'argent pour <u>acheter</u> une voiture de sport.
3. Je veux <u>être</u> riche pour <u>être</u> indépendant.
4. Nous voulons <u>travailler</u> en France pour <u>apprendre</u> le français.
5. Tu veux <u>être</u> journaliste pour <u>voyager</u>.
6. Henri veut <u>être</u> pianiste pour <u>donner</u> des concerts.
7. Mes parents veulent <u>avoir</u> une nouvelle voiture pour <u>faire</u> un voyage.
8. Marc veut <u>être</u> président pour <u>réformer</u> la société.

10. **Logique** Faites des phrases logiques en utilisant les éléments des colonnes A, B, C et D.

A	B	C	D
si	je	aller en Égypte	maigrir
quand	vous	aller à Paris	apprendre l'espagnol
	mes amis	faire des économies	prendre de l'aspirine
	nous	avoir mal à la tête	avoir des responsabilités importantes
	Paul et André	passer un été au Mexique	acheter un avion
	tu	avoir besoin d'argent	aller à la banque
	Nadine	faire du sport	pouvoir acheter une voiture de sport
		être cadre	voir les Pyramides
			visiter le Louvre

▶ *Quand j'irai à Paris, je visiterai le Louvre.*
▶ *Si je vais à Paris, je visiterai le Louvre.*

D. Le verbe *conduire*

Note the forms of the irregular verb **conduire** *(to drive)* in the chart below.

infinitive	conduire	
present	Je **conduis** bien.	Nous **conduisons** une Renault.
	Tu **conduis** mal.	Vous **conduisez** une Ferrari.
	Il/Elle/On **conduit** vite.	Ils/Elles **conduisent** une Citroën.
passé composé	J'**ai conduit** la voiture de mon grand-père.	

☐ The following verbs are conjugated like **conduire**:

construire	to build, construct	Qui **a construit** la Tour Eiffel?
détruire	to destroy	Un cyclone **a détruit** cette maison.
produire	to produce, create	On **produit** beaucoup de vin en France.
traduire	to translate	Je **traduirai** cet article en français.
se conduire (bien)	to behave (properly)	En classe, nous **nous conduisons bien.**
se conduire (mal)	to misbehave	Pourquoi est-ce que Pierre **se conduit mal?**

11. Conduites Dites si oui ou non les personnes suivantes conduisent bien. Utilisez l'expression *conduire bien* aux mêmes temps que les phrases suivantes.

1. Je fais toujours attention.
2. Vous prenez des risques inutiles.
3. Tu as eu un accident.
4. Monsieur Marin s'est énervé.
5. Nous resterons calmes et attentifs.
6. Cécile respectera la limite de vitesse *(speed).*

12. D'accord? Dites si vous êtes d'accord ou non avec les opinions suivantes.

1. En général, les Américains conduisent bien.
2. Les femmes conduisent mieux que les hommes.
3. Aujourd'hui les jeunes se conduisent plus égoïstement qu'avant.
4. Il faut produire plus d'énergie solaire.
5. Il ne faut pas détruire nos ressources naturelles.
6. Au lieu de *(instead of)* construire des prisons, il faut construire des hôpitaux.
7. Un jour, nous détruirons nos stocks d'armes nucléaires.
8. Les États-Unis produisent trop de millionnaires et pas assez de philosophes.
9. La matérialisme détruira nos valeurs *(values)* spirituelles.

Récapitulation

Remplacez les mots soulignés par les mots entre parenthèses. Faites tous les changements nécessaires.

1. Je ne peux pas <u>sortir</u> ce soir. Je sortirai demain.   (venir, aller au cinéma, faire ce travail, voir mes amis)
2. Si j'ai 50 francs, je <u>t'</u>inviterai au concert.   (Paul, Nathalie, mes amis, nous)
3. Quand <u>nous</u> serons à Paris, nous irons au Louvre.   (je, ma cousine, mes parents, tu, vous, André et Cécile)
4. <u>Je n'ai pas d'argent</u>. Quand j'aurai de l'argent, j'irai à Paris.   (nous ne sommes pas en vacances, vous n'allez pas en France, les étudiants ne savent pas parler français)
5. <u>Marc</u> conduit une Renault.   (je, nous, vous, les étudiants)

Vous avez la parole: Dans dix ans

Décrivez votre existence dans dix ans. Où serez-vous? Qu'est-ce que vous ferez? Qu'est-ce que vous ferez quand vous gagnerez votre vie? Qu'est-ce que vous ferez si vous avez beaucoup d'argent?

Vous avez la parole: Expression personnelle

Complétez les phrases suivantes avec une réflexion personnelle. Utilisez votre imagination!

1. Quand je suis avec mes amis, ...
2. Quand je serai le président d'une compagnie internationale, ...
3. Quand j'ai un peu d'argent, ...
4. Quand je serai millionnaire, ...
5. Quand j'ai besoin d'argent, ...
6. Quand j'aurai mon avion personnel, ...
7. Quand je suis de mauvaise humeur, ...
8. Quand j'aurai quarante ans, ...

30. *Si vous aviez plus d'argent...?*

Quatre Français d'origines diverses répondent à la question: «Que feriez-vous°   would you do
si vous aviez plus d'argent?»

PAUL *(32 ans)*

Je m'achèterais° une voiture de sport. J'achèterais aussi une résidence secon-   would buy
daire, une villa en Normandie, par exemple, où je passerais° mes week-ends.   would spend

JACQUELINE *(22 ans)*

Je viens de me marier. Si j'avais plus d'argent, je n'aurais aucun° problème à   pas de
le dépenser. Nous commencerions à payer nos dettes°. Ensuite, nous équipe-   debts
rions notre appartement. Nous achèterions un téléviseur-couleur, une machine
à laver° ... Notre existence ne changerait pas tellement°, mais elle serait plus   washing machine / that much
confortable.

ROBERT *(23 ans)*

Je travaille dans un laboratoire. Je préférerais faire autre chose°. Si j'avais plus   something else
d'argent, je crois que je changerais totalement d'existence. Je ne travaillerais
plus. Je prendrais des vacances éternelles. Je commencerais par quitter Paris.
Je voyagerais beaucoup. Un jour, peut-être, je m'installerais° à Tahiti ... parce   would settle
que c'est au bout° du monde.   end

MARIE-FRANCE *(35 ans)*

Mon mari est architecte. Il gagne bien sa vie. Nous ne sommes pas malheureux.
Que ferions-nous avec plus d'argent? Je ne sais pas. Ce serait un problème.
Nous ferions probablement des dépenses inutiles. Nous achèterions un plus
grand appartement. Nous aurions une plus grosse voiture. Nous consomme-
rions davantage° ... et, bien sûr, nous paierions plus d'impôts°! Non, vraiment,   more / taxes
je ne crois pas que nous serions plus heureux qu'aujourd'hui.

430

À Moorea, l'une des îles de la Polynésie française

Lecture culturelle: *Vive les vacances!*

En principe, les Français ont cinq semaines de vacances ou «congés payés»[1] par an. En réalité, beaucoup de Français prennent cinq semaines de vacances en été et une semaine en hiver.

Pour la majorité des Français, le terme de «vacances» est synonyme d'évasion[2]. En été, 55% (cinquante-cinq pour cent) des Français quittent leur domicile[3]. Les «grands départs» ont lieu au premier juillet et au premier août. Ces jours-là, des millions de Français partent en vacances. Où vont-ils? Vers[4] le soleil, vers la montagne, et surtout vers les plages de l'Atlantique et de la Méditerranée. Beaucoup vont à l'étranger, principalement en Espagne, en Italie, mais aussi au Portugal, en Grèce, en Yougoslavie ...

La période de vacances dure[5] deux mois. Pendant cette période, la France vit au ralenti[6], car un grand nombre d'entreprises sont fermées.

Pour beaucoup de Français, les vacances constituent l'élément capital[7] de l'existence. Cette obsession des vacances est encouragée par la radio, la télévision, la presse, la publicité qui rappellent[8] continuellement l'importance de cette époque de l'année. Quelqu'un a remarqué avec humour que le calendrier français était divisé en trois parties inégales: un mois, août, pendant lequel[9] les Français sont en vacances; deux mois, septembre et octobre, pendant lesquels ils parlent des vacances passées; et neuf mois pendant lesquels ils préparent les vacances suivantes. Pour les Français, «les vacances sont sacrées[10]». Et pour vous?

1 *paid holidays*   2 *escape, getting away*   3 *house*   4 *toward*
5 *lasts*   6 *at a slow pace*   7 *principal*   8 *remind*   9 *which*
10 *sacred*

Structure et Vocabulaire

Vocabulaire: *Les vacances*

noms

un départ	departure	**une arrivée**	arrival
un congé	holiday, leave	**une fête**	feast, holiday; party
		une résidence secondaire	vacation home

verbe

durer   to last   Les grandes vacances **durent** trois mois.

expressions

chacun(e)   each one   Est-ce que **chacun** a acheté son billet *(ticket)* d'avion?

ailleurs   elsewhere   L'année dernière, je suis allé au Canada.
               Cette année je vais aller **ailleurs.**

d'ailleurs   besides   **D'ailleurs,** je ne prends pas beaucoup de vacances cette année.

davantage (de)   more   Repose-toi **davantage!**
                Gagnes-tu **davantage** d'argent qu'avant?

tellement (de)   that much, so much   Vous ne travaillez pas **tellement!**
                Nous n'avons pas **tellement** de vacances.

vers   towards (+ *place*)   Il est allé **vers** la porte.
          around (+ *time*)   Venez chez moi **vers** midi.

---

1. Questions

1. Quand célèbre-t-on la fête nationale aux États-Unis? en France? Quelles sont les autres grandes fêtes qu'on célèbre aux États-Unis?
2. Combien de jours de congé avez-vous à Noël? au printemps? En général, combien de jours de congé est-ce que les Américains prennent par an?
3. Combien de temps dure la classe de français? un match de football? un match de basketball?
4. Est-ce que vous habitez sur le campus? Si vous habitez ailleurs, où habitez-vous?
5. Vers quelle heure déjeunez-vous? Dînez-vous?
6. Allez-vous suivre davantage de cours l'année prochaine?

A. La construction *si* + imparfait

In the sentences on the left, a fact is expressed. In the sentences on the right, a wish or suggestion is made. Note the tense used in the expressions in heavy print.

Mon frère a une voiture de sport.   **Si j'avais** aussi une voiture de sport!
Vous achetez des romans policiers.   **Si vous achetiez** des livres plus sérieux!
Nous n'allons jamais au cinéma.   **Si nous allions** au cinéma ce soir!

■ In short sentences introduced by **si,** the imperfect is used to express a *wish* or a *suggestion.*

Si j'étais riche!   *If (only) I were rich!*
Si nous sortions ce soir!   *What about going out tonight?*

□ Remember that for all verbs (except **être**), the stem of the imperfect is the **nous**-form of the present minus **-ons.** The stem of **être** is **ét-.** For all verbs, the endings of the imperfect are:

-ais, -ais, -ait, -ions, -iez, -aient

Proverbe   Si jeunesse savait, si vieillesse pouvait!

1. **Week-end**   Madame Moreau se plaint *(complains)* qu'elle ne fait jamais les choses suivantes. Monsieur Moreau propose de les faire ce week-end. Jouez les deux rôles.

▶ aller à la campagne   MADAME MOREAU: *Nous n'allons jamais à la campagne.*
                         MONSIEUR MOREAU: *Si nous allions à la campagne ce week-end!*

1. sortir
2. dîner au restaurant
3. aller au théâtre
4. se promener
5. inviter nos amis
6. jouer au bridge
7. jouer au tennis
8. rendre visite à mes parents

B. Le conditionnel: formation

The sentences below express what *would happen* if a certain condition were met. The verbs in heavy print are in the *conditional*.

Si c'était les vacances, ...   If it were vacation time, ...
... je **voyagerais**.   ... I *would travel*.
... nous **visiterions** Paris.   ... we *would visit* Paris.
... mes amis **partiraient** à la Guadeloupe.   ... my friends *would leave* for Guadeloupe.

■ The conditional is a *simple* tense, consisting of *one* word. Its forms are derived as follows:

> future stem + imperfect endings

The following chart presents the conditional of **voyager** and **rester,** which have regular future stems, and **aller,** which has an irregular future stem.

infinitive	**voyager**	**rester**	**aller**
conditional	Je **voyagerais**.	Je ne **resterais** pas ici.	Où est-ce que j'**irais**?
	Tu **voyagerais**.	Tu ne **resterais** pas ici.	Où **irais**-tu?
	Il/Elle/On **voyagerait**.	Il/Elle/On ne **resterait** pas ici.	Où **irait**-il/elle/on?
	Nous **voyagerions**.	Nous ne **resterions** pas ici.	Où **irions**-nous?
	Vous **voyageriez**.	Vous ne **resteriez** pas ici.	Où **iriez**-vous?
	Ils/Elles **voyageraient**.	Ils/Elles ne **resteraient** pas ici.	Où **iraient**-ils/elles?

☐ Remember that for most verbs, the future and conditional stem is the infinitive up to and including the last **r**.

☐ Verbs which have an irregular future stem have this same stem in the conditional.

aller   ir-   Ils **iraient** au Canada.
pouvoir   pourr-   Vous **pourriez** venir avec nous.

☐ In the conditional, the pattern of interrogative and negative sentences is the same as in the present.

Est-ce que tu irais à Paris?   *Would you go* to Paris?
Non, **je n'irais pas** à Paris.   No, *I would not go* to Paris.

☐ The reflexive constructions follow the same pattern as in the present.

À ta place, **je m'amuserais**.   If I were you (In your place), *I would have fun*.
Je ne m'énerverais pas.   *I wouldn't get upset*.

2. **Souhaits** *(Wishes)*   Un groupe de jeunes disent ce qu'ils aimeraient faire dans la vie. Exprimez le souhait de chacun en utilisant le conditionnel d'*aimer*.

▶ Paul (être journaliste)   *Paul aimerait être journaliste.*

1. Christine (être architecte)
2. Jeannette (faire du théâtre)
3. je (être un grand artiste)
4. tu (gagner le prix Nobel)
5. ma sœur (donner un concert à Carnegie Hall)
6. vous (habiter à Tahiti)
7. mes cousins (se reposer)
8. mon frère (être un champion de ski)

3. **Bons conseils** *(Good advice)*   Jeannette Bonconseil aime donner des conseils à ses amis. Jouez le rôle de Jeannette Bonconseil. Étudiez le modèle.

▶ Charles est égoïste.   *À ta place, je ne serais pas égoïste.*

1. Alain mange trop.
2. Philippe boit trop de bière.
3. Henri grossit.
4. Caroline se dispute avec ses amis.
5. Isabelle s'impatiente.
6. Robert se met en colère.
7. Thomas perd son temps.
8. Christine dort pendant la classe de français.

4. **Vacances à la Martinique**   Les personnes suivantes discutent de ce qu'elles feraient si elles étaient à la Martinique. Exprimez l'idée de chacun en utilisant le conditionnel.

▶ Christine / visiter l'île   *Christine visiterait l'île.*

1. Marc / aller à la plage tous les jours
2. nous / faire de la planche à voile
3. je / être bien bronzé *(tanned)*
4. Alice et Pascale / vouloir goûter *(taste)* à la cuisine créole
5. vous / voir la ville de Saint-Pierre
6. Gilbert / pouvoir faire de la voile
7. Hélène et Michel / envoyer des cartes à leurs amis
8. tu / devoir faire attention aux coups de soleil *(sunburn)*
9. nous / courir sur la plage tous les jours
10. je / savoir vite faire du ski nautique

C. Le conditionnel: usage

The uses of the conditional are generally similar in French and English.

■ The conditional is used to express what *would happen* if a condition were met. Often (but not always) this condition is expressed by the construction **si** + imperfect.

Si j'étais riche, j'**achèterais** une voiture.	If I were rich, I *would buy* a car.
À ta place, je **serais** plus sérieux.	In your place, I *would be* more serious.

■ The conditional is used to express a *future action in relation to a past action*. Compare the use of tenses in the following sentences:

Il **dit** qu'il **voyagera** cet été.	He *says* that he *will travel* this summer.
Il **a dit** qu'il **voyagerait** cet été.	He *said* that he *would travel* this summer.

■ The conditional is used instead of the present to make a wish or a request sound more *polite*. Compare:

Je **veux** de l'argent.	I *want* some money.
Je **voudrais** de l'argent.	I *would like* some money.
Pouvez-vous me prêter 100 francs?	*Can* you lend me 100 francs?
Pourriez-vous me prêter 100 francs?	*Could* you lend me 100 francs?
Vous **devez** travailler.	You *must* work.
Vous **devriez** travailler.	You *should* work.

5. Suppositions Des étudiants et des étudiantes discutent de ce qu'ils feraient s'ils n'étaient pas étudiants ou étudiantes. Exprimez le choix de chacun en utilisant le conditionnel du verbe *être*.

▶ Renée (photographe)   *Si elle n'était pas étudiante, Renée serait photographe.*

1. Paul (journaliste)
2. Philippe (électricien)
3. Nathalie (artiste)
4. Brigitte (pianiste)
5. François et Marc (acteurs)
6. nous (reporters)
7. vous (secrétaire)
8. je (pilote)
9. tu (interprète)

6. On n'est jamais content ...   On n'est pas toujours content de sa situation. Dites ce que feraient les personnes suivantes si elles ne faisaient pas ce qu'elles font.

▶ Paul travaille. (voyager)   *Si Paul ne travaillait pas, il voyagerait.*

1. Michèle étudie. (aller à la plage)
2. Philippe travaille dans une banque. (être acteur)
3. Nathalie est étudiante. (faire de la politique)
4. Charles suit un régime. (manger des spaghetti)
5. Thomas étudie. (sortir avec Annie)
6. Yvonne a un examen. (partir en vacances)

7. **Promesses** M. Durand veut vérifier certaines informations. Sa secrétaire lui répond affirmativement. Jouez les deux rôles d'après le modèle.

▶ nos clients / venir cet après-midi?

M. DURAND: *Est-ce que nos clients viendront cet après-midi?*
LA SECRÉTAIRE: *Oui, ils ont dit qu'ils viendraient cet après-midi.*

1. l'avocat / apporter les documents?
2. le patron / signer le contrat?
3. le journaliste / écrire un article sur notre firme?
4. Mme Gilbert / envoyer un chèque *(check)*?
5. les vendeurs / venir demain matin?
6. les ouvriers / pouvoir travailler samedi?
7. les ingénieurs / construire une nouvelle usine?
8. l'architecte / voir les plans de l'usine?

8. **Nouvelles** Certaines personnes ont annoncé des nouvelles. Décrivez ces nouvelles.

▶ Jean / téléphoner / il vient demain   *Jean a téléphoné qu'il viendrait demain.*

1. le professeur / dire / il donne un examen facile
2. Francine / écrire à ses amis / elle rentre en septembre
3. mes cousins / téléphoner / ils nous invitent à dîner dimanche
4. les économistes / prédire / l'inflation continue l'année prochaine
5. je / lire dans le journal / il y a une grève *(strike)* demain
6. la radio / annoncer / il fait beau ce week-end

9. **Le savoir-vivre** *(Good manners)* Montrez votre savoir-vivre. Pour cela, transformez les phrases suivantes en utilisant le conditionnel.

▶ Je veux vous parler.   *Je voudrais vous parler.*

1. Je veux aller au cinéma avec vous.
2. Nous voulons vous inviter.
3. Peux-tu m'aider?
4. Peux-tu me téléphoner demain?
5. Pouvez-vous venir à trois heures?
6. Tu dois être plus patient.
7. Tu dois aider tes amis.
8. Vous devez être plus généreux.

10. **Si ...** Faites des hypothèses en utilisant les éléments des colonnes A, B et C. Attention: les verbes de la colonne C peuvent être affirmatifs ou négatifs. Soyez logique.

A	B	C
Nicole	être fatigué	sortir
Monique et Claire	être malade	se reposer
nous	avoir mal à l'estomac	se coucher tôt
vous	gagner à la loterie	rester à l'hôtel Ritz
je	être millionnaire	prendre de l'aspirine
tu	aller à Paris	acheter une voiture de sport
	avoir un examen demain	se préoccuper de l'avenir

▶ *Si j'avais mal à l'estomac, je ne prendrais pas d'aspirine.*

D. Résumé: L'usage des temps après *si*

The sentences below express certain conditions and their consequences. Compare the verbs used in each set of sentences.

Si je **travaille** cet été, je **gagnerai** de l'argent.

Si je **travaillais** (maintenant), je **gagnerais** ma vie.

Si nous **n'allons pas** au cinéma samedi, nous **irons** au concert.

Si nous **n'allions pas** en classe (aujourd'hui), nous **irions** au café.

If I *work* this summer, I *will earn* money.

If I *were working* (now), I *would earn* my living.

If we *do not go* to the movies Saturday, we *will go* to the concert.

If we *were not going* to class (today), we *would go* to the café.

In the sentences containing **si,** the following sequence of tenses is used:

to describe:	si-clause	→ result clause
possibility concerning the future	present	→ future
hypothesis contrary to reality	imperfect	→ conditional

☐ The **si**-clause may either precede or follow the result clause.

Si je travaillais plus, j'obtiendrais de bonnes notes.

J'obtiendrais de bonnes notes, si je travaillais plus.

11. **Différences d'opinion**   Janine parle de ses projets. André dit qu'il ferait d'autres choses s'il était à sa place. Jouez les deux rôles.

▶ avoir de l'argent / acheter une auto (une moto)
  JANINE: *Si j'ai de l'argent, j'achèterai une auto.*
  ANDRÉ: *Eh bien, moi, si j'avais de l'argent, j'achèterais une moto.*

1. partir en vacances / aller en Italie (en Espagne)
2. voyager / prendre le train (l'avion)
3. aller à Paris / rester chez un ami (à l'hôtel Méridien)
4. être libre ce soir / voir un film (un opéra)
5. passer le week-end à la campagne / faire un pique-nique (du camping)
6. aller à l'université / étudier la médecine (l'histoire)

12. Voyages Les personnes suivantes espèrent voyager. Complétez les phrases par la forme et le temps appropriés (présent, imparfait, futur, conditionnel) du verbe *aller*.

1. Si elle a de l'argent, Hélène ＿＿ au Portugal.
2. Si nous ＿＿ à Paris, nous visiterons le Centre Pompidou.
3. Si vous ＿＿ en Égypte, vous devriez voir les Pyramides.
4. Si Julien parlait mieux espagnol, il ＿＿ au Mexique.
5. Si nous avions assez de temps, nous ＿＿ en Grèce en voiture.
6. Si tu ＿＿ à Québec, tu pourrais utiliser ton français.
7. Si tes cousins ＿＿ à la Martinique, je leur donnerais l'adresse d'un ami.
8. Si Charles veut apprendre le japonais, il ＿＿ à Tokyo.

Récapitulation

Substitution

Remplacez les mots soulignés par les mots entre parenthèses. Faites tous les changements nécessaires.

1. J'aimerais aller à Québec.   (Jacques, mes amis, nous, tu, vous)
2. Nous voudrions prendre une photo.   (Paul, Thérèse, je, tu, mes cousins)
3. Si j'habitais en France, j'habiterais à Paris.   (mes parents, le professeur, tu, nous, vous)
4. Paul va téléphoner. Il a dit qu'il téléphonerait ce soir.   (venir chez nous, aller à la bibliothèque, faire les courses, voir ses amis)
5. J'aimerais voyager. Si j'avais de l'argent, je voyagerais.   (nous / aller au Canada; Monsieur Martel / acheter une maison; vous / faire un voyage en Italie; mes amis / louer une villa en Provence)

Vous avez la parole: Si ...

Imaginez que vous êtes l'une des personnes suivantes. Décrivez votre existence. Quel serait votre style de vie? Qu'est-ce que vous feriez? Qu'est-ce que vous ne feriez pas?

le professeur	le/la président(e) des États-Unis
le/la président(e) de cette université	un acteur/une actrice célèbre *(famous)*

Vous avez la parole: Conditions

Dites dans quelles conditions vous feriez les choses suivantes.

▶ aller en France?   *J'irais en France si j'avais assez d'argent.*

1. acheter une voiture de sport?	6. être très content(e)?
2. apprendre l'espagnol?	7. quitter l'université?
3. s'énerver?	8. emprunter de l'argent?
4. se dépêcher?	9. faire des économies?
5. être de mauvaise humeur?	10. faire de l'auto-stop?

Le Français pratique

Au travail

Vocabulaire utile: *À la recherche° d'un emploi*

in search

Qualifications et préférences

Je cherche | **un emploi** *(job)*
| **du travail** *(work)*
| **du travail à mi-temps** *(half-time work)*
| **du travail à temps partiel** *(part-time work)*
| **un job d'été** *(summer job)*
| **un stage** *(internship; training position)*
| **un poste** *(position)*

Je voudrais | **poser ma candidature** *(to apply)* **pour le poste de ...**
| **avoir un entretien** *(interview)***/une entrevue avec le chef du personnel**

Voici | **ma demande d'emploi** *(job application)*
| **mon curriculum vitae / mon c.v.** *(résumé)*
| **mes lettres de recommandation**
| **mes lettres de référence**
| **mes diplômes**

J'aimerais travailler | **dans l'industrie privée** *(private)*
| **dans une administration d'état** *(government)*
| **dans une firme multinationale**
| **dans une grande entreprise** *(company)*
| **dans une petite ou moyenne** *(middle-sized)* **entreprise**

Je préfère | **avoir une profession indépendante**
| **travailler à mon propre compte** *(be self-employed)*

Je pense être qualifié(e) pour | **les affaires** *(business)*
| **le commerce**
| **les relations publiques**
| **la recherche** *(research)*
| **la gestion** *(management)*

Pendant l'entretien

Quelles études avez-vous faites?

J'ai étudié | **[la] comptabilité** *(accounting)*
J'ai fait des études de | **[le] marketing**
Je me suis spécialisé(e) en | **[le] droit des affaires** *(business law)*
| **[l'] informatique** *(data processing)*

440

Quelles sont vos connaissances *(professional skills)?*

Je connais la sténo *(shorthand).*
Je sais taper à la machine *(to type).*
Je sais programmer.

Je suis spécialiste | **d'informatique** *(data processing)*
| **de logiciel** *(software)*
| **de traitement de texte** *(word processing)*

Je sais parler français, anglais, espagnol, allemand, japonais.

Quelle expérience professionnelle avez-vous?

J'ai travaillé | **dans une agence de publicité**
J'ai fait un stage | **dans une banque**
| **dans une compagnie d'assurances** *(insurance)*
| **dans un bureau d'études** *(engineering firm)*
| **dans un laboratoire d'analyses médicales**
| **dans une usine** *(factory),* **un hôtel, un restaurant, un hôpital**
| **dans un cabinet d'avocat** *(law firm)*
| **chez un expert-comptable** *(CPA)*
| **chez un agent de change** *(stockbroker)*

Quelles sont vos qualités pefsonnelles?

Je suis **dynamique, énergique, ambitieux/ambitieuse**
J'ai | **l'esprit d'initiative**
| **le goût du travail** *(taste for work)*
| **le sens des affaires** *(business sense)*
| **le sens des responsabilités**
| **le sens des rapports humains** *(feeling for people)*
| **des relations** *(connections)*

Qu'est-ce que vous cherchez dans un travail?

J'aimerais avoir un travail qui offre | **un bon salaire**
| **des responsabilités**
| **des chances d'avancement et de promotion**
| **la possibilité de faire des voyages**
| **de nombreux avantages sociaux** *(fringe benefits)*
| **de bonnes conditions de travail**

Dans quels services aimeriez-vous travailler?

J'aimerais travailler dans | **le service comptable** *(accounting department)*
| **le service informatique**
| **le service du personnel**
| **le service des relations publiques**
| **le service import-export**
| **le service d'analyses financières**
| **le service des ventes** *(sales)*

Vous êtes qualifié(e)!
Vous faites l'affaire! *(You meet our needs!)*
Nous allons vous engager *(to hire you).*

Questions personnelles

1. Avez-vous travaillé l'été dernier? Où? Quand? Pendant combien de temps? Quelles étaient vos activités? Quelles étaient vos responsabilités?
2. Allez-vous chercher un job l'été prochain? Quel genre *(type)* de job? Qu'est-ce que vous allez faire pour obtenir ce job?
3. Avez-vous préparé votre curriculum vitae? Quels sont les différents éléments que vous décrivez dans ce curriculum vitae?
4. Si vous cherchiez du travail aujourd'hui, est-ce que vous préféreriez travailler dans une entreprise privée, pour une administration d'état ou est-ce que vous travailleriez à votre propre compte? Expliquez les avantages et les désavantages de chaque solution.
5. Quelles connaissances techniques et professionnelles avez-vous? Est-ce que vous savez programmer? En quel langage (COBOL, PASCAL, BASIC)? Quelles connaissances techniques aimeriez-vous avoir?
6. Pour quel type de compagnie aimeriez-vous travailler? Expliquez votre choix.
7. Quel genre de travail espérez-vous avoir après l'université? Quelles sont les qualités personnelles requises pour ce travail? Avez-vous ces qualités?
8. Étant donnée *(given)* votre personnalité, pour quel genre de travail êtes-vous le mieux qualifié(e)? le moins bien qualifié(e)?
9. Selon vous, quel est l'élément le plus important dans un travail? le moins important?
10. Quelles études faites-vous en ce moment? Selon vous, est-ce que ces études seront utiles quand vous chercherez du travail? Pourquoi ou pourquoi pas?

11. Selon vous, quelle est la meilleure profession? Quelles sont les connaissances techniques nécessaires à cette profession? Quelles sont les qualités personnelles? Avez-vous ces connaissances et ces qualités?
12. Avez-vous eu un entretien professionnel récemment? Avec quelle compagnie? Pour quel poste? Est-ce que vous avez obtenu ce poste?

Situation: *Offres d'emploi*

Lisez les annonces suivantes. Choisissez l'une de ces annonces et décrivez-la. Pour cela vous pouvez donner les renseignements suivants:

1. Qui est l'employeur? Où est-il situé?
2. Quel type de compagnie est-ce?
3. Quel poste est offert?
4. Quels sont les diplômes requis?
5. Quelles sont les connaissances pratiques nécessaires?
6. Quelles sont les qualités personnelles demandées?
7. Dans ce poste, est-ce qu'il est nécessaire de connaître une langue? Quelle langue?
8. Quel est le salaire?
9. Quels sont les autres avantages?

DÉPARTEMENT TRAITEMENT DE TEXTE

En 5 ans, nos équipements de **Bureautique,** ont acquis une réputation incontestable sur le marché. Le lancement de notre nouvelle gamme **ALCATEL 7200** nous amène à rechercher pour **PARIS,** une

ASSISTANTE TECHNIQUE

• Étude des logiciels et évaluation de leurs performances.
• Réalisation d'applications complexes.
• Formation et assistance en clientèle.
• Expérience du Traitement de Texte ou de la Mini ou Micro-informatique nécessaire.

Salaire annuel de l'ordre de 100.000 Francs.

Envoyer cv détaillé à Mlle Gauthier,
SMH - ALCATEL TDT, 10. rue Varet, 75015 PARIS.

HAVAS CONTACT

laboratoires ucb
Filiale d'un Groupe International Belge recherche une

Publicité Relations Publiques

SECRETAIRE STENO DACTYLO

Niveau BAC SECRETARIAT G1
pour secrétariat et gestion administrative de dossiers.

• Aimer le contact • disponibilité d'esprit pour s'adapter à différentes situations de travail • esprit curieux • grande disponibilité • capable d'autonomie et d'initiatives.

Évolution certaine au sein du Service, expérience similaire très appréciée.

Envoyer CV détaillé, photo et prétentions (salaire brut annuel)
Service du Personnel - Laboratoires Pharmaceutiques UCB
B.P. 38 - 92003 NANTERRE

HONDA FRANCE

recherche

UN ANALYSTE-PROGRAMMEUR

confirmé

- Connaissance COBOL, CICS, DLI.
- Anglais indispensable, lu et parlé.
- Déplacements en Europe envisagés.

Adresser C.V., photo et prétentions à :
HONDA FRANCE Service du Personnel
Parc d'Activités Paris Est - BP 46
77312 MARNE-LA-VALLEE CEDEX 2
(sous référence DP 84-1)

bleu

Rencontres

Une entrevue professionnelle

Comment lire: *Word families*

Words derived from the same root constitute a *word family*. It is often easy to understand a new word if you know one or several other words of the same family. For instance, you may be able to guess the meaning of a word like **amitié** *(friendship)* if you can relate it to the noun **ami** *(friend)* or the verb **aimer** *(to like)*.

In the text that follows, you will come across the nouns **compte** *(account)*, **comptable** *(accountant)*, and **comptabilité** *(accounting)*, which are all related to the verb **compter** *(to count)*. You will also come across the following nouns: **offre, réponse, connaissance.**

☐ To which verb is **offre** related? What is its meaning in the sentence: Nous allons vous faire une **offre.**

☐ To which verb is **réponse** related? What is its meaning in the sentence: Nous attendons votre **réponse.**

☐ To which verb is **connaissance** related? What is its meaning in the sentence: J'ai les **connaissances** nécessaires.

In the above examples, the relationship between words of the same family is obvious. Often, you will have to use your power of association (and your imagination) when the relationship is not so obvious. Let's take one more example. The text contains the verb **améliorer.** To which adjective is **améliorer** related? (Hint: This adjective is an irregular comparative.) What is the corresponding English adjective? What is the corresponding English verb? How would you translate the sentence:

Je vais **améliorer** mes notes en français?

Une entrevue professionnelle

Brigitte Lefèvre a fait ses études à l'École Supérieure de Commerce de Bordeaux où elle s'est spécialisée en comptabilité. Après avoir reçu son diplôme en juin, elle est allée aux États-Unis où elle a fait un stage de huit mois dans un cabinet d'experts-comptables. De retour en France, elle cherche du travail. Un jour, elle a lu la petite annonce suivante dans *le Figaro* et elle a décidé d'y répondre.

INTEREXPORT
cherche
pour son département
d'audit interne
jeune diplômé(e) École de Commerce
ou équivalent
Anglais indispensable
Expérience souhaitée[1]

Envoyer CV et lettre manuscrite[2]
à **INTEREXPORT**
Boîte postale 526
33000 Bordeaux

1 *desirable*   2 *handwritten*

Bordeaux, le 18 avril 1985

Messieurs,

J'ai lu avec intérêt l'annonce que vous avez fait paraître° récemment dans le Figaro. Comme vous le verrez dans mon curriculum vitae, j'ai fait un stage de huit mois aux États-Unis dans une compagnie internationale d'experts-comptables. Je me sens° donc particulièrement qualifiée pour le poste d'auditeur interne que vous offrez et pour lequel° j'aimerais poser ma candidature.

Espérant° que cette candidature retiendra votre attention, je vous prie d'agréer°, Messieurs, l'expression de mes sentiments distingués.

Brigitte Lefèvre

cc: 1 curriculum vitae

published

feel

which

hoping

beg you to accept

Quelques jours après avoir envoyé sa lettre, Brigitte a reçu une convocation de la société INTEREXPORT l'invitant° à se présenter au service du personnel pour un entretien. C'est Madame Marchand, directrice du personnel adjointe, qui reçoit Brigitte. Voici quelques extraits de cet entretien.

inviting her

MME MARCHAND: Comme vous le savez, notre société est une grande compagnie multinationale. Nous avons de nombreuses filiales° à l'étranger, en particulier en Amérique du Nord, en Amérique du Sud° et en Asie. Le poste d'auditeur interne que nous offrons comportera° nécessairement de nombreux déplacements° à l'étranger. Le candidat que nous choisirons devra voyager pour une période d'au moins quatre mois par an. Seriez-vous prête à accepter de telles° conditions?

branches
South
will include / trips

such

BRIGITTE: Je n'aurais aucune° objection à un tel programme. J'ai en fait° l'habitude des voyages, puisque° je viens de passer huit mois aux États-Unis. En fait, la possibilité de voyager a toujours été pour moi un avantage.

no / indeed
since

MME MARCHAND: J'ai noté le stage que vous avez fait aux États-Unis. À vrai dire°, votre expérience américaine est une des raisons pour lesquelles nous vous avons convoquée°. Pourriez-vous me parler brièvement° de votre stage?

to tell the truth
called you in / briefly

BRIGITTE: Le travail d'expert-comptable aux États-Unis consiste essentiellement à analyser et à vérifier les comptes° de certaines compagnies publiques. J'ai donc° fait partie de° plusieurs équipes° d'audit et j'ai eu l'occasion° de travailler sur la comptabilité° d'un certain nombre de compagnies assez diverses. Mais le véritable° travail d'auditeur ne se limite pas à la simple vérification comptable. À l'occasion de° nos visites, nous trouvons souvent différentes façons° d'améliorer° les procédures utilisées par nos clients. J'ai eu l'occasion de faire plusieurs suggestions ...

accounts / therefore
belonged to / teams / opportunity
books / real
During
ways / to improve

MME MARCHAND: Vous avez observé le fonctionnement de plusieurs entreprises américaines. À votre avis, quelle est la principale différence entre les méthodes de travail en France et aux États-Unis?

BRIGITTE: En général, je trouve que les Américains sont d'excellents spécialistes, mais qu'ils ont souvent tendance à se limiter à leur propre° spécialité. Ainsi, un comptable ne s'intéressera qu'à° la comptabilité. Un ingénieur ne s'occupera que des problèmes techniques. Un architecte ne parlera que des problèmes de sa profession ... En France, les gens sont bien moins spécialisés techniquement, ce qui est un désavantage, mais ils ont aussi une vue° plus générale des choses.

own
will only be interested in

view

MME MARCHAND: Pourquoi vous sentez-vous qualifiée pour le poste d'auditeur interne?

BRIGITTE: À l'École Supérieure de Commerce, je me suis spécialisée en comptabilité. Je pense donc avoir les connaissances nécessaires. J'ai mis ces connaissances en pratique durant mon stage aux États-Unis. J'ai aussi le goût du travail et le sens des responsabilités.

MME MARCHAND: Je vous remercie. Nous vous écrirons dans une quinzaine° de jours.

about 15

Huit jours après son entretien, Brigitte a reçu la lettre suivante.

INTEREXPORT
Boîte postale 526
33000 Bordeaux

le 29 avril 1985

Mademoiselle,

Suite° à notre entretien du 23 avril dernier, nous avons le
plaisir de vous offrir le poste d'auditeur interne pour lequel vous
avez postulé. Votre salaire initial sera de 10.000 francs par mois.
Vous bénéficierez également° de tous les avantages sociaux de
notre compagnie, dès° la date de votre entrée en fonction.°

Dans l'attente° d'une réponse prochaine concernant notre offre,
nous vous prions d'agréer, Mademoiselle, l'expression de nos
sentiments distingués.

following

also
as of / on the job
anticipation

Colette Marchand

Colette Marchand
Directrice du Personnel Adjointe

Questions

1. Où est-ce que Brigitte a fait ses études? Quelle a été sa spécialité?
2. Qu'est-ce qu'elle a fait quand elle a eu son diplôme? Pendant combien de temps? Qu'est-ce qu'elle a fait quand elle est rentrée en France?
3. Quelle compagnie a mis l'annonce? Dans quel journal? Où se trouve cette compagnie? Quel est le poste offert? Quelles sont les qualifications de ce poste? À votre avis, est-ce que Brigitte possède ces qualifications? Expliquez!
4. Comment jugez-vous la lettre de Brigitte? (trop simple? trop formelle? pas assez documentée? exactement comme il faut [*as it should be*]?) Quel élément est-ce que Brigitte met en valeur *(stress)*? Par quelle formule est-ce qu'elle termine sa lettre? D'après vous, est-ce que cette formule est très formelle? À quoi correspond cette formule en anglais?

5. Avec qui Brigitte a-t-elle eu l'entretien? Quel poste cette personne a-t-elle? Comment décrit-elle la société INTEREXPORT?

6. Que devra faire le candidat qui aura le poste? Est-ce que Brigitte est prête à accepter cette condition? Et vous, seriez-vous prêt(e) à l'accepter aussi? À votre avis, est-ce que cela représente un avantage ou un désavantage du poste offert? Expliquez.

7. Quel élément du curriculum vitae de Brigitte est-ce que Mme Marchand a noté? À votre avis, pourquoi est-ce que c'est un élément positif?

8. En quoi consiste le travail d'expert-comptable? Qu'est-ce qu'un bon auditeur fait aussi? À votre avis, est-ce que Brigitte a fait un stage professionnellement intéressant? Pourquoi?

9. Comment Brigitte juge-t-elle les Américains dans leur travail? Selon vous, est-ce qu'elle a raison? Pourquoi? Comment décrit-elle les Français? Quels sont les avantages et les inconvénients de cette méthode de travail?

10. D'après vous, quelles sont les qualifications professionnelles de Brigitte? Est-ce qu'elle a l'expérience nécessaire pour le poste? Quelles sont ses qualités personnelles qui apparaissent (appear) dans l'entretien? D'après vous, est-ce qu'elle a réussi son entretien? Si vous étiez à la place de Mme Marchand, est-ce que vous engageriez Brigitte? Pourquoi ou pourquoi pas?

11. Quelle réponse Brigitte a-t-elle reçue? Quel salaire recevra-t-elle? Selon vous, est-ce qu'elle va accepter ce poste? Pourquoi ou pourquoi pas?

Questions personnelles

1. Êtes-vous allé(e) à un entretien professionnel récemment? Où? Quand? Pour quel poste? Quelle était la compagnie? Quelle sorte de compagnie était-ce?

2. Qui vous a interviewé(e)? Quelles questions est-ce qu'on vous a posées sur vos études? sur vos connaissances techniques? sur votre expérience? Étiez-vous à l'aise (comfortable) ou nerveux / nerveuse pendant l'entretien? Pourquoi?

3. Avez-vous réussi à cet entretien? Sur quels points de l'entretien est-ce que vous avez brillé (shone)? Sur quels points avez-vous eu des difficultés?

4. Est-ce qu'on vous a offert le poste? (Sinon, pourquoi pas?) Est-ce que vous l'avez accepté? (Sinon, pourquoi pas?)

5. Selon vous, comment est-ce qu'on doit se préparer à un entretien professionnel? Quels sont les pièges (traps) à éviter (to avoid)?

Sujets de composition

1. Une lettre de candidature   Choisissez l'une des offres d'emploi à la page 443 et composez une brève (short) lettre où vous sollicitez un entretien.

2. Un entretien   Choisissez l'une des offres d'emploi et imaginez un entretien entre le chef du personnel et un(e) candidat(e). Le chef du personnel posera des questions sur les qualifications professionnelles et l'expérience du candidat. Il essaiera d'analyser la personnalité de ce (cette) candidat(e) pour savoir s'il (elle) est bien qualifié(e).

11

NOTRE MONDE

31.   Où va la France?

En France, les élections françaises ont lieu tous les sept ans. En 1981, les Français ont élu° à la présidence François Mitterrand, chef du parti socialiste. Cette élection a évidemment provoqué des réactions très différentes. Voici deux opinions opposées.

elected

POUR

En votant° socialiste, nous n'avons pas seulement voté pour des hommes nouveaux, nous avons aussi voté pour une société nouvelle. Pour rendre cette société plus juste et plus équitable, il était indispensable de faire des réformes en profondeur°. C'est ce que° le gouvernement a eu le courage de faire en nationalisant les grandes entreprises, en augmentant° les impôts° des riches°, en relevant° les salaires les plus bas, en établissant° un impôt sur les grandes fortunes ...

by voting

depth / what
increasing / taxes / wealthy
raising / establishing

CONTRE

En choisissant un gouvernement socialiste, les Français ont cru transformer la société tout en° favorisant l'expansion économique. Mais ce n'est pas en nationalisant les entreprises ni° en augmentant les impôts qu'on encourage la société à produire et les gens à travailler. Au lieu de° stimuler l'économie, le gouvernement a provoqué une crise économique sans précédent. Aujourd'hui, l'inflation continue, le chômage° persiste. Oui, il y a eu des changements°, mais quels changements!

while
nor
instead of

unemployment / changes

450

Liberté, Égalité, Fraternité: La devise du peuple français

Lecture culturelle: *La France dans le monde*

Au dix-septième siècle, la France était la plus puissante[1] nation du monde. Aux dix-huitième et dix-neuvième siècles, cette place[2] lui a été disputée par l'Angleterre, puis par l'Allemagne. Comparée aux nouvelles nations comme les États-Unis ou l'Union Soviétique, la France est aujourd'hui un pays d'importance secondaire du point de vue[3] économique. La France, cependant, aspire toujours[4] à jouer un rôle international important. Ce rôle est basé sur quelques principes[5] simples.

Indépendance

La politique d'indépendance concerne surtout le domaine militaire. Sous la présidence de Charles de Gaulle (1959–1969), la France a décidé d'assurer sa propre[6] défense et de développer son armement atomique. Par contre[7], sur le plan[8] politique et économique, la France a choisi de s'intégrer à une Europe unie.

Neutralité

Dans les conflits internationaux la France essaie de jouer le rôle d'arbitre[9] et de médiateur entre les nations. Cela nécessite une certaine neutralité, en particulier une certaine indépendance vis-à-vis des deux «super grands», États-Unis et Union Soviétique.

Aide et assistance aux pays du Tiers[10] Monde

La France avait autrefois un vaste empire colonial qui comprenait[11] la moitié[12] de l'Afrique et l'Indochine. La France a maintenu[13] de bons rapports avec ses anciennes colonies, surtout avec ses colonies d'Afrique Noire (Sénégal, Mali, Côte d'Ivoire ...), devenues[14] des nations indépendantes dans les années 1960. Ces rapports d'amitié se concrétisent par la signature de nombreux accords culturels, et par l'existence de programmes d'aide économique, technique et militaire. L'existence d'une vaste communauté francophone dans le monde donne aussi plus de poids[15] et de stature à la position française en matière de politique internationale.

1 *powerful*   2 *position*   3 *from the viewpoint*   4 *still*
5 *principles*   6 *own*   7 *on the other hand*   8 *in the sphere*
9 *referee*   10 *third*   11 *included*   12 *half*   13 *maintained*
14 *which became*   15 *weight*

Structure et Vocabulaire

Vocabulaire: *La vie politique et économique*

noms

un changement	change	**l'inflation**	inflation
le chômage	unemployment	**la liberté**	freedom, liberty
un droit	right	**une réforme**	reform
un impôt	tax		
le niveau de vie	standard of living		

adjectifs

juste ≠ injuste	fair ≠ unfair
riche ≠ pauvre	rich ≠ poor

verbes

améliorer	to improve	Il faut **améliorer** notre niveau de vie.
augmenter	to increase	Les ouvriers ont **augmenté** leur productivité.
changer	to change, modify	Faut-il **changer** la constitution?
changer de	to change, exchange	Nous devons **changer de** voiture cette année.
diminuer	to diminish	Le président veut **diminuer** les impôts.
voter	to vote	Pour qui allez-vous **voter**?
établir	to establish, set up	Nous devons **établir** des priorités.
élire	to elect	En 1981, les Français ont **élu** un président socialiste.
réduire	to reduce	Le gouvernement doit **réduire** le chômage.

notes de vocabulaire

1. **Changer,** like other verbs in **-ger,** adds an **e** to the stem before endings beginning with **a** and **o: nous changeons; je changeais, il/elle changeait.**
2. **Élire** is conjugated like **lire: j'élis, nous élisons; nous avons élu.**
3. **Réduire** is conjugated like **conduire: je réduis, nous réduisons, nous avons réduit.**

LA CHARTE CANADIENNE DES DROITS ET LIBERTÉS VOUS PROTÈGE.

1. Questions personnelles

1. Est-ce que vous avez un travail? Est-ce que vous payez des impôts?
2. Est-ce que vous établissez un budget pour chaque mois?
3. Est-ce que vos dépenses augmentent ou diminuent?
4. Est-ce que vous avez amélioré votre niveau de vie depuis que vous êtes à l'université?
5. Est-ce que vous avez amélioré vos notes en français, ce semestre-ci?
6. Est-ce que vous changez souvent d'opinion?
7. En politique, êtes-vous plutôt conservateur (conservatrice) ou plutôt libéral(e)?
8. Avez-vous l'âge de voter? Est-ce que vous avez voté aux dernières élections présidentielles? Qui a été élu?
9. D'après vous, quel est le plus grand problème économique aujourd'hui? l'inflation ou le chômage? Et pendant la grande dépression des années 1930?
10. À votre université, est-ce que les étudiants ont le droit de contester leurs notes? de lire leurs lettres de recommandation? de critiquer leurs professeurs? Est-ce que c'est juste?

A. L'infinitif

Note the use of the infinitive in the following sentences.

Voter est un droit.	*To vote (voting) is a right.*
Ne pas voter est absurde.	*Not to vote (not voting) is absurd.*
J'aime **jouer** au tennis.	I like *to play (playing)* tennis.
Aujourd'hui, je préfère **ne pas jouer**.	Today, I prefer *not to play*.

■ In French, the infinitive is often used as a subject or an object.

■ When the infinitive is used in the negative, the construction is:
ne pas + infinitive

2. Opinions personnelles Lisez ce que font les personnes suivantes et exprimez votre opinion sur leurs activités en utilisant l'expression entre parenthèses.

▶ Sylvie voyage. (une chose utile) *Pour moi, voyager est une chose utile.*
  ou: *Pour moi, voyager n'est pas une chose utile.*

1. Robert étudie. (une nécessité)
2. Philippe fume. (une chose dangereuse)
3. Anne parle en public. (une chose difficile)
4. Nathalie maigrit. (une chose facile)
5. Henri fait la cuisine. (un passe-temps amusant)
6. Thérèse aide ses amis. (une obligation)
7. Isabelle écrit un poème. (une chose facile)
8. Jean regarde la télé. (une perte [*waste*] de temps)
9. Thomas va à l'université. (une perte d'argent)
10. André va en France. (un projet pour les vacances)
11. Monique dit la vérité. (un problème)

MERCI de ne pas fumer
L'ASSOCIATION DU TIMBRE DE NOËL

3. **Décisions** Lisez ce que font d'habitude les personnes suivantes. Dites qu'elles ont décidé de ne pas faire ces choses.

▶ Nous étudions. (ce week-end)   *Ce week-end nous avons décidé de ne pas étudier.*

1. Jean-Louis travaille. (cet été)
2. Vous changez de voiture. (cette année)
3. Nous allons à la campagne. (ce week-end)
4. Je sors avec mes amis. (samedi soir)
5. Georges perd son temps. (pendant les vacances)
6. M. Verdier fume. (après le premier janvier)
7. Mes parents votent pour le candidat libéral. (aux prochaines élections)
8. Le président augmente les impôts. (cette année)

B. La construction *adjectif / nom* + *de* + *infinitif*

Note the use of the infinitive in the following sentences.

Je suis **heureux de voyager.**	I am *happy to travel.*
Êtes-vous **triste de partir?**	Are you *sad about leaving (to leave)?*
Il est **utile de voyager.**	It is *useful to travel.*
Est-il **nécessaire d'avoir** un visa?	Is it *necessary to have* a visa?

■ Adjectives are often followed by infinitives. The most common pattern is:

adjective + **de** + infinitive

☐ The above construction is used after impersonal expressions introduced by **il est:**

Il est important **de voter.**   *It is* important *to vote.*
Voting is important.

☐ When a noun introduces an infinitive, the most common pattern is:

noun + **de** + infinitive

Nous avons **le droit de voter.**   We have *the right to vote.*

4. À votre avis Lisez ce que font les personnes suivantes et exprimez un jugement affirmatif ou négatif sur leurs activités. Pour cela, utilisez les adjectifs entre parenthèses.

▶ Alice apprend l'espagnol. (utile?)   *Il est utile d'apprendre l'espagnol.*
                                ou: Il n'est pas utile d'apprendre l'espagnol.

1. M. Lenoir gagne beaucoup d'argent. (essentiel?)
2. Pauline s'intéresse à la politique. (bon?)
3. Gérard suit des cours d'informatique. (utile?)
4. Antoine dit toujours la vérité. (facile?)
5. Thérèse conduit très vite. (dangereux?)
6. Albert a beaucoup de diplômes. (important?)
7. Le Congrès augmente les impôts. (indispensable?)
8. Les États-Unis diminuent l'aide aux pays pauvres. (juste?)

5. Pourquoi pas? Lisez ce que les personnes suivantes ne font pas et expliquez pourquoi. Pour cela, utilisez le verbe *avoir* aux mêmes temps que les verbes utilisés dans les phrases et le nom entre parenthèses.

▶ Je n'ai pas répondu à ta lettre. (le temps)   *Je n'ai pas eu le temps de répondre à*
                                                    ta lettre.

1. Mes cousins ne votent pas. (l'âge)
2. Nous n'étudions pas ce week-end. (l'énergie)
3. Charles n'a pas attendu ses amis. (la patience)
4. Tu n'as pas dit la vérité. (le courage)
5. Philippe ne courra pas le marathon. (l'endurance)
6. Nous ne passerons pas par Paris. (l'occasion)
7. Autrefois, on ne voyageait pas en avion. (la possibilité)
8. Autrefois, les femmes ne votaient pas. (le droit)

6. Et vous? Complétez les phrases suivantes avec *de* + un verbe à l'infinitif. Exprimez des idées personnelles.

▶ Je suis sûr(e) ...   *de réussir à l'examen (de m'amuser ce week-end, de voyager*
                                 cet été).

1. Je ne suis pas sûr(e) ...
2. Je suis content(e) ...
3. Je suis triste ...
4. À l'université, je suis obligé(e) ...
5. Chez moi, je suis obligé(e) ...
6. Je suis capable ...
7. Je ne suis pas capable ...
8. Je suis fatigué(e) ...

9. Un jour, j'ai eu l'occasion ...
10. À l'université, nous n'avons pas le droit ...
11. Après l'université, j'espère avoir la possibilité ...

C. La construction *préposition* + *infinitif*

Note the use of the infinitive after the prepositions in heavy type:

Quel âge faut-il avoir **pour** voter?	How old do you have to be *(in order)* to vote?
Téléphone-moi **avant de** partir.	Call me *before* leaving.
Il est parti **sans** dire au revoir.	He left *without* saying good-bye.

■ All French prepositions (with the exception of **en**) are followed by the *infinitive*. (In English, most prepositions are followed by a verbal form in *-ing*.)

Étudiez { **avant de sortir.**
{ **au lieu de sortir.**

Study { *before going out.*
{ *instead of going out.*

Vocabulaire: *Prépositions suivies de l'infinitif*

pour	(in order) to	J'apprends le français **pour aller** en France.
sans	without	**Sans étudier**, vous ne réussirez pas à l'examen.
avant de	before	Nous avons dîné **avant de partir.**
au lieu de	instead of	**Au lieu d'étudier**, Jacques est sorti.

note de vocabulaire

While the expression *in order* is often omitted in English, the preposition **pour** must be expressed in French.

Pour voter, il faut avoir 18 ans.   *(In order)* to vote, one must be 18.

Citation Il ne faut pas vivre **pour** manger, mais manger **pour** vivre.
—Molière

7. **Pourquoi?** Dites où vont les gens suivants et dites pourquoi.

▶ nous / au stade (Nous jouons au football.)   *Nous allons au stade pour jouer au football.*

1. Catherine / à l'université (Elle prépare un diplôme d'ingénieur.)
2. tu / à la pharmacie (Tu achètes de l'aspirine.)
3. je / à la poste (J'envoie des cartes postales.)
4. vous / à Québec (Vous apprenez le français.)
5. les journalistes / à la conférence de presse (Ils posent des questions au président.)
6. Mme Gauthier / à Genève (Elle établit des rapports commerciaux avec une banque suisse.)

8. L'ordre chronologique Expliquez l'ordre dans lequel les personnes suivantes font certaines choses. Suivez le modèle.

▶ Paul prend ses livres et il va à l'université.   *Paul prend ses livres avant d'aller à l'université.*

1. Je me lave les mains et je mange.
2. Nous étudions et nous regardons la télé.
3. Tu mets un short et tu joues au tennis.
4. Ma mère cherche son passeport et elle part en voyage.
5. Mes amis téléphonent et ils viennent.
6. Je parle à mes parents et je prends des décisions importantes.
7. On réfléchit et on répond.
8. On va détruire cette vieille maison et on construit un grand immeuble moderne.

9. Critiques Les personnes suivantes ne font pas ce qu'elles devraient faire. Exprimez cela d'après le modèle.

▶ Tu vas à la plage. (à la bibliothèque)   *Tu vas à la plage au lieu d'aller à la bibliothèque.*

1. Vous écoutez la radio. (le professeur)
2. Tu penses aux vacances. (aux examens)
3. François lit les bandes dessinées. (les petites annonces)
4. Sophie fait une promenade. (les courses)
5. Le président augmente les impôts. (le niveau de vie)
6. Ces gens votent pour le candidat extrémiste. (le candidat écologiste)
7. Le Congrès réduit l'aide aux gens pauvres. (le chômage)
8. Ce pays construit des armes nucléaires. (des écoles)

10. Expression personnelle Complétez les phrases avec une expression de votre choix.

1. Je vais à l'université pour ...
2. J'apprends le français pour ...
3. Je voudrais avoir de l'argent pour ...
4. Parfois je m'amuse au lieu de ...
5. Avant de quitter l'université, j'espère ...
6. Avant de travailler, je veux ...
7. Je ne veux pas me marier avant de ...
8. Je ne prends jamais de décisions importantes sans ...

D. Le participe présent

The sentences on the left describe two actions that occur simultaneously, or that are related through cause and effect. Note how the relationship between these two actions is expressed in the sentences on the right through the use of en + *present participle.*

Je travaille et j'écoute la radio.

Je travaille **en écoutant** la radio.
(I work *while listening* to the radio.)

Nous votons et nous exprimons nos opinions.

En votant, nous exprimons nos opinions.
(*By voting,* we express our opinions.)

Quand il est arrivé, Paul m'a parlé.

En arrivant, Paul m'a parlé.
(*Upon arriving,* Paul talked to me.)

forms

■ The present participle of all regular and most irregular verbs is derived as follows:

> **nous**-form of the present tense *minus* **-ons** + **-ant**

Note the examples in the chart below:

regular verbs		irregular verbs	
(écouter)	nous écoutons → **écoutant**	(faire)	nous faisons → **faisant**
(finir)	nous finissons → **finissant**	(lire)	nous lisons → **lisant**
(vendre)	nous vendons → **vendant**	(voir)	nous voyons → **voyant**

☐ The ending **-ant** corresponds to the English ending *-ing.*

☐ Verbs in **-ger** and **-cer** follow the above pattern.

(manger)	nous mangeons	→ **mangeant**
(commencer)	nous commençons	→ **commençant**

☐ There are three irregular present participles:

avoir → **ayant**   **En ayant** de l'ambition, vous réussirez dans vos projets.
être → **étant**   **En étant** riche, vous ne serez pas nécessairement heureux.
savoir → **sachant**   **En sachant** parler français, vous aimerez votre visite à Paris.

☐ The reflexive pronoun of a present participle construction represents the same person as the subject.

En **me** promenant en ville, j'ai rencontré mes amis.

uses

■ The present participle is used to express a relationship of cause and effect or a (near) simultaneity between actions. It is frequently, but not always, introduced by **en.**

☐ In this usage, **en** has several English equivalents: *by, while, upon, immediately after.*

☐ The French present participle in **-ant** is used much less frequently than its English counterpart in *-ing.*

—It is never used as a verbal noun. The infinitive is used instead.

Voter est un droit.	*Voting* is a right.
J'aime **parler** français.	I like *speaking* French.

—It is never used after a preposition, other than **en.** The infinitive is used instead.

J'ai fait cela **sans penser** aux conséquences.   I did that *without thinking* about the consequences.

—It is not used to express a progressive action.

J'étudie.   *I am studying.*   **J'étudiais.**   *I was studying.*

11. **Questions d'argent** Expliquez comment chacun gagne son argent d'après le modèle.

▶ Marc (dans un café)   *Marc gagne de l'argent en travaillant dans un café.*

1. Isabelle (dans une banque)
2. Paul (dans un hôpital)
3. tu (chez un médecin)
4. vous (chez un dentiste)
5. Françoise et André (dans un laboratoire)
6. nous (dans un supermarché)
7. Monique et Michèle (dans une discothèque)
8. je (dans une station-service)

12. Chacun à sa manière Dites quand ou comment les personnes suivantes font certaines choses.

▶ Vous écoutez la radio quand vous étudiez.　　*Vous écoutez la radio en étudiant.*

1. Je rencontre mes amis quand je vais au café.
2. Nous achetons le journal quand nous allons à l'université.
3. Philippe amuse ses amis quand il raconte des histoires drôles.
4. Nous nous amusons quand nous lisons les bandes dessinées.
5. M. Duval écoute les nouvelles *(news)* quand il se rase.
6. J'écoute mon Walkman quand je me promène.
7. Tu utilises bien ton temps libre quand tu t'occupes d'un club de théâtre.
8. Les citoyens expriment leurs opinions quand ils votent.
9. Le gouvernement peut transformer la société quand il fait des réformes.
10. Cette entreprise augmente ses revenus quand elle exporte.

13. Études linguistiques On peut étudier les langues de différentes façons. Dites comment les personnes de la colonne A ont appris les langues de la colonne B en choisissant une activité de la colonne C. Soyez logique.

A	B	C
Philippe	l'anglais	aller à Tokyo
Anne et Béatrice	le français	travailler à Pékin
nous	l'italien	écouter Radio Berlin
je	le japonais	passer un an à Rome
vous	l'espagnol	lire les romans d'Hemingway
tu	l'allemand	sortir avec des étudiants mexicains
ma cousine	le chinois	suivre des cours à l'Alliance Française

▶ *Tu as appris le chinois en travaillant à Pékin.*

Proverbe **C'est en forgeant qu'on devient forgeron.** Practice makes perfect.

14. Proverbes Faites des proverbes d'après le modèle.

▶ On étudie et on réussit à ses examens.
　C'est en étudiant qu'on réussit à ses examens.

1. On travaille et on gagne sa vie.
2. On vote et on exprime son opinion.
3. On regarde et on voit.
4. On a de bons amis et on est heureux.
5. On est tolérant et on est respecté.
6. On mange moins et on maigrit.
7. On court et on reste en forme.
8. On sait ses leçons et on a de bonnes notes.
9. On réfléchit et on comprend.
10. On fait attention et on ne fait pas d'erreur.

Récapitulation

Substitution

Remplacez les mots soulignés par les expressions entre parenthèses. Faites tous les changements nécessaires.

1. Le samedi, j'étudie. Je préférerais ne pas étudier.   (Paul travaille, nous restons chez nous, Isabelle va à la bibliothèque, les étudiants font leurs devoirs)
2. Marc travaille, mais il n'est pas obligé de travailler.   (étudie, attend, part, fait du sport, maigrit, est patient, prête ses disques)
3. Cet après-midi, je vais à la plage. Avant d'aller à la plage, je te téléphonerai.   (vais au café, sors, joue au tennis, fais une promenade)
4. Thérèse étudie. Elle écoute la radio en étudiant.   (déjeune, lave sa voiture, travaille, joue aux cartes)
5. C'est en me dépêchant que je suis tombé dans la rue.   (M. Moreau, vous, tu, ma cousine)

Vous avez la parole: Ma journée

Décrivez votre journée dans le sens chronologique inversé. Commencez par vos activités présentes et terminez par vos activités du matin. Commencez vos phrases par *avant de*.

▶ *Je suis en classe. Avant d'aller en classe ...*

Vous avez la parole: Expression personnelle

Complétez les phrases suivantes avec une expression personnelle.

Je regarde souvent la télé en ...
J'écoute des disques en ...
Je reste en forme en ...
Je m'amuse en ...
Je me repose en ...

Je gagne de l'argent en ...
Je prépare mon avenir en ...
Je pense réussir dans la vie en ...
On peut être heureux en ...
On peut transformer la société en ...

32. *Interview avec un Québécois*

Aujourd'hui 30% des Canadiens sont francophones, c'est-à-dire d'expression française°. Les Canadiens français résident principalement dans les provinces du Québec, de l'Ontario et du Nouveau-Brunswick. Voici une conversation entre un étudiant français et un étudiant québécois.

—Comment t'appelles-tu?
—Denis Thibodeau.
—Tu es québécois?
—Oui, à 100 pour cent! Je suis né à Québec et j'habite à Québec.
—Est-ce que tu parles anglais?
—Oui, je suis bilingue comme beaucoup de Canadiens français. Mais je parle surtout français ... même avec mes amis anglais.
—Pourquoi?
—À l'heure actuelle°, il est important que nous préservions notre identité et notre culture. Pour cela il est essentiel que nous maintenions° nos traditions ... En particulier, il faut absolument que nous continuions à parler français qui est notre langue. D'ailleurs, depuis 1977, le français est la seule langue officielle de la province de Québec!
—Dans ce domaine, penses-tu que la France doive° vous aider, en vous envoyant, par exemple, des professeurs?
—Non! Ce serait dangereux. Il faut que nous réalisions nous-mêmes cet effort de préservation. Il ne faut pas que ce soit° la France. Il est utile, cependant, que nous gardions de bons rapports avec la France.
—Comment?
—Il faudrait, par exemple, qu'il y ait° plus d'échanges° culturels entre nos deux pays. Des échanges qui soient° de véritables° échanges.
—Est-ce que tu aimerais aller en France?
—Bien sûr, j'espère y aller l'année prochaine!
—Et qu'est-ce que tu veux faire plus tard?
—Je veux faire de la politique.
—Tes parents sont d'accord?
—Oui, ils sont assez favorables à cette idée, mais ils veulent que je finisse d'abord mes études.

French-speaking

at this time
maintain

must

it should not be

there be / exchanges
are / true

462

La station de métro McGill à Montréal

Lecture culturelle: *Les Canadiens français*

Savez-vous que Montréal est la deuxième ville d'expression française du monde, immédiatement après Paris? Aujourd'hui les Canadiens français sont près de sept millions et représentent presque 30% de la population canadienne.

La présence française au Canada est très ancienne. Elle date[1] du voyage historique de Jacques Cartier, le premier homme blanc qui ait découvert[2] le Saint-Laurent (en 1534). Cinquante ans plus tard, les premiers colons[3] français arrivent au Canada. En 1608, Samuel de Champlain fonde Québec et devient Gouverneur de la nouvelle colonie en 1633. Cette colonie, qu'on appelle alors la «Nouvelle France», se développe très rapidement. Les Français qui n'étaient que[4] quelques familles en 1600 sont 70.000 en 1750.

Malheureusement[5] la rivalité franco-anglaise menace[6] la colonie. En 1713, les Anglais occupent l'Acadie (aujourd'hui le Nouveau-Brunswick et la Nouvelle-Écosse[7]) et déportent un grand nombre de colons français (les Acadiens ou «Cajuns») en Louisiane. L'exode de ces malheureux[8] Acadiens sera immortalisé plus tard par Longfellow dans son célèbre[9] poème «Evangeline».

De nouvelles batailles[10] opposent Français et Anglais et leurs alliés indiens. En 1763, le Canada devient colonie anglaise. Malgré[11] cet événement, les colons français restent dans leur pays d'adoption où ils maintiennent[12] leur langue et leur culture.

Aujourd'hui on assiste à un renouveau[13] de la langue française au Canada, particulièrement au Québec. En 1977, cette province est devenue unilingue et le français y est maintenant la seule langue officielle. Les partisans du «Parti Québécois» vont plus loin et veulent obtenir l'autonomie ou même l'indépendance du Québec. En 1980, la question de l'indépendance est finalement soumise[14] à un référendum. Mais dans ce référendum la majorité des Québécois votent contre l'indépendance et pour le maintien[15] de leur province dans la fédération canadienne.

1 *dates back*   2 *discovered*   3 *colonists*   4 ne ... que = *only* 5 *unfortunately*   6 *threatens*   7 *Nova Scotia* 8 *unfortunate* 9 *famous*   10 *battles*   11 *in spite of* 12 *maintain* 13 *rebirth*   14 *submitted*   15 *maintenance*

Structure et Vocabulaire

Vocabulaire: *Traditions*

noms

un échange	exchange	**une langue**	language
un rapport	relationship	**une tradition**	tradition

adjectifs

actuel (actuelle)	present, of today	Quelle est la population **actuelle** du Canada?
réel (réelle)	real, actual	Aujourd'hui, l'inflation est un problème très **réel.**
seul	only	Le français est la **seule** langue officielle du Québec.
véritable	true, real	Est-ce qu'il y a une **véritable** solution à ce problème?

verbes

conserver	to keep, save	**Conservez** vos notes: elles peuvent être utiles plus tard.
garder	to keep, preserve	Allez-vous **garder** votre livre de français?
organiser	to organize	Il faut **organiser** des échanges entre les deux pays.
maintenir	to maintain	Est-ce que les Américains **maintiennent** leurs traditions?

expressions

à l'heure actuelle	at the present time	**À l'heure actuelle,** je n'ai pas de projets.
absolument	absolutely	Vous devez **absolument** lire ce livre.
actuellement	at present	**Actuellement,** mes cousins habitent à Montréal.

note de vocabulaire

Maintenir is conjugated like **obtenir:** je **maintiens,** nous **maintenons;** j'ai **maintenu.**

---

1. Questions personnelles

1. Combien de langues parlez-vous? Quelles langues étrangères étudiez-vous? Est-ce que le français est la seule langue que vous étudiez? Est-ce que c'est la seule langue qu'on enseigne à votre université?
2. Où habitez-vous actuellement? Que faites-vous à l'heure actuelle? Quels cours suivez-vous actuellement?
3. Est-ce que vous allez conserver vos notes de français? Est-ce que vous allez garder votre livre de français? Qu'est-ce que vous allez en faire si vous ne le gardez pas? Est-ce que vous gardez toutes les lettres que vous recevez?
4. Plus tard, est-ce que vous allez maintenir des rapports avec vos amis d'université? Est-ce que vous allez maintenir une correspondance avec eux? Pendant combien de temps?

A. La formation du subjonctif

The sentences on the left express *facts*. The verbs are in the *indicative* mood. The sentences on the right express *obligations*. The verbs are in the *subjunctive* mood. Compare the verbs in each set of sentences.

Vous **parlez** anglais.	Il faut que vous **parliez** français aussi.
Nous **visitons** Montréal.	Il faut que nous **visitions** Québec ensuite.
Vous **lisez** des magazines américains.	Il faut que vous **lisiez** des magazines canadiens.
Tu **sors** avec des Américains.	Il faut que tu **sortes** avec des Canadiens aussi.

The subjunctive mood is frequently used in French. It occurs in subordinate clauses and is usually introduced by **que**.

Note linguistique: Temps et modes

The verb of a sentence identifies an action. The verb is characterized by its *tense* and its *mood*.

The tense of a verb indicates the *time* of the action. For example, the *present*, the *imperfect*, the *future*, and the *passé composé* are all tenses.

The mood of a verb reflects the *manner* in which the speaker considers the action. The *imperative*, *conditional*, *indicative*, and *subjunctive* are moods.

The *imperative* is used to give orders.

The *conditional* is used to express the result of a hypothetical situation.

The *indicative* is used to state a fact or a concrete reality.

The *subjunctive* is used to express an attitude, feeling, or opinion toward an idea or fact.

■ For all regular verbs and most irregular verbs, the subjunctive is formed according to the following pattern.

	subjunctive stem	+ ending
je		-e
tu	**ils**-stem of the	-es
il/elle	present indicative +	-e
ils/elles		-ent
nous	**nous**-stem of the	-ions
vous	present indicative +	-iez

☐ Note that the subjunctive has *one* set of regular endings and *two* possible stems.

In this lesson and the next, all subjunctive verb charts will first give the **je-, tu-, il-/elle-,** and **ils-/elles-** forms, and then the **nous-** and **vous-** forms. The subjunctive of three regular verbs (**parler, finir, vendre**) and one irregular verb (**venir**) illustrates this pattern.

	parler	finir	vendre	venir
present *indicative*	ils **parlent** nous **parlons**	ils **finissent** nous **finissons**	ils **vendent** nous **vendons**	ils **viennent** nous **venons**
present *subjunctive*	que je **parle** que tu **parles** qu'il **parle** qu'ils **parlent**	que je **finisse** que tu **finisses** qu'il **finisse** qu'ils **finissent**	que je **vende** que tu **vendes** qu'il **vende** qu'ils **vendent**	que je **vienne** que tu **viennes** qu'il **vienne** qu'ils **viennent**
	que nous **parlions** que vous **parliez**	que nous **finissions** que vous **finissiez**	que nous **vendions** que vous **vendiez**	que nous **venions** que vous **veniez**

☐ For most French verbs, the **ils**-stem and the **nous**-stem of the present indicative are the same; therefore, in effect, these verbs have *one* subjunctive stem.

☐ On the other hand, verbs like **venir,** which have different stems in the **nous**- and **ils**-forms of the indicative, have *two* subjunctive stems. Here are a few more examples of such verbs.

	indicative	*subjunctive*
acheter	ils **achètent** nous **achetons**	que j'**achète** que nous **achetions**
prendre	ils **prennent** nous **prenons**	que je **prenne** que nous **prenions**
recevoir	ils **reçoivent** nous **recevons**	que je **reçoive** que nous **recevions**
voir	ils **voient** nous **voyons**	que je **voie** que nous **voyions**

2. Tourisme Imaginez que vous travaillez pour le Bureau du Tourisme de Québec. Vous conseillez à des touristes français de visiter certaines choses de la province. Pour chaque personne, faites une phrase commençant par *il faut que*. Utilisez le subjonctif de *visiter*.

▶ Paul (Québec)   *Il faut que Paul visite Québec.*

1. Georges (Montréal)
2. Nathalie (l'université de Laval)
3. Pierre (Expo)
4. Isabelle (l'université McGill)
5. Michèle et Françoise (le vieux Montréal)
6. Marc et Philippe (la Gaspésie)
7. vous (Trois-Rivières)
8. nous (les musées)
9. tu (la citadelle de Québec)
10. Max (la Place des Arts)

3. Avant le week-end Dites ce que les étudiants suivants doivent faire avant le weekend.

▶ Isabelle (téléphoner à ses parents)   *Il faut qu'elle téléphone à ses parents.*

1. Nathalie (laver sa voiture)
2. Charles (se raser)
3. Thérèse (finir ses devoirs)
4. Jean-Paul (réussir à l'examen)

5. Claire (choisir une nouvelle robe)
6. Albert (répondre à une lettre)
7. Marianne (vendre sa guitare)
8. Jacques (rendre visite à une amie)

4. Expression personnelle Est-ce que vous devez faire les choses suivantes avant la fin de l'année? Répondez affirmativement ou négativement en commençant vos phrases par *oui, il faut que* ou *non, il n'est pas nécessaire que*, et utilisez le subjonctif des expressions suivantes.

▶ trouver un job pour l'été?   *Oui, il faut que je trouve un job pour l'été.*
ou: *Non, il n'est pas nécessaire que je trouve un job pour l'été.*

1. étudier beaucoup?
2. vendre mon livre de français?
3. vendre mes autres livres?
4. réussir à l'examen de français?
5. réussir à mes autres examens?
6. choisir mes cours pour l'année prochaine?
7. louer un appartement pour l'année prochaine?
8. rendre les livres de la bibliothèque?
9. nettoyer ma chambre?
10. payer mes dettes *(debts)?*

5. Vous êtes le juge Analysez les situations suivantes. Pour chacune de ces situations, dites s'il faut ou s'il ne faut pas que les personnes fassent *(do)* les choses indiquées entre parenthèses.

▶ Hélène veut être ingénieur.   (étudier le français?)
Il faut qu'elle étudie le français.
ou: *Il ne faut pas qu'elle étudie le français.*

1. Tu as besoin d'argent.   (chercher un job? jouer au poker? attaquer une banque?)
2. J'ai un ami qui est à l'hôpital avec une maladie contagieuse.   (téléphoner à cet ami? écrire à cet ami? rendre visite à cet ami?)
3. Charles est au restaurant. Il a très faim ... mais il n'a pas beaucoup d'argent. (manger beaucoup? commander du caviar? commander des spaghetti? boire du champagne? boire le l'eau? partir sans payer?)
4. Nous voulons maigrir.   (boire de la bière? manger du pain? suivre un régime? pratiquer un sport? courir tous les jours?)

5. Vous avez un accident avec la voiture d'un ami. (inventer une histoire? dire la vérité? téléphoner à la compagnie d'assurance *(insurance)*? payer une nouvelle voiture à votre ami? réparer la voiture?)

6. Jacqueline et Françoise sont deux étudiantes françaises. Cet été, elles veulent voyager aux États-Unis. (apprendre l'anglais? rester à New York tout l'été? acheter une voiture? prendre le bus? visiter Disneyland? voir le Grand Canyon? jouer à la roulette à Las Vegas?)

7. Pierre est secrètement amoureux de Francine, mais il est très timide. (parler à la sœur de Francine? inviter Francine dans un restaurant très cher? envoyer une déclaration d'amour à Francine? sortir avec une autre fille? voir un psychiatre?)

8. Nous avons décidé d'aller au cinéma avec des amis. À l'heure du film, nos amis ne sont pas là. (attendre nos amis? téléphoner à nos amis? partir? voir le film sans nos amis?)

9. Henri et Suzanne ont 18 ans et sont étudiants. Ils s'aiment et ont décidé de se marier. (se marier immédiatement? finir leurs études? attendre 2 ou 3 ans? parler à leurs parents?)

10. Nathalie est étudiante. Un imprésario a visité le campus et lui a offert un petit rôle dans un film. (accepter l'offre? refuser? quitter l'université? demander conseil à ses parents? prendre des renseignements sur l'imprésario?)

Note linguistique: Le subjonctif

Compare the following sentences:

indicative: Je sais que } vous **parlez** français.
Je suis sûr que

subjunctive: Il faut que } vous **parliez** français.
Je veux que

When you tell someone: **Vous parlez français** or **Je sais que vous parlez français,** you state a *fact* or you express your knowledge of this fact. Therefore, you use the *indicative.*

When you say: **Je veux que** ... or **Il faut que** ... , you express an *attitude* (a wish, a necessity). After such expressions, French uses the *subjunctive.*

In English, the subjunctive mood has become rare, but it is still commonly used in a few contexts:

I wish I *were* rich.
It is essential that you *be* here at noon.
My father insists that Paul *come* to our house.

In French, the subjunctive is used after many expressions, especially those reflecting a *wish,* a *doubt,* a *feeling,* or an *emotion.* The following sections present some of the most frequent uses of the subjunctive.

B. L'usage du subjonctif après certaines expressions d'opinion

Note the use of the subjunctive in the sentences below.

Il est important que vous **respectiez** nos traditions.	*It is important that* you *respect* our traditions.
Il est normal que nous **organisions** des échanges.	*It is to be expected that* we *organize* exchanges.
Il est possible que nous **visitions** le Canada cet été.	*It is possible that* we *will visit* Canada this summer.

■ The subjunctive is used after expressions of opinion. The usual pattern is:

> **il est** + adjective + **que** + subject + *subjunctive verb* + ...

☐ If the opinion is a general one, the following construction is used:

il est + adjective + **de** + *infinitive*

Compare:

infinitive	*subjunctive*
Généralement,	En particulier,
... **il est utile de** voyager.	... **il est utile que** je voyage.
... **il est essentiel de** maintenir nos traditions.	... **il est essentiel que** Paul maintienne les traditions de sa famille.

■ The subjunctive is also used after impersonal verbs of opinion or obligation:

> **il faut** (it is necessary)
 il vaut mieux (it is better) } + **que** + subject + *subjunctive verb* + ...

☐ If the opinion is a general one, the following construction is used:

il faut + *infinitive*

Compare:

infinitive	*subjunctive*
Il faut lire cet article.	**Il faut que** vous lisiez cet article.
Il vaut mieux ne pas sortir ce soir.	**Il vaut mieux que** nous ne sortions pas ce soir.

Vocabulaire: *Expressions d'opinion*

Il est bon
Il est essentiel
Il est important
Il est indispensable ⎱ que vous passiez les vacances à Québec.
Il est inutile
Il est juste
Il est nécessaire

Il est normal *(to be expected)*
Il est possible
Il est préférable ⎱ que vous parliez français.
Il est utile

Il est dommage *(too bad)* ...   que vous ne veniez pas avec nous.

Il faut
Il vaut mieux *(it is better)* ⎱ que vous preniez le bus.

note de vocabulaire

The conditional of **il faut** and **il vaut mieux** is often used to soften the statement.

Il **faudrait** partir.   Il **vaudrait mieux** que nous partions.

6. **Expression personnelle** Selon vous, est-ce que les étudiants de votre université doivent faire les choses suivantes? Répondez d'après le modèle, en commençant vos phrases par *il est normal que ... .*

▶ passer l'après-midi à la bibliothèque
   Il est normal que nous passions l'après-midi à la bibliothèque.
   ou: *Il n'est pas normal que nous passions l'après-midi à la bibliothèque.*

1. étudier pendant la semaine
2. étudier le week-end
3. travailler pendant les vacances
4. se reposer le dimanche
5. dormir en classe
6. payer notre scolarité
7. apprendre une langue
8. s'intéresser à la politique
9. boire de la bière
10. garder les traditions de l'école

7. **Opinions**   Est-ce que les Américains doivent faire les choses suivantes? Exprimez votre opinion personnelle en utilisant les expressions du VOCABULAIRE.

▶ respecter la loi *(law)*   *Il est (Il n'est pas) indispensable (important, utile) que les Américains respectent la loi.*

1. garder leurs traditions
2. respecter les minorités
3. aider les autres nations
4. conserver l'énergie
5. voter aux élections
6. développer leur armée
7. maintenir de bonnes relations avec la France
8. développer les échanges avec la Chine
9. respecter la Constitution
10. négocier avec les Russes
11. arrêter *(halt)* les expériences *(experiments)* nucléaires
12. s'intéresser à la politique

Agence pour les Economies d'Energie
567.55.22

8. **Oui ou non?**   Informez-vous sur les personnes suivantes et exprimez une opinion à leur sujet. Pour cela, utilisez les expressions impersonnelles du VOCABULAIRE dans des phrases affirmatives ou négatives.

▶ Tu as mal à l'estomac.   (prendre de l'aspirine?)   *Il n'est pas bon que tu prennes de l'aspirine.*

1. Tu viens d'obtenir ton diplôme.   (chercher du travail? gagner ta vie? réfléchir à l'avenir?)
2. M. Smith va passer l'été en France.   (apprendre le français? suivre des cours à l'Alliance Française?)
3. Nous sommes invités à dîner chez des amis français.   (arriver en retard? offrir un petit cadeau [*gift*]? écrire une lettre de remerciements [*thanks*]?)
4. Ces étudiants ont beaucoup étudié.   (réussir à l'examen? recevoir les compliments du professeur? obtenir une mauvaise note?)
5. Vous avez la grippe.   (prendre de l'aspirine? sortir ce soir? boire beaucoup de thé? dormir?)
6. Pierre va à une interview professionnelle.   (mettre un beau costume? apporter ses lettres de recommandation? répondre intelligemment aux questions? connaître bien le chef du personnel?)
7. Tu n'es pas prudent.   (réfléchir? conduire vite? prendre des risques inutiles?)

C. Le subjonctif d'être et d'avoir

The subjunctive forms of **être** and **avoir** have irregular stems and endings. Note these forms in the following chart.

être	avoir
Il faut que je **sois** énergique.	Il faut que j'**aie** de l'énergie.
Il faut que tu **sois** patient.	Il faut que tu **aies** de la patience.
Il faut qu'il **soit** riche.	Il faut qu'il **ait** de l'argent.
Il faut que nous **soyons** ambitieux.	Il faut que nous **ayons** de l'ambition.
Il faut que vous **soyez** courageux.	Il faut que vous **ayez** du courage.
Il faut qu'ils **soient** persévérants.	Il faut qu'ils **aient** de la persévérance.

9. **Avant le départ**   Imaginez que vous organisez un voyage en Europe. Dites ce que les personnes suivantes doivent avoir avant le départ.

▶ Jacques (son passeport)   *Il faut que Jacques ait son passeport.*

1. Carole (son visa)
2. tu (tes bagages)
3. nous (nos valises)
4. vous (assez d'argent)
5. je (des chèques de voyage)
6. Philippe (son appareil-photo)
7. les étudiants (leur dictionnaire de français)
8. nous (l'adresse de nos amis)
9. vous (votre caméra)

10. **Changements d'attitude**   Dites que les personnes suivantes doivent changer leur attitude, suivant le modèle.

▶ Philippe est pessimiste. (optimiste)   *Il n'est pas bon que Philippe soit pessimiste.*
Il vaudrait mieux qu'il soit optimiste.

1. Jacqueline est impatiente. (patiente)
2. Le professeur est strict. (flexible)
3. Nous sommes nerveux. (calmes)
4. Tu es intolérant. (tolérant)
5. Vous êtes superstitieux. (logique)
6. Je suis égoïste. (généreux/généreuse)
7. Les étudiants sont paresseux. (travailleurs)
8. Mes amis sont conformistes. (indépendants)
9. Marc est triste. (heureux)

11. Expression personnelle Complétez les phrases suivantes avec une expression de votre choix.

▶ Il est nécessaire que je ...   *Il est nécessaire que j'écrive à mes parents (que j'obtienne de meilleures notes, que je sorte ce week-end).*

1. Il est bon que mes parents ...
2. Il est essentiel que mes professeurs ...
3. Il est important que mon meilleur ami ...
4. Il faut que je ...
5. Il vaut mieux que tu ...
6. Il vaudrait mieux que nous ...
7. Il est dommage que nous ...
8. Il est possible que tu ...
9. Il est utile que vous ...

D. L'usage du subjonctif après les verbes de volonté

In each of the following sentences, the subject expresses a wish that concerns *someone other* than himself or herself. Note the use of the subjunctive.

Je veux **que tu apprennes** à jouer au bridge.
Nous aimerions **que vous veniez** au Canada avec nous.
Mon père voudrait **que je réussisse** à mes examens.

■ The subjunctive is used after some expressions of *wish, will,* or *desire.*
After such verbs, the French use ...

the infinitive	if the wish concerns the subject.
the subjunctive	if the wish concerns not the subject but someone or something else.

Compare:

Je veux **partir.**   Je veux **que tu partes.**
I want *to leave.*   I want *you to leave.*

Anne souhaite **visiter** Québec.   Anne souhaite **que vous visitiez** Québec.
Anne wishes *to visit* Québec.   Anne wishes *that you would visit* Quebec.

Vocabulaire: *Verbes de volonté*

accepter	to agree	J'accepte	
aimer mieux	to prefer	J'aime mieux	
désirer	to wish	Je désire	
permettre	to allow, give permission	Je permets	que vous veniez en France avec moi.
préférer	to prefer	Je préfère	
souhaiter	to wish	Je souhaite	
vouloir	to want	Je veux	
vouloir bien	to agree, to be willing	Je veux bien	

note de vocabulaire

These verbs are often used in the conditional to make the wish or request more polite.

J'aimerais mieux que tu ne dises pas cela.   I *would prefer* that you not say that.

---

12. **Souhaits** *(Wishes)*   Souhaitez du succès aux personnes suivantes.

▶ tu / réussir à tes examens   *Je souhaite que tu réussisses à tes examens.*

1. Paul / avoir son diplôme
2. vous / être célèbres *(famous)*
3. tu / devenir millionnaire
4. Florence et Nicole / connaître des aventures extraordinaires
5. Charlotte / écrire un best-seller
6. notre professeur / recevoir le prix Nobel de littérature

13. **Rébellion**   Le père de Marc pense que son fils doit faire certaines choses. Marc n'est pas d'accord. Jouez les deux rôles, d'après le modèle.

▶ étudier   LE PÈRE: *Je voudrais que tu étudies.*
              MARC: *Je ne veux pas étudier.*

1. travailler pendant les vacances
2. se lever à sept heures
3. respecter la discipline
4. finir ses études
5. se coucher avant minuit
6. choisir des amis sérieux
7. vendre sa moto
8. écrire à ses grands-parents
9. lire des livres sérieux
10. sortir moins souvent

14. **Souhaits personnels**   Faites des souhaits pour les personnes suivantes, en complétant les phrases avec une expression de votre choix.

1. J'aimerais que mes parents ...
2. Je souhaite que mon meilleur ami ...
3. Je désire que mes amis ...
4. Je ne souhaite pas que le professeur ...
5. Je voudrais que ma famille ...
6. Je souhaite que le président ...

15. **Exigences** *(Demands)* Nous avons tous certaines exigences. Expliquez les exigences des personnes suivantes.

▶ le professeur / vouloir / les étudiants / étudier   *Le professeur veut que les étudiants étudient.*

▶ nous / ne pas souhaiter / vous / boire du vin   *Nous ne souhaitons pas que vous buviez du vin.*

1. les étudiants / souhaiter / le professeur / donner un examen facile
2. mon père / vouloir bien / je / choisir une profession intéressante
3. je / ne pas permettre / vous / prendre mes disques
4. Marc / souhaiter / ses parents / lui acheter une voiture
5. les parents de Jean-Pierre / préférer / leur fils / vendre sa moto
6. Jacques / ne pas accepter / sa fiancée / sortir avec d'autres garçons
7. Janine / désirer / son fiancé / apprendre à danser
8. le médecin / ne pas vouloir / nous / fumer
9. Paul / souhaiter / Monique / se souvenir de lui

Récapitulation

Substitution

Remplacez les mots soulignés par les expressions entre parenthèses. Faites tous les changements nécessaires.

1. Il faut que <u>tu</u> manges moins. Il faut que tu maigrisses avant les vacances.   (je, nous, vous, Pauline, Catherine et Jacques, il)
2. Je dois <u>téléphoner à Jacques</u>. Il faut que je lui téléphone avant le week-end.   (inviter Mélanie, parler au professeur, finir ce livre, répondre à cette lettre, lire cet article, écrire à Henri, voir Caroline)
3. Vous ne devez pas <u>fumer</u>. Il ne faut pas que vous fumiez.   (regarder la télé, écouter ce programme idiot, grossir, choisir ce disque, attendre François, lire mes lettres, écrire à mes amis, prendre ma voiture, boire trop)
4. Je veux <u>quitter l'université</u>. Mes parents ne veulent pas que je quitte l'université.   (travailler dans un bar, louer un appartement, acheter une moto, vendre mes livres, finir mes études cet été, partir en Afrique, être professeur)
5. Je souhaite que <u>tu</u> sois heureux ici et que tu aies beaucoup d'amis.   (Marc, nous, Paul et Alice, vous)

Vous avez la parole: Projets

Parlez de votre vie actuelle et de vos projets. Commencez vos phrases par des expressions comme: *il est important que, il faut que, il est dommage que, je voudrais que, mes parents veulent que ... .*

33. Interview avec une Allemande

Autrefois la France et l'Allemagne étaient des nations ennemies. Aujourd'hui, ce sont des alliés, politiquement, économiquement et militairement. Voici une interview avec une jeune Allemande.

—Vous vous appelez Karin Hoffmann et vous êtes allemande, je crois?

—Exact°!   *Right!*

—Vous parlez bien français. Est-ce que vous allez souvent en France?

—Très souvent! J'habite à Fribourg. C'est près de la frontière°.   *border*

—Pensez-vous qu'il y ait de l'animosité entre les Français et les Allemands à l'heure actuelle?

—Au contraire! Je pense qu'il y a beaucoup de respect mutuel et de compréhension entre nos deux nations. L'existence de bons rapports entre la France et l'Allemagne est essentielle à la stabilité européenne.

—Croyez-vous que l'unité politique de l'Europe soit un jour possible?

—Personnellement, je suis une Européenne convaincue°. Je crois donc que cette   *convinced*
unité est possible. D'ailleurs, elle est faite en partie. En 1984 nous avons voté pour un Parlement européen.

—Et l'unité économique?

—Elle existe depuis plusieurs années. Vous connaissez le Marché Commun?

—Oui, mais êtes-vous sûre que cela corresponde à une réalité?

—Évidemment! Les Allemands mangent des fromages français et conduisent des Renault et des Citroën, et les Français achètent des caméras allemandes et conduisent des Volkswagen et des Mercédès.

—Mais il y a encore des frontières et des douanes°! Croyez-vous qu'elles dis-   *customs duties*
paraissent° un jour?   *disappear*

—J'en suis sûre.

Lecture culturelle: *L'Europe unie*

Pendant longtemps, l'histoire du monde a été l'histoire des conflits qui opposaient les différents pays d'Europe d'une façon[1] plus ou moins continue[2]. En 1944, ces conflits avaient transformé[3] l'Europe en un vaste champ[4] de ruines. La première question qui s'est posée aux gouvernements d'après-guerre[5] a été de décider comment reconstruire leurs pays. Ces gouvernements ont choisi une solution impensable[6] autrefois: la réconciliation et l'unité!

Aujourd'hui l'Europe est une Europe stable et unie. Voici les étapes importantes qui ont marqué la construction de cette Europe unie.

1944　Trois pays (la Belgique, les Pays-Bas[7] et le Luxembourg) décident de former une zone de libre-échange[8] qui prend le nom de Bénélux.

1946　Dans un discours[9], Winston Churchill suggère à la France et à l'Allemagne de former des «États-Unis d'Europe».

1950　La Création de la C.E.C.A. (Communauté Européenne du Charbon[10] et de l'Acier[11]) crée[12] une zone de libre-échange pour le charbon et l'acier entre la France, l'Allemagne, l'Italie et les pays du Bénélux, et permet le rapprochement politique entre l'Allemagne et la France.

1957　Le Traité[13] de Rome crée la C.E.E. (Communauté Économique Européenne) ou «Marché Commun». En permettant la libre circulation des gens, des capitaux et des marchandises, ce traité facilite l'expansion économique de l'Europe.

1973　L'Angleterre, l'Irlande et le Danemark entrent dans le «Marché Commun». «L'Europe des Six» devient «L'Europe des Neuf».

1979　Les citoyens[14] des pays du «Marché Commun» élisent un «Parlement européen». Une Française, Simone Veil, devient la première présidente de ce Parlement.

1981　La Grèce entre dans le «Marché Commun».

1 *manner*　2 *continuous*　3 *had transformed*　4 *field*
5 *post-war*　6 *unthinkable*　7 *Netherlands*　8 *free trade*
9 *speech*　10 *coal*　11 *steel*　12 *creates*　13 *treaty*
14 *citizens*

Sommet européen à Bruxelles

Structure et Vocabulaire

Vocabulaire: *La politique internationale*

noms

un citoyen	citizen	**une citoyenne**	citizen
un ennemi	enemy	**la douane**	customs
un allié	ally	**la frontière**	border
un gouvernement	government	**la guerre**	war
un traité	treaty	**la loi**	law
		la paix	peace

verbes

menacer	to threaten	L'inflation **menace** la stabilité économique.
partager	to share	Les gens égoïstes ne **partagent** rien.
protéger	to protect	Les lois **protègent** les droits des citoyens.

1. Questions

1. Avec quels pays les États-Unis ont-ils une frontière commune?
2. Quels sont les pays qui ont une frontière commune avec la France?
3. Qui étaient les alliés des États-Unis pendant la deuxième guerre mondiale *(WW II)*? Qui étaient leurs ennemis? Quels sont les alliés et les ennemis des États-Unis actuellement?
4. Selon vous, quels sont les pays qui menacent la paix dans le monde aujourd'hui? Quels sont les dangers qui menacent la sécurité des États-Unis?
5. Selon vous, est-ce que les États-Unis ont l'obligation de partager leur richesse *(wealth)* avec les autres pays? Pourquoi ou pourquoi pas?
6. Quelles sont les choses que vous partagez avec vos amis? Quelles sont les choses que vous ne partagez pas?

A. Subjonctifs irréguliers

The following verbs have irregular subjunctive stems, but regular endings.

verbs with 1 subjunctive stem			verbs with 2 subjunctive stems	
faire	**pouvoir**	**savoir**	**aller**	**vouloir**
que je **fasse**	que je **puisse**	que je **sache**	que j'**aille**	que je **veuille**
que tu **fasses**	que tu **puisses**	que tu **saches**	que tu **ailles**	que tu **veuilles**
qu'il **fasse**	qu'il **puisse**	qu'il **sache**	qu'il **aille**	qu'il **veuille**
qu'ils **fassent**	qu'ils **puissent**	qu'ils **sachent**	qu'ils **aillent**	qu'ils **veuillent**
que nous **fassions**	que nous **puissions**	que nous **sachions**	que nous **allions**	que nous **voulions**
que vous **fassiez**	que vous **puissiez**	que vous **sachiez**	que vous **alliez**	que vous **vouliez**

2. **Expression personnelle** Est-ce que les choses suivantes sont importantes pour vous? Exprimez votre opinion en commençant vos phrases par *il est important que* ou *il n'est pas important que* et utilisez la forme *je* du subjonctif.

▶ faire des projets pour cet été
   Il est important que je fasse des projets pour cet été.
   ou: *Il n'est pas important que je fasse des projets pour cet été.*

1. faire des économies
2. faire beaucoup de sport
3. aller au laboratoire régulièrement
4. aller souvent chez mes amis
5. savoir bien parler français
6. savoir piloter un avion
7. pouvoir obtenir mon diplôme
8. pouvoir être heureux / heureuse

3. **Dommage!** Lisez ce que les personnes suivantes ne font pas et dites que c'est dommage.

▶ Paul ne va pas en France cet été.   *Il est dommage qu'il n'aille pas en France cet été.*

1. Vous n'allez pas à Munich.
2. Tu ne sais pas parler allemand.
3. Henri ne veut pas apprendre l'espagnol.
4. Tu ne peux pas prendre de vacances cet été.
5. Vous ne voulez pas voyager avec nous.
6. Mes amis ne vont pas à Paris.
7. Nous ne faisons pas d'économies.
8. Tu ne fais pas de progrès en français.
9. Je ne sais pas programmer.

4. **Vous êtes le juge!** Informez-vous sur les projets professionnels des personnes suivantes. Dites si oui ou non ces personnes doivent faire les choses entre parenthèses. Commencez vos phrases par *il faut que* ou *il n'est pas nécessaire que*.

▶ Jacques veut être photographe. (aller à l'université?)
  Il faut qu'il aille à l'université.
  ou: *Il n'est pas nécessaire qu'il aille à l'université.*

1. Tu veux être interprète. (savoir parler plusieurs langues? faire des progrès en français? aller à Paris cet été?)
2. Alice et Sylvie veulent être avocates. (aller à l'université? faire du droit? pouvoir obtenir leur diplôme?)
3. Nous voulons être représentants de commerce *(sales representatives)*. (vouloir voyager? savoir conduire? faire du français?)
4. Monique veut faire de la politique. (savoir parler en public? vouloir gagner les élections? aller à l'Institut des Sciences Politiques?)
5. Vous voulez être le président de votre compagnie. (vouloir assumer des responsabilités importantes? pouvoir prendre des décisions importantes? aller dans une école de commerce?)

B. L'usage du subjonctif après les expressions de doute

In the sentences on the left, a fact is expressed as being *certain*. In the sentences on the right, a fact is expressed as being *doubtful*. Compare the verbs in each set of sentences.

certainty

Je **sais que** vous **parlez** français.
Je **pense que** vous **êtes** français.
Je **suis sûr** que tu **as** mon adresse.
Je **crois que** vous **habitez** à Paris.

doubt

Je **doute que** vous **parliez** italien.
Je **ne pense pas que** vous **soyez** américain.
Je **ne suis pas sûr** que tu **aies** l'adresse de Paul.
Je **ne crois pas que** vous **habitiez** en Allemagne.

■ The subjunctive is used after *expressions of doubt*.

☐ An expression of certainty may become an expression of doubt when it is used in the negative or interrogative forms. In that case, the subjunctive is generally used.

certainty: indicative

Tu **crois** que Paul **est** ambitieux.
Je **pense** que Michel **est** très riche.
Vous **êtes sûr** que Jacques **a** son passeport.
Il est vrai que le français **est** utile.

doubt: subjunctive

Tu **ne crois pas** qu'il **soit** patient.
Penses-tu qu'il **soit** généreux?
Êtes-vous **sûr** qu'il **ait** les visas nécessaires?
Il n'est pas vrai que le français **soit** inutile.

Vocabulaire: *Le doute et la certitude*

le doute

Je **doute que**
Je **ne pense pas que**
Je **ne crois pas que**
Il **est douteux** (*doubtful*) **que**
Il **n'est pas sûr** (*sure*) **que**
Il **n'est pas vrai que**

} + *subjunctive*

la certitude

Je **ne doute pas que**
Je **pense que**
Je **crois que**
Il **est certain que**
Il **est sûr que**
Il **est vrai que**

} + *indicative*

5. **Différences d'opinion** Sylvie et Jacques discutent de l'Europe. Ils ne sont pas d'accord. Pour jouer le rôle de Sylvie, utilisez la construction *je pense que* + *l'indicatif*. Pour jouer le rôle de Jacques, utilisez la construction *je doute que* + *le subjonctif*.

▶ L'Europe est riche.
     SYLVIE: *Moi, je pense que l'Europe est riche.*
     JACQUES: *Au contraire, moi, je doute que l'Europe soit riche.*

1. Les Européens sont heureux.
2. Les Européens sont indépendants.
3. Le cinéma italien est excellent.
4. La littérature anglaise est riche.
5. Les universités européennes sont excellentes.
6. Les journaux européens sont intéressants.
7. Les Français sont indépendants.
8. La cuisine française est excellente.

6. Dialogue   Demandez à vos camarades leur opinion sur les sujets suivants. Pour cela, commencez vos phrases par *crois-tu que ... .*

▶ l'inflation (contrôlable?)   —*Crois-tu que l'inflation soit contrôlable?*
   —*Oui, je crois que l'inflation est contrôlable.*
   ou: —*Non, je ne crois pas que l'inflation soit contrôlable.*

1. l'argent (indispensable?)
2. la liberté (un mythe?)
3. les impôts (une nécessité absolue?)
4. la justice (une réalité?)
5. les Américains (tolérants?)
6. les Français (prétentieux?)
7. les étudiants d'aujourd'hui (paresseux?)
8. les femmes d'aujourd'hui (indépendantes?)

7. Opinion personnelle   Exprimez votre opinion sur les sujets suivants. Commencez vos phrases par *je pense que* + *l'indicatif* ou *je ne pense pas que* + *le subjonctif.*

▶ les Américains / être / conservateurs
Je pense que les Américains sont conservateurs.
ou: *Je ne pense pas que les Américains soient conservateurs.*

1. les Américains / être / superstitieux
2. les femmes / être / plus superstitieuses que les hommes
3. notre horoscope / pouvoir déterminer / notre destinée
4. certaines personnes / avoir / des facultés extra-sensorielles
5. les fantômes *(ghosts)* / exister
6. la science / pouvoir expliquer tout
7. l'univers / être / mystérieux
8. il / être / dangereux de sortir le vendredi 13

C. L'usage du subjonctif après les expressions d'émotion

In the sentences on the left, the subject expresses his feelings (happiness, sadness) about his own actions. In the sentences on the right, the subject expresses his feelings about the actions of someone else.

Je suis content **d'aller** à Paris.	Je suis content que **mes amis aillent** à Paris.
Je suis heureux **de visiter** la France.	Je suis heureux que **vous visitiez** la France.
Je suis triste **de partir.**	Je suis triste que **vous partiez.**

■ To express the subject's feelings about the actions of someone else, the following construction is used:

expression of emotion + **que** + *subjunctive*

☐ *But:* To express the subject's feelings about his own actions, the following construction is used:

expression of emotion + **de** + *infinitive*

Vocabulaire: *Expressions d'émotion*

la satisfaction

être content	to be happy	Je **suis content** que tu ailles en France cet été.
être heureux	to be happy	Êtes-vous **heureux** que vos amis aillent à Paris?

la tristesse sadness

être désolé	to be sorry	Je **suis désolé** que vous ne compreniez pas.
être triste	to be sad	Jacques **est triste** que Sylvie ne lui écrive pas.
regretter	to regret	Paul **regrette** que ses amis ne puissent pas venir.
déplorer	to deplore	Je **déplore** que vous ayez cette attitude absurde.

la surprise

être surpris	to be surprised	Jean **est surpris** que tu ne viennes pas avec nous.

la peur fear

avoir peur	to be afraid	J'**ai peur** qu'il fasse mauvais ce week-end.

la fierté pride

être fier (fière)	to be proud	Monsieur Durand **est fier** que sa fille soit médecin.

la colère anger

être furieux	to be mad, furious	Philippe **est furieux** que tu ne l'attendes jamais.

---

8. **Expression personnelle** Dites comment vous réagiriez dans les circonstances suivantes. Commencez vos phrases par *je suis content(e) que* ou *je regrette que ...* .

▶Votre meilleur ami est malade.   *Je regrette que mon meilleur ami soit malade.*

1. Les vacances commencent aujourd'hui.
2. Les examens sont faciles.
3. Le professeur est malade.
4. Le professeur met de mauvaises notes.
5. Votre meilleur ami ne se souvient pas de votre anniversaire.
6. Vos parents vont à la Martinique.
7. Vos amis ont la grippe.
8. Il fait très beau.
9. Vos voisins font un voyage en France.
10. Votre meilleur ami ne veut pas sortir avec vous.
11. Vos camarades ne veulent pas vous prêter leurs notes.

9. **Sentiments**   Nos sentiments dépendent de ce que nous faisons mais aussi de ce que font d'autres personnes. Exprimez cela en faisant deux phrases d'après le modèle.

▶ Paul est content. Il va en vacances. (ses amis aussi)
   Paul est content d'aller en vacances.
   Paul est content que ses amis aillent en vacances.

1. Rosine est contente. Elle va en France. (son frère aussi)
2. Nous sommes heureux. Nous faisons des progrès en français. (vous aussi)
3. Henri est désolé. Il est en retard. (sa fiancée aussi)
4. Je suis triste. Je pars. (mes amis aussi)
5. Sylvie est surprise. Elle gagne le match. (toi aussi)
6. Marc a peur. Il a la grippe. (vous aussi)
7. M. Moreau est fier. Il est le président de sa compagnie. (sa fille aussi)
8. Le professeur est furieux. Il perd son temps. (les étudiants aussi)

10. **Réactions personnelles**   Exprimez vos réactions aux faits suivants. Pour cela, commencez vos phrases par l'une des expressions du VOCABULAIRE.

▶ Les femmes sont très indépendantes.
   Je suis content(e) (je regrette, je déplore ...) que les femmes soient indépendantes.

1. Les étudiants sont idéalistes.
2. Les gens sont souvent égoïstes.
3. Les jeunes n'ont pas assez de responsabilités.
4. Il y a trop de violence à la télévision.
5. La vie est plus intéressante qu'avant.
6. Les États-Unis sont le premier pays du monde.
7. Les Américains sont généralement tolérants.
8. Nous sommes plus indépendants qu'avant.
9. Nous avons des professeurs sympathiques.
10. Nous ne sommes pas immortels.

D. L'usage du subjonctif après certaines conjonctions

In each of the sentences below, note the use of the subjunctive after the conjunctions in heavy print.

Le professeur répète **pour que** les étudiants comprennent.	The professor repeats *so that* the students understand.
Cet été, j'irai en France **à condition que** je sois reçu à mes examens.	This summer, I will go to France *provided that* I pass my exams.
Je resterai là-bas **jusqu'à ce que** je n'aie plus d'argent.	I will stay over there *until* I am out of money.

■ The subjunctive is always used after certain conjunctions that introduce conditions under which an action *may* occur.

Vocabulaire: *Quelques conjonctions*

conjonctions + subjonctif

à condition que	on the condition that, provided that	Charles ira en France **à condition qu'**il ait de l'argent.
avant que	before	Je lui téléphonerai **avant qu'**il parte.
jusqu'à ce que	until	Je resterai chez moi **jusqu'à ce que** vous téléphoniez.
pour que	so that	Je te prête le journal **pour que** tu lises cet article.
sans que	without	Alice est partie **sans que** je lui dise au revoir.

conjonctions + indicatif

parce que	because	Je me repose **parce que** je suis fatigué.
pendant que	while	Allez à la plage **pendant qu'**il fait beau.
depuis que	since	Charles cherche du travail **depuis qu'**il a son diplôme.

note de vocabulaire

The constructions **avant que, pour que, sans que** + *subjunctive* are replaced by the constructions **avant de, pour, sans** + *infinitive* when the subjects of the main clause and the dependent clause are the same.

Hélène est venue ...	Hélène est venue ...
... **pour parler** de son voyage.	... **pour que vous** lui **parliez** de votre voyage.
... **avant de partir** de France.	... **avant que vous partiez** en vacances.
... **sans téléphoner.**	... **sans que vous** lui **téléphoniez.**

---

11. Voyages Cet été Jacqueline et ses amies voyageront, si certaines conditions sont réalisées. Expliquez ces conditions.

▶ Jacqueline (elle a de l'argent)   *Jacqueline voyagera à condition qu'elle ait de l'argent.*

1. Paul (il a une voiture)
2. Albert (il est reçu à ses examens)
3. Nicole (elle a un job pendant l'année)
4. Michèle (elle fait des économies)
5. Catherine (elle a son diplôme en juin)
6. Robert (il n'a pas la grippe)
7. François (ses parents sont d'accord)
8. Isabelle (elle sait conduire)

12. Séjour en France Imaginez que vous êtes en voyage en France. Vous êtes si enthousiasmé(e) par votre voyage que vous désirez rester plus longtemps que prévu *(planned)*. Commencez vos phrases par *Je resterai en France jusqu'à ce que* + subjonctif.

▶ Je n'ai plus d'argent.   *Je resterai en France jusqu'à ce que je n'aie plus d'argent.*

1. Mon visa expire.
2. Mes vacances sont finies.
3. Mes cours recommencent.
4. Mes amis partent.
5. Mon passeport n'est plus valable *(valid)*.
6. Mes parents veulent que je rentre.
7. Je sais parler parfaitement français.
8. J'ai trente ans.

13. Nous et les autres Nos actions concernent non seulement nous-mêmes mais aussi d'autres personnes. Exprimez cela d'après le modèle.

▶ Mme Grenier va à Munich pour apprendre l'allemand. (sa fille)
Mme Grenier va à Munich pour que sa fille apprenne l'allemand.

1. Je prends mon appareil-photo pour prendre des photos. (tu)
2. Nous achetons le journal pour lire les nouvelles. (vous)
3. Je téléphonerai à Pierre avant de partir. (il)
4. Roland invite Sylvie avant d'aller en France. (elle)
5. Nous ne quitterons pas Paris sans visiter le Louvre. (vous)
6. Je ne vais pas partir sans savoir la vérité. (tu)

14. Au travail! Dites que les personnes suivantes vont travailler et expliquez les circonstances.

▶ François (parce que / il a besoin d'argent)   *François va travailler parce qu'il a besoin d'argent.*

1. Michèle (pendant que / elle est à l'université)
2. Alain (jusqu'à ce que / il a assez d'argent pour s'acheter une auto)
3. Jean-Pierre (à condition que / il a un bon salaire)
4. Christine (parce que / elle veut faire des économies)
5. Mme Lambert (pour que / sa fille va à l'université)

E. Résumé: Les principaux usages du subjonctif

The subjunctive usually occurs in dependent clauses introduced by **que**. The main uses of the subjunctive are summarized below.

Uses of the subjunctive	Remarks
WILL: After verbs or expressions denoting wish or will, such as **vouloir, souhaiter.** *Je ne veux pas* **que vous fassiez** cela.	The *infinitive* is used after these verbs and expressions when the wish concerns the subject itself. *Je ne veux pas* **faire** cela.
OPINION AND OBLIGATION: After many impersonal expressions of opinion and obligation, such as **il faut, il est important, il est bon,** when the opinion or obligation concerns someone in particular. *Il faut* **que vous travailliez.** *Il est utile* **que tu apprennes** l'anglais.	The *infinitive* is used after these expressions when the opinion or obligation is a general one. *Il faut* **travailler.** *Il est utile* d'**apprendre** l'anglais.
DOUBT: After verbs and expressions of doubt, such as **douter, ne pas croire, ne pas être sûr.** *Je doute* **que vous soyez** patient.	The *indicative* is used after verbs or expressions indicating certainty, such as **savoir, croire, être sûr.** *Je crois* **que vous êtes** impatient.
FEELINGS: After verbs and expressions denoting emotion, such as **être content, être triste, regretter.** *Nous sommes contents* **que vous veniez.**	The *infinitive* is used after these verbs and expressions when the emotion concerns the subject itself. *Nous sommes contents de* **venir.**
CONJUNCTIONS: After certain conjunctions such as **pour que, avant que, sans que.** Je travaille *pour que* **mes enfants aient** de l'argent.	The *infinitive* is used after **pour, avant de, sans,** when the subject does not change. Je travaille *pour* **avoir** de l'argent. The *indicative* is used after conjunctions such as **parce que, depuis que, pendant que.** Je travaille *parce que* **je n'ai pas** d'argent.

15. Parlez-vous français? Complétez les phrases suivantes avec l'une des formes suivantes: *parler français, vous parlez français, vous parliez français.*

1. Nous sommes heureux que ...
2. Êtes-vous contents de ...
3. Paul n'est pas sûr que ...
4. Moi, je suis sûr que ...
5. Il faut que ...
6. Il est utile de ...
7. Le professeur souhaite que ...
8. Pourquoi est-ce que vos amis veulent que ...
9. Quand vous serez au Canada, il sera essentiel que ...
10. Vous allez vous amuser à Paris parce que ...
11. Annette va vous inviter parce que ...
12. Mes cousins vont vous inviter aussi à condition que ...

16. Sentiments et opinions Expliquez les sentiments et les opinions des personnes de la colonne A en utilisant les éléments des colonnes B, C et D. Soyez logique.

A	B	C	D
la patronne	vouloir	je	aller en vacances
le médecin	souhaiter	nous	être consciencieux
le professeur	savoir	vous	être paresseux
mes parents	penser	les employés	faire des efforts
	déplorer	les étudiants	faire attention
	douter	M. Martin	avoir la grippe
	être sûr	Mme Marceau	savoir programmer
	être content		être malade
	avoir peur		

▶ *Le médecin a peur que M. Martin soit malade.*
▶ *Le médecin pense que vous avez la grippe.*

Récapitulation

Substitution

Remplacez les mots soulignés par les mots entre parenthèses. Faites tous les changements nécessaires.

1. Martine regrette que <u>Paul</u> n'aille pas en Allemagne avec elle.   (je, nous, tu, ses cousines, vous)
2. Françoise <u>travaille</u> aujourd'hui mais je doute qu'elle travaille demain.   (fait du ski, est patiente, a de l'argent, prend un taxi, vient chez moi, écrit une lettre, peut sortir, veut étudier)

3. Je suis sûr que Pierre <u>est heureux</u> mais je ne suis pas sûr que son frère soit heureux aussi. (parle français, habite à Paris, a une voiture, est étudiant)
4. Je vais <u>jouer au tennis</u>. Je suis désolé que vous ne jouiez pas avec moi. (voyager, choisir <u>des disques</u>, <u>visiter</u> le Canada, rendre visite à Paul)
5. Je <u>doute</u> que Françoise veuille aller au cinéma avec nous. (souhaite, pense, suis content, ne suis pas sûr, sais, crois)
6. Vous allez <u>téléphoner</u>? Alors je resterai chez moi jusqu'à ce que vous téléphoniez. (venir, passer, voir la maison, visiter le quartier)
7. Je vous prête mon appareil-photo <u>pour que</u> vous preniez de bonnes photos. (à condition que, parce que, parce que je veux, parce que je pense que)
8. Nous allons à la plage <u>parce qu'il</u> fait beau. (pendant qu', à condition qu', mais je doute qu')

Vous avez la parole: Interview et critique

1. Interview. Imaginez qu'un groupe d'étudiants français visitent votre université. Demandez-leur leurs impressions sur les États-Unis. Pour cela, composez plusieurs questions commençant par: *croyez-vous que* ...
2. Critique. Êtes-vous satisfait(e) ou non de votre existence actuelle? Exprimez vos sentiments dans des phrases commençant par:

   Je suis heureux (heureuse) que ...
   Je déplore que ... , etc.

Vous avez la parole: L'avenir

Qu'est-ce que vous attendez *(expect)* de l'avenir? Exprimez vos idées personnelles en complétant les phrases suivantes. Si vous voulez, vous pouvez utiliser les sujets indiqués.

	sujets:
1. Il faut que ...	je
2. Il est important que ...	nous
3. Il est indispensable que ...	mes amis
4. Je souhaite que ...	mes parents
5. J'aimerais que ...	mon patron/ma patronne
6. Je doute que ...	mon mari/ma femme
7. Je ne crois pas que ...	mes enfants
8. Je serais content que ...	les États-Unis
9. Je serais furieux que ...	le gouvernement
10. J'ai peur que ...	le monde
11. Je veux faire quelque chose pour que ...	

▶ *Il faut que j'obtienne mon diplôme cette année.*

Le Français pratique

À la banque

Vocabulaire utile: *L'argent*

Avez-vous ...

un carnet *(small notebook)*	pour noter les **adresses**
un carnet de chèques *(checkbook)*	pour les **chèques**
un portefeuille *(wallet)*	pour les **billets** *(banknotes)*
un porte-monnaie *(coin purse)*	pour la **monnaie** *(change)*
	pour les **pièces** *(coins)*
un porte-cartes *(card holder)*	pour les **cartes de crédit**
un porte-documents *(briefcase)*	pour les **papiers divers**

Quand vous achetez quelque chose, est-ce que vous payez | **en espèces?**
en liquide? *(in cash)*
par chèque? *(by check)*
avec une carte de crédit?
   (by credit card)

À la banque

Je voudrais | **déposer** *(to deposit)* **de l'argent**
retirer *(to withdraw)* **de l'argent**
ouvrir un compte courant *(checking account)*
ouvrir un compte d'épargne *(savings account)*
encaisser *(to cash)* **un chèque**

Il faut que | **vous signiez ce chèque**
vous remplissiez ce formulaire *(form)*
vous passiez à la caisse *(cashier's window)*

Au bureau de change *(currency exchange)*

Je voudrais | **changer de l'argent**
vendre des dollars
acheter des francs
acheter des chèques de voyage, des traveller-chèques

Quel est le cours *(exchange rate)* **du dollar?**

Quelques devises *(foreign currencies)*

Allemagne	**un mark**	Italie	**une lire**
Angleterre	**une livre sterling**	Japon	**un yen**
Belgique	**un franc belge**	Suisse	**un franc suisse**
Canada	**un dollar canadien**		

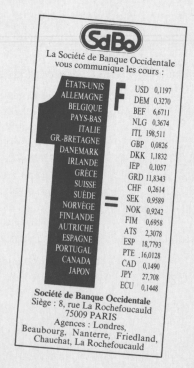

Un chèque français

série 1
C.I.O groupe CIC **CRÉDIT INDUSTRIEL DE L'OUEST**

B.P.F. *135*

payez contre ce chèque cent trente cinq francs
somme en toutes lettres

à l'ordre de Monsieur Paul Thémond

PAYABLE
TOURS (240)
18, Boulevard Béranger
37000 TOURS
Tél. (47) 20.27.58

le 21 août 1985

n° du chèque

⑈3526919 ⑈8399300⟨7176⑈ ⟨003809100⑈

Quand on écrit un chèque, il faut écrire **la somme** *(sum)* en **chiffres** *(numbers)* et en lettres, écrire le nom du bénéficiaire, signer et dater le chèque. Remarquez qu'en France, on doit utiliser des **chèques barrés**, c'est-à-dire des chèques où il y a deux barres diagonales. On ne peut pas encaisser directement un chèque barré. On peut seulement le déposer sur son compte courant. Alors, qu'est-ce qu'on fait quand on a besoin d'argent liquide? C'est simple. On utilise un chèque personnel sur lequel *(which)* on écrit: «à l'ordre de moi-même» et on va encaisser ce chèque à sa banque. On peut aussi utiliser sa carte de crédit dans un distributeur automatique de billets. Toutes les grandes banques françaises sont équipées de ces distributeurs automatiques.

Questions

1. Où est-ce que vous mettez vos billets? Est-ce que vous avez un porte-documents? Qu'est-ce que vous y mettez?
2. Est-ce que vous avez des cartes de crédit? En général, dans quelles circonstances est-ce qu'on utilise des cartes de crédit aux États-Unis? (où? pour acheter quelles choses?) D'après vous, quels sont les avantages des cartes de crédit? Quels sont les désavantages?
3. Avez-vous un carnet de chèques? Généralement, qu'est-ce que vous payez par chèque? Comment s'appelle la banque où vous avez un compte courant?
4. Quand on voyage, est-ce qu'il est préférable d'avoir de l'argent liquide ou des chèques de voyage? Pourquoi?
5. Qu'est-ce que c'est qu'un chèque barré? Est-ce que les chèques barrés existent aux États-Unis? Qu'est-ce qu'on peut faire avec un chèque barré? Qu'est-ce qu'on ne peut pas faire? Qu'est-ce que les Français font quand ils ont besoin d'argent liquide?

Conversation

Linda Campbell va passer une année en France. Le jour de son arrivée, elle va au bureau de change du Crédit Industriel et Commercial.

L'EMPLOYÉ: Bonjour, Mademoiselle. Vous désirez?

LINDA: Je voudrais changer des dollars en francs.

L'EMPLOYÉ: Vous avez une pièce d'identité?

LINDA: Oui, j'ai mon passeport. Tenez, le voici!

L'EMPLOYÉ: Très bien! Avez-vous votre argent en billets ou en chèques de voyage?

LINDA: En chèques de voyage. Quel est le cours du dollar?

L'EMPLOYÉ: Aujourd'hui le dollar est à 8 francs 50.

LINDA: Bon, voilà quatre chèques de 100 dollars.

L'EMPLOYÉ: Comment voulez-vous que je vous donne votre argent français? En billets de 100 francs?

LINDA: Oui, s'il vous plaît. Et le reste en petite monnaie.

L'EMPLOYÉ: Voilà votre argent! C'est tout?

LINDA: Non, je voudrais aussi ouvrir un compte.

L'EMPLOYÉ: Il faut que vous alliez au guichet des comptes-courants.

Linda va au guichet des comptes courants.

Union de
Banques Suisses

LINDA: Je voudrais ouvrir un compte.

L'EMPLOYÉE: Un compte courant ou un compte d'épargne?

LINDA: Un compte courant.

L'EMPLOYÉE: C'est facile. Il suffit que vous remplissiez ce formulaire et que vous le signiez.

Linda remplit le formulaire et la donne à l'employée.

L'EMPLOYÉE: Combien d'argent allez-vous déposer?

LINDA: Mille francs.

L'EMPLOYÉE: Voilà votre reçu.°   *receipt*

LINDA: Quand est-ce que je pourrais avoir un carnet de chèques?

L'EMPLOYÉE: Il faut compter deux ou trois semaines. Il faudra que vous repassiez° à la banque à la fin du mois.   *come back*

Dialogues

Créez des dialogues correspondant aux situations suivantes.

1. Thomas Smith va au Crédit Lyonnais pour changer 500 dollars en billets. Il demande le cours du dollar qui est de 8 francs 60. Il veut avoir son argent français en billets de 500 francs.

2. Silvia Peri est une étudiante italienne. Elle a 300.000 lires qu'elle veut changer en francs. Elle demande le cours de la lire. Ce cours est de 200 lires pour 1 franc. Elle veut avoir son argent français en billets de 100 francs et de 50 francs.

3. Denis Lambert va passer l'été aux États-Unis. Il passe à sa banque pour acheter des chèques de voyage. Il a 2.000 francs qu'il veut convertir en dollars. Il demande le cours du dollar qui est de 8 francs 40. Il veut avoir des chèques de voyage de 20 dollars.

Rencontres / *La France est-elle une grande puissance?*

Comment lire: *Words with multiple meanings*

Many words have several meanings. In the dictionary, these meanings are usually presented in order of their relative frequency. Within a given text, however, the appropriate meaning of a word is determined by the context in which it occurs.

The word **puissance,** for instance, has many English equivalents: *strength, power, capacity, energy.* What is its meaning in the title of the reading selection?

The following words (in heavy print) also appear in the text you are about to read. Which of the various meanings suggested for each word best fits the context of the sentence?

☐ La France est-elle **encore** une grande puissance?
   a. again   b. yet   c. still

☐ Nous devons **défendre** nos valeurs.
   a. prohibit   b. forbid   c. protect

☐ La France **conserve** une dimension internationale.
   a. preserves   b. keeps   c. saves

☐ Le monde **attend** de la France des idées.
   a. waits   b. awaits   c. expects

☐ L'anglais est devenu la langue des **affaires.**
   a. things   b. business   c. concerns

La France est-elle une grande puissance?

La France est-elle une grande puissance[1]? Pour le général de Gaulle, héros national et président de la France, la question ne se posait pas. «La France ne peut pas être la France sans la grandeur[2]» a-t-il dit. Oui, mais comment peut-on juger la grandeur d'une nation? Par la puissance de ses armées? par la vigueur de son économie? par son rôle diplomatique? par le rayonnement[3] de sa culture? par sa capacité d'innovation?

Si l'on rassemble[4] ces critères, il est évident que la France est restée pendant des siècles une très grande puissance, peut-être la première puissance du monde, en rivalité d'abord avec l'Espagne, puis avec l'Angleterre et l'Allemagne. Mais le monde a considérablement changé dans les cent dernières années. De nouvelles nations sont apparues sur la carte du prestige international: les États-Unis, l'Union Soviétique, le Japon. D'autres nations comme l'Espagne et l'Autriche ont perdu leur statut de grande puissance.

Et la France? Où se situe-t-elle aujourd'hui? Est-elle encore une grande puissance? Un magazine français, *l'Express,* a posé cette question à plusieurs experts internationaux. Voici le jugement de ces experts.

Jeane Kirkpatrick, américaine, ambassadrice des États-Unis auprès[5] des Nations-Unies, a une opinion très positive du rôle international de la France.

La France reste une grande puissance. Vue des Nations-Unies, elle exerce dans le monde une influence considérable aussi bien politique que[6] culturelle. Membre permanent du Conseil de Sécurité de l'ONU (Organisation des Nations Unies), elle défend non seulement ses valeurs, ses intérêts, mais aussi ceux de[7] l'Occident. Elle exerce aussi une grande influence dans les pays du Tiers Monde[8].

Du point de vue économique, la France, malgré[9] ses problèmes actuels, conserve[10] une dimension in-

ternationale. Elle reste l'une des premières nations de la communauté occidentale[11].

La France n'est pas seulement un pays, c'est une civilisation. Aujourd'hui son influence est peut-être plus importante que dans la période d'après-guerre[12].

Aurelio Peccei, italien, président du Club de Rome, pense que la France a un rôle capital à jouer, spécialement dans le monde des idées.

La France est le cœur de l'Europe. L'Europe est le cœur du monde. Emblème[13] de l'Europe, la France est peut-être devenue une petite nation, mais elle est investie[14] d'une responsabilité historique. Menacé par des déséquilibres démographiques, culturels et militaires, le monde attend[15] de la France des idées, des innovations, une inspiration. La mission de la France est d'ordre spirituel ...

Saul Friedländer, israélien, professeur d'histoire contemporaine à l'université de Tel-Aviv, reste assez critique à l'égard de[16] la France. Il ne croit pas qu'elle puisse jouer un rôle important dans le monde de demain.

La France est aujourd'hui une «grande puissance moyenne[17]», mais elle aura des difficultés à maintenir cette position. Aujourd'hui, l'avenir d'une nation n'est pas basé seulement sur ses ressources naturelles et sur son potentiel industriel et économique. Il dépend aussi de ses capacités d'adaptation à la nouveauté[18] et de l'esprit d'initiative de sa population.

Dans vingt ans, les États-Unis seront toujours[19] la première nation industrielle, économique et scientifique du monde, précisément parce que les Américains ont cet esprit d'entreprise. Ils ont le goût[20] de l'innovation et du risque, qualité que les Français n'ont pas.

Si la culture française est toujours la première du monde, la langue française perd son importance et la production littéraire de la France est en déclin. Pour que la France maintienne son rang[21], il est indispensable qu'elle se dégage[22] de l'illusion de sa

---

1 *power*   2 *greatness*   3 *radiance*   4 *put together*
5 *to*   6 *as well ... as*   7 *those of*   8 *Third World*   9 *in spite of*   10 *keeps*

11 *western*   12 *postwar*   13 *symbol*   14 *vested with*
15 *expects*   16 *toward*   17 *average*   18 *change*   19 *still*
20 *taste for*   21 *rank*   22 *disengage*

grandeur représentée par un passé qui n'existe plus. Sinon[23], elle court le danger de devenir une «petite puissance moyenne».

Edith Cresson, française, Ministre du Commerce extérieur et du Tourisme, voudrait renforcer l'image de la France à l'étranger.

Quand les étrangers pensent à la France, ils pensent d'abord à son image culturelle. Il est regrettable qu'ils aient tendance à oublier nos réalisations scientifiques, techniques et économiques. Je me réjouis cependant que notre réputation en matière de[24] recherches et d'industries de pointe[25] soit assez bonne dans les pays en expansion comme le Japon ou le Brésil. Il faut que notre gouvernement fasse un plus grand effort pour démontrer que la France reste à la pointe[26] du progrès dans un certain nombre de domaines techniques. C'est ce que je fais lorsque je voyage à l'étranger.

Wassily Leontief, américain, Prix Nobel d'Économie, a une opinion nuancée de la France.

Il est évident que la France a un rôle dans le monde bien plus important que sa population et son revenu par habitant ne laisseraient supposer. Ce rôle est basé sur sa force nucléaire, son héritage culturel et son commerce extérieur.

En matière de politique internationale, la France a essayé de jouer un rôle d'arbitre dans les grands conflits internationaux. Je ne suis pas sûr qu'elle ait réussi. Dans les rapports Est-Ouest, elle fait solidement partie[27] de l'Alliance Atlantique. Dans les rapports Nord-Sud, elle prend souvent le parti des pays sous-développés, mais sa puissance économique limitée ne lui permet pas d'avoir le rôle qu'elle voudrait avoir ...

Dans l'ensemble[28], l'opinion de ces experts est assez semblable à l'opinion des Français. Pour ceux-ci[29], la France n'est ni une grande puissance, ni une petite puissance. C'est simplement une puissance moyenne (voir tableau).

23 *otherwise*   24 *in terms of*   25 *of high technology*
26 *at the top*   27 *is part*   28 *overall*   29 = eux

Comment voient-ils la France?

Selon ...	La France est ...		
	une grande puissance	une puissance moyenne	une petite puissance
les Américains	6%	64%	27%
les Japonais	30%	66%	3%
les Brésiliens	28%	57%	4%
les Espagnols	27%	62%	5%
les Allemands	15%	76%	7%
les Anglais	6%	63%	26%
les Français	23%	64%	12%

Quels sont les atouts[30] de la France dans le monde moderne? Sur le plan militaire, puisque[31] l'on doit malheureusement inclure ce critère dans le classement des nations, l'importance de la France est basée sur sa force nucléaire de dissuasion. Sur le plan économique, la France est le quatrième pays industriel après les États-Unis, l'Union Soviétique, le Japon et avant la Grande Bretagne. Sur le plan des relations internationales, le prestige de la France lui vient de sa situation privilégiée au sein de[32] la communauté européenne, de ses profondes[33] attaches avec ses anciennes colonies d'Afrique et de ses excellents rapports avec les pays du Tiers-Monde. Sur le plan scientifique et technique, la France continue à assumer une position de leader dans de nombreux domaines (transports, énergie, aérospatiale, télécommunication, recherche médicale, etc.). Mais le domaine le plus important reste celui des[34] idées. Là, l'héritage culturel de la France est impressionnant[35], mais il n'est plus suffisant. La France sera-t-elle capable de renouveler[36] cet héritage?

30 *trumps*   31 *since*   32 *within*   33 *deep*   34 *that of*
35 *impressive*   36 *renew*

(Adapté de *l'Express*, "La France est-elle encore une grande puissance?" 3 février 1984)

Questions sur le texte

1. Qui est le général de Gaulle? Quelle opinion a-t-il de la France?
2. D'après le texte, quels sont les critères qui servent à juger la grandeur d'un pays? D'après vous, quels sont les critères les plus importants? les moins importants?
3. Historiquement, quels étaient les pays rivaux de la France? Quelles sont les nouvelles grandes puissances? Quelle question est-ce que *l'Express* a posé à des experts internationaux?
4. Qui est Jeane Kirkpatrick? D'après elle, quel rôle diplomatique est-ce que la France joue? Comment définit-elle la France?
5. Qui est Aurelio Peccei? Quels sont les problèmes qui menacent le monde actuel? Quel rôle est-ce que la France peut jouer dans ce monde?
6. Qui est Saul Friedländer? Comment définit-il la France? D'après lui, de quels facteurs dépend l'avenir d'un pays? Pourquoi est-ce que les États-Unis resteront une grande puissance? Que doit faire la France pour rester une grande puissance?
7. Qui est Edith Cresson? D'après elle, quelle image les étrangers ont-ils de la France? Quels aspects ont-ils tendance à oublier?
8. Qui est Wassily Leontief? D'après lui, quels sont les éléments qui permettent à la France de jouer un rôle dans le monde? Quelle contradiction voit-il dans la politique internationale de la France?
9. Comment les Français jugent-ils leur pays? Dans quels différents domaines est-ce que la France conserve un rôle important? Comment peut-on expliquer l'importance de la France sur le plan de la politique internationale? dans le domaine scientifique?
10. D'après vous, quel est l'expert international qui a la meilleure opinion de la France? Expliquez. Quel est l'expert qui est le plus réservé à l'égard *(towards)* de la France? Expliquez.

Sujets de composition

1. Quelle opinion avez-vous de la France? D'après vous, dans quels domaines est-elle un pays fort? Dans quels domaines est-elle un pays faible? Expliquez.
2. Les États-Unis sont-ils une grande puissance? Expliquez.

12

POINTS DE VUE ET ATTITUDES

34. Réflexions sur l'Amérique

Les Français, surtout les jeunes, ne sont pas indifférents à l'égard° des États-Unis et des Américains. Un sondage° d'opinion a révélé que les jeunes Français considèrent les Américains comme les meilleurs amis de la France. Cette admiration n'est cependant pas inconditionnelle°. Voici une interview avec une étudiante française.

—Pour toi, l'Amérique, qu'est-ce que c'est?

—C'est un pays qui a un dynamisme extraordinaire et que j'admire beaucoup. C'est un pays qui m'attire° et que j'aimerais visiter.

—Aimerais-tu vivre là-bas?

—Oui, mais pas pour toujours.

—Pourquoi pas?

—Parce que la société américaine est trop intense! D'un côté°, j'admire l'ardeur avec laquelle° les Américains essaient de résoudre° les problèmes auxquels° ils sont exposés. D'un autre côté°, je ne comprends pas l'esprit° de compétition continuelle dans laquelle ils vivent ... .

—Tu généralises! Tous les Américains ne sont pas sous pression°.

—Bien sûr, tous les Américains ne sont pas stressés. Je crois cependant que l'Amérique est un pays d'extrêmes dans le bien et dans le mal. Il n'y a pas d'équilibre, de «juste milieu»°, comme en France.

—Est-ce qu'il y a des Américains pour qui tu as une admiration particulière?

—Bien sûr, mais ce sont des Américains d'une autre génération: Steinbeck, Hemingway, Dos Passos, par exemple. Personnellement j'admire aussi les géants du jazz: Louis Armstrong, Duke Ellington, Bessie Smith.

—Pourquoi?

—Parce qu'ils ont créé° une musique à laquelle on ne peut pas rester insensible°.

with regard to
survey
absolute

attracts

on the one hand
which / to solve / to which
on the other hand / spirit

pressure

"golden mean"

created / indifferent

Lecture culturelle: *Les Français jugent[1] les Américains*

Il y a longtemps que la France s'est «américanisée». Aujourd'hui les jeunes Français boivent du Coca-Cola, portent des blue-jeans, écoutent les derniers succès du «hit parade» sur leurs radio-cassettes[2] et vont voir les films américains une semaine après qu'ils sont sortis à New York.

Si la France vit «à l'américaine», est-ce que cela signifie que les Français soient pro-Américains? Généralement oui! Mais l'admiration des Français n'est pas sans limite. Si les Français admirent le dynamisme, le courage et la sincérité des Américains, ils déplorent, à tort[3] ou à raison[4], la superficialité des relations humaines, la violence, l'absence de traditions culturelles qui semblent caractériser les États-Unis.

Mais c'est surtout dans le domaine de la politique internationale que les Français tendent à être les plus critiques. D'après un sondage[5], voici comment les Français jugent les États-Unis et la politique américaine.

1. Dans l'ensemble[6], quelle opinion avez-vous sur la politique des États-Unis dans le monde?

très bonne opinion	1%
plutôt bonne opinion	45%
plutôt mauvaise opinion	20%
très mauvaise opinion	4%
sans opinion	30%

2. En cas de crise mondiale[7], feriez-vous confiance[8] au président des États-Unis?

très confiance	6%
assez confiance	40%
peu confiance	17%
pas confiance du tout	8%
sans opinion	29%

1 *judge*   2 *radio-cassette recorder*   3 *wrongly*   4 *rightly*
5 *poll*   6 *on the whole*   7 *world crisis*   8 *trust*

Structure et Vocabulaire

Vocabulaire: *Analyse et évaluation*

noms

le pouvoir	power	**une analyse**	analysis
un sondage	poll, survey	**une méthode**	method
		la moitié	half

verbes

admirer	to admire	Quelle est la personne que vous **admirez** le plus?
attirer	to attract	Je voudrais **attirer** votre attention sur ce point.
critiquer	to criticize	Pourquoi est-ce que tu **critiques** tout?
juger	to judge	Ne **jugez** pas les gens sur leurs apparences.

expressions

avoir tendance (à)	to have a tendency (to)	Vous **avez tendance à** généraliser.
en cas de	in case of	Que ferais-tu **en cas de** révolution?
à l'égard de	with respect to	As-tu une opinion **à l'égard de** ce problème?
la plupart de	most, the greatest number	**La plupart des** Américains sont idéalistes.

---

1. D'accord? Dites si vous êtes (partiellement, complètement, pas du tout) d'accord avec les opinions suivantes.

1. La plupart des Américains sont idéalistes.
2. Les États-Unis ne sont pas une véritable démocratie parce que moins de la moitié des gens votent aux élections.
3. Les sondages influencent l'opinion publique pendant les élections. Pour cette raison, il faut les interdire.
4. Les Américains ont tendance à juger les gens sur les apparences.
5. Le sondages sont une méthode très précise pour connaître l'opinion publique à un moment donné.
6. Aux États-Unis, on a tendance à admirer les gens quand ils sont au pouvoir et à les critiquer quand ils ne sont plus au pouvoir.
7. La plupart des Américains sont indifférents à l'égard de la politique internationale.
8. En cas de crise nationale ou internationale, les Américains ont tendance à soutenir *(support)* leur président.
9. Les gens qui critiquent les autres sont des gens qui ne sont pas sûrs d'eux-mêmes.
10. La violence attire la violence.

A. Révision: les pronoms relatifs *qui* et *que*

Compare the use of the relative pronouns **qui** and **que** in the following sentences.

J'ai un ami français ...	I have a French friend ...
... **qui** admire les États-Unis.	... *who (that)* admires the United States.
... **que** je vais inviter cet été.	... *(whom, that)* I am going to invite this summer.
Paris est une ville ...	Paris is a city ...
... **qui** attire les touristes.	... *that (which)* attracts tourists.
... **que** tout le monde trouve belle.	... *(that, which)* everyone finds beautiful.

■ The choice between **qui** and **que** depends on the function of the relative pronoun in the clause:

Qui is a subject pronoun. It is generally followed by a verb.
Que is a direct-object pronoun. It is generally followed by a subject and a verb.

☐ Although in English the direct-object relative pronoun *(whom—or who* in conversations; *that; which)* is often omitted, **que** must be expressed in French.

2. **Commentaires** Jean-Marc fait des commentaires sur certaines personnes ou sur certaines choses. Jouez le rôle de Jean-Marc selon les modèles.

▶ Voici une fille. Elle est très sympathique.   *Voici une fille qui est très sympathique.*
▶ Voici une fille. Je la trouve intelligente.   *Voici une fille que je trouve intelligente.*

1. Voici des artistes. Je les admire.
2. Voici des artistes. Ils n'ont pas de talent.
3. Voici une amie. Elle vient des États-Unis.
4. Voici une amie. Je l'invite souvent.
5. Voici un disque. Je l'écoute souvent.
6. Voici un disque. Il n'est pas à moi.
7. Voici des livres. Je les trouve idiots.
8. Voici des magazines. Je les lis souvent.

3. **Une journée à Paris** Complétez les phrases suivantes avec *qui* ou *que*.

1. Philippe a déjeuné dans un restaurant _____ sert des spécialités vietnamiennes.
2. Les touristes ont dîné dans un restaurant _____ le guide a recommandé.
3. Nous sommes allés dans un cinéma _____ joue des westerns.
4. Alice a acheté une robe _____ était en solde *(on sale)*.
5. Tu es sorti avec l'ami _____ tu as rencontré hier.
6. Je suis passé chez les amis _____ je vais inviter ce week-end.
7. Pierre a téléphoné à un étudiante _____ suit des cours à l'Alliance Française.
8. Nicole a donné des renseignements à des touristes américains _____ cherchaient le centre Pompidou.

4. **Expression personnelle** Complétez les phrases suivantes avec une expression personnelle.

▶ Paris est une ville qui / que ...   *Paris est une ville qui a beaucoup de monuments.*
                                          Paris est une ville que j'aimerais visiter.

1. Jack Nicholson est un acteur qui / que ...
2. Michael Jackson est un musicien qui / que ...
3. Jane Fonda est une femme qui / que ...
4. Québec est une ville qui / que ...
5. Le Mexique est un pays qui / que ...
6. Les Français sont des gens qui / que ...
7. Le tennis est un sport qui / que ...

B. Le pronom relatif *lequel*

The sentences on the left have been combined to form the single sentence that appears on the right. Note that the relative pronouns which join these sentences are introduced by prepositions (**sur, pour, avec**). Note also the forms of these pronouns.

Voici **un sondage.**	Voici un sondage **sur lequel** je travaille.
Je travaille **sur ce sondage.**	This is a poll *on which* I am working *(that* I am working *on).*
Connais-tu **la compagnie?**	Connais-tu la compagnie **pour laquelle** Paul travaille?
Paul travaille **pour cette compagnie.**	Do you know the company *for which* Paul works *(that* Paul works *for)?*
Tu critiques **les idées.**	Tu critiques les idées **avec lesquelles** tu n'es pas d'accord.
Tu n'es pas d'accord **avec ces idées.**	You criticize ideas *with which* you do not agree *(that* you don't agree *with).*

forms

■ The relative pronoun **lequel** has the following forms:

	singular	plural
masculine	**lequel**	**lesquels**
feminine	**laquelle**	**lesquelles**

☐ Note that **lequel** consists of two parts (**le** + **quel**), both of which agree with its antecedent.

■ **Lequel** is used after prepositions to refer to *things.* The word order is:

> antecedent + preposition + **lequel** + subject + verb

☐ **Lequel** may also be used to refer to *people,* but **qui** is preferred.

Voici la personne pour $\left\{ \begin{array}{l} \textbf{qui} \\ \textbf{laquelle} \end{array} \right\}$ je travaille.

☐ In French, the preposition *never* comes at the end of the sentence, though this word order is common in English.

Vocabulaire: *Quelques prépositions*

après	after		**dans**	in
pendant	during		**sur**	on
avant	before		**sous**	under
avec	with		**chez**	at ...'s house/office
sans	without		**entre**	between
			parmi	among
pour	for, in favor of			
contre	against		**envers**	towards
			vers	towards (a place)
devant	in front of		**par**	through, by
derrière	in back of, behind			
d'après	according to			
selon	according to			

5. **Au travail**   Anne montre à un ami l'endroit où elle travaille. Complétez ses phrases.

▶ Voici le bureau dans ...   *Voici le bureau dans lequel je travaille.*

1. Voici le laboratoire dans ...
2. Voici le projet sur ...
3. Voici les problèmes sur ...
4. Voici la compagnie pour ...
5. Voici les nouveaux instruments avec ...
6. Voici l'objectif principal pour ...
7. Comprends-tu la raison pour ...
8. Comprends-tu les nouvelles méthodes avec ...

6. **Expression personnelle** Êtes-vous d'accord avec les choses ou les personnes suivantes? Exprimez votre opinion personnelle. Pour cela, complétez les phrases en utilisant l'expression *avec lequel/qui je suis (je ne suis pas) généralement d'accord*. Faites attention à l'accord de *lequel*.

▶ Le capitalisme est un système ...
   Le capitalisme est un système avec lequel je suis (je ne suis pas) généralement d'accord.
▶ Le président est un homme ...
   Le président est un homme avec qui je suis (je ne suis pas) généralement d'accord.

1. Le communisme est une philosophie ...
2. La révolution est une méthode ...
3. Le pacifisme est une méthode ...
4. Jane Fonda est une femme ...
5. Karl Marx est un philosophe ...
6. La tolérance et la patience sont des qualités ...
7. La violence et la force sont des méthodes ...
8. Les partis extrémistes sont des partis ...
9. Mes amis sont des gens ...
10. Mes parents sont des personnes ...

C. Les formes contractées *auquel* et *duquel*

Note the forms of **lequel** in the sentences on the right.

Paul est allé **à un concert.**	Paul a aimé le concert **auquel** il est allé.
Il a aimé **ce concert.**	Paul liked the concert *to which* he went (*that* he went to).
Nous habitons **près d'un parc.**	Connais-tu le parc près **duquel** nous habitons?
Connais-tu **ce parc?**	Do you know the park near *which* we live?
J'ai raté l'examen **à cause de deux questions.**	Voici les deux questions à cause **desquelles** j'ai raté l'examen.
Voici les **deux questions.**	Here are the two questions because of *which* I failed the exam.

■ When introduced by the prepositions **à** or **de**, **lequel** has the following forms:

à + lequel	→ **auquel**	de + lequel	→ **duquel**
à + laquelle	→ **à laquelle**	de + laquelle	→ **de laquelle**
à + lesquels	→ **auxquels**	de + lesquels	→ **desquels**
à + lesquelles	→ **auxquelles**	de + lesquelles	→ **desquelles**

☐ The relative pronoun **duquel** is used most frequently with prepositional phrases ending in **de** (such as **près de**, **loin de**, **à cause de**, etc.).

7. **Dialogue** Posez des questions à vos camarades. Ils vont vous répondre affirmativement ou négativement en utilisant le mot entre parenthèses.

▶ s'intéresser à la politique? (une activité)
—*Tu t'intéresses à la politique?*
—*Oui, c'est une activité à laquelle je m'intéresse.*
ou: —*Non, ce n'est pas une activité à laquelle je m'intéresse.*

1. s'intéresser au football? (un sport)
2. réfléchir à l'avenir? (un sujet)
3. penser à sa profession future? (une chose)
4. jouer au «Scrabble»? (un jeu)
5. faire attention à sa santé? (une chose)
6. aller aux concerts? (des spectacles)

LES DOSSIERS DE L'AVENIR

Vocabulaire: *Quelques locutions prépositives*

à cause de	because of		
loin de	far from	au milieu de	in the middle of
près de	near	autour de	around
à côté de	next to	à l'extérieur de	outside (of)
en face de	across from, opposite	à l'intérieur de	inside (of)
à droite de	to the right of	au-dessus de	above, on top (of)
à gauche de	to the left of	au-dessous de	below

---

8. Questions personnelles

1. Habitez-vous loin de l'université ou près de l'université?
2. Qui habite à côté de chez vous?
3. Qui habite en face de chez vous?
4. En Angleterre est-ce qu'on conduit à droite ou à gauche de la rue? Et aux États-Unis?
5. Est-ce qu'il y a un jardin autour de la maison où vous habitez?
6. Est-ce qu'il y a un parc au milieu de votre ville?

9. **À Strasbourg** Imaginez que vous avez visité Strasbourg en compagnie d'un ami français. Maintenant vous lui demandez comment s'appellent les endroits que vous avez vus avec lui. Étudiez le modèle attentivement.

▶ Nous sommes passés près d'un monument.   *Comment s'appelle le monument près duquel nous sommes passés?*

1. Nous sommes passés près d'un cinéma.
2. Nous sommes passés près d'une école.
3. Nous avons déjeuné en face d'un magasin.
4. Nous avons pris des photos à l'intérieur d'un musée.
5. Nous avons rencontré des amis à côté d'un monument.
6. Nous avons attendu le bus en face d'un parc.

D. Le pronom *dont*

Note the use of the relative pronoun **dont** in the sentences on the right.

Voici **un jeune homme.** Je vous ai parlé **de ce jeune homme.**	Voici le jeune homme **dont** je vous ai parlé. Here is the young man *about whom* I spoke to you (*whom* I spoke to you *about*).
La politique est **un sujet.** Je ne parle jamais **de ce sujet.**	La politique est un sujet **dont** je ne parle jamais. Politics is a subject *about which* I never speak (*that* I never talk *about*).
Avez-vous **ces livres?** J'ai besoin **de ces livres.**	Avez-vous les livres **dont** j'ai besoin? Do you have the books *that* I need (= *of which* I have need)?

■ The relative pronoun **dont** replaces **de** + *noun* or *noun phrase*. It is therefore used with verbs and verbal expressions that are followed by **de: discuter de, parler de, avoir besoin de, avoir envie de, avoir peur de, se souvenir de, s'occuper de,** etc.

☐ **Dont** is invariable. It may refer to people or things.

☐ As with other relative pronouns, the word order is:

antecedent + **dont** + subject + verb (+ rest of sentence)

10. **Expression personnelle** Voici certains sujets de discussion. Dites si ce sont des sujets dont vous parlez avec les amis.

▶ la politique   *La politique est un sujet dont je parle souvent (rarement, etc.) avec mes amis.*
ou: *La politique est un sujet dont je ne parle jamais avec mes amis.*

1. le sport   3. mon avenir   5. mes relations familiales
2. la religion   4. mes études   6. mes problèmes d'argent

11. Activités de la journée Pauline raconte ce qu'elle a fait aujourd'hui. Jouez le rôle de Pauline d'après le modèle.

▶ trouver les livres (J'avais besoin de ces livres.) *J'ai trouvé les livres dont j'avais besoin.*

1. acheter la veste (J'avais envie de cette veste.)
2. lire l'article (Nous avons discuté de cet article en classe.)
3. voir le film (Je t'ai parlé hier de ce film.)
4. visiter l'exposition *(exhibition)* (Les journalistes ont parlé de cette exposition.)
5. rencontrer les amis (J'ai fait la connaissance de ces amis pendant les vacances.)
6. trouver le magazine (J'ai besoin de ce magazine.)
7. aller au club de sports (Je m'occupe de ce club de sports.)
8. rencontrer une amie d'enfance *(childhood)* (Je ne me souvenais pas de cette amie.)

Récapitulation

Substitution

Remplacez les mots soulignés par les mots entre parenthèses. Faites tous les changements nécessaires.

1. Où est le projet sur lequel tu travailles? (la composition, les articles, le livre, les devoirs)
2. Où est la fille avec qui tu es venu ce matin? (le garçon, les étudiants, le livre, les disques, la revue, le journal, le journaliste, la journaliste)
3. Voici une idée à laquelle je pense souvent. (un problème, des questions, un sujet, une chose)
4. Comment s'appelle l'école près de laquelle vous habitez? (le restaurant, le musée, la bibliothèque, les magasins, le parc)

Vous avez la parole: Réflexions sur la France

Composez un petit dialogue intitulé «*Réflexions sur la France*». Vous pouvez vous inspirer de «*Réflexions sur l'Amérique*» en utilisant quelques-unes des questions.

Expression personnelle Exprimez votre opinion sur les choses suivantes dans une construction relative.

▶ l'argent / une chose ... *L'argent est une chose dont tout le monde a besoin (qui n'est pas essentielle, que j'aimerais avoir ...)*

1. la politique / un thème ...
2. la paix *(peace)* dans le monde / un sujet ...
3. la justice / une question *(topic)* ...
4. l'inflation et le chômage / des problèmes ...
5. l'honnêteté et le courage / des qualités ...

35. *Êtes-vous idéaliste?*

Répondez aux questions suivantes, en choisissant l'une des options a, b ou c.

1. Selon vous, quelle est la principale qualité chez un ami?

   a. l'intelligence
   b. la sincérité
   c. la patience

2. Voici trois autres qualités. Laquelle° est la plus importante pour votre réussite° personnelle?   \
   which
success

   a. le courage
   b. l'ambition
   c. l'honnêteté

3. Voici trois objectifs°. Lequel voudriez-vous réaliser en priorité?   *goals*

   a. être riche
   b. être célèbre°   *famous*
   c. être indépendant(e)

4. Voici trois professions. Laquelle vous semble la plus intéressante?

   a. celle° d'ingénieur   *that*
   b. celle de journaliste
   c. celle de poète

5. Voici trois grands problèmes contemporains. Lequel doit-on résoudre° en priorité?   *solve*

   a. celui° de l'énergie   *that*
   b. celui de l'inflation
   c. celui de la justice dans le monde

6. Imaginez que vous allez passer une année en France. Vous avez le choix entre trois appartements. Lequel allez-vous choisir?

   a. celui qui a la plus belle vue°   *view*
   b. celui qui est le plus confortable
   c. celui qui est le plus près de l'université

Interprétation

Marquez un point pour les réponses suivantes: 1-b, 2-c, 3-c, 4-a, 5-c, 6-a. Comptez vos points.

Si vous avez 5 ou 6 points, vous êtes généreux (généreuse) et sans doute trop idéaliste. Ne soyez pas déçu(e) si la réalité ne correspond pas toujours à vos aspirations.

Si vous avez de 2 à 4 points, vous êtes idéaliste, mais vous avez aussi le sens pratique. Vous réussirez dans vos entreprises car vous connaissez les limites de ce qui est possible.

Si vous avez 1 ou 0 point, vous êtes réaliste, mais vous êtes peut-être trop préoccupé(e) par les questions matérielles.

Lecture culturelle: *Idéalisme ou matérialisme?*

«Avez-vous un idéal?» Les jeunes Français à qui on a posé cette question dans un sondage d'opinion ont répondu oui sans hésiter. Mais quand on leur a demandé quel était leur idéal, ces jeunes Français ne semblent pas avoir compris la signification du mot[1] «idéal».

Leur idéal est, en fait, le contraire de l'idéal. Ce n'est pas l'aspect spirituel ou moral de l'existence qui compte[2]. C'est l'aspect pratique et matériel. Les jeunes d'aujourd'hui croient avant tout[3] à la réussite[4] familiale ou professionnelle.

Voici les résultats de ce sondage:

1. Croyez-vous qu'il soit nécessaire d'avoir un idéal?

oui	85%
non	15%

2. Quel est cet idéal?

la réussite familiale	24%
la réussite professionnelle	21%
le bonheur[5]	16%
les loisirs	10%
l'argent et le confort	10%
les valeurs[6] morales, esthétiques ou religieuses	9%
la justice, l'égalité, la paix	7%
la santé	3%

1 *word* 2 *counts* 3 *above all* 4 *success* 5 *happiness* 6 *values*

Structure et Vocabulaire

Vocabulaire: *L'idéal*

noms

le bonheur	≠ le malheur	happiness	≠ unhappiness
une qualité	≠ un défaut	quality	≠ flaw, fault, drawback
une réussite	≠ un échec	success	≠ failure
un objectif	= un idéal	goal	= ideal

adjectif

célèbre	≠ inconnu	famous	≠ unknown

verbe

compter	to count	Quelles sont les choses qui **comptent** le plus pour vous?

1. D'accord? Dites si vous êtes (complètement, partiellement, pas du tout) d'accord avec les opinions suivantes. Si possible, expliquez votre position.

1. Le bonheur est une illusion.
2. L'argent ne fait pas le bonheur.
3. Le malheur des uns *(some)* fait le bonheur des autres.
4. Pour la plupart des Américains, la réussite est une obsession.
5. En général, on excuse les défauts des gens célèbres.
6. Nos défauts sont des déformations de nos qualités.
7. Nous vivons dans un monde sans idéal.
8. La curiosité est une qualité plus qu'un défaut.

L'argent ne fait pas le bonheur, mais ...

A. Le pronom interrogatif *lequel*

In the questions on the right, the pronouns in heavy print replace nouns. They are called *interrogative pronouns*. Note the forms of these pronouns.

J'achète un journal.	**Lequel** achètes-tu?	*Which one* ...
J'invite une amie.	**Laquelle** invites-tu?	*Which one* ...
Je parle avec des amis.	Avec **lesquels** parles-tu?	With *which ones* ...
Je sors avec des amies.	Avec **lesquelles** sors-tu?	With *which ones* ...

forms

■ The interrogative pronoun **lequel?** has the same forms as the relative pronoun **lequel.**

☐ When introduced by the prepositions **à** and **de,** it has the same contracted forms:

	parler à	*parler de*
J'ai deux frères.	**Auquel** as-tu parlé?	**Duquel** parles-tu?
J'ai deux sœurs.	**À laquelle** as-tu parlé?	**De laquelle** parles-tu?
J'ai beaucoup d'amis.	**Auxquels** as-tu parlé?	**Desquels** parles-tu?
J'ai beaucoup d'amies.	**Auxquelles** as-tu parlé?	**Desquelles** parles-tu?

uses

■ **Lequel?** is an interrogative pronoun and replaces a noun which has already been expressed. It is used to refer to people and things. **Lequel?** corresponds to the English *which one?* It never introduces a noun. Contrast the use of the interrogative adjective **quel?** and the interrogative pronoun **lequel?**:

Tu as beaucoup de livres.
Quels livres sont en français?	*Which books* are in French?
Lesquels sont en anglais?	*Which ones* are in English?

Voici des revues françaises.
Quelles revues lisez-vous d'habitude?	*Which magazines* do you usually read?
Lesquelles préférez-vous?	*Which ones* do you prefer?

2. **Projets** Madeleine vous parle de ses projets. Demandez-lui des précisions.

▶ Je vais voir un film. *Ah bon, lequel vas-tu voir?*

1. Je vais écouter une cassette.
2. Je vais inviter des amies.
3. Je vais acheter des disques.
4. Je vais visiter un musée.
5. Je vais lire une revue.
6. Je vais rencontrer un copain.

3. **Activités** François raconte à Janine ce qu'il a fait. Janine veut avoir des précisions. Jouez les deux rôles.

▶ assister à un match de tennis FRANÇOIS: *J'ai assisté à un match de tennis.*
                                  JANINE: *Ah bon! Auquel?*

1. assister à une conférence
2. aller à un concert
3. aller à une exposition *(exhibition)*

4. parler à des étudiantes
5. écrire à un ami
6. rendre visite à des cousins

4. **Absence** Marcelle parle des sujets qui ont été discutés au café cet après-midi. Georges, qui était absent, veut avoir des précisions. Jouez les deux rôles d'après le modèle.

▶ un film récent MARCELLE: *Nous avons parlé d'un film récent.*
                 GEORGES: *Ah oui? Duquel?*

1. un livre
2. un artiste moderne

3. une revue
4. un programme de télé

5. certains problèmes
6. certaines idées

B. Le pronom démonstratif *celui*

The words in heavy print replace nouns. They are called *demonstrative pronouns*. Note the forms of these pronouns.

Quel journal lis-tu?   **Celui-ci!**   (= ce journal-ci)
Quelle amie vas-tu inviter? **Celle-ci!**   (= cette amie-ci)
Quels disques veux-tu écouter? **Ceux-ci!** (= ces disques-ci)
Quelles filles invitons-nous? **Celles-ci!** (= ces filles-ci)

forms

■ The demonstrative pronoun **celui** agrees in gender and number with the noun it replaces. It has the following forms:

	singular	plural
masculine	**celui**	**ceux**
feminine	**celle**	**celles**

uses

■ The relative pronoun **celui** replaces **ce** + *noun* or *noun phrase*.

■ **Celui** cannot stand alone. It is often followed by **-ci** or **-là**.

Celui-ci usually means *this one* (or *these,* in the plural).
Celui-là usually means *that one* (or *those,* in the plural).

5. Rien n'est parfait   La présidente et le vice-président d'une compagnie comparent certaines choses et certaines personnes. Ils ne sont pas d'accord. Jouez les deux rôles d'après le modèle.

▶ l'ordinateur (rapide / facile à programmer)

—*Cet ordinateur est rapide.*
—*D'accord, mais celui-ci est plus facile à programmer.*

1. le bureau (confortable / spacieux)
2. la machine à écrire (bon marché / solide)
3. les ouvriers (travailleurs / consciencieux)
4. les secrétaires (intelligentes / loyales)
5. l'ingénieur (capable / imaginatif)
6. l'employée (sérieuse / qualifiée)
7. les vendeurs (dynamiques / ambitieux)
8. les avocates (célèbres / compétentes)

C. Le pronom *celui* + *de*

Note the use of the demonstrative pronouns in the following sentences.

Regarde la voiture!
C'est **celle de Paul.**   It is *Paul's (the one belonging to Paul).*

Regarde les photos!
Ce sont **celles de Jacques.**   They are *Jacques' (the ones belonging to Jacques).*

J'aime les films de Charlie Chaplin.
Moi, je préfère **ceux de Woody Allen.**   I prefer *Woody Allen's (those of Woody Allen).*

Le problème de l'énergie est sérieux.
Celui de l'injustice est plus sérieux.   *That of injustice* is more serious.

■ The pronoun **celui** may be followed by **de** + *noun.*

☐ The preposition **de** has several English equivalents *(of, from, by).* It may also indicate possession.

Est-ce que c'est **le livre de Paul?**   Is it *Paul's book?*
Non, c'est **celui de Marc.**   No, it's *Marc's.*

Note that although the equivalent construction in English does not use a pronoun, the pronoun **celui** must be expressed in French.

6. **Objets trouvés** (*Lost and found*)   Paul a trouvé certains objets. Il demande à Hélène si ces objets sont à elle. Hélène dit que non et elle identifie leurs propriétaires (*owners*). Jouez les deux rôles.

▶ une bicyclette (Henri)

PAUL: *C'est ta bicyclette?*
HÉLÈNE: *Non, c'est celle d'Henri.*

1. un journal (Jacques)
2. une montre (Sylvie)
3. un rasoir électrique (Marc)
4. des livres (Philippe)

5. des disques (Martin)
6. une caméra (Michèle)
7. une machine à écrire (mes cousins)
8. des photos (mes amis)

7. **Dialogue**   Demandez à vos camarades leurs préférences d'après le modèle.

▶ les romans (Hemingway / Steinbeck)?
—*Préfères-tu les romans d'Hemingway ou ceux de Steinbeck?*
—*Je préfère ceux d'Hemingway.* ou: —*Je préfère ceux de Steinbeck.*

1. les articles (*Time* / *Newsweek*)?
2. les nouvelles (CBS / ABC)?
3. les bandes dessinées (Garfield / Charlie Brown)?
4. l'humour (Johnny Carson / Joan Rivers)?
5. les films (Jack Nicholson / Woody Allen)?
6. le style (les voitures américaines / les voitures européennes)?
7. la cuisine (la cafétéria / ta mère)?
8. le climat (la Floride / la Nouvelle Angleterre)?

D. Le pronom *celui* + *qui / que*

Note the use of **celui** in the following sentences.

Achètes-tu ce journal?	C'est **celui qui** parle de politique.
	C'est **celui que** je trouve idiot.
Connais-tu cette fille?	C'est **celle qui** parle toujours de ses études.
	C'est **celle que** Robert trouve sympathique.

■ The pronoun **celui** may be followed by a relative pronoun.

☐ The choice between **celui qui** and **celui que** depends on what follows the pronoun.

Qui is a subject pronoun and is followed by a verb: ... **celui qui parle** ...
Que is a direct-object pronoun and is followed by a subject and a verb: ... **celui que je trouve** ...

☐ **Celui qui** and **celui que** correspond to the English expressions: *the one(s) who(m), the one(s) that*. In English the pronouns *whom (who)* and *that* are often omitted. In French, the pronoun **que** must be expressed.

Est-ce que ce journal est **celui que** tu veux?	Is this paper *the one (that)* you want?
Est-ce que ces filles sont **celles que** tu invites?	Are these girls *the ones (whom)* you are inviting?

8. Au choix   Exprimez votre choix entre les choses ou les personnes suivantes.

▶ une voiture qui est rapide ou confortable?   *Je préfère celle qui est confortable.*
                                                       ou: *Je préfère celle qui est rapide.*

1. un restaurant qui sert des spécialités françaises ou des spécialités chinoises?
2. un travail qui offre un bon salaire ou une grande variété de responsabilités?
3. une maison qui a une piscine ou un grand jardin?
4. des cours qui sont faciles ou intéressants?
5. des amies qui s'intéressent aux sports ou à la musique?
6. des voisins qui sont discrets ou très sociables?

9. Pas de chance   Amélie a passé un bon week-end. Alice a passé un mauvais week-end. Jouez le rôle d'Alice.

▶ L'amie que j'ai invitée était sympathique. (snob)   *Celle que j'ai invitée était snob.*

1. Le roman que j'ai lu était intelligent. (stupide)
2. Le film que j'ai vu était intéressant. (absurde)
3. Les gâteaux que j'ai achetés étaient excellents. (mauvais)
4. L'exposition que j'ai visitée était exceptionnelle. (sans intérêt)
5. Les étudiants que j'ai rencontrés étaient intéressants. (désagréables)
6. Les cassettes que j'ai écoutées étaient très bonnes. (de mauvaise qualité)
7. Les photos que j'ai prises étaient belles. (mauvaises)

Récapitulation

Substitution

Remplacez les mots soulignés par les expressions entre parenthèses. Faites tous les changements nécessaires.

1. Tu veux un livre! D'accord! Lequel veux-tu? (des disques, une bicyclette, des chemises, un réfrigérateur)
2. J'achète cette voiture parce que celle-ci est trop chère. (cette moto, ces chaussures, cet électrophone, ces disques)
3. Je n'ai pas ton appareil-photo mais j'ai celui de Jacques. (ta machine à écrire, ta guitare, ton magnétophone, tes livres, les revues de Paul)
4. Je ne connais pas cette fille mais je connais bien celle qui parle à Sylvie. (cet étudiant, ces garçons, ce jeune homme, ces personnes, ces étudiantes)

Vous avez la parole: Préférences

Exprimez vos préférences en matière littéraire ou artistique et décrivez les préférences de vos amis, d'après le modèle. Vous pouvez utiliser les mots suivants: romans, poèmes, articles, disques, pièces, opéras, comédies musicales, films.

▶ *J'aime les films de Shirley MacLaine. Mes amis préfèrent ceux de Meryl Streep.*

36. Avez-vous l'esprit d'initiative?

Répondez aux questions suivantes en choisissant l'une des options a, b ou c.

1. Quand vous avez un problème, sur qui comptez-vous principalement?

   a. sur vos amis
   b. sur vos parents
   c. sur vous-même

2. Si vous aviez le choix, avec qui voudriez-vous faire le tour du monde°?   *to go around the world*

   a. avec un club de vacances
   b. avec votre meilleur(e) ami(e)
   c. seul(e)°   *by yourself*

3. De quoi parlez-vous le plus souvent avec vos amis?

   a. de sport
   b. de vos projets
   c. de vos sorties°   *dates*

4. Selon vous, qu'est-ce qui constitue l'élément le plus important dans une profession?

   a. le salaire
   b. les responsabilités
   c. la sécurité de l'emploi

5. Qu'est-ce que vous admirez le plus chez une personnalité politique?

   a. l'indépendance
   b. le savoir-faire°   *"know-how"*
   c. l'honnêteté

6. Qu'est-ce qui vous préoccupe le plus actuellement?

   a. vos relations familiales
   b. vos rapports avec vos amis
   c. l'avenir

7. Dans une situation compliquée, qu'est-ce qui vous attire le plus?

   a. ce qui° est dangereux   *that which*
   b. ce qui est difficile
   c. ce qui est mystérieux

8. Pour vous, qu'est-ce que c'est que° la liberté?   *what is*

   a. faire ce qu'on veut
   b. dire ce qu'on pense
   c. faire le contraire de ce que veulent les autres

Interprétation

Marquez un point pour les réponses suivantes: 1-c, 2-c, 3-b, 4-b, 5-a, 6-c, 7-b, 8-a. Comptez vos points.

Si vous avez 5 points ou plus, vous êtes une personne dynamique et indépendante.

Si vous avez moins de 5 points, vous avez certainement beaucoup de qualités, mais l'énergie n'est pas votre qualité principale.

Lecture culturelle: *La France et le progrès technique*

On a souvent dit des Français que c'étaient des penseurs[1] plus que des réalisateurs[2]. Cette remarque s'applique en particulier au domaine scientifique. Historiquement les savants[3] français se sont souvent intéressés plus à la théorie qu'à la pratique et ont brillé[4] plus par leur esprit[5] d'invention que par leur sens commercial. Ce sont des savants français qui ont inventé le moteur à explosion[6], la photographie, le télégraphe, le téléphone, le cinéma ...* Ce sont des sociétés[7] étrangères qui ont assuré le succès commercial de ces inventions.

Cela ne signifie pas que les réalisations[8] techniques françaises n'existent pas. Au contraire, les Français ont joué un rôle de pionniers dans le développement de l'industrie automobile et de l'aviation. Aujourd'hui, ces réalisations restent très importantes dans de nombreux domaines (transports, aéronautique, électronique, informatique, optique). Dans le domaine des transports, on peut citer le développement du TGV (Train à Grande Vitesse) qui reliera[9] Paris à Genève et Marseille à la vitesse[10] de 250 kilomètres à l'heure. Dans le domaine de la télématique[11], le service Vidéotex permet aux utilisateurs du téléphone d'accéder[12] à toutes sortes d'informations télévisées. Aujourd'hui comme autrefois, la technologie française reste toujours à la pointe[13] du progrès.

1 *thinkers*   2 *doers*   3 *scientists*   4 *have shone*   5 *spirit*
6 *combustion engine*   7 = compagnies   8 *productions*
9 *will link*   10 *speed*   11 *computerized data transmission*
12 *to gain access*   13 *tip*

*On doit le moteur à explosion à l'ingénieur Beau de Rochas (1862), la photographie à Niepce (1827), le télégraphe à Ampère (1820), le téléphone à Bourseul (1854), le cinéma aux frères Lumière (1895).

Structure et Vocabulaire

Vocabulaire: *La science et l'industrie*

un produit	product	**une compagnie**	company
un savant	scientist	**une découverte**	discovery
		une expérience	experiment
		une industrie	industry
		la recherche	research
		une société	company

AIDER LA RECHERCHE C'EST DIRE NON AU CANCER

Pour l'espoir d'une vie sans cancer!

1. Questions personnelles

1. Connaissez-vous quelques produits français vendus aux États-Unis? Lesquels?
2. Connaissez-vous quelques sociétés françaises? Lesquelles?
3. À votre avis, quelles sont les découvertes les plus importantes du vingtième siècle? Pourquoi ces découvertes sont-elles importantes? Dans quel domaine est-ce que la science fera des progrès importants dans les vingt prochaines années?
4. Pouvez-vous nommer *(name)* quelques grands savants français? Qu'est-ce qu'ils ont fait?
5. Faites-vous des recherches? Dans quels domaines?

Plusieurs TGV (Trains à Grande Vitesse)

A. Les pronoms interrogatifs sujets

The pronouns in heavy print are the subjects of the questions below. Note which pronouns refer to people and which pronoun refers to things.

Qui est venu ce matin?	C'est *ta cousine.*
Qui est-ce qui a téléphoné?	C'est *Jean-Claude.*
Qu'est-ce qui est sur la table?	C'est *le livre de Charles.*
Qu'est-ce qui vous préoccupe?	Ce sont *mes examens.*

■ In asking about the *subject* of a sentence, the following interrogative pronouns are used:

to *identify people:*	**qui** **qui est-ce qui** (= quelle est la personne qui)	*who*
to *identify things:*	**qu'est-ce qui** (= quelle est la chose qui)	*what*

☐ The pronouns above are followed by singular verbs.

Qui est-ce qui vous **amuse?**	Mes amis.
Qu'est-ce qui vous **amuse?**	Ces histoires drôles.

☐ These pronouns are modified by masculine singular adjectives.

Qu'est-ce qui est très **important** pour vous?

☐ Note the following expressions.

Qu'est-ce qui se passe?	*What's going on?*
Qu'est-ce qui est arrivé?	*What happened?*
Qu'est-ce qui ne va pas?	*What's wrong?*

2. **Le retour d'Éric** Éric est parti pendant le week-end. Quand il revient, son frère lui explique les choses qui se sont passées pendant son absence. Éric veut avoir des précisions. Jouez le rôle d'Éric. Commencez vos phrases par *qui est-ce qui.*

▶ Quelqu'un a téléphoné.   *Qui est-ce qui a téléphoné?*

1. Quelqu'un est venu.
2. Quelqu'un est entré dans ta chambre.
3. Quelqu'un a pris ta guitare.
4. Quelqu'un a conduit ta moto.
5. Quelqu'un a emprunté tes disques.
6. Quelqu'un a utilisé ta caméra.
7. Quelqu'un est sorti avec ta petite amie.
8. Quelqu'un a lu ton journal *(diary).*

3. **Un test psychologique**   Imaginez que vous êtes l'assistant(e) d'un professeur de psychologie. Vous allez interviewer plusieurs personnes pour connaître les choses suivantes. Préparez vos questions. Commencez chaque question par *qu'est-ce qui*.

▶ les choses qui vous troublent   *Qu'est-ce qui vous trouble?*

1. les choses qui vous amusent
2. les choses qui vous intéressent
3. les choses qui vous préoccupent
4. les choses qui vous embarrassent

5. les choses qui vous laissent indifférent
6. les choses qui vous rendent malheureux
7. les choses qui vous rendent heureux
8. les choses qui ne vous intéressent pas

4. **Répète, s'il te plaît!**   Un ami vous annonce les choses suivantes. Vous avez mal entendu et vous lui demandez de répéter. Commencez vos questions avec *Qu'est-ce qui* ou *Qui est-ce qui*.

▶ Nathalie a téléphoné ce matin.   *Qui est-ce qui a téléphoné ce matin?*

1. Jean-Claude est parti à deux heures.
2. Le bus est parti à trois heures.
3. Cette lettre est arrivée ce matin.
4. Monsieur Martin est passé cet après-midi.
5. Le dernier film de Jack Nicholson est passé à la télévision.
6. Vraiment, ce radiateur fait du bruit.
7. Les voisins ont fait du bruit hier soir.

B. Les pronoms interrogatifs objets directs

In the following questions, the pronouns in heavy print are the direct objects of the verb. Note which pronouns are used when the questions concern a person and which are used when the questions concern a thing.

Qui regardez-vous?   Je regarde *Paul*.
Qui est-ce que vous écoutez?   J'écoute *une amie*.

Que regardez-vous?   Je regarde *un livre*.
Qu'est-ce que vous écoutez?   J'écoute *un disque de musique classique*.

■ In asking about the *direct object* of a sentence, the following interrogative pronouns are used:

to identify people:	**qui** + verb + subject ... **qui est-ce que** + subject + verb ...	*whom (who)*
to identify things:	**que** + verb + subject ... **qu'est-ce que** + subject + verb ...	*what*

5. **Samedi** Paul explique à Caroline ce qu'il a fait le week-end dernier. Caroline veut avoir des précisions. Jouez le rôle de Caroline.

▶ J'ai vu quelqu'un.   *Qui est-ce que tu as vu?*
▶ J'ai vu quelque chose.   *Qu'est-ce que tu as vu?*

1. J'ai rencontré quelqu'un.   5. J'ai aidé quelqu'un.
2. J'ai fait quelque chose.   6. J'ai vendu quelque chose.
3. J'ai invité quelqu'un.   7. J'ai reçu quelqu'un chez moi.
4. J'ai acheté quelque chose.   8. J'ai perdu quelque chose.

C. Les pronoms interrogatifs après une préposition

The questions below begin with prepositions. Note the interrogative pronouns that follow these prepositions.

À **qui** penses-tu?   Je pense *à un ami.*
À **quoi** penses-tu?   Je pense *à mes examens.*
De **qui** parles-tu?   Je parle *de mon professeur de français.*
De **quoi** parles-tu?   Je parle *de mes vacances.*

■ After a preposition:
–the interrogative pronoun **qui** refers to persons;
–the interrogative pronoun **quoi** refers to things.

☐ In French, prepositions always come before the words they introduce. In questions, they usually come at the beginning of a sentence, never at the end.

À qui parles-tu?   *To* whom are you speaking?
                         (Who(m) are you talking *to?*)
Avec qui sors-tu?   *With* whom are you going out?
                         (Who(m) are you going out *with?*)

6. **Au téléphone** Marc et Claire se téléphonent. Claire entend mal ce que Marc dit (entre parenthèses). Elle demande à Marc de répéter. Jouez le rôle de Claire.

▶ Je sors avec (un ami américain).   *Avec qui sors-tu?*
▶ Je joue au (tennis).   *À quoi joues-tu?*

1. Je parle souvent à Paul.   6. Je pense aux (vacances).
2. Je lui parle souvent de (mes projets). 7. Je pense à (mes amis de Paris).
3. Je parle de (Francine).   8. J'ai besoin d'(argent).
4. Je lui parle des (vacances).   9. J'ai envie d'(une moto).
5. Je vais chez (un ami).   10. J'ai téléphoné à (Christine).

7. Questions personnelles

1. De qui parlez-vous avec vos amis? avec vos parents?
2. De quoi parlez-vous avec votre meilleur ami? avec votre meilleure amie? avec vos parents?
3. De quoi discutez-vous en classe de français? en classe d'histoire? en classe d'anglais? en classe de sciences sociales?
4. Chez qui allez-vous le week-end? pendant les vacances?
5. De quoi avez-vous le plus besoin actuellement? De quoi avez-vous envie? De quoi avez-vous peur?
6. À quoi aimez-vous jouer? À quoi est-ce que vous vous intéressez?

D. Résumé: les pronoms interrogatifs

The following chart summarizes the French interrogative pronouns.

	questions concerning people		questions concerning things	
subject	qui qui est-ce qui	Qui parle? Qui est-ce qui vient?	qu'est-ce qui	Qu'est-ce qui vous irrite?
direct object	qui + inversion qui est-ce que	Qui cherches-tu? Qui est-ce qu'il voit?	que + inversion qu'est-ce que	Que cherches-tu? Qu'est-ce que tu vois?
object of preposition	qui	À qui parlez-vous?	quoi	De quoi parlez-vous?

8. **Le président** Imaginez que vous êtes le/la président(e) d'une compagnie française. Vous vous êtes absenté(e) hier après-midi. Ce matin, votre secrétaire vous explique ce qui s'est passé pendant votre absence. Demandez-lui des précisions en utilisant le pronom interrogatif qui convient.

▶ J'ai écrit une lettre à quelqu'un.   *À qui avez-vous écrit?*

1. Quelqu'un a téléphoné.
2. Quelqu'un a envoyé un télégramme.
3. Quelque chose est arrivé au courrier *(in the mail)*.
4. Quelque chose a eu lieu pendant votre absence.
5. J'ai envoyé une lettre à quelqu'un.
6. J'ai téléphoné à quelqu'un.
7. J'ai acheté quelque chose pour le bureau.
8. J'ai eu besoin de quelque chose.
9. J'ai pensé à quelque chose.
10. J'ai parlé de quelque chose à nos clients.

E. Les pronoms ce *qui,* ce *que*

The sentences on the left are direct questions. The sentences on the right are indirect questions. Note the expressions in indirect speech that correspond to the interrogative pronouns **qu'est-ce qui** and **qu'est-ce que.**

direct speech	*indirect speech*
Qu'est-ce qui est arrivé?	Dis-moi **ce qui** est arrivé.
Qu'est-ce qui vous amuse?	Je vous demande **ce qui** vous amuse.
Qu'est-ce que tu fais?	Je voudrais savoir **ce que** tu fais.
Qu'est-ce que Pierre pense de ce livre?	Dites-moi **ce que** Pierre pense de ce livre.

▪ Both **ce qui** and **ce que** correspond to the English pronoun *what.*

Dites-moi **ce qui** vous amuse.	Tell me *what* amuses you.
Dites-moi **ce que** vous voulez.	Tell me *what* you want.

☐ **Ce qui** means **la chose qui** or **les choses qui,** and corresponds to the subject pronoun **qu'est-ce qui. Ce qui** is followed by a singular verb and is modified by a masculine adjective.

J'aime **les choses belles.**	J'aime **ce qui est beau.**
Je déteste **les choses compliquées.**	Je déteste **ce qui est compliqué.**

☐ **Ce que** means **la chose que** or **les choses que,** and corresponds to the direct-object pronoun **qu'est-ce que.**

☐ Both **ce qui** and **ce que** are often used as indefinite pronouns and do not refer to a specific antecedent.

Ce qui est simple ne m'intéresse pas.	*What* is simple does not interest me.
Ce que tu dis n'est pas vrai.	*What* you say is not true.

Proverbe   **Tout ce qui brille n'est pas d'or.**   All that glitters is not gold.

9. Interview   Imaginez que vous travaillez pour le magazine de votre université. Vous allez interviewer Annie, une étudiante française, et vous voulez obtenir les renseignements suivants. Posez vos questions d'une façon indirecte en commençant vos phrases par *dis-moi.*

▶ Qu'est-ce que tu étudies?   *Dis-moi ce que tu étudies.*
▶ Qu'est-ce qui est important pour toi?   *Dis-moi ce qui est important pour toi.*

1. Qu'est-ce que tu fais le week-end?
2. Qu'est-ce que tu as fait le week-end dernier?
3. Qu'est-ce que tu penses des Américains?
4. Qu'est-ce que tu vas faire l'année prochaine?
5. Qu'est-ce que tu trouves de bizarre ici?
6. Qu'est-ce qui t'intéresse?
7. Qu'est-ce qui t'amuse?
8. Qu'est-ce qui te préoccupe?

10. **Préférences**   Dites ce que vous préférez. Utilisez l'expression *ce qui est* + adjectif masculin singulier.

▶ les choses belles ou les choses utiles   *Je préfère ce qui est beau.*
                                                ou: *Je préfère ce qui est utile.*

1. les choses faciles ou les choses difficiles
2. les choses simples ou les choses compliquées
3. les choses utiles ou les choses inutiles
4. les choses sérieuses ou les choses amusantes

11. **Oui ou non?**   Informez-vous sur les personnes suivantes et décrivez ce qu'elles font ou ce qu'elles ne font pas d'après le modèle.

▶ Tu es discret. (répéter? / entendre)   *Tu ne répètes pas ce que tu entends.*

1. Nous sommes honnêtes. (rendre? / emprunter)
2. Je suis sincère. (dire? / penser)
3. Jean-Pierre est méfiant *(distrustful)*. (croire? / lire)
4. Tu as de la chance. (trouver? / chercher)
5. Vous êtes indécis et irrésolu *(wavering)*. (savoir? / vouloir)
6. Ces gens sont paresseux. (finir? / commencer)
7. Cécile est égoïste. (prêter? / avoir)
8. Nous sommes indépendants. (faire? / vouloir)

Récapitulation

Substitution

Remplacez les mots soulignés par les expressions entre parenthèses. Faites tous les changements nécessaires.

1. J'écoute le professeur. Et toi qui est-ce que tu écoutes?   (Jean-François, un disque, la radio, mes parents, Mike Wallace, un concert de piano)
2. Nous pensons à nos amis. Et vous, à qui pensez-vous?   (à nos parents, à cet acteur, à l'avenir, à nos amies, aux vacances, au problème de l'énergie, à la classe de français, au professeur)
3. Qu'est-ce que tu fais? Dis-moi ce que tu fais!   (manges, écoutes, bois, prépares, ne comprends pas, veux, vas faire ce soir)
4. Vous aimez les choses belles. Eh bien, moi aussi, j'aime ce qui est beau.   (drôles, sérieuses, mystérieuses, logiques, simples)

Vous avez la parole: Interview

Supposez que des étudiants français en voyage aux États-Unis visitent votre campus. Posez-leur 10 questions (sur ce qu'ils ont fait, ce qu'ils ont aimé, ce qu'ils n'ont pas aimé, ce qu'ils vont faire, etc.).

Appendices

I: Les sons français

	Son	Orthographe	Exemples
Voyelles orales	/a/	a, à, â	banane
	/i/	i, î	Mimi, Philippe, Nîmes
		y	Sylvie
	/e/	é	Léa
		e (devant un z, t ou r final et non-prononcé)	chez, chalet, dîner
		ai	français
	/ɛ/	è	chère, Michèle
		ei	Marseille
		ê	tête
		e (devant 2 consonnes)	Isabelle
		e (devant une consonne finale prononcée)	cher
		ai (devant une consonne finale prononcée)	française
	/u/	ou, où, oû	Loulou
	/y/	u, û	Lulu
	/o/	o	auto
		au, eau	beau
		ô	rôle
	/ɔ/	o	Nicole
		au	Paul
	/ø/	eu, œu	neveu
		eu (devant la terminaison -se)	sérieuse
	/œ/	eu, œu (devant une consonne finale prononcée excepté /z/)	moteur, sœur
	/ə/	e	le, René
Voyelles nasales	/ã/	an, am	André, Adam
		en, em	ensemble, emblème
	/ɛ̃/	in, im	instant, important
		yn, ym	synthèse, symphonie
		ain	américain
		en (dans la terminaison -ien)	bien, Julien

Son	Orthographe	Exemples
/ɔ̃/	**on, om**	on, salon, bombe
/œ̃/	**un, um**	brun, humble

Semivoyelles

Son	Orthographe	Exemples
/ɥ/	**u** (devant une voyelle)	suave, Suisse
/j/	**i, y** (devant une voyelle)	piano, Yolande, payer
	il, ill (après une voyelle)	travail, travailler
/w/	**ou** (devant une voyelle)	oui
/wa/	**oi** (devant une consonne)	noir
	oy	voyage
/wɛ̃/	**oin**	loin

Consonnes

Son	Orthographe	Exemples
/b/	**b**	barbare
/ʃ/	**ch**	machine
/d/	**d**	David
/f/	**f, ph**	Fifi, photo
/g/	**g** (devant **a, o, u** ou consonne)	garçon, Margot, Gustave
	gu (devant **e, i, y**)	guerre, guitare, Guy
/ʒ/	**j, je** (devant **a**)	Jacques, Jean
	g (devant **e, i, y**)	danger, Gigi
	ge (devant **a, o, u**)	changeant, Georges, courageux
/ɲ/	**gn**	espagnol
/l/	**l**	Lili, il
/m/	**m**	maman
/n/	**n**	ananas
/p/	**p**	papa
/r/	**r**	Robert
/k/	**c** (devant **a, o, u** ou consonne)	cacao, Corinne, Hercule
	ch (devant **r**)	Christine
	qu	qualité
	k	kilo
/s/	**c** (devant **e, i, y**)	Cécile
	ç (devant **a, o, u**)	garçon
	s (au début d'un mot ou avant une consonne)	Suzanne, reste
	ss	masse
	t (devant **i** + voyelle)	solution
/z/	**s** (entre deux voyelles)	rose
	z	Élizabeth
/t/	**t, th**	tante, théâtre
/v/	**v**	Victor
/gz/	**x** (devant **a, o, u**)	examiner
/ks/	**x** (devant **e, i**)	taxi

II: Les verbes réguliers

A. Conjugaison régulière

	Verbes en -er parler	Verbes en -ir finir	Verbes en -re répondre	Verbes pronominaux se laver
Indicatif présent	je parle tu parles il parle nous parlons vous parlez ils parlent	je finis tu finis il finit nous finissons vous finissez ils finissent	je réponds tu réponds il répond nous répondons vous répondez ils répondent	je me lave tu te laves il se lave nous nous lavons vous vous lavez ils se lavent
imparfait	je parlais tu parlais il parlait nous parlions vous parliez ils parlaient	je finissais tu finissais il finissait nous finissions vous finissiez ils finissaient	je répondais tu répondais il répondait nous répondions vous répondiez ils répondaient	je me lavais tu te lavais il se lavait nous nous lavions vous vous laviez ils se lavaient
futur	je parlerai tu parleras il parlera nous parlerons vous parlerez ils parleront	je finirai tu finiras il finira nous finirons vous finirez ils finiront	je répondrai tu répondras il répondra nous répondrons vous répondrez ils répondront	je me laverai tu te laveras il se lavera nous nous laverons vous vous laverez ils se laveront
passé composé	j'ai parlé tu as parlé il a parlé nous avons parlé vous avez parlé ils ont parlé	j'ai fini tu as fini il a fini nous avons fini vous avez fini ils ont fini	j'ai répondu tu as répondu il a répondu nous avons répondu vous avez répondu ils ont répondu	je me suis lavé tu t'es lavé il s'est lavé nous nous sommes lavés vous vous êtes lavés ils se sont lavés
plus-que-parfait	j'avais parlé tu avais parlé il avait parlé nous avions parlé vous aviez parlé ils avaient parlé	j'avais fini tu avais fini il avait fini nous avions fini vous aviez fini ils avaient fini	j'avais répondu tu avais répondu il avait répondu nous avions répondu vous aviez répondu ils avaient répondu	je m'étais lavé tu t'étais lavé il s'était lavé nous nous étions lavés vous vous étiez lavés ils s'étaient lavés
impératif	parle parlons parlez	finis finissons finissez	réponds répondons répondez	lave-toi lavons-nous lavez-vous

	Verbes en -er parler	Verbes en -ir finir	Verbes en -re répondre	Verbes pronominaux se laver
Conditionnel *présent*	je parlerais tu parlerais il parlerait nous parlerions vous parleriez ils parleraient	je finirais tu finirais il finirait nous finirions vous finiriez ils finiraient	je répondrais tu répondrais il répondrait nous répondrions vous répondriez ils répondraient	je me laverais tu te laverais il se laverait nous nous laverions vous vous laveriez ils se laveraient
Subjonctif *présent*	que je parle que tu parles qu'il parle que nous parlions que vous parliez qu'ils parlent	que je finisse que tu finisses qu'il finisse que nous finissions que vous finissiez qu'ils finissent	que je réponde que tu répondes qu'il réponde que nous répondions que vous répondiez qu'ils répondent	que je me lave que tu te laves qu'il se lave que nous nous lavions que vous vous laviez qu'ils se lavent
Participe *présent*	parlant	finissant	répondant	se lavant
passé	parlé	fini	répondu	lavé

B. Verbes à modification orthographique

	acheter	préférer	payer	appeler
Indicatif *présent*	j'achète tu achètes il achète nous achetons vous achetez ils achètent	je préfère tu préfères il préfère nous préférons vous préférez ils préfèrent	je paie tu paies il paie nous payons vous payez ils paient	j'appelle tu appelles il appelle nous appelons vous appelez ils appellent
imparfait	j'achetais	je préférais	je payais	j'appelais
futur	j'achèterai	je préférerai	je paierai	j'appellerai
passé composé	j'ai acheté	j'ai préféré	j'ai payé	j'ai appelé
plus-que-parfait	j'avais acheté	j'avais préféré	j'avais payé	j'avais appelé
impératif	achète achetons achetez	préfère préférons préférez	paie payons payez	appelle appelons appelez

	acheter	préférer	payer	appeler
Conditionnel *présent*	j'achèterais	je préférerais	je paierais	j'appellerais
Subjonctif *présent*	que j'achète que tu achètes qu'il achète que nous achetions que vous achetiez qu'ils achètent	que je préfère que tu préfères qu'il préfère que nous préférions que vous préfériez qu'ils préfèrent	que je paie que tu paies qu'il paie que nous payions que vous payiez qu'ils paient	que j'appelle que tu appelles qu'il appelle que nous appelions que vous appeliez qu'ils appellent
Participe *présent*	achetant	préférant	payant	appelant
passé	acheté	préféré	payé	appelé

III: Les verbes auxiliaires

Être et avoir

Indicatif Présent	Imparfait	Futur	Passé Composé	Impératif	Subjonctif Présent	Participe Présent	Participe Passé
être je suis tu es il est nous sommes vous êtes ils sont	j'étais	je serai	j'ai été	 sois soyons soyez	que je sois que tu sois qu'il soit que nous soyons que vous soyez qu'ils soient	étant	été
avoir j'ai tu as il a nous avons vous avez ils ont	j'avais	j'aurai	j'ai eu	 aie ayons ayez	que j'aie que tu aies qu'il ait que nous ayons que vous ayez qu'ils aient	ayant	eu

IV: Les verbes irréguliers

Infinitif	Indicatif Présent		Imparfait	Futur
aller	je vais	nous allons	j'allais	j'irai
	tu vas	vous allez		
	il va	ils vont		
boire	je bois	nous buvons	je buvais	je boirai
	tu bois	vous buvez		
	il boit	ils boivent		
conduire	je conduis	nous conduisons	je conduisais	je conduirai
	tu conduis	vous conduisez		
	il conduit	ils conduisent		
connaître	je connais	nous connaissons	je connaissais	je connaîtrai
	tu connais	vous connaissez		
	il connaît	ils connaissent		
courir	je cours	nous courons	je courais	je courrai
	tu cours	vous courez		
	il court	ils courent		
croire	je crois	nous croyons	je croyais	je croirai
	tu crois	vous croyez		
	il croit	ils croient		
devoir	je dois	nous devons	je devais	je devrai
	tu dois	vous devez		
	il doit	ils doivent		
dire	je dis	nous disons	je disais	je dirai
	tu dis	vous dites		
	il dit	ils disent		
écrire	j'écris	nous écrivons	j'écrivais	j'écrirai
	tu écris	vous écrivez		
	il écrit	ils écrivent		
envoyer	j'envoie	nous envoyons	j'envoyais	j'enverrai
	tu envoies	vous envoyez		
	il envoie	ils envoient		
faire	je fais	nous faisons	je faisais	je ferai
	tu fais	vous faites		
	il fait	ils font		
falloir	il faut		il fallait	il faudra
lire	je lis	nous lisons	je lisais	je lirai
	tu lis	vous lisez		
	il lit	ils lisent		

	Indicatif Présent		Imparfait	Futur
	je mets	nous mettons	je mettais	je mettrai
	tu mets	vous mettez		
	il met	ils mettent		
	j'ouvre	nous ouvrons	j'ouvrais	j'ouvrirai
	tu ouvres	vous ouvrez		
	il ouvre	ils ouvrent		
	je pars	nous partons	je partais	je partirai
	tu pars	vous partez		
	il part	ils partent		
ir	il pleut		il pleuvait	il pleuvra
ir	je peux	nous pouvons	je pouvais	je pourrai
	tu peux	vous pouvez		
	il peut	ils peuvent		
e	je prends	nous prenons	je prenais	je prendrai
	tu prends	vous prenez		
	il prend	ils prennent		
ir	je reçois	nous recevons	je recevais	je recevrai
	tu reçois	vous recevez		
	il reçoit	ils reçoivent		
	je sais	nous savons	je savais	je saurai
	tu sais	vous savez		
	il sait	ils savent		
	je suis	nous suivons	je suivais	je suivrai
	tu suis	vous suivez		
	il suit	ils suivent		
	je viens	nous venons	je venais	je viendrai
	tu viens	vous venez		
	il vient	ils viennent		
	je vis	nous vivons	je vivais	je vivrai
	tu vis	vous vivez		
	il vit	ils vivent		
	je vois	nous voyons	je voyais	je verrai
	tu vois	vous voyez		
	il voit	ils voient		
ir	je veux	nous voulons	je voulais	je voudrai
	tu veux	vous voulez		
	il veut	ils veulent		

Passé composé	Subjonctif Présent	Participe Présent	Autres conjuga...
je suis allé	que j'aille que nous allions	allant	
j'ai bu	que je boive que nous buvions	buvant	
j'ai conduit	que je conduise que nous conduisions	conduisant	constru... détruir...
j'ai connu	que je connaisse que nous connaissions	connaissant	dispara... reconn...
j'ai couru	que je coure que nous courions	courant	
j'ai cru	que je croie que nous croyions	croyant	
j'ai dû	que je doive que nous devions	devant	
j'ai dit	que je dise que nous disions	disant	interdi... prédir...
j'ai écrit	que j'écrive que nous écrivions	écrivant	décrir...
j'ai envoyé	que j'envoie que nous envoyions	envoyant	
j'ai fait	que je fasse que nous fassions	faisant	
il a fallu	qu'il faille		
j'ai lu	que je lise que nous lisions	lisant	élire

Passé composé	Subjonctif Présent	Participe Présent	Autres verbes ayant une conjugaison semblable
j'ai mis	que je mette que nous mettions	mettant	permettre promettre
j'ai ouvert	que j'ouvre que nous ouvrions	ouvrant	couvrir offrir découvrir souffrir
je suis parti	que je parte que nous partions	partant	dormir (j'ai dormi) s'endormir (je me suis endormi) mentir (j'ai menti) sentir (j'ai senti) servir (j'ai servi) sortir (je suis sorti)
il a plu	qu'il pleuve	pleuvant	
j'ai pu	que je puisse que nous puissions	pouvant	
j'ai pris	que je prenne que nous prenions	prenant	apprendre comprendre
j'ai reçu	que je reçoive que nous recevions	recevant	apercevoir décevoir
j'ai su	que je sache que nous sachions	sachant	
j'ai suivi	que je suive que nous suivions	suivant	
je suis venu	que je vienne que nous venions	venant	devenir (je suis devenu) revenir (je suis revenu) se souvenir (je me suis souvenu) maintenir (j'ai maintenu) obtenir (j'ai obtenu)
j'ai vécu	que je vive que nous vivions	vivant	
j'ai vu	que je voie que nous voyions	voyant	prévoir
j'ai voulu	que je veuille que nous voulions	voulant	

Vocabulaire

Français-Anglais

This vocabulary includes all the words used in *Contacts* except compound numbers and grammatical terminology. The definitions given are limited to the context in which the words are used in this book. Lesson references are given for those words and expressions that are formally activitated in a VOCABULAIRE or STRUCTURE section.

Regular adjectives are listed only in the masculine singular form. Irregular adjectives are listed under the masculine singular form followed by the irregular feminine singular or masculine plural form in parentheses. Irregular feminine or plural nouns are also noted in parentheses beside the singular form. Expressions are listed according to the key word.

The following abbreviations are used:

(m.)	masculine	*(inf.)*	infinitive	
(f.)	feminine	*(adj.)*	adjective	
(sing.)	singular	*(qqch.)*	**quelque chose** (something)	
(pl.)	plural	*(qqn.)*	**quelqu'un** (someone)	

à to, at, in 1; **à cause de** because of 34; **à condition que** provided that 33; **à l'heure** on time 29; **à moins que** unless; **à peu près** about; **à quelle heure** at what time 1; **à ce sujet** on this topic 26; **être à** to belong to 8
une abbaye monastery
d'abord first, at first 21
une absence absence
absolu absolute
absolument absolutely 32
abstrait abstract
absurde absurd
l'Acadie *(f.)* Acadia
les Acadiens *(m.)* "Cajuns"
accéder à to attain, to reach
accentué stressed
accepter to accept; to agree 32
un accident accident 21
accompagner to accompany
accomplir to fulfill
un accord agreement; **d'accord** OK! all right!; **être d'accord** to agree 2
un achat purchase
acheter to buy 7; **s'acheter** to buy for oneself 23
l'acier *(m.)* steel

un acteur (une actrice) actor (actress)
actif (active) active 25
l'action *(f.)* action
l'activité *(f.)* activity
actuel (actuelle) present, today 32
actuellement at present 32
adapter to adapt
l'addition *(f.)* bill
additionner to add
admettre to admit
l'administration *(f.)* administration; **l'administration des affaires** business administration
un admirateur (une admiratrice) admirer
l'admiration *(f.)* admiration
admirer to admire 34
adopter to adopt
adorer to adore
s'adresser (à) to address, to turn to
l'adresse *(f.)* address 27
adverse adverse
l'aérobic aerobics
un aérogramme air letter
un aéroport airport 6
une affaire bargain; **les affaires** business
affecté affected

affecter to affect
affectif (affective) affective, emotional
une affiche sign, poster
affirmatif (affirmative) affirmative
affirmativement affirmatively
affreux (affreuse) horrible
africain African; from Africa
l'Afrique *(f.)* Africa; **l'Afrique Noire** *(f.)* Black Africa; **l'Afrique du Nord** *(f.)* North Africa
agacé upset
l'âge *(m.)* age 13
âgé old 25
l'agence *(f.)* agency; **l'agence immobilière** real estate agency 19; **une agence de publicité** advertising agency
l'agent *(m.)* agent; **l'agent de police** police officer
l'agglomération *(f.)* urban area
agir to act 27
agité restless
l'agneau *(m.)* lamb; **gigot d'agneau** leg of lamb
agréable pleasant 19
l'agrément *(m.)* pleasure
agressif (agressive) aggressive
l'agriculteur *(m.)* farmer

l'aide *(f.)* aid, help
aider to help 17
aigu (aiguë) acute, sharp
ailleurs elsewhere 30; d'ailleurs besides, moreover 30
aimer to like, to love 1; aimer bien to like 24; aimer mieux to prefer 32
ainsi thus, therefore; so
l'air *(m.)* air; avoir l'air *(+ adj.)* to seem 22; en plein air open air
l'aise *(f.)* ease; à l'aise at ease
l'album *(m.)* album
l'alcool *(m.)* alcohol
alcoolisé alcoholic, containing alcohol
l'Algérie *(f.)* Algeria
algérien (algérienne) Algerian
alimentaire dietary
l'alimentation *(f.)* food; feeding
l'Allemagne *(f.)* Germany 13
allemand German 5; l'allemand German language; un Allemand (une Allemande) German (person) 13
aller to go 6; je vais bien I'm fine UP; un aller retour round-trip ticket; un aller simple one-way ticket; comment allez-vous? how are you? UP
l'alliance *(f.)* alliance; union
un allié (une alliée) ally 33
allô hello (on the telephone)
allumer to light
une alumette match
alors therefore, then, so, well 9; at that moment 29; alors! well! so! 9
l'alphabet *(m.)* alphabet
l'alpinisme *(m.)* mountain climbing 22
une alternative alternative
l'amateur *(m.)* lover, fan
l'ambassadeur *(m.)* ambassador
l'ambiance *(f.)* ambiance, atmosphere
ambigu (ambiguë) ambiguous
ambitieux (ambitieuse) ambitious 25
l'ambition *(f.)* ambition
l'ambulance *(f.)* ambulance
l'amélioration *(f.)* improvement
améliorer to improve 31
amener to bring, to take (along) 7
américain American 5; un Améri-

cain (une Américaine) American (person) 13
l'Amérique *(f.)* America; the Americas; l'Amérique Latine Latin America; l'Amérique du Nord North America
un ami (une amie) friend 4
l'amitié *(f.)* friendship 24
l'amour *(m.)* love 24
amoureux (amoureuse) (de) in love (with) 24
l'amphithéâtre *(m.)* lecture hall 18
amusant amusing 5
l'amusement *(m.)* amusement, entertainment
amuser to amuse 24; s'amuser to have fun; to enjoy oneself 24
un an year 13
une analyse analysis 34
analyser to analyze
l'ancêtre *(m.)* ancestor
ancien (ancienne) old 19; former
les Andes *(f.)* Andes
anglais English 5; l'anglais English (language); un Anglais (une Anglaise) English person 13
l'Angleterre *(f.)* England 13
l'animal domestique *(m.)* pet
animé lively
animer to animate; to enliven
l'animosité *(f.)* animosity
une année (whole) year 13; bonne année Happy New Year; l'année dernière last year 14; l'année prochaine next year 14; l'année scolaire school year
un anniversaire birthday; anniversary 3
l'annonce *(f.)* sign; advertisement; une petite annonce classified ad 18
annoncer to announce
un annuaire phone directory
l'anonymat *(m.)* anonymity
un anorak ski jacket 7
l'anthropologie *(f.)* anthropology 17
les Antilles *(f.)* West Indies
un/une antiquaire antique dealer
août August 3
apercevoir to see, to catch a glimpse of 6; s'apercevoir (de) to realize 26
l'apéritif *(m.)* aperitif
apparaître to appear

l'appareil: qui est à l'appareil? who's on the phone?
les appareils ménagers *(m.)* appliances
un appareil-photo camera 4
l'apparence *(f.)* appearance
apparenté related
un appartement apartment 9
appartenir à to belong to
appeler to call 23; s'appeler to be called 24; je m'appelle my name is UP; comment vous appelez-vous? what's your name? UP
appétissant appetizing
l'appétit *(m.)* appetite; bon appétit! enjoy your meal!
s'appliquer à to apply to
apporter to bring (something) 12
apprécier to appreciate
apprendre to learn 11; apprendre à *(+ inf.)* to learn
approprié appropriate
après after 14; après-demain day after tomorrow 14; un après-midi afternoon 13; de l'après-midi P.M. 2; l'après-guerre postwar; après tout after all 9; d'après according to 26
une aquarelle watercolor
un arbitre referee
l'arbre *(m.)* tree
l'Arc *(m.)* de Triomphe Arch of Triumph (monument in Paris)
archaïque archaic
un/une architecte architect 29
l'architecture *(f.)* architecture 17
l'ardeur *(f.)* energy, enthusiasm
l'argent *(m.)* money 7; gagner de l'argent to earn money
l'armée *(f.)* army
l'armement *(m.)* arms
les armes *(f.)* atomiques atomic weapons
une armoire wardrobe (closet)
s'arranger to work out
l'arrêt *(m.)* stop; l'arrêt de l'autobus bus stop
arrêter to stop (someone, something) 24; to arrest; s'arrêter (de) to stop (oneself) 24
l'arrivée *(f.)* arrival 30
arriver to arrive 1; to happen 21
un art art 6
un artichaut artichoke
un article article 18

artificiel (artificielle) artificial
un/une artiste artist
artistique artistic
un ascenseur elevator
l'Asie (f.) Asia
asocial antisocial
aspiré aspirated
aspirer to aspire
l'aspirine (f.) aspirin
s'assembler to assemble, gather
assez enough; rather 2; assez bien pretty well; assez de enough 12
une assiette plate
l'assistance (f.) assistance
un assistant (une assistante) assistant
assister à to attend; to witness 21
une association club
l'associé (m.) associate
l'assurance (f.) insurance; une compagnie d'assurances insurance company
assurer to assure
l'astrologie (f.) astrology
un/une astronaute astronaut
un atelier workshop
un/une athlète athlete
l'athlétisme (m.) track and field
l'atmosphère (f.) atmosphere, air
atomique atomic
atroce atrocious
attacher to fasten; to tie
attaquer to attack
attendre to wait for 10
une attente wait
attentif (attentive) attentive; careful 25
l'attention (f.) attention
attentivement attentively
atterrir to land (a plane)
une attitude attitude
attirer to attract 34
attribuer to attribute
au = (à + le) 6; au lieu de instead of 31; au moins at least 19; au sujet de about; on the subject of; au revoir good-by UP
une auberge inn
aucun (aucune) none, no, not any
audacieux (audacieuse) brave
l'augmentation (f.) raise
augmenter to increase 31
aujourd'hui today 3
auprès (de) to; close to
auquel = (à + lequel) 34

aussi also, too 2; aussi...que as...as 26
l'Australie (f.) Australia
autant de as many as 26; autant...que as many as 26
l'auteur (m.) author
une auto car 4; en auto by car
l'autobiographie (f.) autobiography
l'automne (m.) fall 13; en automne in the fall 13
un/une automobiliste motorist
l'autonomie (f.) autonomy
l'autoportrait (m.) self-portrait
l'autorisation (f.) authorization
l'autorité (f.) authority
l'autoroute (f.) expressway
l'auto-stop (m.) hitchhiking; faire de l'auto-stop to hitchhike 15
autour de around 34
un(e) autre another 19; d'autres others 19; l'autre the other 19; les autres the others 19
autrefois in the past, formerly 20
aux = (à + les) 6
avance: en avance early, ahead of time 29
avancer to move ahead, to advance
avant before 14; avant de before 31; avant que before 33; avant tout above all; avant-hier day before yesterday 14
un avantage advantage
avare stingy
avec with 1; avec qui with whom 3
l'avenir (m.) future 28
l'aventure (f.) adventure
une avenue avenue 19
l'aviation (f.) aviation
avide eager
un avion plane 6; en avion by plane 6
un avis opinion; à mon avis in my opinion 26
un avocat (une avocate) lawyer 29
avoir to have 4; to own; to possess; avoir...ans to be...years old 10; avoir besoin de to need 10; avoir chaud to be warm 10; avoir de la chance to be lucky; avoir confiance dans to trust; avoir envie de to want, to feel like 10; avoir faim to be hungry 10; avoir froid to be cold 10; avoir l'air (+ adj.) to seem, to look 22; avoir

l'intention de to intend, to plan 10; avoir lieu to take place 21; avoir mal à ... to have a ...ache 23; avoir mal au cœur to have an upset stomach 23; avoir moins de...ans to be under...years old; avoir l'occasion (de) to have the opportunity (to) 28; avoir peur to be afraid 33; avoir raison to be right 10; avoir rendez-vous avec (qqn.) to have a date with (someone) 1; avoir soif to be thirsty 10; avoir sommeil to be sleepy 10; avoir tendance (à) to have a tendency (to); avoir tort to be wrong 10
avril (m.) April 3
aztèque Aztec

le baccalauréat (le bac) French secondary school diploma
les bagages (m.) baggage; luggage
la bagarre fight
une baignoire bathtub
bâiller to yawn
le bal ball; dance
une banane banana 12
une bande dessinée comic strip 18
le banjo banjo
la banlieue suburbs 19
la banque bank
un banquier banker
les bans (m.) official wedding announcement; public notice of intent to marry
le baptême baptism
barbu bearded
bas (basse) low 26
des bas (m.) stockings 7
la base base; basis
le baseball baseball
baser to base
le basketball basketball
la bataille battle
un bateau (pl. bateaux) boat; un bateau-mouche sightseeing boat
un bâtiment building 19
le bâton stick, pole; skipole
le bavardage gossip
beau (belle, bel, beaux, belles) beautiful, handsome 9; il fait beau it's beautiful out 9
beaucoup a lot, much, very much 2; beaucoup de much (many),

very much (very many), a lot of, lots of 12; **beaucoup trop** much too much 12; **beaucoup trop de** much too much (many too many) 12

les **beaux arts** (*m.*) fine arts 17

un **bébé** baby

belge Belgian; from Belgium 13

la **Belgique** Belgium 13

le **besoin** need; **avoir besoin de** to need 10

bête stupid

la **bêtise** stupid act or remark

le **beurre** butter 11

un/une **bibliothécaire** librarian

une **bibliothèque** library 6

une **bicyclette** bicycle 4

bien well 2; **je vais bien** I'm fine UP; **bien sûr** of course 2; **bien sûr que non** of course not 2; le **bien vivre** good living; **bien portant** healthy 23

un **bien** good; advantage; asset

bientôt soon 29; **à bientôt!** see you soon! UP

la **bière** beer 11

un **bifteck** steak; minute steak

bilingue bilingual 18

un **billet** ticket; **un billet d'avion** plane ticket; **un billet de train** train ticket

la **biologie** biology 17

biologiquement biologically

un **bistrot** small café

blanc (blanche) white 7

blasé offhand, blasé

un **blazer** blazer

une **blessure** wound

bleu blue 7

blond blond 5

une **blouse** blouse

le **bœuf** beef 11

boire to drink 11

la **boisson** beverage, drink 11

la **boîte** box; can

la **bombe** bomb

bon (bonne) good 5; **bon marché** cheap; inexpensive 7; **il est bon** it is good 32; **il fait bon** the weather is nice 9; **en bonne forme** in good shape; **en bonne santé** in good health 22; **un bon vivant** one who appreciates good living

le **bonheur** happiness 35

bonjour hello UP

le **bord** side, edge

des **bottes** (*f.*) boots 7

la **bouche** mouth 23

bouger to move

un **boulanger (une boulangère)** baker

la **boule** ball; **la boule de cristal** crystal ball

un **boulevard** boulevard 19

un **bourgeois (une bourgeoise)** member of the middle class, bourgeois

une **bourse** scholarship 8

bousculer to bump

le **bout** end

la **bouteille** bottle

la **boutique** shop, boutique

un **bouton** pimple

le **bowling** bowling

la **boxe** boxing

un **bracelet** bracelet

la **branche** branch

le **bras** arm 23

une **brebis** sheep

bref (brève) brief

le **Brésil** Brazil 13

brésilien (brésilienne) Brazilian 13

breton (bretonne) from Britanny

le **bridge** bridge game 6

brillant brilliant 5

briller to shine

la **brochure** brochure

une **bronchite** bronchitis

bronzé tanned

une **brosse** brush 23

une **brosse à dents** toothbrush 23

se **brosser** to brush 23

le **bruit** noise 19

brûler to burn

une **brûlure** burn

brun dark-haired 5

brunir to tan 10

le **budget** budget 8

un **buffet** buffet

le **building** building

le **bulletin** bulletin; **le bulletin d'information** news bulletin; **le bulletin météorologique** weather report

un **bureau** (*pl.* **bureaux**) office 6; desk 9; **le bureau de tourisme** tourist bureau

une **bureaucratie** bureaucracy

un **bus** bus 6; **en bus** by bus 6

un **but** goal

le **buveur** drinker

c' = ce

ça = cela this, that, it UP; **ça va?** how are you? UP

une **cabine téléphonique** phone booth

un **cabinet de toilette** bathroom 9

le **cabinet ministériel** ministerial cabinet

un **cachet** pill, tablet

un **cadeau** (*pl.* **cadeaux**) gift

le **café** coffee 11

un **café** café 6

la **cafétéria** cafeteria

un **cahier** notebook 4

une **caisse** cash register

calculateur (calculatrice) calculating

une **calculatrice** calculator 4

calculer calculate

le **calendrier** calendar

calme calm 5

calmer to calm

la **calorie** calorie

un/une **camarade** classmate 4; **un/une camarade de chambre** roommate 4

le **Cambodge** Cambodia

le **cambriolage** burglary 21

un **cambrioleur (une cambrioleuse)** burglar

le **camembert** Camembert (cheese)

une **caméra** movie camera 4

la **campagne** country, countryside 15; **à la campagne** in the country 19

le **camping** camping 22; **faire du camping** to go camping

le **campus** campus

le **Canada** Canada 13

canadien (canadienne) Canadian 5; **un Canadien (une Canadienne)** Canadian (person) 13

un **canapé** sofa

le **cancer** cancer

le **candidat (la candidate)** candidate

une **cantine** school cafeteria 12

capable capable

capital primary, essential

une **capitale** capital (city) 13

le **capitalisme** capitalism

capricieux (capricieuse) capricious

car because 28

un **caractère** character, personality

caractériser to characterize
cardio-vasculaire cardiovascular
une carie cavity
des carottes (f.) carrots 12
un carrefour intersection
une carrière career
une carte menu; map; card; une carte de crédit credit card; une carte d'étudiant student ID card; une carte d'identité (official) identity card issued by French government; une carte (postale) card (postcard) 18; jouer aux cartes to play cards 6
une cartouche carton (of cigarettes)
cas: en cas de in case of 34
un casino casino
un casque helmet
casser to break; se casser la jambe to break one's leg
une cassette cassette 4
le catalogue catalog
la catégorie category
catholique Catholic
la cause cause; à cause de because of 28
la cave cellar
le caviar caviar 14
ce he, she, it, that; c'est ... it is UP; c'est-à-dire that is to say 18; ce que what 36; ce qui what 36
ce (cet, cette, ces) this, that; these, those 7
ceci this
une ceinture belt
cela (ça) that 27; pour cela for that reason
célèbre famous 35
célébrer to celebrate 7
le céleri celery
célibataire single, unmarried 5
celui (celle, ceux, celles) this one, that one 35; these, those 35; celui-ci this one here; celui-là that one there
cent one hundred 8; pour cent percent
cent mille one hundred thousand 8
une centaine a hundred
centième hundredth 25
un centime 1/100 of a franc
central (pl. centraux) central; main
une centrale nucléaire nuclear power plant
la centralisation centralization

le centre center 19; au centre de in the middle of
cependant however 28
la céréale cereal
la cérémonie ceremony
des cerises (f.) cherries 12
certain certain 19; certainement certainly, obviously
un/e certain/e a certain 19; certains a few people 19
le certificat certificate
la certitude certainty
cesser de (+ inf.) to stop, to quit 28
chacun (chacune) each, each one 30
une chaîne T.V. channel 20; chain; une chaîne-stéréo stereo 4
une chaise chair 9
le châlet chalet
une chambre (bed)room 9; une chambre d'étudiant student room; une chambre d'hôtel hotel room
le champ field
le champagne champagne
le champion (la championne) champion
le championnat championship
la chance luck 28; avoir de la chance to be lucky
le changement change 31
changer to change, to modify 31; changer de to change, to exchange 31
la chanson song; une chanson à boire drinking song
chanter to sing 2
un chanteur (une chanteuse) singer
un chapeau hat 7
une chapelle chapel
chaque each, every 19
le charbon coal
charger to charge, lead
charmant charming
le charter charter
le château (pl. châteaux) castle, chateau
chaud warm, hot; avoir chaud to be hot (warm) 10; il fait chaud it's hot out 9
le chauffage central central heating
le chauffeur de taxi taxi driver
des chaussettes (f.) socks 7
des chaussures (f.) shoes 7
chauvin chauvinistic

le chauvinisme chauvinism, nationalism
un chef boss, head 26
le chef-d'œuvre masterpiece
une cheminée fireplace
une chemise shirt 7
la chemiserie shirt store
un chemisier blouse 7
un chèque check; un chèque de voyage traveller's check
cher (chère) dear; expensive 7
chercher to look for, to get 9; chercher à to strive, try to 28
le cheval (pl. chevaux) horse
les cheveux (m.) hair 23
la cheville ankle
chez to, at...'s house 6; chez moi at my house; chez le dentiste to the dentist's (office)
chic elegant; un chic type nice guy
le chien dog
un chiffre number
la chimie chemistry 17
chimique chemical
un/une chimiste chemist
la Chine China 13
chinois Chinese 13; le chinois Chinese (language)
le chocolat chocolate
choisir to choose 10; choisir de to choose, to decide 28
un choix choice 26
le chômage unemployment 31
choquant shocking
choquer to shock
la chorale choir
une chose thing 4; quelque chose (de) something 19
chronologique chronological
la chute fall, drop; les chutes waterfall
le ciel sky; les cieux heavens
le cigare cigar
la cigarette cigarette
le cinéaste film producer
le cinéma movies 6; cinema, movie house 6; le cinéma de quartier local movie theater
cinq five 1
cinquante fifty 2
cinquième fifth 25
les circonstances (f.) circumstances
la circulation traffic 19
circuler to circulate, to move
le cirque circus

un citoyen (une citoyenne) citizen 33

la Cité Universitaire student residence hall

citer to cite, to quote

un citron lemon

civiliser to civilize

clair bright

la clarinette clarinet

une classe class 16; course; en classe in class

le classement ranking 25

classer to class, classify

classique classical

une clé key

le client (la cliente) customer, client

la clientèle clientele

le climat climate

un club club; un club sportif athletic club

un coca coca-cola

le cœur heart 23; avoir mal au cœur to have an upset stomach 23

le coffre chest; glove compartment

le cognac cognac

un coiffeur (une coiffeuse) hairdresser

un coin corner

la colère anger 33; se mettre en colère to get angry 24

un colis package

le collège high school

le collègue colleague

le colon colonist

une colonie colony; une colonie de vacances summer camp

combien? how much? 7; combien (+ verb + subject)? how much? 7; combien de (+ noun)? how many? 7

une comédie comedy

un comédien (une comédienne) actor (actress), comedian

le comité committee

commander to order 12

comme like, as 17; comme ça like that; comme ci, comme ça not too bad UP; comme les autres like others, like the others

un commencement beginning 28

commencer to begin 16; commencer à (+ inf.) to begin 28

comment how 3; comment allez-vous? how are you? UP; comment vous appelez-vous? what's your name? UP

le commentaire comment; commentary

un commerçant (une commerçante) businessman (businesswoman), shopkeeper

le commerce trade; business

commercial commercial, business

commercialiser to commercialize

une commode dresser

commun common

une communauté community

la communion communion

communiquer to communicate

le communisme communism

une compagnie company, business 36; une compagnie multinationale multinational company; en compagnie de in company of

comparable comparable

comparer to compare

une comparaison comparison

compenser to compensate

compétent competent 5

la compétition competition

un complément complement

complet (complète) complete; "No Vacancy" (hotels)

compléter to complete

le compliment compliment

compliqué complicated

compliquer to complicate

comporter to include

le compositeur (la compositrice) composer

la composition composition

composter to punch (ticket)

compréhensif (compréhensive) understanding

la compréhension understanding

comprendre to understand 11

compris understood; service compris tip included

un compte account; un compte en banque bank account; un compte chèques checking account

compter to count 35

la comptabilité accounting

la conception conception

concerner to concern

le concert concert

concevoir to conceive, to imagine

un/une concierge superintendent

concilier to reconcile

conclure to conclude

le concours contest

concrétiser to put into concrete form

la concurrence competition

le condiment condiment

la condition condition 26; à condition que on condition that, provided that 33; les conditions de vie living conditions

conduire to drive 29; se conduire bien to behave 29; se conduire mal to misbehave 29

la conférence lecture; être en conférence to be in a meeting

la confiance confidence; faire confiance à to trust in

une confidence confidence, secret; faire une confidence to tell a secret

la confiture jam 11

le conflit conflict

conformiste conformist 5

la conformité conformity

le confort comfort

confortable comfortable 5

confortablement comfortably

confus confused; embarrassed

le congé vacation 30; les congés payés paid vacation

un congélateur freezer

le congrès congress

conjuguer to conjugate

la connaissance knowledge; acquaintance; faire la connaissance (de) to get to know; to meet 15

connaître to know 17; to meet; to be acquainted with 19

la conquête conquest

consacrer to devote

la conscience conscience; prendre conscience de to become aware of

consciencieux (consciencieuse) conscientious 25

consciencieusement conscientiously

un conseil (piece of) advice 16; opinion

la conséquence consequence; par conséquent consequently

conservateur (conservatrice) conservative 25

conserver to keep, save 32

considérable considerable

considérer to consider 7; être bien considéré to be well thought of

consister à to consist of
la consommation drink (at a café); consumption
consommer to consume
une consonne consonant
constituer to constitute
la constitution constitution
la construction construction
construire to construct, to build 29
le consulat consulate
le contact contact; **prendre contact (avec)** to make contact (with)
contagieux (contagieuse) contagious
contemporain contemporary
contenir to contain
content happy 5; satisfied; **être content** to be happy 33; **se contenter de** to be satisfied with, to settle for
le contenu contents
un/une contestataire activist; protester
la contestation (social and political) protest
contester to contest
continental (*pl.* **continentaux**) continental
continu regular, continuous
continuel (continuelle) continual, unending
continuer to continue 28
la contraception contraception
la contraction contraction
un contractuel (une contractuelle) parking enforcement officer
contradictoire contradictory
la contrainte constraint, problem; restraint
le contraire opposite; **au contraire** on the contrary
un contrat contract
la contravention ticket, fine
contre against 19
contredire to contradict
le contrôle control, management
contrôler to control; to check
le contrôleur (la contrôleuse) bus driver; conductor
convaincre to convince
convaincu convinced
convenir to suit, to be appropriate, to be suitable
la conversation conversation
la conviction conviction

une convocation summons, invitation
un copain (une copine) pal, friend 8
copieux (copieuse) abundant
le corps body 23
une correspondance correspondence; change of trains
correspondre to correspond
une corrida bullfight
la Corse Corsica
cosmopolite cosmopolitan
un costume (man's) suit 7; costume
la côte coast
la Côte d'Ivoire Ivory Coast
le côté side; **à côté de** next to 34; **d'un côté** on the one hand; **de l'autre côté** on the other hand
le coton cotton
le cou neck 23
coucher to put to bed; **se coucher** to go to bed 23
le coucou cuckoo
la couleur color 7; **un téléviseur (en) couleur** color TV set
un coup: un coup de soleil sunburn; **un coup de téléphone** phone call
couper to cut 23; **se couper** to cut oneself 23
une coupure cut
le courage courage
courageux (courageuse) courageous 25
un coureur (une coureuse) runner
courir to run 22
le couronnement crowning, coronation
le courrier mail
un cours course, class 16; **le cours** exchange rate; **les cours d'été** summer courses; **suivre un cours** to take a class 16
la course race; fare
les courses (*f.*) errands; **faire les courses** to go shopping 12
court short 22
le cousin (la cousine) cousin 8
le coût cost; **le coût de la vie** cost of living
coûter to cost 7; **coûter cher** to be expensive
coûteux (coûteuse) costly; **peu coûteux** inexpensive
la coutume habit, custom
la couture fashion

une couverture cover; rain fly
couvrir to cover
la craie chalk
une cravate tie 7
un crayon pencil 4
créateur (créatrice) creative 25
la création creation
le crédit credit; **une carte de crédit** credit card
créer to create
la crème cream; custard 11
créole Creole
une crêpe crepe, thin pancake
crier to scream, to shout
le crime crime 19
la criminalité crime, criminality
le criminel (la criminelle) criminal
une crise crisis; **la crise cardiaque** heart attack
le cristal crystal
la critique criticism, critical review
critiquer to criticize 27
croire to believe, to think 28; **croire à** to believe in 28
la croisade crusade
un croque-monsieur grilled ham and cheese sandwich
la croyance belief
cruel (cruelle) cruel 25
le cuir leather
la cuisine cooking 9; **faire la cuisine** to cook, to do the cooking 12
une cuisine kitchen 6
une cuisinière range, stove; cook
culinaire culinary
cultivé cultivated
la culture culture
culturel (culturelle) cultural
une cure cure
curieux (curieuse) curious 25
la curiosité curiosity

d' = **de** 1
d'abord first of all 21
d'accord! OK! all right! 2; **être d'accord** to agree 2
le/la dactylo typist 15
d'ailleurs besides, moreover 30
une dame lady 4
les dames (*f.*) checkers 6; **jouer aux dames** to play checkers
le danger danger
dangereux (dangereuse) dangerous
danois Danish

dans in 1; **dans dix ans** in ten years; **dans l'ensemble** on the whole

la danse dance, dancing 6

danser to dance 2

le danseur (la danseuse) dancer

d'après according to 26; after; **d'après vous** according to you

la date date 13; **la date de naissance** birthdate

dater (de) to date (back to)

davantage more 30

de (d') from; of; about 1; **de la part de** from, on behalf of; **de l'aprèsmidi** P.M. (in the afternoon) 2; **pas de** no, not any 4

débarquer to disembark

le débat debate

débattre to debate

debout standing

le début beginning 28

décembre *(m.)* December 3

la déception deception

décevoir to disappoint 26

décider to decide; **décider de (+ inf.)** to decide to 28

la décision decision; **prendre une décision** to make a decision

déclarer to declare

décoller to take off (plane)

décoratif (décorative) decorative

décorer to decorate

décourager to discourage

les décors *(m.)* scenery

une découverte discovery 36

découvrir to discover 23

décrire to describe 18

décrocher to pick up

la défaite defeat

un défaut flaw, fault 35

défendre to defend, to protect; **défendre (à qqn) de (+ inf.)** to forbid, to prohibit 28; **défense de stationner** parking prohibited

la défense defense

le défilé parade

défini definite, defined

définir to define

la déformation deformation

se déguiser to disguise oneself

dehors outside; **en dehors de** aside from

déjà already 15

déjeuner to have lunch 12

un déjeuner lunch, noon meal 12

délicieux (délicieuse) delicious

le délire delirious excitement

le déluge flood

demain tomorrow 3; **demain matin** tomorrow morning 14; **demain soir** tomorrow night 14

la demande request

demander to ask; **demander (qqch) à (qqn)** to ask someone for something 18; **demander à (qqn) de (+ inf.)** to ask someone 28

se demander to wonder

le déménagement moving

déménager to move

demi half 2

demeurer to remain; to live

une démocratie democracy

démocratique democratic

démonstratif (démonstrative) demonstrative

le dentifrice toothpaste 23

le dentiste dentist

les dents *(f.)* teeth 23

le déodorant deodorant

le départ departure 30

dépasser to surpass, to exceed

se dépêcher to hurry 24

dépendre (de) to depend (on); **ça dépend** it depends

une dépense expense 8

dépenser to spend 8

se déplacer to move around

déplorer to deplore 33

déporter to deport

déposer to deposit

un dépôt deposit; **un dépôt de garantie** security deposit

une dépression depression

déprimer to depress

depuis since 13; **depuis combien de temps...?** for how long...? 13; **depuis quand...?** since when...? 13; **depuis que** since 33

dériver to derive

dernier (dernière) last 14; **la dernière fois** the last time

derrière behind 9; in back of

des = (de + les) 6

le désaccord disagreement

désagréable unpleasant 5

un désastre disaster

le désavantage disadvantage

désavantagé disadvantaged

descendre to go down, to get off, to stop (at a place) 15

la description description

se déshabiller to undress

un déshonneur disgrace, dishonor

désigner to designate, to indicate

désirer to wish 32; to want

désolé "sorry"; **être désolé** to be sorry 33

désoler to disappoint

le désordre disorder

le despotisme despotism

desquels (desquelles) = (des + lesquels) 34

le dessert dessert 11

le dessin drawing; **un dessin animé** cartoon 20

dessiner to draw; to design

au-dessous de below 34; **ci-dessous** below

au-dessus de above, on top of 34; **ci-dessus** above

une destination destination

la destinée destiny

le détail detail

détériorer to deteriorate

le déterminant determiner

détester to hate, to detest 1

le détracteur (la détractrice) detractor; critic

détruire to destroy 29

la dette debt

le D.E.U.G. (Diplôme d'Études Universitaires Générales) French undergraduate degree

deux two 1; **une Deux Chevaux** small French Citroën car; **deux fois** twice 20; **deux heures et demie** two-thirty 2

deuxième second 25; **la Deuxième Guerre Mondiale** Second World War

devant in front of 9

le développement development

développer to develop

devenir to become 13

la devise motto

devoir to have to; to be supposed to; must 16; **devoir (+ noun)** to owe 16

un devoir (written) assignment 16; duty

d'habitude usually 20; **comme d'habitude** as usual

dialoguer to speak with

dicter to dictate

un dictionnaire dictionary

la différence difference
différent different
difficile difficult 16
une difficulté difficulty; problem 27
la digestion digestion
la dignité dignity
dimanche (m.) Sunday 3
diminuer to diminish 31
dîner to dine; to eat dinner 1
un dîner dinner 12
diplomate diplomatic
un diplôme (en) diploma, degree (in) 16
dire to say, to tell 18; dire à (qqn) de (+ inf.) to tell someone 18; c'est-à-dire that is to say 18
directement directly
le directeur (la directrice) director
la direction direction
diriger to direct; to manage
dis! say! hey! 9
discipliner to discipline
une discothèque a disco
un discours speech
discret (discrète) discreet 25
la discrimination discrimination
une discussion discussion
discuter to talk; discuter de to discuss, to talk over
disparaître to disappear
disponible available
les disponibilités (f.) number available
disposer de to have the use of
la disposition layout
se disputer (avec) to quarrel, to argue (with) 24
un disque record 4
la distance distance
distant distant
distinct distinct
la distinction distinction
la distraction distraction; amusements
la distribution distribution
divers (diverses) miscellaneous; various
diviser to divide
le divorce divorce
divorcer to divorce 24
dix ten 1
dix-huit eighteen 2
dix-neuf nineteen 2
dix-sept seventeen 2
dixième tenth 25

docile docile 25
le docteur doctor
un doctorat Ph.D.; doctor's degree
un document document
un documentaire documentary 20
le doigt finger 23
un dollar dollar
un domaine area, field 26
domestique domestic, household
le domicile home
la domination dominance, domination
dominer to dominate
dommage! too bad!; il est dommage it's too bad 32
donc therefore, thus 26
donner to give; donner (qqch) à (qqn) to give (something) to (someone) 18; donner rendez-vous (à) to make a date (with) 24; donner sur to look out on
dont whose; of which 34
dormir to sleep 15
le dortoir dormitory
le dos back 23
la douane customs 33
un douanier customs official
doublement doubly
doublé dubbed
une douche shower
une douleur pain
le doute doubt; sans doute without a doubt, probably
douter to doubt 33
douteux (douteuse) doubtful 33
doux (douce) sweet 25
une douzaine dozen
douze twelve 1
un drame drama
droit straight; tout droit straight ahead
le droit law 17
un droit right
la droite the right; à droite to the right; à droite de to the right of 34
une droque drug
drôle funny 5
du (de la, de l', des) some (partitive articles) 11
du = (de + le) 6; du matin A.M. (in the morning) 2; du soir P.M. (in the evening) 2; du moins at least
duquel = (de + lequel) 34

dur hard 26
durable lasting
durer to last 30
dynamique dynamic 5
un dynamisme dynamism

l'eau (f.) water 11; l'eau courante running water; l'eau minérale mineral water 11
un échange exchange 32; faire échange avec to exchange with; to make an exchange with
échapper to escape
un échec failure 35
les échecs (m.) chess 6; jouer aux échecs to play chess
l'échelle (f.) ladder
une école school 6; l'école secondaire secondary school
un/une écologiste ecologist
l'économie (f.) economy
les économies (f.) savings; faire des économies to save money 9
économique economical
économiser to save, economize
écouter to listen to 1
l'écran (m.) screen
écrire to write 18
un écrivain writer 18
l'éducation (f.) education
éduquer to educate
en effet in fact 9
efficace efficient; effective
un effort effort
égal (pl. égaux) equal 25
l'égalité (f.) equality 26; l'égalité des sexes equality of the sexes
un égard consideration; à l'égard de with respect to 34
une église church 6
égoïste selfish 5
l'Égypte (f.) Egypt 13
égyptien (égyptienne) Egyptian 13
l'élection (f.) election
l'électricité (f.) electricity
électrique electric
l'électronique (f.) electronics 17
un électrophone record player 4
l'élégance (f.) elegance
élégant elegant
l'élément (m.) element
élevé high 26
elle she 1; avec elle with her; elle-même herself; elles they 1; elles-mêmes themselves

éliminer to eliminate
élire to elect 31
élision elision
embarrasser to embarrass
embêter to annoy
un emblème symbol
embrasser to hug
une émission show, program 20
emménager to move in
emmener to bring
empêcher to prevent
un empire empire
l'emplacement (m.) location
un emploi job, employment
un employé (une employée) employee 29
employer to employ, hire 8; to use 8
emprunter (à) to borrow (from) 27
en in, into 22; by; some, any; en cas de in case of 34; en effet as a matter of fact, indeed 9; en face de across from, opposite 34; en même temps at the same time; en particulier in particular; en plus moreover; en retard late 10
l'E.N.A. (École Nationale d'Aministration) (f.) French administrative school
encaisser to cash (a check)
enchanté delighted; "pleased to meet you"
enchanter to delight, enchant
encore still, yet, once more 21; ne...pas encore not yet 21
l'encouragement (m.) encouragement
encourager to encourage
s'endormir to fall asleep
un endroit place 15
l'endurance (f.) endurance
l'énergie (f.) energy; l'énergie nucléaire nuclear energy; l'energie solaire solar energy
énergique energetic 5
s'énerver to get nervous, upset 24
l'enfance (f.) childhood
un/une enfant child; les enfants children 8
s'enfermer to shut oneself up
enfin finally, at last 21
s'engager to enlist
enlever to take off, remove
ennemi enemy
un ennemi (une ennemie) enemy 33

ennuyeux (ennuyeuse) boring 25
énorme enormous
une enquête survey, poll
l'enregistrement tape recording
enrichir to enrich
ensemble together 16; dans l'ensemble on the whole
un ensemble group; musical ensemble
l'enseignement (m.) teaching; education; enseignement secondaire secondary education; enseignement supérieur higher education
enseigner to teach 16
ensuite after, then 21
entamer to strike up
entendre to hear 10; s'entendre to get along; s'entendre bien (avec) to get alone well (with) 24
entendu! all right! fine! agreed!
l'entente (f.) understanding
l'enterrement (m.) burial, funeral
un entracte intermission
entre between; among 24; entre parenthèses in parentheses
l'entrée (f.) entry; entrance
une entreprise business, firm 26; une entreprise familiale family business
entrer (dans) to enter; to come in 6
l'entretien (m.) upkeep
une entrevue interview
l'enveloppe (f.) envelope
envers toward 27
une envie envy; desire; avoir envie de to want; to feel like 10
environ approximately
envoyer to send 8
l'épaule (f.) shoulder
une épicerie grocery store
les épices (f.) spices
épier to watch; to spy
un épisode episode
une époque period, epoch, time 21
épouser to marry; to espouse 24
épouvantable ghastly
un époux (une épouse) spouse
éprouver to feel
épuisant exhausting
l'équilibre (m.) balance
équilibré well-balanced
une équipe team
l'équipement (m.) equipment; appliance
équiper to equip

équitable equitable
l'équitation (f.) horseback riding
une erreur error
les escaliers (m.) stairs
l'esclavage (m.) slavery
un/une esclave slave
l'espace (m.) space; l'espace vert open land
l'Espagne (f.) Spain 13
espagnol Spanish 5; l'espagnol Spanish (language); un Espagnol (une Espagnole) Spanish (person) 13
l'espérance (f.) hope
espérer to hope 7
l'espoir (m.) hope
l'esprit (m.) mind
essayer to try; essayer de (+ inf.) to try 28
l'essence (f.) gasoline
l'essentiel (m.) essential thing
essentiel (essentielle) essential; il est essentiel it is essential 32
essentiellement essentially
l'est (m.) east
l'estomac (m.) stomach 23
estudiantin student (adj.)
et and 1
établir to establish 31
un établissement establishment
une étagère shelf
une étape step, stage
un état state 13
les États-Unis United States 13
l'été (m.) summer 13; en été in summer 13
éternel (éternelle) eternal
éternuer to sneeze
l'étiquette (f.) etiquette
l'étoile (f.) star
étonnant surprising
l'étranger (l'étrangère) foreigner; stranger; à l'étranger abroad 15
être to be 2; c'est/il est/elle est it's ...; that's ...; he's ...; she's ... 5; être à to belong to 8; être au régime to be on a diet 12; être d'accord to agree 2; être en bonne santé to be in good health 22; être en forme to be in shape 22
les études (f.) studies 16; faire des études to study 16; to go to school; faire des études de to specialize in 16; les études com-

merciales business studies 17; **les études d'ingénieur** engineering studies 17; **les études littéraires** literary studies 17; **les études professionnelles** professional studies 17; **les études supérieures** higher education 17

un étudiant (une étudiante) student 4; **étudiant en pharmacie** pharmacy student; **étudiant en psychologie** psychology student; **un étudiant étranger** foreign student; **la carte d'étudiant** student ID card

étudier to study 1

euh... uh... er...9

l'Europe *(f.)* Europe

européen (européenne) European

eux them 3; **chez eux** at their house 6

l'évasion *(f.)* escape

un événement event 21

une éventualité eventuality

un évier sink

évoluer to evolve

évidemment obviously 25

évident obvious

éviter to avoid

l'évolution *(f.)* evolution

évoquer to evoke

exact exact

exactement exactly

un examen exam (test) 16; **l'examen d'entrée** entrance exam; **être reçu à un examen** to pass an exam 16; **passer un examen** to take an exam 16; **rater un examen** to flunk, fail an exam 16

excéder to exceed

excellent excellent

excentrique eccentric

excepter to except

l'exception *(f.)* exception

exceptionnel (exceptionnelle) exceptional

l'excès *(m.)* excess

excessif (excessive) excessive

l'exclamation *(f.)* exclamation

exclu excluded

l'excursion *(f.)* excursion

une excuse excuse

excuser to excuse; **excusez-moi** excuse me; **pardon me UP**; **s'excuser** to apologize 24

l'exclusivité *(f.)* exclusiveness

l'exemple *(m.)* example; **par exemple** for example

l'exigence *(f.)* demand

l'existence *(f.)* existence

exister to exist

l'exode *(m.)* exodus

l'expansion *(f.)* expansion

l'expérience *(f.)* experiment 36

expirer to expire

expliquer to explain 21

explorer to explore

explosif (explosive) explosive

l'explosion *(f.)* explosion

exporter to export

exposer to expose

l'exposition *(f.)* exhibit, exhibition

un express espresso

l'expression *(f.)* expression

exprimer to express 27; **s'exprimer** to express oneself 27

l'extérieur *(m.)* outside; **à l'extérieur de** outside (of) 34

extralucide psychic

un extrait extract

extraordinaire extraordinary

un/une extraterrestre being from outer space

l'extrême *(m.)* extreme

extrêmement extremely

extrémiste extremist

une fabrique factory, **une fabrique d'affiches** sign factory

la façade facade; front

la face face; **en face de** across from, opposite 34

facile easy 16

facilement easily

faciliter to facilitate

une façon way

le facteur (la factrice) mail carrier

une faculté faculty, power

faible weak 5

le faible weakness (moral)

la faiblesse weakness (physical)

la faillite bankruptcy

la faim hunger; **avoir faim** to be hungry 10

faire to do; to make 9; **faire attention (à)** to pay attention (to) 9; **fais attention!** watch out!; be careful!; **faire de l'auto-stop** to hitchhike 15; **faire du (français)** to study (French) 11; **faire**

du/de la *(+ musical instrument)* to study; to play 11; **faire du/de la/des** *(+ a sport)* to do, to participate actively in a sport 11; **faire la cuisine** to cook 12; **faire confiance à** to trust; **faire le contraire** to do the opposite; **faire les devoirs** to do homework 9; **faire des économies** to save money 9; **faire des études** to study, to go to school 16; **faire des exercices** to exercise 22; **faire un match (de)** to play a game (of) 9; **faire partie de** to be part of; **faire des progrès** to make progress; **faire une promenade** to go for a walk 9; **faire des recherches** to do research 17; **faire la queue** to stand in line; **faire savoir** to announce; to advertise; **faire un séjour** to reside; to spend time 15; **faire un stage** to work as a trainee; **faire le tour** to go around; **faire la vaisselle** to do the dishes 9; **faire les valises** to pack 15; **faire un voyage** to take a trip 9; **se faire inviter** to get oneself invited; **il fait beau** it's beautiful out 9; **il fait bon** it's nice out 9; **il fait chaud** it's warm, hot out 9; **il fait du vent** it's windy out 9; **il fait froid** it's cold out 9; **il fait mauvais** it's bad out 9; **il fait nuit** it's dark; **il fait un temps épouvantable** the weather is awful 9; **il fait x degrés** the temperature is *x* 9; **faisons connaissance** let's get acquainted

un fait fact 21

falloir to be necessary 16; **il faut** it is necessary; one must; you need 16; **il ne faut pas** you must not 16; **il ne faut pas nécessairement** you do not have to; one need not 16

fameux (fameuse) famous

familial *(pl.* **familiaux)** familial

familier (familière) familiar

la famille family 8; **en famille** in, with the family

la famine famine

un fana (= fanatique) fan; enthusiast

fantastique fantastic

le fantôme ghost

la farine flour
fascinant fascinating
fasciner to fascinate
fatigant tiring
fatigué tired
fatiguer to tire
faut: il faut (see falloir)
une faute mistake; faute d'argent for lack of money
un fauteuil armchair 9
faux (fausse) false 25
favorable favorable
favori (favorite) favorite 25
favoriser to favor
une fédération federation
félicitations! congratulations!
féministe feminist
féminin feminine
une femme woman 4; wife 8; la femme-cadre (woman) executive 29; la femme-ingénieur (woman) engineer 29
une fenêtre window 9
une fente slot
la ferme farm
fermer to close 23
le fermier (la fermière) farmer
une fête holiday 30; la fête nationale national holiday; la fête de la Bastille French national holiday (July 14)
le feu fire; au feu! fire!; les feux d'artifice fireworks
une feuille leaf; une feuille de papier piece of paper
un feuilleton serial, series 20
février (m.) February 3
le fiancé (la fiancée) fiancé; engaged person
se fiancer (avec) to get engaged (to) 24
fier (fière) proud; être fier to be proud 33
la fierté pride
la fièvre fever; avoir de la fièvre to have a fever
la figure face 23
une filiale branch (of bank)
une fille girl, young woman 4; daughter 8; une jeune fille young woman 4
un film movie 20; les films en exclusivité newly released movies; un film d'horreur horror film; un film policier detective movie

filmer to film
le fils son 8
la fin end 28
finalement finally
la finance finance
financer to finance
financier (financière) financial
finir to finish 10; to stop; to end; c'est fini it's finished; it's over; finir de (+ inf.) to finish 28
la firme firm, business
un flâneur (une flâneuse) stroller
la fleur flower
flexible flexible
le flic cop
la flûte flute
une fois once, one time 20; à la fois at the same time; combien de fois? how many times? 20; plusieurs fois several times 20
une folie mania; craze
la fonction function; en fonction de according to
un/une fonctionnaire civil servant 29
le fonctionnement functioning; operation
fondamental (pl. fondamentaux) fundamental
fonder to found
le football soccer 6
la force force; strength
la forêt forest
forger to forge
un forgeron blacksmith
le formalisme formality
la formalité formality
la formation formation; training
la forme shape, form 22; être en forme to be in good shape 22; garder la forme to keep in shape
formel (formelle) formal
former to form
formidable wonderful
un formulaire form
une formule formula, method
formuler to formulate
fort strong 5
la fortune fortune, money
un fossé ditch
fou (folle, fol, foux, folles) crazy 25; devenir fou to go crazy
une foule crowd
un four solaire solar collector
frais (fraîche) fresh; cool

les frais (m.) expenses; les frais médicaux medical expenses
des fraises (f.) strawberries 12
franc (franche) frank, honest 25
un franc Franc (unit of French money)
français French 5; d'expression française French speaking; le français French (language); un Français (une Française) French person 5
la France France 13; la France métropolitaine continental France
franchement frankly
francophone French-speaking
la frénésie frenzy
fréquent frequent
fréquenter to frequent, to go (someplace) often
le frère brother 8
des frites (f.) French fries 12
froid cold; avoir froid to be cold 10; il fait froid it's cold out 9
le fromage cheese 11
la frontière border 33
les fruits (m.) fruit 12
fugitif (fugitive) fleeting
fumer to smoke
furieux (furieuse) furious; être furieux to be mad, furious 33
futile futile
le futur future
la futurologie science of predicting the future

gagner to earn; to win 8; gagner (sa) vie to earn a living 19
un gant glove
un garage garage 9
garantir to guarantee
un garçon boy, young man 4; waiter 12
garder to keep; to preserve 12; garder la forme to stay in shape
une gare (train) station 6
la gastronomie gastronomy
le gâteau (pl. gâteaux) cake 11
la gauche left; à gauche de to the left of 34
la Gaule Gaul
le gaz gas
géant giant
le gendarme police, guards
gêner to bother

le **général** general
général (*pl.* **généraux**) general; **en général** in general
généralement usually, generally
généraliser to generalize
généreux (**généreuse**) generous
génétique genetic
Genève Geneva
génial (*pl.* **géniaux**) bright 25
le **genou** (*pl.* **genoux**) knee 23
le **genre** gender
les **gens** (*m.pl.*) people 5
gentil (**gentille**) nice 25
géographique geographic
la **gestion** management 17
le **gigantisme** hugeness, enormity
un **gigot d'agneau** leg of lamb
la **glace** ice cream 11; mirror
la **gloire** glory
le **golf** golf
la **gorge** throat 23
le **gourmet** gourmet
un **goût** taste
un **gouvernement** government 33
la **grâce** grace; **grâce à** thanks to
la **grammaire** grammar
un **gramme** gram
grand big, tall 5; **le grand magasin** department store; **une grande école** specialized graduate school
grandir to grow 10
la **grand-mère** grandmother 8
le **grand-père** grandfather 8
les **grands-parents** (*m.*) grandparents 8
gratuit free
grave grave, serious
grec (**grecque**) Grecian 13
la **Grèce** Greece 13
le **grenier** attic
une **grève** strike; **faire la grève** to go on strike
la **grippe** flu 22
gris grey 7
gros (**grosse**) fat 25
grossir to gain weight 10
grotesque grotesque
un **groupe** group 26; **en groupe** in a group; **les groupes constitués** organized groups
guérir to cure
la **guerre** war 33; **la deuxième guerre mondiale** World War II
le **guichet** ticket window
le **guide** guide; guidebook

guider to guide; to direct
une **guitare** guitar
la **gymnastique** gymnastics 22

The asterisk indicates an aspirate *h*; no liaison or elision at the beginning of the word.

l' **habillement** (*m.*) dress
habiller to dress; **s'habiller** to get dressed 23
les **habitants** (*m.*) inhabitants 19
habiter to live; to dwell in a place 1
une **habitude** habit; **d'habitude** usually 20; **avoir l'habitude de** to be used to, to be accustomed to
habituel (**habituelle**) habitual, usual
habituellement usually 20
haïten (**haïtienne**) Haïtian
des **haricots*** (*m.*) beans 12
l' **harmonie** (*f.*) harmony
le **hasard*** chance 28; **par hasard** by chance, accidentally 28
la **hauteur*** height
haut* tall; high; elevated
H.E.C. (**Hautes Études Commerciales**) French business school
hélas! alas!
un **hélicoptère** helicopter
un **héritage** heritage, inheritance; background
hériter to inherit
l' **hésitation** (*f.*) hesitation
hésiter to hesitate; **hésiter à** (+ *inf.*) to hesitate 28
l' **heure** (*f.*) time, hour 15; **à l'heure** on time 29; **à deux heures** at two o'clock 1; **à l'heure actuelle** at the present time 32; **à quelle heure?** at what time? 1; **quelle heure est-il?** what time is it? 1
heureusement happily; fortunately 25
heureux (**heureuse**) happy 5; **être heureux** to be happy 33
hier yesterday 14; **hier matin** yesterday morning 14; **hier soir** last night 14
l' **histoire** (*f.*) history 17; story 21
historique historic
l' **hiver** (*m.*) winter 13; **en hiver** in the winter 13
H.L.M. (*habitations à loyer modéré*) low-rent housing
le **hockey*** hockey
hollandais* Dutch

la **Hollande*** Holland
l' **hommage** (*m.*) respect, hommage
un **homme** man 4; **un jeune homme** young man 4; **un homme d'affaires** businessman; **un homme politique** politician
honnête honest 5
l' **honnêteté** (*f.*) honesty
la **honte*** shame; **avoir honte de** to be ashamed of
un **hôpital** hospital
l' **horaire** (*m.*) schedule
l' **horoscope** (*m.*) horoscope
l' **horreur** (*f.*) horror
les **hors-d'œuvre*** (*m.*) appetizer(s)
hospitaliser to hospitalize
l' **hospitalité** (*f.*) hospitality
l' **hôtel** (*m.*) hotel
l' **hôtesse** (*f.*) hostess; **l'hôtesse de l'air** stewardess
l' **huile** (*f.*) oil
huit* eight 1
huitième* eighth 25
humain human
humble humble
humaniser to humanize
l' **humanité** (*f.*) humanity
l' **humeur** (*f.*) mood; **de bonne (mauvaise) humeur** in a good (bad) mood
l' **humour** (*m.*) humor
un/une **hypocrite** hypocrite
hypocrite hypocritical

ici here 6; **d'ici là** between now and then
idéal ideal
un **idéal** ideal 35
idéaliste idealistic 5
une **idée** idea
identique identical
l' **identité** (*f.*) identity
l' **idiot** (*m.*) idiot
idiot stupid 5
l' **ignominie** (*f.*) shame
ignorer to ignore; to be unaware of
il he; it 1; **ils** they 1
il y a there is, there are 4; **il y a ... ans ...** years ago 15; **il n'y a pas de quoi** you're welcome; don't mention it
une **île** island
illisible unreadable
une **illusion** illusion
l' **image** (*f.*) image, picture

imaginaire imaginary
imaginatif (imaginative) imaginative 25
l'imagination (f.) imagination
imiter to imitate
immédiat immediate
immédiatement immediately; right now
immense immense; huge
un immeuble apartment building 19
l'immigré (m.) immigrant
immobile immobile
immortaliser to immortalize
immortel (immortelle) immortal
l'imparfait (m.) imperfect 20
imparfait imperfect 26
impartial (pl. impartiaux) impartial
l'impatience (f.) impatience
impatient impatient 5
s'impatienter to grow impatient 24
impensable unthinkable
impérial (pl. impériaux) imperial
impératif (impérative) imperative
un imperméable raincoat 7
impersonnel (impersonnelle) impersonal
impoli impolite 25
impopulaire unpopular
important important; il est important it is important 32
importer to import
imposer to impose
impossible impossible
les impôts (m.) taxes 31
un imprésario impresario; producer (theater)
l'impression (f.) impression; avoir l'impression (que) to think (that)
impressionner to impress
l'impressionnisme (m.) Impressionism (a style of French painting)
imprimer to print
imprudent careless 25
impulsif (impulsive) impulsive 25
inactif (inactive) inactive
inaliénable unalienable
inattendu unexpected
inaugurer inaugurate
inciter to incite; to urge
incompétent incompetent
incompréhensible incomprehensible
inconditionnel (inconditionnelle) absolute; unconditional
inconnu unknown 35
l'inconvénient (m.) inconvenience

l'Inde (f.) India
indécis indecisive
indéfini indefinite
l'indépendance (f.) independence 26
indépendant independent 5
indien (indienne) Indian
indiquer to indicate
indirect indirect
indiscret (indiscrète) indiscrete 25
indispensable indispensable; il est indispensable it is indispensable 32
un individu individual, person
individualiste individualistic 5
l'individualité (f.) individuality
l'Indochine (f.) Indochina
l'industrie (f.) industry 36; l'industrie pétrolière oil industry
industriel (industrielle) industrial
industrieux (industrieuse) industrious
inégal (pl. inégaux) unequal 25
l'inégalité (f.) inequality
inépuisable inexhaustible
l'infini (m.) infinity
un infirmier (une infirmière) nurse 29
l'inflation (f.) inflation 31
inflexible inflexible
influencer to influence
un informaticien (une informaticienne) data-processing specialist 29
les informations (f.) news 20
l'informatique (f.) computer science 17
informer to inform; s'informer de to find out about; bien informé well-informed
un ingénieur (une femme-ingénieur) engineer 29; les études d'ingénieur engineering studies 17
l'ingrédient ingredient
inhumain inhuman
l'initiative (f.) initiative; avoir l'esprit d'initiative to be enterprising
injuste unfair 31
l'injustice (f.) injustice
une innovation innovation
inquiet (inquiète) worried 25
inquiéter to worry (someone)
inscrire to inscribe; s'inscrire to enroll, to sign up; to register
insensible insensitive 25
insister to insist

un inspecteur (une inspectrice) inspector; un inspecteur de police police inspector
l'inspirateur (l'inspiratrice) inspirer
l'inspiration (f.) inspiration
inspirer to inspire
instable unstable
installer to install; s'installer to move in
un instant moment; dans un instant in a while 29
un instituteur (une institutrice) teacher
l'institution (f.) institution
l'instruction (f.) instruction, education
un instrument instrument; un instrument de musique musical instrument
intégrer to integrate
un intellectuel (une intellectuelle) intellectual
intellectuel (intellectuelle) intellectual 25
intelligent intelligent 5
intense intense
l'intention (f.) intention; avoir l'intention de to intend to 10
l'interdiction (f.) banning, ban on; interdiction de stationner no parking
interdire (à) to forbid 28
intéressant interesting 5
intéresser to interest; s'intéresser à to be (to get) interested in 24
l'intérêt (m.) interest
l'intérieur (m.) interior; à l'intérieur (de) inside (of) 34
international (pl. internationaux) international
un/une interprète interpreter
interroger to question, interrogate
interrompre to interrupt
intervenir to intervene
une interview interview
interviewer to interview
intituler to entitle; to title
l'introduction (f.) introduction
intuitif (intuitive) intuitive 25
l'intuition (f.) intuition
inutile useless 16; il est inutile it is useless 32
inventer to invent
l'inventeur (l'inventrice) inventor
une invention invention

inverser to reverse

l'inversion *(f.)* inversion

l'investissement *(m.)* investment

un invité (une invitée) guest

inviter to invite

l'Irlande *(f.)* Ireland 13

irlandais Irish 13

l'ironie *(f.)* irony

irréfutable irrefutable

irrégulier (irrégulière) irregular

irrésistible irresistable

irrésolu irresolute

irrespectueux (irrespectueuse) disrespectful

irriter to irritate

isolé isolated; alone

l'isolement *(m.)* isolation 20

isoler to isolate; to insulate

Israël *(m.)* Israel

l'Italie *(f.)* Italy 13

italien (italienne) Italian 5; **l'italien** Italian (language); **un Italien (une Italienne)** an Italian person 13

un itinéraire itinerary

l'ivoire *(f.)* ivory

j' = je

jaloux (jalouse) jealous 25

jamais never; ever 15; **ne … jamais** never; not ever 15

la jambe leg 23

le jambon ham 11

janvier *(m.)* January 3

le Japon Japan 13

japonais (japonaise) Japanese 5; **le japonais** Japanese (language); **un Japonais (une Japonaise)** Japanese person 13

le jardin garden 9

jaune yellow 7

jaunir to yellow, to turn yellow

le jazz jazz

des jeans *(m.)* jeans 7

je (j') I 1

le jet jet

un jeton token

un jeu *(pl.* **jeux)** game 6; **le jeu des acteurs** acting; **les Jeux Olympiques** Olympic Games; **des jeux télévisés** TV game shows 20

jeudi *(m.)* Thursday 3; **jeudi prochain** next Thursday 14

jeune young 5

un jeune young person; **une jeune fille** young woman 4; **un jeune**

homme young man 4; **les jeunes** youth, young people; **une Maison des Jeunes** youth center

la jeunesse youth, young people

un job job

le jogging jogging 22

la joie joy; **la joie de vivre** happiness

joli pretty 5

jouer to play 1; **jouer à** to play (a sport or game) 6; **jouer de** to play (an instrument) 6; **jouer un rôle** to play a part

un jour day 3; **de jour en jour** day to day; **ce jour-là** that day; **par jour** per day 8; **une journée** a (whole) day 13; **quel jour sommes-nous?** what day is it? 3

un journal *(pl.* **journaux)** newspaper 15; diary; **un journal de mode** fashion magazine

un/une journaliste journalist 29

joyeux (joyeuse) joyous; **joyeux anniversaire** happy birthday; **joyeux Noël** Merry Christmas

judiciaire judicial

le judo judo

le juge judge

un jugement judgment, opinion

juger to judge 34

juillet *(m.)* July 3

juin *(m.)* June 3

une jupe skirt 7

juridique judicial

le jus juice 11; **le jus de fruit** fruit juice; **le jus d'orange** orange juice 11; **le jus de tomate** tomato juice

jusqu'à until, up to 23; **jusqu'à ce que** until 33

juste just, right; fair 31; **il est juste** it is fair 32

la justice justice

justifier to justify

le karaté karate

le ketchup ketchup

un kilo(-gramme) kilogram

le kilomètre kilometer

un kimono kimono

l' = le; la

là there, here 6; **là-bas** over there 6; **ces jours-là** those days

un laboratoire laboratory 6

le lac lake

laisser to leave 27; to let; **laisser** *(+ adj.)* to leave

le lait milk 11

une lampe lamp 9

lancer to launch; to throw

une langue language 13; tongue; **la langue maternelle** mother tongue

lasser to bore; to tire

un lavabo sink

laver to wash 23; **se laver** to wash oneself 23; **un lave-vaisselle** dishwasher; **une machine à laver** washing machine

le (la, l', les) the 5; him, her, it, them 17

la leçon lesson

un lecteur (une lectrice) reader

la lecture reading 18

législatif (législative) legislative

un légume vegetable 12

le lendemain day after tomorrow

lent slow 5

lentement slowly

lequel (laquelle, lesquels, lesquelles) who, whom, which 34; which one? which ones? 35

une lettre letter 18; **une lettre de recommandation** letter of recommendation; **les lettres** humanities 17; **faire des études de lettres** to study literature

leur (leurs) their 8; **leur** them; to them 18

lever to raise; **se lever** to get up 23

un lézard lizard

la liaison liaison

libéral *(pl.* **libéraux)** liberal 25

la libération liberation

libérer to liberate

la liberté freedom, liberty 31

libre free 26; **le libre-échange** free exchange, free trade; **le temps libre** free time 22

une licence French graduate degree

un lien tie, link

le lieu *(pl.* **lieux)** place; **au lieu de** instead of 31; **avoir lieu** to take place 21; **le lieu de travail** place of work

la ligne figure, waistline 12; line; **garder la ligne** to watch one's weight; **sur la ligne** on the line

la limite limit

limité limited

limiter to limit

la limonade lemon soda 11
un linguiste linguist
linguistique linguistic
lire to read 18
un lit bed 9
un litre liter
littéraire literary
la littérature literature 17
un livre book 4; pound
se livrer to indulge in
local (pl. locaux) local
le/la locataire tenant
le logement housing 8
la logique logic
logique logical
la loi law 33
loin far 9; loin de far from 34
les loisirs (m.) leisure activities 8
Londres London
long (longue) long 22
longtemps (for) a long time 20
lorsque when, as
la loterie lottery
louer to rent 9
la Louisiane Louisiana
loyal (pl. loyaux) loyal 25
le loyer rent 8
lui him 3; to him, to her 18; lui-même himself, itself 24
la lumière light
lundi (m.) Monday 3; le lundi on Mondays 20; un lundi (on, a, one) Monday 20
la lune moon
des lunettes (f.) glasses 7; des lunettes de soleil sunglasses 7
la lutte struggle; fight
le luxe luxury
luxueux (luxueuse) luxurious
le lycée French secondary school
un lycéen (une lycéenne) French high school student

m' = me
M. (Monsieur; pl. Messieurs) Mr. UP
une machine machine; une machine à écrire typewriter 4; une machine à laver washing machine
Madame (pl. Mesdames) Mrs., Madam UP
Mademoiselle (pl. Mesdemoiselles) Miss UP
un magasin store 6; un magasin de chaussures shoe store; un maga-sin de vêtements clothing store; un grand magasin department store
un magazine magazine 18
un magnétophone tape or cassette recorder 4
magnifique magnificent
mai (m.) May 3
maigrir to lose weight 10
un maillot (de bain) swimsuit 7
la main hand 23
maintenant now 2
maintenir to maintain 32
le maintien maintenance
le maire mayor
la mairie town hall
mais but 1; mais non! why no!, of course not! 2; mais oui! why yes! 2; mais si! why yes! (in response to a negative statement or question)
une maison house, home 6; à la maison at home; la Maison des Jeunes youth center
la maîtrise French graduate degree
majeur major; of age
la majorité majority 26; dans la majorité for the most part
mal badly, bad; poorly UP; un mal evil; avoir mal à to have a . . . ache; to have a sore . . . 23; avoir mal au cœur to have an upset stomach 23; avoir du mal à to have difficulty with; il n'y a pas de mal there's no harm done UP; pas mal not bad UP
malade sick 23
le malade patient, sick person
une maladie sickness, disease
le malaise discomfort
la malchance bad luck
malgré in spite of; malgré tout after all, nevertheless
le malheur unhappiness 35
malheureusement unfortunately 25
malheureux (malheureuse) unhappy 25
maman Mother, Mom
maniable easy to handle
une manière way, style; manner; à sa manière in his (her, its) way; les bonnes manières good manners
manger to eat 11
une manifestation demonstration
manifester to show
un manque lack
manquer to lack; to miss
un manteau coat 7
manuel (manuelle) manual
se maquiller to put on makeup
un marathon marathon
le marchand dealer, vendor; le marchand de tableaux art dealer
la marchandise merchandise
la marche march, walk; la marche à pied walking 22
le marché market; le Marché Commun Common Market; le marché aux puces flea market; bon marché inexpensive, cheap 7
marcher to "run" (work) 4; to walk
mardi (m.) Tuesday 3
la margarine margarine
le mari husband 8
le mariage marriage 24; wedding ceremony
marié married 5
le marié groom; la mariée bride
marier to marry (a couple); se marier (avec) to marry, get married 24
le marin sailor
la marine navy
le marketing marketing 17
le Maroc Morocco
la marque mark
marquer to mark
marron brown 7
mars (m.) March 3
masculin masculine
un masque mask
un match game, match; faire un match to play a game 9
le matériel material
le matérialisme materialism
matérialiste materialistic
les mathématiques (les maths) mathematics 17; faire des maths to study math 11
un matin morning 13; ce matin this morning 14; du matin A.M., in the morning 2
maudit darn
mauvais bad, poor 5
le maximum maximum; au maximum at most, maximum
la mayonnaise mayonnaise 11
Mlle (Mademoiselle) Miss UP

Mme (Madame) Mrs. UP
me me; to me 18
un mécanicien (une mécanicienne) mechanic
mécanique mechanical
mécaniser to mechanize
la médaille medal
le médecin doctor 29
la médecine medicine 17
le médiateur (la médiatrice) mediator
médical *(pl. **médicaux**)* medical
le médicament medicine
la Méditerranée Mediterranean
médiocre mediocre
méfiant distrustful, suspicious
se méfier de to distrust
meilleur better 7; **le meilleur** the best 26
le mélange mixture
le melon melon
même even 17; same 24; **même si** even if 17; **-même(s)** -self 24
la mémoire memory
mémorable memorable
menacer to threaten 33
une ménagère housewife
un mensonge lie 18
mensuel (mensuelle) monthly
mentionner to mention
mentir to lie
le menu menu
la mer sea 15
merci thank you, thanks UP; **merci bien** thank you UP
mercredi *(m.)* Wednesday 3
la mère mother 8; **la mère de famille** housewife
la messe Mass
mesurer to measure, be tall
métaphysique metaphysical
une météo weather forecast 20
le/la météorologiste meteorologist
une méthode method 34
méthodique methodical
le métier trade
le mètre meter
un métro subway 6; **en métro** by subway 6
métropolitain metropolitan
mettre to put, to place 12; **mettre une note** to give a grade 12; **mettre la radio** to turn on the radio 12; **mettre la table** to set the table 12; **mettre en valeur** to il-

lustrate; to stress; **mettre des vêtements** to put on clothes 12; **se mettre à** to begin; **se mettre en colère** to get angry 24
un meuble piece of furniture 9
meublé furnished
mexicain Mexican 5
le Mexique Mexico 13
un micro-ordinateur micro-computer 4
midi *(m.)* noon 1
mieux better 26; **le mieux** the best 26; **il vaut mieux** it is better 32; **pour le mieux** for the better; **tant mieux!** so much the better!
une migraine migraine
le milieu middle; background; **au milieu de** in the middle of 34; **le juste milieu** golden mean
militaire military
militairement militarily
mille one thousand
un mille mile 8
millénaire millennial
un millier a thousand
un million million 8
un/une millionnaire millionaire
mince thin 22
minéral *(pl. **minéraux**)* containing minerals; **l'eau minérale** mineral water 11
le ministre government minister
la minorité minority
minuit midnight 1
minuscule tiny
la minute minute 1; **dans une minute** in a while 29
la mise en scène directing (of a play, movie)
mobile mobile
le mobilier furniture
la mobilité mobility
la mode fashion; **à la mode** fashionable
le mode mood
le modèle model
modéré moderate
modérément moderately
moderne modern 5
modeste modest
moi me 3; **c'est à moi** it belongs to me 8; **chez moi** to, at my house 6; **moi-même** myself 24; **moi non plus** me neither 3; **moi aussi** me too, I do too 3

moins less 7; **moins de** *(+ noun)* less 26; **moins ... que** less ... than 26; **le moins** the least 26; **midi moins le quart** a quarter to twelve 2
un mois month 13; **par mois** per month 8
la moitié half 34
un moment moment; **dans un moment** in a while 29; **en ce moment** at this moment; **un moment de libre** a free moment
mon (ma, mes) my 8
la monarchie monarchy
le monde world 13; **tout le monde** everyone 19
mondial *(pl. **mondiaux**)* world-wide
la monnaie change
la mononucléose mononucleosis
monotone monotonous
Monsieur (M.) Mr., sir UP
un monsieur man, gentleman 4
un monstre monster
la montagne mountain; mountains 15
monter to climb, to go up 15; to get on
une montre watch 4
montrer to show 18; **montrer (qqch) à (qqn)** to show something to someone 18
le monument monument
se moquer de to make fun of
moral *(pl. **moraux**)* moral
un morceau piece
mort dead
Moscou Moscow
le mot word; **mot à mot** word for word; **mot-clé** key word; **les mots croisés** crossword puzzle; **mot apparenté** cognate
un moteur motor
une moto motorcycle 4
la moutarde mustard 11
mourir to die 15
le mouvement movement
moyen (moyenne) average
le Moyen Âge Middle Ages
la moyenne average; **en moyenne** on the average
muet (muette) silent; dumb
municipale municipal
un mur wall 9
un musée museum 6
le musicien (la musicienne) musician

la musique music 6; la musique pop popular music; la musique classique classical music
mutuel (mutuelle) mutual
mystérieux (mystérieuse) mysterious

n' = ne
nager to swim 2
naïf (naïve) naive 25
la naissance birth
naître to be born 15
nasal nasal
la natation swimming 22; faire de la natation to swim
la nation nation; les Nations-Unies United Nations
le nationalisme nationalism
une nationalité nationality 13
la nature nature
naturel (naturelle) natural 25
naturellement naturally
ne: ne ... jamais never, not ever 20; ne ... pas not 1; ne ... pas encore not yet 15; ne ... personne nobody, no one, not anyone 19; ne ... plus no longer 20; ne ... rien nothing, not anything 19; n'est-ce pas? right?, aren't you?, don't you? 2
né born
nécessaire necessary; il est nécessaire it is necessary 32
nécessairement necessarily; il ne faut pas nécessairement it is not necessary 16
une nécessité necessity
négatif (négative) negative
le négation negation
négativement negatively
négliger to neglect
négocier to negotiate
la neige snow
neiger to snow 9; il neige it's snowing 9
nerveux (nerveuse) nervous 25
net (nette) clean 25
nettoyer to clean 8
neuf nine 1
neuf (neuve) new 25
la neutralité neutrality
le neveu nephew
neuvième ninth 25
le nez nose 23
ni nor
un nid nest

la nièce niece
le niveau level; le niveau de vie standard of living 31; niveaux de langue levels of language
noble noble
noblement nobly
Noël (m.) Christmas
noir black 7
noircir to blacken
le nom noun; name
le nombre number; les nombres ordinaux ordinal numbers 25
nombreux (nombreuses) numerous, many
nommer to name
non no 2; non plus neither; not either 3
le nord north
normal (pl. normaux) normal; il est normal it is to be expected 32
normalement usually, normally
la Normandie Normandy
une note grade 16; note 16; des notes (lecture) notes 16
noter to note
la notion notion
notre (nos) our 8
la nourriture food
nous we 1; us 3; to us 18
nouveau (nouvel, nouvelle, nouveaux, nouvelles) new 9; de nouveau again 29
la nouveauté change
une nouvelle (piece of) news, news item 18; les nouvelles news 20
le Nouveau Brunswick New Brunswick
la Nouvelle-Angleterre New England
la Nouvelle-Écosse Nova Scotia
la Nouvelle-Zélande New Zealand
novembre (m.) November 3
nu nude
nucléaire nuclear
une nuit night 13
nul zero
le numéro number; numéro de téléphone telephone number 27

obéir to obey
obèse obese
un objectif goal 35
un objet object, thing 4; objets trouvés lost and found
une obligation obligation

obligé obliged
obliger to oblige
observer to observe
une observation remark; observation
l'obsession (f.) obsession
un obstacle obstacle
obstiné obstinate 25
obstinément obstinately
obtenir to obtain, to get 16
l'occasion (f.) opportunity, chance 28; à quelle occasion on what occasion; avoir l'occasion (de) to have the chance (to) 28; une voiture d'occasion used car
l'occupation (f.) occupation
occuper to occupy; s'occuper de to take care of, be busy with 24
l'océan (m.) ocean
l'Océanie (f.) Oceania
octobre (m.) October 3
une odeur odor; smell
l'odyssée (f.) odyssey
un œil (pl. yeux) eye 23
un œuf egg 11
une œuvre work; work of art
officiel (officielle) official
un officier officer
l'offre (f.) offer; une offre d'emploi help wanted ad
offrir to give, to offer 23
un oiseau (pl. oiseaux) bird
une olive olive
une omelette omelette
on one; you; they 16; comment dit-on...? how do you say...?
l'oncle (m.) uncle 8
onze eleven 1
onzième eleventh 25
l'opéra (m.) opera
l'opinion (f.) opinion
opprimer to oppress
l'opposé (m.) opposite; contrary
opposer to oppose
une option option
optimiste optimistic 5
optique optical
or but; now
l'or (m.) gold
orange orange 7
une orange orange 12; une orangeade orange soda
un orchestre orchestra, band; le chef d'orchestre concert conductor

ordinaire ordinary
l'ordinateur (m.) computer 4
l'ordonnance (f.) prescription
l'ordre (m.) order
l'oreille (f.) ear 23
l'organe (m.) organ
organisé organized
organiser to organize 32
oriental (pl. orientaux) oriental
originaire (de) native (of)
original (pl. originaux) original 25
l'origine (f.) origin; d'origine étrangère of foreign origin
s'orner to adorn oneself
orthographique spelling
ou or 1
où where 3
oublier to forget 15; oublier de (+ inf.) to forget 28
l'ouest (m.) west
oui yes 2
un ouragan hurricane 9
un outil tool 7
ouvert open
une ouvreuse usherette
un ouvrier (une ouvrière) worker 29
ouvrir to open 23
un O.V.N.I. UFO

un/une pacifiste pacifist
la page page
le pain bread 11
une paire pair
paisible peaceful
la paix peace 33
le palais palate, taste
un pamplemousse grapefruit 12
le panneau sign; le panneau de signalisation traffic sign
un pantalon pants 7
les pantoufles (f.) slippers
un pape pope
le papier paper; document; une feuille de papier sheet of paper
Pâques (m.) Easter
le paquet package 26
par by, through 8; par mois per month 8; par exemple for example; par hasard by chance, accidentally 28
le parachutisme sky-diving
le/la parachutiste parachutist
le paradoxe paradox

un paragraphe paragraph
paraître to seem; to appear
paralyser to paralyze
un parc park 19
parce que because 3
pardon! excuse me!; pardon me! UP
le parent parent 8; les parents relatives 8
les parenthèses (f.) parentheses; entre parenthèses in parentheses
paresseux (paresseuse) lazy
parfait perfect 26
parfaitement perfectly
parfois sometimes 20
le parfum perfume
la parfumerie perfume store
un parking parking space
le parlement parliament, council
parler to speak; to talk 1; se parler to talk to one another
parmi among 34
la parole word, speech; vous avez la parole you have the floor
partager to share 33
une part part; une part importante a large part; c'est de la part de qui? may I ask who is calling?
un parti side; party (political)
participer (à) to participate (in)
particulier (particulière) particular
particulièrement particularly
une partie part; faire partie de to be part of; en grande partie to a large extent
partiellement partially
partir to leave 15; à partir de beginning with
le partisan partisan
partout everywhere
pas not 1; pas du tout not at all; you're wrong 2; pas si mal not so bad
passager (passagère) passing, temporary
le passé past
un passeport passport
passer to pass; to spend (time) 6; passer un examen to take an exam 16; passer par to go through 6; se passer to happen
un passe-temps pastime 6
passionnant exciting
passionné passionate
passionner to excite; to interest

greatly; se passionner pour to be enthusiastic about
patiemment patiently
la patience patience
patient patient 5
le patinage skating 22
un patron (une patronne) boss 29
pauvre poor 31
payable payable; payable d'avance payable in advance
payer to pay; to pay for 8
un pays country 13
les Pays-Bas (m.) Netherlands
le paysan (la paysanne) peasant; farmer
la peau skin
la pêche fishing
le pêcheur fisherman
un peigne comb 23
peigner to comb; se peigner to comb one's hair 23
la peine punishment; la peine de mort capital punishment
le peintre painter
la peinture painting 6
une pellicule film
pendant during, for 9; pendant que while 21
pénible boring 5
la pensée thought
penser to think, to believe 6; penser à to think about 6; penser de to think of, about; to have an opinion 6; penser que to think that 6
le penseur thinker
perceptif (perceptive) perceptive 25
perdre to lose 10; perdre patience to lose patience; perdre son temps to waste one's time 10; se perdre to get lost
le père father 8
perfectionner to perfect
une période time period
permanent permanent
permettre to permit, to give permission; to let, to allow 28
le permis de conduire driver's license
la permission permission
la persévérance perseverance
persévérant persevering
persister to persist
le personnage person; character
personnaliser to personalize
la personnalité personality

une personne person 4;
ne...personne no one; not anyone
19
personnel (personnelle) personal
le personnel personnel; staff; le chef
du personnel personnel manager
personnellement personally
la perspective perspective; prospect
une perte waste; loss; une perte de
temps a waste of time
peser to weigh
le pessimisme pessimism
pessimiste pessimistic
la pétanque bocci-like game
pétillant sparkling
petit short, small 5; un petit ami
(une petite amie) boyfriend (girlfriend) 4
un petit déjeuner breakfast 12
le petit-fils grandson 8; la petite-fille
granddaughter; les petits-enfants
grandchildren 8
des petits pois (m.) peas 12
le pétrole fuel; oil
pétrolier (pétrolière) oil
peu (de) few, not much, many 12;
peu à peu bit by bit
le peuple people; population
la peur fear 33; avoir peur to be
afraid 10
peut-être maybe 2
la pharmacie pharmacy 17
un pharmacien (une pharmacienne)
pharmacist; chez le pharmacien
to the pharmacist's
un/une philosophe philosopher
la philosophie philosophy 17
philosophique philosophical
la phonétique phonetics
une photo photograph 4
le/la photographe photographer
la photo(graphie) photography 6
la phrase sentence
physiologique physiological
la physique physics 17
physiquement physically
un piano piano; un/une pianiste pi-
anist
une pièce room (of a house) 9;
coin; une pièce d'identité identity
card
le pied foot 23; à pied on foot 6
un piège trap
le pilote pilot
piloter to fly

la pilule pill
le ping-pong ping-pong
un pionnier (une pionnière) pioneer
le pique-nique picnic
une piqûre shot, injection
une piscine swimming pool 6
une pizza pizza
un placard closet
la place place, seat; position; square
placide placid
la plage beach 6
se plaindre to complain 23
plaire to please; s'il te plaît (s'il
vous plaît) please UP
le plaisir pleasure; par plaisir for
fun
le plan plan; map
la planche à voile windsurfing 22
la planète planet
une plante plant
planter to plant
une plaque d'immatriculation license plate
le plat dish
plein (de) full (of)
pleuvoir to rain 9; il pleut it is
raining 9
la plongée sous-marine deep-sea
diving
la pluie rain
la plupart de most, the greatest
number 34; la plupart du temps
most of the time
le pluralisme pluralism
le pluriel plural
plus more 7; ne ... plus no more
20; en plus moreover; le plus the
most 26; plus de more than 26;
plus ... que more ... than 26; plus
tard later
plusieurs several 19; plusieurs fois
several times 20
plutôt rather, on the whole 27
la pneumonie pneumonia
la poche pocket
le podium podium
un poème poem 18
le poète (la poétesse) poet
le poids weight
un poil hair
le point point
la pointe forefront
une poire pear 12
le poisson fish 11; un poisson rouge
goldfish

le poivre pepper 11
le poker poker game 6
la police police
poli polite 5
la politesse manners, politeness
la politique policy, politics
politique political
pollué polluted
la pollution pollution 19
la Polynésie Polynesia
Polytechnique French business
school
une pomme apple 12; la pomme de
terre (pl. des pommes de terre)
potato 12
le pompier fireman
la ponctualité punctuality
ponctuel (ponctuelle) punctual 25
le pont bridge
populaire popular
la popularité popularity
une population population
le porc pork 11
le port port
une porte door 9; une porte vitrée
glass door
le portefeuille wallet 12
porter to wear 7; to carry; bien
portant healthy
le portier (la portière) clerk, porter;
le portier de nuit night clerk
le portrait portrait
portugais Portuguese 13
le Portugal Portugal 13
poser une question to ask a question 18
positif (positive) positive
une position position
posséder to own 7
une possession possession
une possibilité possibility
possible possible; il est possible it's
possible 32
la poste post office; la poste restante general delivery
un poste position, job; le poste-clé
key position
un poster poster
un pot jar, pot
la poterie pottery
le poulet chicken 11
pour for 1; in order to 16; in favor
of 34; pour que so that 33
le pourboire tip
pour cent percent

le **pourcentage** percentage
pourquoi why 3; **pourquoi pas?**
  why not?
poursuivre to pursue; to prosecute
pourtant nevertheless, yet 28
pourvu que provided that; let's
  hope that
pouvoir to be able to; can; may 16
le **pouvoir** power 34
pratique practical
pratiqué in effect
pratiquement practically
pratiquer to practice; **pratiquer (un**
  sport) to be active in sports 22
précédent preceding
précieux (précieuse) precious
précipitamment hurriedly
précis precise
la **précision** detail; precision
la **prédiction** prediction
prédire to predict, foretell 28
préférable preferable; **il est préféra-**
  ble it's preferable 32
préféré favorite, preferred 20
la **préférence** preference
préférer to prefer 7
premier (première) first 14
prendre to take; to have 11;
  prendre pour to take for, to consider
préoccuper to concern, to preoccupy; **se préoccuper de** to be concerned about 24
une **préparation** preparation (for
  class)
préparer to prepare, make 12; **pré-**
  parer un examen to study for an
  exam 16; **se préparer** to get ready
  24
une **préposition** prepostion
près (de) near 9
le **présent** present
la **présentation** introduction
présenter to introduce, to present;
  je te présente ... may I introduce..., this is...
la **préservation** preservation
préserver to preserve
la **présidence** presidency
le **président** president
presque almost 15
la **presse** press
la **pression** pressure
prêt ready 23

prétentieux (prétentieuse) preten-
  tious
prêter (qqch) à (qqn) to loan, to
  lend 18
un **prétexte** pretext
la **preuve** proof
prévoir to foresee 21
principal (*pl.* **principaux**) principal
un **principe** principle; **en principe**
  in theory; in principle
le **printemps** spring 13; **au prin-**
  temps in spring 13
la **priorité** priority
la **prison** prison
le **prisonnier (la prisonnière)** prisoner
privé private
le **prix** price 7; prize; **le prix réduit**
  reduced price
probable probable
probablement probably
un **problème** problem 19
un **procès** law suit; trial
prochain next 14
proche near
proclamer to proclaim
la **productivité** productivity
produire to produce 29
le **produit** product 36; **le produit**
  chimique chemical product; **les**
  produits laitiers dairy products
un **professeur** professor, teacher 4
la **profession** profession
professionnel (professionnelle)
  professional
profiter de to make use of
profond profound
la **profondeur** depth
la **programmation** computer pro-
  gramming
un **programme** program 20
le **programmeur (la programmeuse)**
  computer programmer
le **progrès** progress 28; **faire des**
  progrès to make progress, to improve 16
un **projet** plan 8; project 28; **faire**
  des projets to make plans
prolonger to prolong
une **promenade** walk; ride; **faire**
  une promenade to take a walk 9
se promener to go for a walk 23
promettre to promise 28; **promettre**
  à (qqn) de (+ *inf.*) to promise
  someone 28

une **promotion** promotion
le **pronom** pronoun
prononcer to pronounce; **se pro-**
  noncer to declare oneself
propager to propagate
la **proportion** proportion
propos: à propos de with regard to
la **proposition** proportion
proposer to propose
propre clean 19; own
la **propreté** cleanliness
le/la **propriétaire** owner
la **propriété** property
la **protection** protection
protéger to protect 33
la **protéine** protein
prouver to prove
le **proverbe** proverb
une **province** province
la **provision** provision
provoquer to provoke
prudent careful 25
un/une **psychiatre** psychiatrist
la **psychologie** psychology 17
psychologiquement psychologically
le **public** public; **en public** in public
la **publicité** advertising 17; com-
  mercials 20
publique public
la **puce** flea
puis then 21; **et puis** and then 9
puisque since
une **puissance** power
puissant powerful
un **pull (pull-over)** sweater 7
punir to punish
pur pure

qu' = que
le **quai** wharf, quay; platform (train
  station)
une **qualification** qualification
qualifier to qualify
une **qualité** quality 35; characteristic
quand when 3; **quand même** all the
  same; even so
quant à as for
la **quantité** quantity; **en grande**
  quantité in large quantity
quarante forty 2
un **quart** quarter; **un quart d'heure**
  quarter of an hour; **et quart**

quarter past 2; **moins le quart** quarter of; quarter to 2

un quartier district, area, neighborhood 19; **le Quartier Latin** Latin Quarter (student section of Paris)

quatorze fourteen 2

quatre four 1

quatrième fourth 25

que whom; which; that 18; than 26; what 3; **ne...que** only; **qu'est-ce que (qui) ...?** what...? 4; **qu'est-ce que c'est?** what is it? what is that? 4

le Québécois person from Quebec

quel (quelle, quels, quelles) which 7; **quelle heure est-il?** what time is it? 1; **quel jour est-ce?** what day is it? 3; **quel jour sommes-nous?** what day is it? 3; **quel temps fait-il?** what's the weather like? 9

quelque some 19; **quelque chose** something, anything 15; **quelques** some, a few 19; **quelqu'un (quelqu'une)** someone, anyone 15; **quelques-uns (quelques-unes)** some (of them)

quelquefois sometimes, a few times 20

une question question; **une question de goût** a matter of taste; **poser une question à (qqn)** to ask (someone) a question 18

un questionnaire questionnaire

une quête search; **en quête de** in search of

une queue line; queue

qui who, which, that 19; **à qui** to whom 3; **à qui est-ce?** whose is this?; **qui est-ce?** who is it? UP; **qui est-ce que** whom 36; **qui est-ce qui** who 36

quinze fifteen 2

quitter to leave 15

quoi what 36

quotidien (quotidienne) daily; **un quotidien** daily newspaper

raccrocher to hang up

la race race

la racine root

le racisme racism

raconter to tell 18

la rade harbor entrance

le radiateur radiator

radicalement radically

une radio radio 4; x-ray

le/la radiologue radiologist

le radis radish

une raffinerie (de pétrole) (petroleum) refinery

une raison reason; **à raison** rightly; **avoir raison** to be right 10; **une raison d'être** justification

le ralenti slow motion; **au ralenti** at a slow pace

le rang rank

ranger to arrange

rapé grated

rapide fast, rapid 25

rapidement quickly

la rapidité speed

rappeler to remind; **se rappeler** to remember; to recall

le rapport relation 32; **les rapports** relationship 27

le rapprochement rapprochement

la raquette racket; **la raquette de tennis** tennis racket

rare rare

rarement rarely 15

se raser to shave 23

le rasoir razor 23

rater to fail; to flunk 16; to miss

une ration ration

rationnel (rationnelle) rational

ravi delighted, very happy

un ravin ravine

rayer to scratch

une réaction reaction

réagir to react 27

le réalisateur doer; (cinema) director

la réalisation achievement

réaliser to carry out 28; to achieve; to realize; **se réaliser** to achieve; to come true

réaliste realistic 5

la réalité reality; **en réalité** in reality

rebelle rebellious

la rébellion rebellion

la récapitulation recapitulation, review

récemment recently

récent recent

la réception reception; reception area; (hotel) registration desk

la recette receipt; receipts; (cooking) recipe

recevoir to receive 26

un réchaud portable stove

la recherche research 36; **faire des recherches** to do research 17

réciproque reciprocal

un récital recital

une réclamation complaint; **faire une réclamation** to make a complaint

une réclame ad

réclamer to ask for, demand

une recommandation recommendation

recommander to recommend

recommencer to begin again

récompenser to reward

la réconciliation reconciliation

la reconnaissance recognition

reconnaître to recognize 17

reconstruire reconstruct

un record record

la récréation recreation

recruter to recruit

rectifier to rectify

reçu: être reçu à un examen to pass an exam

un reçu receipt

se reculer to step back

récupérer to recuperate

la réduction reduction

réduire to reduce 31

réel (réelle) real, actual 32

réellement really

un référendum referendum

réfléchi reflexive

réfléchir (à) to reflect (about); to think (over) 10

refléter to reflect

la réflexion reflection

une réforme reform 31

réformer to reform

un réfrigérateur refrigerator

refuser de (+ inf.) to refuse 28

regarder to look at; to watch 1

un régime diet; **être au régime** to be on a diet 12

la région region; **la région parisienne** greater metropolitan Paris

régional (pl. régionaux) regional

la règle rule

le règlement rules

réglementer to regiment

regretter (de) to regret 33
régulier (régulière) regular
régulièrement regularly
la reine queen
relatif (relative) relative
les relations *(f.)* relationship 27; **les relations internationales** international relations; **les relations publiques** public relations
relativement relatively
relever to increase
relier to join, link
religieux (religieuse) religious
la religion religion
relire to reread
remarquable remarkable
la remarque remark
remarquer to notice 21
rembourser to reimburse
remercier to thank
remettre to put back
remonter à to go back to
remplacer to replace
remplir to fill (out)
une rémunération pay, compensation
la rencontre encounter
rencontrer to meet 15
un rendez-vous date, appointment 24; **donner rendez-vous (à)** to make a date (with); to arrange to meet 24; **prendre rendez-vous** to make an appointment, a date; **avoir rendez-vous** to have a date 1
rendre to give back 10; *(+ adj.)* to make, to render 27; *(+ noun or pronoun)* to give back; **rendre visite à** to visit (someone) 10; **se rendre compte** to realize
renoncer à to give up
un renouveau rebirth
les renseignements *(m.)* information 27
la rentrée return to school
rentrer to return; to go home 1; **rentrer dans (une voiture)** to hit (a car)
un réparateur repairman
réparer to repair
un repas meal 8; **un repas de fête** holiday meal
répéter to repeat 7; **répétez, s'il vous plaît** please repeat
la répétition rehearsal (theater)

une réplique reply
répondre à to answer 10
la réponse answer
un reportage news report
le reporter reporter
le repos rest
se reposer to rest, relax 23
repousser to push back
reprendre to take again; to start over
un représentant de commerce sales representative
une représentation (theater) performance
représenter to represent; to present
un reproche reproach
reprocher (à) to reproach, to criticize
républicain republican
la république republic
la réputation reputation
réputé well-known, famous
une requête request
un requin shark
réservé reserved 5
réserver to reserve 13
une résidence dormitory; residence 9; **une résidence secondaire** second home 30
résider to reside
la Résistance French resistance movement (during WWII)
une résolution resolution; **prendre une résolution** to make a resolution
résoudre to solve; to resolve
le respect respect
respecter to respect
respirer to breathe
une responsabilité responsibility 26
le/la responsable responsible person
responsable responsible
la ressemblance resemblance, similarity
ressembler (à) to resemble; to look like 27; **se ressembler** to look alike
les ressources *(f.)* resources; income
un restaurant restaurant 6
le restaurateur restaurant owner
restaurer to restore
le reste rest; remainder
rester to stay; to remain 6
le résultat result
le résumé summary

résumer to summarize
rétablir to re-establish, to restore
le retard tardiness, delay; **en retard** late 29
retéléphoner to call back
retenir to retain
le retour return; coming back
retourner to return, to go back 15
la retraite retirement
le retraité retired person
la réunion reunion; meeting; **la réunion de famille** family reunion
réunir to assemble, to bring together
réussir (à) to succeed, to be successful (in) 10
une réussite success 35
le rêve dream
un réveil alarm clock
un réveille-matin alarm clock
réveiller to wake up (someone) 23; **se réveiller** to wake up 23
révéler to reveal
une revendication protest, claim
revenir to come back 13
le revenu income
rêver (de) to dream (about) 28
une révision review, revision
le révolté rebel, mutineer
la révolte revolt; uprising
la révolution revolution
révolutionnaire revolutionary
révolutionner to revolutionize
une revue (illustrated) magazine 18
le rez-de-chaussée first floor, ground floor
un rhume cold
riche rich 5
la richesse wealth, resources
ridicule ridiculous
rien nothing; **ne...rien** nothing 19; **de rien** you're welcome; it was nothing UP
un risque risk
un rite rite
la rivalité rivalry
une rivière river
une robe dress 7
le robot robot
le rock rock music
le rôle role
romain Roman
un roman novel 18; **un roman policier** detective novel 18; **un roman**

d'anticipation science-fiction novel

romantique romantic

rond round

le roquefort Roquefort cheese

le rosbif roast beef 11

rose pink 7

un rosé pink wine

une rose rose

un rôti roast

rouge red 7

rougir to redden, to blush 10

un rouleau roll

la roulette roulette

roux (rousse) redhead 25

une rue street 19

le rugby rugby

la ruine ruin; **en ruines** in ruins

ruiner to ruin, to destroy

la rumeur rumor

une rupture break, rupture

rural *(pl.* **ruraux)** rural

russe Russian 13; **le russe** Russian (language); **un/une Russe** Russian (person) 13

la Russie Russia 13

un rythme rhythm, pace

s' = se; si

un sac bag; sack; **un sac de couchage** sleeping bag; **un sac à dos** knapsack

sacré sacred

le Sahara Sahara

sain healthy

un saint saint

saisir to grab, to seize

une saison season 13

la salade salad 11

un salaire salary 26

sale dirty 19

salé salted

saler to salt

la salle room; **une salle de bains** bathroom 9; **la salle de classe** classroom; **une salle à manger** dining room 9; **une salle de séjour** living room

un salon living room 9

salutations greetings

salut! hi! *(informal)* UP

samedi *(m.)* Saturday 3

un sandwich sandwich 1; **un sandwich au jambon** ham sandwich

le sang blood

sans without 17; **sans que** without 33

la santé health 22; **être en bonne santé** to be in good health 22

un satellite satellite

la satisfaction satisfaction

satisfait (de) satisfied (with) 26

la saucisse sausage

le saucisson salami, bologna 11

sauf except, except for

sauver to save

le savant scientist 36; **Les Femmes Savantes** The Well-Mannered Ladies (comedy by Molière)

savoir to know, to know how 19; **le savoir-faire** "know-how"; **avoir du savoir-vivre** to be well-mannered

le savon soap 23

le scénario script

la scène scene; stage

sceptique skeptical

les sciences *(f.)* science 17; **les sciences économiques** economics 17; **les sciences humaines et sociales** humanities and social sciences 17; **les sciences politiques** political science 17; **Sciences-Po** (École des Sciences Politiques) French government administration school

scientifique scientific

la scolarité tuition 8; schooling

un scooter scooter

la sculpture sculpture 17

la séance showing

sec (sèche) dry

une seconde second

le second the second one

au secours! help!

secret (secrète) secretive 25

le secret secret

un/une secrétaire secretary 29

la sécurité security; safety; **la sécurité sociale** social security

seize sixteen 2

le séjour stay 15; **faire un séjour** to reside, to spend time 15

le sel salt 11

un self-service cafeteria

selon according to 26

une semaine week 3; **par semaine** by week, weekly 8

semblable similar

sembler to seem 27

le semestre semester

le séminaire seminar

le sénateur senator

sénégalais Senegalese

le sens meaning; **le bon sens** common sense; **les sens opposés** opposite directions; **sens unique** one way (street)

sensationnel (sensationnelle) sensational

le sensibilité sensitivity

sensible sensitive 25

sensiblement sensitively

un sentiment feeling 27

sentimental *(pl.* **sentimentaux)** sentimental 25

sentir to feel; to sense; to smell 15; **se sentir** to feel

séparer to separate

sept seven 1

septembre *(m.)* September 3

septième seventh 25

serein serene

sérieux (sérieuse) serious 25; **prendre au sérieux** to take seriously

un serpent snake

serré packed, crowded

un serveur (une serveuse) waiter (waitress) 12

le service service; **service compris** service (tip) included; **le service comptable** accounting service; **le service informatique** computer service; **le service militaire** military service; **un service public** public service; **le service ventes** sales; **à votre service** at your service UP

servir to serve 15; **se servir de** to use

seul alone 16; lonely

le seul (la seule) the only one

seulement only 16

sévère severe

le sexe sex

sexuel (sexuelle) sexual

la S.F.P. (Société Française de Production) national French television networks

un short shorts 7

si if, whether 9; yes (in answer to a negative question); so; **s'il te plaît (s'il vous plaît)** please UP

un siècle century 21

le siège seat

signaler to signal
une signature signature
signer to sign
signifier to signify, to mean
simple simple 25
simplement simply
simultanément simultaneously
sincère sincere
sinon otherwise
la situation situation; job
situé situated
situer to situate, to locate
six six 1
sixième sixth 25
le ski skiing 22; faire du ski to ski; le ski nautique water skiing 22
la sociabilité sociability
sociable sociable 5
social social
le socialisme socialism
la société society 36
la sociologie sociology 17
la sœur sister 8
un sofa sofa 9
soi oneself; soi-même oneself
la soif thirst; avoir soif to be thirsty 10
soigner to take care of
un soir evening 13; ce soir tonight 14; du soir P.M.; in the evening 2
une soirée a (whole) evening 13; evening party
soixante sixty 2
soixante-dix seventy 7
le sol ground
solaire solar
le soldat soldier
un solde sale; en solde on sale
la sole sole 11
le soleil sun 15; des lunettes de soleil sunglasses
un solitaire loner
la solitude solitude; loneliness
une solution solution
une somme sum
le sommet summit
le somnifère sleeping pill
son (sa, ses) his; her 8
le son sound
un sondage survey, poll 34
sonner to ring
le sorbet sherbet
la sorte type, sort
une sortie date
sortir to go out; to get out (of a place) 15; sortir avec to go out with, to date 15
sot (sotte) dumb 25
le sou cent, penny; sans le sou without a cent
la soucoupe saucer; une soucoupe volante flying saucer
souffrir to suffer 23
le souhait wish
souhaiter to wish 32
souligné underlined
souligner to underline; to emphasize
soumettre to submit
sous under 9
une souscription subscription
les sous-titres subtitles
soutenir to support
un souvenir souvenir; memory
se souvenir (de) to remember 24
souvent often 2
les spaghetti (m.) spaghetti
spécial special
spécialisé specialized
la spécialité specialty; area of concentration
spécifique specific
un spectacle show 6
spectaculaire spectacular
le spectateur (la spectatrice) spectator
spirituel (spirituelle) spiritual
splendide splendid, wonderful
spontané spontaneous
un sport sport 6; les sports d'hiver winter sports; faire du sport to be active in sports 11
le sportif (la sportive) athletic person
sportif (sportive) athletic 25
la stabilité stability
stable stable, balanced
un stade stadium 6
un stage internship
la station station; la station de métro subway station; la station de taxi taxi stand; la station-service gas station
stationner to park; défense de stationner no parking
une statue statue
la stature stature
stimuler to stimulate
stipuler to stipulate
le stock stock
stressé stressed, under stress
strict strict
studieux (studieuse) studious
un studio studio (one room) apartment 9
stupide stupid
un stylo pen 4; un stylo à bille ball-point pen
le subjonctif subjunctive
la substitution substitution
substituer to substitute
la subvention subsidy
succéder (à) to follow
le succès success 28
le sucre sugar 11
sucrer to put sugar in; to sweeten
le sud south; le sud-est southeast; le sud-ouest southwest
suffisant adequate; sufficient
suffocant suffocating
une suggestion suggestion
la Suisse Switzerland 5
un/une Suisse Swiss (person) 5
suite continued
la suite continuation
suivant following
suivre to follow 16; suivre un cours to take a class, course; to be enrolled in a class 16; suivre un régime to be on a diet 16; suivre (un sujet) to keep abreast of (a topic) 16
le sujet subject; au sujet de about; on the subject of; à ce sujet on this topic 26
la superficialité superficiality
la superficie area
superficiel (superficielle) superficial 25
supérieur superior
le superlatif superlative
le supermarché supermarket
superstitieux (superstitieuse) superstitious 25
en supplément extra
supposer to suppose
une supposition supposition
sur on; on top of 9
sûr sure; il est sûr it's definite 33
surprendre to surprise
surpris surprised; être surpris to be surprised 33
une surprise surprise; une surprise-partie (pl. surprises-parties) party 24

surtout especially; above all 19
surveiller to watch
un survêtement sweat suit 11
un suspect suspect
la syllabation syllabication
le symbole symbol
symboliser to symbolize
sympathique (sympa) nice; pleasant 5
le symptôme symptom
le syndicat labor union; **le syndicat d'initiative** tourist bureau
la synthèse synthesis
le système system

une table table 9; **une bonne table** good cuisine
le tableau painting; **le tableau d'affichage** schedule; notice
un tabouret stool
la tache spot, stain
le tact tact 12
un tailleur (woman's) suit 7
se taire to be quiet; to keep silent; **tais-toi!** be quiet!
le talent talent
tant so much; **tant mieux!** so much the better!; **tant pis** too bad
la tante aunt 8
taper to type
un tapis rug
tard late 23
un tarif fare, rate
la tarte pie 11
une tasse cup
le taux rate
le taxi taxi
te you; to you 18
le technicien (la technicienne) technician
technique technical
la technique technique
technologique technological
un tee-shirt T-shirt 7
un télégramme telegram
un téléphone telephone 4
téléphoner (à) to phone, to call 1
le téléspectateur (la téléspectatrice) TV viewer
un téléviseur TV set 4; **un téléviseur (en) couleur** color TV
la télévision television 20; **l'émission de télévision** (f.) television program; **à la télé** on TV 20

tellement (de) that much, so much 30
un témoin witness 21
la température temperature; **quelle température fait-il?** what's the temperature? 9
une tempête storm
temporaire temporary
le temps weather 9; time 9; **en même temps** at the same time; **de temps en temps** from time to time, once in a while 20; **combien de temps** how long 20; **depuis combien de temps** for how long 13; **le temps libre** free time 22; **à temps** on time; **quel temps fait-il?** what's the weather like?
la ténacité tenacity
la tendance tendency; **avoir tendance à** to have a tendency to
tendre: tendre à faire qqch. to have a tendency to do something
le tennis tennis 6; **jouer au tennis** to play tennis 1
une tension tension
une tente tent; **planter une tente** to pitch a tent
terminer to end
le terrain playing field; **le terrain de jeux** playground
terriblement terribly
un territoire territory
la tête head 23
têtu stubborn
le texte text
un textile textile
le thé tea 11
le théâtre theater 6
une théorie theory
théorique theoretical
le thermomètre thermometer
une thèse thesis
le thon tuna 11
un ticket ticket; **un ticket de métro** subway ticket
tiens! look! 9
un tiers one third
le Tiers Monde Third World
un timbre stamp
timide timid, shy 5
un tissu material
le titre title
un toast toast
la toilette washing; **les toilettes** toilets 9
tolérant tolerant 26

tolérer to tolerate
la tomate tomato 12
tomber to fall 12
ton (ta, tes) your 8
un tort error; fault; **avoir tort** to be wrong 10; **à tort** wrongly
tôt early 23
le total total
totalement totally
toucher to touch
toujours always 2; still
la tour tower; turn
le tourisme tourism; **le bureau de tourisme** tourist bureau
un/une touriste tourist
touristique tourist
tourner to turn
le tournoi tournament
tous les (toutes les) all the, every 19; **tous les ans** every year; **tous les jours** every day; **tous les lundis** every Monday 20; **tous les mois** every month
tousser to cough
tout everything 19; **c'est tout** that's all; **tout à coup** suddenly 21; **tout droit** straight ahead; **tout de suite** immediately, right away 21
tout (toute, tous, toutes) all 19
tout le (toute la) all the, the whole 19; **tout le monde** everyone 19; **tout le temps** all the time 20
une tradition tradition 32
la traduction translation
traduire to translate 29
le train train
un traité treaty 33
traiter to treat
la tranquillité tranquillity
transformer to transform
un transistor transistor radio 4
transit: en transit in transit
transmettre to transmit
la transmission transmission
la transplantation transplant
transporter to carry
les transports transportation 8; **les transports publics** public transportation
le travail (pl. **les travaux**) work; job 26; **travaux pratiques** small sections (in a university course)
travailler to work 1
travailleur (travailleuse) hard-working 25

les traveller-chèques travelers checks

traverser to cross

treize thirteen 2

trente thirty 2

très very 2; **très bien** very well UP

un trésor treasure

une tribu tribe

le trimestre trimester

triompher to triumph, to win

triste sad 5; **être triste** to be sad 33

la tristesse sadness

trois three 1

troisième third 25

trop (de) too much; too many 12

le trottoir sidewalk

trouver to find 9; **comment trouves-tu...?** how do you like ...? 17; **se trouver** to be located

la troupe troop

tu you 1

un tube tube

tuer to kill

la Tunisie Tunisia

le type type, kind

typique typical

typiquement typically

U.E.R. (Unité d'Enseignement et de Recherche) French university administrative unit

un (une) a, an 4; one 1; **une sur trois** one out of three

uni united

unilingue unilingual

l'Union Soviétique *(f.)* Soviet Union 13

unique only, sole

uniquement uniquely; only; solely

l'unité *(f.)* unity; unit

l'univers *(m.)* universe

universel (universelle) universal

une université university 6

urbain urban

l'urbanisation *(f.)* urbanisation

une urgence emergency; **en cas d'urgence** in case of emergency

l'usage *(m.)* usage

une usine factory 19

un ustensile utensil

utile useful 16; **il est utile** it's useful 32

utilement usefully

utiliser to use 4

les vacances *(f.)* vacation 8; **en vacances** on vacation 15

le vagabondage vagrancy

valable valid

une valeur value

la validité validity

une valise suitcase 15; **faire les valises** to pack 15

valoir to be worth; **il vaut mieux** it is better 32

la vanille vanilla

un vantard boaster

varier to vary

la variété variety 20; **les variétés** variety show 19

vaste vast

le veau veal

le végétarien vegetarian

le véhicule vehicle

le veille day before

un vélo bike, bicycle 4; **à vélo** by bicycle 6

un vélomoteur motorbike 4

les vendanges *(f.)* grape harvest

un vendeur (une vendeuse) salesperson 29

vendre to sell 10

vendredi *(m.)* Friday 3

venir to come 13; **venir de** *(+ inf.)* to have just 13

le vent wind

la vente sale

le ventre stomach; abdomen 23

le verbe verb

vérifier to verify; to check 30

véritable true, real 32

la vérité truth 18

une verre glass

vers towards (a place) 30; around

vert green 7

un veste jacket 7

les vêtements *(m.)* clothes 7

la vexation vexation

la viande meat 11

la victime victim

vide empty, unfurnished; **un vide-ordures** garbage disposal

la vie life 19; **gagner sa vie** to earn one's living

la vieillesse (old) age

vieillir to grow old 10

vietnamien (vietnamienne) Vietnamese

vieux (vieil, vieille, vieux, vieilles) old 9

un vignoble vineyard

une villa villa, small house

une ville city, town 13; **une ville-frontière** border town; **une ville universitaire** university town; **en ville** in the city, downtown 19

un village village

le vin wine 11; **le vin du pays** local wine; **le vin doux** sweet wine; **un vin généreux** full-bodied wine; **le vin pétillant** sparkling wine

vingt twenty 2

vingtième twentieth 25

la violence violence

violent violent

violet (violette) purple 7

le violon violin

la virgule comma

la virtuosité skill, virtuosity

le visa visa

vis-à-vis toward, concerning

la visibilité visibility

une vision vision

la visite visit; **rendre visite à** to visit

visiter to visit (a place) 1

vite quickly 16

la vitesse speed

un vitrail *(pl.* **vitraux)** stained-glass window

la vitre glass

vivre to live 20; **vive! long live...!** hooray for...!

le vocabulaire vocabulary

voici here is, here are UP

voilà there is, there are UP

la voile sailing 22

voir to see 21

un voisin (une voisine) neighbor 8

une voiture car 4; **en voiture** by car 6

la voix voice

le vol flight

le volcan volcano

voler to fly; to steal

le voleur (la voleuse) robber, thief; **au voleur!** thief!

le volleyball volleyball 6

la volonté will; **la bonne volonté** good will

voter to vote 31

votre (vos) your 8

vouloir to want; to wish 16; **vouloir bien** to agree, to be willing 16; **vouloir dire** to mean 18

vous you 1; to you 18

un voyage trip 15; faire un voyage to take a trip 9; un voyage organisé organized tour
voyager to travel 2
la voyelle vowel
vrai true, real 5
vraiment truly; really 15
la vue sight
une vue view; le point de vue point of view

un wagon car; un wagon-lit pullman car; sleeping car; le wagon-restaurant dining car
les WC toilet(s)
le week-end weekend 13; on weekends
un western western movie

y there 22; allons-y let's go; il y a there is, there are 4; ago 15; y a-t-il? is there? are there?

le yacht yacht
le yaourt yogurt 11
les yeux (m.) (sing. œil) eyes
le yoga yoga
la Yougoslavie Yugoslavia

zéro zero
la zone zone, region
le zoo zoo
zut! darn!

Anglais-Français

This English-French listing includes all the active vocabulary presented in a STRUCTURE or VOCABULAIRE section. Only those French equivalents that occur in the text are given. Expressions are listed according to the key word. The feminine and plural forms of French adjectives and nouns are given only when they are irregular.

The following abbreviations are used:

(v.)	verb	(m.)	masculine
(n.)	noun	(f.)	feminine
(adj.)	adjective	(pl.)	plural
(prep.)	preposition	(inf.)	infinitive

a lot beaucoup; **a lot of** beaucoup de
abdomen le ventre
about de
above au-dessus (de); **above all** surtout
abroad à l'étranger
absolutely absolument
accept accepter
accident un accident
accidentally par hasard
according to selon, d'après; suivant
achieve réussir, réaliser
across en face (de)
act (v.) agir
act (n.) un fait
active actif (active)
actual réel
ad une annonce; **classified ad** une petite annonce
address une adresse
admire admirer
advertisement une annonce
advertizing la publicité
advice un conseil
after après, ensuite; **after all** après tout
afternoon un après-midi
again de nouveau
against contre
ago il y a (+ time)
agree être d'accord; vouloir bien; accepter
airport un aéroport
all tout (toute, tous, toutes); **all the** tout le (toute la, tous les, toutes les); **all the time** tout le temps
allow permettre

ally allié
almost presque
alone seul
already déjà
also aussi
always toujours
A.M. du matin
ambitious ambitieux (ambitieuse)
American américain
among parmi; entre
amuse amuser
analysis une analyse
and et; **and then** et puis
anger la colère
angry: to be angry être furieux (furieuse); **to become angry** se mettre en colère
another un(e) autre
answer répondre (à)
anthropology l'anthropologie (f.)
anyone quelqu'un; personne
anything quelque chose
apartment un appartement
appetizer un hors-d'œuvre
apple une pomme
appointment un rendez-vous
April avril (m.)
architect un/une architecte
architecture l'architecture (f.)
area un domaine; un quartier
aren't you? n'est-ce pas?
argue se disputer (avec)
arm un bras
armchair un fauteuil
around vers (+ time)
arrival une arrivée
arrive arriver
art l'art (m.)

article un article
artistic artistique
as comme; **as ... as** aussi ... que; **as many ... as** autant de ... que
ask demander; **ask a question** poser une question; **ask for** demander
asleep: to fall asleep s'endormir
assignment (written) un devoir
at à; **at what time** à quelle heure?; **at ...'s house** chez; **at last** enfin
athletic sportif (sportive)
attend assister (à)
attention: pay attention faire attention (à)
attentive attentif (attentive)
attract attirer
August août (m.)
aunt la tante
avenue une avenue

back le dos
bad mauvais; **bad luck** la malchance; **in a bad mood** de mauvaise humeur; **it's bad out** il fait mauvais; **not bad** pas mal
badly mal
banana une banane
bathroom une salle de bains; un cabinet de toilette
be être; **be ... (years old)** avoir ... ans; **be able to** pouvoir; **be busy with** s'occuper (de); **be called** s'appeler; **be careful** faire attention (à); **be cold** avoir froid; **be concerned (with)** se préoccuper de; **be enthusiastic about** se passionner pour; **be hot** avoir chaud; **be hungry** avoir faim; **be inter-**

ested in s'intéresser à; **be located**
se trouver; **be lucky** avoir de la
chance; **be necessary** falloir (il
faut); **be on a diet** être au régime,
suivre un régime; **be right** avoir
raison; **be satisfied** être content
(de); **be scared** avoir peur; **be
sorry** être désolé; **be successful at
(something)** réussir à; **be supposed to** devoir; **be thirsty** avoir
soif; **be willing** vouloir bien; **be
wrong** avoir tort
beach une plage
bean un haricot
beautiful beau (bel, belle, beaux,
belles)
because parce que; car; **because of**
à cause de
become devenir
bed un lit
bedroom une chambre
beef le bœuf
beer la bière
before avant; avant de; avant que;
devant
begin commencer (à)
beginning le commencement, le début
behave well (badly) se conduire
bien (mal)
behind derrière
Belgian belge
Belgium la Belgique
believe (in) croire (à)
belong to être à
below au-dessous (de)
besides d'ailleurs
best le meilleur; le mieux
better meilleur, mieux; **it is better** il
vaut mieux
between entre
beverage une boisson
bicycle un vélo; une bicyclette; **by
bicycle** à vélo
big grand
bilingual bilingue
bill l'addition (f.)
biology la biologie
birthday un anniversaire
black noir
blond blond
blouse un chemisier; une blouse
blue bleu
blush rougir
body le corps

book un livre
boots des bottes (f.)
border la frontière
boring ennuyeux (ennuyeuse); pénible
born né; **I was born** je suis né(e);
to be born naître
borrow emprunter (à)
boss un chef; un patron (une patronne)
boulevard un boulevard
boy un garçon
boyfriend un petit ami
Brazil le Brésil
Brazilian brésilien
bread le pain
breakfast le petit déjeuner
bring (along) apporter; amener
bridge game le bridge
brilliant génial; brillant
brother le frère
brown marron; **dark brown hair**
brun
brush (v.) brosser; **brush one's hair
or teeth** se brosser les cheveux ou
les dents
brush (n.) une brosse
budget un budget
build construire
building un bâtiment; **apartment
building** un immeuble
burglary un cambriolage
bus un bus; **by bus** en bus
business les affaires; l'entreprise
(f.); **business administration** l'administration des affaires
but mais
butter le beurre
buy acheter; **buy for oneself**
s'acheter
by par; **by chance** par hasard

café un café
cafeteria (school) une cantine
cake un gâteau
calculator une calculatrice
call appeler; téléphoner (à)
calm calme
camera un appareil-photo; **movie
camera** une caméra
camping le camping
can (to be able to) (v.) pouvoir
Canada le Canada
Canadian canadien (canadienne)
capital une capitale

car une auto; une voiture; **by car**
en voiture
card une carte; **post card** une carte
postale
careful prudent
careless imprudent
carrot une carotte
carry out réaliser
cartoon un dessin animé; **cartoon
strip** une bande dessinée
case un cas; **in case of** en cas de
cassette une cassette; **cassette player**
un magnétophone
catch a glimpse apercevoir
celebrate célébrer
center un centre
century un siècle
certain certain
chair une chaise
chance (luck) le hasard; **by chance**
par hasard; **chance (opportunity)**
l'occasion (f.)
change (v.) changer (de)
change (n.) un changement
channel (TV) une chaîne
cheap bon marché
checkers les dames (f.)
cheese le fromage
chemistry la chimie
cherry une cerise
chess les échecs (m.)
chicken le poulet
child un enfant
children les enfants
China la Chine
Chinese chinois
choice un choix
choose choisir
Christmas Noël (m.)
church une église
citizen un citoyen (une citoyenne)
city une ville; **in the city** en ville
civil servant un/une fonctionnaire
class un cours; une classe
classmate un/une camarade
classroom une salle de classe
clean (v.) nettoyer
clean (adj.) propre
climb monter
close fermer
clothes les vêtements (m.)
coat un manteau
coffee le café
cold froid; **it's cold out** il fait froid
comb un peigne

comb one's hair se peigner

come venir; arriver; **to come back** revenir; **come in** entrer (dans)

comfortable confortable

comic strip une bande dessinée

commercial une publicité

company une compagnie; une entreprise

competent compétent

complicated compliqué

computer un ordinateur; **computer science** l'informatique *(f.)*

computer scientist un informaticien (une informaticienne)

condition une condition; **on condition that** à condition que

conformist conformiste

conscientious consciencieux (consciencieuse)

conservative conservateur (conservatrice)

consider considérer; **consider as** prendre pour

construct construire

content content; satisfait

continue continuer

cook faire la cuisine

cooking la cuisine

cost coûter

count compter

country un pays; la campagne; **in the country** à la campagne

courageous courageux (courageuse)

course un cours

cousin un cousin (une cousine)

crazy fou (folle)

cream la crème

create produire; créer

creative créateur; créatrice

crime un crime

criticize critiquer

cruel cruel (cruelle)

curious curieux (curieuse)

currently actuellement

custard la crème

customs la douane; **customs official** le douanier

cut couper; **cut oneself** se couper; **cut one's hair** se couper les cheveux

dance *(v.)* danser

dance *(n.)* une danse

dancing la danse

date la date; un rendez-vous; une sortie; **to make a date** donner rendez-vous

daughter la fille

day un jour; **whole day** une journée; **what day is it?** quel jour est-ce? quel jour sommes-nous?; **day after tomorrow** après-demain; **day before yesterday** avant-hier

December décembre *(m.)*

decide décider

degree un diplôme; **the temperature is ... degrees** il fait ... degrés

departure un départ

deplore déplorer

describe décrire

desert le dessert

desk un bureau *(pl. bureaux)*

destroy détruire

detective novel un roman policier

detest détester

die mourir

diet un régime; **to be on a diet** suivre un régime

difficult difficile

difficulty une difficulté

diminish diminuer

dine dîner

dining room une salle à manger

dinner le dîner; **to eat (have) dinner** dîner

diploma un dîplome

dirty sale

disappoint décevoir

disease une maladie

discover découvrir

discovery une découverte

discreet discret (discrète)

dislike détester

district un quartier

divorce divorcer

do faire; **do the cooking** faire la cuisine; **do the dishes** faire la vaisselle; **do the housecleaning** faire le ménage; **do the homework** faire les devoirs; **do sports** faire du sport; **you do not have to** il ne faut pas nécessairement; **do research** faire des recherches; **don't you?** n'est-ce pas?

docile docile

doctor un médecin; un docteur

documentary un documentaire

door la porte

dormitory une résidence

doubt douter

doubtful douteux (douteuse)

downtown en ville

dream (about) rêver (de)

dress (get dressed) *(v.)* s'habiller

dress *(n.)* une robe

drink *(v.)* boire

drink *(n.)* une boisson

drive conduire

dumb sot (sotte)

during pendant

duty un devoir

dwell in a place habiter

dwelling une résidence

each chaque; **each one** chacun

ear l'oreille *(f.)*

early tôt; en avance

earn gagner; **earn one's living** gagner sa vie

easily facilement

easy facile

eat manger; **eat dinner** dîner; **eat lunch** déjeuner

economics les sciences économiques *(f.)*

egg un œuf

Egypt l'Égypte

Egyptian égyptien (égyptienne)

eight huit

eighteen dix-huit

eighty quatre-vingts

elect élire

electronics l'électronique *(f.)*

eleven onze

elsewhere ailleurs

employee un employé (une employée)

end *(v.)* finir

end *(n.)* la fin

enemy un ennemi

energetic énergique

engaged: to get engaged se fiancer

engineer un ingénieur

engineering studies études d'ingénieur

England l'Angleterre

English anglais

enough assez (de)

enter entrer (dans)

entertain recevoir

epoch une époque

equal égal *(pl. égaux)*

equality l'égalité (f.)
especially surtout
essential essentiel (essentielle)
establish établir
even (if) même (si)
evening un soir; une soirée; in the evening le soir; du soir
event un événement
ever jamais
every chaque; tous les; every day tous les jours; everyone tout le monde; everything tout; chaque chose
evidently évidemment
exam un examen
exchange (v.) changer de
exchange (n.) un échange
excuse me! pardon!, excusez-moi!
excuse oneself s'excuser
executive un cadre
exercise faire des exercices
exercise book un cahier
expense une dépense
expensive cher (chère)
experiment une expérience
explain expliquer
express exprimer; express oneself s'exprimer
exterior extérieur
eye un œil (pl. yeux)

face la figure
fact un fait; in fact en fait; en effet
factory une usine
fail an exam rater un examen
failure un échec
fair juste
fall (v.) tomber
fall (n.) l'automne (m.); in fall en automne
false faux (fausse)
family une famille
famous célèbre
far (from) loin (de)
fast rapide; vite
fat gros (grosse)
father le père
fault un défaut
favorite préféré; favori (favorite)
fear la peur; to be afraid avoir peur
February février (m.)
feel sentir; se sentir; feel like avoir envie de
feeling un sentiment

feet les pieds (m.)
few peu nombreux; a few quelques; few times quelquefois
field un domaine; un champ
fifteen quinze
fifty cinquante
figure la ligne
finally finalement, enfin
find trouver
fine arts les beaux arts
finger un doigt
finish finir; finir de (+ inf.)
firm une entreprise, une société
first premier (première); first of all d'abord
fish le poisson
flaw un défaut
flu la grippe
flunk rater un examen
follow suivre
following suivant
food la nourriture
foot un pied; on foot à pied
for pour; comme; pendant for that reason pour cela
forbid défendre (à qqn de); interdire (à qqn de)
foreign étranger (étrangère)
foresee prévoir
foretell prédire
forget oublier (de + inf.)
form la forme
former ancien (ancienne)
formerly autrefois
fortunately heureusement
four quatre
fourteen quatorze
frank franc (franche)
free (in movement) libre; free (of charge) gratuit; free time le temps libre
freedom la liberté
French français; French (person) un Français (une Française)
French fries des frites (f.)
Friday vendredi (m.)
friend un ami (une amie); un copain (une copine)
friendship l'amitié (f.)
from de; de la part de; from time to time de temps en temps
front: in front (of) devant
fruit un fruit (des fruits)
fun amusant; to have fun s'amuser

funny drôle
furious furieux (furieuse)
future l'avenir (m.)

gain: to gain weight grossir
game un jeu (pl. jeux)
garage un garage
garden un jardin
generous généreux (généreuse)
gentleman un monsieur
German allemand; German (person) un Allemand (une Allemande)
Germany l'Allemagne (f.)
get (receive) recevoir; obtenir; get (pick up) chercher; get acquainted faire la connaissance (de); get along well (with) s'entendre bien (avec); get angry se mettre en colère; get down, off descendre; get divorced divorcer; get dressed s'habiller; get engaged se fiancer (avec); get impatient s'impatienter; get married se marier; get old vieillir; get ready se préparer; get a tan brunir; get up se lever; get upset s'énerver
gift un cadeau (pl. cadeaux)
girl une fille
girlfriend une petite amie
give donner; offrir; give a grade mettre une note; give back rendre; give permission permettre
glasses des lunettes (f.); sunglasses des lunettes de soleil
go aller; go back rentrer; go down descendre; go up monter; go out sortir (avec); go by or through passer (par); go home rentrer; go shopping faire les courses; go to bed se coucher; go to school faire des études
good bon (bonne); in a good mood de bonne humeur
good-by au revoir
government un gouvernement
grade une note
grandchild un petit-enfant (pl. petits-enfants)
granddaughter une petite-fille
grandfather le grand-père
grandmother la grand-mère
grandparent un grand-parent (pl. grands-parents)

grandson un petit-fils
grapefruit un pamplemousse
gray gris
Greece la Grèce
Greek grec (grecque)
green vert
group un groupe
grow up grandir
gymnastics la gymnastique

hair les cheveux (m.)
half demi; la moitié
ham le jambon
hand une main
handsome beau (bel, belle, beaux, belles)
happen arriver; se passer
happiness le bonheur
happy content, heureux (heureuse)
hard difficile; dur
hard-working travailleur (travailleuse)
hat un chapeau (pl. chapeaux)
hate détester
have avoir; **have a sore ...** (have a ...ache) avoir mal à (+ part of body); **have the chance (to)** avoir l'occasion (de); **have dinner** dîner; **have fun** s'amuser; **have just** (+ past participle) venir de (+ inf.); **have an opinion** penser; **have to** (must) devoir
head une tête; un chef
headache: to have a headache avoir mal à la tête
health la santé
healthy bien portant
hear entendre
heart le cœur
hello bonjour; salut; âllo (on telephone)
help aider
her son, sa, ses
here ici; **here is, here are** voici; voilà
hesitate hésitater à
hey! dis!
hi salut; bonjour
high élevé
hiking la marche à pied
himself lui-même
hire employer
his son, sa, ses
history l'histoire (f.)
hitchhike faire de l'auto-stop

holiday une fête
home la maison; **at home** à la maison; **second home** résidence secondaire
homework les devoirs
honest honnête; franc (franche)
hope espérer
hospital hôpital
hot chaud; **it's hot out** il fait chaud
house une maison
housing le logement
how comment; **how are you?** comment allez-vous?; **how much** combien; **how many** combien de
however cependant; pourtant
humanities les lettres (f.)
hurry se dépêcher
husband le mari

ice cream la glace
ideal un idéal
idealistic idéaliste
if si (s')
ill malade
illness une maladie
imagination l'imagination (f.)
imaginative imaginatif (imaginative)
immediately tout de suite
impatient impatient
imperfect imparfait
impolite impoli
important important
improve améliorer; faire des progrès
impulsive impulsif (impulsive)
in dans, à; **in a while** dans un instant; **in back of** derrière; **in fact** en effet; **in front of** devant; **in love with** amoureux (amoureuse) de; **in (March)** en (mars); **in order to** pour
increase augmenter
indeed en effet
independence l'indépendance (f.)
independent indépendant
indiscreet indiscret (indiscrète)
indispensable indispensable
individualistic individualiste
industry l'industrie (f.)
inexpensive bon marché
inferior inférieur
inflation l'inflation (f.)
information un renseignement
inhabitant un habitant
insensitive insensible

inside à l'intérieur (de); dedans
instant un instant
instead au lieu de
intellectual intellectuel (intellectuelle)
intelligent intelligent
intend avoir l'intention de
interest intéresser; **to be interested in** s'intéresser à
interesting intéressant
interior l'intérieur (m.)
interview une entrevue
introduce présenter
intuitive intuitif (intuitive)
invite inviter
Ireland l'Irlande
Irish irlandais
it cela (ça); le (pronoun); **it is** c'est, il est; **it is necessary** il faut
its son, sa, ses
itself lui-même
Italian italien
Italy l'Italie

jacket une veste
jam la confiture
January janvier (m.)
Japan le Japon
Japanese japonais
jeans des jeans (m.)
job le travail (pl. travaux); un job
jogging le jogging
journalist un/une journaliste
judge juger
juice le jus
July juillet (m.)
June juin (m.)

keep garder, conserver; **keep abreast of** (a topic) suivre (un sujet)
kilogram un kilo(gramme)
kilometer un kilomètre
kind gentil (gentille)
kitchen une cuisine
knee un genou (pl. genoux)
know savoir, connaître; **know how to** savoir

laboratory un laboratoire
lady une dame
lamp une lampe
language une langue; un langage
large grand

last (v.) durer
last (adj.) dernier (dernière); **last night** hier soir
late tard; en retard
later plus tard
law une loi; le droit
lawyer un avocat (une avocate)
lazy paresseux (paresseuse)
learn apprendre à
least le (la, les) moins; **at least** au moins
leave partir; laisser; **leave (a place)** quitter
left la gauche; **to the left of** à gauche de
leg une jambe
leisure des loisirs (m.); **leisure activities** les loisirs
lemonade la limonade
lend prêter
less moins; **less...than** moins...que
let laisser; permettre
letter une lettre
level un niveau
liberal libéral (pl. libéraux)
library une bibliothèque
lie un mensonge
life la vie
like (v.) aimer; aimer bien
like (prep.) comme
listen (to) écouter
liter un litre
literary littéraire
literature la littérature
little petit
little (few) peu (de)
live habiter; vivre
living room un salon; une salle de séjour
loan louer; prêter
lonely seul
long long (longue); **for a long time** longtemps, depuis longtemps
look (at) regarder; **look for** chercher; **look!** tiens!; **look like** ressembler à; **look (seem)** avoir l'air (+ adj.)
lose perdre; **lose weight** maigrir
a lot of (lots of) beaucoup de
love (v.) aimer; **love each other** s'aimer
love (n.) l'amour (m.); **in love** amoureux (amoureuse)
low bas (basse)
loyal loyal (pl. loyaux)

lunch le déjeuner; **to have lunch** déjeuner
luck la chance; le hasard; **to be lucky** avoir de la chance

mad fou (folle); furieux (furieuse)
magazine un magazine; **illustrated magazine** une revue
maintain maintenir
majority la majorité
make faire; rendre (+ adj.); **make a date (with)** donner rendez-vous (à); **make a decision** prendre une décision; **make progress** faire des progrès
man un homme
management la gestion
many beaucoup de; nombreux (nombreuses); **many too many** beaucoup trop de
March mars (m.)
marketing le marketing
marriage le mariage
married marié
marry épouser; marier; **to get married** se marier
mathematics les mathématiques
May mai (m.)
may pouvoir
maybe peut-être
mayonnaise la mayonnaise
me moi; **me too** moi aussi; **me neither** moi non plus
meal un repas
mean vouloir dire
meat la viande
medicine (study of) la médecine; **medicine (drug)** le médicament
meet rencontrer
memory un souvenir
meter un mètre
method une méthode
Mexican mexicain
Mexico le Mexique
micro-computer un micro-ordinateur
middle le milieu; **in the middle (of)** au milieu (de)
midnight minuit
milk le lait
mineral water l'eau minérale (f.)
minute une minute
misbehave se conduire mal
Miss mademoiselle (Mlle)
modern moderne

moment un moment
Monday lundi (m.)
money l'argent (m.)
month un mois
mood humeur; **in a good (bad) mood** de bonne (mauvaise) humeur
more plus (de); davantage; **more...than** plus...que
moreover d'ailleurs; en plus
morning un matin; **in the morning** du matin
most le (la, les) plus...; **most of** la plupart de
mother la mère
motorbike un vélomoteur
motorcycle une moto
mountain une montagne; **mountain climbing** l'alpinisme (m.)
mouth une bouche
movie un film; **movies** le cinéma
Mr. Monsieur (M.)
Mrs. Madame (Mme)
much beaucoup (de); **much too much** beaucoup trop (de); **very much** beaucoup (de); **too much** trop (de); **much, so much** tellement (de)
museum un musée
music la musique
must devoir; **one must** il faut; **you must not** il ne faut pas
mustard la moutarde
my mon, ma, mes
myself moi-même

naive naïf (naïve)
name (v.) nommer
name (n.) un nom; **what's your name?** comment vous appelez-vous?
nationality une nationalité
natural naturel (naturelle)
near près de
necessary nécessaire; **to be necessary** falloir; **it's necessary** il faut; **it's not necessary** il n'est pas nécessaire (de)
neck le cou
need avoir besoin (de)
neighbor un voisin (une voisine)
neighborhood un quartier
nervous nerveux (nerveuse)
never ne ... jamais
nevertheless pourtant

new neuf (neuve); nouveau (nouvel, nouvelle, nouveaux, nouvelles); moderne

news une nouvelle; **news bulletin** les informations *(f.)*; les nouvelles

newspaper un journal *(pl.* journaux*)*

next prochain; **next year** l'année prochaine; **next to** à côté de

nice sympathique; bon (bonne); gentil (gentille); agréable; **the weather is nice** il fait bon; il fait beau

night une nuit; un soir

nine neuf

nineteen dix-neuf

ninety quatre-vingt-dix

no non; **no longer** ne ... plus; **no one, nobody** ne ... personne

noise un bruit

noon midi *(m.)*

normal normal

nose le nez

not ne ... pas; **not anyone** ne ... personne; **not anything** ne ... rien; **not at all** pas du tout; **not ever** ne ... jamais; **not many** peu de; **not much** peu (de); **not yet** ne ... pas encore

notebook un cahier

notes (lecture) des notes *(f.)*

nothing rien; ne ... rien

notice remarquer

novel un roman; **detective novel** un roman policier

November novembre *(m.)*

now maintenant

numerous (de) nombreux (nombreuses)

nurse un infirmier (une infirmière)

obey obéir à

object un objet

objective un objectif

obtain obtenir

obstinate obstiné

obvious évident

obviously évidemment

o'clock: it's ... o'clock il est ... heure(s)

occupy occuper

October octobre *(m.)*

of de; **of course** mais oui; bien sûr; **of course not** mais non; bien sûr que non

offer offrir

office un bureau *(pl.* bureaux*)*

often souvent

okay d'accord

old âgé; vieux (vieil, vieille, vieux, vieilles); ancien (ancienne)

on sur; **on behalf of** de la part de; **on condition that** à condition que; **on the contrary** au contraire; **on this topic** à ce sujet; **on time** à l'heure; **on top (of)** au-dessus (de); sur; **on the whole** plutôt

once une fois; **once in a while** de temps en temps; **once more** encore

one *(pronoun)* on

one un (une)

only seulement; uniquement; seul

open ouvrir

opinion une opinion; **in my opinion** à mon avis; **opinion poll** sondage

opportunity l'occasion *(f.)*

opposite en face de

optimistic optimiste

or ou; ou bien

orange une orange; **orange juice** le jus d'orange

order commander

organize organiser

original original (originaux)

other autre; d'autres; **the other** l'autre; **the others** les autres

our notre (nos)

outside dehors; **outside of** à l'extérieur de

over there là-bas

owe devoir

own *(v.)* posséder

own *(adj.)* propre

ox un bœuf

pack faire les valises

package un paquet

painting la peinture

pal un copain (une copine)

pants un pantalon

paper le papier; **sheet of paper** une feuille de papier

parents les parents *(m.)*

park un parc

party une surprise-partie

pass (by) passer (par); **pass an exam** être reçu à un examen

past le passé; **in the past** autrefois

pastime un passe-temps

patient *(adj.)* patient

pay payer

peace la paix

pear une poire

peas des petits pois

pen un stylo

pencil un crayon

people les gens *(m.)*

pepper le poivre

per: per cent pour cent; **per day** par jour; **per month** par mois; **per week** par semaine; **per year** par an

perceptive perceptif (perceptive)

perfect parfait

perhaps peut-être

period une époque

permit permettre

person une personne

pessimistic pessimiste

pharmacy la pharmacie

philosophy la philosophie

phone appeler, téléphoner (à); **phone number** un numéro de téléphone

photograph une photo

photography la photo

physics la physique

picnic un pique-nique

pie une tarte

piece of furniture un meuble

pink rose

pity: it's a pity il est dommage

place *(v.)* mettre

place *(n.)* un endroit; une place

plan *(v.)* avoir l'intention de

plan *(n.)* un projet

plane un avion; **by plane** en avion

play (a sport or game) jouer à; **play (an instrument)** jouer de; **play a part** jouer un rôle

pleasant agréable

please s'il vous (te) plaît

poem un poème

poker game le poker

polite poli

politics la politique; **to be active in politics** faire de la politique

poll un sondage

pollution la pollution

poor (≠ **rich**) pauvre; **(in quality)** mauvais

poorly mal

pork le porc

Portuguese portugais
possess posséder
possible possible
postcard une carte postale
potato une pomme de terre
power le pouvoir
P.M. de l'après-midi; du soir
practice pratiquer
predict prédire
prefer préférer; aimer mieux
preferable préférable
preoccupy préoccuper; to be preoc-
cupied with se préoccuper de
prepare préparer
present (v.) présenter
present (adj.) actuel (actuelle); présent
pretty joli
price le prix
probably sans doute; probablement
problem un problème; une difficulté
produce produire
product un produit
professional professionnel (professionnelle)
professor un professeur
program un programme; une émission (TV)
progress le progrès
prohibit défendre de (+ inf.)
project un projet
promise promettre
protect protéger; défendre
proud fier (fière)
provided that à condition que
psychology la psychologie
punctual ponctuel (ponctuelle)
purchase acheter
purple violet (violette)
put (put on) mettre

quality une qualité
quarrel (with) se disputer (avec)
quarter un quart; quarter past et
quart; quarter of, to moins le
quart
question une question
quickly vite; rapidement
quiet calme
quit cesser (de)

radio une radio
rain la pluie; to rain pleuvoir; it's
raining il pleut
raincoat un imperméable

rapid rapide; vite
rarely rarement
rather plutôt; assez
razor un rasoir
react réagir
read lire
reading une lecture
ready prêt
real réel; véritable; vrai
realistic réaliste
realize s'apercevoir (de)
really vraiment
receive recevoir
recognize reconnaître
record un disque
record player un électrophone
red rouge
redhead roux (rousse)
reduce réduire
reform une reforme
refuse refuser (de)
regarding à l'égard de
regret regretter (de)
relation un rapport
relationship les rapports (m.); les
relations (f.)
relatives les parents (m.)
relax se reposer
remain rester
remark remarquer
remember se souvenir de; se
rappeler
render rendre (+ adj.)
rent (v.) louer
rent (n.) le loyer; low rent un loyer
modéré
repeat répéter
report un rapport
research la recherche
resemble ressembler (à)
reserved réservé
reside faire un séjour
responsibility la responsabilité
rest se reposer
restaurant un restaurant
return retourner; rentrer; (give
back) rendre (à)
rich riche
right (direction) la droite; to the
right of à droite de; to be right
avoir raison; right? n'est-ce pas?;
right now tout de suite; a right
(legal) un droit
roast beef le rosbif
room une salle; (of a house) une

pièce; bedroom une chambre (à
coucher)
roommate un/une camarade de
chambre
rule la règle
run courir
Russian russe

sad triste
sailing la voile; to go sailing faire
de la voile
salad la salade
salami le saucisson
salary un salaire
salesperson un vendeur
(une vendeuse)
salt le sel
same même
sandwich un sandwich
satisfied (with) satisfait (de)
satisfy satisfaire
Saturday samedi (m.)
save conserver; save money faire
des économies
saving(s) une économie
say dire; say! hey! dis!
scene une scène
scholarship une bourse
school une école; secondary school
un lycée
schooling la scolarité
science les sciences; political science
les sciences politiques
scientific scientifique
scientist un savant
sculpture la sculpture
sea la mer
season une saison
secretary un/une secrétaire
secretive secret (secrète)
see voir; apercevoir
seem sembler; avoir l'air
selfish égoïste
sell vendre
send envoyer (à); send back ren-
voyer
sense sentir
sensible raisonnable; sensé
sensitive sensible
sensitivity la sensibilité
sentimental sentimental (pl. sentimentaux)
September septembre (m.)
serial (TV) un feuilleton
serious sérieux (sérieuse)

serve servir
service le service
seven sept
seventeen dix-sept
seventy soixante-dix
several plusieurs; **several times** plusieurs fois
shape la forme; **to be in shape** être en forme
share partager
shave se raser
shirt une chemise
shoe une chaussure
short court; petit
shorts un short
short story une nouvelle
should devoir
show (v.) montrer
show (n.) un spectacle; une émission
shut fermer
shy timide
sick malade
sickness une maladie
sign une annonce
silver l'argent (m.)
simple simple
since depuis (que); comme; **since when** depuis quand; depuis combien de temps
sing chanter
single célibataire; unique
sister la sœur
six six
sixteen seize
sixty soixante
skating le patinage
ski faire du ski; **skiing** le ski; **ski jacket** un anorak
skirt une jupe
sleep dormir
sleepy: **to be sleepy** avoir sommeil
slim mince
slow lent
slowly lentement
small petit
smell sentir
smoke fumer
snow la neige; **it's snowing** il neige
so alors; **so so** comme ci, comme ça; **so that** pour que
soap le savon
soccer le football
sociable sociable
social science les sciences sociales

society la société
sociology la sociologie
socks des chaussettes (f.)
sofa un sofa
soft doux (douce)
sole la sole
some du (de l', de la, des); certain(e)s; quelques; **some day** un jour
someone quelqu'un
something quelque chose
sometimes quelquefois; parfois
somewhere quelque part
son le fils
soon bientôt; **see you soon** à bientôt
sore: **sore throat** mal à la gorge; **to have a sore ...** avoir mal à ...
sorry désolé
Soviet Union l'Union Soviétique
Spain l'Espagne
Spanish espagnol
speak parler; **speak of** parler de
spend (money) dépenser; (time) passer
sports les sports (m.)
spring le printemps; **in spring** au printemps
stadium un stade
standard of living le niveau de vie
state un état
station (train) une gare
stay (v.) rester
stay (n.) un séjour
stereo une chaîne-stéréo
still encore
stockings des bas (m.)
stomach l'estomac (m.); le ventre; **to have an upset stomach** avoir mal au cœur
stop arrêter; cesser (de); **stop (oneself)** s'arrêter; **stop (at a place)** descendre
store un magasin; **department store** un grand magasin
story une histoire
strawberry une fraise
street une rue
strong fort
stubborn obstiné
student un étudiant (une étudiante)
studies des études (f.)
study étudier; faire des études (de); **study Spanish, science** faire de l'espagnol, des sciences

studio apartment un studio
stupid idiot
suburbs la banlieue
subway le métro; **by subway** en métro
succeed (in) réussir (à)
success le succès; une réussite
suddenly soudain, tout à coup
suffer souffrir
sufficient suffisant; assez
sugar le sucre
suit un costume (pour hommes); un tailleur (pour femmes); **swimsuit** un maillot de bain
suitcase une valise
summer l'été (m.); **in summer** en été
sun le soleil
Sunday dimanche (m.)
sunglasses des lunettes de soleil (f.)
superficial superficiel (superficielle)
superior supérieur
superstitious superstitieux (superstitieuse)
supper le dîner
surprised surpris
sure sûr; certain
sweater un pull; un pull-over
swim nager
swimming la natation; **swimming pool** une piscine
swimsuit un maillot (de bain)
Swiss suisse
Switzerland la Suisse

table une table
take prendre; **take (along)** amener; **take back** reprendre; **take care of** s'occuper de; **take a class, course** suivre un cours; **take an exam** passer un examen; **take place** avoir lieu; **take a trip** faire un voyage
talk parler; discuter; **talk about** parler de; **talk over** discuter de
tall grand
tape recorder un magnétophone
taxes les impôts (m.)
taxi un taxi
tea le thé
teach enseigner
teacher un professeur
tee-shirt un tee-shirt
telephone (v.) téléphoner

telephone (n.) un téléphone; un appareil

television la télévision; on TV à la télé; television set un téléviseur

tell dire (à); raconter (à); tell someone to... dire à qqn de...

temperature la température; what's the temperature? quelle température fait-il?

tennis le tennis; to play tennis jouer au tennis

test un examen

thank you merci; thanks merci bien

that cela (ça); ce (cet, cette); qui; que; that is to say c'est-à-dire

the le, l', la, les

theater le théâtre

their leur (leurs)

them les (pronoun); leur

then ensuite; puis; alors

there là; là-bas; y; there is, there are voici; voilà; il y a; there's no harm il n'y a pas de mal

therefore donc; ainsi

they ils; elles; on

thin maigre

thing un objet; une chose

think penser, réfléchir; think about penser à; think of, about (opinion) penser de; think that penser que

thirteen treize

thirty trente

this ce (cet, cette)

thousand mille

threaten menacer

three trois

throat la gorge; to have a sore throat avoir mal à la gorge

through par

Thursday jeudi (m.)

thus ainsi; donc

ticket un billet; un ticket

tie une cravate

time le temps; l'heure (f.) all the time tout le temps; at the present time à l'heure actuelle; at what time...? à quelle heure...?; (for) a long time longtemps; from time to time de temps en temps; on time à l'heure; one time (once) une fois; une époque; what time is it? quelle heure est-il?

timid timide

tired fatigué

to à; en; to ...'s house chez

today aujourd'hui

together ensemble

toilet(s) les toilettes (f.); les WC (m.); un cabinet de toilette

tolerant tolérant

tomato une tomate

tomorrow demain; tomorrow morning demain matin

tonight ce soir

too (also) aussi; too bad dommage; too many trop de; too much trop (de)

tooth une dent

toothbrush une brosse à dents

toothpaste le dentifrice

topic un sujet; on this topic à ce sujet

toward envers; towards (a place) vers

town la ville

track and field l'athlétisme (m.)

tradition une tradition

traffic la circulation

train un train

transistor radio un transistor

translate traduire

transportation les transports (m.)

travel voyager

treaty un traité

trip un voyage; to take a trip faire un voyage

true vrai; véritable

truth la vérité

try essayer

Tuesday mardi (m.)

tuition la scolarité

tunafish le thon

turn on mettre

TV game show des jeux télévisés (m.)

twelve douze

twenty vingt

twice deux fois

two deux

typewriter une machine à écrire

uh...er... euh

uncle un oncle

under sous

understand comprendre

unemployment le chômage

unequal inégal (pl. inégaux)

unfair injuste

unfortunately malheureusement

unhappiness le malheur

unhappy malheureux (malheureuse)

uniquely uniquement

United States les États-Unis (m.)

university l'université (f.)

unknown inconnu

unless à moins que

unmarried célibataire

unpleasant désagréable

until jusqu'à; jusqu'à ce que

use employer; se servir de; utiliser

useful utile

useless inutile

usually d'habitude, habituellement

vacation les vacances (f.), un congé; on vacation en vacances

value une valeur

variety la variété; variety show les variétés

vegetable un légume (pl. légumes)

very très; very many beaucoup de; very much beaucoup (de)

visit (a place) visiter; visit (someone) rendre visite (à)

voice la voix

volleyball le volley-ball

vote voter

waistline la ligne

wait (for) attendre

waiter un garçon

waitress une serveuse

wake up se réveiller; wake up (someone) réveiller

walk (v.) marcher; to go for a walk se promener; faire une promenade

walk (n.) une promenade

walking la marche à pied

wall un mur

want vouloir; désirer; avoir envie de

war la guerre

wash laver; wash oneself se laver

waste time perdre son temps; waste of time une perte de temps

watch (v.) regarder; (take care of) surveiller

watch (n.) une montre

water l'eau (f.); mineral water l'eau minérale

waterskiing le ski nautique

way une façon; une manière

we nous

weak faible

wear porter; mettre

weather le temps; **the weather is awful** il fait un temps épouvantable; **what's the weather like?** quel temps fait-il?; **weather forecast** la météo

wedding le mariage

Wednesday mercredi (*m.*)

week une semaine

weekend un week-end

welcome: you are welcome, don't mention it il n'y a pas de quoi; de rien

well bien; **well!** alors!; **very well** très bien

what que, quoi; qu'est-ce que, qu'est-ce qui; ce qui, ce que; **what is it?** qu'est-ce que c'est?

when quand

where où

whether si

which quel (quelle, quels, quelles); qui

while pendant que

white blanc (blanche)

who qui; qui est-ce qui

whole: the whole tout le (toute la); l'ensemble

whom qui; que; **to whom** à qui; **with whom** avec qui; **for whom** pour qui

why pourquoi; **why yes!** mais oui!, mais si!; **why no!** mais non!

wife la femme

win gagner

wind le vent; **it's windy out** il fait du vent

window une fenêtre

windsurfing la planche à voile

wine le vin

winter l'hiver (*m.*); **in winter** en hiver

wish souhaiter; désirer; vouloir

with avec; **with regard to** à propos de; **with respect to** à l'égard de

without sans

witness un témoin

woman une femme

work (*v.*) travailler; (*to function*) marcher

work (*n.*) le travail (*pl.* travaux)

worker un ouvrier (une ouvrière)

world le monde; **world war** une guerre mondiale

worried inquiet (inquiète)

worry inquiéter; **to be worried** s'inquiéter

write écrire

writer un écrivain

year un an; **whole year** une année

yellow jaune

yes oui

yesterday hier; **yesterday morning** hier matin; **day before yesterday** avant-hier

yet encore; pourtant; **not yet** ne...pas encore

yogurt le yaourt

you tu; vous; on

young jeune

your ton, ta, tes; votre, vos

youth la jeunesse

Index

Permissions and Credits

The authors and editors would like to thank the following authors and publishers for granting permission to use copyrighted material:

André Gillois, "La comédie des sentiments," *Les petites Comédies*. Paris: Éditions René Juillard, 1968. Adapted as "Les meilleurs sentiments" by S. Hellstrom and M. Barbier in *Porte Ouverte* (Stockholm: Almqvist & Wiksell, 1976).
Jacques Prévert, "Soyez polis," *Histoires*. Paris: Éditions Gallimard, 1963.
"La France est-elle encore une grande puissance?" adapted from *L'Express*, February 3, 1984, pp. 24–35.

The statistical and other factual information used in many of the *Lectures culturelles* in *Contacts* was derived from various sources and French publications including *Quid, Le Monde, Le Point, Le Figaro*, and *L'Express*.

Black and white photographs

© Barbara Alper 1984: pp. 79, 179, 193. Mark Antman/The Image Works, Inc.: pp. 152, 209, 242, 253, 268, 327, 355, 421, 433, 480. Mark Antman/Stock, Boston: p. 58. Philip Jon Bailey/The Picture Cube: p. 185. © Pierre Berger/Photo Researchers, Inc.: p. 211. The Bettman Archive Inc.: pp. 223, 225. © Frederik D. Bodin: p. 85. © Stuart Cohen: pp. 81, 154, 220, 297, 314, 375, 459, 463. Stuart Cohen/Stock, Boston: p. 104. © Dejardin/Rapho/Photo Researchers, Inc.: p. 352. Gabor Demjen/Stock, Boston: p. 302. © Owen Franken: pp. 4, 165, 234. Owen Franken/Stock, Boston: pp. 22, 35, 229. French National Railroad: p. 518. © Richard Frieman/Photo Researchers, Inc.: pp. 130, 358. © Beryl Goldberg: pp. 19, 99, 138, 174, 247, 278, 369. © Ph. Gontier: pp. 68, 92, 123, 283, 332, 365, 386, 393, 409, 451, 499. © Phyllis Greenberg/Photo Researchers, Inc.: p. 416. © George Holton/Photo Researchers, Inc.: p. 431. Clemens Kalischer © 1977: p. 145. © Helena Kolda/Photo Researchers, Inc.: p. 133. © David Kupferschmid: pp. 11, 42, 265, 401. Lipnitzki/Viollet: p. 363. © Alain-Patrick Neyrat/Kay Reese & Assoc., Inc.: p. 356. Alain Nogues/Sygma: p. 477. © Carol Palmer/Andrew Brilliant 1984: pp. 15, 50, 57, 143, 202, 289, 321, 343, 345, 482, 509. Marie Laurence Rubin/Art Resource: p. 163. Ulrike Welsch: p. 71. © Bernard Pierre Wolff/Photo Researchers, Inc.: p. 117. Cary Wolinsky/Stock, Boston: p. 305.

Color photographs

Francophone World: 1. © Joseph F. Viesti 2. © Stuart Cohen 3. © Carl Purcell 4. Dennis Stock/Magnum 5. © Carl Purcell 6. Bruno Barbey/Magnum 7. Ian Berry/Magnum 8. Burt Glinn/Magnum 9. © John de Visser/Black Star 10. © Joseph F. Viesti *Paris and the Provinces:* 11. Mark Antman/The Image Works, Inc. 12. © Charles Harbutt/Archive Pictures Inc. 13. © Joseph F. Viesti 14. Mark Antman/The Image Works, Inc. 15. © Ted Cordingly/Global Focus 16. © Owen Franken 17. © Carl Purcell 18. © Carol Palmer/Andrew Brilliant 1984 19. © James A. Sugar/Black Star 20. © Lionel Delevingne *Leisure Time:* 21. © Carl Purcell 22. © Carol Palmer/Andrew Brilliant 1984 23. Courtesy of Swiss National Tourist Office 24. Unicorn Productions © 1980 Art Resource 25. © Joseph F. Viesti 26. Mark